商业银行客户经理丛书

U0577513

COMMERCIAL BANKS TO MARKRTING TECHNIQUES

商业银行客户营销

宋炳方 著

经济管理出版社
ECONOMY & MANAGEMENT PUBLISHING HOUSE

图书在版编目（CIP）数据

商业银行客户营销/宋炳方著 . —北京：经济管理出版社，2011.6

ISBN 978 - 7 - 5096 - 1518 - 8

Ⅰ . ①商…　Ⅱ . ①宋…　Ⅲ . ①商业银行—市场营销学

Ⅳ . ①F830.33

中国版本图书馆 CIP 数据核字（2011）第 124358 号

出版发行：**经济管理出版社**

北京市海淀区北蜂窝 8 号中雅大厦 11 层

电话：（010）51915602　　邮编：100038

印刷：北京紫瑞利印刷有限公司　　　经销：新华书店

组稿编辑：谭　伟	责任编辑：张　马
技术编辑：黄　铄	责任校对：超　凡　陈　颖

787mm×1092mm/16　　　　　38.75 印张　　895 千字

2011 年 9 月第 1 版　　　　2011 年 9 月第 1 次印刷

定价：88.00 元

书号：ISBN 978 - 7 - 5096 - 1518 - 8

· 版权所有　翻印必究 ·

凡购本社图书，如有印装错误，由本社读者服务部

负责调换。联系地址：北京阜外月坛北小街 2 号

电话：（010）68022974　　　　邮编：100836

前　言
浅谈客户经理如何做营销

银行客户经理如何做营销？这个问题看似很庞大，其实又很具体。有很多介绍市场营销的专业书籍，里面充斥着从西方引进的营销理论。阅读完后，我们收益良多，但对如何做营销工作往往还是不得要领、一头雾水。我个人认为，国内银行的客户经理既然主要是面向国内客户做营销，那就要站在中国这块土地上、从中国的历史文化中汲取营销活动的营养。

一、介绍一个营销公式

从我个人的营销实践中总结出了一个"营销公式"，相信会对广大客户经理的营销活动大有裨益。

　　　成功的营销＝关系介入＋领导参与＋方案设计＋产品跟进＋后续维护

（一）关系介入

人类社会本质上是个关系社会。在西方，关系社会体现在契约精神上，一切经济活动、社会交往乃至亲朋关系，无不体现为契约关系，亦即所谓法大于天。而在我国，从西汉初年的"罢黜百家，独尊儒术"开始，儒家学说就开始起到塑造中国人心灵的作用，使中国的关系社会获得和西方不一样的特征。在我国，有三种"关系"最为重要，构成了我国社会运行的基础。一是宗族关系。如父系的血统关系、母族的血缘关系和妻族的姻缘关系。"打仗亲兄弟，上阵父子兵"即是如此。在中国长达2000年的帝国社会中，每一个皇帝无不要把皇位传给自己的儿子，即使自己没有儿子，也要传给与自己血缘关系最近的人。我们都知道三国时的刘备，他是如何介绍自己的呢？"中山靖王刘胜之后，大汉皇叔"。其实，中山靖王刘胜到刘备，已不知过了多少代了，刘胜的DNA遗传到刘备身上恐怕已经稀释到几乎为零了；他与汉献帝的关系也不知隔了多少层。那刘备为何像祥林嫂一样见人就自我介绍是"中山靖王刘胜之后，大汉皇叔"呢？原来刘备是以此展示自己身上流着贵族的血液，是名门之后——虽然自己只是一个卖草鞋的。可见，刘备是个非常优秀的营销者。二是地缘关系。在北京老城区，有很多会馆，大到省里的，小到县里的。这些会馆的一大功能就是接待老家进京赶考的读书人和生意人。会馆本身与同乡会类似。那些离家在外的人聚集在一起，听着乡音是多么愉快的一件事啊！所以才把"他乡遇故知"列为人生十大幸事之一。进京赶考的读书人一旦考中，要做的首件事不是弹冠相庆，而是抓紧写个门生帖子送到本县乡在京城做大官的人家里去。这个大官一看是考中的本县乡人送来的帖子，也会立即相见。双方急于见面的原因无怪乎是今后同朝为官，要相互照应。三是师缘关系。本县乡考中的读书人递送的是门生帖子，也就是说要拜前辈为老师。虽然"前辈"没给这个读书人讲过一天课，但一旦承认了师生关系，那关系也就非同一般了。在我国，尊师重道是一个人非常重要的品德，老师如果不罩着学生，学生如果不维护老师，那无疑是犯了弥天罪过。

时至今日，血液、地缘和师缘仍是中国人最为看重的三大关系。作为银行的客户经理，在与客户打交道之前，如果能与客户攀上这三个关系中的一种，那就等于拿到了成功的"敲门砖"。所以，客户营销的第一步，要学会运用关系，要会建立关系，要靠关系的介入来拉近自己与客户的距离。

（二）领导参与

现在的领导，也就是过去所说的"官"。官和营销能扯上关系吗？能扯上，并且两者关系还异常密切。同血液、地缘和师缘关系一样，官文化也是中国的一大特色。过去，官场上流行的语言叫"官话"，连接两地的路再窄也叫"官道"，偏远野郊的乡村客栈，见到一个衣衫褴褛的住店人，也会称作"客官"。在外面并无一官半职的人回到家里，妻子也会亲切地叫上一声"官人"。由此可见，中国人的官意识是多么浓厚，真的是已融化到血液中了。今天，我们仍然会看到这些影响。比如，电视上正在播放某位官员的活动，即使播音员不指出哪个人的官位最大，我们仍可判断出居于画面中央、言语随和、态度和蔼、两手不断打着手势、对旁边人员不断做出指示的人肯定是官位最大的，其余的忙着汇报的、忙着介绍的、脸上诚惶诚恐小心翼翼的、快速跑前跑后的，几乎可以肯定都是官位比较小的。"官"的意识在经济活动中也随处可见。比如两家企业如果开展商务谈判，那坐到谈判桌前的双方肯定是职务相当的人，不可能这边来个总经理，那边来个办事员。这些事启示银行的客户经理，在依靠关系介入到客户中后，要尽快请出自己单位的领导，和领导一起到客户那里去拜访。只有这样才能见到客户的高层，也才能在一些有实质意义的内容上面进行交流。客户经理三番五次地拜访客户，效果可能还不如领导出面拜访一次。

（三）方案设计

与客户拉上关系了，领导也出面了，这并不能保证营销成功，因为别的银行的客户经理也会这么做。你要给客户一个把业务交给你办理的理由。做好金融服务方案就是一个这样的理由，这在银行投标活动中最为明显。每个投标者的实力都很强、名气都很大，与招标者都熟悉（或者都有"关系"），那到底让谁中标呢？当然，实力最强的一方最应该中标。但实力最强的一方最终能否中标，还取决于众多因素。其中，标书做得好坏也是非常关键的一个因素。金融服务方案设计就是把自己最闪光的东西展现给客户看，让客户觉得把业务交给你做不但放心，而且能带来巨大收益。客户经理初次拜访客户时，可有意识地收集相关资料，深化对客户的了解，并且在拜访结束时可向客户表示"我们会尽快把服务方案提交给你们"。当然，如果对该客户已了解得比较透彻，就可直接设计金融服务方案并在首次拜访时提交给客户。关于服务方案的内容，主要应体现银行的特色与服务能力、对客户需求的理解及银行能提供的服务内容。在服务方案中，客户经理还应重点涉及银行服务能给客户带来的利益。

（四）产品跟进

方案设计得再好，也还是停留在字面上。经济往来需要的是扎扎实实的利益。客户经理把产品交给客户使用，表面上是输送一种产品，但实际上输送的是利益。据说乾隆皇帝下江南时，有一天和金山寺的老方丈聊天。望着长江里面穿梭如织的大小船舶，乾隆皇帝问老方丈："长江里一天能过多少只船？"老方丈微微一笑："只有两艘。"乾隆皇帝不解，老方丈解释道："一艘为名，一艘为利。"是啊，我国有句古话："天下熙熙，皆为利来；天下攘攘，则为利往。"长江里面那么多船，要么是做买卖的商人，要么是求取功名的。如果没有了功名，如果没有了钱财，那长江里面恐怕只有日夜奔流不息的江水了。在我国，虽然"君子"们口头上耻于谈利，但实际上又是最爱钱财与功名的。李白"安能摧眉折腰事权贵"，那也是在"不归他人，而愿委身国士。倘急难有用，敢效微躯"遭到拒绝之后。像陶渊明那样"闲静少言，不慕荣利"，"忘怀得失，以此自终"的人，古往今来恐怕少之又少。在利益面前，父子可能反目，兄弟可能残杀（如唐太宗李世民）。时代发展到今天，我们可以走遍全球任何一个地方，可以让卫星上天，可以让江河改道，但恐怕我们很难走出自己的心魔，恐怕很少能有人放得下"利益"。银行客户经理能给客户带来的最大"利益"，就是让客户通过使用银行提供的服务能赚到更多的钱。同时，客户由于有银行的支持而得以壮大，从而成为知名企业，成为在社会上有影响的企业。所以，客户经理在营销时，要注意把自己的服务与客户所能获得的"名"（社会影响）和"利"（经济效益）有机地结合起来。

（五）后续维护

变化，是我们这个世界唯一不变的东西。今天把客户服务好了，并不等于客户永远满意。当今的实际情况是，银行之间的竞争越来越激烈。一个优质的客户会有很多银行来营销。哪家银行服务到位，客户就会转而让这家银行提供服务。对一个优质客户，银行客户经理要时刻防止其他银行的客户经理来"挖墙脚"。为此，银行客户经理在与客户建立业务联系后并不能松懈，而是要不间断地为这个客户提供优质服务。也只有这样，双方的业务往来才能保持下去，关系才能日渐稳固。

二、银行营销活动中的"人性"

对上述"营销公式"，客户经理要学会灵活运用：对有些客户，可重点使用其中的一个方面；而对有些客户，则需组合使用。但对任何客户，在营销活动中都应坚持"人性"营销。如果说"营销公式"中的五个方面是"目"，那"围绕人性做营销"就是"纲"。要做到"纲举目张"。"围绕人性做营销"是营销活动的根本，要贯彻营销活动的始终。这是因为，银行客户经理的任何营销活动，归根到底都是对人的营销。只有把人"琢磨"透了，才能营销到位。

那么，"人性"到底是什么呢？最核心的是人人都希望受到尊重，都希望别人把自己当个"人物"看。见到年老的，要称呼前辈；见到有官职的，要称呼职务。当然，客户经理对客户的尊重，要发自内心，至少不要显露出"忽视"客户的倾向。在尊重客户方面，有些服务型企业做得很好。有这样一家餐厅，当发现某一个重要客户特别喜欢紫色的东西时，就特意做了紫色的桌布。当这个客人来就餐时，就把他引领到这个铺有紫色桌布的餐桌上来。还有一家餐厅，在餐具上特别刻上客户的姓名，这个客户肯定会特别满意。试想如果这个客户在此请客，当他的客户们看到餐具上都刻有请客人的名字时，请客人会感到多么有"面子"啊！当然，值得餐厅如此做的前提是这个客户必须有价值。对银行客户经理来讲，也需对有价值的客户采取如此的营销服务方式。

那么，"中国人的人性"又是什么呢？只要是人，都希望受到别人的尊重。中国人更希望受到别人的尊重。从县长带领各局局长到农村视察，到开会时主席台上位置的摆放，都要让该受到尊重的人受到尊重。俗称就是要"给够面子"。"面子"在中国人的日常生活中占据非常重要的位置。"树活一张皮，人活一张脸"即是如此。此外，在我们中国数千年的文明史中，同艰苦奋斗、奋发图强、事业第一（所谓格物、致知、诚意、正心、修身、齐家、治国、平天下即是如此，这是中国无数读书人为之奋斗的人生理想）等优秀品德并行的，还有被中国人最为看重的"吃住穿喝玩乐"六字。尤其是"吃喝玩乐"四个字连在一起是非常贬义的一个词，但拆开来却构成了中国人乃至人类最为重要的方面。在"吃"上，中国人的花样可谓世界第一，天上飞的，地上跑的，水里游的，没有中国人不敢吃的；在做法上，煎炒烹炸无所不用其极。在"住"上，最能体现中国人的等级秩序观，皇帝住的地方叫"宫"，有权有势人住的地方叫"府第"，自己住的地方谦称"寒舍"，称呼别人住的地方叫"府上"。像颜回那样的，"在陋巷，人不堪其忧，回也不改其乐"，恐怕很少见吧。我们摆脱了"筒子楼"，就开始向往三居室；刚住上三居室，又开始谋划购买别墅；买不起别墅，也要争取住上被称作连排别墅的"伪别墅"。在"穿"上，也最能体现中国人爱脸面的天性，总是要穿上自己最好的衣服去参加宴会或其他公共活动。不仅道士、和尚的服饰不同，读书人与农夫的服装也不同。在过去，黄色（龙袍）为皇帝专用。今天来讲，上班族要穿西装，如果农民种地也穿西装，则旁人会笑掉大牙。一些所谓现代"隐士"，还要穿上特制的服装，以示自己飘逸洒脱。像陶渊明那样即使"短褐穿结，箪瓢屡空"，也"晏如也"的人肯定不会太多。在"喝"上，几千年前就有了白酒，古代殷纣曾以酒为池，以肉为林，为长夜之饮，以至于现在有人将"朝九晚五"改为"朝酒晚舞"。中国每年用在"喝"上的钱到底有多少，还真的难以算清楚。在"玩"上，中国人更是花样繁多，以至于历朝历代"玩物丧志"者众多，就是现在所谓的"玩家"也是数不胜数。在"乐"上，中国人不仅有理论，而且有实践。孔子曾云"知者乐水，仁者乐山"，更有"乐而亡忧"之说。如果说这些关于"乐"的理解还有文化意义在内的话，那么很多人单纯为追求感官享乐而不知廉耻就不可理喻了。既然国人如此喜欢"吃穿住喝玩乐"，那银行客户经理怎能视如此"国情"于不顾呢？除按照勤俭、必要等原则外，银行客户经理也应该满足客户"吃喝玩乐"的需要，在"吃喝玩乐"中让客户感到受尊重和感到"有面子"，在"吃喝玩乐"中加深与客户的关系，在"吃喝玩乐"中让客户接受银行的服务。至于"住"与"穿"，客户经理也要大加利用。如果能到客户家里拜访，那就表明你与客户的关系不一般了。因此，从业务关系处成朋友关系应是客户经理的工作目标。当送给客户穿的衣服时，很多客户经理往往不加考虑，要么送条谁都可以系的领带，要么送件谁都可以穿的衬衫。客户经理能否考虑一下客户的性格、爱好与品位，再根据具体情况选送适当的衣着呢？试想，你给喜欢穿布鞋的人送皮鞋，对方能满意吗？

"围绕人性做营销"，要落实到细节上。我们的大学教育，在刚改革开放时是所谓的"精英教育"：只要大学毕业，国家就管分配工作，所以几十年前大学生还被称为"天之骄子"。现在大学扩招，很多大学生很难就业，大学教育就被称为职业教育。但无论如何，大学生所受的教育仍是"立意甚高"，这从学生的毕业论文题目上就可看得出来：论全球化，论中国经济改革，论大国崛起，论外交政策……我们很少见"论如何才能把螺丝钉拧紧"这样具体的题目。这从另一个侧面启示银行客户经理，营销客户要从细微处入手：采取什么方式向客户提交服务方案才有成效？今天晚上怎样点菜才能符合客户的胃口？采取什么样的行车路线才能让客户以最短的时间及时到达签协议会场？等等。借用革命前辈"外交无小事"这句话，银行客户经理在营销客户上也无"小事"：细节最能体现一个人的素养。

银行客户经理的营销细节体现在营销活动的方方面面。比如，接听客户电话时，要仔细、态度好；拜访客户时，要带上笔记本，以便记录客户的重要谈话（这样一来，客户也感到受尊重）；听客户谈话时，要认真倾听，保持面部微笑，不要乱插话；主动与客户握手；善于倾听；不能向客户提出客户回答不了的问题；不能在客户面前与同事争辩；拜访客户时要带上宣传资料；离开客户办公室时要轻轻带上门；请客户吃饭一定要带够钱或信用卡；经常问候客户；等等。

"世事洞明皆学问，人情练达即文章。"银行客户经理要在社会这个大课堂中磨炼自己，提升自己。丰富多彩的社会实践和源远流长的中国文化就是银行客户经理获取营销知识与提升营销技能取之不尽、用之不竭的源泉。

目 录

上篇　做一个优秀的客户经理

中篇　客户营销的流程与技巧

下篇　学习效果测评

上　篇
做一个优秀的客户经理

客户经理的主要工作是营销客户并维护与客户的关系，但做好这些工作并不容易。客户经理要想做好客户营销与维护工作，靠的不是蛮力，而是扎扎实实的功底。那些知识面宽、素质高、掌握营销技能、善于沟通的客户经理总能取得好的营销业绩；而那些不善于学习、不掌握工作方法的人，虽然每天忙忙碌碌，但营销成效总是不大。所以，要做一个优秀的客户经理，首先要不断学习、善于学习。通过不断学习，夯实自己的工作基础，首先把自己打造成一个合格的客户经理，再把自己打造成为一个优秀的客户经理，从而实现自己的职业理想。

第一章
掌握学习方法

学习方法非常重要。智力水平相当的人，采取不同的学习方法，会取得不同的学习效果。我读中学时，有个好朋友，人非常聪明，但就是学不好历史课，因为历史事件、历史人物太多，他总记不住，每次历史考试他总无法取得好成绩。我智力一般，但每次历史考试总能取得班级前几名。原因在于我掌握了学历史的基本方法：我先在脑海中画一棵大树，以树干为经，以树枝为维，两个大树枝间算作一个朝代，每个朝代的人物、事件都挂在相应树枝的树叶上。我只要记住这棵树就行了。每次考试，我只要在脑海中打开这棵树，总能找到适当的答案。我学习时，把厚厚的多本历史教科书浓缩成薄薄的一张纸；我使用时，把薄薄的一张纸扩展成厚厚的几本书。记一张纸总比记几本书要容易，可见学习方法的重要。客户经理也应掌握正确的学习方法。

第一节　基本学习方法

客户经理需要学习的内容很广泛，包括知识、技能、素养、监管政策、银行制度等多个方面。与此相对应的是，客户经理的学习途径与方式也有很多种。比如，通过专业书籍学习、经常阅读有关报纸杂志、与知识渊博的人交谈、参加有关的培训班、案例整理与观摩、模拟实际作业、自我学习与接受培训相结合、在实际工作中相互学习、定期和不定期地外出考察、轮岗训练等。本节先简要介绍以下几种学习的途径与方式。

一、学习的途径

（一）广交朋友，与知识渊博的人交谈

客户经理最好能有多个知识渊博的朋友，经常在一起聊聊，这样有助于扩大自己的知识面。朋友的圈子应尽可能大，从地域上可以是全国甚至是国外；从行业上也不要仅局限于金融行业。对客户经理来讲，来自石油、电信、钢铁等产业界的朋友甚至比来自金融界的朋友更重要。与朋友交流的方式可以是在固定场所聚会，也可以是不经常的电话联络或互联网交流。从交谈中，客户经理可有意识地吸收对自己有价值的东西，包括信息、思想、看法等。

（二）模拟实际作业

客户经理针对自己确定的拟开发客户，以及营销中可能出现的突发情况、矛盾焦点

和实际案例来准备素材，自己设计开发此类客户的方案，通过假定的工作来提高自己。案例素材的另外一个来源就是对媒体披露过或同行交流中得到的材料进行归纳，假想自己遇到此类问题应该怎么办，从而提升自己应对各种情况与问题的能力。这种方式对初加入客户经理这个职业的新手来讲非常有效。

（三）自我学习与接受培训相结合

在现时代，无论何时唯一永恒的东西恐怕就是学习了。任何一个组织如果不能成为学习型组织，它将不会有活力，甚至会被时代淘汰；对一个人来讲也同样如此，要是没有持续学习的激情、愿望与能力，恐怕很快就会智慧枯竭，最终失去生存能力。客户经理作为商业银行中最需要掌握多方面知识与技能的群体，理应自我加压，抱着"活到老，学到老"这一朴素而又深邃的思想，从持续不断的学习中以最快速度提高自己的分析归纳能力、决策判断能力、市场预见能力和客户拓展能力。客户经理的自我学习还必须同接受培训结合起来。接受培训的方式不只是参加专门的培训班，还包括参加有关部门组织的相关研讨会。

（四）在实际工作中相互学习

客户经理主要以工作小组的方式存在和开展业务。在一个小组当中，往往搭配了各种等级、知识、年龄、专业和个性的客户经理，客户经理要经常在日常工作中相互学习彼此的业务技能和专业经验。客户经理还可采取"徒弟跟师傅"式的学习，即参加高等级客户经理组织的客户访问，通过联合访问来学习高等级客户经理的实战技巧。

（五）定期和不定期地考察

客户经理的眼界和思路是否开阔，直接影响到业务技能的提升与客户拓展工作的成效。客户经理适当走出去到兄弟行或其他银行进行现场考察、观摩学习，感受业界发展的最新脉搏，可以学到在银行内部学不到的东西。考察的主要方式是到现场去，但这样的机会客户经理可能相对较少，在此情况下，浏览各银行网站及各银行披露的相关资料也不失为一种学习的途径与方式。当前，各种金融专业网站有很多，客户经理可以有选择地加以利用。

（六）轮岗训练

客户经理应争取能不定期地在新的岗位上工作，以训练自己全面的工作技能。在这方面，客户经理所在单位应尽可能地创造条件。对客户经理来讲，也应有意识地接触多种业务。如果客户经理有风险管理、稽核、会计方面以及产品部门的工作经验，则展业优势会更加明显。

（七）有目的地进行自学

客户经理虽然离开了学校，无法再在课堂上进行系统的学习，但学习的习惯不能丢。职场压力的增大要求客户经理必须不断地加强学习、学到对营销有用的知识。但很多客户经理由于未能掌握科学的学习方法，无法达到事半功倍的效果。有些客户经理买了很多书，也读了很多书，但总觉得提高不快，原因就在于学习方法不对。自学时，客户经理要带着问题学，即学习的目的是解决那些在营销实践中遇到的问题。除非个人爱好，一般情况下客户经理不应花费太多的工夫在无用知识的学习上。客户经理学习知识的目的在于使用，但不能将学到的知识僵化地用于丰富多彩的实践中，而是要活学活用，在知识的使用上多下工夫、下大工夫、下巧工夫。客户经理要把学习和应用有机地结合在一起，要先学那些对营销有用、急需的知识。对那些暂时无法派上用场的知识，在时间安排上可往后一些。比如，明天要到一家从事机械制造的企业去营销，那今晚就要好好补一下关于机械制造的知识；下个月去拜访电子企业，则到时再学习电子知识也不算晚。对于那些带有普遍性经验的知识、做法，客户经理在营销实践中应有意识地反复运用，直至能熟练掌握，再遇到同类情况时，客户经理如能下意识地使用，则达到了学习效果。表1-1是毛泽东和陈云同志关于学习的有关论述及启示。

表1-1　毛泽东和陈云同志关于学习的有关论述及启示

论述者	关于学习的有关论述	启　　示
毛泽东	要把一个落后的农业的中国改变成为一个先进的工业化的中国，我们面前的工作是很艰苦的，我们的经验是很不够的。因此，必须善于学习。	客户经理的营销工作也非常艰巨，也需要加强学习。
	情况是在不断地变化，要使自己的思想适应新的情况，就得学习……要接受新事物，要研究新问题。	加入WTO以来，国内金融环境发生了很大的变化，同业竞争进一步加剧，新问题层出不穷，客户经理必须探求在新形势下如何开展营销。
	我们能够学会我们原来不懂的东西。	对很多客户经理来讲，尤其是刚加入营销队伍的人来讲，知识与技能都是不够的。但应该有信心：只要善于学习，不断努力，是能够成为一个优秀的客户经理的。
	学习有两种态度：一种是教条主义的态度，不管我国情况，适用的和不适用的，一起搬来。这种态度不好。另一种态度，学习的时候用脑筋想一下，学那些和我国情况相适合的东西，即吸取对我们有益的经验。我们需要的是这样一种态度。	客户经理学习知识时要勤思考，不应死读书，应学以致用，主动、灵活学习那些对自己提升营销业务、促进银行业务发展有益的知识。
	如果有了正确的理论，只是把它空谈一阵，束之高阁，并不实行，那么，这种理论再好也是没有意义的。	客户经理的学习是要用来提升自己的营销水平的。有了新知识，有了新体会，客户经理要很快地应用到营销实践中去。
	有工作经验的人，要向理论方面学习，要认真读书，然后才可以使经验带上条理性、综合性，上升成为理论，然后才可以不把局部经验误认为即是普遍真理，才可不犯经验主义的错误。	我们很多客户经理靠拼酒量来营销，结果把身体都弄垮了。其实，客户经理完全可以尝试用知识来营销，用学到的理论去指导营销。当然，在国内文化氛围下，两者结合可产生更大的营销效果。
	读书是学习，使用也是学习，而且是更重要的学习。从战争中学习战争——这是我们的主要方法。……常常不是先学好了再干，而是干起来再学习，干就是学习。	客户经理不要认为学习和应用是两回事。其实，在实践中提高也是一种学习。除向书本学习外，客户经理要善于在营销实践中总结提炼好的经验，再用之于实践。

续表

论述者	关于学习的有关论述	启　　示
毛泽东	入门既不难，深造也是办得到的，只要有心，只要善于学习罢了。	很多新入行的客户经理有畏难情绪，觉得自己没有资源，拉不来客户。其实，很多优秀的客户经理一开始都没多少客户。只要努力，并掌握了正确的学习方法，大多客户经理是能够取得很大营销成绩的。
	我们必须向一切内行的人们（不管什么人）学经济工作。拜他们做老师，恭恭敬敬地学，老老实实地学。不懂就是不懂，不要装懂。	任何人都有我们值得学习的地方。客户经理应抱着谦虚的态度，向一切内行的人学习。态度谦虚和为人诚实也是一种美德，会赢得人们（包括客户）的尊重。
	学习的敌人是自己的满足，要认真学习一点东西，必须从不自满开始。对自己，"学而不厌"，对人家，"诲人不倦"，我们应取这种态度。	金融环境不断发生变化，且呈加速变化趋势。要适应这种变化，客户经理只有不断地学习，从而充实提高自己。客户经理要活到老、学到老。
	学游泳有个规律，摸到了规律就容易学会。	营销工作并不难，掌握了好的方法，只要持之以恒，就能取得成效。
	经验对于干部是必需的，失败却是成功之母。但是虚心接受别人的经验也属必需，如果样样要待自己检验，否则固执己见拒不接受，这就是十足的"狭隘经验论"。	客户经理不能故步自封，要敢于、善于学习其他人的好的经验与做法，把别人的经验变成自己的优势。
陈云	我觉得对于学习的意义认识得够不够，是决定我们能否下决心学习的关键。	客户经理应充分认识学习对提升自己营销技能的意义。
	一个干部能独立工作的条件是学习，没有理论不行，只凭经验不够。一天到晚工作而不读书，不把工作和学习联系起来，工作的意义就不完整，工作也不能得到不断改进。因为学习是做好工作的一个条件，而且是一个必不可少的条件。	企业家争做儒商，其实客户经理也要用知识武装自己。学习好了，把学到的知识应用到工作中，能促进工作的进步。客户经理要把工作和学习有机地统一起来。
	共产党员有了革命的理论，才能从复杂万分的事情中弄出一个头绪，从不断变化的运动中找出一个方向来，才能把革命的工作做好。每个共产党员要随时随地在工作中学习理论和文化，努力提高自己的政治水平和文化水平，增进革命知识，培养政治远见。现在无论你怎么忙，为了把握伟大而又变化多端的中国革命运动，必须增加一点革命的理论，增加一点历史的知识。	客户经理何尝不是如此！营销任务再繁重，客户经理也要抽时间多读点书，多学些知识。
	在党内，在干部中，在青年中，提倡学哲学，有根本的意义。……一个人，无论从事什么工作，有还是没有这个世界观和思想方法，工作起来就会大不一样……学习哲学，可以使人开窍。学好哲学，终身受用。	哲学并不高深。客户经理有了正确的世界观和方法论，就能用来指导自己的营销实践，工作就会少走弯路。

续表

论述者	关于学习的有关论述	启　示
陈云	学习不是一朝一夕，要长期下苦功夫。主要不是进学校，而是靠自修。学校没有那样大，不可能住很多人；同时工作还要有人去做。问题怎么解决呢？就是毛主席说的进"长期大学"，就是要坚持自学。只要功夫深，铁杵磨成针。	客户经理要向实践学，在实践中学。当然，有机会时，也应到学校集中进修一段时间。但自学应是客户经理主要的学习方式。
	共产党员应该学习与精通自己所从事的技能，不断提高自己工作的与办事的能力……需要我们努力学习新的东西，不断探索和解决新的问题。	客户经理需要学习市场营销技能，以不断提升营销能力。
	我们一方面应该在生产和工作中学习，总结自己的经验，提高自己的能力；一方面吸收世界上一切先进的知识，合理地运用到生产和工作中去。	有意识地总结提炼自己的营销经验和积极地学习别人的营销经验是客户经理学习的两个重要方面。
	学习的内容有三个方面：一是总结经验。把总结经验列入学习的一项，不用说是很重要的。二是重大的时事和政治问题的学习。三是学习若干重要的理论问题。党员绝不能离开各项实际工作去"专做"理论工作，同时也绝不能单单埋头实际工作而完全不学习理论。有经验者，从理论上去反省经验；无经验者，理论与实践相配合。只停于实际，就不会有远大目光；只停于高远理论，就不能解决实际问题。理论和实际两者不能或缺。学习理论和参加实际工作都是每个共产党员不可或缺的责任。	客户经理也应学习这个方面，并且应把学习内容与自己的工作联系起来，不能漫无边际、无所目的地乱学一通。
	学习的方法有三种：第一，经常总结经验教训。要从成功的经验中学习，特别要从失败的经验中学习。这是使我们减少错误的好方法。一个人做事不可能不犯错误，有一种人，犯了错误只是觉得不好意思；另一种人，却把失败当做成功之母，从失败中吸取经验教训。后一种态度，显然是正确的。第二，向左右、上下学习，也就是向同行学习，向上级和下级学习，特别是向下级学习。第三，向外国学习，现在我们应该首先学习我们所没有的东西。要学习，就要丢掉包袱。我们要面向现实，采取老老实实的态度。	客户经理既要总结自己的经验教训，也要向其他客户经理学习。同时，由于金融国际化趋势明显，客户经理还应学习国外先进的东西。
	你们一方面要认真地学习，一方面要在实践中锻炼，不要胆小。我们需要学习的东西，今天不懂明天就可以懂，应该有这样的学习决心。犯错误，碰钉子，当然不好，但是从错误中能得到经验，练出本领。我们必须这样做，自己动手，准备碰钉子，不经过这个过程，学好本领是不可能的。	客户经理不可能每次营销都能成功。但只要勇于、善于营销，不断总结经验，则营销技能和营销效果都是会提升的。

续表

论述者	关于学习的有关论述	启　示
陈云	我们反对那种"自高自大"、"自称高明"的倾向，反对那种不愿学习或者对学习没有信心的现象。一个共产党员是难得机会长时期在课堂上学习的，因此，必须善于在繁忙的实际工作中，自己争取时间去学习，这一点必须有坚持的精神才能做到。	客户经理的工作非常繁忙，各种业务指标压得透不过气来，但也要挤出时间来通过学习提高自己。贵在坚持，客户经理坚持每天学一点有用的东西，一年下来，收获就会很大。
	个人的程度不同，环境不同，读书应该采取不同的方法。像我们这样没有什么底子，各种知识都很缺乏的人，要老老实实做小学生。	陈云同志尚且如此谦虚，我们客户经理更应谦虚好学，追求上进。但具体的学习方法要因人而异，不必强求一律。
	每个共产党员要随时随地在实际工作中学习，向群众学习。一切实际工作中的和群众斗争中的经验教训，是我们最好的学习的课本。	三人行，必有我师焉。客户经理也应随时随地学习。
	读书要做笔记。这有两个好处：一是让你多读几次；一是逼着你聚精会神，认真思索，使你了解深刻些，而不像随便看过去那样模模糊糊。读书最好有个小组，几个人在一起讨论一下，可以互相启发，程度低的还可以得到程度高的同志的帮助。读书要与懒惰作斗争。要订出一个切实的读书计划，照着去办，坚持不懈。	客户经理在学习时也应做到记笔记、参加读书小组、不懒惰这三点。
	共产党员的口号是"学习，学习，再学习"。	客户经理的客户也应是"学习，学习，再学习"。同时，客户经理也要"实践，实践，再实践"。

注：毛泽东同志关于学习的论述见《实践论》、《整顿党的作风》、《论人民民主专政》等文章，陈云同志关于学习的论述见《学习是共产党员的责任》、《到什么地方学习》等文章。

二、学习的"悟性"

客户经理要学会"悟"，要能从相关题材中悟出对自己营销工作有用的东西。"世事洞明皆学问，人情练达即文章"。客户经理千万不要以为只有阅读金融书、听金融课才能学到金融知识。阅读一本非金融的图书，或看一部娱乐性电影，乃至一件微不足道的小事情，都能给我们以深刻的启示。在很多情况下，非金融知识途径给我们的启示往往更深刻、更有用。下面试举三例。

（一）从毛泽东经典名篇中感悟营销

毛泽东同志的很多文章是论述战争的战略战术的。客户经理的营销过程何尝不是先选择敌人（客户）后通过战斗（营销）最终战胜敌人、俘获敌人（客户）的过程？毛泽东同志关于战争的战略战术的一系列著作能给客户经理的营销工作以深刻的启示。这些著作主要包括：《中国革命战争的战略问题》、《抗日游击战争的战略问题》、《论持久战》、《战争和战略问题》、《目前形势和我们的任务》等。表1-2仅摘录了若干论述供客户经理参考。

表1-2 毛泽东同志有关战争的部分论述及对营销工作的启示

文章名称	相关内容	启 示
《中国革命战争的战略问题》	经验多的军人，假使他是虚心学习的，他摸熟了自己的部队（指挥员、战斗员、武器、给养等及其总体）的脾气，又摸熟了敌人的部队（同样，指挥员、战斗员、武器、给养等及其总体）的脾气，摸熟了一切和战争有关的其他的条件如政治、经济、地理、气候等，这样的军人指导战争或作战，就比较地有把握，比较地能打胜仗。这是在长时间内认识了敌我双方的情况，找出了行动的规律，解决了主观和客观的矛盾的结果。这一认识过程是非常重要的，没有这一种长时间的经验，要了解和把握整个战争的规律是困难的。（见该文第二章第四节：重要的问题在善于学习）	客户经理也要像经验多的军人一样了解三方面的情况：一是自己的情况，包括银行能提供哪些产品、信贷政策如何等。二是客户的情况，包括需求、爱好、相关人员等。三是与营销有关的情况，包括能调动的各种资源、客户的行业政策等。只有了解到这些情况，客户经理才能将客户营销到手。客户经理还要经常总结自己的营销工作，再将营销经验运用到新的营销实践中，从而不断地提高自己的营销技能。
《目前形势和我们的任务》	我们的军事原则是：（1）先打分散和孤立之敌，后打集中和强大之敌。（2）先取小城市、中等城市和广大乡村，后取大城市。（3）以歼灭敌人有生力量为主要目标，不以保守或夺取城市和地方为主要目标。保守或夺取城市和地方，是歼灭敌人有生力量的结果，往往需要反复多次才能最后地保守或夺取之。（4）每战集中绝对优势兵力（两倍、三倍、四倍，有时甚至是五倍或六倍于敌之兵力），四面包围敌人，力求全歼，不使漏网。在特殊情况下，则采用给敌以歼灭性打击的方法，即集中全力打敌正面及其一翼或两翼，求达歼灭其一部，击溃其另一部的目的，以便我军能够迅速转移兵力歼击他部敌军。力求避免那种得不偿失的、或得失相当的消耗战。这样，在全体上，我们是劣势（就数量来说），但在每一个局部上，在每一个具体战役上，我们是绝对的优势，这就保证了战役的胜利。随着时间的推移，我们就将在全体上转变为优势，直到歼灭一切敌人。（5）不打无准备之仗，不打无把握之仗，每战都应力求有准备，力求在敌我条件对比下有胜利的把握。（6）发扬勇敢战斗、不怕牺牲、不怕疲劳和连续作战（即在短期内不休息地接连打几仗）的作风。（7）力求在运动中歼灭敌人。同时，注重阵地攻击战术，夺取敌人的据点和城市。（8）在攻城问题上，一切敌人守备薄弱的据点和城市，坚决夺取之。一切敌人有中等程度的守备而环境又许可加以夺取的据点和城市，相机夺取之。一切敌人守备强固的据点和城市，则等候条件成熟时然后夺取之。（9）以俘获敌人的全部武器和大部人员，补充自己。我军人力物力的来源，主要在前线。（10）善于利用两个战役之间的间隙，休息和整训部队。休整的时间，一般地不要过长，尽可能不使敌人获得喘息的时间。（见该文第三部分）	（1）先营销容易成功的客户，后营销困难大的客户，这样便于增强信心。（2）以提升营销收益为主要目标，不以单纯签署协议等扩大市场影响为目标。（3）调动一切可以凭借的力量集中营销一个客户，在有限的时间内不要过分分散自己的力量。（4）去拜访客户前，要做好充分的准备，不做准备工作不充分的客户拜访。没有把握营销到手的客户暂且不做，待条件成熟了再去营销。（5）瞄准一个客户，就持之以恒地去做，以坚持不懈的斗志去做营销工作。（6）在不间断的营销工作中逐步提升营销业绩。（7）对容易打交道的客户部门，要先营销，以此营销开去，直至将与开展业务有关的客户的所有部门都营销到位。（8）营销业务提升了，客户经理的收入就增加了，但客户经理不要舍不得花费，要让收入提升自己的生活质量，以利于再开展营销活动。（9）讲究一张一弛，客户经理要懂得休息。营销业务不错的时候，客户经理该休假时就休假。休假是为了更好地工作。
《论持久战》	抗日战争应该是有计划的。战争计划即战略战术的具体运用，要带活性，使之能适应战争的情况。要处处照顾化劣势为优势，化被动为主动，以便改变敌我之间的形势。而一切这些，都表现于战役和战斗上的外线的速决的进攻战，同时也就表现于战略上的内线的持久的防御战之中。（见该文"主动性，灵活性，计划性"部分）	营销工作也要有计划，不能打无准备之仗。但是在营销实践中也要保持充分的灵活性。客观世界是不断变化的，不能用相对静止的计划应对变化多端、丰富多彩的实践。相对于实力强大的客户，客户经理显得弱小，但客户经理要善于将自己的劣势变为优势，最终营销到客户。

（二）从名著《西游记》中感悟营销

《西游记》是我国明代小说家吴承恩编撰的一部神话志怪小说。《西游记》里的故事可谓家喻户晓。孩子们喜欢的是无法无天的孙大圣，成年人称颂的是不畏艰险去西天取经的唐僧，女士们喜欢的是恋家懂得疼人的猪八戒，领导看重的是踏踏实实工作的沙僧。我们做银行营销的，能从中看到什么呢？其实，从营销角度看《西游记》，也会有很多收获。

我们知道，西天路上的妖精非常之多，以至于西天取经的过程就成为以孙悟空为首的三弟兄（加上白龙马则为四弟兄）降妖除怪的过程。孙悟空年轻时心气很盛，一心想要出人头地，要谋个一官半职，嫌弼马温官职小，非要做齐天大圣。结果被如来佛和玉皇大帝（分别代表佛家与道家）联手制伏，并被如来佛压在五行大山下。这一压，压掉了孙悟空的高傲心性和锐气，也让孙悟空明白了一个道理：追求不属于自己的东西，只能得到痛苦，且这痛苦是500年的。因此，你看一看，被唐僧救起后的孙悟空，再也没有了年轻时在如来佛手指上撒尿、在天庭大打出手的豪气，剩下的只是一个作为唐僧徒弟的行者，一个对权贵唯唯诺诺的行者（当然也有人对此持不同看法，就权当我曲解孙行者吧）。当孙悟空上天找玉皇大帝帮忙降伏妖怪时，居然高呼"万岁，万岁，臣今皈命，秉教沙门，再不敢欺心诳上"。这哪还是那个目空一切的齐天大圣！对昔日看不上眼的领导，孙悟空学会了谦卑。且看孙悟空是如何降妖除怪的吧。西天路上的妖精，看似很多，其实只有三类：与领导有关系的妖精（主要是西天佛祖和东天玉皇大帝及其下属身边的"宠物"，西天路上最多的妖精就是这一类妖精）、孙悟空过去做妖怪时结交的亲朋故旧（孙悟空本身也是妖怪，只不过被观音菩萨看中，让其加入取经队伍，从而成了"体制内"的人）、没有任何背景全靠自身修行企图成仙或成人的"野生"妖精。这三类妖精背景不一，孙悟空采取的措施也不一样：对领导身边的人，即使悟空想打，神仙也不会让你打，如悟空真的打了，还会破坏与妖精主人的关系。因此，我们看到悟空遇到妖精并不急着打，而是先查一下所遇妖精的背景，要么上天去问，要么就问土地。如果确认是与上天神仙有关的妖精，悟空就会客客气气地送回去（当然，也有一些领导身边的妖精是他们的领导主动来领回去的）。经过500年的痛苦，悟空比谁都明白：妖精该不该杀不取决于他犯的罪行，而是取决于杀他的后果。典型的是在比丘国，从犯白面狐狸被打死，主犯白鹿怪却被太白金星带回。更典型的是，妖怪被领走后，小妖被统统打死。对自己的亲朋故旧，孙悟空则手下留情，如条件许可则帮助找个好工作，如把兄弟牛魔王的儿子红孩儿介绍给观音菩萨做了善财童子，也算成了吃"皇粮"的人。对无后台的妖精，孙悟空是绝不手软的，要坚决消灭掉（如玉华县豹头山上的黄狮子精，可以说是个非常好的妖精，他派刁钻古怪和古怪刁钻两个小妖去向人买牛羊等物，而不是像坏人那样直接去抢，但结果却被孙悟空毫不留情地打死了），因为这样一来，充分显示了孙悟空保护唐僧西天取经的决心。我读《西游记》时，把西天路上众多妖精做了分类，形成表1-3。各位读者阅读后就姑且一笑罢了。但由此我想到我们客户经理营销时面对的客户不也就这三类吗：自己认识的、领导推荐的和客户自己找上门的。当然，客户经理不能一口回绝那些自己找上门的客户，但从《西游记》诸多妖精的结局中，我们能总结出一个结论：客户经理要像孙悟空打妖精那样，不能统统"消灭掉"，而是要个性化处理，进行个性化营销。

表1-3 《西游记》中诸妖精与神仙、悟空之关系及最后结局

妖精类型	妖精姓名	与神仙及悟空之关系	活动地点	主要活动	结局
悟空做妖怪时的亲朋故旧	牛魔王一家	牛魔王，号"平天大圣"	悟空花果山时期结拜的六兄弟之一	火焰山、火云洞	牛魔王被镇压后不敢再提"平天大圣"之称号。非常务实，追求到通过扇扇子就有收入的铁扇公主（扇扇子后下雨可种庄稼），并开辟了女儿国落胎泉水之产业（如意真仙为其兄弟）。包有玉面公主这一二奶。产业、家庭、情人兼顾，为成功男人。只是在悟空调戏其妻后才与悟空翻脸。	牛魔王被哪吒穿透鼻孔后牵至佛祖面前。
		铁扇公主，牛魔王之妻			贤妻良母型，溺爱红孩儿（红孩儿被观音收走，与悟空见面就呵斥悟空为什么要害自己的孩子）。丈夫被玉面狐狸勾走两年后回家时，仍出门迎接。	铁扇公主则在孩子被观音收走、牛魔王被佛祖收后万念俱灰，潜心修行，得到正果。
		红孩儿，牛魔王之子			有天分，自己炼成三昧真火；孝顺，请父王吃唐僧肉；好欺负神仙界中最基层的公务员——山神土地。在悟空搬来上天救兵后，仍不畏惧，且大败天兵。变成观音诱捕八戒。观音来后，挺枪就刺，且跳上莲花台。其叛逆之精神大有500年前悟空之身影。	成为观音之善财童子。
		玉面公主，牛魔王之二奶			继有父亲万贯家财，找到能保护她且不贪图她钱财之可靠男人牛魔王。其不以破坏牛魔王家庭为己任，且文采极佳，懂得以小女人之娇气迎合牛魔王（铁扇公主会武艺，泼辣有余而温柔不足），是标准的二奶形象。	被八戒一把打死，其实玉面公主从头至尾并没做错什么。
如来佛和玉皇大帝等领导身边的人		大鹏金翅雕	如来之舅舅	狮驼国	用阴阳二气瓶装进悟空，使悟空不得不用观音给的救命毫毛。实力超强，能打败悟空，且具智慧，骗得悟空相信其已吃掉唐僧，且悟空不敢报仇。不依靠此裙带关系，凭实力建有妖精界唯一之国家——狮驼国。	回到灵山。
		金角大王、银角大王	太上老君的两个童子	平顶山莲花洞	有紫金葫芦、玉净瓶、幌金绳等宝贝。不愿随便抓和尚，拿着画像抓唐僧；希望唐僧在被吃之前心悦口服，拟以德服人；重兄弟情义，银角大王被装进玉净瓶后，金角大王放声大哭。	被太上老君带回，但其手下小妖如精细鬼、伶俐虫、巴山虎、依海龙均被打死。

妖精类型	妖精姓名	与神仙及悟空之关系	活动地点	主要活动	结局
如来佛和玉皇大帝等领导身边的人	青牛精	太上老君之坐骑	金兜山金兜洞	使一支钢枪，宝贝是能套别人武器的金刚镯。青牛精下界后变做亭台楼阁引唐僧进去，八戒、沙僧因穿背心被抓，悟空与之大战，被收去宝贝。上天请天兵，哪吒等神仙武器又被套走。最后在如来指点下，悟空找到太上老君来降伏青牛精。	被太上老君领回。
	狮猁怪（青毛狮）	文殊菩萨之坐骑	乌鸡国	乌鸡国喜欢吃斋念佛，文殊菩萨见状来劝服。未果，反被水浸泡三天。大怒，遂派青毛狮到乌鸡国，先成为国师，后将国王推下井，自己变做国王。虽然成为国王，但已被阉割，并未能体会到做国王的好处，只是文殊菩萨之傀儡。其治理下的乌鸡国颇好。	被文殊菩萨领回。
	黄袍怪	为奎木狼星下凡	宝象国黑松林	其在天上的情人到宝象国投胎做了公主后，遂变做妖怪摄公主到洞府做夫妻。但公主不知黄袍怪来历，还帮助唐僧等人（黄袍怪非常爱自己的妻子，只凭妻子一句话就能放唐僧走），结果自己家庭被拆，孩子也被八戒打死，估计非常后悔。	奎木狼星被贬到太上老君那里烧锅炉，但很快官复原职。
	金毛犼（hǒu）	观音菩萨之坐骑	朱紫国	变做妖怪抢了朱紫国的王后做夫人，但王后穿着紫阳真人送的软猬甲，故无法近身。用情专一，得不到王后的好脸子，见到其他女侍还脸红。心地善良，相信爱人，把命根子紫金铃交给夫人保管。心地单纯，文化素质较低，当悟空称其为外公时，甚至对夫人说"百家姓上好像无姓外的"。其手下小妖亦多善良之辈，如有来有去。	被观音菩萨领回。其手下小妖有来有去被打死。
	金鱼精	观音菩萨之宠物	通天河	趁着海潮泛涨跑到通天河，每年要吃一对童男童女。有智慧，处事灵活。当悟空和八戒变做童男童女让金鱼精吃时，金鱼精觉得蹊跷，立即由往年的先吃童男改为先吃童女。后作法天降大雪，封通天河，并变出几个商贩引诱唐僧师徒。	被观音菩萨领回。
	金鼻白毛老鼠精	托塔李天王之义女	无底洞	在灵山偷吃如来的宝烛，被如来怪罪，请托塔李天王剿灭，被托塔李天王认为义女。唐僧取经过无底洞时，把自己绑在树上求救，被唐僧带到寺院，并吃掉六个和尚。事败后带唐僧到无底洞，欲与唐僧成亲。容易相信男人，是真心喜欢唐僧，但被唐僧欺骗着喝酒（悟空变成小虫到酒杯里）、吃桃（悟空变的），被悟空欺负。	被托塔李天王带回天宫。

续表

妖精类型	妖精姓名	与神仙及悟空之关系	活动地点	主要活动	结局
如来佛和玉皇大帝等领导身边的人	小鼍（tuó）龙	泾河龙王第九子、北海龙王之外甥	黑水河	因父亲冤死和母亲早逝，生性叛逆，霸占黑水河为妖。扮作船夫捉了唐僧及八戒，给龙王舅舅发邀请函吃肉，被悟空发现后成为问罪龙王的依据。从写给舅舅的请柬中可以看出其文采很好。	被表哥龙太子擒获后带回龙宫。
	玉兔精	嫦娥之宠物	舍卫国	在月宫受到素娥欺负。素娥下凡投胎到舍卫国做公主，玉兔精把界下把素娥变的公主抛弃在荒野（被金禅寺和尚收留），自己做了公主。以抛绣球方式欲做唐僧妻子，被悟空打败。	被嫦娥带回。
	黄眉大王	弥勒佛身边敲磬的小童	假雷音寺	变出一个小雷音寺及罗汉、金刚、菩萨等一干神仙，引唐僧入寺后捕获。用金铙将悟空罩住，用"人种袋"收尽天兵天将。	被弥勒佛带回。
	白鹿精	南极老寿星的坐骑	比丘国	把自己情人白面狐狸精献给比丘国国王，自己当上国丈。狐狸精把国王油水抽干后要小儿心肝做药治病。在悟空要求土地神移走小孩后打起唐僧的主意，要吃唐僧的心肝。	白鹿精被老寿星带走，白面狐狸精被打死。
	万圣龙王和九头虫	万圣龙王的女婿	乱石山碧波潭	与位高权重的四海龙王及与四海龙王有点关系的泾河龙王不同，万圣龙王属龙界之底层阶级，没有什么实力。九头虫与其岳父共谋下场血雨把金光寺宝塔上的舍利偷走。唐僧取经经过该地时，九头虫担心被发现，就派奔波儿灞和灞波儿奔去探风。两小妖被抓后供出九头虫和万圣龙王。	万圣龙王被悟空打死；九头虫被二郎神的哮天犬咬掉一个头。
自己修行的"野生妖精"	树精（松树十八公、杏仙等）	无关系	荆棘岭	本来在世外桃源般的荆棘岭自由而快乐地生活，但由于想和唐僧谈经论道或攀上唐僧（以求唐僧在如来面前美言而获得好前程）而引来灾祸。杏仙爱上唐僧，但被唐僧粗暴拒绝。	被八戒连根拔掉，或钉耙打死，结局凄惨。
	黄狮精	无关系	天竺国玉华县之豹头山	与人和谐相处，做买卖童叟无欺，居然派刁钻古怪和古怪刁钻两个小妖拿钱去买开钉耙会上用的牛羊。沙僧扮成羊倌来送羊时，更是要补钱，还要管一顿饭，可见心地之善良。黄狮精被打死后，其爷爷九灵元圣（为太乙天尊之坐骑）非常悲愤，凭实力打败悟空等人。	黄狮精及其家眷、喽啰均被打死；九灵元圣被太乙天尊领走。

续表

妖精类型	妖精姓名	与神仙及悟空之关系	活动地点	主要活动	结局
自己修行的"野生妖精"	蝎子精	无关系	琵琶洞	只想和唐僧做露水夫妻，想"霸王硬上弓"。	被昴日星官了结性命。
	白骨精	无关系	白虎岭	先后变做少妇、老妇和老汉，成功离间唐僧与悟空的关系，使唐僧驱赶走悟空。后遇到黄袍怪把唐僧变成老虎囚禁，沙僧及八戒的本领彻底底显形，只得请回悟空。白骨精间接使取经团每人找准自己的定位，最终促进了取经团架构的稳定。	被悟空打死。
	虎力、鹿力和羊力大仙	无关系	车迟国	帮助车迟国度过百年不遇的旱灾，且一心帮助车迟国的国王。在三清观被变做三清的悟空、八戒和沙僧戏弄，本想求些圣水，却喝了一些猴尿、猪尿。在唐僧倒换关文时与悟空斗法，通过求雨、砍头等比赛最终失败。	被悟空打死。
	蜘蛛精和百眼魔君	无关系	盘丝洞、黄花观	蜘蛛精从玉帝女儿七仙姑抢得浴池。唐僧化斋误入盘丝洞被蜘蛛精所获。蜘蛛精欲吃唐僧肉，被悟空打败。盘丝洞被烧后投奔师兄黄花观百眼魔君。百眼魔君用毒药放倒唐僧、八戒和沙僧。连悟空对百眼魔君的金光也无办法。悟空在黎山老姆的指点下请来毗蓝婆菩萨降伏百眼魔君。	蜘蛛精被悟空打死，百眼魔君被毗蓝婆菩萨收走。
	六耳猕猴	无关系		六耳猕猴与悟空一样是天地造化而成，是没有被现行体制驯化的又一个悟空。欲取代悟空保护唐僧取经以修得正果，遭拒后打昏唐僧，抢走行李，并在花果山变出一个取经团，欲取代唐僧去西天取经。照妖镜也照不出六耳猕猴与悟空的区别，最终被地藏王菩萨以停心跳的方式识别。	被悟空打死。
	南山大王豹子精	无关系	隐雾山连环洞	杀人放火偷盗越货，连打柴的樵夫也不放过，属典型的民间车匪路霸。由于见识少、对自己实力估计不足，在苍狼精的"分瓣梅花计"（三个小妖变成南山大王分别缠住唐僧的三个徒弟，由真正的南山大王来捉唐僧）的推波助澜下，欲吃唐僧肉。属于一没能力，二没背景的妖精。苍狼精献计用柳树根、人头变作唐僧的头，欲骗过悟空说唐僧已被吃。悟空难过，欲报仇。	洞穴被烧，南山大王及苍狼精等属下被打死。

续表

妖精类型	妖精姓名	与神仙及悟空之关系	活动地点	主要活动	结局
自己修行的"野生妖精"	犀牛精（辟寒大王、辟暑大王、辟尘大王）	无关系	玄英洞	每到元宵节就假扮佛爷来收香油吃，但并无大恶，且通过呼风唤雨，也算造福一方。这一年犀牛精假扮佛爷拟吃香油时发现唐僧，擒回后发现唐僧来历本想送回，但由于要试一试悟空实力而惹上麻烦。悟空联合四木禽星捣毁玄英洞。似乎与北海龙王有些交情，在被打败后第一站投靠处即为北海龙王，但北海龙王立即派兵擒拿，以划清界限，其下手之快与灭口无异。	三个犀牛精被打死，其牛角被割下献给佛爷和玉帝。
	红鳞大蟒	无关系	七绝山驼罗庄		被悟空钻进肚子挑破腹腔而亡。
	黑熊怪	无关系，为自己修行之野生妖精，但有些实力	观音院正东南之黑风山	到观音院准备救火时发现唐僧袈裟并顺手取走，无意吃唐僧肉。住的地方似仙境，有生活品位。谈吐、文采均佳（发给金池长老的请柬很有水准）。有好处想着朋友，要开佛衣会。武力、修为都不在悟空之下。但选择了低调，在黑风山悠然过自己的小日子，与金池长老、白衣秀士（花蛇精）、凌虚子（苍狼精）经常谈经论道。	被观音收编，成为落伽山保安。白衣秀士与凌虚子被悟空绞杀。

从孙悟空打妖精的做法，我们联想到客户经理要个性化地开展营销活动。其实，《西游记》中处处闪耀着营销的智慧，是一部比营销书籍还专业的谈论营销的书籍。我把阅读体会整理成表1-4，愿与广大客户经理分享。

表1-4　《西游记》中的若干事项及营销启示

序号	事项	过　程	启　示
1	唐僧取经团队的组建	秉承如来佛旨意，观音菩萨具体组织西天取经的团队。初看起来，唐僧取经团队的每个成员都是缺点多多：唐僧懦弱无能，胆小怕事，遇到妖怪就会说"这可怎么办哪"，且是非不分，不识好歹，多次冤枉悟空。悟空是典型的技术型人才，恃才傲物，争强好胜，好显摆自己，不懂得处理与领导和同事的关系，动不动就骂八戒为呆子，处理不好与同事的关系，也经常不听唐僧的话，嘲弄唐僧，还经常将唐僧的军，处理不好与领导的关系。八戒好吃懒做，好要小聪明，好搬弄是非，贪小便宜，欺软怕硬，作风也不好。沙僧木讷，缺少热情，水平也不高。白龙马，则是一路上没说几句话，只是个脚夫。但这五个成员又各有优	这五个缺点很多的普通人经过九九八十一难居然把真经取到了，这说明这个团队必然有不寻常之处。原因在于这个团队的成员具有很强的互补性：以唐僧为核心，有顶大梁的，有调节气氛的，有树正气的，有协助一把手前行的。普通的一群人为着取经这个相同的目标走到一起来，这就是团队。没有目标就构不成团队，试想如果不是取经，唐僧这五个人怎么能走到一起来呢？有

序号	事项	过　程	启　示
1	唐僧取经团队的组建	点：（1）唐僧会念紧箍咒，能管住队伍中业务能力最强的孙悟空，尤其是领导支持他：唐僧是如来佛三弟子金禅子转世的，且是观音菩萨亲自选定的取经人。此外，唐僧还是名人，具有品牌效应。唐僧在成佛之前虽是凡夫俗子，但由于"吃了唐僧肉可以长生不老"的传言，成为取经路上妖精们争相追逐的猎物。为了帮助唐僧完成取经大业，众多神仙要明里暗里予以保护。（2）孙悟空技术水平高，一路上主要靠孙悟空降妖除怪。与天上各路神仙都认识，具有关系广的优势。（3）八戒代表的是普通人，始终保持良好的心态，总是乐呵呵的，能给取经队伍带来生活的气息和热闹的场景，不至于使漫长的取经过程显得过分的沉闷。（4）沙僧是矛盾的协调者，是老老实实比较踏实的人，可以看做是正气的化身，虽然本领不大，但从来得到唐僧的训斥，相反倒是大家学习的楷模。（5）白龙马虽然只是匹马，但对团队尤其是团队的负责人唐僧来讲至关重要：没有白龙马，唐僧就寸步难行。	目标或目标未完成，团队才可能存在：取经一结束，成佛的成佛，得道的得道，取经团队自然就解散了。我们客户经理的营销何尝不是这样，为了攻下一个大客户，我们也需要组成团队。选择团队成员时，唐僧取经团队是不是可以给我们很多启示呢？我们要选择：有社会资源的，谈判能力较强的，懂法律的，文字功夫较强的（起草协议），懂业务的，等等。
2	通天河中的老鼋	唐僧一共有两次经过通天河。第一次是老鼋让唐僧踩在背上把唐僧渡过通天河，但老鼋此时提了一个愿望：想劳驾唐僧见到如来佛祖的时候帮忙咨询一下自己什么时候能脱了那件"马甲"变成一个人。对于这个小小的请求，唐僧欣然允诺。可到灵山见到佛祖的时候却把这个小事给忘了，可见唐僧心里根本没把老鼋当回事。从西天取经回来再过通天河时，老鼋问唐僧帮没帮问一下，结果得到否定的回答。老鼋生气之下，把唐僧扔进了冰冷的通天河里。	老鼋是个老老实实，甚至有些窝囊的小人物。当年，他被金鱼精打得东躲西藏只有生气的份儿却毫无办法，连自己通天河底下的老窝也被人抢走。就是这个小人物，能把唐僧驮过河，也能把唐僧扔下河。可见，小人物也是不能随意得罪的，他们也许不会存心害你，但为了证实自己的存在，有时也会让你不舒服。对于客户办公楼里的前台接待小姐、相关处室无职务的普通员工，他们其实就是"老鼋"，我们在营销时也千万不能忽视他们。从老鼋的故事中，我们还可得到另外一个启示：取经就要成功了，却因为小人物的关系又蒙受了一难；客户经理营销接近成功时，也千万不要大意，以免功亏一篑。
3	唐僧与孙悟空的师徒之情	孙悟空虽然经常顶撞唐僧，不给唐僧面子，但孙悟空是个心直口快的人，他其实很珍惜与唐僧的师徒关系，这从很多细节中可看出来。比如，在"三打白骨精"孙悟空被唐僧冤枉的时候，孙悟空先是想尽办法劝解唐僧不要把自己撵回花果山，实在没辙了又嘱咐沙僧：如果遇到妖怪就提老孙是他大徒弟。最后无奈，只好"噙泪叩头辞长老，含悲留意嘱沙僧"。《西游记》中孙悟空一共哭过三次，都是在救唐僧不成、万般无奈的情况下伤心落泪。可见孙悟空对唐僧的感情有多么的深！唐僧是如何俘获孙悟空的呢？是唐僧救下了已被五行大山压了500年的孙悟空，又是唐僧在油灯下为孙悟空缝制了悟空平生第一件衣服——正是唐僧的恩情感化了悟空。	客户经理营销客户，也要像唐僧对悟空那样，使客户对客户经理抱有感激之情。客户经理不能就业务谈业务，而要通过更多的"非业务功夫"来俘获客户的内心。

续表

序号	事项	过　程	启　示
4	白骨精三骗唐僧	白骨精是中国家喻户晓的"著名妖精"，三打白骨精更是脍炙人口的片段。如果我们反过来看看白骨精是如何哄骗唐僧的，则可给我们营销客户一些启示（当然，客户经理不是白骨精，客户也不是唐僧）。第一次哄骗唐僧时，白骨精变成一个眉清目秀的小姑娘，勾起了唐僧的怜爱之心；第二次哄骗唐僧时，白骨精变做一个八十多岁、走路颤巍巍、老泪纵横的老太太，勾起了唐僧的怜悯之心；第三次哄骗唐僧时，白骨精变做一个手捻佛珠、口咏佛经的老公公，勾起了唐僧的同感之心。这三次一次又一次迷惑了善良淳朴的唐僧。	白骨精作为坏人还险些"俘虏"了唐僧，客户经理作为职业人士如果运用好这"三心"之策岂不更能获得客户的青睐！
5	孙悟空的紧箍咒	唐僧主要是靠念紧箍咒来控制孙悟空的，因这紧箍儿悟空吃了很多苦，孙悟空对套在自己头上的紧箍儿可谓深恶痛绝。悟空成佛时第一个愿望就是直奔莲花宝座，要求赶紧摘下这紧箍儿。来看看悟空的紧箍儿是如何戴上，又是如何摘掉的。悟空刚被唐僧救起踏上取经路的时候，因打死六个自称"剪径大王"的贼人而被唐僧赶走，悟空听从东海龙王的劝告又回到唐僧身边。悟空回到唐僧身边的第一件事就是往自己头上套紧箍儿。临近灵山的时候，唐僧师徒遇到寇老先生。一伙强盗打劫了寇老先生并要再劫唐僧师徒。这时悟空不再像刚加入取经队伍时挥棒就打，而是问明原委后放了他们；被寇老先生家人冤枉后，悟空也未动手打人。悟空经过取经路上的种种磨难和委屈，学会了忍让和宽恕别人。当悟空请求观音菩萨教他松箍咒时，观音菩萨微笑着说"没什么松箍咒！"悟空头上的紧箍儿是自行消失的。	紧箍儿是悟空自己戴上的，也是自行消失的。当一个人学会了宽恕和忍让时，他拥有了博大的心胸，他也就没有紧箍儿了。作为人，我们可以取得各种物质财富，可以让河流改道，可以让高山让路，可以让别人尊敬自己，可以飞向太空，但我们无法征服自己，我们走不出自己的心魔。在这个世界上，很多人感到孤独，很多人得了忧郁症，甚至选择了自杀。客户经理应形成自己的阳光心态，并以阳光心态感染客户，让更多的客户感受你的人格魅力。当你的营销手段不仅仅靠产品介绍，而是靠文化、知识的时候，你的营销水平就又上升了一个层次。
6	围绕蟠桃大会发生的故事	蟠桃会是由天宫第一夫人王母娘娘亲自出面主持的、每500年举行一届的天宫盛会。千万不要以为参加会议就是去吃几个蟠桃，来参加会议的都是修行很高、有头有脸的主，他们来参加大会，是来参加天庭最主要的社交活动的：借机来联络感情、交流信息和进行各种斡旋。能获得一张入场券，就证明你已得到神仙界的正式认可。孙悟空大闹天宫的直接原因就是争取那张本不属于自己的蟠桃大会入场券，不属于自己的东西偏想要，当然只会惹来烦恼和痛苦。猪八戒在蟠桃会上因为酒喝多了就借着酒疯去广寒宫里找嫦娥仙子寻开心。宫里的仙子也是你一个出身卑微的小神仙能调戏的，结果被贬下界成了猪身。沙僧本是灵霄殿卷帘大将，属于玉皇大帝贴身侍卫一类位置不高但很重要的人物。在蟠桃会上，沙僧失手打碎了一个杯子，被玉皇大帝贬到流沙河做了妖怪。	客户经理营销客户要从实际出发，自己吃不动的大客户先别忙着去营销。等条件成熟了，再去营销也不迟，否则就会白浪费时间。试想，孙悟空如果成为高级干部后不就拿到蟠桃会的入场券了，你一个看马的小官就想参加至少是部长级神仙的聚会，岂不是自讨没趣。如果混到猪八戒那个位置，入场券岂不就有了。但营销客户时，千万不能喝酒太多，以免闯下大祸（除非客户也喝多了）。要吸取沙僧的教训，从细节处着手，让客户满意。而不能因细节失误引起客户大怒。

序号	事项	过　　程	启　　示
7	火焰山	唐僧师徒过火焰山引出孙悟空三借芭蕉扇的故事。罗刹女是曾经与自己情同手足的牛魔王的妻子。虽然悟空被压在五行山下的时候，这位牛大哥只顾过自己的幸福生活，从来没到五行山来看望过自己，但悟空还是想唤起牛魔王对于那段曾经有过的友谊的美好回忆，悟空也许认为"牛大哥会看在往日的兄弟情分上借给我扇子"。悟空此时尚没有悟透在妖精的世界中也是只有永恒的利益，没有永恒的友谊。悟空最后无论用什么法子也斗不过牛魔王夫妻时，当年不入悟空法眼的李天王、哪吒三太子及众多的天兵天将来到了：李天王用照妖镜困住了牛魔王，三太子用风火轮套住了牛魔王的犄角。最终帮悟空取得芭蕉扇的竟是这些当年的手下败将。	昔日的朋友成为敌人（牛魔王），昔日的敌人成为朋友（李天王等）。谁是我们的敌人？谁是我们的朋友？毛泽东在《中国社会各阶级的分析》中的这句话（这句话位列《毛泽东选集》第一卷第一篇的第一句），对我们客户经理依然起着振聋发聩的作用：我们向谁开展营销？依靠谁开展营销？从悟空三借芭蕉扇的故事中，我们领会到：（1）客户经理与客户的关系是需要利益来维护的。（2）要广交朋友。那些平时不太起眼的人，往往是对我们帮助最大的人。（3）没有过不去的火焰山。只要我们广交朋友，任何客户都可被营销到手。
8	孙悟空的"七十二般变化"	"七十二般变化"是孙悟空最值得夸耀的本领。在大闹天宫一节中，孙悟空和二郎神的赌斗变化的场面是《西游记》读者津津乐道的场面。其实，《西游记》中关于变化的场景又何止这些。神仙可以变成妖精（如观音菩萨为找回袈裟就变成苍狼精），妖精可以变成神仙（如犀牛精为喝上香油就变成佛爷），好人可以变成妖精（如唐僧在宝象国变成恶虎），妖精也可变成好人（如白骨精变成小姑娘），有些妖精原本就是神仙（如黄袍怪原是奎木狼星君），有些神仙原来就是妖精（如观音菩萨的善财童子本是红孩妖），朋友可以变成敌人（如孙悟空在花果山时期的兄弟牛魔王成为过火焰山时的敌人），敌人也可成为朋友（孙悟空和二郎神原来斗得多凶啊，最后还不是一起追妖怪）。可见，变化是正常的、永恒的，不变是暂时的。《西游记》中的每一个角色，都生活在变化之中。	客户经理的世界也是变化的。原本辛辛苦苦营销的客户可以变成自己终身的好朋友，原本是竞争对手的两家银行的客户经理，可以由于跳槽而成为同事。客户经理要适应这个变化的世界，不断调整自己的角色，化敌为友，变被动为主动，变劣势为优势，变坏事为好事。

（三）从电影《非诚勿扰》中感悟营销

《非诚勿扰》是葛优、舒淇、方中信主演的一部贺岁电影，讲的是一个叫秦奋的归国人员追求空姐梁笑笑的故事。一般人看这部电影，就当一部娱乐片看。其实，换个角度看，这也是一部讲授如何销售产品的电影：秦奋追求梁笑笑的过程就是秦奋把自己当做产品推销给梁笑笑的过程。电影中的很多对话也体现了很高的营销智慧。且让我们看看影片中的一些内容带给我们何种营销启示。

1. 产品介绍

秦奋将征婚启事挂到网上，希望找到"购买自己"的人。这里的关键是把自己介绍清楚，并点出自己所需要的对象的条件。介绍自己有很多方式，秦奋的介绍比较别致，能快速抓住人们的眼球。难怪征婚启事挂出后，要求见面的人那么多呢。

秦奋的征婚启事

你要想找一帅哥就别来了，你要想找一钱包就别见了。硕士学历以上的免谈，女企业家免谈（小商小贩除外），省得咱们互相都会失望。刘德华和阿汤哥那种才貌双全的郎君是不会来征你的婚的，当然我也没做诺丁山的梦。您要真是一仙女我也接不住，没期待您长得跟画报封面一样，看一眼就魂飞魄散。外表时尚，内心保守，身心都健康的一般人就行。要是多少还有点婉约那就更靠谱了。我喜欢会叠衣服的女人，每次洗完烫平叠得都像刚从商店里买回来的一样。说得够具体了吧。自我介绍一下，我岁数已经不小了，留学生身份出去的，在国外生活过十几年，没正经上过学，蹉跎中练就一身生存技能，现在学无所成海外归来，实话实说，应该定性为一只没有公司、没有股票、没有学位的"三无伪海龟"。性格Open，人品五五开，还算老实，但天生胆小，杀人不犯法我也下不去手，总体而言属于对人群对社会有益无害的一类。有意者电联，非诚勿扰。

2. 观念引导

遇到"购买者"梁笑笑后，秦奋就开始进行观念引导，以期梁笑笑了解自己这个"产品"，从而"购买"自己。观念引导的关键是要自知自信，即既知道自己是半斤还是八两，还要有充足的自信。

秦奋对梁笑笑的观念引导

梁笑笑：你喜欢我什么？

秦奋：我说过喜欢你吗？

梁笑笑：要诚实，这是我们之后在一起的前提。

秦奋：我想和你在一起的前提就是找不到之前比你还傻的人。

梁笑笑：我以后不会再那么傻了。

秦奋：你啊，想三心二意还没那本事，逢场作戏你都不会，全写在脸上了。我把话放这儿，他这一页你是还没有翻过去，一旦翻到新的这一页，你照样会一心一意。我就是看准了这一条才容忍你现在的表现。你傻，我可不傻。

3. 需求沟通

与潜在购买者做好沟通，是潜在购买者最终做出购买决策的关键。在与潜在购买者做沟通时，要坚持一些基本的原则，把握好关键点，如表 1 – 5 所示。

表 1-5   需求沟通的关键点

关键点	秦奋与剧中人物的对话
要有共同语言	范先生：你看看咱们说中文呢，还是说英文呢？ 秦奋：您定，哪个顺口您说哪个？ 范先生：那还是说母语吧。Nice to meet you…
要摸准对方的态度	秦奋：你觉得我是一只怎样的股票呢？ 相亲者：就你这年龄、长相，应该算是跌破发行价的那种。 秦奋：像我这种低价抄底收进来的，你是准备长期持有呢，还是短线玩玩？ 相亲者：短线玩玩？你有那爆发力吗？只能长线拿着有当没有了呗。
彼此匹配	相亲者：您觉得爱情的基础就是性吗？没有怎么了？照样能白头到老，当然我的意思不是完全不能有，但是别太频繁。 秦奋：那你觉得多长时间亲热一会算不频繁呢？ 相亲者：这是我的理想。 秦奋：你说？ 相亲者：（伸出一个手指头）。 秦奋：一个月一次。 相亲者：一年一次。 相亲者：你要是同意了，咱们就继续往下接触。 秦奋：我不同意，我明白你丈夫为什么不回家了，咱俩要结婚了你也找不到我住哪。可惜了。 相亲者沉思良久问道："那事，就那么有意思吗？" 葛优过一会拖长声音轻答："有啊！"
两相情愿	相亲者：你不是说你不在乎孩子是不是亲生的吗？ 秦奋：孤儿我是可以认的，但是父母双全就是另一回事了，宝马车头放一个奔驰的标，恐怕不太合适。 相亲者：能开就行吗？ 秦奋：可要是出了故障，奔驰的零件配不上，宝马又不管修，怎么办？这娶老婆生孩子的事情，我还是自力更生吧，不接受外援！

4. 异议处理

如果客户提出异议，客户经理要会恰当处理。在处理异议时，要用探求的语气询问，不能惹得客户更不高兴。要学会赞美客户，受到赞美的人总是不好意思过分板着脸的，如表 1-6 所示。

表 1-6   异议处理的原则

基本原则	秦奋与剧中人物的对话
试探询问	秦奋：你确定他不懂中文？ 牧师：确定。 秦奋：我要是给你们捐 1000 万，你要吗？ 牧师：Speak English. 秦奋：我说我要捐钱，你们要吗？ 牧师：Can you speak English? 秦奋：捐钱都听不懂，那肯定不懂中文……

基本原则	秦奋与剧中人物的对话
赞　美	秦奋：我觉得征婚对我来说是挺不靠谱的一个事儿，歪瓜裂枣的咱看不上，但凡长得有模有样看着顺眼的不是性冷淡就是身怀鬼胎，心理健康历史清白的姑娘都哪去了，我怎么一个都碰不上啊？ 梁笑笑：你别拐着弯骂人啊，谁心理不健康了？你就历史清白了？ 秦奋：我没说你，你不算长得顺眼的。 梁笑笑：…… 秦奋：用顺眼这词就低估你了。你得算秀色可餐、人潮中惊鸿一瞥、嫁到皇室去也不输给戴安娜的那种。有的人是情人眼里出西施，不过分地说，仇人眼里你都是西施。 梁笑笑：哎呀，真可怜！心里想的和实际见到的差距太大了。要不要给你找个心理医生啊？ 秦奋：什么医生都医治不了我心灵的创伤，你就是我最好的药。 梁笑笑：你就不怕我是毒药？ 秦奋：毒药也得喝啊！

第二节　选择和阅读图书

读书的好处很多，如可以获取信息、增长知识、开阔视野，可以陶冶性情、培养和提升思维能力等。读书对于客户经理提高自身素质、做好工作非常重要。但很多客户经理天生坐不下来，不喜欢读书，或者忙于应酬和具体事务，花在读书上的时间不多，或者浅尝辄止、不求甚解，不懂得如何读书，或者学而不思、知行不一，学用脱节。客户经理在读书时应避免这些情况。

一、选择与阅读图书的基本原则

客户经理应坚持干什么学什么、缺什么补什么的原则，有针对性地学习掌握做好履行岗位职责必备的各种知识，多读与本职工作相关的新理论、新知识、新技能、新规则的书，努力使自己真正成为行家里手、业内精英。但客户经理的工作压力很大，需要将大部分时间与精力花在跑客户方面，根本没足够时间，也无必要像学者那些涉猎群书，更无必要仅仅就一个主题加以深度钻研。对客户经理来讲，可重点选择以下三类图书进行购买并阅读：

（1）能给人启迪、对人的思想能带来强烈冲击、能使人产生新思路的图书，如反映著名企业家工作生活的传记、反映著名企业家经营管理智慧的访谈、企业自己撰写的感悟或回忆录等。

（2）操作性强、能对实际工作产生有益指导的图书，如监管部门编写的业务检查类图书、各商业银行编写的用于培训方面的图书以及银行实际工作者根据自身经历和体会编写的业务指导类图书。

（3）关注社会现实的"快餐类"图书。这类图书能拓宽客户经理的视野，了解那些大家共同关心的话题，对客户经理提高与客户进行对话、沟通的水平有很大的帮助。当然，自己感兴趣的一些杂书也可积极阅读。

客户经理到底选择什么样的图书进行购买、阅读，还与其个人爱好、兴趣、收入水平有关，但无论怎样，有关银行和客户方面的图书是客户经理必须经常阅读的。阅读关于银行的图书，是使客户经理了解自身；阅读关于客户的图书，是使客户经理了解服务的对象。阅读这两方面的图书，均是为了增强自身的服务能力和客户拓展水平。为尽可能地节约时间，增强阅读的效果，建议：

（1）在购买图书时，要考虑出版社、作者等因素，因为作者和出版社的知名度越高，其写作、出版的图书也往往越有价值。

（2）在较为空闲时集中购买一批图书，而不必经常跑书店，因为客户经理毕竟不是学生、教师或研究人员。

（3）对一本具体的图书也无须从头至尾仔细阅读，虽不能一目十行，但也要尽可能选择有实际价值的章节进行重点阅读。

（4）对重点图书、经典图书经常加以阅读，认真加以揣摩，以悟出一些新思想。可资借鉴的是，如果经济条件许可，应尽量多买一些书籍以备日后使用。有的书籍暂时没时间或没兴趣阅读也无关紧要，"书是用来查而非专用来阅读的"这句话有一定道理，只要我们在需要某类书籍的时候能够以最快的速度找到就可以了。

二、阅读图书应该注意的事项

读书已经成为很多人生活中的必需。但到底怎么读书，很多人却并不了解。其实，读书也是一门学问。懂得读书的好方式，对提高阅读效率、发挥读书最大效用都大有帮助。一般说来，可先看目录，再选择感兴趣或有用的章节进行仔细阅读。一本书的内容简介和前言、序言也不应放过，一般精华就在这些地方。此外，客户经理在阅读图书时，要有意识地关注以下几个方面：

（1）既要"知"，也要"行"。古人说"读万卷书，行万里路"，可见，知和行是统一的。读书可获得理性知识，走遍千山万水则可获得感性认识，通过既知且行，我们可获得感性与理性的双重知识。比如，我们在书上知道了某处名胜古迹，如果有机会我们真到了这个地方来参观，则无疑可加深我们对书本知识的理解。我们还可换个角度理解知与行，即用知识来指导自己的行路，这样就可少走一些弯路。

（2）正确处理薄与厚的关系。客户经理要善于把厚书读成薄书，这样就能掌握书的精华，应能用简单的几句话就可概括出某本书的核心内容。在应用时，客户经理应能把所读图书的核心道理应用到工作的方方面面。除工具书外，客户经理最好多读一些薄书，少读一些厚书。因为，薄书往往能揭示一些深刻的道理，而很多的厚书除了冗长外，所揭示的思想并不新颖。

（3）对有些书要精读，有些书则泛读。读书是多多益善，但"吾生也有涯，而知也无涯"。人的学习追求应当是无止境的，但人的精力是有限的，客户经理不可能把所有的书读完。客户经理要尽量通过广泛阅读扩充自己的知识面，但对很多图书只能粗粗阅读。对一些有用的图书，则应精读，认真体会，反复应用。

（4）勤于思考。思考是阅读的深化，是认知的必然，是把书读活的关键。如果只是机械地阅读、被动地接受、简单地浏览，没有思考，人云亦云，再好的知识也难以吸收和消化。古人说："学而不思则罔，思而不学则殆。"书本上的东西是别人的，要把它变为自己的，离不开思考；书本上的知识是死的，要把它变为活的，为自己所用，同样离不开思考。因此，客户经理要边读书，边思考。

（5）善于应用。古人讲，"纸上得来终觉浅，绝知此事要躬行"，客户经理如果不注重把学到的知识运用到工作中、落实在行动上，即使他"学富五车、才高八斗"，也不能说实现了学习的最终目的。读书必须联系实际，知行合一。读书是手段，而不是目的。读书是用来陶冶性情、指导工作的，因此要善于用书本上的知识来指导自己的工作实践。

（6）要有恒心。客户经理恨不得立刻就能学到有用的东西，学到的东西立刻就能带来经济效益。这种愿望是好的，但读书是一个长期的需要付出辛劳的过程，不能心浮气躁、浅尝辄止。对于一些急用的知识与技能，当然要先学，临时抱佛脚即可。但对读书来讲，一定要耐得住寂寞，每天挤一点时间来读书，持之以恒地坚持下去，就会有很大的收获。

（7）以文会友。通过读书结交更多的朋友，延展自己的朋友圈子。

三、可供客户经理阅读的 100 本图书

本节选择了 100 本较为实用的图书进行简要介绍，涉及金融、历史、文学、励志等。有些图书不止一个出版社出版过，有的图书还多次重印，客户经理可选择自己喜欢的出版社和版本购买阅读。需要说明的是，在信息、知识急增的当今社会，有价值的图书层出不穷，且正在以加速度的态度被出版社倾倒在客户经理面前。这就要求客户经理：一方面，要随着时代的发展及时汲取新的营养，做到与时俱进，不断阅读到新的图书；另一方面，又不要被图书束缚了手脚，在大量的图书面前乱了方寸，要时刻铭记图书只是用来为实践服务的，读书本身从来就不是目的而仅仅是创造价值与财富的手段。客户经理阅读图书要唯实，不唯书。

（一）经营管理类

1. 《大败局》，吴晓波著，浙江人民出版社 2001 年出版

该书是国内较早出现的研究企业经营失败的专门著作。书中对中国 20 世纪晚期出现的一批风云企业如何从辉煌走向衰落作了纪实性描述。该书涉及的企业包括经营白酒的山东秦池酒厂、经营 VCD 的广东爱多公司、经营保健品的沈阳飞龙集团、经营软件和保健品的珠海巨人集团、属于商贸企业的郑州亚细亚商场以及经营保健品的太阳神集团公司等。2007 年，作者又出版了《大败局 2》（浙江人民出版社 2007 年 4 月出版），收集了发生在 2000 年到 2007 年之间的一些案例，如托普、华晨、三九、顺驰、健力宝、科龙、德隆、中科创业等。作者吴晓波此后又陆续写作了一些关于中国企业史的著作，如《激荡三十年》（中信出版社 2008 年 1 月出版）、《跌荡一百年》（中信出版社

2009 年 1 月出版）等，均引起较大的市场反响。

2.《松下经营成功之道》，〔日〕松下幸之助著，军事谊文出版社 1987 年出版

该书是日本著名企业家松下幸之助关于经营管理经验的汇总。军事谊文出版社曾分别出版了松下幸之助的《创业的人生观》、《经营者 365 金言》、《经营成功之道》、《工作·生活·梦》四本小册子。该书是这四本小册子的汇编。从该书中，读者可获得著作者从经营管理实践中得到的一些真知灼见。与该书有同样价值的另一本书是松下幸之助所著的《实践经营哲学》，该书由中国社会科学出版社于 1989 年翻译出版。近年来，国内又陆续出版了一些松下幸之助的著作，如南海出版社出版的松下幸之助的《自来水哲学》（2008 年）、《经营沉思录》（2009 年）、《经营的本质》（2010 年）等。

3.《麦肯锡方法》，〔美〕埃森·拉塞尔著，华夏出版社 2001 年出版

该书提供了一套思考、分析、解决商业问题的方法与技巧，包括"麦肯锡思考企业问题的方法"、"解决企业问题的麦肯锡工作法"、"麦肯锡推销解决方案的方法"等章节。该书作者和保罗·弗里嘉合著的《麦肯锡意识》，则采取循序渐进的方式介绍了对商业问题进行分析的方法，包括构建问题、设计分析方法、数据收集、解释结果、阐明理念、管理团队等内容。《麦肯锡意识》一书中译本由华夏出版社列入《中欧—华夏新经理人书架》，丛书于 2002 年出版。

4.《有效沟通》（第 5 版），〔美〕桑德拉·黑贝尔斯、里查德·威沃尔著，华夏出版社 2002 年出版

该书是一本关于沟通原理、方法和技巧的书，介绍了人际、团体、共同场合和不同文化间的沟通以及如何在现实中运用这些沟通。书中关于沟通过程、语言沟通与非语言沟通、人际关系、演讲、访谈等知识的论述有着很强的实用性。如果在大学中没有系统地学习过有关沟通、交流这方面的课程，这将是一本很好的参考书。

5.《科特勒营销新论》，〔美〕菲利浦·科特勒等著，中信出版社 2002 年出版

这是国际营销大师科特勒论述数字经济时代，企业应采取何种营销策略以及如何提升竞争力的一部著作。该书描述了企业市场营销在数字经济时代的转型问题，提出了"全方位营销"这一超前的新营销范式，指出企业应该将客户需求管理、内部及外部资源管理和网络管理整合起来，抢先发现新的市场机会，有效地创建更有前景的新价值，更精确地提供与客户需求相一致的产品与服务，可持续性地在高水准的产品质量、服务和速度层运作。

6.《从优秀到卓越》，〔美〕吉姆·柯林斯著，中信出版社 2002 年出版

该书将实现从优秀业绩到卓越业绩且能持久、实现跨越但不能持久以及未能实现跨越的三类公司进行了对比研究，分析了实现这一跨越的内在机制，揭示了公司保持卓越的秘诀，描绘了公司由优秀到卓越的宏伟蓝图。指出从优秀到卓越的答案"不受时间、地域的限制"，只要采纳并认真贯彻执行，几乎所有的公司都能极大地改善自己的经营状况，甚至可能成为卓越公司。该书得出"经理人的薪酬结构跟推动公司经营业绩无关"、"技术以及技术推动的变革并不能激发从优秀到卓越的跨越"、"实现跨越的公司并非全属景气行业，处境很糟的行业中的公司也可实现跨越"等著名结论。该书作者的另一经典的商业著作《基业长青》也已由中信出版社翻译出版。

7. 《执行：如何完成任务的学问》，［美］拉里·博西迪、拉姆·查兰著，机械工业出版社 2003 年出版

对企业来讲，制定正确的战略固然重要，但更重要的是战略的执行。能否将既定战略执行到位是企业成败的关键。在该书中，作者提供了一种如何将目标变成现实的彻底而系统的方法，详细讨论了执行是如何将人员、战略和运营这三个企业的核心流程整合到一起的。该书还分析了为什么需要执行以及执行的要素等问题。拉里·博西迪曾任霍尼韦尔国际公司总裁兼 CEO，拉姆·查兰则是一位带有传奇色彩的大学教授和资深顾问。两人合著的这本书被 20 世纪杰出的经理人——GE 董事长兼 CEO 杰克·韦尔奇称为，"一位伟大的实践者和一名出色的理论家共同讲述的如何将战略转化为企业运营实践的商业故事"。

8. 《看得见的手——美国企业的管理革命》，［美］小艾尔弗雷德·D. 钱德勒著，商务印书馆 1997 年出版

该书通过食品工业、烟草工业、铁路运输、化学工业、橡胶工业、石油工业、机器制造业和肉类加工业的大量史料，分析了现代大型联合工商企业的诞生乃是市场和技术发展的必然结果。与市场这只"看不见的手"相对应，作者称管理为"看得见的手"。书中还对现代大型联合工商企业（股份公司）的内部管理架构进行了详细分析，认为组织结构的完善、管理的职业化（经理人员的产生）等特征是现代工商企业成熟的标志。该书是认识现代大型联合工商企业的经典著作。

9. 《管理的历史》，［英］摩根·威策尔著，中信出版社 2002 年出版

该书从人类几千年的文明史中疏理管理发展的轨迹，推演管理发展的趋势，涉猎营销、组织、金融、道德规范、风险等多个领域，穿插着不同历史时期重点管理人物的思想介绍，是一本难得的管理历史专著。与该书具有同样重要价值的另一部关于管理发展历史的著作是《管理思想的演变》，这本书由 D·A. 雷恩所著，中国社会科学出版社已将其列为"国外经济管理名著丛书"中的一种并正式出版。

10. 《企业行动纲领》，［美］迈克尔·哈默著，中信出版社 2002 年出版

该书抛弃旧有的商业经营理论和既定规则，阐释了构成一个完整体系的 9 个管理概念，讨论了诸如客户中心、企业案例过程动力论、企业部门边界消失论、企业文化变革深化论等，分析了再造企业运作模式的 9 大方略：以客户为企业的经营导向、为客户提供他们真正想要的东西、业务流程至上、乱中求治使创新工作系统化、重视工作绩效的测定、无结构化管理、将重点放在最终客户、推倒公司的外"墙"与其他公司合作、企业拓展。该书作者在管理学界和企业管理实践中掀起风暴的另一部经典著作为《再造企业》。

11. 《企业再造》，［美］詹姆斯·钱匹著，中信出版社 2002 年出版

该书讲述了数字经济时代企业如何更好地应用信息技术来改变自己的运营模式，揭示了企业生产效率和盈利能力戏剧化提升的秘诀，指出在当今信息和商品自由流动的世界里，矗立在企业、客户、供应商，甚至是竞争对手之间的高墙已经瓦解，互相保守商业秘密的做法已经过时，代之以互相协作、分享各自的观点。为此，需创建与客户的协调机制，在客户最需要的时候以较低的成本准确地供给产品；向客户详尽地展示企业的

业务流程，增加面向客户的透明度；通过与客户交谈以及倾听客户的建议，企业来更加出色地实现客户"拉动"的价值；不断推进再造。

12.《杜拉克论管理》，彼得·杜拉克著，海南出版社、三环出版社2000年出版

该书汇集了杜拉克最重要的一批管理学论文，包括"管理者的职责"和"经理的世界"两大主题。该书常有出人意料的奇思异想，"事业理论"、"有效的决策"、"怎样做人事决定"、"创新的原则"、"经理真正需要的信息"、"新型组织的到来"、"企业应当向非营利性机构学习什么"等，收录到该书的论文几乎每一篇都能给读者带来精神上的震撼。

13.《竞争战略》，［美］迈克尔·波特著，华夏出版社2002年出版

该书是一部关于产业结构和竞争者分析的具有里程碑作用的著作，给读者提出了制定战略计划的全新角度，介绍了针对一个企业、产业及竞争者进行综合分析的技巧，并逐个剖析了零散型产业、新兴产业、成熟产业、衰退产业和全球性产业中的竞争战略。该书最后还介绍了企业面对重大战略决策时所需的分析技巧：纵向整合、业务能力扩展、放弃以及进入新业务领域等。该书作者的另两部关于竞争的重要著作《竞争优势》和《竞争论》也已有中文译本。前者曾由中国财政经济出版社于1988年翻译出版，后者由中信出版社于2003年翻译出版。

14.《第五项修炼——学习型组织的艺术与实务》，彼得·圣吉著，上海三联书店1998年出版

成为学习型组织是每个组织孜孜以求的目标，而谈到学习型组织，就不能不谈到彼得·圣吉，更不能不谈到这部关于学习型组织的经典性著作。该书分析了学习型组织的五项修炼即自我超越、改善心智模式、建立共同愿景、团体学习和系统思考，归纳出一些诸如"超越办公室政治"、"无为而为的有机管理"、"不再与时间为敌"等真知灼见。1992年世界企业学会将开拓者奖授予该书，以表彰其开拓管理新典范的卓越贡献。

15.《营销革命》，［美］艾·里斯、杰克·特劳特著，中国财政经济出版社2002年出版

该书对传统营销观念进行"逆思考"，提出一种崭新的营销法则——"自下而上的营销"——战术决定战略。该书认为，首先制定出一整套的营销战略，然后逐层贯彻即"自上而下"的营销战略经实践证明已不再有效，代之而起的是"从起点开始发掘并制定出一个实用的战术"，围绕这一战术再构建起相应的战略，即"自下而上"的营销。该书作者的另外两部营销学著作《定位》和《营销战》也已有中文译本，前者是一本关于沟通战术的书，后者是一本有关营销战略的书。《营销革命》的作者之一杰克·特劳特还与史蒂夫·瑞维金合著了《新定位》一书，《新定位》主要围绕三大主题展开论述：如何寻找好的定位，如何进行再定位，作者总结出的"商业诀窍"。《营销战》、《定位》、《新定位》三本书的中文译本均由中国财政经济出版社2002年出版。

16.《体验经济》，［美］B.约瑟夫·派恩、詹姆斯·H.吉尔摩著，机械工业出版社2002年出版

继产品经济和服务经济之后，作者认为体验经济时代已经来临，而体验"本身代表一种已经存在但先前并没有被清楚表述的经济产出类型"。该书借鉴戏剧中的"序

幕"、"幕间休息"、"谢幕"方式组织了对体验经济的分析与论述。

17.《转型：用对策略，做对事》，［美］拉里·博西、迪拉姆·查兰著，中信出版社 2005 年出版

该书是作者继畅销书《执行》之后的又一力作。该书通过详细剖析 EMC、思科、太阳微系统公司等公司的转型案例，介绍了转型的时机、原则、重点，如何思考、如何操作等关键性问题。该书重点介绍了作者研究出的一种全方位思考企业现状，能帮助管理者将财务指标（现金流、资本密集度、利润增长、投资回报等）、外部现实（行业历史盈利状况、整体商业环境等）和内部活动（战略、运营、人员、组织机构等）有机联系在一起的思维框架/分析体系。该书最为醒目的一个观点是：在现代社会，"要么转型，要么被淘汰"。阅读该书，最好同时阅读作者的另一部著作《执行：如何完成任务的学问》。

18.《推开这扇窗——"三线一圆"企业管理新论》，王若雄著，中国经济出版社 2002 年出版

作者提出的"三线一圆"企业管理理论颇具新意：业务线是生命线，是企业发展的基础；管理线是企业生存与发展的保障；品牌线是企业保持持久市场竞争力的源泉，而文化圆是企业主流价值观及伴随的行为模式，是企业发展的边界、三线的保障。作者指出，只有四元素相互平衡协调，企业才能健康、可持续发展。

19.《六西格玛是什么》，［美］彼得·潘德、莱瑞·荷普著，中国财政经济出版社 2002 年出版

这是一部用来培训六西格玛的书籍。该书从分析六西格玛的基本概念、主要项目、方法优势以及行动步骤和组织模式入手，讨论了如何通过调整六西格玛措施配合自己的企业，如何培训实施六西格玛的人员，如何确定流程、改进方案和维持成效等。六西格玛作为一个统计量和业务改进趋于完美的目标，自从在韦尔奇所领导的 GE 大获成功并经其倾力宣扬后，已成为国际企业界进行质量管理的一个重要手段，在世界各地掀起了六西格玛培训工作的潮流。

20.《现代企业经营与发展战略》，王北辰等编译，经济管理出版社 1987 年出版

该书收集了国外（主要是日本）关于现代企业新产品开发、商标、包装、价格、市场战略、竞争战略、信息交流战略、国外发展战略、多种经营战略、科技发展战略、外购与自制战略等多方面的研究成果，有利于客户经理更好地研究客户、了解客户的经营与发展战略。

21.《全球顶级 CEO 讲演录》，［美］理查德·富恩提斯著，光明日报出版社 2002 年出版

该书收录了杰克·韦尔奇、比尔·盖茨等 20 世纪末至 21 世纪初众多著名 CEO 的演讲，读者可从中找寻这些杰出人士的管理思想。该书分"黄金之卷"和"钻石之卷"两卷出版。

22.《赢》，［美］杰克·韦尔奇著，中信出版社 2005 年出版

该书是通用电气前任 CEO 杰克·韦尔奇在《杰克·韦尔奇自传》出版后历时数年后又推出的一部管理学力作。沃伦·巴菲特评论说："有了《赢》，再也不需要其他管

理著作了。"在该书中，作者结合亲身管理实践及大量鲜活的案例介绍了商务活动中诸多层面关于"赢"的智慧，包括企业的价值观、公司如何才能赢、个人如何才能赢以及工作和生活如何才能平衡等。该书对银行管理者及普通员工都有启发作用，正如作者在扉页中所言："我把本书献给那些热爱商业生活、渴望把事情做好的人，献给那些每天一醒来就期盼在事业和生活中取得成功的人。"

23.《平衡计分卡：中国战略实践》，[美] 毕意文、孙永玲著，机械工业出版社2005年出版

该书的最大特点在于将平衡计分卡的基本理论、方法与中国的实践结合在一起，而改变了单纯论述平衡计分卡著作的不足。该书在介绍平衡计分卡发展历史、全球应用等基本知识的基础上，分章论述了平衡计分卡与企业战略、目标设定、绩效指标、组织建设、人力资源、企业文化、业务流程等关系问题。阅读该书，可以帮助客户经理了解平衡计分卡这一绩效考核与战略管理工具，对下一步翰威特咨询建议的落实有先行铺垫作用。如想更进一步了解平衡计分卡的知识，可阅读平衡计分卡这一战略工具的始创者罗伯特·卡普兰的著作《平衡计分卡》，该书中文版由广东教育出版社出版。

24.《德鲁克日志》，[美] 彼得·德鲁克、约瑟夫·马恰列洛著，上海译文出版社2006年出版

该书以每天一个主题的方式向读者展示了德鲁克毕生作品的精华，阅读该书我们可以在较短的时间内了解这位管理学大师的主要思想。另外，机械工业出版社出版了德鲁克著作系列，包括《公司的概念》、《卓有成效的管理者》、《管理的实践》、《21世纪的管理挑战》、《旁观者》等，客户经理可以择其要点加以研读。此外，一些专家还对德鲁克的思想进行梳理，如《德鲁克管理思想精要》（机械工业出版社2007年6月出版，李维安等译）。

25.《公司的力量》，同名电视节目组编，山西教育出版社2010年出版

该书探讨了世界现代化进程背景下，公司组织的起源、发展、演变与创新的历史脉络，探讨了公司与其经济制度、思想文化、科技创造、社会生活乃至精神生活等诸多层面相互之间的推动和影响。对我们快速了解公司这一现代组织形式大有帮助。

26.《冷酷的钢铁》，[英] 博凯、奥希著，吕敬娇译，中信出版社2010年出版

2006年1月27日，世界最大的钢铁生产商米塔尔钢铁公司宣布，出价230亿美元"恶意收购"了欧洲排名首位、全球排名第二的钢铁企业安赛乐钢铁公司。这是商业史上屈指可数的并购活动，在欧洲的政治、经济、金融领域引发了一场大地震。该书对此次并购活动进行了全景描述。

27.《我和商业领袖的合作与冲突》，李玉琢著，当代中国出版社2006年出版

作者李玉琢曾有18年是与中国商界领袖们一起走过的，这些人包括任正非、段永基、万润南等。其间既有过愉快的合作，也发生过激烈的冲突。作者通过叙述自己与这些企业家共事的经历，给读者展现了这些活跃在中国商界的领袖们不为人知的一面。

28.《为什么：企业人思考笔记》，宁高宁著，机械工业出版社2007年出版

该书作者曾主政华润、中粮等著名国企。该书汇集了作者10年来写就的管理散文。该书特点在于语言简洁，思想深刻，对提升企业管理水平大有裨益。

（二）金融类

1. 《商业银行现场检查方法与技巧》，唐双宁著，中国社会科学出版社 2001 年出版

这是一部站在商业银行监管者角度撰写的著作，包括了对商业银行存款、贷款、资金拆借、投资、支付结算、信用证、银行保函、银行承兑汇票等业务品种进行现场检查的内容、方式与方法。客户经理可主要阅读书中关于业务违规表现内容方面的表述。与该书堪称姊妹篇的是蔡鄂生主编的《最新银行业务检查指南》，该书对监管部门如何检查房地产信贷业务、汽车消费贷款业务、非信贷资产、表外业务、银证交叉业务、银保交叉业务以及金融衍生产品业务进行了详细论述，是客户经理了解监管部门监管方式及如何对上述业务进行检查的重要参考书籍。

2. 《风险·资本·市值——中国商业银行实现飞跃的核心问题》，陈小宪著，中国金融出版社 2004 年出版

该书由招商银行原副行长、现中信银行行长陈小宪所著。该书以通俗的语言论述了国内商业银行实现现代化飞跃所必须面对的三大问题：风险、资本与市值，介绍了资本对银行的特殊意义、资本约束下资本管理的方法、风险计量理论和技术手段、全面风险管理解决方案等内容。通过阅读该书，可以使客户经理了解国内银行转型的基本方向和现代商业银行发展的基本内涵，这对处于转型期的商业银行来讲意义尤为明显。

3. 《花旗帝国》，〔美〕莫尼卡·兰利著，中信出版社 2005 年出版

该书虽然是关于金融奇才桑迪·韦尔的一部传记著作，但同时也介绍了花旗集团的成长历史，是我们了解花旗银行及其掌舵人的一本好书，书中展示的一些金融经营理念对我们也不无借鉴意义。建议阅读该书，最好同时阅读郑先炳的著作《解读花旗》以及郑先炳翻译的《花旗银行（1812～1970）》（均为中国金融出版社 2005 年出版），以便对花旗有一个全面、系统的了解。

4. 《伟大的博弈：华尔街金融帝国的崛起》，〔美〕约翰·S. 戈登著，中信出版社 2005 年出版

这是一本关于华尔街发展历史的书，也是一本关于美国金融史和经济史的书，讲述了华尔街从形成到 2004 年这几百年的历史，被誉为"资本市场发展过程的活教材"。该书作者另有两部关于资本的畅销书：《资本的冒险》和《财富的帝国》。

5. 《世界是部金融史》，陈雨露、杨栋著，北京出版社 2011 年出版

本书以时间为纲，以国家、人物、事件为目，围绕金融这个核心，采用诙谐生动的语言，将希腊、罗马、法兰西、西班牙、荷兰、英国、美国、克洛维、查理一世、约翰·劳、摩根、索罗斯、郁金香、南海事件、次贷危机等一一展现，并紧扣 2010 年前后的"美元量化宽松"、"人民币升值"、"通货膨胀"等金融热点问题，读后让人知行获益。与本书类似，《白银秘史》（永谊著，重庆出版社 2011 年 1 月出版）和《一本书读懂美国财富史》（凯文·菲利普斯著，王吉美译，中信出版社 2010 年出版），也值得一读。

6. 《每天读点金融史》系列，孙健、盖丽丽著，新世界出版社 2008 年出版

《每天读点金融史》系列丛书包括 4 册。该丛书以金融史为主线，介绍了 100 多年来的经济发展和金融格局演变。第一册讲述了产业与金融博弈的历史，介绍了美国标准

石油、卡内基钢铁、大宇集团、通用汽车、海湾石油公司、固特异、印度塔塔集团等世界著名公司的并购扩张之路。第二册讲述了 9 位影响世界的金融巨头的历史，包括洛克菲勒财团、摩根财团、罗斯查尔德家族、日本三菱、汇丰集团、花旗集团、高盛集团索罗斯、巴菲特等。第三册讲述了金融演进与世界经济的历史，选取了影响世界的十余个事件进行了剖析，包括金本位制崩溃、美国股灾、美元霸权确立、拉美债务危机、日本金融泡沫破灭、住友期铜事件、东南亚金融危机、俄罗斯金融危机、安然破产、欧元诞生、美国次贷危机等。第四册讲述葡萄牙、西班牙、荷兰、英国、美国、日本等金融中心与国家兴衰的历史，揭示了推动大国兴衰与金融变局背后的力量。该套丛书资料翔实，条理清晰，可读性很强。

7.《货币战争》，宋鸿兵著，中信出版社 2007 年出版

本书通过描摹国际金融集团及其代言人在世界金融史上翻云覆雨的过程，揭示了对金钱的角逐如何主导着西方历史的发展与国家财富的分配，再现了统治世界的精英俱乐部在政治与经济领域不断掀起金融战役的手段与结果。本书是"阴谋论"在金融领域的代表作。作者后来又陆续推出了《货币战争 2：金权天下》（中华工商联合出版社 2009 年 8 月出版）和《货币战争 3：金融高边疆》（中华工商联合出版社 2011 年 1 月出版）。前者清晰地勾勒出了 17 家国际大银行家族错综复杂的人脉关系图谱，系统地揭开了声势浩大的全球金融海啸背后隐匿的惊天阴谋。后者沿着金钱的主轴陆续阐述了主权国家边疆不仅仅包括陆疆、海疆、空疆（含太空）所构成的三维物理空间，还需要包括金融，在未来国际货币战争阴云密布的时代，金融高边疆的重要性将日趋凸显。

8.《资本战争：金钱游戏与投机泡沫的历史》，[德] 马丁、霍尔纳格著，王音浩译，天津教育出版社 2008 年出版

该书以欧美 2000 年来重大的资本投机活动为主线，详细记述了从古至今世界上发生的一系列重大投机事件的来龙去脉，以丰富鲜活的事例说明：资本是推动世界历史发展的原动力。"假使没有金钱，没有与之相伴的投机活动，历史肯定将呈现另外一副情形。"在关于金融战争的众多图书中，下面两本亦值得一读：《金融战争——中国如何突破美元霸权》、《金融帝国——美国金融霸权的来源和基础》前者由廖子光著，林小芳等译，后者由赫德森著，嵇飞等译，中央编译出版社分别于 2008 年 4 月和 8 月出版。

9.《大而不倒》，[美] 索尔金著，巴曙松、陈剑等译，中国人民大学出版社 2010 年出版

该书通过一幕幕生动的场景描述，向读者客观而详尽地展现了 2008 年金融危机发生之后美国主要监管机构和投行的众生相，再现了从银行到政府再到整个美国身处金融危机第一现场的反应。在这本书中，你可以看到雷曼是如何一步步地自断生路，监管机构是如何在"政治正确"的牵绊下做出选择，各大投行又是如何在人人自危的环境下力求自保，不曾公开的华尔街决策内幕，美国经济萧条如何发展成全球金融危机。

10.《峭壁边缘：拯救世界金融之路》，[美] 保尔森著，乔江涛等译，中信出版社 2010 年出版

保尔森曾担任美国财政部长。该书是他的回忆录，记录了 2008 年金融危机期间一个个难忘的日夜，披露了华盛顿高层以及作者本人在"如何拯救即将坍塌的金融系统"

这个大是大非问题上进行的不为人知的辩论、妥协、决策和行动的内幕。在这本书中，作者坦率地承认，一系列的救市措施并不是真正来自于详细的分析，而是来自对危机的恐惧。

11.《对冲基金风云录》，［美］巴顿·比格斯著，张桦、王小青译，中信出版社2010年出版

该书讲述了一段又一段投资冒险与个人奋斗的经历，展示了华尔街上执著专注的投资家们形形色色的生活方式和经营手法。该书既描绘了专业投资世界的大图景，也讲述了个中人物的小故事，让我们看到残酷而又诱人的对冲基金世界的真实景象。

12.《蓝血与阴谋：摩根士丹利的灵魂之战》，［美］比亚德著，邢春丽译，中信出版社2009年出版

该书重点聚焦于摩根士丹利内部的一场全球为之震惊的转折之战：2005年3月，8位摩根士丹利前高层联名致信董事会，这封信指责裴熙亮作为CEO领导无方并要求董事会立即换帅。该书所叙述的内容不仅仅是一个商业故事，在此背后，反映的是美国的商业文化。这本书让我们重新了解了摩根士丹利的历史——1935年从摩根银行分离出来之后，摩根士丹利继承了美国历史上最强大的金融集团——摩根财团的大部分贵族血统，代表了美国金融巨头主导现代全球金融市场的光荣历史。大摩的8位元老坚持的就是这种精神。这就是"蓝血"的由来，也是矛盾爆发的终极原因。

13.《华尔街》，纪录片《华尔街》主创团队编著，中国商业出版社2010年出版

本书以华尔街金融危机为契机，以证券市场为中心，梳理200多年来现代金融的来龙去脉，探寻、发现资本市场兴衰与经济起伏的规律，对我们全面理解华尔街，全面理解美国，甚至全面理解现代金融与一个国家崛起的关系，均能提供非常有益的帮助。

14.《价值起源》，［美］戈兹曼、罗文霍斯特编著，王宇、王文玉译，万卷出版公司2010年出版

该书描写了世界金融史上一系列重要的金融创新活动，如美索不达米亚利息的发明、中国纸币的使用、共同基金、通货膨胀指数债券及全球金融证券的创立等，正是这些金融创新改变了世界。

（三）哲学思想类

1.《中国现代思想史论》，李泽厚著，东方出版社1988年出版

书中收录了《启蒙与救亡的双重变奏》、《记中国现代三次学术论战》、《胡适、陈独秀、鲁迅》、《试谈马克思主义在中国》、《20世纪中国文艺一瞥》、《略论现代新儒家》等8篇文章，以独特的论述方式、从独特的视角论述了中国现代史上的众多文化现象、思想与事件。可以说，作者是影响了一代人（尤其是20世纪80年代）的著名学者，他所撰写的《中国古代思想史论》、《中国近代思想史论》、《美的里程》、《美学四讲》等著作，同样拥有广泛的读者群。客户经理可从中阅读到关于美学、思想史的丰富知识。

2.《毛泽东诗词鉴赏》，公木著，长春出版社1994年出版

有关毛泽东诗词方面的图书在市面上有很多种，有的仅是把毛泽东诗词收录进来但没有任何讲解，有的则配以毛泽东写作该诗词的书法。《毛泽东诗词鉴赏》从内涵鉴赏角度

来分析毛泽东诗词，对每一首诗词从题解、笺注、赏析等几个方面进行把握，是一本了解毛泽东诗词比较全面的图书。该书被中国书刊发行协会评为1999年度优秀畅销书。

3.《读书》（月刊），生活·读书·新知三联书店出版

这是一本在我国读书界、思想界颇有影响的杂志，每月出版一期，主要刊登社会学、法学、历史、人物、经济、传媒等方面的文章。该杂志创刊号上提出的"读书无禁区"的口号给"文化大革命"结束后的社会注入了清新的活力，之后发表的大量文章在知识界产生了很大影响。生活·读书·新知三联出版社出版的另一本杂志《生活周刊》，则是一本了解经济、社会、文化、政治等方面带有时事资讯和浓郁生活特色的杂志。

4.《四书五经鉴赏辞典》，施忠连著，上海辞书出版社2005年出版

四书，即《大学》、《中庸》、《论语》、《孟子》；五经，即《诗》、《书》、《礼》、《易》、《春秋》。《春秋》由于文字过于简略，通常与《左传》、《公羊传》等典籍合刊。四书五经是中国古代最重要、最权威的典籍，它们构成了中国传统文化的基本框架和中华文明的精神基础，同时也是先秦历史、文化和思想的记录和总结。四书五经中的文章，表达了古代思想家对社会、人生的思索，至今仍影响着我们的生活、工作乃至一切。当下，对四书五经进行诠释的著作可谓汗牛充栋。本书可谓其中较为全面的一本，包括原文、注释、赏析等。

5.《先秦诸子百家争鸣》，易中天著，上海文艺出版社2009年出版

四书五经主要是儒学典籍。在我国历史长河中，道家、墨家、法家也有重要的著作传世。它们的思想也多有闪光之处。该书即对先秦诸子的思想进行了梳理。当然，这本书相对比较专业，难读一些。有兴趣的读者还可读一下易中天为通俗化解释先秦诸子思想而撰写的另一本书《我山之石》（广西师范大学出版社2009年6月出版）。

6.《论语今读》，李泽厚著，生活·读书·新知三联书店2004年出版

如需深入阅读《论语》，则可选择李泽厚的《论语今读》。该书完成于1989～1994年期间，为李泽厚的重要著作之一，曾多次重印。该书对《论语》章句逐一读解，其书的体例分为译、注、记。该书尽可能采用直译，最大限度地保持了原貌。

7.《古文观止》，［清］吴楚材、吴调侯著，阙勋吾等译注，岳麓书社2005年出版

《古文观止》是自清代以来最为流行的古代散文选本，由清人吴楚材、吴调侯于康熙年间编选。《古文观止》选取了从先秦到明代共222篇思想性和艺术性都比较高的文章，既有儒家经典、历史散文，也有传记、书信、论辩，乃至游记、寓言小说。入选之文多短小精彩，均是便于记诵的传世佳作。市面上有多种版本，客户经理可选择适合的版本购买阅读。

8.《曾国藩家书精选》，［清］曾国藩著，于洁选编，中央编译出版社2008年出版

本书收曾国藩家书159封，分为"励志"、"劝学"、"做人"、"居官"、"为政"等13类。以上13类，以儒家思想所提倡的"正心，诚意，格物，致知，修身，齐家，治国，平天下"为分类的依据，基本涵盖了曾国藩以儒家思想严格约束自己的全部内容，包括了他的家书精华。对曾国藩家书及其思想感兴趣的读者，还可阅读《唐浩明评点曾国藩家书》（岳麓书社2002年9月出版）。

9. 《庄子的快活》，王蒙著，中华书局 2010 年出版

作者以一个时代和他自己的人生经历为注脚，从现代人的视角出发，结合现代人的日常生活，用自己的语言风格畅解《庄子》，开掘《庄子》中至今仍有重要意义和价值的生命智慧和生活态度。当我们不再为温饱发愁时，也许就该关照一下自己的内心，正像作者所说："老庄不能当饭吃，但是可以当茶喝，当清火消炎药或者当仙丹服用。"可与作者撰写的《庄子的享受》（安徽教育出版社 2010 年 1 月出版）和《老子的帮助》（华夏出版社 2009 年 1 月出版）匹配阅读。

10. 《孙子兵法三十六计（大全集）》，秋实编著，人民出版社 2011 年出版

《孙子兵法》和《三十六计》均为中国古代著名兵书，现在已应用到生活、经济等方方面面。阅读这两本书，对锻炼客户经理的思维，并将所学知识应用到营销实践中具有促进作用。《孙子兵法三十六计（大全集）》将这两本兵书合编到一起，并配有译文，是客户经理学习兵法的一本有益的参考书。

11. 《品人录》，易中天著，上海文艺出版社 2006 年出版

本书钩沉史实，从文化角度品评项羽、曹操、武则天、海瑞、雍正等历史著名人物，新颖的评说、生动的文笔把我们带入一个崭新的人物内心世界。可与作者的《帝国的惆怅：中国传统社会的政治与人性》（文汇出版社 2005 年 8 月出版）匹配阅读。《帝国的惆怅》一书对晁错、宋江、晁盖、严嵩、嘉靖皇帝、徐阶、乾隆皇帝等人物以及汉初削藩、鸦片战争等事件进行了视觉独特的解读。这两本书是了解我国古代历史的有益读物。

12. 《中国的男人和女人》，易中天著，上海文艺出版社 2006 年出版

本书以轻松幽默的语言，对中国两性关系、婚姻制度、男女形象及人格进行了深刻剖析。该书涉猎多种学科，援引大量史实，以翔实的史料分析了：中国的性崇拜与中国的祖先崇拜的关系，为什么中国的传统婚姻没有爱情，为什么中国的传统是"美女配才子"，而西方的传统是"美女配英雄"？等问题。读来妙趣横生。可与作者的《闲话中国人》（上海文艺出版社 2006 年 3 月出版）匹配阅读。《闲话中国人》一书分析了饮食、服饰、面子、穿衣、单位、家庭、人情等人们生活中最基本的内容。这两本书是了解中国文化的"快餐式"读物。

13. 《吾国吾民》，林语堂著，江苏文艺出版社 2010 年出版

《吾国吾民》又名《中国人》，是林语堂在西方文坛的成名作与代表作。该书叙述了中国人的道德、性格、心灵、理想、生活、政治、社会、艺术、精神状态与向往。由于该书将中国人的性格剖释得非常美妙，并与西方人的性格、理想、生活等做了相应的广泛深入的比较，在海内外引起轰动，被译成多种文字，在世界广泛流传。探讨中国人文精神的另一本名著是辜鸿铭用英文所撰写的《中国人的精神》（李晨曦译，上海三联书店 2010 年 1 月出版）。这《中国人的精神》一书中，作者把中国人同美国人、英国人、德国人、法国人进行了对比，凸显出中国人的特征之所在。

14. 《帝国的终结》，易中天著，复旦大学出版社 2007 年出版

中央集权的帝国制度形成于秦，灭亡于清。该书透过若干重大历史事件和历史细节，深刻探究了中华帝国制度形成和灭亡的原因，是易中天最为用力也最为看重的一部

著作。该书认为，伦理治国或者说独尊儒术的原则维护了帝国制度，却让我们民族付出了巨大的代价。

15.《读城记》，易中天著，上海文艺出版社 2006 年出版

城市和人一样，也是有个性的。该书分析了北京、上海、广州、厦门、成都、武汉等城市的个性与人文特色，是了解这些城市性格的一部通俗读物。

16.《中国智慧谋略全书：上策中策下策》，雷祯孝著，新世界出版社 2007 年出版

该书从中国几千年来传统的智慧、文化、历史、经验着眼，总结立身治国、为人处世、谋取成功的经验，介绍 108 个成功人生的智慧与计谋，涉及自强计、弱敌计、守战计、攻战计、胜战计、败战计、战机计、虚实计、心战计、借战计、再战计、计中计、加罪计、拷审计、阴阳计、朋党计、移权计、权术计等。

（四）社会文化类

1.《勤于学习的毛泽东》，张万青、樊建科编著，中央文献出版社 2007 年出版

该书介绍了毛泽东是怎样坚持终身学习、号召全党全民学习，又是怎样带领全党全军全民学以致用、理论联系实际的。我们会从该书中有所发现、受到启迪。可匹配《毛泽东的读书生活》（龚育知、逢先知、石仲泉著，生活·读书·新知三联书店 2009 年 7 月出版）一书阅读。

2.《大国崛起》，中央电视台节目组编著，中国民主法制出版社 2007 年出版

中央电视台以世界性大国的强国历史为题材，跨国摄制了 12 集大型电视纪录片《大国崛起》，对近现代以来在世界舞台上发挥重大作用的 9 个国家崛起的历史进行剖析，探究其兴盛背后的原因，对今天的中国更自信和更从容地走上强国之路提供借鉴。本书是同光盘发行相配套而出版的一套图书。《大国崛起》播出并出版同名书籍后，引起巨大反响，使本来非常高深、只有专业人士才通晓的理论找到了一个通俗的、能为普通人所接受的传播途径。

3.《石油战争：石油政治决定世界新秩序》，［德］恩道尔著，赵刚等译，知识产权出版社 2008 年出版

该书描绘了国际金融集团、石油寡头以及主要西方国家围绕石油展开的地缘政治斗争的生动场景，揭示了石油和美元之间看似简单、实为深奥的内在联系，解析了石油危机、不结盟运动、马岛战争、核不扩散条约、德国统一等重大历史事件背后的真正原因，为我们展现了围绕石油而进行的、长达一个多世纪的惊心动魄的斗争历史。

4.《中国政治经济史论》，胡鞍钢著，清华大学出版社 2008 年出版

本书是作者在其讲课材料基础上撰写的一部著作。该书分析和论述了中华人民共和国成立以来中国共产党人开创和探索有中国特色社会主义现代化建设道路的历史过程，反映了在中国共产党的领导下，中国这个人口众多、历史悠久、发展水平落后、各地区差异甚大的独特的东方大国，是如何实现工业化、城市化和现代化，如何不断实现多重的社会转型，如何实现"富民强国"目标的。作者提出并回答了上百个令读者感兴趣的当代中国的重大政治经济问题，1949～1976 年间的重大历史事件和重要人物作出分析和评价。该书为读者了解当代中国提供了一系列真知灼见。

5.《城记》，王军著，生活·读书·新知三联书店 2003 年出版

该书从北京的现实入手，以 50 多年来北京城营建史中的历次论争为主线展开叙述，其中又以 20 世纪五六十年代为重点，将梁思成、林徽因、陈占祥、华揽洪等一批建筑师、规划师的人生故事穿插其间，试图廓清"梁陈方案"提出的前因后果，以及后来城市规划的形成，北京出现所谓"大屋顶"建筑、拆除城墙等古建筑的情况，涉及"变消费城市为生产城市"、"批判复古主义"、"大跃进"、"整风鸣放"、"文化大革命"等历史时期。作者的另一本书《采访本上的城市》（生活·读书·新知三联书店 2008 年 6 月出版）也值得一读。

6.《C 形包围：内忧外患下的中国突围》，戴旭著，文汇出版社 2010 年出版

该书是作者历时数年研究，半年写（画）成的一篇（幅）世界全景式政治、军事著作。该书认为中国四周全是"狼群"，断言危机就在 10～20 年之间。作者的另一部著作《盛世狼烟：一个空军上校的国防沉思录》（新华出版社 2009 年 3 月出版）也值得一读。

7.《龙象之争：中国、印度与世界新秩序》，［英］史密斯著，丁德良译，当代中国出版社 2007 年出版

该书作者认为，到 2050 年，世界上最有影响力的三大强国将依次是中国、印度和美国。随着世界重心向东方转移，新的联盟将不断形成，新的规则也会不断涌现，而唯有那些深谙世界新秩序的国家才能未雨绸缪地去应对新的挑战。该书即会帮助人们认识和把握这些变化。探讨印度与中国问题的著作《不顾诸神：现代印度的奇怪崛起》（卢斯著，张淑芳译，中信出版社 2007 年 11 月出版）也可一读。

8.《超限战》，乔良、王湘穗著，湖北辞书出版社 2010 年出版

该书 1999 年首次出版，是一本军事著作，但也可当做管理类图书阅读。该书被誉为"中国人自己的军事经典"、"中国军事战略著作的必读书"、"全球化时代的新战争论"。该书从战争与战法两个方面分析了"超限战"的概念与理论，并揭示出未来时代的战争是一种可以超越实力局限和制约的战争。该书首次提出的"超限战"一词，已不但成为军语，而且还成了国际流行词汇。

9.《道路与梦想——我与万科 20 年》，王石、缪川著，中信出版社 2006 年出版

王石是中国企业家群体中阳光式的领袖人物。他为人们所熟知，除了因万科的品牌及地产项目外，还因他的鲜明个性和登山经历。这位万科的创始人，同万科的职业经理人团队共同引领万科，用 20 年的时间创造了一系列奇迹。这本书既回顾了万科 20 年的成长故事，又讲述了王石的人生风雨历程。

10.《野蛮生长》，冯仑著，中信出版社 2007 年出版

冯仑是中国"地产界的思想家"、中国企业界"段子派"的掌门人。他所创办的万通公司伴随着中国民营企业经历了从无到有、从小到大的过程。冯仑利用他个人的经历和独特的观点对这一过程进行了解读。本书语言鲜活麻辣，对幸福、金钱、伟大、女人、死亡等问题的解读入木三分，引人深思。与冯仑有关的书籍还有《风马牛——冯仑和他的快意人生》（潇潇、小皮著，中信出版社 2010 年 8 月出版）和《伟大是熬出来的：冯仑与年轻人闲话人生》（优米网编著，中国发展出版社 2011 年 2 月出版），也

值得一读。

11.《我用一生去寻找——潘石屹的人生哲学》，潘石屹著，江苏文艺出版社2008年出版

潘石屹作为SOHO中国有限公司董事长，是中国房地产界的著名人物，他的每一个建筑作品都以城市标志性符号引领这个城市的建筑潮流。在本书中，潘石屹从自己的现实经验说起，介绍了如何处理人际关系，如何保持工作激情，如何通过磋商达成合作，如何办好企业等，充满了真知灼见。这本书不仅为创业者提供了成功的方法，也为成功者走向觉悟，为实现了物质富裕之后更进一步完满人生提供了宝贵的引导。

12.《荣辱20年：我的股市人生》，阚治东著，中信出版社2010年出版

作者阚治东被人称为"中国证券教父"。他曾盛极一时，作为申银万国的总裁，他写下了中国证券发展史上的许多第一：主承销第一只A股、第一只B股，发行第一张金融债券、第一张企业短期融资券，设立第一个证券交易柜台，参与发起设立上海证券交易所，编制国内第一个股票指数和全国第一份股票年报等。他也曾坠入低谷：1997年因"陆家嘴事件"被撤职，2006年又因南方证券破产被起诉并入狱21天。他的人生也是中国股市20年沉浮的一个缩影。该书以从容、淡泊的笔调叙说了他个人同时也是中国证券市场的历史。还可同时阅读《股市风云20年：1990～2010》（肖宾著，机械工业出版社2010年1月出版）。

13.《崩溃——社会如何选择成败兴亡》，[美]戴蒙德著，江滢、叶臻译，上海译文出版社2008年出版

本书以对失败的比较案例研究，试图为当今的人类社会提供一条生存与发展之道，以避免人类走上崩溃之路。该书曾获普利策奖。

14.《笑谈大先生：七讲鲁迅》，陈丹青著，广西师范大学出版社2011年出版

该书收录了作者关于鲁迅的七次演讲文稿。作者将鲁迅重新放置回"民国的风景"中，与其说是"还原"了鲁迅，不如说是为一个人、一个时代重新注入灵光。可与钱理群的《与鲁迅相遇：北大演讲录之二》（生活·读书·新知三联书店2003年8月出版）匹配阅读。鲁迅的思想是中国的宝贵精神财富。对鲁迅感兴趣的读者，可翻阅人民文学出版社2005年11月出版的《鲁迅全集》。《鲁迅全集》有很多册，非专业人士很难完全阅读，客户经理也可选择市面上出版的各类单行本阅读。

15.《近距离看美国》系列，林达著，生活·读书·新知三联书店2006年出版

该系列丛书包括《历史深处的忧虑》、《我也有一个梦想》、《总统是靠不住的》、《如彗星划过夜空》等。作者以信件的形式，对美国历史上的著名事件、人物进行了介绍，是一套了解美国历史、文化、民主制度的好书。

16.《南渡北归》，岳南著，湖南文艺出版社2011年出版

该书共分《南渡》、《北归》、《离别》。该书全景再现了20世纪中国知识分子与民族精英们冒着抗日战争的重重险恶与艰辛，迎着烽火狼烟枪林弹雨，由中原迁往西南尔后又回归中原的一段波澜壮阔的历史。作品在特别注重描写抗战岁月的同时，亦对内战爆发的根源和新中国成立后大陆与台湾两岸的知识分子群体命运作了细致的探查与披露，对各种因缘际会和埋藏于历史深处的人事纠葛、爱恨情仇进行了有理有据的释解，

读来令人心胸豁然开朗的同时，又不胜欷歔，扼腕浩叹。还可同时阅读该书作者撰写的《陈寅恪与傅斯年》（陕西师范大学出版社 2010 年 6 月出版）和《从蔡元培到胡适：中研院那些人和事》（中华书局 2010 年 3 月出版）。

17.《中国 30 年：人类社会的一次伟大变迁》，［美］库恩著，吕鹏等译，上海人民出版社 2008 年出版

该书以一个美国人的视野全面审视了我国自 1978 年十一届三中全会以来中国的改革开放历程。作者专程考察了中国 20 多个省份的 40 余座城市，独家采访了众多改革开放的亲历者和建设者，其中包括百余位省部级官员、企业领袖和专家学者。通过受访人尤其是党、政、商、学各部门与各地方主要负责人的权威讲述，本书回顾了中国改革开放的背景与历史进程，分析了改革的运作机制，发掘了改革开放给中国的政治、经济、科技、文化、教育等各领域及普通百姓生活与观念所带来的深刻变化，并展望了中国改革开放的未来前景。作者还写作出版了《他改变了中国：江泽民传》（谈峥、于海江译，上海译文出版社 2005 年出版）。

18.《邓小平改变中国——1978：中国命运大转折》，叶永烈著，江西人民出版社 2008 年出版

该书是关于邓小平在 1978 年重要历史关头力挽狂澜，改变中国命运走向的全景记录。该书对从 1976 年 10 月"文化大革命"结束后，到 1978 年底中共十一届三中全会的召开，这样一个艰难曲折的历史转折过程中的某些重大事件，或与这些事件有关的某些人物进行了讲述，如邓小平重新出来工作、真理标准问题的讨论和批判"两个凡是"、中央工作会议和三中全会的胜利召开等。作者叶永烈早年从事科普作品创作，后出版了大量中共党史著作。如"红色三部曲"（《红色的起点》、《历史选择了毛泽东》、《毛泽东与蒋介石》），《"四人帮"兴亡》以及《陈伯达传》、《陈云之路》、《胡乔木传》、《傅雷与傅聪》等，均值得一读。与《邓小平改变中国——1978：中国命运大转折》一书相似题材的书籍有《1978 大转折十一届三中全会的台前幕后》（于光远著，中央编译出版社 2008 年 1 月出版）。

19.《人性的弱点全集》，［美］卡耐基著，刘祜编译，中国城市出版社 2006 年出版

该书首次出版于 1937 年，是当今世界上最畅销的励志经典之一。作者基于对人性的深刻认识，运用社会学和心理学知识，对人性进行了深刻的探讨和分析。该书讲述了许多普通人通过奋斗获得成功的真实故事，能帮助读者解决在日常生活、商务活动与社会交往中与人打交道所遇到的种种问题，是帮助人们走出迷茫和困境的"心灵鸡汤"。

20.《重返五四现场——1919：一个国家的青春记忆》，叶曙明著，中国友谊出版公司 2009 年出版

五四时代是一个永远激动人心的时代。当时，群贤咸集，大师辈出，那是一段激情迸发、永不复返、令今人无限神往的光辉岁月，是中国近代文化史上的辉煌时代；当时，各种思想像山崩川涌，汇聚成滔滔巨流，相激相荡，引领风骚。该书再现了这个新旧政治、新旧文化交锋的大时代，细述民国政界与学界的风云往事。

（五）人物传记类

1.《杰克·韦尔奇自传》，［美］杰克·韦尔奇、约翰·拜恩著，中信出版社2001年出版

杰克·韦尔奇曾任美国通用电气公司（GE）的CEO，被誉为全球第一CEO。他在短短的20年中，使GE的市值增长了30倍，达到了4500亿美元，排名从世界第10位提升到第2位。在书中，作者回顾了自己的成长历程和商业生涯，论述了使GE公司发生巨大变化的"全球化"、"持续增长的服务业"、"六西格玛"、"电子商务"。书中展现的一些商业故事、领导技巧均能给客户经理以启迪。

2.《谁说大象不能跳舞——IBM董事长郭士纳自传》，［美］郭士纳著，中信出版社2003年出版

郭士纳接手IBM时，这家象征着美国科技实力和国家竞争力的超大型企业正因机构臃肿和孤立封闭而变得步履艰难，亏损高达160亿美元。作者通过战略性的调整，以高超的领导才能使这家公司重焕生机，又成为全球最赚钱的公司之一。在该书中，作者将自己关于管理、企业文化、企业规模与竞争力、企业转型的种种有创建的思想融入其中，全书包括"掌舵领航""战略决策""IBM文化""教训篇""经验谈"等五大部分。与该书类似的图书还有《麦肯锡传奇》（美国伊丽莎白·哈斯·埃德莎姆著，机械工业出版社2006年1月出版）。

3.《毛泽东传》，［美］R.特里尔著，河北人民出版社1999年出版

该书论述了从少年时代直到逝世的毛泽东，是了解作为伟人的毛泽东及整个中国现代社会变迁的一部很好的著作。与这本书具有同等价值的是杨奎松所著的《毛泽东与莫斯科的恩恩怨怨》，这部书由江西人民出版社2002年出版。杨奎松的著作对毛泽东与莫斯科关系的历史做了不同于过去的解释，是一部了解认识中国共产党党史的力作。费正清等编著的《剑桥中华人民共和国史：中国革命内部的革命（1966～1982）》是一部了解新中国成立后我国社会、经济、政治、文化、对外关系、教育、知识分子等各个方面发展变化的专著，其中文译本由中国社会科学出版社于1992年出版。

4.《沃伦·巴菲特传——一个美国资本家的成长》，［美］洛文斯坦著，顾宇杰、鲁政、朱艺译，海南出版社2007年出版

沃伦·巴菲特被喻为"当代（也许永远是）最成功的投资者"。股东们对他的追随和关注，形成奇特的"巴菲特现象"——他的健康状况会直接影响到股市行情的涨落。该书的作者叙述了巴菲特的一生，揭示了他的致富原则；并且对他投资伯克希尔、GEICO、《华盛顿邮报》、可口可乐、吉列等企业进行了描写。

5.《活着就为改变世界：史蒂夫·乔布斯传》，［美］扬·西蒙著，蒋永军译，中信出版社2010年出版

该书记录了在富有开创性的数字化商业时代乔布斯这位令人羡慕的业界风云人物的经历和生活，并展示了他缔造苹果帝国的过程。乔布斯本人在生活和创业过程中经历的大起大落在该书中也有详尽的讲述。

6.《蓝血十杰》，［美］伯恩著，陈山、真如译，海南出版社2008年出版

西方人用蓝血泛指那些高贵、智慧的精英才俊。该书记录的蓝血十杰包括福特二世、桑

顿、麦克纳马拉、利斯、罗杰摩尔等，他们均毕业于哈佛，"二战"期间成为美国空军的后勤英雄，卓有成效地将数字化管理模式用于战争，为盟军节余了 10 亿美元的耗费；战后他们加盟福特汽车公司，把数字化管理引入现代企业，拯救了衰退的福特事业，开创了全球现代企业科学管理的先河，推动了美国历史上最惊人的经济成长期。他们 30 岁即各有建树，在自己的领域出类拔萃，他们之中产生了国防部长、世界银行总裁、福特公司总裁、商学院院长和一批巨商。他们信仰数字、崇拜效率，成为美国现代企业管理之父。

7.《四国演义》，[美] 莫里斯著，李宏强译，国际文化出版公司 2006 年出版

美国经济的起飞并非历史的偶然，安德鲁·卡内基、约翰·D. 洛克菲勒、杰伊·古尔德和 J.P. 摩根四位具有远见卓识的商界人物引导美国创造无可比拟的财富和惊人的生产力，是 19 世纪美国经济迅猛增长时期站在幕后的大亨。该书对这四位既充满魅力又各有缺点的巨人进行生动而引人入胜的描述。

（六）历史类

1.《苦难辉煌》，金一南著，华艺出版社 2009 年出版

这是我国第一本把中共早期历史放在国际大背景下解读的图书，是第一本用战略思维、战略意识点评历史的图书，也是第一本可以作为大散文欣赏的历史图书。书中关于中国工农红军长征的描写读了让人惊心动魄，给人以荡气回肠之感，且能让人陷入沉思。在描写红军长征的图书中，王树增所著的《长征》（人民文学出版社 2006 年 9 月出版）和美国人索尔兹伯里所著的《长征：前所未闻的故事》（中国人民解放军出版社 2005 年 3 月出版）是值得阅读的两本。

2.《剑桥中国史》，[英] 崔瑞德、鲁惟一著，杨品泉等译，中国社会科学出版社 1992 年出版

《剑桥中国史》规模宏大，集中了西方研究中国史的许多学者的力量，是热爱历史的客户经理不可缺少的藏书。该丛书共 11 册，分别为《剑桥中国秦汉史公元前 221 年至公元 200 年》、《剑桥中国隋唐史：589～906 年》、《剑桥中国辽西夏金元史 907～1368 年》、《剑桥中国明代史 1368～1644 年（上卷）》、《剑桥中国明代史 1368～1644 年（下卷）》、《剑桥中国晚清史 1800～1911 年（上卷）》、《剑桥中国晚清史 1800～1911 年（下卷）》、《剑桥中华民国史 1912～1949 年（上卷）》、《剑桥中华民国史 1912～1949 年（下卷）》、《剑桥中华人民共和国史：革命的中国的兴起 1949～1965 年（上卷）》、《剑桥中华人民共和国史：中国革命内部的革命 1966～1982 年（下卷）》。

3.《贸易战争》，韩青、高先民、张凯华著，四川教育出版社 2011 年出版

该书以贸易进化历程为基本线索，讲述了一部贸易发展与市场争夺、政治博弈、金权斗争、霸主易位缠绕交错的历史，叙述了曾左右时局的历史人物、改变历史的著名战争、贸易发展不可逾越的里程碑，以及数十位著名经济学家的深度解读，是我们快速了解贸易历史的有益读物。

4.《解放战争》，王树增，人民文学出版社 2009 年出版

该书给我们描绘了整个解放战争的起源、发展、结束的全部历程。描述这一时期历史的书籍还有《转折年代：中国的 1947 年》（金冲及著，生活·读书·新知三联书店 2002 年 10 月出版）和《枪杆子：1949》（张正隆著，人民出版社 2008 年 9 月出版）。

5. 《帝国沧桑：晚清金融风暴幕后的历史真相》，李德林著，南京大学出版社2009年出版

1872年，大清王朝拉开了一场改革开放大幕。该书重现了1872～1911年间晚清王朝的资本市场，记录了慈禧、李鸿章、盛宣怀、唐廷枢、伊藤博文、胡佛等当时的各路风云人物，回答了一系列我们今天感兴趣的问题，如是谁在推动大清改革开放？是谁在操纵稚嫩的大清股市？风雨飘摇的大清复兴之路上，是谁在导演连环金融风暴？是谁在操控资本将大清埋葬？诡异的间谍背后，是谁在扼住大清改革开放的咽喉？又是谁终结了最后的希望？该书认为，大清帝国所交的学费和金融沧桑正是今日之鉴。

6. 《暗战1840：鸦片战争背后的历史真相》，李德林著，中华工商联合出版社2011年出版

该书通过收集平常不为人所瞩目的史料，描述了鸦片战争背后的一些情况。如伊丽莎白的密信、日本大使血溅宁波港、第一次中英虎门炮战、美国独立战争、黄埔港突现英王密使等，揭示了一系列不起眼的小人物和小事件在改变国家命运背后的巨大作用。

7. 《绑在一起——商人、传教士、冒险家、武夫是如何促成全球化的》，〔美〕纳扬·昌达著，刘波译，中信出版社2008年出版

本书以全新视角从政治、经济和人文等各方面展示了一段全球化变迁进程，剖析了全球化背后的力量，揭示今日生活的历史渊源，谨慎地衡量了全球化的利弊以及随之而来对全球主义的乐观看法和消极的宿命观，详细介绍全球化中形形色色的非政府组织的崛起之路。对于想要了解全球化进程的客户经理而言，这的确是一本必读的佳作。

8. 《50年代生人成长史》，黄新原著，中国青年出版社2009年出版

该书是一部描述中国的20世纪50年代生人由童年到壮年的身心成长历程的书，也可以说是一部50年代生人的心灵成长史，可帮助客户经理了解50年代所出生人群的普遍特点、秉性与爱好。同时还可阅读《60年代生人成长史》（王沛人著，中国青年出版社2008年1月出版）、《70年代生人成长史》（沙蕙著，中国青年出版社2008年4月出版）、《80年代生人成长史》（张沛、张晨著，中国青年出版社2010年1月出版）和《70年代》（北岛、李陀主编，生活·读书·新知三联书店2009年7月出版）。

9. 《停滞的帝国：两个世界的撞击》，〔法〕佩雷菲特著，王国卿等译，生活·读书·新知三联书店1993年出版

200年前，大英帝国以给乾隆祝寿为名向中国派出了马嘎尔尼勋爵率领的庞大使团，英国此举意图同清政府谈判以改善两国的贸易，而中国方面由于文化背景与政治观念不同，认为英国是因仰慕中华文明才遣使臣远涉重洋来为皇上祝寿的，这场聋子之间的对话尚未开始就注定失败了。该书作者从世界史的角度，将此次出使作为东方与西方的首次撞击来考察。在作者看来，学术界争论已久的马嘎尔尼觐见时是否下跪的问题并不单纯是一场礼仪之争，而是两种文明的撞击，具有深刻的象征意义。

（七）文学类

1. 《巨塔杀机：基地组织与"9·11"之路》，〔美〕赖特著，张鲲、蒋莉译，上海译文出版社2009年出版

该书全面记述了导向"9·11"的一系列事件，以开创性的眼光探析个中人物、观

点，以及西方情报机构的失误。叙述的主线是四个人相互交织的生活：基地组织的两名领导人奥萨玛·本·拉登和艾曼·扎瓦希里；联邦调查局反恐部门主管约翰·奥尼尔，以及沙特阿拉伯情报事务首脑图尔基·费萨尔王子。随着他们的生活在书中展开，各种事件也一一显现在我们眼前。该书是我们了解当今国际政治格局的一部佳作。

2.《亮剑》，都梁著，解放军文艺出版社 2005 年出版

该书用冷静凝重的笔触，刻画了李云龙和他的战友们的传奇故事。李云龙的人生信条是：面对强大的对手，明知不敌，也要毅然亮剑，即使倒下，也要成为一座山、一道岭。作者接下来的小说也非常值得阅读：《狼烟北平》、《荣宝斋》、《血色浪漫》（长江文艺出版社 2006 年 4 月、2008 年 10 月和 2010 年 8 月出版）。

3.《一句顶一万句》，刘震云著，长江文艺出版社 2009 年出版

这本小说讲述的故事很简单，小说的前半部写的是过去：孤独无助的吴摩西失去唯一能够"说得上话"的养女，为了寻找，走出延津；小说的后半部写的是现在：吴摩西养女的儿子牛建国，同样为了摆脱孤独寻找"说得上话"的朋友，走向延津。一走一来，延宕百年。该书的描写始终紧贴中国苦难的大地和贱如草芥的底层人群，读完让人潸然泪下。

4.《活着》，余华著，作家出版社 2008 年出版

这是一本读起来让人感到沉重的小说。主人公福贵历经亡家、丧儿、失女、外甥早亡等一系列人生变故，展示了生而为人的苦难。作者的另一本小说《兄弟》（作家出版社 2010 年 7 月出版）也值得一读。

5.《围城》，钱钟书著，人民文学出版社 2003 年出版

该小说写于 20 世纪 40 年代。在该书中，作者惟妙惟肖地描写了一群大学教师的生活、婚恋、做学问，是了解中国知识分子群像的一本好书。该书中的一句话"城里的人想出去，城外的人想进来"早已成为名言，反映了人生的无奈。

6.《警世通言》，［明］冯梦龙著，华夏出版社 2008 年出版

《警世通言》由四十篇白话文短篇小说组成，内容主要涉及婚姻爱情与女性命运、功名利禄与人世沧桑、奇事冤案与怪异世界。书中描述的大多是市民阶层的思想面貌、情趣爱好、生活景象等，也能给现代人以深刻的启示。该书与作者的《醒世恒言》、《喻世明言》合称《三言》。

第三节　整理和观摩案例

客户经理的营销技能需要经过实践的磨炼才能提高，但观摩案例也可间接起到这种作用。另外，通过案例还可加强客户经理对客户拓展工作的认识，使客户经理能更加深入地理解自己的职责、要求和专业技能。客户经理可组织其他客户经理进行案例讨论或参与其他客户经理组织的案例研讨。介绍案例的客户经理要把案例的背景、案例的主要过程和做法、案例的结果和案例当中体现的主要经验与教训介绍给其他客户经理。其他

参加人员就介绍的案例进行讨论，讨论的主要内容包括：案例成功和失败的地方、失败的原因、可以采取的改进措施、可以借鉴和学习的做法等。

本节汇集了特点各异的若干案例。这些案例是对实际素材进行有机整理后总结出来的，对涉及的公司均采用了虚拟处理方式。客户经理可从中体会案例的整理方法，自己在今后的实际工作中也应有意识地积累案例。这样坚持几年，客户经理将会发现自己的业务拓展能力和文字组织水平已大大增强。

一、大型客户的综合开发

（一）案例背景

京河纸业股份公司是以生产高档纸张为主营业务的上市公司。银行与该公司有近十年的合作，曾为公司提供固定资产贷款，支持公司引进造纸机等生产设备。随着公司上市和资本运作的深入及银行产品品种的日益丰富，双方都渴望打破以往单纯的信贷关系，走出一条新型的银企合作的路子。

（二）案例过程

1. 客户培育阶段

（1）准备阶段。根据总行关于进行大型客户综合深度开发的统一部署，客户经理对本地区数家有实力的企业进行了分析、比较，最终选择了该公司作为客户综合深度开发的试点。

（2）达成合作意向阶段。分行领导将开发意图和初步方案向企业介绍以后，引起了企业领导的浓厚兴趣，双方达成了合作意向，并签署了合作意向书。

（3）组建客户开发小组。组成了由总行公司业务部门牵头，由分行公司业务部门、国际业务部、营业部、支行和外部财务、法律和行业专家组成的客户经理联合工作小组。工作小组拟订了小组的工作计划、分工原则、授权范围、经费使用和管理办法等。

（4）调研阶段。工作小组选派人员调查了该公司的外部环境和内部的各个系统，对公司的优势和有待于改进的方面进行了深入了解，并在此基础上完成了《造纸行业研究报告》、《企业价值分析报告》、《合作建议书》、《客户开发方案》等基础文本。

（5）协议起草和谈判阶段。经和公司磋商，数易其稿，起草了主合同《银企战略合作协议》和《综合授信协议》、《资金结算协议》、《财务顾问协议》、《投融资顾问协议》和《管理咨询协议》等附件。

（6）报批和最终签约。调查报告和合同文本经总行信用管理委员会批准，使得协议最终签署。

2. 客户维护阶段

（1）双方高层领导定期会晤，互通信息。对前一阶段合作情况进行总结，对下一阶段的具体合作内容做出部署。

（2）专人负责、全面服务。合同签署以后，各项产品和服务正式启动，总分支行三级机构人员和外部专家组成的联合工作小组共同为公司提供各种服务。由支行为公司提供存款和日常资金结算服务，分行办理授信、信贷、国际业务等业务，联合工作小组则负责为公司提供公司发展战略研究、定期财务分析评价、企业管理诊断和咨询、行业和市场研究、投资项目评价、公司配股和并购财务顾问、市场营销策划以及利用信息优势和网络优势协助其开拓市场等非常规服务。

（3）利用网络，开拓市场。总分行各级参与服务的部门利用信息优势和网络优势，协助客户开拓市场，效果良好。

（4）在提供服务的过程中，工作小组密切关注公司所处行业、区域、公司本身和同业的发展动态。定期对公司进行财务状况分析，对公司的投资项目、募集资金和信贷资金投向、配股、增发、资本运作、股权分置改革等重要活动进行分析监控，随时掌握和化解公司可能存在的风险以及可能给银行信贷资金带来的损失，对于公司不合理的投资项目提出银行独立的分析意见，并提出建议，当公司财务状况出现恶化倾向时，及时给予提醒。

（5）工作小组还协助公司实施对银行贷款企业某纸箱厂的兼并，设计并推动实施了兼并方案，既帮助公司获得了发展的空间，寻找到了配股的目标资产，又盘活了银行的不良资产。

（三）案例经验

这个项目的运作是传统银行业务和顾问咨询业务的结合，是企业思维和金融思维的融合，是银行经营多元化、收益来源多元化、客户服务综合化的成功尝试，在银行由粗放、外延的增长方式向集约、内涵的增长方式转变中发挥了导向和示范作用，有助于银行培养复合型业务人员、扩大银行知名度、同客户建立新型的银企合作关系。主要经验是：

（1）客户选择和客户价值发现。客户的选择是该项目成功的关键，在选择客户时注重了企业的成长性和企业配合的程度，特别是公司领导人对新型银企战略合作及咨询顾问类产品的接受和认可。通过充分调研，发现了公司的核心竞争优势和市场价值，使银行产品的启动和运作有了扎实的基础。

（2）客户经理小组的成功运作。通过组建由各种等级客户经理、各种专长专家组成的客户经理小组，实现了对客户全方位、多层次的服务，满足了客户对包括资金、结算、战略、顾问、资本运作等在内的综合金融需求。

（3）总分支行三级联动、内外联动的运作机制。总分支行明确职责、分工协作。在业务推进中，总分支行联动模式的效用得到充分发挥，团队精神得到培养。总行发挥规划、指导作用，并协调总行各部门和外围专家群的关系；分行是这项业务的执行者，负责潜在客户的挖掘、调查、合同的起草及后续的管理工作；支行则主要提供日常的金融服务和对客户日常资金动向的监测。

（4）在现有业务合作基础上努力扩大销售。原来银企间的合作主要是信贷和部分人民币结算业务，银行适时抓住公司上市的机会，在原来业务合作的基础上，通过成功的运作，顺利地实现了银行产品的扩大销售，并把公司的基本账户由他行转移到本行。

（5）与资本市场的有效连接。该客户是上市公司，其发展战略、经营活动和资金使用等均与资本市场紧密相关，工作小组在案例过程中，通过提供财务顾问和杠杆融资，实现了与资本市场的有效连接，满足了公司在资本经营方面的金融需求。

（6）财务顾问产品的导入使银行能够最大程度地了解客户。通过提供财务顾问，银行的人员可以深入了解客户的全面情况，对公司经营和财务状况的了解更加透彻，有效地防范和化解了公司的行业、市场和经营风险，也确保了银行信贷资金的安全。

二、以财务顾问为核心带动全面产品营销

（一）案例背景

中派集团公司是我国制造光纤通信产品的国家大型骨干企业，其独家发起组建的上市公司近年来已连续向银行申请了总计1亿元的贷款，担保人为集团公司。为进一步推进银企间合作，深化合作内容，培育一个良好的基本客户，在上市公司拟进行配股之际，银行客户经理提出以财务顾问业务为切入点，和集团公司缔结战略合作伙伴关系，向该集团公司和其下属控股、参股公司提供全方位的金融产品和服务。

（二）案例过程

1. 通过与集团公司高层领导进行深层次会谈和对集团公司进行全面深入的调查，银行客户经理提出以下产品方案

（1）长期战略咨询。与集团公司一同制定解决目前面临困难及针对未来长远发展所需的战略方案，部署总体及阶段性行动步骤。

（2）专项财务顾问。利用银行在财务顾问方面的专业人才，在集团公司的兼并收购、资产置换等资本经营活动中，发挥专业金融顾问的作用，并进行最合理的资金安排。

为上市公司的配股项目选择、评估以及配股方案的设计和实施提供全面的专业服务。

协助上市公司寻找符合其战略目标的优质资产，实现资产购买和股权收购，促使该公司资本低成本快速扩张，并同时保持满意的盈利能力。

（3）综合授信。对集团公司日常的生产经营活动和有价值的投资项目予以及时足量的资金支持，包括为满足日常生产经营活动提供融资便利（常规的公开授信额度）以及项目投资和资本运作方面所需的融资安排（专项备用授信额度），协助客户适时把握商机，赢得市场竞争的效率。

同时，为包括集团公司及其所有控股子公司在内的整个企业集团核定一个总的授信额度，在额度内，银行优先向该集团公司及其控股公司提供信贷支持。这样，也便于集团公司对其下属公司的举债活动进行统一管理。

（4）结算及理财服务。集团公司的分支机构遍及全国，为协助集团公司加强对其分支机构资金运用的统一管理，客户经理提出利用银行的清算系统为其提供资金划拨管理及理财服务。

2. 产品方案报批同意后，客户经理牵头展开运作

通过提供以财务顾问为切入点的全面金融服务，银行和客户的关系逐渐密切。银行先后分别向集团公司的两家控股公司发放贷款，并获得其相关的资金结算业务。通过集团公司，逐步向其核心的优质控股公司渗透，取得合作的突破性进展。在上市公司实施配股后，还争取到了大部分的配股资金存放。通过为客户提供配股策划、投资项目评估、行业分析和长期战略咨询等顾问服务，除了获得一定顾问费收入之外，还加深了对

客户的了解，有效地把握了客户风险，进一步确保了信贷资金的安全。

（三）案例经验

（1）客户经理应熟悉作业方案的设计思路及合作建议书的写作方法，能通过这些方案或建议书唤起客户对银行服务的浓厚兴趣。

（2）善于以点带面，将对集团公司的服务延伸到对包括其控股公司、参股公司在内的整个集团的服务，要能够围绕集团内的核心企业向其上下游企业进行延伸。

（3）财务顾问服务是银行新的效益增长点和业务切入点，客户经理应能将此业务与传统的银行服务如信贷、结算、国际业务等有机地结合起来一同向客户提供。

（4）最先切入客户的服务产品可以是专项财务顾问，也可以是银行的其他产品。这要根据银行的特色及客户的需求灵活地加以确定。

（5）营销集团客户有两条路径：一条是"从上到下"的路径，即先重点营销集团公司，通过集团公司再向其下属公司提供服务；一条是"从下到上"的路径，即先从集团公司的下属公司开始营销，获得认可后再逐步扩大服务范围。客户经理可根据客户的具体情况选择采取上述路径。

三、向客户提供资产重组专项财务顾问

（一）案例背景

东风机械厂是金辉租赁公司的租赁企业。由于债务负担沉重，机制老化，企业亏损严重，无力向租赁公司支付租金。租赁合同到期后，租赁公司出于自身权益考虑，委托银行处理对该厂租赁转投资的资产重组事宜，并委托银行对该厂所属行业进行调查，提交企业价值评估报告和拿出具有实际操作价值的重组方案。

（二）案例过程

（1）在签订了有关顾问服务协议之后，银行组织了具有财务方案设计能力的客户经理和外围人员组成项目小组，开始工作。

（2）通过行业调查，发现该厂所属行业是一个正在快速成长的行业，国家政策也鼓励发展。通过企业调查发现该厂拥有自己的主导产品，在生产、技术和销售方面拥有一定优势，关键是财务负担过重、机制不活。

（3）根据对行业和企业价值的基本判断，项目小组设计了股份合作制改造的重组方案，其基本思路是：

第一，对企业现有资产进行剥离，把企业原有的非经营性资产和无效资产剥离出去，以优质高效的优质经营性资产投入到新企业，作为改制后新企业继续发展的物质基础，并最大限度地发挥资源优势。

第二，承接原企业的有关合理负债，适当减轻老企业的债务负担，为老企业下一步的改造与发展留出空间。

第三，将租赁公司对企业的租赁转为股权投资，并把企业独立核算的引进车间分离出来，按照规范化的公司制度组建双方合资的新企业。

第四，由企业职工自愿投资入股，购买资产与负债相抵后形成的部分净资产，以充分调动职工的积极性。

第五，经资产剥离后的老企业继续作为法人实体存在，探索通过重组改造、租赁承包、出售、托管等方式寻求出路。

（4）该方案获得企业及租赁公司认可后实施。租赁公司的收益从企业发展盈利中获取。

（三）案例经验

（1）客户经理应该选准业务操作对象。在决定进行重组服务前，应组成专家小组对操作对象作详细的评估。

（2）资产重组只是重组的一项内容，可结合业务重组、股权重组、负债重组、职员重组、管理体制重组等其他重组一同向客户提供，借以谋求同客户在深层次领域的全面合作。

（3）客户经理应该谨防政策风险，严防国有资产流失，应多同政府有关部门协调、沟通，重组方案应征得利益相关方的同意。

（4）客户经理应该学习资产重组等与资本运作相关联的新知识，满足客户的新需求。近些年，关于企业重组的书籍已出版了很多，客户经理应该能够很方便地获得这方面的理性知识。

（5）金融混业经营的步伐在加快，商业银行也需适当开展一些与资本市场业务密切相关的业务，但制约商业银行顺利开展此类业务的一大障碍是人才的匮乏。商业银行可有意识地引进一些投资银行的从业人员加入到本单位中来，通过交叉思维、相互感染、彼此带动，使本单位的投资银行业务开创出一个新局面。

四、筛选优质客户进行重点开发

（一）案例背景

清河化工集团（位于郑州）联合其控股上市公司（在上交所挂牌）全面收购某投资公司所持伊阳乙烯工业公司85%股份，向银行申请过桥贷款5亿元人民币，期限为1年，借款人为上市公司，担保人为集团公司，还款来源为上市公司当年配股资金。同时，愿意聘请银行为本次收购和今后集团资本运作的财务顾问。

（二）案例过程

（1）银行公司业务部门接到该集团的贷款申请。经对该集团及集团所处的行业进行深入分析，认为该客户合作潜力较大，有望将其培育成本银行的"黄金客户"。

（2）公司业务部门要求集团进一步提供下列材料：收购乙烯公司的方案；乙烯36万吨项目改造方案；乙烯公司今后三年的财务预测及现金流量表；收购乙烯后的合并财务预测、现金流量表变动情况；收购资金的还款来源和保证条款。

（3）公司业务部门提出同该集团进一步合作的前提：做这次收购的财务顾问，包括设计收购方案、进行融资安排、参与资金使用监督、进行战略研究、搞好财务分析；上海分行作上市公司的主办银行；按照贷款资金规模安排郑州分行部分结算量。

（4）公司业务部门与郑州分行和上海分行的行长及客户经理进行沟通、研究，成立联合作业小组，明确职责分工。

第一，联合作业小组由总行公司业务部门、上海分行、郑州分行和外聘机构、专家组成，总行相关部门配合。

第二，公司业务部门：项目牵头人，总体方案设计和策划，总体组织、协调和管理，总体风险控制，负责保持总行、郑州分行、上海分行之间的充分沟通和高度统一。遇重大情况随时向行领导汇报。保密工作，负责项目档案保管工作。

第三，上海分行：上市公司的账户开设，与券商的联络，起草法律文本，担当配股收款行。抽2~3名业务骨干参加作业小组。对上市公司全面把握，专项情况每月汇报一次，重大事项随时汇报。

第四，郑州分行：投资公司的账户开设、吸存工作，与政府有关部门的沟通，对该集团的监控。要求：搞好与该集团的关系；监测该集团的生产经营情况；收集地方政府及集团公司的重大信息和举动。

第五，总行相关部门：计财部门负责核拨资金、项目单独考核，法规部门对法律文本最后把关，风险管理部门负责信贷审批。

第六，外聘化工规划院、经济发展研究中心、会计师事务所、律师事务所、投资顾问公司等单位参与项目作业。

（5）对项目进行调研。包括对目标企业现场调研和对债权银行、当地政府等外围部门进行调研。

（6）识别项目作业风险，研究风险防范对策。

第一，配股风险。配股能否成功及配股资金能否及时到位关系到银行信贷资金的安全。作业小组认为，配股失败的可能性几乎没有，不能确定的只是配股价格的高低、配股比例的大小及配股时间的早晚。对策是积极参与企业配股工作，监测企业配股进程。

第二，信贷风险。借款人的现金流量正常、财务及偿债能力良好，信贷风险较小。

第三，政府行为风险。政府干预企业的行为可能造成企业并购活动的失败。对策是通过适当渠道向当地政府提出合理化建议。

第四，目标企业风险。乙烯公司在国内乙烯行业中属效益较好者，其风险主要体现在改扩建风险方面。对策是积极协助企业搞好改扩建项目的可行性论证及筹融资方案设计工作。

第五，银行控制能力风险。郑州分行加强对企业的监控，定期拜会企业，谋求地方政府的支持。

（7）公司业务部门向该集团提出进一步合作的要点：希望该集团成为银行的一个核心客户；作为该集团的财务顾问，银行方派人参与收购乙烯公司的运作，包括参加与收购有关的各种会议（会谈）、阅读与收购有关的文件和资料。银行方派出人员对收购活动有知情权、建议权；参与操作收购后的再重组，以及乙烯改扩建的境内外融资服务、资金管理、发行股票的财务顾问；作为上市公司的主办银行和配股资金的收款行，作为上市公司的财务顾问机构，为其配股、收购兼并、战略扩张等提供专业服务；由银行郑州分行向该集团提供全面金融服务；向上市公司提供1年期的过桥贷款，必要时给予综合授信；财务顾问费分项目财务顾问费和专项财务顾问费两部分。项目财务顾问费按实际到位金额的0.5%左右收取，其他专项财务顾问费按国内惯例和项目情况单独考虑。

（8）听取化工行业权威人士及产业经济专家关于该集团和乙烯工业公司的独立意见，听取上市公司上市的主承销商关于上市公司配股的独立意见。

（9）收益成本分析。通过此项目运作，上海分行可作为上市公司的主办银行，可以成为配股资金的收款行；郑州分行可以得到集团及其关联企业在郑州的结算业务，并吸收与此次收购有关的某投资公司的存款 2 亿元以上。可见，银行可取得如下收益：贷款利差、存款收益、结算手续费、顾问费（含专项财务顾问费）等。为获此收益，银行需向企业提供 5 亿元过桥贷款，并向企业出具具有专业水准的顾问报告。

（10）履行正常手续，办理信贷审批工作。

（11）开始金融顾问服务。与证券公司联系，就证券公司将上市公司的配股资金支付给银行事宜进行商谈，并签订协议；与化工规划院联系，就委托规划院进行该集团发展战略研究一事商谈，并签订委托协议；与会计师事务所联系，就委托会计师事务所对乙烯公司进行财务分析一事商谈，并签订委托协议；与经济发展研究中心联系，就委托其对该集团资本经营战略、石化行业发展等问题撰写建议报告事宜进行商谈，并签订委托协议；与投资顾问公司联系，就委托该公司策划乙烯改扩建项目的筹融资方案及该集团的重组方案事宜进行商谈，并签订委托协议；与律师事务所联系，就委托律师事务所担任银行上海分行（项目）法律顾问事宜商谈，并签订委托会谈。

（12）督促外聘单位按协议抓紧作业，全面推进金融顾问服务工作。

（13）对各类顾问报告进行总撰，向企业提交顾问服务报告，并获企业书面认可。

（14）配股工作开始后，上海分行担任配股收款行。将配股资金直接划至银行账户用以归还欠款。

（三）案例经验

（1）提供综合金融服务一定要选准项目，并详细分析运作风险。客户经理的时间有限，应选择把握性大的客户作为一个"点"来进行运作，避免遍地开花。

（2）采取了项目小组作业方式，且项目小组成员贯彻了团队精神。对重点客户的服务往往不是一个客户经理就能单独完成的，需要不同专长、个性的客户经理组成作业小组来共同进行。

（3）按市场规则和市场规范办事。在与客户交往中，同客户建立起融洽的私人关系是可能的，有时还很必要，但客户经理在提供服务过程中，却不能掺加任何私人因素，必须遵守市场规则和市场规范，能给客户真正带来效益，能帮助客户增加价值。

（4）贯彻了以客户为中心，客户事情无小事，为客户服务的经营理念。可以说，每一个客户经理都晓得这样的经营理念，但真正贯彻起来却很难。客户经理只有对工作认真负责，急客户之所急，想客户之所想，才能逐步学会贯彻这一理念。

（5）要学会利用外力为我服务，并且在作业中，注意加强行内外作业人员的相互配合。对一些重点客户来讲，由于其涉及很多业务领域，某些业务领域专业性还很强，聘请一些外部专家参与对该客户的服务是必要的。聘请外部专家还能在客户面前起到提升形象的良好作用。由于客户经理与外部专家来自两个不同的系统，应注意在工作中加以磨合。

（6）要加强风险锁定工作，特别是要学会通过法律协议的方式锁定风险。拿出的任何协议文本及书面意见、报告都要经律师审定，以免出现法律上的漏洞，给合作留下隐患。

（7）利用项目作业展开人才培养。注意吸收一些新客户经理加入作业小组，借以加速培养后备人才。

（8）注重对团队成员的绩效激励。团队成员来自不同的单位，代表的利益主体虽然基本一致但也略有不同，工作时间往往不会很长，这就对如何保持该工作团队的高效性及在面向客户服务时的一致性提出了很高的要求，做好对参与项目各单位的利益分配及对每个参加人员的有效激励就变得十分必要。

五、由浅入深建立合作关系

（一）案例背景

天祥电子公司为在深交所挂牌的上市公司，1999 年初以其集团公司作担保，向银行西安分行（以下简称分行）申请 5000 万元人民币贷款，因合作较好，又向分行贷款 5000 万元，并且其下属全资子公司光源公司和集团的经销公司各向分行贷款 1000 万元。分行以此为契机，提出和集团缔结战略合作伙伴关系，向该集团公司和其下属控股、参股公司提供全方位的金融顾问服务和全套商业银行业务。分行参与了该公司对其欲收购的企业的评估，并提供了有关行业的分析报告。

（二）案例过程

（1）通过私人关系和电子公司建立了一定的存款合作关系，当时数量较少。

（2）电子公司的控股子公司光源股份公司向分行申请贷款 400 万元，分行提出要电子公司担保，并在分行开户、结算。电子公司同意后，贷款立即到位。

（3）主动向电子公司提出提供贷款服务，送款上门。同时提出集团作为担保企业，建立和集团公司的往来。鉴于该企业的产品为电子类产品，特别是照明光源类产品，市场竞争十分激烈，故分行特别注意了对该行业的信息收集，及时防范风险。

（4）首笔给电子公司贷款 5000 万元，利率低，速度快，合作开端较好。并通过该公司申请贷款的材料，了解到该企业和集团资金流量较大，合资企业质量较高。特别是华飞股份公司和华塞股份公司，规模大，产品技术国际领先，前景看好。

（5）确定电子公司为重点发展客户，向其授信 1 亿元人民币的贷款额度，期限一年，又提供贷款 2500 万元。

（6）在总行公司业务部门的支持下，由总行、分行的领导出席与集团、电子公司的高层领导会谈，提出建立战略合作的意向。分行为华电初步设想提供包括综合授信项下的资金支持、长期战略咨询、专项金融顾问等产品在内的特别定制服务。

（7）在此基础上，企业和分行的关系逐渐密切。分行又向电子公司的控股子公司光源公司授信 1000 万元，取得了该公司的大部分结算业务。同时向电子公司经销公司贷款 1000 万元，以获得销售回笼款的结算。

（8）通过电子公司的关系，向华飞和华塞两合资公司渗透，目前处于培养阶段。

（9）提供金融专业顾问服务，代表电子公司对南京金运网络公司进行投资收购的评估，撰写评估报告和计算机网络信息服务的行业报告，在质量和效率方面得到企业的好评。

（10）在该企业今后的配股资金的投向、配股的操作、行业分析、市场前景、长期战略咨询等方面同企业加深合作。

（三）案例经验

（1）要善于根据企业的需要，把握机遇，找准合作的契机，开展工作。

（2）对企业要有长期培养，长线收益的准备，眼光要长远。有些业务合作是水到渠成之事，不能急于求成，拔苗助长往往会使效果适得其反。

（3）要善于以点到面，从一个企业突破，向其关联企业发展，达到多培养优质客户的目的。

（4）将产品交叉销售的理念贯彻到客户工作中，尽可能实现深度营销，从一个客户身上挖掘的价值要做到最大化。从另一个角度讲，客户使用的银行产品越多，对银行的依赖程度就越高，也就越不容易离开该银行而去谋求新的合作伙伴。

六、通过特色服务培育存款客户

（一）案例背景

嘉旺实业公司为儿童玩具行业的排头兵，有大量产品销往海外，银行非常想与其建立良好的合作关系，而企业对银行业务的理解还局限在存贷款及结算上，对一些新的银行产品不了解。

（二）案例过程

（1）通过客户经理的信息网获悉该企业最近得到一笔美元汇款，需开立美元账户，但由于对外汇政策不熟悉，收汇行也无力帮助解决，致使这笔美元无法到达该公司账户。客户经理随即与外管局接洽做说服工作并得到其认可和支持，帮助企业开立外汇账户，致使这笔美元到达该企业账户。出于感激之情，该企业将美元存入客户经理所在的银行。

（2）企业获得向某国出口一批产品的订单，由于流动资金紧张，特向银行申请融资支持。银行决定采用出口信用证质押的方式为其开立银行承兑汇票，并在受理出口来证、监察货物、港口出运、交单、议付、收汇等方面进行全过程监控，既控制了风险，又解决了企业的生产流动资金问题。承兑汇票按期兑付，并为银行又吸收了一笔存款。

（3）双方合作关系建立后，客户经理适时向企业推出了综合代理、委托贷款、打包放款、仓单质押、保理业务以及清算服务、网上银行服务、通存通兑、信用卡等多种金融服务，并协助企业申请政策性银行贷款，通过代理政策性银行贷款，沉淀了大量资金。

（4）合作过程中，银行及时与企业沟通。在节假日及客户主要领导人生日时，主动向客户道贺。并及时利用银行的信息网络为企业收集产品市场信息，帮助企业拓展市场。随着双方信任的增强及合作的深入，企业在银行的存款大增。

（三）案例经验

（1）最好不要单纯去找客户谈存款，而应先了解客户需求，用综合性、多品种的服务去满足客户的多种需求，从而赢得客户，带动存款增长。

（2）急企业所急，想企业所想，注意从细微之处赢得客户认可。只要获得客户认可，双方建立了相互信任的合作关系，存款自然而然就会跟来。

（3）逐步扩大社交范围，交结更多的朋友，从中发现可能的业务机会。认识的朋友多一倍，信息的增加量可能就是十倍，客户经理从中可筛选的有用信息也就会大大增加。

七、为集团客户建立集团结算网

（一）案例背景

新中实公司是一家跨地区经营的大型零售连锁企业，在全国采取会员店、大型超市的经营模式，公司资金规模庞大，一直是各家商业银行争取的优质客户。该公司在华北、华东地区共计有17家会员店（超市），该公司计划将在华南地区建立营业机构。这些各地子公司都由新中实公司联合当地企业合资成立，由新中实公司控股。

以往新中实公司各地营业机构自行决定在商业银行的资金结算，因此开户行五花八门，新中实公司在调度各地营业机构的资金时，由于通过多家银行的结算网络，速度非常慢。为此，希望寻找一家具有全国资金实时汇划能力的银行为其建立集团内部结算网，协助其高效管理各地营业机构的销售资金，并能通过该银行网络，由新中实公司采取异地划款方式集中办理对供应商采购货款的支付。此外，该公司希望银行为其建立结算网时必须能为其解决异地付款的增值税抵扣问题（新中实公司从各地营业机构上收资金后，通过公司账户集中向供应商付款，由于付款凭证上显示付款方为公司而不是各地营业机构，各地营业机构所在地的税务局不允许其在当地办理增值税的抵扣）。

（二）案例过程

（1）得知新中实公司需求消息后，客户经理立即与新中实公司取得联系，为其"量体裁衣"设计了服务方案。

该服务方案具体内容为：

第一，新中实公司在客户经理所在支行开立结算账户，各地营业机构在本银行当地分支机构开结算账户，刻制两套银行印鉴，新中实公司保管各地营业机构的一套开户印鉴。

第二，新中实公司各地营业机构只准办理小额资金的支用，如工资、日常经费开支；整个新中实公司系统采取集中采购，各地营业机构定期向新中实公司上报采购清单，由新中实公司根据各地营业机构的采购安排，采取异地划款方式将货物采购资金从营业机构账户直接划转给各供应商。支付凭证显示付款方为营业机构，营业机构可以持划款凭证在当地完成增值税的抵扣。

（2）客户经理多次上门营销上述服务方案，向其财务人员演示最新结算产品，得到客户认可，最终决定采纳本行的服务方案。

（3）在新中实公司决定采取上述方案建立集团结算网后，经过与新中实公司的反复协商，客户经理又对客户服务方案进行了细化。随后由银行总行向全行发文要求各有关分行立即开展针对新中实公司各地营业机构的营销工作，并将新中实公司在各地营业机构财务负责人的联系方式通知各分支行。新中实公司也同时通知各地营业机构立即与银行的当地分支机构建立业务合作联系。

（4）双方发文后，由银行总行市场营销人员带队，客户经理专门与新中实公司分管财务的负责人赴其最重要的三个营业机构推广营销结算网。每到一处，都组织银行的相关分支行与新中实公司当地营业机构进行洽谈，部署建立结算网络的具体工作。

（5）集团结算网在新中实公司系统内建成并进行具体运作。

（6）针对新中实公司供应商遍布全国这一特点，客户经理又进行了深入营销，希望借该公司的力量与其主要的供货商建立业务合作关系，以求扩大合作范围。另外，客户经理准备在条件具备时，将根据银行授信条件向新中实公司提供统一授信业务，以把双方的合作进一步推向深入。

（三）案例经验

（1）企业要么是在组织结构上跨地区，要么是其供货商或客户跨地区，因而银行服务的客户就其实质来讲都是集团性客户。从这个视角来看银行客户，客户经理就会发现很多业务机会。

（2）单纯依靠某个分支行已经很难满足客户的整体需求。因此，必须整合银行的全部营销资源，总行与相关分支行密切配合，形成合力，共同开展对客户的服务工作，发挥一体化营销的优势。客户经理应积极要求总行派人参加对集团客户的营销。

（3）针对客户需求，设计出适合客户的个性化产品，为客户提供区别于其他银行的差异化服务。而一旦将这些源头客户成功营销，则银行的其他分支机构也可以顺理成章地与这些客户的子公司建立合作关系。

（4）注意运用银行特色产品为客户提供优质服务，确保在提供服务时不出差错。为此，客户经理一定要把握此类服务的要点，严格按照操作流程进行。

八、建立集团结算网并提供授信业务

（一）案例背景

京华总公司是一家以生产、销售电器为主的集团公司，在国内有 40 家生产企业和 1 家销售公司。京华总公司系统内分工非常明确，40 家生产企业专职负责各类电器产品的生产，销售公司则通过设置在北京、大连、上海、成都、厦门、广州、深圳、杭州、济南、武汉等地的分公司完成产品的销售。京华销售公司经营业绩突出，资金规模庞大，同时是开发京华公司系统成员单位的源头，因此该销售公司成为各家商业银行积极争取的重点客户。

（二）案例过程

（1）京华销售公司名下分公司实行收支两条线管理，为此客户经理设计如下服务方案：京华销售公司的资金管理中心在本行开立主结算账户，其余分公司在银行相关分支机构开立收入、支出两个专用账户。银行全面为京华销售公司开通网上银行，由其资金管理中心每天查询分公司账户余额情况，不定时将收入账户的资金划转至主结算账户；根据分公司的需求，每天不定时将分公司的支出资金划转至分公司支出账户。该方案营销成功后，京华销售公司通过系统内发文，要求其全部分公司在银行相应分支机构开立完毕两个账户，并组织将网上银行的授权书传真至京华销售公司。客户经理通过银行总行将京华销售公司系统成员财务负责人的联系方式通知有关分行，协调两大系统人员的联系，最终为客户建立起内部集团结算网。

（2）在为京华销售公司建立内部集团结算网后，客户经理仍经常拜访该客户，了解客户需求信息。在拜访中，了解到京华销售公司向京华总公司其他成员企业（生产企业）支付银行承兑汇票，在收票人向银行申请贴现完成后，会由承兑申请人将贴现利息转移付给贴现申请人。这种京华公司系统内部企业之间的单纯转款行为，对外（尤其是对税务部门）没有合法的单据，对收款方而言，税务机关将其作为收入处理，要征税；对付款方而言，也很难做费用处理。而且，由于两方的单纯划款，没有单据，因此，双方都很难做账。为解决这一问题，客户经理又专门设计了买方付息票据贴现产品，利用银行来扣划承兑申请人的账户，由其完成贴现利息的支付，银行出具完整的凭证，方便承兑申请人、贴现申请人完成记账。由于开立银行承兑汇票资金成本相对于银行贷款成本低得多，只为贴现的利息，同时承兑汇票还可以转贴现、再贴现，该项服务引起客户的极大兴趣。在具体运作时，采取如下流程：

第一，由银行总行以京华销售公司为授信主体，统一核定银行承兑汇票额度，由京华销售公司协调安排使用。

第二，京华销售公司的各家分公司分别向银行对应的分行提出申请，由对应的分行分别向银行总行领用承兑额度。

第三，京华总公司各生产企业收到京华销售公司签发的银行承兑汇票后办理贴现，取得票据全款，贴现利息由银行向京华销售公司扣收。

（三）案例经验

（1）经常拜访现有客户，了解其需求，针对客户的新需求量身定做设计金融新产品，借以加大同现有客户合作的深度与广度。现有客户往往蕴涵着巨大的业务机会，挖掘现有客户的新需求并满足它，往往比开发全新客户更易见效。

（2）本案例反映的营销思想适用于内部资金管理非常严格的大型集团企业、外商投资企业的总公司。这是因为，这些公司在本系统内有资金管理中心（或财务公司或内部结算中心），其对内部成员单位的资金管理非常严格，要求所属全部成员单位在一家银行开户，由总公司利用银行提供的工具，汇划系统内资金，实现资金的统一调控。这些公司在内部账户设置、资金划转上会与本案例中建立内部集团结算网的做法很相似。同时，由于这些公司对降低资金成本有着较高的要求，因此，非常愿意接受银行提供的最新金融产品，客户经理可根据其需求专门设计有关银行产品。

九、统一授信额度的营销与切分

（一）案例背景

京泰实业公司为一家上市公司，主要从事铁矿石的勘探开发、开采、炼制与销售，是上、中、下游综合一体化的铁矿产品生产商、供应商，其内部主要采取总分公司管理架构，辅之以部分的子公司（控股、参股子公司），共 70 余家下属企业。

（二）案例过程

京泰实业公司经营规模庞大。多家银行提供了较多的授信，其大部分额度一直没有使用。为降低财务成本，该公司将债务结构不断调整，最明显的是短期借款急剧下降，传统的银行产品、服务模式已经很难引起对方的兴趣。

客户经理在营销中了解到，作为上市公司，京泰实业公司有降低财务成本的巨大压力。由于京泰实业公司为上中下游一体化企业，结算大量在系统内企业之间进行。因此，该企业一直在系统内大力推行使用银行承兑汇票，但采取的是传统的贴现方式，比较麻烦。

为此，客户经理以买方付息票据业务为主要产品为京泰实业公司"量体裁衣"设计了服务方案。该服务方案具体内容为：由京泰实业公司作为授信申请人向银行申请统一授信，由其本部和旗下的分子公司使用。授信额度由京泰实业公司和银行总行共同切分，京泰实业公司向系统内推荐使用银行的买方付息票据贴现业务。京泰实业公司在本行开立结算账户，系统内成员公司在当地的银行分支机构开立结算账户。京泰实业公司的销售、冶炼企业开出银行承兑汇票后，开采企业持票向银行申请贴现，银行直接将票面全款付给开采企业后，向销售、冶炼企业收取贴现利息。通过开立买方付息票据，涉及该业务的京泰实业公司上下游企业必将全部在银行开立账户。

通过上述运作，客户经理以"量体裁衣"式的银行产品攻克了这家很少使用银行授信的客户，使其起用了授信额度。

（三）案例经验

（1）从源头客户抓营销工作。此次营销京泰实业公司成功后，银行的分支机构就可以顺理成章地与其子公司建立合作关系。这对银行整合全行营销资源，加强总分行之间联动，发挥一体化营销的优势，也具有十分重要的意义。

（2）银行总行一定要照顾到发起行的利益，从机制上保证分支行客户经理拓展集团性客户的积极性。换句话说，总行要在营销集团性客户中发挥积极作用。

十、与企业一同成长，逐步与客户建立战略合作关系

（一）案例背景

企业在不同的发展阶段，其对银行服务需求的重点也不一样，客户经理应从客户的成长期开始（当然是指有发展潜力的客户）就密切关注客户的银行需求，并提供有针对性的服务。在银行的支持下，企业会成长壮大；同样，随着客户的发展壮大，银行也将从中得到越来越多的收益。

（二）案例过程

津通股份公司的成长经历了三个发展阶段，在每一阶段，客户经理都提供了有针对性的服务，最终与该企业建立了战略合作关系。

在第一阶段，津通股份公司主要产品为房地产开发。其技术装备、施工力量、市场开发能力等仅居当时市场中等水平，但该企业经营比较稳定，效益较好，行业前景看好，尤其是该企业具有很强的创新意识。其需求主要是流动资金贷款、结算和项目贷款。此外，拟进行股份制改造，争取上市。客户经理则提供了信贷、行业咨询、上市服务，包括与客户一同跑政策部门、选择证券公司等。此时，该客户还处在客户经理单独维护层次上。

在第二阶段，津通股份公司完成了股份制改造，并发行股票整体上市，产品范围扩展到工程设计、建筑安装、建材销售等方面，在国内已有一定的市场影响，已开始在国内发达城市设置分公司，构建营销网络。客户需求主要表现在：依靠募集资金开始了跨行业扩展，但银行融资需求仍很大，在项目投资、财务管理、资金管理、风险管理等方面需要借助外力进行决策。客户经理为该客户组成专门顾问服务小组，向客户同时提供授信与结算服务。

在第三阶段，津通股份公司企业财务模式更趋合理化，并进行了一系列跨行业收购。已进入生产经营和资本运营并重的阶段，资本市场筹资能力大增，拟进行配股增资计划。客户需求主要是配股、兼并收购、资产重组、项目投资等资本运营方面的财务顾问及融资安排。客户经理针对客户的并购扩展，适时将自己的贷款项目重组后让客户收购，借以处置本行历史上曾经形成的不良资产；根据客户的配股要求，承担起配股收款行的职责。

（三）案例经验

（1）根据客户在不同发展阶段呈现出的不同特点提供有针对性的银行服务，做到与企业共成长。每个客户都有自己的主办银行，而对一家银行来讲，主办银行的地位得之不易，往往需要很长时间的人力资源和业务资源投入。如果在企业成长期银行就有所介入或者在企业最为困难的时候，银行提供过支持，则这样的银企关系往往能持久。

（2）用发展的观点思考问题，做到与企业共成长、同发展。寻找好客户要从企业还没发展起来开始，想不施肥就摘果子的想法只能是空想。

十一、参与客户举办的招标活动

（一）案例背景

某航空公司为国内大型骨干航空公司，其航线已延伸到国外众多国家和地区。为购置飞机用于客货运输，该公司决定通过招标来选择融资银行。为此，向各家银行发送了投标要求，并列明了金额、期限等具体要求。

（二）案例过程

（1）银行接到投标邀请后，立即召集相关部门（主要是风险管理部门）进行讨论，集体审议通过了该笔授信，决定参与此次投标活动。

（2）成立投标小组，下设若干小组，指定项目负责人并进行具体分工。营销工作组主要负责追踪客户招标进展，及时反馈有关信息供领导决策；标书制作组主要负责投标文件的起草、定稿、校对及最终印制。要求标书制作组按投标邀请的有关要求高质量制作标书。投标小组同时制定了详细的时间进度，确保在投标日期截止前将标书送达客户指定地点。

（3）完成投标方案的制作。投标方案内容主要包括：①简要介绍银行的经营特色与优势所在。②融资的期限、利率、金额、还款方式、结息方式等，详细阐述本行能提供的各项优惠措施。③延伸服务，用银行相关产品满足客户其他服务。④机构、人员等方面的配套保障。⑤相关承诺。⑥相关附件，在正文中不宜过多解释但又必须提供的内容可放在附件中向企业提供。

（4）将投标文件在截止时间前送达指定地点，按照招标书的要求与顺序履行投标程序，完成投标。

（三）案例经验

（1）随着金融市场竞争的日趋激烈，优质客户往往通过招标方式来选择银行提供某种特定服务。客户经理只有了解了招标的要求，掌握了投标的技巧，才能为这些客户提供服务。

（2）投标是让各家银行在同一起跑线上竞争同一种业务，为此，客户经理应在投标书中将本银行所能提供的优惠详细列明，使客户能方便地阅读到这些优惠。如条件许可，应做到知己知彼。

（3）投标能否成功，取决于多种因素，是参与竞争的多家银行各自综合实力的体现。客户经理应多关注投标以外的工作。

十二、实行品牌形象与产品交叉销售的良性互动

（一）案例背景

中工能源集团公司是客户经理所在银行的重点目标客户，客户经理追踪并营销该客户已经有较长时间，但进展不大。恰逢中国人民银行允许符合条件的企业发行短期融资券，客户经理所在的银行已获得中国人民银行许可在第一时间获得承销资格。客户经理认为这是一个切入该客户的好机会，于是抓紧学习短期融资券的相关知识与中国人民银行的相关规定，并把追踪该客户以来所收集到的关于该客户的资料重新研读一遍，认为：该客户因近期要购进一批生产设备，存在融资需求；该企业符合中国人民银行规定的发行短期融资券的条件。

（二）案例过程

（1）客户经理为该企业设计关于发行短期融资券的金融服务方案。重点突出以下几点：与贷款相比，短期融资券筹资成本能下降到3%，对改善企业财务状况有很大好处；尝试用新的融资工具筹集资金，能在市场上树立创新者的好形象；所服务的银行与管理机关在短期融资券方面存在密切的联系，有助于发行的成功；所服务的银行具有一批高素质的专业团队，能最大限度地帮助企业降低筹资成本，增加财务效益。

（2）向银行高层汇报营销该客户的具体思路，并请求银行高层拜访企业高层，商谈短期融资券发行事宜。随后，客户经理通过利益诱导、关系介入等多种方式安排了银行高层与企业高层的会面，在短期融资券发行上取得了一致意见。

（3）按照银行统一部署，成立工作团队，按照项目作业方式，密切与中国人民银行及企业的沟通，在既定时间内完成了企业短期融资券的发行工作。

（4）通过短期融资券的发行工作，客户经理与企业财务人员进一步密切了关系，并且短期融资券的发行的确给企业带来了实实在在的利益。客户经理与客户的关系出现了质的飞跃。

（5）按照循序渐进的策略，客户经理向客户推荐了越来越多的银行产品。客户经理注意到，单纯的信贷业务已不能引起该客户的足够兴趣，新形势下对现金管理、理财增值业务的需求已超过了对传统银行产品的需求。因而，客户经理向该客户推荐的产品

虽多，但都围绕着一个主题，那就是增加客户价值。

（6）借为该企业成功发行短期融资券的机会，客户经理又向其他具有类似需求但同样久攻不下的客户进行了短期融资券发行业务的营销，常用的一句话就是"中工能源的短期融资券就是我们承销的"。结果客户经理营销成功的短期融资券客户越来越多，在市场上逐渐形成了"要发短期融资券，找××银行"的良好市场效应。随着短期融资券发行业务的成功，该客户经理也把更多的产品销售给了这些企业。

（三）案例经验

（1）不断学习新知识，及时追踪业界最新动态，发现能给客户带来实际利益的机会并尽快抓住它，在第一时间内应用于自己的客户营销实践。

（2）与监管部门及中国人民银行保持密切的沟通，或通过新闻媒体及时了解政策动态，搜寻其中的业务机会。

（3）在一个客户身上尽量挖掘出最大价值，通过多种产品的交叉销售，逐步使银行成为该客户的主办银行。

十三、运用票据产品连通企业上下游

（一）案例背景

琼力钢铁是一家以生产板材为主的钢铁生产企业，需要采购大量的煤炭用于生产，其产品主要通过遍布全国的 10 家一级经销商对外销售。由于煤炭价格上涨及经销商资金短缺，该钢铁公司承担着上下游客户的双重挤压。该客户的价值在于市场知名度高，拥有一批稳定的客户群，加之整个市场需求处于上升周期，产品能够维持一定的市场占有份额。

（二）案例过程

（1）客户经理经过认真分析，得出结论：银行服务的切入点应该是提高产品的市场销售速度并帮助客户稳定煤炭供应。从这一设想出发，客户经理设计出帮助经销商融资和给煤炭供应商让利的服务方案。具体来讲：①建立包括琼力钢铁、10 家经销商和银行在内的金融服务网络，经销商签发银行承兑汇票，客户经理所服务的银行协调经销商所在地该银行分支机构予以承兑，定向用于支付购买琼力钢铁的货款。为确保银行权益，用经销商购买的钢材作质押，必要时引入专业仓储公司进行钢材的出入库管理。②利用买方付息票据贴现产品，使煤炭销售企业得到全款，实际上是增加了煤炭销售企业的利益。

（2）将上述方案向企业演示，得到企业认可后进入具体操作过程。

（3）案例过程中，客户经理为使服务方案能给银行带来最大化的利益而采取了一系列措施，包括：经销商签发的承兑汇票交给琼力钢铁后，琼力钢铁必须在客户所服务的银行进行贴现；通过经销商向分销商及终端客户延伸；劝说煤炭销售公司收取现款，使琼力钢铁签发的承兑汇票在客户经理所服务的银行直接贴现后，把贴现款划至煤炭销售公司开在客户经理所服务的银行的账户上。

（三）案例经验

（1）票据产品的天然属性是能够连通企业上下游客户，对钢铁、家电、石油化工等行业的客户非常适合。

（2）只有把企业的上下游客户都用银行产品串联在一起，才能够稳固银企关系，使企业更加依赖银行。

（3）票据产品具有较大的创新空间，客户经理应认识这一产品的优势，在客户营销实践中多加利用。

十四、推进废钢货押融资业务

（一）案例背景

腾达炉料公司是西部地区较大的炉料运营商，在西南市场上居垄断地位，市场占有率超过40%，客户废钢库存量达52266吨。公司的上游供货商是重庆市区附近600家废钢铁收购经营者，公司已与这600家废钢铁收购经营者签订了长期收购协议，买卖双方采取现金交易。下游厂商是中西部大型钢铁企业。由于该公司是钢厂的主要供货商，因而额外享有每吨100~200元的保量补贴，而且该公司与大钢厂签订合同时，已达成了价格协议来防范价格波动风险：如遇涨价，该公司会少盈利；遇跌价，该公司会少损失。

（二）案例过程

腾达炉料这一客户具有在其经营的领域相对垄断，营业规模较大，但是固定资产很小、没有与银行合作的经验等特点。该公司以往均靠自身原始积累才发展到今日，要与银行合作，没有大公司担保和传统意义上的抵押物，很难促成。但是银行观察到该公司在西南地区几乎垄断了各大钢厂废钢的供给，公司最值钱的就是存货——废钢。考虑到货押业务可做钢材，而废钢是炼钢的一种基本原材料，也可比照钢材货押业务来操作。

根据公司整个经营流程，客户经理为其设计了如下方案：公司可用存放在重庆三个堆场的废钢现货出质，向银行申请流动资金贷款（可串用为银行承兑汇票）；银行引入一家物流公司作为监管人，监管合同采取银行标准合同，监管人向银行出具非标准仓单；盯市渠道采用"我的钢铁网"与账目公布的重庆地区废钢市场价格结合申请人同日开出的发票价格（扣除保量补贴价格后）确定，以价低者为准；质押率不超过70%，赎货期4个月；贷款资金用于废钢铁的收购。

具体操作流程为：

1. 贷前

监管人监管废钢实物出具仓单，确定质押物的数量；银行按盯市取值方法确定质押物的价格；以仓单为最低库存，实施动态监管：

（1）银行与公司、监管人签订《仓储监管协议》，委托监管人对公司现货实施仓储和监管，监管人对公司存放在堆场的存货以全程仓储、保管等方式实施监管。

（2）监管人控制质物后出具仓单交银行保管，仓单对应的库存即为监管库存。

（3）银行在核实仓单的真实性、合法性、有效性和唯一性后确定价格标准和质押率，向公司放款。

2. 贷中

贷款资金的使用，款项只能支付给其供货商在银行或他行开立的结算户上，贷款资金不能挪作他用，并且主要通过银行实行代发，以便更好地监控资金使用。

3. 贷后

（1）监管人每天以电邮方式向银行报送上日监管日报表，报表内容包括各仓库的上日库存结余、当日出入库数量、当日仓库的库存结余等；监管人还应银行要求，每月向银行报送每月各料场向各钢厂供货情况表（这有利于银行监管公司销售回款情况）。公司每月还向银行报送签字盖章的纸质日报表及销售观察表。

（2）银行根据监管人提交的销售回款观察表，敦促申请人销售回款尽可能回到在银行开立的基本户上，银行承兑汇票需交回银行办理托收或贴现（贴现利率有竞争力的情况下）。对供货商货款的支付尽可能采用银行代发的方式，加快银行对私发展。

（3）银行不定期对客户的库存进行核查。

（4）因质押物价格下跌导致质押率达到75%以上时，银行立即通知监管人停止货物出库。公司可通过归还贷款或补充存货两种方式，将质押率恢复到70%以内；如果质押率超过85%，银行有权提前终止合同并直接拍卖或变卖质物，拍卖或变卖所得款项首先用于归还银行贷款本息。

（5）公司偿还银行全部或部分贷款后，由银行出具《提货通知书》，通知监管方解除与偿还贷款相对应的质押物。

银行通过对公司物流、资金流、信息流进行全方位的监管，以防范信贷风险。

（三）案例经验

（1）银行用钢材作质押向客户提供融资的例子较多，但鲜见用废钢作质押的。其实，随着循环经济的兴起，单靠冶炼铁矿砂来生产钢材的时代已经过去了。大量钢材是靠废钢重新加工出来的，对这些冶炼企业的供应商来讲，废钢是其重要的资产，因此，客户经理可积极开拓这一领域的货押融资业务。

（2）货押融资业务的风险防范工作非常重要。除利用价格盯市方式防范价格波动风险外，还要针对贷前、贷中、贷后三个环节的不同特点制定具体的风险防范措施，尤其要加强对资金流向的监控。

十五、以制度建设先行开展保兑仓产品营销

（一）案例背景

金光公司是我国特大型钢铁联合企业和不锈钢生产企业，主要产品有不锈钢、冷轧硅钢片（卷）、热连轧卷板、火车轮轴钢、合金模具钢、军工钢等。上年该公司钢产量达到1000万吨，其中不锈钢产量达到300万吨，全年销售收入900亿元，实现净利润50亿元，企业资产负债率60%。

（二）案例过程

由于该企业实力雄厚，行业地位凸显，成为各商业银行积极营销的目标，同业竞争非常激烈。据统计，与该企业合作的银行达到15家。长期以来，银行由于自身实力等原因对该公司信贷投入只有几千万元，一直不能带动相关业务的全面发展。在无有效业务切入点的情况下，银行继续加强服务，随时为企业解决遇到的困难与问题，与企业逐步建立了良好的互信关系。

上年该公司新建的150万吨配套项目2250毫米轧材生产线投产，能新增钢材产量

300 万吨，公司产生一定的销售压力。获此信息后，银行认为这是营销保兑仓产品的好时机（此前，该银行未办理过一笔保兑仓业务）。

（1）银行从其较大的经销商入手，逐户走访，向他们推介保兑仓产品，让他们看到保兑仓产品能给经销商带来扩大销售、提前锁定价格等优势，促使他们积极向太钢要求使用该产品。

（2）先后营销金光公司计财部、法律部、销售处等多个部门。根据金光公司提出的意见和要求，及时修改有关业务协议。银行诚恳务实的工作作风和周密的流程管理方案受到金光公司各相关部门的肯定。经过 3 个多月的不懈努力，该银行首笔保兑仓业务终于成功办理。第一笔业务成功办理后，银行乘胜追击，发挥团队优势，快速扩大战果，很快核心客户达到 3 户，经销商达到 26 户，吸收保证金、结算存款日均 8 亿元左右，年增加开票手续费收入 200 万元。同时在此项业务基础上开展了金光公司买方付息银承贴现业务，沉淀结算资金存款 3 亿元左右。

（三）案例经验

（1）积极争取相关部门的支持与理解。由于保兑仓业务刚刚推出，银行尚未办理过一笔业务。在办理业务过程中肯定会遇到一些困难。银行公司部门应与相关部门积极配合，就遇到的问题积极协商，取得了相关部门的支持和认可。

（2）及时制定相关业务办法。由于保兑仓业务对该银行来讲是新业务，必须制定一系列的管理办法与操作流程，为该项业务实施创造了良好的业务发展环境，以使一线人员有制度可依。

十六、依托全方位合作谋求客户深度营销

（一）案例背景

曙光集团是目前国内著名的电炉钢和优特钢生产基地，现拥有总资产 1000 多亿元，职工 26700 余名，主要工艺装备均达国际先进水平，形成了年产铁 2230 万吨、钢 2720 万吨、材 2390 万吨，其中不锈钢板 100 万吨的生产能力。

（二）案例过程

通过了解企业的采购、生产、销售流程和资金流向，银行明确了与曙光集团的业务合作模式，即分四个层面与曙光集团进行全方位的合作：

（1）与曙光集团本部。根据其生产经营需要，给予流动资金贷款额度及银行承兑额度，争取其结算量及存款沉淀。目前在本银行授信额度为 21 亿元，主要授信品种为流动资金贷款、保兑仓回购担保、进口开证授信及借款保函。

（2）与曙光集团子公司。在曙光集团 21 亿元授信额度中切分 4 亿元用于子公司的进口开证，获得国际结算量及中间业务收入。

（3）与曙光集团经销商。由曙光集团、经销商和银行签订三方协议，银行对经销商进行放款，曙光集团提供连带责任担保。

（4）与曙光集团最大的供应商及热轧卷板经销商×××公司合作。银行给予该公司 1 亿元的授信额度，以先票后货的未来货权质押模式开展厂、商、银业务。

下面以与经销商×××公司的合作为例介绍其业务流程。

×××公司主营业务为铁矿石、钢材、铁合金、冶金炉料等批零业务，其钢材的存货周转情况为：公司与曙光集团确定当月的月度购销计划，并且交清货款，曙光集团于当月到次月发货，公司一般于第三个月销售完毕，这个过程大概是 3 个月左右。合同约定 2008 年中厚板的采购量是 10 万吨，月均 8500 吨；热卷板的采购量是 25 万吨，月均20800 吨。

由于该客户办公仓储地点均在异地，银行选择一家监管公司进行业务合作，项目采用先票后货的未来货权质押模式，操作流程如下：

（1）银行与申请人、供货方签订厂、商、银三方协议，约定银票交付方式和收货人为银行。

（2）供货方与申请人签订买卖合同的补充合同，规定已签订的买卖合同受厂商银三方协议的约束。

（3）银行指定某物流公司作为质押物监管人，并与监管人、申请人签订仓储监管协议。

（4）申请人向银行申请开立以供货方为受益人的银行承兑汇票。

（5）银行将银票交付供货方指定人员。

（6）收货人为银行，银行委托监管人到供货方处提货，监管人承担货物运输责任。供货方发货前通知银行或监管人，监管人负责运输货物到指定仓库并在供货方交货后出具相应仓单（附仓储物清单），将仓单质押给银行，货物就此置于监管人监管之下。

（7）质押物置于仓库后银行现场核库。

（8）监管人须制作质押物出入库台账，与银行定期对账，银行定期或不定期查库。

（9）申请人缴纳保证金赎货。

（10）银行出具提货通知书。

（11）监管人放货。

（三）案例经验

（1）跟踪企业物流和资金流，熟练运用银行产品，为客户量身定制融资方案。客户经理应充分研究企业的生产、财务、资金、物流状况，将银行推出的各项产品进行合理组合，为客户定向制订融资方案。随着银行对企业提供产品的增多，企业对银行的依存度不断提高，银行从中也可获得可观的经济效益。

（2）各司其职，强化管理，严控风险。银行信贷产品，特别是供应链融资产品，环节多、流程长、法律关系复杂，且涉及的相关利益方较多，对风险控制提出了更高要求，银行应重点把控以下三个方面的风险：一是银行内部的操作风险和法律风险。要严格执行业务管理办法和操作细则等一系列规章制度；各种法律文本、协议、合同等严格按照现有的既定的格式与各相关方签署，若有修改需要，经各级法律法规部审核批准后再执行，以规避法律风险。二是监管方的道德风险。要对监管方的监管资质、监管能力等做全方位的审查，重点考察其监管经验、风险控制能力、各项规章制度完善程度以及其代偿能力等。三是企业的市场风险、经营风险和信用风险。应对企业的核心竞争力进行全面审查，密切关注企业所处行业的变化，产品价格的波动性，供销渠道的畅通性及现金流状况，上下游企业间的历史交易等情况。关注企业法人代表、经营者以及大股东的个人信用状况和管理层的管理能力及质押物的自偿性等。

（3）以核心企业为切入点，准确了解其与上下游之间的商业模式、结算方式及货物流转特点，对客户全面把握和深度营销，设计合理的融资方案，通过资金的封闭循环以及对核心企业的责任捆绑，有效把握核心企业与其上下游之间的贸易行为，防范银行信贷风险。

十七、借助行业供应链实现厂、商、银三方共赢

（一）案例背景

摩卡钢铁公司是我国特大型钢铁联合企业之一，具有车轮轮箍、高速线材、H型钢、钢筋、CSP、冷轧、镀锌、彩涂等20条具有国际标准的生产线，形成了独具特色的"板、型、线、轮"产品结构。现拥有粗钢产能1200万吨。目前总资产700亿元，较当年初增6%，每股净资产3元，经营活动现金净流量70亿元，销售收入600亿元，营业利润40亿元，净利润30亿元。

（二）案例过程

（1）瞄准目标，迎难而上，抓准业务切入点，成功介入。摩卡钢铁公司是多家银行重点营销的目标客户。本银行多次上门营销，但由于摩卡钢铁公司对合作银行要求极高，且对一般的银行贷款业务不感兴趣，传统的"存贷款"业务在摩卡钢铁公司难有市场，故双方合作找不到有效"突破口"，一直未取得实质性进展。

面对困难，银行新成立的"营销小组"没有气馁，而是再次集思广益，分析对策，认为随着摩卡钢铁公司新区的投产使得该公司产能急剧扩张，虽然其自身资金不成问题，但为其服务的经销商的资金却未必能跟上，一定存在融资需要，这一合理的资金需要如得不到满足反过来肯定影响摩卡钢铁公司的销售，借助银行已成熟的供应链融资产品优势，应该有机会实现厂、商、银三赢。于是银行迅速调整营销思路，将主攻重点由摩卡钢铁公司的财务部暂时转向摩卡钢铁公司的销售公司，站在摩卡钢铁公司的角度，提出银行愿意"帮助经销商融资，以促进摩卡钢铁公司销售"的想法，很快，新的思路有了新的效果，摩卡钢铁公司同意银行"拿出个方案"看有没有可操作性和优势，营销之路重又"柳暗花明"。

（2）趁热打铁，保持高效行动，用最专业的服务打动客户。面对来之不易的"考试机会"，银行"营销小组"倍感珍惜，决定一方面趁热打铁，保持高效行动，让摩卡钢铁公司感受到银行的合作诚意，一方面内部做好分工，客户经理做好信息收集工作，了解摩卡钢铁公司与其他银行的合作模式、存在问题、可能提出的特殊要求等，做到知己知彼；银行领导继续与摩卡钢铁公司高层保持密切联系。最终，银行的方案凭借过硬的专业能力、个性化的服务、较强的可操作性，得到了摩卡钢铁公司的认同。

（3）立足长远，服务好每一家经销商，做大做强供应链融资网络。由于本银行是后来者，存量经销商基本为其他银行占领，这就要求本银行必须付出更多的努力和汗水才能将网络工作做好。经过深入营销，摩卡钢铁公司原则同意将每年新增的优质经销商优先推荐给本银行，同时如本银行能提供更好的服务，存量经销商也可自愿转入本银行。因此能否做大做强的关键还在于银行能否提供优质服务。

（4）勇于创新，创造性地推出钢材交易市场商户联保方案。在摩卡钢铁公司供应商网络中，有一些当地龙头经销商企业未被列入推荐目录中，原因是摩卡钢铁公司认为这些公司虽然实力较强，回购风险较小，但其经营摩卡钢铁公司各品种钢材的资金已足够，如再帮助其融资担心其可能会最终用于经销别的钢材，故不愿意为这些公司提供回购担保。银行如想占领这块市场就须另想他法。为了有效解决这类企业的融资需求，银行在授信担保方式方面，进行了大胆的探索，制定了由即将进驻钢材交易市场中经营情况处于前列的五家企业组成担保联合体，由银行对该联保体成员单位授信，每家成员单位的授信由其余四家企业共同承担连带责任保证的联保方案。

（三）案例经验

（1）对重点客户，要成立专门的营销小组，协调各种资源共同营销。

（2）营销客户要用专业知识、敬业精神，要举一反三，乘胜追击，取得最大营销效果。

十八、落实风险控制举措实现公私业务联动发展

（一）案例背景

某国家级铁路重点工程需征用兴旺镇建设用地4000多亩，动迁农户1100多户，动迁企业133家，拆除建筑面积90多万平方米。经测算，动迁成本约为48.45亿元。

（二）案例过程

银行得知该项目消息后，密切跟踪项目动态，并积极与相关政府机构、申铁公司（动迁签约主体）等联系，登门拜访和了解该项目的背景、实施细节及相关文件。通过银行内部的初步沟通，决定介入该项目。银行内部经过信贷批复，同意给予15亿元单笔单批流动资金额度，期限两年，用于该项目的前期动迁资金。

为更好地防范风险，项目审批通过后，银行领导又多次与镇政府商讨，达成了该项目的风险防范的具体措施：

（1）制订动迁资金内循环方案，确保资金专款专用。

（2）落实涉及动迁的12个村委会的资金内循环方案，12个村委会在银行开立资金专户。

（3）通过村委会与133家动迁企业财务高管召开资金发放会议，争取开户的企业中30%成为银行的结算类客户。

（4）商定12个村委会2000户农户的补偿费由银行实行代发，并跟进配套理财，争取存款不外流。

（5）对拨付给动迁基地的工程费，银行与项目公司召开会议，要求项目公司开户并深入营销，包括对四家中标的动迁基地建设公司项目提供再融资等服务。

（6）经营机构每周提供不少于两次的上门服务，并动迁资金发放现场提供指导服务，确保动迁的顺利进行，并有效增加支行储蓄业务。

经测算通过本次授信，可以为银行带来近1亿元的利息收入和225万元的中间业务收入、日均10亿元左右的贸易融资余额、1.5亿元的储蓄存款以及1000户个人VIP，另有近100户补偿企业开户、12个村委会开立动迁专户。此外，本项目的动迁资金总

额超过 40 亿元以上,全部资金按照动迁进度通过在银行开设的专户拨付流转,加上贷款留存,对银行的存款增长作出了较大的贡献。

（三）案例经验

该项目的成功,不仅能为银行带来相当规模的存款和综合收益,稳定了银行的对公客户,并延伸了客户范围,实现了由对公客户向对私客户的营销拓展。

十九、实现效益目标与社会责任的协调发展

（一）案例背景

某市国有资产投资经营公司是市政府所属国有独资公司和市政府最大的融资平台。作为政府性投资项目建设主体,该公司主要承担全市安居工程、重大公益性、功能性项目、土地综合整治及委托拍卖等重大任务。该市因受地震影响多处建筑遭到破坏。市政府把受灾群众的安置问题列为灾后重建的中心工作,决定将原委托该公司拟建的"西河小区安居工程"变更为"受灾群众安置房",用于对灾民的集中安置,同时要求政府相关部门大力支持该公司加快工程进度,使该项目尽快完工投入使用。除财政拨款投入资本金外,该项目其余资金由银行贷款解决。由于该项目性质特殊,时间要求较紧,为落实项目资金来源,市政府向银行来函,提出了贷款申请。

（二）案例过程

在得到此项目的贷款申请后,银行尽可能全面收集反映该企业及项目的资料,详细地了解该项目情况以及当地经济发展状况、财政收入状况,做到有备无患。

虽然该企业和项目并不是银行信贷指引支持的范围,但为了积极参与和支持地震灾区的灾后重建,客户经理仍将该项目的具体情况形成专项报告,向银行领导进行了汇报,银行领导对该项目给予大力支持,同意参与该项目的建设,指示相关部门尽快提出合理的授信方案,以最快的效率促成此笔业务的办理。

为此,银行提出以下授信方案:

（1）给予该公司基本建设固定资产贷款人民币 3 亿元,期限 36 个月,基准利率,由市建设发展有限公司提供连带责任担保以及出让的土地使用权抵押,还款计划为第一年归还贷款本金不少于 5000 万元,第二年归还贷款本金不少于 1 亿元,第三年结清全部本息。

（2）该项目封闭运行,资金封闭使用,开立项目资本金专户、贷款资金使用专户和政府回购资金的还款专户,监控资金流向;政府财政部门承诺项目建成后按每平方米不低于 2200 元的单价进行回购,并将回购款直接支付至银行还款专户,优先用于贷款偿还;该项目回购款项列入财政预算内支出。

（3）按监管部门和银行相关规定办妥抵押物评估、登记、保险等相关手续。

（4）不少于 1 亿元的资本金全部到位后方可发放本笔贷款,项目建设中优先支用资本金,后使用贷款。

（5）银行贷款按照工程建设进度分次发放,专项用于安置房项目建设,贷款资金只能支付给指定的建筑承包商等,严禁挪用。

（6）为了更好监控该项目的资金,要求该项目的一级承建企业在银行开立账户,

严格按照项目工程进度划拨建设资金，对一级承建商的资金也严格监控，必须划付指定的分包商（根据一级承建商提供的分包合同）零星支出、工资支出以及税费支出才可划回基本结算户。

（7）市财政在银行开立预算外结算账户，保证日均存款不低于 5000 万元。

（三）案例经验

银行应增强社会责任意识，积极参与社会责任活动。当发生地震、洪水、旱灾等灾害时，银行也在风险可控的前提下应积极参与。这样，既可取得一定的经济效益，也可借此扩大社会影响。

二十、把握营销技巧，推动营销进步

（一）案例背景

城投集团是市人民政府出资成立的按照现代企业机制运作的独立法人单位，作为市城市基础设施建设的投融资平台，该公司在资产规模、区域经济、财政支持、融资渠道、经营性资产盈利能力等方面都具有显著优势。

（二）案例过程

在和该客户一次攀谈当中，银行客户经理获悉，由城投集团组织实施的市地铁 2、3 号线项目因另一家合作银行贷款审批的延迟造成短期的资金紧张，当即提出短期过桥贷款的解决方案。客户当时将信将疑，认为客户经理是"吹牛"。当天客户经理就将该业务及时向银行进行了汇报，并设计了详细的方案，同时紧急沟通客户的另一家合作银行，询问贷款审批进度，落实还款来源。银行在 10 个工作日完成了贷款审批和放款，当客户看到资金入账时，对银行的效率表示了敬佩，当即表示将该项目配套的财政拨款在银行结算。

由于该客户具有一定的垄断地位，银行组织了 3 人营销小组，由部门总经理带头，既分工又合作。基本上每天都有总经理和客户经理上门走访，既及时为客户送去业务单据又能迅速了解客户业务需求，基本做到不用客户来银行就办好业务。经过几年这样的坚持，客户对银行的服务非常满意。正因为勤走访，在客户有意向发行短期融资券时，银行第一时间捕捉到信息，通过艰苦的公关，最终争取到主代理商资格。

城投集团下属公司众多，原先资金分布分散，经常出现因子公司为自身利益超额向集团申请资金的情况。在多次走访当中，客户经理多次听到客户抱怨，经大家研究向其推介了集团公司网上银行业务，这样城投集团可以实时查询各个子公司在银行的存款，避免了资金的过度沉淀，提高了资金利用率。

（三）案例经验

客户经理的营销工作要讲求"诚、勤、细、新"。所谓"诚"，就是要讲诚信。诚信是维系现代市场经济的基石，是与客户相互沟通的桥梁，在与客户打交道时只有真诚相待，言行一致，急客户之所急，想客户之所想，才能赢得客户的一份信赖，换取客户的一份诚心。所谓"勤"，就是要勤谈，勤跑。只有与客户进行经常性的沟通与交流，了解客户的动向，知晓客户的所思所欲，才能及时调整营销策略，捕捉商机，在激烈的商战中抢占先机。所谓"细"，就是要细致入微。工作从细微处入手，在做出营销前对客户有充分的了解，要知道自己的客户看重的是什么，需要的是什么，发掘合作的广阔天地，同时要细心观察，见人之所未见，想人之所未想，捕捉蕴藏在事物背后的新商机。所谓"新"，就是要创新服务方式。营销不能停留在传统的习惯思维和做法上，要将新的营销理念和服务方式有机地结合起来，最大限度地满足客户日益提高的服务需求。

二十一、抓住时机推进交叉营销

（一）案例背景

幸福公司系全国房地产开发企业 20 强之一，多年来在上海、南京、北京等地开发了一系列知名楼盘。该公司在福州注册成立幸福福州公司，注册资金 2 亿元人民币。拟开发外滩花园项目，该项目位于福州市中心城区，地理位置优越，交通便捷。

（二）案例过程

银行是在一期建设已近尾声、并已在福州当地产生巨大影响、二期销售前景看好的情况下介入外滩花园项目的。当时该项目监管账户已开在其他银行，开发商与几家银行均已有合作。在开发贷款无法实现全封闭运行的情况下，银行秉承团队合作精神，制订周密营销方案，成功向幸福福州公司投放了 1 亿元房地产开发贷款，由幸福公司提供连带责任保证担保，并追加福州"外滩花园"部分在建工程抵押。作为一例非全封闭式的房地产开发贷款，银行从对公贷款入手，加强各环节的有效监控，公私联动，实现了"未封闭项目相对封闭"的良好局面，带动各项相关业务的全面发展。

1. 上下联动，交叉营销

（1）多角度沟通，及时了解项目情况。在项目营销及运行过程总中，银行一把手亲自带队，与公司高管人员沟通，为建立密切的银企关系打下了良好基础。支行领导定期与企业管理层联系，了解项目总体运行情况，经办客户经理实时了解工程进展及销售状况，通过房地产交易所的抵押登记可实时了解备案情况，掌握楼盘销售及办理按揭情况，做到心中有数，从而为开发贷款的合理使用和争取按揭业务量打下了很好的基础。

（2）经办行派专人坐镇售房现场，进行业务宣传并办理按揭业务。一方面，银行可以及时掌握楼盘销售进展情况，并与售楼人员做好沟通工作，在把握风险点的同时改进业务操作流程；另一方面，创造了直接营销客户的机会。银行人员在帮助售楼人员介绍楼盘的同时，向客户介绍银行的概况以及银行办理按揭贷款的优势，这样既与售楼人员拉近距离又使客户在贷款时优先选择银行。

（3）从该项目指定的保险公司入手，实现信息共享。经办行与保险公司建立良好关系，通过查看保险公司对外签约保单的数量，了解业务流失情况，积极调整营销手段。

（4）加强沟通，力争按揭业务量。鉴于该项目不属于封闭式贷款，因此福州公司对购房者选择在哪家银行办理按揭贷款没有强制要求，按揭业务量的大小关键取决于售楼人员对银行的认同程度。为增强双方的合作意识，经办行采取与售楼人员联谊、沟通的方式，加深感情，促使售楼人员优先向客户推荐在银行办理按揭贷款。这样不仅有利于银行掌握第一手资料，还实实在在地增加了按揭业务量，在一定程度上实现了"非封闭开发贷款"的"封闭运作"。

2. 团队协作，提高效率

（1）全行联动，通力配合。支行在办理业务过程中出现问题及时向银行汇报沟通，银行争取第一时间予以解决。

（2）现场办公，一步到位。支行在售楼处派驻人员并放置相关材料，客户签订购房合同时，可直接签订按揭贷款的相关资料，一次性可办理全部购房及按揭手续，节省时间。在此环节中，经办行要求客户经理办理贷款手续须一步到位，杜绝返工现象。

（3）经办行专门购买了合同套打软件打印合同，使每笔业务能在最短时间内上报银行审批。银行私人部则派专人办理抵押送件，确保两天内送达房地产交易中心，有效提高了工作效率。

3. 重视开发贷款的贷后管理

经办行通过与保持企业频繁沟通和现场办公，不仅建立了相互信任、相互支持的合作关系，还能及时、充分地了解企业内部管理体系及资金运转模式。经办行指定专人随时了解楼盘销售及客户资金交付情况，适时调整策略，在企业规范管理的前提下，对账户上每笔资金的支出用途实行审批支付制，逐一上报银行审核，同时将每笔按揭贷款回笼至开发商专户，从而确保开发贷款用在项目上，按揭贷款实现的销售收入成为开发贷款的直接还款来源。

4. 积极带动银行业务多角度发展

经办行不仅为每一个按揭客户办理借记卡，签订水电、煤气、物业费等多项代收代缴业务协议，向开发商员工营销信用卡等业务，还利用各种机会推广银行业务。

（三）案例经验

通过分、支行两级人员的不懈努力，银行取得了比较丰厚的回报。启示有：

（1）一手房按揭贷款业务量充足、稳定，选择优质开发商的优质房地产开发项目，并适时介入，提供开发贷款的配套支持，不仅有利于对公业务的发展，更重要的是可有效拉动银行个人住房贷款业务，这也是银行目前开办房地产开发贷款的前提。

（2）优质开发商和优质楼盘的介入比较困难，但此类项目完工风险小，对应的个人客户总体素质较高，银行对开发商的资质、实力以及信誉有较为全面的了解，此类项目的开发贷款和之后的住房按揭贷款回收安全性较高。

（3）发掘和稳定客户必须要从客户角度出发，在控制风险的同时，满足客户需求，让客户直接受益，最大限度地挖掘优质客户的资源潜能。使得房地产开发封闭贷款业务不仅带来按揭贷款，还可获得中间业务、沉淀存款等一系列综合效益，使银企关系走向持续的良性互动，最终实现银行产品和服务的价值最大化。

（4）要制订合理可行的管理方案，并伴以严格落实，加强操作环节的有效监控是控制风险、保证开发贷款和按揭贷款实际意义上的"封闭运作"的关键。在对账户资金支取用途逐一报批的同时，还需定期调查了解项目的运行状况，关注项目的施工进度、工程质量、销售情况及资金动态，实行月报告制度。由于实施严格的管理，资金得以有效监管，房地产开发贷款业务的风险相对可控。

（5）强化细节管理，提高服务水平和业务水平，获得开发商和按揭客户的信任乃至依赖，是保证按揭贷款业务不断发展的关键。

二十二、实现对集团客户总子公司的协同服务

（一）案例背景

作为省国资委管理的国有骨干企业，星光交通控股公司旗下拥有省交通建设投资总公司、省汽车运输总公司、港务集团有限公司、省轮船总公司等五家全资子公司和八方物流公司等两家控股子公司、几十家控股的孙公司。公司业务范围主要以陆路、沿海的交通运输和港口、物流业为主。

（二）案例过程

星光交通控股公司作为特大型国有企业，具有企业层级多、人员多、关系复杂的特点，在营销中客户经理意识到必须了解企业关键人的想法。因此，客户经理有意识地做好情报工作，在企业内部的关键位置上（如财务部总经理或资金处长等）寻找支持自己的人，加强对这些人的营销。

鉴于星光交通控股公司的强势市场地位和分子公司众多的特点，银行为星光交通控股公司量身制订金融服务方案，专门成立上下联动的营销小组，指定银行公司业务管理部全面负责与该集团的业务合作，各经营单位在公司业务管理部的统一协调下全面展开对下属子公司的业务营销。

银行的多级服务体系与星光交通控股公司的多层次管理体系相吻合，加上客户经理的持续营销，营销终于在条件成熟时有了成效。由于当时我国开始实行从严的货币政策，银行客户经理及时向星光交通控股公司推荐直接融资工具，针对其负债情况，适时提出了调整企业负债结构、减轻当年还贷压力和财务成本的建议，获得企业好评。客户经理乘胜追击，让客户启用了授信。在业务不断合作的同时，客户经理还通过积极营销，创造了在辖内第一笔对交通行业实行基准利率投放贷款的先例（鉴于交通企业的优势市场地位，银行贷款一般采取下浮利率的做法）。

（三）案例经验

（1）上下联动的营销模式是多数客户、尤其是垄断型集团客户营销的基础。在对星光交通控股公司的营销思路中，银行充分发挥了上下联动营销模式的优势。银行公司业务管理部牵头对集团公司营销，长期不断走访客户，与客户沟通各种经营过程中出现的商机，用银行的产品配合企业经营的需要，赢得了客户的信赖。从上至下的营销可以起到事半功倍的效果。

（2）在企业内部建立网络性关系，推动重点客户的营销工作。在成功营销一个客户后，一般情况下银行与企业保持良好且固定关系的是财务系统的领导和职员，银企关系更多呈现出直线型关系。但在实际工作中，随着企业发展和个人工作的变动，财务系统关键位置关键人的变化经常性发生，这相应地就会影响银企合作的稳定性，特别是在项目公关的关键时刻发生的人事调整，对银行原先的公关部署有时会造成致命的影响，银行往往苦于在短时间内寻找不到熟悉的关系人而面临前功尽弃的风险。这就要求银行在日常客户的维护工作中，要深入企业，渗透到企业的方方面面，尽可能多地与企业的各个关键部门领导、职员接触（如组织人事、办公室等）。在企业内部形成纵横交错的

关系网，不但有利于掌握企业比较立体的发展动态，控制好业务风险，也有利于在关键时刻，寻求到支持银行业务发展的朋友。

二十三、构筑银企双方战略性伙伴关系

（一）案例背景

寰宇集团是一家中国客车行业的领军企业，其下属的客车、工程机械、零部件、房地产是集团发展的四大支柱。集团销售收入 100 亿元，实现利润 8 亿元。

（二）案例过程

银行与寰宇集团的合作仅限于存款、贷款、承兑，业务品种同质化，缺乏竞争优势。后来，银行转变营销思路，积极采取措施，对寰宇集团进行全方位营销，实现了银企合作的突破进展。

银行介入时，正遇国家实施宏观经济调控、压缩贷款规模，车贷出现大量不良贷款，各商业银行纷纷叫停汽车按揭贷款业务，汽车行业迎来了寒冬，寰宇客车的销售也受到了冲击。针对此种情况，银行领导多次带领客户经理深入企业搞调研，分析了解其中的风险点并探讨防范措施。通过调研发现，客车行业和乘用车、货运车生产销售的特点是不同的，其主要采用订单式生产、销售，下游客户相对固定，大多为客运公司、公交公司、旅游公司，企事业单位和个人挂靠。同时，客车行业销售的目的是再度盈利，寰宇客车本身就具有良好的抵御风险的资金实力，如果能够采取绑定寰宇客车的还款能力，向其产业链下游客户进行融资的话将可以有效带动寰宇客车的销售。在经过充分调研和论证的基础上，提出了以寰宇客车为核心、向其产业链下游客户延伸银行金融业务的思路，通过支持寰宇客车的销售，密切与客户的合作关系，在其他金融机构徘徊、观望时，抓住机遇，寻找业务合作的切入点。

在对寰宇集团的营销中，客户经理凭借其敬业精神，不断地去探索新业务、新知识，首先，把汽车行业分为乘用车、商用车制造行业，确定寰宇客车所处的客车制造行业。其次，总结出了客车制造行业的特点：客车制造行业下游客户相对固定；客车线路经营资格必须经交通运输部门批准，属于行业垄断资质；随着市场经济的不断发展和高速公路网的建成，客运行业必然有较好的发展空间；各地政府加强对客运市场的管理，竞争比较有序；下游客户购车后客车既转变为生产资料，有营运线路收入做保证，现金流稳定，借款人违约风险较少等。最后，根据客车制造行业的特点及寰宇客车在行业中的地位及企业自身的经营情况，客户经理认为针对其进行法人客户、个人客户按揭贷款的拓展必定能为银行带来较大的收益。为此，银行打破传统的信贷营销模式，还说服寰宇客车放弃见车回购的条件，改为逾期 3 个月即回购的模式，一方面为客户提供了量身定制的差别化金融产品和服务，另一方面也有效保障了银行的资金安全。

通过对客户和市场的了解和沟通，客户经理发现，制约寰宇客车销售大幅上升的障碍主要来自于其下游企业融资困难，如果该瓶颈能够突破，那么客车的销售情况将会攀升到一个新的台阶。于是客户经理根据客户的具体情况将银行产品进行了组合创新，以寰宇客车为核心，为其下游终端法人、个人客户提供融资服务，在风险防范上以寰宇客车回购担保＋借款人车辆抵押＋一定比例保证金。银企合作关系得到突飞猛进并日渐巩固，寰宇集

团已逐步成为银行的一家核心骨干客户，银行在企业中的认知度和影响力也获得提升。

（三）案例经验

通过此案例，客户经理应该得到如下启示：要善于分析宏观调控政策，抓住机遇，积极寻找业务切入点；要认真细分市场和客户，积极提供差别化营销服务；要急客户之所急，解决客户实际困难；要因势而变，不断创新，提高客户满意度。

二十四、针对客户经营特点提供相应服务

（一）案例背景

信海公司为医药行业药品销售流通企业。虽然该公司属于中小型企业，但该公司具备以下三点优势：

（1）在历次地方政府组织的药品招标采购中，该公司药品中标量均属前列。良好的中标情况为公司的快速发展奠定了基础。主要供货商（上游客户）为全国知名的药品生产企业，其中全国独家代理品种14个，区域独家代理品种近50个。

（2）销售对象均为当地各级医疗单位（医院）。公司依托良好的品牌、信誉和优质的服务以及经营代理品种的优势，成为当地各大中型医疗机构最主要的供应商。

（3）该公司具有完整的内部控制的组织架构和规章制度，尤其是作为药品销售企业，从库房管理到医院供药到财务结算，有一整套严格的管理办法以及完整的ERP系统管理。

（二）案例过程

银行首先对信海公司的业务流程进行了了解，发现该公司业务流程如下：

（1）生产厂家与配送公司签订委托经销合同。

（2）销售代理企业针对各个药品品种进行投标竞价，招标机构公布中标结果，中标配送企业与招标公司签订采购合同。

（3）医院在中标目录中向指定配送企业采购药品，一般为电话采购或网上采购，不再另外签订相关合同。

（4）配送企业给医院送货，医院药库人员清点签收。

（5）3～9个月后，医院付款。

根据该公司的上述经营特点和业务流程模式，针对销售过程中产生的赊销情况，银行决定先谨慎介入。虽然保理业务在当地市场还不多见，企业使用也较少，但客户经理由于前期对这一业务进行了充分了解和学习，随推荐客户办理保理业务，希望通过该业务参与企业贸易链、给予客户信贷支持。然后，再根据企业自身实力增强和经营规模的扩大，逐步扩大银行授信规模，丰富授信业务品种。经过长期的业务往来，银行对该公司的授信规模由最初的3000万元增大到1.3亿元，授信品种由最初单一的保理业务发展为以保理业务为核心涵盖多种贸易金融产品的综合授信。公司也在此期间得到了较大规模的发展。

（三）案例经验

（1）树立高度的责任心。银行工作不仅具有很强的专业性，而且还具有风险性，责任心是保证营销工作有序、高效进行的切实保障。办理保理一类的银行业务，对客户

经理责任心的要求尤其高，因为此类业务需要客户经理及时了解医药行业信息、不定期去实地查看企业经营、应收账款和存货情况，以便了解第一手信息，防范授信风险。

（2）根据客户特点营销相应业务。客户所处行业不同、自身特点不同，对银行的业务需求也会有所不同。客户经理应认真摸清客户的需求，再有针对性地提供相应的银行产品。

二十五、针对区域经济特点探索银企业务合作新模式

（一）案例背景

浙江绍兴是我国纺织行业的优势地区，经过多年的发展，目前已经形成了 PTA、涤纶丝、织布、印染、服装等一条完整的纺织产业链条群。位于绍兴的某交易市场就是一家以各种纺织原料贸易集散为特色的著名专业市场。该市场的市场行情已成为我国轻纺原料行情的"晴雨表"。

伴随着市场的成长，市场中产生了一批实力强、规模大的轻纺原料工贸公司，这些企业贸易品种全、市场营销网络广、拥有较大的交易量，在市场中处于龙头地位。这些企业属于工贸结合型企业，所需流动资金较多，有较高的融资需求，但该类企业在向银行贷款时一般较难提供足额抵押物，有时也较难找到合适的担保企业，所以担保问题成为这类企业融资时的瓶颈。

（二）案例过程

经深入调查分析、反复论证，根据区域经济特点，结合企业需求，银行提出由该交易市场中 9 家龙头企业组成担保联合体，银行对该联保体成员企业提供授信，联保体中所有成员企业共同为授信承担连带责任保证的联保贷款方案。

联保方案是建立在企业互相了解、愿意共同承担风险的基础上的，通过设计合理的方案，可以有效地分散授信风险，达到减小风险的目的，作为一种创新的业务模式，其最大的特点在于联保提供了一种创新的授信担保方式。联保业务通过多家企业抱团担保及引入风险保证金的方式，在降低我行授信风险的同时，解决了中小企业贷款中担保难的问题。

银行在实际操作中主要采取了如下措施：

（1）严格筛选联保成员企业，确保授信主体资质良好。入选企业均为当地优质企业，以往经营业绩较好，近两年销售收入平均增长率在 15% 以上，同时在银行的信用评级较高。

（2）签署银行、联保成员企业的担保协议。银行与所有成员企业签订协议，约定任一成员企业在银行的授信出现风险时，由所有成员企业共同承担连带保证责任。

在协议中约定各成员企业依据银行对其授信敞口的 20% 缴纳风险保证金，任一成员企业授信出现风险，首先由该笔保证金清偿。

（3）落实风险保证金。在授信启用前，成员企业依据自身的授信敞口缴存了 20% 的风险保证金到银行账户。银行对该账户进行了冻结，落实了对风险保证金的控制权。

（4）所有授信均追加了企业实际控制人夫妻双方无限责任保证。

（三）案例经验

由于存在风险共担、风险分散、互相监督、信息共享的优势，联保业务本身具备一

定的抗风险能力，在一定程度上可以规避传统担保模式上的缺点。但是如果组成联保体的全部企业都出现问题，那该业务照样也会出现风险。因此，银行做业务，要始终在风险与收益之间寻找一个平衡点，不要过分依赖某一种业务模式。2008年受世界金融危机影响，绍兴地区的部分企业出现拖欠银行贷款事件，进而引发部门企业的担保链条断裂，就是一个例证。

二十六、把握企业动态，实现对存量客户的深度营销

（一）案例背景

某公路发展集团是市国资委管理的大型企业集团，员工过万人，与其合作的银行有很多家。

（二）案例过程

该集团公司已与银行建立了业务合作关系。银行已提供了流动资金贷款、票据承兑等传统业务。客户经理在一次客户拜访活动中，得知该公司有开展企业年金业务的打算，并已开始在各机构间进行比选。得知这个消息，客户经理立即与银行的年金中心联系，由专业团队为客户提供咨询服务，并结合该公司实际情况提供建议，形成了长期跟踪机制。最终，银行成功获得企业年金托管人资格，并在协议签署后完成了存量资金的归集。应该说这次签约是银行长期营销的结晶，也是市场充分认可的证明。

（三）案例经验

通过该营销案例，不难发现营销成果取决于政策环境、企业需求和银行实力三者的结合，也就是人们常说的天时、地利、人和。

（1）银行要有开展新业务的知识、技能和人员储备。银行只有重视企业年金市场的开发，并坚持长期进行人员的业务培训、政策、信息交流，才能在机会来临时及时识别并抓住。

（2）银行能够持续跟踪服务，获取准确信息，加强横向、纵向联系。从银行的角度分析，企业年金业务具有营销周期长，涉及部门广，关联人员多的特点。因此在营销年金业务时，客户经理的工作重点主要分为以下方面：一是通过业务，安排客户与银行高管见面，建立高层间的互访，提升双方合作的紧密度，并获取高层对银行的支持。因为最终的决策权仍然由高层行使。二是加强与客户人事部负责人的联系，随时掌握客户工作进度及安排等，并及时向客户提供最新的政策，辅助客户进行工作开展。三是与受托机构紧密联系，增加信息来源渠道，以便及时采取应对措施。四是逐步辨别主要竞争对手，准确判断优、劣势。

（3）也是本案例的最大启示，那就是向老客户挖潜比开发新客户要省力、省时。对银行来讲，不断拓展新客户虽然重要，但更要重视对老客户的持续营销。

二十七、处理好业务发展与风险控制的关系

（一）案例背景

中成进出口有限公司属于外经贸行业，以承接我国政府援外项目以及成套技术设备、机电产品等进出口为主，包括各类代理和自营进出口业务，兼顾内贸业务、工程承

包及劳务合作，总资产1.2亿元。其母公司为上市公司，拥有庞大的项目和技术资源。

（二）案例过程

中成进出口有限公司作为授信客户，虽然企业规模不是很大，但是企业符合国家产业政策，经济效益较好。根据企业对金融产品的需求，银行审批通过了5000万元综合授信额度，其中3000万元流动资金贷款针对企业援外项目，2000万元贸易融资主要针对企业一般进出口贸易。在额度使用上，流动资金贷款额度按银行规定串用其他业务品种，进口开证额度按银行规定可串用其他业务品种及贸易融资非融资类保函品种。

鉴于该客户的财务人员、一些主要的业务经理都是女同志，他们容易接受周到、细致的服务，银行就有针对性地选派了一名曾从事过多年国际结算工作、有着优质服务意识和经验的客户经理为企业提供全面的金融服务。在业务上加强对客户联系和跟踪，掌握业务情况，保证贷后管理。在合同签订、制单、审单、结算过程中有时能够参与指导，及时帮助解决问题。在生活上，根据个人特点，提供亲情化服务上。踏踏实实地工作，认认真真地服务，赢得了企业的称赞。在技术上，适时推介银行各种产品，宣传银行特色优势，营销银行新业务，使该企业及企业职工早日用上银行各种产品。客户经理和这些女同志打成一片，最终带来了银企双赢。

客户的援外项目都是我国政府首先与外国政府签署协议后进行的，国家对每个项目都将进行全额专项资金划拨，而其母公司有多年外援经营背景与经验，因此项目风险较低。但这并不是说向该客户提供服务就没有风险。其实，外贸客户的风险很大。客户经理特别注意了以下风险的分析与防范。一是要预防结算风险及其国内外客户的信用风险。客户经理要随时掌握市场动向，系统地监管每笔业务结算，及时控制结算风险和信用风险的发生。二是预防汇率风险。该公司有进口业务也有出口业务，给公司建立现汇账户，可以将结售汇搭配开来：在汇率形势稳定的情况下，可随时结售汇，在汇率变动大的情况下，进行择日结汇，或现汇付款，规避汇率变动带来的风险。

（三）案例经验

（1）选择好客户，找好突破口。大多数传统外贸企业的资产规模、会计报表不具优势，没有抵押，风险难以控制。但有些客户仍具有优势。银行应选择较好的外贸企业，找到好的突破口，控制住风险点，就能够开展业务并获得收益。

（2）银行要针对客户有关人员的具体情况选派有针对性的客户经理提供服务。

二十八、逐渐把客户关系推向深入

（一）案例背景

广元汽车销售公司的主营业务为汽车销售与维修，为国内少数跨区域销售商之一。目前拥有100多家4S专业销售店，分布于新疆、广西、重庆、安徽等五大区域，并在各自区域内形成了绝对垄断优势。经过数据的收集与比较得出：该企业在注册资金、销售收入、销售网点、利润率等各项指标上都处于行业内领先地位，是国内最大的汽车销售服务商。

（二）案例过程

（1）取得联系。银行通过手上现有客户，了解到汽车销售行业内的"老大"广元汽车销售公司的管理中心落户在本地，随通过网络联系及现有客户在其中穿针引线，与公司建立起了初步联系。

（2）用产品打动客户。与企业沟通后，客户经理发现该企业正处于快速发展阶段，资金总量充裕。针对民营企业对企业资金的合理使用及回报看得较重的特性，客户经理再次登门拜访客户时着重介绍了银行最新推出的通知存款的衍生产品：以7天为一周期、对企业的存款按复利计算的理财产品，这一创新产品打动了企业财务总监，并说服企业在银行开立了结算账户。在排除信贷业务合作影响的前提下，企业在银行的日均存款已达1.2亿元。

（3）了解企业需求，确定合作模式。与企业建立起结算关系后，客户经理一方面通过各种信息渠道了解汽车销售行业的现状，另一方面也通过与企业财务部、运营部等各部门领导充分沟通，寻找银企进一步合作的切入点。通过这一步营销，银行了解到一个至关重要的信息——鉴于企业现在跨区经营但各网点各自为政、资金使用率低的情况，企业希望实现资金集团化管理、银企合作相对集中、存贷比例合理。针对以上情况，客户经理为企业设计了合作方案：与企业开展总对总全面合作，在给予企业10亿元信贷支持的基础上，协同企业在银行建立集团资金管理系统。

（4）加强银企沟通，掌握企业经营策略。方案制订初期，客户经理邀请了银行风险管理部门到企业进行平行作业。详细听取了企业领导对企业成立背景、运作思路、经营状况、发展计划等全面介绍，着重对企业管理层背景、财务中心对资金运用、监管的措施询问了企业领导，对授信方案提供了有效的补充。

（5）制定合作协议，防止信贷风险。企业的经营模式虽然得到了银行认可，但为了严格防范银行信贷资金的风险，通过银行各部门领导的共同商讨，在与企业制定的合作协议中补充了以下规定：要求企业股东方承诺不挪用银行的信贷资金；企业在银行建立集团资金管理系统，明确规定年资金结算量；银行信贷资金的实际使用人只能是相对应的汽车生产厂商；企业集团及股东方共同进行担保；限定银行支持的汽车品牌，并根据下属企业实际经营状况单独授信等。

（三）案例经验

产品是客户经理打开客户之门、赢得客户的最好的钥匙！此外，银行要通过逐步了解、满足客户需求来密切与客户的关系。不求快速获得客户认可，但求实现长期合作。在进行商务谈判时，客户经理要坚持把有关条款写入协议之中，以有效保护双方权益。

二十九、通过创新性业务打开合作突破口

（一）案例背景

星光煤业化工集团是以煤炭开采、煤炭转化为主的能源类化工企业，是西部某省最大的煤炭企业，在当地具有很强的竞争优势和规模优势，在地方经济发展中占有重要的地位。

（二）案例过程

星光煤业化工集团作为地方龙头企业，在多家银行都有授信，但业务合作都停留在最原始的领域内，企业实际只使用过6000万元银行承兑票，且银行存款较少，基本上

没有开展结算业务，银行综合收益很低。为此，银行决定加大对该客户的营销力度。

银行专门召开专题会，就如何全面切入该客户进行讨论，认为该客户并不是没有金融需求，只是没有做到对症下药。根据省煤业战略发展规划，拟把企业发展成为省内最大煤炭企业，而为完成该集团的这一目标，未来 5 ~ 10 年内，需要规模逐渐增加的外来融资，因此，该客户仅依靠单一的融资渠道，是不能满足融资需求的，必须建立多渠道、持续稳定的融资渠道。由于各家银行都能提供一般的流动资金贷款，且企业均要求下浮 10%，银行议价能力低，收益小，因此必须做一些其他银行还没有开展的而企业又有需求的产品，通过该业务打开突破口，让企业对银行产生依赖，达到全面切入客户的目的。客户经理通过对企业财务报表的分析，发现该集团下属矿井公司的固定资产较大，且折旧年限较长，在和企业的多次交谈中得知企业对融资租赁业务特别感兴趣，经多次数次深入企业，最终确定具体方案，确定开展融资租赁业务。融资租赁方案主要内容如下：

（1）由租赁公司向银行申请融资租赁贷款，用途为购买租赁设备，煤业集团对此提供连带责任担保，租赁公司和承租人签订租赁合同，将产生的应收租赁款质押给银行，银行按租赁期限收取本息的同时向租赁公司收取手续费。煤业下属矿井公司和租赁公司在银行开立监管账户，信贷资金及租金回款均由租赁公司书面委托银行按照用途划转，实现资金在银行内封闭运行。

（2）方案特点。租赁公司用银行资金购买租赁标的物，由此产生租赁合同项下对应的应收租赁账款；银行用租赁公司这个平台，通过监管账户封闭划转给煤业下属矿井公司，从而将信贷资金间接用于融资租赁；应收租赁款进行质押登记，加上煤业集团担保，银行债权双保险；煤业集团和租赁公司在银行开立账户，信贷资金及租金回款均由租赁公司书面委托银行按照用途划转，实现资金在银行内封闭运行。

（3）风险控制措施。该集团是资源类企业，地域行业垄断，银行融资租赁风险控制措施为：租赁公司资质、信用和业绩是经过严格审查，符合银行审批标准；承租人、出租人在银行开立租赁业务专户，签订账户管理协议，资金在银行监管下封闭运行；煤业集团提供连带责任保证；应收租赁款进行质押登记，有专业保险机构提供保险。

（三）案例经验

针对那些设备投资金额大、设备更新和技术改造力度大的国有大型企业，如铁路、煤炭、电力、运输等行业，均可由租赁公司作为平台，通过提供抵押担保方式，采取封闭运行模式进行操作，可达到全面切入客户的目的。客户经理可举一反三，将上述案例的做法向类似企业推广。

三十、与优质客户建立密切往来

（一）案例背景

云涛公司是一家集研发、生产和销售锂离子、镍氢、镍镉等二次充电电池、手机部件生产和汽车制造为一体的民营高新技术企业，为上市公司。年销售收入 200 亿元，净利润 20 亿元。

（二）案例过程

银行与该公司刚开始合作时，该公司已经是中外各家银行竞相争取的黄金客户。面对激烈的同业竞争，合作初期本银行与企业的关系并不紧密，除了偶尔几笔开证，毫无进展。但是客户经理没有泄气，摆正心态，一直耐心等待一个合适的切入点。机会属于有准备的人，当客户经理第一个向该公司提出授信额度允许母公司转授权子公司使用的灵活方便的授信方式时，企业开始刮目相看，其子公司也陆续在银行开户，从一个象征性的授信额度，到开始使用，再到充分使用，企业在银行逐步开展资产业务的同时，也给银行带来了相应的日常结算业务。随着该公司的成长，该公司从传统的二次充电电池业务进入汽车制造行业，客户经理就伺机向客户推出了汽车融资产品，成为客户第一批的汽车金融业务合作银行。

（三）案例经验

（1）选择并培养优质核心客户。要重点选择那些具有持续发展能力、抗风险能力强的优质企业开展营销，并且在营销时，不能满足于企业纯粹的贷款或存款，在开展资产业务的同时，要把企业大量的结算业务争取到银行。

（2）以客户为中心、以市场为导向。当前，金融市场竞争异常激烈，特别是面对一个优质大客户，所有银行都铆足了劲往上冲，把黄金客户捧上了天。这些客户只会选取满足他最终需求——节约成本并提高资金使用效率的银行产品和服务。因此，客户经理要不断了解市场变化，学习最新政策、银行创新产品等业务知识，并努力挖掘银行产品中的亮点，将企业的需求、同业信息及时反馈至银行，根据市场需要不断改良和创新能满足企业需求的银行产品。所以，熟悉政策产品，了解客户需求，把握市场热点，勇于开拓创新是一个成功的市场营销案例所必须具备的要素。

（3）加强内部管理，培养优秀人才。银行与企业的合作，归根到底是人与人之间的合作。在合作的时候，要始终以客户为中心，时时想着客户、处处方便客户，要做到"带着感情做、做出感情来"。

第二章

了解自己

作为商业银行从事市场营销工作的主力队伍，客户经理首先要对自己所从事的这个职业有所了解。"知己知彼，百战不殆"，客户经理把自己及自己所从事的职业琢磨透了，做好客户营销工作就有 50% 的把握了。

第一节 客户经理的工作性质

一、客户经理制度

客户经理制度是我国银行业在向市场经济转轨过程中通过向西方先进国家银行业学习后而着力推行的一种制度，旨在通过引入此种制度，培育一支专门的客户经理队伍，提升竞争实力，以适应日益激烈化的外部环境。推行客户经理制度，是一项复杂的系统工程，决不是简单成立一个公司业务部或私人业务部就能解决问题，它需要的是银行整个业务流程的再造和职责权限的重新划分。本章没有详尽介绍客户经理制度的来龙去脉，而是围绕客户经理队伍的建立，着重介绍了客户经理的管理及客户经理应该掌握的一些知识与技能。

客户经理制度不应仅仅被理解成一个客户经理管理办法，它实际上是银行内部关于客户拓展的一整套规范，甚至包括理念上的东西。银行制定并印发客户经理管理办法后，下一步的关键是贯彻落实，真正建立起以客户营销部门为核心的银行经营体系。另外需要说明的是，客户经理制不可能在银行内部孤立地推行，推行客户经理制需要银行全面的改革，需要计划财务、会计核算、人事管理等多方面的配合。在一定意义上讲，推行客户经理制是银行的一次再造。

二、客户经理的工作特点

现代商业银行以客户为中心、以市场为导向的经营管理体系是由前台营销层、中间业务审批和风险控制层、后台产品层三个层次组成的。银行的中间业务审批和风险控制层由信用管理部和信贷审批委员会构成，后台产品层由支行营业部、营业结算部以及国际业务部等部门构成。前台营销层则由广大客户经理人员组成。银行经营管理体系的如此构成，避免了从前各业务部门与客户的单线联系，在客户和银行产品部门之间形成了一个独立的作业面，由这个独立的作业面全面负责银行与客户的各种业务往来。

客户经理是银行内部一个特殊的工作群体，是银行深入市场的触角，在银行的市场化经营中占据着异常重要的地位。他在整个银行经营体系中处于最前沿部位，是直接接触客户的人员，也是银行产品进入市场的销售平台。同时，客户经理又是银行与客户之间的桥梁和纽带。银行和客户的所有业务关系都应该经由客户经理，或者说都应让客户经理知情，客户的信息和需求要通过客户经理传达给银行内部有关部门，银行的各种信息也通过客户经理传达给客户，客户经理必须能有效地联结客户和银行内部各个业务部门，使客户感觉到面对客户经理就如同面对整个银行一样。

客户经理是传统银行体制中所没有的。客户经理的产生适应了金融产品越来越多样化及优质客户相对稀缺的现实。金融产品的多样化是随着金融市场的发展和银行创新能力的提高而出现的。在这种情况下，客户既面临更多的选择，也面临更多的困惑，因为能根据自己的经营特点和发展要求进行金融产品组合的客户毕竟是少数，这就需要客户经理这样的专家进行辅导。客户经理扮演的就是金融市场上导购员的角色。优质客户的相对稀缺迫使银行必须加大营销工作的力度，银行营销工作的职业化也从一定程度上促进了客户经理的产生。

三、客户经理对银行发展的意义

在我国，客户经理是随着客户经理制度在商业银行中的推行而出现的一个银行内部工作群体。这个群体主要由银行原来的信贷人员、国际业务人员、资产保全人员、柜台人员等直接与客户打交道的人员以及后来专门招聘的人员组成。之所以将原来分散于各个产品部门和各个分支机构的营销资源集中整合起来，目的就是要实现统一营销和营销的一体化、专业化，借以提高市场竞争力。具体来说，就是专司市场营销的客户经理的出现，有助于开发更多的综合类客户，形成银行的优质客户群；有助于全面平衡协调客户带给银行的综合收益；有助于提高银行为客户量身定做的能力；有助于形成有序的客户开发与市场拓展局面；有助于提升银行对客户的服务水准；适应了金融市场竞争日益白热化的现实。此外，尚具有如下所示的重要意义：

（一）便于为客户提供更加方便、快捷、全面和深入的金融服务

传统银行体制下，银行内部机构按产品分设，如信贷部提供人民币贷款服务，筹资部负责资金筹集，财会部负责储蓄及会计结算等。一个客户要想取得一家银行的所有金融服务，就必须分别向不同的业务部门提出申请。这样就使客户感到很不方便。客户经理出现后，客户只要和客户经理取得了联系，就可通过客户经理向银行申请所有的服务。客户由"一对多"变成"一对一"，当然感到了方便、快捷。银行由一个专门的群体向客户提供服务，也便于使服务更加深入和全面。

（二）便于更加全面、深入地了解客户，对客户的风险监控也更加有效

传统银行体制下，对同一个客户需要由银行的不同部门分别进行了解，每一个部门只关心自己业务领域内的事情，对客户不可能也不必要进行全面、深入的了解，由此也带来银行风险的加大。客户经理产生后，这个业务群体专门负责客户的开发及风险业务的前期调研工作，从责任上明确了对客户的了解就由这个业务群体来负责，因而能全面、深入地了解客户。对客户了解透了，银行的业务风险自然就降低了。

第二节 客户经理的工作职责

客户经理的职责概括起来就是根据市场竞争的需要和客户拓展工作的要求，积极主动地寻找客户、评价客户，向客户推荐和营销适当的产品，联合后勤、产品及风险控制等部门为客户提供高水准的专业化银行服务，在为银行选择优质客户并向客户提供银行服务的过程中，实现银行收益的最大化。

一、客户经理的主要职能

客户经理大概是银行中承担职能最多、压力最大的，他既要营销客户，还要维护客户；既要进行授信调查，还要搞好授信后管理。具体来讲，包括如下内容：

（1）调查客户需求，分析市场形势，进行或组织进行金融产品和金融服务的创新活动。

（2）根据客户需求，与客户探讨业务合作方案，有效地组织客户与银行产品部门之间的业务交流，把客户的需求与银行的产品有机结合起来。

（3）主动寻找客户，通过各种渠道与客户建立业务联系。

（4）向客户营销、推介所有银行的产品和服务。客户经理可以与客户洽谈所有的银行产品。

（5）收集客户的各种信息，包括财务信息、生产信息、销售信息、管理资源信息、行业和产品市场信息等；对收集到的资料进行整理，以此为基础建立并管理客户档案，保证档案的真实性、完整性和连续性。

（6）写出关于客户或行业的综合评价报告及风险分析报告，供业务决策及风险控制部门参考。

（7）根据银企业务合作方案写出业务建议报告和风险控制报告。

（8）对银行风险控制部门、相关产品作业部门和综合管理部门提出的问题或要求提供的其他信息，及时作出回答或提交。

（9）负责做好产品售后服务工作，及时发现双方合作中出现的问题，及时反馈客户的动态信息，对客户的经营状况进行动态监控，并及时提出建议报告。

（10）一旦银行与客户发生业务关系，客户经理负责客户的日常管理，积极协助产品作业部门为客户提供服务。

（11）客户经理具有客户调查、客户初步评价、产品方案设计、业务建议和客户管理的职责，但不具有向客户提供何种产品与服务的决策权，该决策权属于银行风险控制部门和业务决策部门。

（12）研究客户的现实情况和未来发展，发掘客户对银行产品的潜在需求，并根据客户的需求与客户探讨业务合作方案。

（13）定期拜访客户，维系与客户的良好关系，根据客户现有业务量、未来发展和可能带来的综合业务收益，定期对客户价值做出判断。

（14）拥有客户调查权和业务建议权，需对提交的各种信息、客户材料、业务建议和工作报告的真实性、有效性负责。

（15）负责贷款及其他授信业务的前期调查和后期管理，采取必要措施防范、控制和化解业务风险。

（16）承担并完成规定指标以上的存款、结算、贷款、客户开发、贷款质量和贷款收息等项任务。

（17）处理或协助相关部门处理与客户有关的业务纠纷。

二、关于客户经理工作职责的几个认识误区

（1）客户经理是万能的。有人认为，客户经理不仅熟悉客户的需求，而且可以为客户提供全能的服务，银行的业务可由客户经理全部完成。这对客户经理的要求过于苛刻。客户经理类似于西方银行的关系经理，其重点是寻找客户、访问客户、加强与客户的联系、了解客户的需求、提供产品方案、协调组织银行的资源为客户提供服务；发生业务关系后，客户经理负责客户的日常管理，产品则由产品部门提供；客户经理有业务建议权，但不具有向客户提供何种产品与服务的决策权，该权力属于银行风险控制部门和业务决策部门。因此，不能认为客户经理是万能的。

（2）客户经理与产品经理混为一谈。当前客户经理是一个热门话题，不少银行的信贷、零售业务、房地产信贷、国际业务、信用卡部等部门都提出要搞客户经理。实际上，这是对客户经理的误解。过去银行的部门是按产品设置的，现在应是按客户或说是服务对象来设计，如个人金融部、公司金融部等。办法是将产品部门改组整合为客户部门，在客户部门推行客户经理制度。

（3）客户经理是"驻厂员"制度的现代翻版。"驻厂员"制度是银行在计划经济条件下，为履行行政职能而采取的。驻厂员在提供服务的同时更多的职能是监督。而客户经理不是信贷员称呼的改变，而是一种对现有观念及体制的创新。客户经理的工作，就是要增强银行的核心竞争能力，确立比较竞争优势。不能仅停留在推销银行产品阶段，而应根据客户的需求，设计有针对性的服务方案，提供有针对性的差别服务。

（4）客户经理只是传声筒。客户经理是银行与客户之间的桥梁，它对外了解客户需求，对内反映客户需求，同时帮助客户了解银行的业务。从这个意义上说是传声筒。但客户经理又不仅仅是传声筒，客户经理的工作是把潜在的客户变为现实的客户，或者把现实的客户更加巩固。客户经理提出的关于是否提供服务、提供哪些服务等方面的建议很重要，银行风险控制部门作出的决策就是以客户经理提供的意见为基础的。

（5）客户经理能满足客户的各种需求。客户的需求多种多样，有些需求银行限于自己的能力无法提供。另外，即使是能满足的需求，也可能满足的程度较低。因为客户的满意程度取决于客户期望的满意程度与其真实感受的服务之间的差距。客户经理的工作就是尽可能降低这种差距，而不可能完全消除这种差距。

第三节 客户经理的等级评定

为适应市场竞争需要，不断完善针对客户经理的激励与约束机制，充分调动客户经理的主观能动性，发挥客户经理在银行发展中的主导作用，很多商业银行均对客户经理实行等级管理。一般而言，银行会根据客户经理营销业绩考核和行为规范评价结果的结果，把客户经理划分为若干等级。为体现动态管理的要求，每隔一定时间，会再调整客户经理的等级，该提级的提级，该降级的降级。当然，银行应慎用降级手段。为充分发挥等级划分在调动客户经理工作积极性中的作用，银行会把客户经理等级与其薪酬直接挂钩，并作为职务晋升的重要参考条件。

一、任职条件与资格认证

客户经理的任职条件是进入到客户经理序列的基本条件。客户经理的任职基本条件包括：良好的敬业精神和职业道德，遵纪守法，合规经营；有一定的金融基础理论，熟悉银行业务相关政策规章，掌握公司业务技能，有一定的市场拓展能力；具有金融相关专业大专（含）以上学历；熟悉银行基本金融产品，并能根据客户需要进行初步的产品组合设计；掌握基本的企业财会知识，能分析企业财务报表，并具备基本的风险把握和判断能力；一年以上银行业务工作经历；语言表达能力较强，善于与人沟通；掌握市场营销的方法和技巧，具备较强的业务协调能力和社交公关能力，有一定的市场拓展能力；能敏锐关注和掌握市场信息；能按规定要求进行尽职调查并撰写授信调查报告。客户经理序列对银行所有人员都是开放的，只要满足基本的任职条件，经资格审查和认证后均可担任客户经理。

二、等级评定的办法

银行应对不同客户经理评定不同的等级，评定依据主要包括定量、定性两个方面，如工作业绩、个人的工作能力、专业工作经验、所负责客户类别和所营销产品等。不同等级的客户经理对应不同类别的客户，营销不同的产品，同时在营销费用和收入上也体现差别。

（一）定量评价

定量评价是指按照兼顾效益、质量和推行全线产品综合营销的原则，对客户经理各项业务的营销业绩进行模拟利润考核，即按照不同的系数把性质不同的业务结果换算成一个结果，再将每个业务的换算结果加总（得出客户经理承揽的全部业务的综合效益），即得出定量考评的结果。

鉴于业绩计算对确定客户经理等级的重要性，银行应要求客户经理及时、准确地做好业绩确认工作。对客户经理管理部门来讲，要对客户经理的业绩确认工作认真负责，要切实按照客户经理的实际贡献度，合理认定客户经理的业绩分成比例。属于业务部门第一负责人自身业绩的，应明确确认到个人名下。

表 2－1　对公业务产品折算标准（样本）

项　　目		折算标准
对公存款日均余额	保证金存款余额	每亿元折算 70 万元
	保证金存款增量	每亿元折算 100 万元
	一般存款余额	每亿元折算 100 万元
	一般存款增量	每亿元折算 150 万元
	纯存款余额	每亿元折算 200 万元
	纯存款增量	每亿元折算 300 万元
	中小企业	每亿元追加 100 万元
一般对公贷款日均余额		每亿元折算 30 万元
对公中间业务收入（税前）	一般对公中间业务收入	每 100 万元折算 150 万元
	财务顾问费（含贸易融资额度管理费）	每 100 万元折算 80 万元
	投行中间业务收入	每 100 万元折算 120 万元
	贸易融资中间业务收入	每 100 万元折算 180 万元
对公产品	对公网银	网银有效账户折算每户 1 万元
	关税保函业务	保函金额 2000 万元（含）以下的，15 万～1000 万元；2000 万～5000 万元（含）部分，10 万～1000 万元；5000 万～10 亿元（含）部分，5 万～1000 万元；1 亿元以上部分，按照 2 万～1000 万元计算；单户最高按 1 亿元一般存款日均余额折算 100 万元
	年金业务	500 户以下的单位，每户折算 20 万元；500～1000 户的单位，每户折算 30 万元；1000 户以上的单位，每增加 1000 户增加折算 10 万元
新增对公客户数（包括中小企业客户、纯存款日均 50 万元以上的客户）		每户折算 10 万元
贸易融资贷款日均余额		每亿元折算 30 万元，其中标准贸易融资折算 60 万元
同业存款日均余额		每亿元折算 20 万元
第三方存管		新增个人有效户，每 100 户折算 20 万元 新增机构有效户，每户折算 2 万元
贴现贷款日均余额		每亿元折算 15 万元
交叉销售	储蓄存款日均余额	每亿元折算 500 万元
	新增代发工资户数（月代发金额 10 万元以上）	每户批量代发客户按 10 万元折算，月代发金额每超过 50 万元再加 10 万元
	个贷投放额	每亿元折算 100 万元
	新增信用卡客户数	每 100 户折算 20 万元

（二）定性评价

定性评价是对客户经理行为规范的评价，由客户经理所属的经营部门和综合管理部门对客户经理的日常工作表现进行评价，并由分行绩效考评委员会集体审定。部门负责人评议和综合管理部门评议的占比一般分别是 60% 和 40%，即客户经理行为规范评价得分 = 经营部门评价得分 × 60% + 综合管理部门评价得分 × 40%。经营部门应对客户经理的综合业务能力进行评价。综合管理部门包括风险管理、公司业务管理、贸易金融和合规等部门，应确定各个部门的评价权重，如风险管理部门和公司业务管理部门各 30 分，贸易金融和合规部门各 20 分。

三、等级的确定

对客户经理的定性评价和定量评价结果由客户经理主管部门汇总后，应报银行绩效考评委员会审议，最终由该委员会确定每位客户经理的具体等级。绩效考评委员会遵循客观、公正、公开，动态管理、优胜劣汰的原则，以客户经理实现的模拟利润为定级基础，再根据定性评价结果进行相应的调整，以确定相应的客户经理等级。对于出现重大违规、案件和责任事故的客户经理，晋升实行一票否决。绩效考评委员会还将依据客户经理绩效增长情况，按年调整对公客户经理等级的定级标准。

表 2 - 2　客户经理等级划分及定级标准（样本）

客户经理等级	模拟利润
一级客户经理	1300 万元以上
二级客户经理	1100 万 ~ 1300 万元（含）
三级客户经理	900 万 ~ 1100 万元（含）
四级客户经理	700 万 ~ 900 万元（含）
五级客户经理	550 万 ~ 700 万元（含）
六级客户经理	400 万 ~ 550 万元（含）
七级客户经理	320 万 ~ 400 万元（含）
八级客户经理	240 万 ~ 320 万元（含）
九级客户经理	180 万 ~ 240 万元（含）
十级客户经理	120 万 ~ 180 万元（含）
十一级客户经理	90 万 ~ 120 万元（含）
十二级客户经理	60 万 ~ 90 万元（含）
十三级客户经理	40 万 ~ 60 万元（含）
十四级客户经理	20 万 ~ 40 万元（含）
十五级客户经理	10 万 ~ 20 万元（含）
见习客户经理	10 万元以下

四、进入和退出

（一）客户经理的进入

客户经理的进入通道主要包括应届毕业生考入、资源型人才引进和内部员工转岗。

应届毕业生可在半年试用期结束后，进入为期1年的见习期。在见习期间业绩优秀的，可提前申请参加等级客户经理评定，银行可按照等级客户经理考评办法对其进行等级评级。见习期满，则按照等级客户经理办法进行业绩评定。资源型客户经理可由银行内部任何部门推荐，通过统一的招聘程序后试用。试用期内创利达到等级客户经理标准的，相应转为等级客户经理待遇；试用期满后未达到要求的，可以再申请若干期限的保护期；保护期满仍达不到业绩标准的，应退出客户经理岗位。银行应鼓励有资源、有能力的非客户经理转岗为客户经理。非客户经理转岗为客户经理，一般由其本人提出申请，经营部门签署意见后报银行有权部门审批。

（二）客户经理的退出

为强化约束与激励机制，对长期业绩不达标的客户经理应实行退出处理。

第四节 客户经理的工作理念

客户经理是银行深入市场的触角，肩负着培育客户、维护客户的重任，其工作理念先进与否，直接关系着客户经理能否胜此重任。

理念是在实践中形成的思维定式。客户经理工作理念的形成和导入需要通过大量的实际案例来完成。由于工作理念难以用语言和文字来完整地表达，这里只能简单地予以描述。

一、客户导向理念

在市场经济条件下，银行与客户是唇齿相依的关系。客户经理必须重视客户、尊重客户，做到和客户共同发展，即树立客户导向理念。客户导向理念根据演进程度又可以划分为四个发展阶段：

（1）客户至上阶段。把客户放在了银行组织体系和业务流程的上方，体现了银行的服务姿态。这是客户导向理念发展的初级阶段。

（2）客户第一阶段。银行全体人员和全部行为都围绕着客户，客户的事情是银行工作的重心。但此时尚有很多具体的服务并未落到实处，尚未提出客户满意度概念。

（3）客户满意阶段。不仅重视客户，把客户的需求和利益放在前面，而且要调动银行的所有资源让客户感到满意，以客户的满意程度作为评价银行及客户经理工作好坏的尺度。

（4）客户价值增加阶段。这是当前最先进的工作理念。通过向客户提供产品和服务，使客户价值增加，让客户享受增值服务，即客户经理向客户提供银行服务后，客户不仅能获得该服务，还能获得超出该服务价值的额外收获。

二、核心客户综合开发理念

营销实践证明了"二八法则"的科学性，即20%的客户创造80%的业务和利润已

成为一种规律。对客户经理来讲，应高度重视和关注能给银行创造主要利润的那 20%
的客户，最大程度地挖掘和满足这些核心客户所有的金融需求，最大程度地向他们营销
银行的产品和服务。当然，这并不是说另外 80% 的客户就不重要。"客户是上帝"的营
销理念对那 80% 的客户来讲同样适用。这里要表述的意思是客户是应该有等级的，对
不同等级的客户应该采取不同的培育与维护方法。只有这样才能以最小的成本支出为银
行带来最大的效益。

三、个性化产品和服务理念

客户经理不仅要能提供标准单一产品的销售，而且要具备根据客户需求进行特别定
制服务的能力，即向客户提供的不是一种产品而是一个服务方案。针对客户的具体情
况，客户经理在银行的金融产品和各种可以借助的外部资源中进行组合设计，以最大范
围最大程度地为客户服务。有的客户需要某一种银行服务，有的客户则可能需要几种银
行服务的组合，客户经理应该能够意识到客户到底需要哪些银行服务，并能够协调产品
部门向客户提供这些银行服务。其实，客户对个性化产品和服务的需求是客户经理存在
的最根本原因，也是客户经理最基本的职责。

四、金融服务创新理念

客户经理制度本身是制度创新，客户经理本身又是金融产品创新的主体。因为只有
客户经理最了解客户的需求以及市场和客户需求的变化。客户经理将这种情况进行提炼
总结，反馈到产品部门，就可以和产品部门联手进行产品创新设计。在向客户提供个性
化服务时，客户经理进行产品方案设计本身也是一种创新。客户经理提供的服务是一种
创新性服务，方案设计是个案性的东西，而非单一标准产品，在为每一个客户和客户的
每一个特别的需求提供服务的过程当中，都要体现这种创新理念。

五、深化服务专业内涵理念

客户经理提供的是专业化的服务，需要将自己的各种知识和技能进行综合运用，才
能取得客户的信赖。客户调查、客户评价、方案设计，这些都是具有专业规范的，客户
经理需要按照专业规范来开展工作。这些规范就是客户经理工作的技术含量。客户经
理，特别是高等级的客户经理应该是具有综合技能的，不仅全面负责银行全部产品的营
销，而且应该全面负责客户的搜寻、访问、调查、评价、方案设计、监控和信息沟通。
客户经理应将客户工作做深、做透、做细。

六、知识营销理念

所谓客户经理的知识营销，是指客户经理在营销过程中，使银行的广告、宣传、公
关、产品服务等活动均注入知识含量和文化内涵，帮助客户增加与银行产品相关并实用
的知识，提高客户消费银行产品的质量，从而达到推广产品、建立形象和提升品牌的效
用。在知识经济时代，知识的爆炸性增长使知识营销展现出独特的魅力。客户经理应运
用知识营销，使客户在获得精神上的享受、知识上的提高的基础上，自觉不自觉地接受

银行所提供的各项服务，即"服务到家，知识开路"。

七、团队合作理念

团队合作是实现高效运作的重要手段。合作理念的第一层含义是客户在需要多个客户经理来进行培育和维护时，从事培育和维护的各个客户经理之间以及客户经理与团队中的非客户经理之间要有合作理念，一个客户经理应同团队中的其他组成人员建立信任、协作关系。另一层含义是指客户经理应能与其他金融机构合作来共同培育客户。什么都自己搞就如同制造业中的重复建设一样，既浪费，也无必要。可采取与同业合作的方式来培育客户。如与保险公司合作，通过储蓄网点和网上银行代理保险业务，共享客户资源。

八、链式营销理念

世间万物是相互联系的，银行营销也不例外。任何客户都是产业链条中的一个环节，都属于更大系统的一个组成部分，都以各种方式与其他经济单位发生着关系。即使本身属于集团性大企业，在自身范围内已形成一个相对比较完整的系统，它也不可避免地要同其他企业发生业务上的联系。根据客户的这些特点，客户经理在营销工作中应该围绕产业中的某一客户有意识地向其上下游客户进行延伸营销。实际上，除部分银行产品是用来满足客户自身需要的外，大部分银行产品都是用来联结客户与其客户的联系的，承兑汇票、保兑仓、汇兑等都是如此。以房地产公司为例。房地产开发公司的上游包括水泥企业、钢材企业、建材企业、建筑安装企业、拆迁企业、被拆迁的居民、土地管理局、土地储备中心等，下游包括购房个人、机关团体、房屋租赁公司等。从以上考虑出发，围绕房地产开发企业可进行如下链式营销：通过直接提供开发贷款、代理托管房地产基金间接发放开发贷款、发放拆迁款、组织房地产信托计划间接提供开发贷款等产品营销房地产开发企业；通过提供保证金管理、物流采购资金管理、垫付资金管理等产品营销招标承建企业；通过提供个人按揭贷款产品营销购房客户；通过提供二手房贷款、代收代付租金等服务营销房地产中介企业；通过提供公积金代理业务营销住房公积金管理中心等。

第五节　客户经理的薪酬管理

在薪酬管理方面，银行按照市场规律要求，导入全过程成本管理思想，通过建立科学有效的薪酬机制，以有效地激励客户经理人员的专业工作热情和创造力，从根本上保障吸引、培养和稳定优秀的客户经理人才。一般来讲，客户经理的薪酬机制应该包括与客户经理创造业务利润挂钩的浮动收入、固定收入和福利待遇、客户经理的营销费用、等级晋升、业务培训等内容。

营销费用是客户经理开展营销工作的基本条件，要根据满足需要和节约开支相结合的原则合理核定和使用。营销费用具体包括通信费、交际应酬费、活动经费和礼品费等。该营销费用由客户经理自主决定使用，超标部分由客户经理自行承担。费用的核定根据客户经理的等级资格确定。可以根据客户经理的不同级别核定一个固定的基本费用。分行最初核定的客户经理营销费用标准要报总行备案。实行客户经理制度到一个年度结束时，客户经理的营销费用可根据当地物价水平、市场环境等因素进行动态调整，分行调整客户经理营销费用需报经总行批准方可执行。

高级客户经理的固定收入和福利待遇可比照部门经理；一级客户经理可比照部门副经理；其他级别的客户经理也依次类推。客户经理的浮动收入可根据客户经理所创造的综合业务利润确定。浮动收入上不封顶、下不保底。客户经理浮动收入的实现形式可以用货币的形式，也可以用非货币的形式，如住房、商业保险、培训（超过人力资源部门规定的培训费用标准部分，从实现的浮动收入中抵扣）、子女教育费用等形式，但无论以何种方式实现，都要充分体现客户经理人员的劳动和业绩。浮动收入在连续 3 年内兑现，每一年度 2 月兑现 1/3，未兑现部分作为下一年度的风险保证金。客户经理浮动收入的具体数值可按下述公式计算：

$$R = D (I_L - I_C) \times 360 \cdot P + L (I_A - I_B) \times 360 \cdot Q \cdot N - F \cdot K + B \times 5\% + A \times 10\%$$

式中：R 为与综合业务利润挂钩的客户经理浮动收入；D 为客户经理所负责客户的按年计算的日均存款余额；I_L 为银行同业拆放利率（日息）；I_C 为 6 个月存款利率（日息）；P 为奖励系数，由计划财务部门认定，建议在 10% ~ 30% 之间浮动；L 为客户经理所负责客户的无损失的按年计算的日均贷款余额；Q 为贷款质量系数，正常类贷款取值为 1，关注类贷款取值为 0.5；N 为奖励系数，由审贷委员会或风险管理部门认定，建议在 10% ~ 20% 之间浮动；I_A 为这类贷款平均贷款利率（日利率）；I_B 为分行考核年度资金综合成本（日利率）；F 表示该客户经理所负责客户给银行贷款和其他业务带来的损失额；K 代表该客户经理承担的损失系数，在 0 ~ 1 之间取值（F 和 K 由审贷委员会或风险控制部门认定）；B 为客户经理所负责客户在银行结算实现的手续费净收入；A 为客户经理所负责客户所产生的顾问费净收入。

上述客户经理浮动收入计算公式中未包含但属于客户经理的业绩应纳入其浮动收入的部分，按下列规定处理：

（1）发生总行联动的客户拓展业务时，参与该项业务的分行客户经理其业绩考核由总行牵头部门认定，年度考核时纳入对该客户经理的业绩考核，但不能重复计算该业务的业绩及相应的浮动收入。

（2）总分行有明确的考核办法的业务，分行按相应考核办法，计算该项业务的净损益和客户经理的责任大小或贡献程度，纳入业绩考核并相应增减其浮动收入，但不得重复计算。

（3）总分行没有明确的考核办法的业务，客户经理参与时，分行在每年年初时将有关的业务情况、损益情况、客户经理的参与情况和对客户经理该项业务考核意见报总行，由总行确定对客户经理的业绩考核办法。

（4）当客户经理的全部浮动收入为负值时，分行首先用客户经理的风险保证金弥补损失，同时酌情核减客户经理的固定收入，降级使用或另行处理；其处理结果报总行人事管理委员会和公司业务部门备案。

客户经理定期或不定期地接受各种形式和层次的专业培训，以提高业务技能、更新知识结构。高级别的客户经理有权参加总行组织的培训班，并享有参加相应内容的国外培训和考察的机会。其他等级的客户经理也有权参加相应部门组织的相关专业培训。

此外，还应根据每年度的考核结果，对客户经理的等级每年确认或调整一次。业绩突出、达到更高等级的业绩标准的低等级客户经理可以晋升到高等级的客户经理（该等级的资格考试必须合格）。同样，业绩较差、达不到等级业绩标准的客户经理自然降级，或调整工作岗位。二级（含二级）以下客户经理等级的变化由分行结合考核来确定，报总行市场部门、人力资源部门备案；高级客户经理和一级客户经理的等级变化以及低等级客户经理的越级晋升要报总行审批。

在对客户经理进行薪酬管理时，必须考虑整个银行的薪酬体系与企业文化。客户经理的薪酬与其他岗位的薪酬应该有一个合适的差距，但要保持适度的平衡。如果一家银行已形成良好的后台、中台为前台服务的企业文化，则客户经理薪酬与其他岗位薪酬的差距可拉得大一些，反之就要尽量小一些。在确定客户经理的薪酬时，还应关注两点：不能通过单独给客户经理个人加薪的方式增强客户经理的非团队化工作倾向；给客户经理确定的薪酬的内容和水平能够给客户经理带来意外和惊喜，以调动客户经理持续工作的积极性。

第六节　客户经理的工作方法

对小型客户、单一需求或非风险业务需求的客户，客户经理可独自提供相应的服务。对大型客户或有综合需求的客户，须采取总分支行联动、统一运作的方式，即以高级客户经理为中心，合理搭配其他等级的客户经理和一定数量的辅助人员组成客户经理工作小组，以项目小组的方式集中运作。高级客户经理有权在对大型客户进行综合开发的过程中调集使用其他等级的客户经理。

一个客户经理小组一般由3个以上的客户经理和其他人员组成。这些组成人员应具备不同的知识结构、业务专长和个性。客户经理之间的有效沟通和交流，可以集思广益、博采众长，发挥不同知识结构、经验阅历和个性特征的客户经理的特长与优势，起到优势互补和团队协作的作用。

一、客户经理小组的人员构成

一个客户经理小组主要由小组牵头人、关系经理、方案设计人员、外部专家及辅助人员组成。在这些角色中，有的角色可以兼任，比如小组牵头人可以充当关系经理，或者关系经理本身就是方案设计人员等。

（1）小组牵头人。小组牵头人一般由高级客户经理担任，主要行使总体指挥、组织和协调职能，负责对整个客户培育与维护的组织策划、银行内部和外部关系的协调、产品的组织运作、小组内部重大事项的管理和决策。

（2）关系经理。关系经理是负责与客户进行日常接触的客户经理。关系经理对客户的情况最熟悉，与客户的来往最频繁，发挥着银行内部与客户之间的桥梁和纽带作用。

（3）方案设计人员。方案设计人员对金融产品比较熟悉，具有较强的业务技能，负责设计具体的产品组合方案，以满足客户多方面的需求。方案设计人员是小组内的技术专家。

（4）外部专家。当客户经理不能完成一些客户需要的专业服务时，客户经理可吸收部分外部专家来提供专项技术和支持。常见的外部专家如律师、注册会师、行业经济专家、宏观经济专家、财务专家等。这些专家提供的是有偿服务，服务费由银行从客户收取的费用中列支。

（5）辅助人员。辅助人员负责小组内部的日常性事务，一般由事务性人员担任。

二、客户经理小组的工作原则

（1）高级客户经理负责领导客户经理小组调查和研究客户业务需求，策划并实施营销服务方案，承担营销任务和管理责任。工作小组其他成员承担高级客户经理分派的工作任务。

（2）对业务涉及两个或两个以上分支行的客户，由银行总行指定工作小组负责人。原则上工作小组负责人由业务量大、管理责任重、协调能力强的人员担任。

（3）工作小组服务客户所形成的经营成果，由小组各成员按其所承担的责任和工作量协商分配，所形成的责任损失亦按比例分摊。

（4）工作小组各成员必须对自己所承担的工作任务负全责，要确保自己所承担的工作不出任何纰漏；在高质量完成所分配任务的同时，小组成员必须发挥团结协作精神，使工作小组真正成为一个高效、敬业的作业团队。

（5）建立工作例会制度。工作小组根据业务进展及时召开小组分析会，就业务工作开展中遇到的问题进行讨论。各种作业方案也应在小组会上进行讨论。

（6）加大对重点客户的拓展力度，定期对现有客户进行等级分类，并据以建立客户经理与客户之间的合理配比关系，合理使用客户经理资源。在保持客户经理相对稳定的基础上，根据客户等级的变化，定期调整、配备与之相适应的客户经理。

（7）有些情况应由两名或两名以上客户经理同时参与作业，并且应明确第一负责人。这些情况包括：大中型客户、核心客户；对银行价值重大的客户；与之发生风险业务的客户；初次开发的大中型客户；运用新产品的客户；发生或预测会发生异常的客户；风险控制部门，明确提出需要两名或两名以上客户经理参与营销的客户。

三、发挥高级客户经理在小组中的作用

人们一提客户经理，就会想到那些直接与客户打交道的银行职员。其实，这些人只

是客户经理队伍的一部分。各个支行的行长、业务部门的负责人其实也是客户经理,并且是更为重要的客户经理,他们一般担任客户经理小组的负责人。有些银行的总行行长就明确说自己是首席客户经理,这样的银行才是真正理解银行营销精髓的银行。实际工作中,作为小组成员的普通客户经理和作为小组组长的高级客户经理(或其他具有一定行政职务的客户经理)在工作的方式、方法上是有所不同的。

高级客户经理不仅自身要营销客户,还要组织客户经理去开展营销活动。其管理水平的高低、领导方式的好坏,直接影响到他所领导团队的绩效。因此,管理类客户经理应重视自身的领导能力建设。关于领导力建设方面的专著可谓汗牛充栋,但我们没时间去啃这些"大部头"。我们可从杰出人物的短文章和领导实践中进行学习。

表 2 - 3 毛泽东和陈云同志关于领导方法的论述

姓名	篇名	说明	核心内容
毛泽东	《党委会的工作方法》	这篇文章作于1949 年 3 月 13日,是毛泽东在中国共产党第七届中央委员会第二次全体会议上所作的结论的一部分。虽然谈的是党委会的工作方法,但对任何领导干部的工作都有指导意义。	一、党委书记要善于当"班长"。党的委员会有一二十个人,像军队的一个班,书记好比是"班长"。要把这个班带好,的确不容易。领导工作不仅要决定方针政策,还要制定正确的工作方法。书记要当好"班长",就应该很好地学习和研究。书记、副书记如果不注意向自己的"一班人"作宣传工作和组织工作,不善于处理自己和委员之间的关系,不去研究怎样把会议开好,就很难把这"一班人"指挥好。 二、要把问题摆到桌面上来。不仅"班长"要这样做,委员也要这样做。不要在背后议论。有了问题就开会,摆到桌面上来讨论,规定它几条,问题就解决了。"班长"和委员还要能互相谅解。谅解、支援和友谊,比什么都重要。 三、"互通情报"。就是说,党委各委员之间要把彼此知道的情况互相通知、互相交流。这对于取得共同的语言是很重要的。 四、不懂的和不了解的东西要问下级,不要轻易表示赞成或反对。有些文件起草出来压下暂时不发,就是因为其中还有些问题没有弄清楚,需要先征求下级的意见。我们切不可强不知以为知,要"不耻下问",要善于倾听下面干部的意见。先做学生,然后再做先生;先向下面干部请教,然后再下命令。这不会影响自己的威信,而只会增加自己的威信。 五、学会"弹钢琴"。党委要抓紧中心工作,又要围绕中心工作而同时开展其他方面的工作。不能只注意一部分问题而把别的丢掉。凡是有问题的地方都要点一下。 六、要"抓紧"。就是说,党委对主要工作不但一定要"抓",而且一定要"抓紧"。东西只有抓得很紧,毫不放松,才能抓住。抓而不紧,等于不抓。伸着巴掌,当然什么也抓不住。就是把手握起来,但是不握紧,样子像抓,还是抓不住东西。不抓不行,抓而不紧也不行。 七、胸中有"数"。这是说,对情况和问题一定要注意到它们的数量

姓名	篇名	说明	核心内容
毛泽东	《党委会的工作方法》	这篇文章作于1949年3月13日，是毛泽东在中国共产党第七届中央委员会第二次全体会议上所作的结论的一部分。虽然谈的是党委会的工作方法，但对任何领导干部的工作都有指导意义。	方面，要有基本的数量分析。任何质量都表现为一定的数量，没有数量也就没有质量。 八、"安民告示"。开会要事先通知，像出安民告示一样，让大家知道要讨论什么问题，解决什么问题，并且早做准备。如果没有准备，就不要急于开会。 九、"精兵简政"。讲话、演说、写文章和写决议案，都应当简明扼要。会议也不要开得太长。 十、不仅要善于团结和自己意见相同的同志，而且要善于团结和自己意见不同的同志一道工作。我们当中还有犯过很大错误的人，不要嫌这些人，要准备和他们一道工作。 十一、力戒骄傲。就是没有犯过大错误，而且工作有了很大成绩的人，也不要骄傲。制止歌功颂德现象。 十二、划清正确和错误、成绩和缺点的界限，弄清它们中间什么是主要的，什么是次要的。自然，要把界限划好，必须经过细致的研究和分析。我们对于每一个人和每一件事，都应该采取分析研究的态度。
毛泽东	《论工作方法》	毛泽东同志在1959年4月在八届七中全会上讲过工作方法九条，此后又在其他会议上增加了一些内容。虽然毛泽东同志提出这些工作方法的时代已经过去了，但这些工作方法背后的指导思想仍具有现实意义。	一、多谋善断。重点在谋字上。谋的目的是为了断。有谋还要善断。要多谋，要与多方面商量，要多听各方面的意见，多看看各种材料，各种方案，善于判断，善于下决心。谋是基础，只有多谋才能善断。多谋的方法很多，如开调查会、座谈会。 二、留有余地。一切工作都要留有余地。我们在安排工作计划时，要留有余地。给下面点积极性。不给下面留有余地，就是不给自己留有余地。留有余地上下都有好处。农业生产也好，其他也好，都是留有余地，实际超过了，人民群众心情更加舒畅；一点余地不留，将来完不成计划，就造成悲观失望。抓住重点。有重点才有政策，没有重点就没有政策。我们要按政策办事情。一个时期有一个时期的重点。就是舞台艺术、写文章、做诗也要有重点，留有余地。舞台艺术也要给观众留有余地，不要把戏都演完，演完戏群众还会想想，这样的戏演得才算成功。所以写文章、做诗、演戏都留有余地，不要一下子什么都做完，要让群众去想想。 三、波浪式前进。不能天天搞高潮，不能老是翻一番，要按实际情况，可以高些，可以低些。 四、实事求是。形势变了，情况变了，人的思想也要跟着变。要根据情况变化，适应情况变化，按情况办事。脑子不要硬化，订计划要有多少材料，多少人，订多大的计划，不要主观地订计划。 五、要善于观察形势。脑子不要僵化，要注意观察形势，观察动态，了解情况。 六、要当机立断。只有观察形势正确，才能当机立断。把握形势的变化，来改变我们的计划。要善于分析情况，抓紧时机，当机立断，下定决心，这样才能得出正确的方针政策。对党内一些不良倾向，也要当机立断。

姓名	篇名	说明	核心内容
毛泽东	《论工作方法》	毛泽东同志在1959年4月在八届七中全会上讲过工作方法九条，此后又在其他会议上增加了一些内容。虽然毛泽东同志提出这些工作方法的时代已经过去了，但这些工作方法背后的指导思想仍具有现实意义。	七、与人通气。上下左右，左邻右舍，上上下下，都要通气。讨论之前，应该事先有个酝酿。决定问题要有个充分酝酿。 八、解除封锁。平时不反映情况，不汇报，不请示，开会就给你一大堆材料，要你做决定，下决心。要解除封锁，要把封锁消息的同志狠狠批评一顿，让他几夜睡不好觉，以后就会好了。报告中要有观点，一个事情要提出几种方案，要说明你那里的基本情况、不同意见、核心问题是什么。要把工作情况如实反映上来，不要封锁。 九、一个人有时胜过多数，因为真理往往在他一个人手里。多数的时候是多数人胜过少数人，有时候又是少数人胜过多数人。就是说，有时候真理不在多数人这边，而在少数人或个别人这边。要考虑多方面的意见。要听多数人的意见，也要听少数人和个别人的意见。在党内要造成有话讲、有缺点要改进的空气。领导干部对极少数人的意见，应该很好地考虑，注意分析这些意见，不要马上顶回去，看看里边有没有真理。 十、要历史地观察问题。 十一、凡是看不懂的文件禁止拿出来。写文章、写报告，不能用加减乘的方法，即形而上学的方法，一定要有情况、有分析，切合实际。自己还不懂，写出来的东西别人当然也看不懂。为什么写的文章别人看不懂？就是没有钻进去，没有掌握材料，没有把每个问题都交代清楚。写文章是给人看的，一切问题都要有个交代，交代不出不要勉强，勉强写出来就不能说服人家。为什么会勉强呢？就是对事物没有真正的了解。有些文章没有说服力，说明你对业务本身不了解，不认识，不了解群众心理。 十二、权要集中。以后凡是小问题，政治局、常委会签字是可以的，凡是国家重大问题，一定要经过中央全会讨论。各经济部门的各种计划，先要通过中央全会讨论，决定方针，然后才订计划。不能先动手，后做计划，造成既成事实，才送上来签字。 十三、要解放思想。要有坚持真理的勇气，要坚持自己正确的意见。 十四、集体领导。
陈云	《学会领导方法》	这是陈云同志在延安时期写的一份讲话提纲。	一、组织工作要适合于政治路线的要求，保证政治路线的实行。因此，有两个要求：对政治路线的正确了解；对具体情况的切实了解。只谈路线，不了解具体情况，是空谈。只知道具体情况，不了解路线，是盲目。要克服"上级只谈政治路线，下级只谈具体工作"的缺点。 二、要做到主观与客观一致，领导机关决定计划，执行计划，检查工作，都必须主客观相一致。 三、计划是主观，但必须建立在客观可能的基础上。计划要适合于路线，又要适合于客观实际情况。客观情况是基本的。 四、新发展要从旧阵地出发。

续表

姓名	篇名	说明	核心内容
陈云	《学会领导方法》	这是陈云同志在延安时期写的一份讲话提纲。	五、工作要抓住中心，照顾其他。中心为主，做到全局与局部的一致。 六、大刀阔斧与精雕细刻相结合。先抓住，后消化。工作要从一点一滴做起，踏踏实实，不能存侥幸心理，不能希望一蹴而就。 七、检查工作要开展批评和自我批评，总结经验教训，考察、补充和修正决议，使主观逐步达到与客观一致。 八、兜底查。要抓住一两个典型，总结出经验，教育其他。 九、领导方式的中心问题，是正确处理上下级关系。上级的基本态度是帮助下级，吸收下级的经验来改善领导。上级决定本身有缺点，完全由领导负责；下级执行中有缺点，领导也要负教育不够的责任。不能只批评下级，上级不作自我批评。学专制的办法是完全错误的。上下级关系不协调，一般情况下，主要是上级负责。下级要尊重上级，对上级要善意地提出批评和建议。 十、领导机关要区分命令和建议。必须有命令，但在某些问题上要有弹性，允许下级根据实际情况处置。 十一、要坚决防止和克服官僚主义。领导要具体区别不同地方，分配以不同的任务；区别任务的缓急；区别主要工作和次要工作。掌好舵，指出主要的努力方向，预防某种偏向。 十二、领导干部的工作方法。中心工作与经常工作要分清。不忘记经常工作，但必须抓住中心，防止事务主义，乱无头绪。工作一件一件来，每件工作做到底，就是最有成效，最快速度。平均使用力量，瞎抓一气，必无成效。遇事不要慌张，也不要松弛。不仅自己会干，而且会推动别人干，要改变那种一人忙众人闲、上忙下闲的状况。不仅要有听的时间，而且还要有想的时间。从感性到理性，这是思维的过程。会要少开，开会要有准备，出文件要解决问题，否则无结果。

第七节　国外银行的客户经理管理

"他山之石，可以攻玉。"国外银行在客户经理管理方面的很多经验，值得国内银行学习。

一、高度重视培训

西方商业银行采取的培训渠道包括面对面课堂培训、外请专家培训、远程教育培训、在线学习，培训内容非常广泛，包括业务部门新推出产品、服务及新理念的培训；执业资格培训、职业发展培训（专业知识、技能及综合素质能力培训）等。如美联银行在总行建有"美联大学",培训范围从个人发展到产品销售技巧,涵盖面非常广泛,并要求每人每月 4 小时离岗学习。法国里昂信贷银行用于员工培训的费用相当于全行工资总额的 7%。

二、解除后顾之忧

作为一般的原则,西方商业银行每年都会给员工加薪,加薪幅度根据银行盈利水平及员工年度业绩考核结果并参考预测下年物价上涨指数等相关宏观经济指标而确定。此外,很多银行建立包括员工持股计划、股票选择权和多种保险在内的福利制度,并为员工提供技能提高、职位提升和收入增长;对高级管理人员实施期权制度,并在购买价格上给予优惠。采取上述措施的目的是使客户经理能把 100% 的精力投入到工作中去。

三、客户经理与产品经理分工协作

客户经理直接面对客户,产品经理根据客户经理的要求服务于客户。客户经理围着客户转,产品经理围绕客户经理转,全行支持系统围着产品经理转,一层服务于一层,各司其职、全行协调、高效运转。苏格兰皇家银行的客户经理分散在各分行、产品经理则集中在总行进行操作和管理,客户经理与产品经理的比例大概维持在 1:2。瑞士信贷银行的每个客户经理大约管理 120 个大客户或 400 个小客户。

四、对客户经理有明确的考核指标

西方商业银行每年年初都要从银行层面、部门层面,进而到每个人层面来逐步分解指标,且指标较多。如瑞士信贷银行对客户经理的考核指标包括新客户数量、管理的资产数量、贷款量、外汇交易量、贸易融资量、保费金额、养老金数量、网上客户开发量等。其中,核心指标包括:开发的新客户数量和管理的资产总量。

五、市场拓展与风险管理

风险意识必须贯穿到全行全员,贯穿到业务拓展的全过程,即风险控制决不单是风险控制部门的事情,每个岗位、每个人在做每单业务时都要考虑风险,一定要在风险能够控制的情况下才去操作和经营业务。同样,风险控制人员也需考虑业务发展,"没有业务才是最大的风险"。

在西方商业银行,市场营销和风险控制的矛盾并不突出,原因主要是:风险控制意识已植根于全行每个部门、每个岗位和每个人员的潜意识之中;对客户经理与风险控制人员实行"捆绑考核";把风险控制小组镶嵌于业务运作系统之中,即各大业务部门都有相应的风险控制小组,每个分行也有相应的风险控制部门,但业务部门的风险控制人员对上一级风险控制人员负责,而不对同一级别业务部门的负责人负责;市场拓展与风险控制人员意见不一致时,首先是坐下来充分协商,争取有一方能被另一方说服,如果不能取得一致意见再向上级汇报,由上级裁决。

第三章

储备知识

客户拓展是一项极具挑战性的工作，它需要客户经理除具备工作的激情外，更主要的是要具备很高的素养和全面的知识。

第一节　客户经理的基本素养

客户经理的工作性质决定了其必须具备良好的道德素质、业务素质、人际沟通素质及心理素质。这些素质除少部分与生俱来外，大都可通过后天学习得到。关键是要持久开展向同事学、向朋友学、向领导学、向书本学、向实践学、向下属学的综合性、自我训练式学习活动。

一、客户经理应具备的基本素质

（一）道德素质

（1）具备良好的职业道德和敬业精神，爱行、爱岗、能吃苦耐劳、有责任心、事业心、进取心和纪律性。

（2）能把强烈的社会责任感和使命感融入到客户的竭诚服务中；能尽可能地向客户宣传银行的文化。

（3）诚实守信，全心全意为客户服务，不做误导性或不诚实的产品介绍，也不可不负责任地随意承诺，更不能超越权限行事。

（4）团队精神。与其他员工相互配合，搞好上下协调、内外沟通。

（5）个性开朗坚毅，不轻言气馁。

（6）努力主动工作，少些抱怨。

（7）遵纪守法，知法、懂法，自觉约束自己的行为，不从事违法行为，不做违规业务。

（8）自我约束能力强。

（9）对目标的承诺，敢于有梦想和冒险的勇气，以及以最佳路径来实现自己梦想的智慧和品质。

（二）业务素质

（1）愿意接受和面对挑战，求知欲强，善于学习新知识。

（2）奉市场、客户为上帝。

（3）对市场、客户、新技术、新产品等方面的变化具有敏锐的洞察力。

（4）具有创新思想，乐于并善于创新。

（5）工作效率高，但具有稳健作风。

（6）具备丰富的营销技巧和经验。

（7）处事果断，善于应变。

（8）掌握银行能提供的所有产品知识，具有较宽的知识面。

（9）具备综合分析能力、直觉判断能力和获取信息的能力。

（10）尊重上级，服从安排，但对上级的决策有意见时，应勇敢地提出来。

（三）人际沟通素质

（1）有较高的文化艺术修养、性格修养、知识修养和道德修养，具有较为丰富的生活经历。

（2）形象与气质，注意要衣着整洁、举止稳重大方。

（3）人际交往能力强，具有良好的协调和沟通能力，性格外向。

（4）灵活的语言艺术。善用诙谐、幽默的语言，能调节与客户会谈时遇到的尴尬气氛；善用委婉的语言来拒绝客户。

（5）善于借用外部资源。

（6）团结同事，善于合作。

（7）克服交际障碍（自卑、语言、观念、习俗等），运用角色扮演等方法，提高自身人际交往能力。

（四）心理素质

（1）外向、开放、包容的性格。

（2）对失败和挫折有较强的心理承受能力。

（3）不服输、吃苦耐劳、不断进取。

（4）头脑冷静，不感情用事，善于灵活变通。

（五）当众讲话（演讲）的技巧

（1）对自己将要发表的讲话充满信心，对目标抱有足够的热忱，坚信自己必能达到目标，不断给自己打气，克服讲话前的恐惧心理。

（2）平时多做工作，要抓住机会多做练习，提前进入讲话状态。

（3）讲话内容要具体化，多说自己经历或熟知的事情，激起听众的共鸣。

（4）讲话要表现出热情，充满人情味，要充满细节，体现自己个性，并展示讲话的内容，使其视觉化。

（5）给听众以真诚的赞赏，与听众融为一体，让听众参与其中。在讲话过程中，保持谦虚、热情、真诚的态度。

（6）切勿一味模仿他人，全身心投入其中，使声音有力，使讲话自然，日常要丰富自己的词汇。

（7）讲演前要充分休息，出现在讲台上时，要重视自己的外表，不要让听讲者坐得很分散。讲话前先调整呼吸。

（8）讲演可通过制造悬念、使用展示物、陈述一件惊人的事实等方式开始，以立即引起听众的注意，但不要以道歉开头，也不要以所谓的幽默故事开头；讲演可通过以下方式结束：总结陈述讲演内容、简洁而真诚的赞扬、诙谐幽默的结尾、以一句名言警句做结尾。

（六）客户经理形成良好基本素质应关注的细节

（1）坚持在背后说别人的好话，不要在背后议论别人的缺点。对不在场的第三者表示关心。

（2）每天向你周围的人问好。

（3）连续加班后，更要精神饱满，显得对加班无怨无悔。

（4）过去的经历不能全盘告知别人，做事情不可随意泄露"底牌"。

（5）说话时尽量用"我们"以拉近双方的距离。

（6）知道什么该问和什么不该问，知道该做什么和不该做什么。有时要明知故问；有时即使想问，也不能去问。不要去问别人的隐私和别人不知道的事情。

（7）当别人在你面前说第三人的坏话时，不要发表任何评论意见。

（8）人多的场合多听少讲（以你为主需要你讲的场合除外）。

（9）与人握手时，条件许可情况下尽量多握一会儿。

（10）不是你的功劳，请不要占有；是你的功劳，要间接地让别人知道而不是自己大肆渲染，尤其是要让老板知道你做了什么。

（11）尽量不要借朋友和同事的钱。

（12）不要轻易承诺，也不要轻易拒绝。

（13）领导错了的时候，不要直接指出，更不能在其他人面前提起；领导对了的时候，要随时认同。

（14）不要比领导穿得更好，也不要试图"教会"领导什么；与领导的着装风格保持一致。

（15）随时、主动向领导汇报自己的工作。

（16）对别人的帮助表示感谢，心中常怀感恩思想。

（17）遇事不急于办理，尽可能多考虑几分钟。

（18）应酬中喝酒，以不醉为限度，不能借酒乱说。

（19）上班时间坚持提前一刻钟，不做最后一名到达单位的人；下班时则要等上司发出可以走的指示后再离开办公室，不做第一个离开办公室的人。

（20）坚信自己是强者，敢于接受任何挑战，随时为自己喝彩；既要多做自我批评，也要适时自我表扬。

（21）注意收集对自己有用的信息，并消化这些信息为工作所用。

（22）不要为自己的错误做任何辩解，既然做错了，就勇敢地承认错误。认错的态度远比错误本身更能获得别人的谅解。

（23）把别人的批评当做一面镜子，笑对它。

（24）对自己不知道的事情，坦率地说不知道。

（25）和上司谈话时，将手机置于静音或关闭状态。

（26）遇到领导要主动迎上去问候，平时要主动争取每一个和领导接触与沟通的机会。

（27）给领导起草报告，要站在领导角度看问题，知道领导最近注意、关心的事情是什么。如果起草的报告比较长，就要准备一份概要。

（28）做事要有计划性、条理性，不做"没头的苍蝇"，要将工作中需要你做的事情清楚地记录下来，将每天要做的事情列成清单。

（29）不要在其他人面前炫耀自己，要谈其他人所关心和得意的事情。

（30）保持办公桌的整洁，给其他人形成你忙而有序的印象。

（31）只要还能坚持就不要请假不上班。

（32）做任何事情，不要胡思乱想自我设置障碍，不要在自己心理上制造失败，要乐观地预想一定会有好的结果，"我一定能成功"。

（33）学会与人合作，在竞争中学会欣赏对手，从竞争者身上学习对自己有用的东西。

（34）接到额外工作时，乐观地应对它，尽心尽力地完成它，而不作任何抱怨。

（35）出现在公共场所时衣着穿戴要合乎身份，要保持整洁：鞋擦了没有？领口和袖口有无油污？衬衣的扣子扣好没有？胡须刮了没有？头发梳好没有？指甲是否太长等。

（36）向上司请教前，事先想好问题的解决办法，但不能炫耀自己的想法。自己的想法是用来回答领导提问的。

（37）有了过失和错误，要及时道歉，不管对方是你的领导，还是你的同事或下属。

（38）有时要学会说诚实、善意的谎言，因为说实话有时比谎言更能伤人。

（39）机会不是等来的，要学会主动去寻找。

（40）珍惜自己的健康，身体健康比任何事情都重要，真正富有的人是对健康的拥有。

（41）经常"退一步"思考问题，冷静地看待成功和失败。

（42）放慢说话的速度，给人留下诚实的好印象。

（43）打电话给别人时，先问一句"您现在有空吗？"

（44）一句"像我这样的人"往往能消除别人对我们的不信任感。

（45）复述对方的问题足以表现自己对这件事情的认真、负责态度。

（46）在谈话过程中满足对方不经意间流露出的愿望。

（47）积极响应对方的话题。尤其是要倾听失意者谈话以获取对方的信任感，不要在失意者面前高谈阔论。

（48）适应环境谋求发展，切忌顾影自怜，过分看重自己。面对真实的自我，发现自己的致命弱点。

（49）突破"小圈子"，充分重视人际关系，多个朋友多条路，但最终只有自己才能拯救自己。

（50）关键时刻要送人情，要掌握好"诱因"，让对方对你产生依赖心理。

（51）珍惜与朋友之间的友情：不要把风险转嫁给朋友，留有一定的"距离"，为朋友的事情保密，在细小的事情上为朋友着想，不要与朋友一起共事，出现裂痕要及时弥补。

（52）要有容人的度量，允许别人有失误。

（53）磨炼精确的数字感觉，能理解和讲解数字背后隐藏的事实和现象。

（54）关注社会、经济、文化现象，掌握新知识，做到"不落伍"。

（55）关键时刻敢于说"不"。

（56）永远不要满足现状，要有危机感、进取心。

（57）从现在做起，从自身做起。

二、客户经理的礼仪规范

（一）与客户通电话

电话语言要礼貌、简洁、明了，显得有教养，要能准确地传递信息。多使用肯定语，少使用否定语，酌情使用模糊语言；多使用礼貌用语、致歉语和请托语，少使用傲慢语、生硬语，切忌东拉西扯、含混不清、不知所云。通电话时，态度要诚恳，讲话要自然，速度不要过快、过高。无论接电话，还是打电话，在结束时都应让对方先挂断电话。

1. 接听电话

（1）迅速接听，必须在电话铃响的三声之内拿起电话接听，并在客户开口前说出"您好，我是××银行××部门，请讲（请问）……"。

（2）对打电话的客户应热情，并对客户的询问尽可能快地给予满意答复，严禁说"不知道"、"不能办"、"这事不归我负责"之类口气生硬的话。当接到对方邀请或通知时，应热情致谢。如听不清或对方意思不明确时，要立即告诉对方。

（3）即使努力也未能满足客户要求时，应主动向客户解释清楚不能满足要求的原因并表示歉意。

（4）对因拨错号而误打入电话的客人，也应以礼相待，绝不能呵斥对方，因为对方很可能是一个潜在的客户。如果对方请你代转电话，应弄明白对方是谁、要找谁，并热情代转，同时告知对方"稍等片刻"。

（5）因线路、客人等原因而造成客户话语不清晰时，应委婉地向客户说："对不起，请您重复一遍好吗？"

2. 打电话

除非事情特别紧急，打电话应尽量避开清晨7点以前和晚上10点以后以及吃饭时间。在打电话以前，打好腹稿，最好写出谈话及询问要点。通话过程中注意礼貌，以"您好"开始，以"谢谢"结束。

（二）接待客户来访

（1）不熟悉的客户到达时，应在客户到达前去门口迎接（重要的老客户也应如此），并上前主动询问"是否是××单位的××先生/女士"，得到确认后，主动引导到会谈室。附加服务包括安排车辆就位、帮助客户提拿手中物品、在到会谈室的过程中向客户介绍有关情况等。

（2）引导客户时，应站在客户的侧前方二三步处，注意不要挡住客户的视线，随客户轻步前进，遇拐弯或台阶处要回头向客户示意。上电梯时，一只手为客户挡住电梯门，另一只手示意请客户先上；出电梯时，一手为客户挡住电梯门，另一只手示意请客户先出。上楼梯时请客户先上，下楼梯时请客户先下。注意"请跟我来"、"这边请"、"里边请"等话语的使用。

（3）按座位依此介绍同时参加会见的客户经理。客户经理的位次一般按职务、级别来安排。

（4）与客户洽谈时，不可做抓头、搔痒、剔牙、挖耳、打哈欠等不文明举动。如因生病而擦鼻涕、打喷嚏，应侧过脸并向客户表示歉意。

（5）准备好本银行的宣传品及必要的赠品，在客户离开时交与客户。

（6）客户离开时，协助车辆管理员将车导引至方便客户乘车的地方，与客户握手，并对客户的来访表示感谢。

（7）客户离开时，为客户打开车门，注意不要夹住客人的衣、裙等物件。待客户上车且车发动后，予以引导离开。与客户挥手告别，目送客户离开。待客户车开出了银行大门再返回工作岗位。

（三）回答客户要求

除个人能处理的事项外，对客户的任何业务上的要求，客户经理必须在内部取得一致意见后才可回复，并注意使用标准化语言。要尽量委婉地拒绝客户的要求。以下是客户经理在不同情况下可选择使用的回答。

1. 当客户提出某项本银行尚未开办的业务需求时

（1）非常感谢您的信任，此项业务我行目前正在筹备之中，等此业务一开通，我将尽快告知您，目前您可通过其他方式解决您的困难，对不能及时满足您的业务要求，我真诚地表示歉意。

（2）非常感谢您对我行的信任，您的业务要求我行暂时还难以满足，但我行可为您提供其他服务。相信我行的优质服务会让您满意的。

2. 当本银行资源有限不足以支持某项业务开展，暂时又无法得到外部资源的支持时

我们认为此项目非常好，我们也愿意进行支持。但非常遗憾，近期需全力支持那些计划内项目，所以暂时还无法满足您的此项需求。我们可以先就其他一些方面进行合作。

3. 当客户提出的业务需求不符合银行制度的规定时

（1）非常抱歉，按我行规定，您目前准备的材料还不是十分完备，希望您尽快完善，我好再向行里汇报。

（2）我们咨询了很多专家，他们都认为你们的这个项目存在一些问题。作为银行，我们如果进入，风险会较大。如果需要投资咨询方面的服务，我们将非常愿意效劳。

4. 当准备否决客户的融资需求时

您的融资需求，经我们认真研究，近期内尚无法满足。为不耽搁您的宝贵时间，希望您尽快选择其他办法。同时我们认为我行在战略顾问、信息咨询等业务方面具有很大

优势，如能在这些领域开展合作，我们将非常高兴。

5. 当希望客户同意合作方案或协议的修改时

（1）贵公司所提方案中的第×款，我们认为是不是可以这样修改一下。

（2）我们希望据此建立与贵公司的长期战略合作关系，因此希望将合作协议定的全面一些，您看第×款是不是可以这样修改一下。

6. 当向客户提交产品组合方案时

为更好地为贵公司服务，我们根据您的业务发展状况，为您设计安排了如下产品组合方案。请将您的意见要求告诉我们，以便在相互沟通的基础上，不断完善为您提供的产品组合。

（四）与客户握手

1. 注意同客户握手的力度、姿势与时间

这要根据与对方熟悉的程度而定。一般要求是力度较大，姿势显得自信，时间不宜过长。在社交场合，要主动与每个人握手。在握手的同时，要有意识地赞美对方，如果对方是较为熟悉的人，还可同时用左手拍一下对方的肩膀。

2. 握手时神态要专注、热情、友好、自然

切忌傲慢冷淡、敷衍塞责、漫不经心，也不要点头哈腰，滥用热情。当两人正握手时，不能跑过去与正在握手的人相握。切忌先伸手时不伸手，不能戴着手套和别人握手。

3. 从客户握手的力度、姿势与时间判断客户的态度

客户经理也可根据握手的不同姿势所表达的不同含义对客户采取不同的握手姿势：

（1）紧紧握手，表明真诚与热情。

（2）轻轻地握手，表明对方的性格软弱。

（3）用指尖握手（女性除外），表明对您冷淡。

（4）长时间握手，表明双方的关系已到了比较紧密的地步。

（5）蜻蜓点水，一握而释，说明仅仅出于礼貌。

（6）用掌心向下握手，表明对方支配欲很强。

（7）手掌保持垂直，是平等、友好、尊重的表现。

（8）掌心朝上握手，是顺从、谦恭的表现。

（9）伸出双手相握，是诚恳、热情、真挚的意思。

（10）握手力度适当，是善意的表示；力度均匀，显示出情绪稳定。

4. 掌握握手的伸手顺序

遵循"尊者先伸手"的原则，贸然出手是失礼的。

（1）上下级之间，上级伸手后，下级才能接握。

（2）长辈和晚辈之间，长辈伸手后，晚辈才能接握。

（3）男女之间，女方伸手后，男方才能接握。如男方为长辈，则应遵循长幼原则。

（4）作为主人，应主动伸手相握，以示欢迎。

（5）作为客人，在告别时要主动伸手与主人相握，以示勿送。

（6）与许多人握手时要讲究先后次序，由尊而卑，即先年长后年幼，先长辈后晚

辈，先老师后学生，先女士后先生，先已婚者后未婚者，先上级后下级。

（五）与客户交谈

客户经理谈话的内容、遣词造句、语言、语调，以及身姿、手势、表情等都会给客户造成一定的印象。客户经理应有意塑造自己良好的语言形象，最好形成独特的语言风格。一般而言，谈话要简洁精练、生动形象、幽默风趣、委婉含蓄。谈话还要配以表情语言，应遵循得体适度原则，既符合自己的身份，也符合客户的身份，并注意言谈的措辞达意、语气语调、情感色彩等。

根据不同对象选择不同的客套话与敬词。以下是客户经理常用的一些敬词，客户经理应该分清每个敬词的使用场合："久仰"用于初次见面，"久违"用于很久不见，"指教"用于请人批评，"包涵"用于求人原谅，"劳驾"用于请人帮忙，"借光"用于请给方便，"打扰"用于麻烦别人，"恭贺"用于向人道喜，"请问"用于求人解答，"高见"用于赞人高见，"拜望"用于看望别人，"光临"用于宾客到来，"拜托"用于托人办事，"赐教"用于请人指点，"恭候"用于等候客人，"留步"用于请人勿送，"稍后"用于让人等候，"奉还"用于归还原物，"惠书"用于对方来信，"对不起"用于言行有失，"没关系"表示原谅他人。

（六）向客户作介绍

1. 自我介绍

当出现以下情况时，客户经理需作自我介绍：

（1）作为主人在陌生人面前作自我介绍以示尊重。

（2）置身于陌生人中或新地方又无人为自己作介绍。

（3）介绍人的介绍过于简单，你应接过话茬儿予以补充或幽默地自我介绍。

（4）主人忘记介绍你时，应在适当的时候介绍自己，但不可流露出不满情绪。

自我介绍时，要注意以下几点：

（1）及时、清楚地报出自己的姓名和身份，并双手送上自己的名片。

（2）面带微笑、温和地看着对方，辅之以"您好"的话语。

（3）自然语言与体态语言巧妙配合，口头谦虚，职务、官衔让名片补充，自己介绍"我是刘局长"就显得很没水平。

（4）如果自己的名字中有的字不容易认或者自己的名字有着特殊的意义，应向对方讲明，以加深对方对自己名字的印象。

2. 介绍他人

如果自己处于主持人地位或充当中介人时，应给互不相识的人作介绍。介绍时要注意以下几点：

（1）基本原则是"受尊敬的一方有优先了解权"，要尊重长者，尊重女士，尊重领导，尊重知名人士。

（2）男女之间，先把男士介绍给女士。

（3）在同性别的人之间，先把年幼的人介绍给年长的人。

（4）在已婚的人和未婚的人之间，先把未婚的人介绍给已婚的人。

（5）上下级之间，先把下级介绍给上级。

（6）在名人和一般人之间，先把一般人介绍给名人。

（7）把家庭成员介绍给客户。

（8）如果双方年龄、身份都相差无几，应当把自己较熟悉的一方先介绍给对方。

（9）介绍的信息量要适中，包括姓名、工作单位、职务或者特长即可。

（10）介绍语言要热情、文雅并配以恰当的体态语，切忌不冷不热、毫无生气。

（11）用敬语、客套话、赞美语进行介绍，如"我非常荣幸地向各位介绍×××"、"我们有幸请来了大名鼎鼎的×××"。

（七）赞美别人

绝大多数人都希望别人欣赏、赞美自己，希望自身的价值得当社会的肯定，因此要学会赞美别人。

赞美从不同角度可做不同的分类。从赞美的场合上可分为当众赞美（对特定组织的赞美、在大会上对某人的赞美）和个别赞美（适合于做思想工作）；从赞美方式上可分为直接赞美和间接赞美（通过第三者来赞美某人或某事）；从赞美的用语上可分为直接赞美和反语赞美。

赞美不同于恭维，要发自内心、热情洋溢，应采用对方喜欢听的言语；赞美不能空泛、含混，要有明确的赞美原因；赞美别人要符合实际，虽然有时可以略微夸张一些，但不应太过分，以免有阿谀奉承之嫌；让被赞美者感到不是有意在赞美；赞美别人要出人意料，才能给别人带来惊喜。

（八）馈赠客户礼品

"礼尚往来"，中国人素来重交情。客户经理如能恰当运用礼品赠送技巧，则有利于拉近与客户的距离。选择礼品的标准：能够传达送礼者的友好情谊；新、奇、特，能够与众不同；反映时代风尚，折射时代潮流；与对方喜好相一致，能博得对方认可，不能触犯对方的禁忌。对于礼品，要进行恰当的包装。现场赠送礼品时，要神态自然，举止大方，表现适当，要双手将礼品送给对方，并就礼品的内涵、寓意做详细说明。

如果是接受对方礼品，也要受之泰然（当然不能违法），并当面拆封，显示出对礼品的欣赏。如果由于某种原因，不能接受对方相赠的礼品，也不能粗暴地拒绝，应该讲究方式、方法，处处依礼而行：给对方留有退路，使其有台阶可下，切忌令人难堪。拒绝后，也要对对方表示感谢。

（九）参加宴会

接到邀请，能否出席应尽早答复对方。允诺后不要随意改动，如果不能按时赴宴，应尽早提出，最好能登门致歉。接受邀请时，要核实好时间、地点及主人的特殊要求。出发前应梳洗打扮，保持整洁、美观、大方，必要时要给主人带些礼品。

出席宴会，重要客户可略晚些到达，一般客户宜略早些到达。到达后应依主人安排入座或按座签入座，如无特殊限制，应找与自己身份相当的地方坐下，不可随意入座。入座后不应把玩酒杯、刀叉、筷子等餐具，不能用餐巾擦餐具。

坐定后要与左邻右舍交谈。若不认识，应首先介绍自己。交谈内容要视对象而定，不可自顾夸夸其谈。主人致祝酒词时，应停止谈话，注意倾听。吃饭时要举止文雅，不可发出很大声响。热菜勿用嘴吹，可等凉后再吃。嘴中有食物时不可谈话。如为自助餐,则吃多少取多少,不可浪费。

席间如无特别紧急事项,一般不能提前退席。宴会结束后,应向主人致谢,并礼貌离开。

(十) 探访客户

到工作场所主要是谈工作,不可一味闲聊而不顾对方是否在工作。如对方正在开会或者已有其他客人,应安静等待,切忌不可走来走去以妨碍别人。等对方请你入座后,你再入座。如对方站着讲话,你也应该站立,但不要斜靠在别人的办公桌上。他人端水递茶时,要稍欠身体以示感谢。打招呼、谈话时,不可声音太大。公事谈完,即可告辞,不应久留。同时道声感谢,并邀请对方届时来自己单位参观、小坐。

到住宅拜访,应事前约好时间。到达后,不应贸然进入,应按门铃或敲门。进屋后,应与每个人打招呼,主人招呼坐下后才可入座。如果主人较忙,或者谈话中间又有客人来访,应尽快结束谈话,以免他人久等。去他人家里拜访,一般不要选在吃饭、休息时间,除非另有约定。离开时,应说"留步"、"再见"。

去医院探访病人,应在探视时间内探望,不可选在休息或治疗时间,且不可逗留很久,最好不超过半小时。应用宽慰的语言相劝,并挨床坐下,用手为对方盖好被子,以示关怀。带一束鲜花或一些营养品效果更好。告辞时,应谢绝病人相送,还应询问病人有无事情相托办理,并再次表达希望病人早日恢复健康的愿望。

(十一) 与外国人打交道

与外国人打交道时,你代表的不仅仅是你个人,应注意一言一行,基本原则是尊重对方、尊重女性、捍卫尊严、实事求是、入乡随俗、不卑不亢、保守秘密。同时不必过分谦虚,尊重对方隐私,不询问对方的年龄、收入、婚姻、工作、住址、经历、信仰和健康状况。当然,国家不同,风俗习惯也不相同。客户经理与不同国家的人士打交道,应事先了解好对方的一些情况。

(十二) 个人礼仪形象

1. 仪容仪表

一个人的仪容除受先天条件影响外,还要靠修饰维护。客户经理应该"内正其心,外正其容"。

(1) 保持干净整洁,坚持洗澡、洗头、理发,定时剃须。客户经理不能留怪异的发型,男客户经理不能成"美髯公"。尤其要保持手部、口腔和发部卫生。

(2) 化妆适度,体现自然、美化、协调(全身协调、身份协调、场合协调)原则,不在工作场合、公众场合、异性面前化妆,不借用他人化妆品,保持发型美观。

(3) 服装、身材、脸型、气质、身份、年龄、职业、色彩、所处场合要协调统一。

2. 行为举止

(1) 原南开中学教学楼前的镜子上印有《镜铭》:面必净、发必理、衣必整、纽必结、头容正、胸容宽、肩容平、背容直。颜色:勿傲、勿暴、勿怠。气象:宜和、宜静、宜庄。

(2) 注意站姿、坐姿和走姿,形成良好风度。客户经理在参加谈判、会谈时,场合一般比较严肃,应正襟危坐,但不必过于僵硬。倾听他人教导、指示、指点时,坐姿除了要端正外，还应坐在座椅、沙发的前半部或边缘，身体稍微前倾，表现出一种谦虚、迎合、重视对方的态度。在比较轻松、随便的非正式场合，可以做得轻松、自然一些，也可不时变化姿势。

（3）微笑要发自内心、真诚地笑，做到四个结合：口眼结合，做到口到、眼到、神色到、笑眼传神；笑与神、情、气色结合；笑与语言结合；笑与仪表、举止结合。以笑助姿，以笑促姿，形成完整、统一、和谐的美。

（4）吐痰、打哈欠、掏耳、挖鼻、剔牙、搔头皮、双腿抖动、频频看表等都是不好的习惯。

第二节　客户经理的基础知识

基础知识是任何等级的客户经理都应掌握的知识。主要是一些基础的经济学、法律、管理学、会计学和统计学知识。一般来讲，专科水平以上的客户经理都会知晓这些知识。

一、客户经理应具有较宽的知识面和丰富的学识

客户经理需要接触的客户范围非常广泛，不同的客户其爱好、品行、文化素养、业务水平等参差不齐。为适应与不同客户接触的需要，客户经理的知识面要尽量宽。谈到艺术，能知道悉尼歌剧院、罗马圣彼得大教堂及米开朗基罗；谈到雕塑，能知道罗丹的《思想者》、《吻》；谈到音乐，能知道比才的《卡门》及莫扎特的《安魂曲》；谈到苏联，能知道莫洛托夫、米高扬及勃列日涅夫；谈到历史，能知道古罗马，能知道玛雅文化；谈到哲学，能知道冯有兰、熊十力，能知道新儒家、程朱理学，甚至尼采、萨特；谈到美学，能知道朱光潜、李泽厚和《美的历程》；谈到中国的历史，能知道宋真宗的天书封禅和冯道这个人，能知道明朝的市井小说和版画，也能知道明成祖的迁都等。

二、经济学和法律知识

客户经理所掌握的经济学知识主要是一些基础性的东西。归纳起来主要是：经济规律理论（价值规律、供求规律、竞争规律）、通货膨胀理论、宏观调控理论、厂商理论、市场理论、现代企业制度、产业结构理论、经济周期理论、经济增长理论、国民收入决定理论、一般均衡理论、福利经理理论、市场失灵理论、收入分配理论、博弈理论。

至于客户经理需要掌握的法律知识，除基本的法律理论知识外，只要熟悉并掌握了我国业已颁布的主要经济法律文本即可满足基本需要。法律基础理论知识包括法律的起源、法律监督、法律的特征与作用、法律关系、法律的制度与实施、法律的效力、违法及其构成、法律责任及其认定、法理、法律体系、司法解释等。需要客户经理掌握的法律文本则主要有：《民法通则》、《公司法》、《经济合同法》、《企业破产法》、《担保

法》、《会计法》、《城市房地产管理法》、《国家赔偿法》、《中国人民银行法》、《商业银行法》、《票据法》、《保险法》、《公司登记管理条例》、《经济合同仲裁条例》、《企业财务通则》、《金融保险企业财务制度》、《企业会计准则》、《企业证券管理条例》、《国有资产评估管理办法》、《支付结算办法》、《现金管理暂行条例》、《结汇、售汇及付汇管理暂行规定》、《境外投资外汇管理办法》、《贷款通则》。客户经理如果没有系统地学习过法律知识，阅读以上法律文本难免枯燥，对其中蕴涵的意义也不易深刻领悟。这种情况下，客户经理可购买一些解读法律条文且配有案例的书籍进行阅读。

鉴于各种法律在互联网或文献中一般都能查到，笔者在这里就不再展开介绍。

三、管理学知识

管理学知识庞杂而精深。我把管理学的诸多观点和内容整理于下，大家可在较多的时间内窥见整个管理学大厦的全貌。

（一）管理的一般理论及基本观点

1. 古典管理理论

总结古典管理理论的管理思想，主要有：为组织机构配备合适的人员；一个最高的主管或一个人管理的原则；专业参谋和一般参谋并用的原则；工作部门化原则；授权原则；职权相符原则；控制幅度原则等。古典管理理论主要包括科学管理理论和古典组织理论。

（1）科学管理理论。代表人物是泰勒。他强调标准作业和标准成本，以物为中心，生产管理为核心。泰勒所进行的科学管理实验始终依据两个原理：作业研究原理，即改进操作方法以提高功效并以合理利用工时为目的；时间研究原理，即在动作分解与作业分析的基础上，制定标准的作业时间，以确定工人一天合理的工作量。泰勒的基本出发点有三个：效率至上、为谋求最高的工作效率可以采取任何方法、劳资双方应该共同协作来提高效率。科学管理的内容主要分为两个方面：①作业管理。如制定科学的工作方法、实行激励性的报酬制度、制定培训工人的科学方法。②组织管理。如改变凭经验工作的方法，把计划与执行职能分开；根据工人的具体操作过程，对分工进一步细化，实行职能工长制；例外原则，即企业高管人员把一般日常事务授权给下属管理人员负责处理，而自己保留对重要事项的决策权和控制权。

（2）古典组织理论。主要包括法约尔的组织管理理论和马克斯·韦伯的行政集权组织理论。法约尔提出了管理的五要素：计划、组织、指挥、协调和控制，提出的 14 项管理原则包括：劳动分工、权力和责任、纪律、统一指挥、统一领导、个人利益服从集体利益、人员的报酬、集中、等级制度、秩序、公平、人员的稳定、首创精神、人员的团结。马克斯·韦伯理想的行政集权组织具有如下特点：有确定的组织目标，人员的一切活动都须遵守一定的程序；组织目标的实现，必须实行劳动分工；按等级制度形成一个指挥链；人员关系表现为一种非人格化的关系；承担每个职位的人都经过严格挑选；人员实行委任制；管理人员有固定的薪金，并且有明文的升迁制度和考核制度；管理人员必须严格遵守组织中的法规和纪律。马克斯·韦伯把权力分为三种：合理的法定的权力、传统的权力和神授的权力。

2. 行为科学理论

行为科学由人际关系学说发展而来，和工业心理学关系密切，后来又融合了人力资源学。今天已日臻成熟的行为科学来源于梅奥以及霍桑实验对人性的探索。

（1）霍桑实验。主要包括：①车间照明实验，以弄清照明强度对生产效率的影响。②继电器装配实验（福利实验），以找到更有效地控制影响职工积极性的因素。③大规模的访谈计划（访谈实验），以了解职工对现有的管理方式有何意见，为改进管理方式提供依据。④继电器绕线组的工作室实验（群体实验），以系统观察群体中工人之间（非正式组织）的相互影响。上述实验均以分组为基础，使不同工人在相同条件下工作，以发现某些影响工人行为的因素。通过霍桑实验，梅奥提出了人际关系的重要性和"社会人"假说，从而区别于科学管理理论的基础——"经济人"假说。

（2）个人行为研究理论。包括：①马斯洛的人类需要层次理论，认为人的需要按照重要性和发生的先后次序可分为生理上的需要、安全上的需要、感情和归属上的需要、地位或受人尊重的需要和自我实现的需要。②奥尔德斐的生存关系及发展理论，认为人的需要包括生存、关系和发展。③赫茨伯格的双因素理论（激励—保健因素理论），该理论把企业中有关因素分为满意和不满意两类，满意因素属于激励因素，如成就、赞赏、责任感等；不满意因素即保健因素，如金钱、监督、地位、个人安全等。④斐鲁姆的期望理论，认为人们从事各项活动能够得到的满足，与自己能否胜任这项工作和对这项工作的评价有极大关系。⑤波特和劳勒的综合激励模型，认为人们在工作中的努力程度取决于对报酬的价值、取得报酬所需要的能力即实际取得报酬的可能性的评价。⑥麦克利兰的成就需要理论，认为人有三类基本需要，即对权力的需要、对社交的需要及对成就的需要。不同的人对其中某种需要的需求程度是不同的。⑦麦格雷戈的X—Y理论，对人性作出两种假设，如X理论假设人生而好逸恶劳，所以常常逃避工作；Y理论假设人并非生性懒惰，要求工作是人的本能。基于两种不同的假设，提出了不同的指导管理工作的方法。⑧沙因的复杂人假设，提出了四种人性假设，包括理性经济人假说、社会人假说、自我实现人的假说和复杂人的假说。

（3）群体行为研究理论。典型代表是勒温的群体动力学。勒温认为人的行为是它的个性与他理解的环境的函数，他的群体动力学的主要思想体现在：群体行为不是个体行为的简单相加，而是一个不断相互作用、相互适应的过程；作为非正式组织的群体有三个要素：活动、相互影响和情绪；群体处于均衡状态的各种力的力场中；群体的规模一般不大，与正式组织有着不同的组织目标和不同的领导方式，但与正式组织一样有一个组织结构（虽然不容易辨认）。

（4）领导行为研究理论。包括领导品质理论和领导方式理论。前者代表人物是美国行为科学家亨利，他在调查基础上归纳出成功领导者应具备的12种品质，包括思维敏捷，富于进取；勇于负责，敢担风险等。后者则包括：①美国坦南鲍姆和施密特提出选择领导模式理论，认为一个好的领导方式取决于领导者和被领导者所处的环境、任务的性质、职权的关系和团体的动力等，他们把领导的行为从独断型到放任型分成7个等级，形成一个连续的图谱。②美国行为科学家布莱克和莫顿的管理方格理论，他们画出一个坐标，用横轴表示对事的关心度，用纵轴表示对人的关系度，并将纵横轴划分成9

格作为关系的标尺。③美国管理学家威廉·大内的 Z 理论。大内专门研究了日本的企业，并将日美两国的企业进行了比较，他将领导者个人决策和员工处于被动服务地位的企业称为 A 型组织，把以坦白、开放和沟通作为基本原则实行民主管理的企业称为 Z 组织。

3. 现代管理理论

（1）管理过程学派。代表人物是哈罗德·孔茨和威廉·纽曼。这一学派认为，管理就是在组织中通过别人或同别人一起完成工作的过程；管理工作是一种艺术，其基本原理和方法可以应用于任何一种现实情况；管理的职能包括计划、组织、人事、指挥和控制五项。

（2）社会系统学派。代表人物是福莱特和巴纳德。该学派从社会学的观点来研究管理，认为社会的各级组织都是一个协作的系统，进而把企业组织中人们的相互关系看做一种协作系统。

（3）决策理论学派。代表人物是赫伯特·西蒙。该学派认为，决策贯穿于管理的全过程，管理就是决策；决策分为收集情报、拟订计划、选定计划和评价计划四个阶段；决策的准则是"令人满意"而非"最优化"；强调信息联系尤其是非正式渠道的信息在决策过程中的作用。

（4）系统管理学派。该学派认为，组织是一个由相互联系的若干要素组成的人造系统；组织是一个为环境所影响，并反过来影响环境的开放系统；组织本身是一个系统，同时又是一个社会系统的分系统，它在与环境的相互影响中取得动态平衡；企业系统由传感、信息处理、决策、加工、控制、记忆和存储信息等子系统组成；强调用模型分析法来进行管理。

（5）数量管理科学学派。该学派以运筹学为基础，注重定量模型的研究和应用，以求得管理的程序化和最优化。该学派认为，管理就是利用数学模型和程序系统来表示管理的计划、组织、控制和决策等职能活动的过程，对此做出最优的解答，以实现企业的目标。

（6）权变理论学派。该学派认为，组织管理要根据组织所处的环境和内部条件的发展变化随机应变，没有一成不变、普遍适用、"最好的"管理理论与方法；权变管理是依托环境因素和管理思想及管理技术因素之间的变数关系来研究的一种最有效的管理方式。

（7）经验主义学派。代表人物有德鲁克、戴尔、斯隆等。该学派把实践放在第一位，认为管理学就是研究管理的经验，通过研究管理中的成功与失败来了解管理中存在的问题，进而进行有效管理；管理就是努力把一个人群或团体朝着某个共同目标引导、领导和控制；管理的任务包括取得经济成果、使企业具有生产性并使工作人员有成就感、妥善处理企业对社会的影响和应承担的社会责任；管理的职责在于造成一个生产的统一体（通过有效的资源配置使其得到充分发挥），并在决策时把当前利益与长期利益协调起来。

（8）经理角色学派。代表人物有明茨伯格。该学派认为，经理担任着 10 种角色：挂名首脑、领导者、联络者、信息接受者、信息传递者、发言人、企业家、故障排除者、资源分配者和谈判者。

4. 当代管理思想

（1）波特的竞争战略理论。竞争战略理论认为，企业的其他战略都是在成本领先战略、标新立异战略和目标集聚战略基础上制定的；分析竞争地位时，不应用成本而必须使用价值的方法，即分析企业为买方创造的价值。

（2）约翰·科特的领导理论。科特认为，领导和管理是不同的概念，管理是计划、预算过程的确定和详细的日程安排，并调拨资源来实现计划；而领导则是确定经营方向和将来的远期目标，并为实现远期目标制定变革战略。只有有力的管理和有力的领导联合起来，才能带来满意的效果；领导四要素包括：动力和精力、智力和智能、精神和心理健康、正直。

（3）彼得·圣吉的学习型组织理论。该理论认为，学习型组织包括 5 个组成部分：系统思考、自我超越、心智模式、共同愿景和团队学习；学习型组织的 8 个特征：组织成员拥有共同愿景、组织由多个创造性个体组成、善于不断学习、"地方为主"的扁平式结构、自主管理、组织的边界被重新界定、员工家庭与事业的平衡、领导者承担设计师和仆人及教师的新角色。

（4）戴明和朱兰的质量管理理论。戴明提出"14 要点"，包括：把改进产品和服务作为恒久目的；采纳新的哲学，不容忍粗劣的原料、操作、产品与服务；改良生产过程，而不是依靠大批量的检验；价格相对于质量才有意义，应与供应商建立长远的关系；全面对生产经营过程进行质量控制；用统计方法衡量培训效果是否有效；督导人员要让高层管理者知道需要改善的地方，管理者在知道之后必须采取行动；驱走恐惧心理；打破部门间的围墙；取消对员工发出的计量化目标；取消工作标准及数量化的定额；消除妨碍基层员工工作尊严的因素；建立严谨的教育及培训计划；创造一个每天都推动以上 13 项工作的高层管理机构。戴明还提出了著名的"戴明循环"，即计划、执行、检查和行动这四个过程周而复始地进行。戴明学说的核心可概括为：高层管理者的决心及参与；群策群力的团队精神；通过教育来提高质量意识；质量改良的技术训练；制定衡量质量的尺度标准；对质量成本的认识及分析；不断改进活动；各级员工的参与。朱兰发明"朱兰三部曲"即质量计划、质量控制和质量改进，提出了"突破历程"的 7 个环节，即证明突破的急迫性；突出关键的少数项目；寻求知识上的突破；进行分析；决定如何克服变革的抗拒；进行变革；建立监督系统。朱兰还提出质量管理的 20/80 原则，即质量问题只有 20% 来自基层操作人员，80% 则由领导责任所引起的。

（5）迈克·哈默和詹姆斯·钱皮的企业再造理论。主张以工作流程为中心，重新设计企业的经营、管理及运行方式。业务流程重组依赖于现代化信息技术和高素质人才。企业再造的主要程序包括：对原有流程进行全面的功能和效率分析，发现其存在的问题；设计新的流程改进方案并进行评估；对制定与流程改进方案相配套的组织结构、人力资源配置和业务规范等方面进行评估，选取可行性强的方案；组织实施与持续改善。

（6）6σ 理论。6σ 是一项以数据为基础，追求几乎完美的质量管理方法。σ 在统计学上表示标准差，即数据的分散程度。对连续可计量的质量特性，可用 σ 度量质量特性总体上对目标值的偏离程度。6σ 的管理方法重点是将所有的工作作为一种流程，采用量化的方法分析流程中影响质量的因素，找出最关键的因素加以改进，从而达到更高的客户满意度。开展 6σ 有三个基本途径，即业务变革、战略改进和解决问题。

（7）标杆管理理论。标杆管理作为一种方法是一个系统的、持续性的评估过程，通过不断地将企业流程与世界上居于领先地位的企业相比较，分析这些基准企业绩效的形成原因，建立本企业可持续发展的关键业绩指标及绩效改进的最优策略。标杆管理的首要点在于"标杆"，确定标杆的基准有二：内部标杆基准法（以企业内部操作为基准）和外部标杆基准法（以竞争对象为基准）。

（8）资源管理理论。主要观点包括：①公司的一切构成要素均为公司的资源，人、财、物、信息、无形资产、公司的外部资源和公司的社会价值及信誉等构成了一个独立法人单位的资源。②现代大公司的管理就是充分使用现有的各种资源，挖掘和创造新的公司资源，最大限度地把资源变成核心竞争力和核心优势，变成盈利的源泉，以最低的资源占用成本来实现公司的价值增加和长期可持续发展。③在相对封闭的市场环境中，公司的资源是有限的，但在开放的市场环境下，资源是流动的并且不断地进行再分配。有限的资源可以激活潜在的资源。④一个企业拥有的资源（现有的资源和未来可获得的资源）越多，该企业的生存力越强，企业的价值与拥有的资源成正比。⑤资源的价值需要鉴别。⑥公司资源可以分割和组合，但需要有效的配置和控制。⑦公司的各种资源中，人力资源特别是高级经理层资源是最重要的资源。

（9）价值管理理论。主要观点包括：①企业的任何经营管理活动，都要围绕公司价值的实现和增值。②价值管理以资本管理为核心，人力资本、资本化的资金等公司各种资本构成了公司价值的主体，资本的代价是最昂贵的，因此，需要最佳地加以管理。③价值管理可以细化到可以独立分割的每一项业务，任何一项经营活动或投资活动，都要定量化地测算、评估其占用资本的成本及其收益。价值管理充分考虑了每项业务的风险，业务收益要考虑风险因素，风险调整后的业务收益与该项业务占用公司资本比例可以作为该项业务决策的重要依据。收益大的业务不一定对公司的价值也大。④公司资本的机会成本通过价值管理可以直观体现出来。价值管理为公司的每项业务的决策提供了依据，也为公司有限资本的经营提供了组合管理的手段。⑤价值管理对于公司的资本运作和投资业务特别有用。

（10）风险管理理论。主要观点包括：①风险管理是指企业通过对风险的认识、衡量和分析，选择最佳的风险控制技术，以最少的成本达成最大的安全保障。②风险管理的基本原则。第一，多考虑损失潜在性的大小；第二，多考虑利得和损失间的关系；第三，多考虑损失发生的概率。③风险管理的程序。包括风险的鉴定与确认、风险的衡量与分析、选择风险管理的技术（控制型、财务型）、执行与评估。④风险管理的目标。损失发生前的目标包括节省经营成本、减少忧虑心理、满足外界要求、达成社会责任。损失发生后的目标包括维持企业继续生存、使得企业继续营业、使企业收入稳定、使企业继续成长和达成社会责任。⑤风险管理的功能。包括增进企业经营绩效、增强拓展业务的信心、提供决策的正确性、合理的利润和现金流量的预期、决定企业经营的成败、增强企业的信誉等级等等。

（11）危机管理理论。公司发展过程中任何时候都有出现危机的可能性。危机的出现会带来一系列负面影响，对公司的打击都是致命的。成功的企业能够控制危机的负面影响，制止危机的蔓延，做到化险为夷。越是成功的企业，越要重视危机管理。如果处理不当，不但对企业本身，而且对社会都会带来严重影响或重大损失。危机的形成有一个过程，但危机的爆发又是相对集中的。公司的危机事件来自企业自身、外部环境或者内外环境的混合作用。

公司的危机是可控的，可以化解的，但要实施有效的危机管理。危机管理要求企业具有预警、预控和应急处理系统。

危机管理的精髓在于发现、培育，以便收获蕴藏在危机之中的成功机会；而习惯于错误地估计形势，并令事态进一步恶化，则是不良危机管理的典型特征。

危机管理的基本程序包括：①危机的预防。这是控制潜在危机花费最少、最简便、最易取得实效也是最容易被忽略的危机管理方法。现代企业时刻处于风险之中，要做好对人的管理，告诉每位员工他们的行为准则，避免某一个员工的失误对整个公司带来毁灭性打击；对于事关公司发展、有可能引发震荡的大事，如事关两家大型公众公司合并事宜的谈判，要尽量使接触到秘密的人员减至最少，且仅限于那些完全可以信赖且行事谨慎的人。当危机不可避免时，应确保风险与收益相称。对于无法避免的危机，要建立恰当的保障机制。②为可能到来的危机做好准备，比如建立危机处理中心、事先确定危机处理小组成员、制订行动计划及沟通计划、建立重要关系、提供完备充足的沟通系统并进行测试以确定各种应对危机的指令能否通过该系统顺畅传递下去等。银行为防备自然灾害或其他灾害的破坏而建有计算机灾备系统，为预防流动性危机而建有应急预案。在为危机到来所做的各种准备当中，演习非常重要。③在危机出现时能够准确地辨认出危机并有效解决它。无论管理者愿不愿意面对现实，他必须去了解其他人对问题的看法并对问题的性质作出准确的判断。为保证对问题性质判断的准确性，管理者应聘请独立调查员、知情者来帮助了解情况。④危机到来时，管理者需要根据不同情况确定工作的有限次序。最重要的是要迅速采取合理的、果断的行动以控制住损失。危机爆发初期，用以支持作出准确决策的信息可能很少，也可能多到无法知道哪个信息是最重要的。面对或多或少的信息，管理层要迅速将一名高级管理人员派往事发地，并指定一个人作为公司的发言人，所有面向公众的发言都由发言人主讲，要坦诚对外界做最恰当的解释，在资讯异常发达的今天，一味沉默的效果最差，多个声音对外更是不理智。发言人可以首先说他并不了解事情的全部，然后再将知道的讲出去。要正确对待危机，迅速处理、公布消息，最后以最快的速度将问题解决。当危机解决时，应抓紧总结经验教训，以弥补危机造成的部分损失和纠正造成的错误，重新唤起公众的信任。

（12）全程供应链管理理论。全程供应链是指从供应商、产品研发、生产制造到市场营销、物流配送、客户的整个链条，以区别于传统意义上的内部供应链（采购—制造—销售）。对全程供应链进行管理的目的在于有效缩短客户到供应商的"时间距离"，从而缩短从客户需求提出到满足客户需求的响应周期。内部供应链管理关注于企业效率与效益，全程供应链管理关注于企业对市场需求的响应速度。

全程供应链管理是一种基于协同论、系统论的管理思想，它强调企业不仅需要加强自身内部能力建设，而且必须对与企业生产经营活动有关的所有资源进行合理的规划、利用与管理，包括客户资源的管理、市场需求的分析、供应链资源的规划、企业内部资源的规划、产品的设计与制造、物流的运作与管理，尤其是要密切保持与供应商、销售渠道的协作关系，加强全程供应链各个环节的协同。

全程供应链管理主要借助信息系统应用来实现对全程供应链各环节业务运作进行管理，包括面向市场营销与客户服务的客户关系管理系统（CRM）、面向企业内部供应链管理的企业资源计划系统（ERP）、面向产品研发与协同制造环节的协同产品商务系统（CPC）、面向全程供应链的综合计划体系管理（SCM）、企业物流管理与第三方物流管理等。因而，全程供应链管理在很大程度上可看做是一场 IT 技术推动的管理革命。

实施全程供应链管理需要首先完成全程供应链各个环节业务模式的重组，包括：

第一，由"多次分销商完成产品销售"转向"直接市场营销"。由多次分销商完成产品营销，不仅失去了对客户需求的准确把握，而且也不能对客户需求进行快速响应。转向直接营销模式需要企业生产制造环节与产品研发环节的快速响应、需要 CRM 系统通过互动方式准确把握客户需求并接受客户的电子化订单，还需要发达的第三方物流体系作支撑，以解决企业对订单快速响应与运输成本之间的矛盾。

第二，由"一切由自己生产的生产制造模式"转向"外包与协同的生产制造模式"。将非核心业务进行外包，并与外包的加工商进行协同制造。在这种情况下，实现协同的全面计划管理将成为重要因素——实现原料供应商的及时补货与将产品分解成标准化组件变得非常重要。

第三，由"相对独立的产品研发与长周期突破性产品研发模式"转向"协同研发与产品知识管理的产品研发模式"。面对不断分散的个性化需求，产品多样化成为必然，这需要借助 CPC 系统进行组件设计、产品数据、工艺数据、组合方案等产品知识管理；借助 CPC 研发管理平台实现产品研发队伍的并行设计以及研发部门与企业内各部门、外部客户与供应商的协同设计。

第四，由"通过保持标准化产品一定库存量的方式来缓释客户需求变化"转向"通过第三方物流实现物流外包"。

（13）价值链管理理论。与全程供应链管理相得益彰的是价值链管理。价值链是指从产品原料采购、产品生产到销售和售后服务的整个过程。价值链管理的概念源于这样一种观点：企业应该从总成本的角度考察其经营成果，而不是片面地追求诸如采购、生产或分销等功能的优化。价值链管理的目的在于：通过对价值链各个环节加以协调，使产品成本降至最低和销售渠道畅通，实现最佳业务绩效，从而增强整个公司业务的表现。

当价值链的各个环节只是单独地完善自身，而不是把其目标和活动与其他部门整合在一起的时候，整个链条的功效就无法发挥至最大。只有价值链各个环节之间必须进行协作，才能实现价值链的最优化。价值链始于客户，终于客户。对客户需求的绝对重视，是价值链发展的原则和目标。要对整条价值链实施有效的管理，就需要在价值链的各个角色间建立相互的信任。建立信任关系的关键则是公平地对待弱小的合作者，包括从结果可以贯彻到的分配公平和从过程中察觉到的程序公平。

（14）品牌管理理论。品牌是"企业与其消费者之间那种信任的价值的资产化"（强生公司前任首席执行官詹姆斯·伯克）。对企业而言，品牌是其最重要的资产，无论怎样精心呵护都不为过。

创建品牌不仅仅是做广告那么简单（市场细分和不断上升的成本以及较差的媒体效果，使大众媒体广告在品牌创建中只能发挥有限的作用），而是一个复杂的系统工程；同时，即使品牌已经建立，也并不意味着可以永远高枕无忧，品牌的价值在不停地波动。品牌管理的前提是革新品牌管理理念，对品牌实施全方位管理。

创建成功品牌需要：①高级主管密切关注和积极参与创建品牌，并积极地使品牌的创建成为企业战略计划的一部分，从而使创建品牌的方式与企业对品牌的总体规划完美地结合起来。②企业意识到明确自己的品牌形象的重要性。品牌形象是任何品牌创建计划的基础，它解释了公司、产品和服务到底是什么。品牌形象由品牌名称、专门用语、商标和符号、颜色、公司的宣传及视觉风格等组成。一个公司必须有一个强大的、清晰、内涵丰富的品牌形象定位，这个形象必须能够使那些设计并执行宣传计划（无论是企业内部的还是外部的）的人不会向消费者传递错误的信息，同时这个形象还必须相对固定，不能随着产品和管理人员的变化经常飘忽不定。一个清晰、有效的品牌形象应该与企业的发展理念及企业的文化和价值观联系起来，且公司上下都能够对这个品牌形象有恰当的理解和认可。③强大的品牌通过塑造和支持它的品牌形象来提高其知名度，知名度可以象征领导地位、成功、品质、财富，企业必须确保所有提高品牌知名度的努力都与它们的品牌核心定位紧密相关，与它们的品牌形象保持一致，并使其成为对品牌形象的有力支持。④让客户参与企业的品牌创建过程。⑤企业内部必须有一个人或者一个团队对品牌建设负责任。这个人或者团队必须有能力、有权威、有内在动力来确保品牌形象在多种媒体中都是一致的。⑥连续不断地对产品改进进行投资，以强化品牌在客户心目中的地位以及在竞争中维持高价的能力。⑦利用一个品牌进入高一等级或者低一等级市场的风险，比这种品牌最初推出时的风险还要大。因此在进行品牌扩张前，企业应该确定这一行动带来的回报是否值得去冒风险及机会有多大。对品牌扩张，要慎重对待。如果实在找不到更好的对策而必须进行品牌扩展时，应对新进入市场进行品牌的重新定位，以避免新市场的风险对既有品牌形成不利冲击。

（15）管理职能理论。一般认为管理职能包含以下几个方面：①计划，即对一个组织所要达到的目标及其实施手段作出安排。②指挥，即上级决定下级应该做哪些工作和不应该做哪些工作。③协调，即上级就某项工作或企业的全部活动中产生的矛盾在具有不同职能的下级间进行协调安排。④控制，即为保证上级命令的贯彻，对决策执行过程中出现的问题进行反馈，为重新决策提供必要的信息。⑤组织，即把人财物等生产要素在一定的时间和空间范围内合理地配置，促成各要素协作并有效发挥作用。⑥激励—约束。激励就是激励者推动被激励者采取某一行为；约束就是使下级服从自己的愿望、不采取某一行为。

（16）管理组合理论。主要观点有：①管理既有共性又有个性，共性的特征不能少，个性的特色不能缺；每个企业都有自身的管理模式。②管理是一个动态的过程，是个不断创新的过程，是个追求完美的过程。③管理是一种可以增值的资源。④二流水准的管理不能造就一流的公司，一流的公司一定有一流的管理。

（二）决策

对于一个组织而言，决策的质量是成败的关键，决策的实施也就是运用组织资源的过程；对于决策者个人而言，决策的高质量是有效管理者的重要标志。可以说，无论是对组织还是对个人，决策都是管理的灵魂。决策不能依赖于常识或者猜测，而应利用清楚、理性的决策框架或者说系统的防范进行理性决策。

科学的决策步骤能有效保证决策的质量。彼得·德鲁克将决策划分为如下步骤：①将问题分类。问题是普遍的还是特殊的，将决定采取何种解决方案。如果问题是普遍性的，则需要一个准则、政策或者原则，一旦找出正确的准则，普遍性的问题都可根据实际情况加以解决；如果问题是特殊性的，则需要单独处理，管理人员无法为异常事件制定准则。②定义问题，即我们要处理的是什么。为了免收不完全定义的危害，应该反复检查所有可以观察的事实，一旦定义不能包含任何事实，就应该抛弃该定义。③详细说明问题的答案，即决策要达到的目标是什么，所要达到的最低目标是什么，必须满足什么条件。④决定什么是正确的，而非什么是可以接受的。⑤将决策转化为行动。只有决策者指定了决策的执行人及其具体责任之后，决策才算作出。在此之前，它仅是一个好的意向。在这个阶段，需确定如下问题：谁必须知道这个决定？应该采取什么行动？由谁来执行？怎样才能使执行它的人可以做到？⑥用实际事件检验决策的可行性和有效性。

如果说彼得·德鲁克划分的决策步骤较为理性的话，下面的决策步骤则显得比较实用：①确定决策目标。②将决策目标分解。从时间上可分解为短期、中期和长期目标，从内容上可分解为产品目标、生产目标、市场目标、技术目标、财务目标、人事目标等。③收集决策所需的信息的收集。决策所需的信息主要通过政府机构、工商企业、研究机构、专业学会、订货会等渠道来获得。④作出决策。吸收职工及外围专家参与决策，但最终决策者只能是公司有关决策主体。应建立决策权与决策责任对应制度。⑤修正并完善决策。

为避免作出错误决策，应该避开决策中的隐蔽陷阱。约翰·哈蒙德等人研究出 8 种最有可能影响商业决策的心理陷阱：①锚定陷阱，即给最先接受的信息以不相称的权重。②现状陷阱，即人们即使有更美好的选择却倾向于维持现状。③沉没成本陷阱，即人们容易重复过去的错误。④证实性陷阱，即人们倾向于去寻找可以支持现有偏好的信息，而忽视反面的信息。⑤框定陷阱，即人们由于不恰当地阐述了某个问题而影响了整个决策过程。⑥过分自信陷阱，即高估预测的准确性。⑦谨慎陷阱，即人们在估计不确定性事件时过分小心。⑧可回忆陷阱，即人们给最近发生的、鲜活的事件以过多的权重。避免上述陷阱的最好办法就是警觉，做好预先提防、预先准备。

决策理论并不排斥直觉的作用，它认为，直觉是一种洞察模式的能力，而自我反省可以增强这种能力。某些人在作出重大决策时往往不依赖于任何逻辑分析而依赖于"直觉"、"本能"、"预感"或者"内心的声音"。

（三）战略

从不同视觉可以对战略作出不同的理解：战略是计划（"向前看"，又称为预先构想的战略）；战略是模式（"向后看"，又称为已经实现的战略，主要是参考过去的行为）；战略是定位，即特定产品在特定市场中开创独特的市场位置；战略是观念（"向下看"是为了找到产品与客户需求的结合点，"向上看"是为了寻找外部市场）；战略是策略，即为了智取对手或竞争者而设计的特定谋略。并且，战略存在于不同的层面上：企业有企业战略（即企业应从事什么行业）和经营战略（即企业如何在所处的行业内竞争）。

1. 总体战略

总体战略是企业的基本战略。按战略确定的中心不同可划分为低成本战略（包括价格求廉战略和数量求多战略）、差异化战略（包括品种求新战略和质量求优战略）和重点战略（将力量集中于某一特定市场或特定产品）。按质量涉及的地区范围可划分为全领域战略（涉及范围是全国乃至全世界）和局部领域战略（着重夹缝中求发展）。按企业偏离战略起点的程度不同，总体战略可分为退却型战略、稳定型战略和发展型战略。退却型战略，即采取从企业现有战略基础起点往后倒退的战略，这种战略一般在经济不景气、需求紧缩、资源有限、产品滞销时采用，包括以退为进战略和失败型的退却战略。稳定型战略，即企业采取措施防御竞争对手，但不主动出击，包括积蓄力量等待大发展的战略和顶住威胁、维持现状的战略。发展型战略，就是企业在现有基础水平上向更高一级的方向发展，包括：集中生产单一产品或服务；纵向一体化，即前向一体化（自行销售，控制市场）和后向一体化（控制原材料供应商）；横向多样化，即同生产或销售同一产品的企业联合，或控制该企业；混合多样化，即向不相关的方向发展；同心多样化，即向与本企业相关的方向发展，如提供相似的服务、生产相似的产品。

2. 职能战略

职能战略主要有市场战略、产品战略、技术战略和联合战略。市场战略包括市场选择战略（包括推出、维持和发展战略）和市场发展战略（包括市场开发、市场渗透、产品开发及其混合战略）。产品战略包括一产品对一市场、一产品对多市场、多产品对一市场等战略。技术战略包括技术领先、技术尾随、技术模仿等战略。联合战略包括联合经营、合并、合资等战略。

3. 战略关系

战略关系主要有与顾客的关系、与供应者的关系、与竞争者的关系等。与顾客的关系主要是服务与被服务的关系、卖与买的关系、选择与被选择的关系、争夺与被争夺的关系。与供应者的关系同与顾客的关系相似，只不过方向相反。与竞争者的关系体现在相互争夺市场和努力控制对方两个方面。

在处理战略关系时，应该：

（1）发现顾客需求差异，满足顾客差异需要。

（2）增强对供应者的吸引力，在资源供不应求、资源争夺激烈及旨为解决资源供应的后顾之忧时，可谋求与供应者联合。

（3）建立优势实力，增强与竞争者的抗衡能力。为减弱相互间的竞争及联合起来对外时，可考虑与竞争者联合。

4. 战略管理

公司战略决定公司的未来走向。在战略管理、资本经营和日常经营管理三者之间，战略管理是第一位的。公司战略是公司高层的首要任务。所谓战略管理就是制定、实施、评价企业战略以保证企业组织有效实现自身目标，重点涉及跨越营销、技术、组织、财务、研发、人力资源等职能领域的综合性问题。战略管理有两项任务是必须做的：对企业的外部环境和内部条件进行 SWOT 分析，即分析企业内部所具有的优势和弱点，及企业在外部环境中所面临的机会和威胁；建立竞争优势。战略制定过程的管理可采取如下步骤：确定战略经营单位；选择战略制定方式（自上而下制定、自下而上制定、上下结合制定、专门小组制定）；加强制定过程管理。战略实施过程的管理有两种模式：指令型实施模式和吸收有关单位共同参与模式。在战略管理活动中，应向组织成员灌输一种企业文化，以促使战略的顺利实施。在战略控制过程中，管理的主要任务是采取适当手段，使不适当的行为没有产生的机会，从而达到无须控制的目的。控制则包括具体活动的控制、成果的控制及人员控制。

从理论角度看，战略管理理论经历了以环境为基础的经典战略管理学派、以行业结构分析为基础的竞争战略理论、以资源和知识为基础的核心竞争力理论以及到目前的基于核心竞争力的企业战略联盟理论四个阶段。按照亨利·明茨伯格的划分，战略管理可分为 10 大学派：

（1）设计学派。就是设计出一个战略制定的模型以寻求内部能力和外部环境的匹配。该学派着重强调对外部和内部环境的评价：前者是揭示潜在的机会和威胁，后者要总结组织的优势与劣势。战略经过评估一经确定，接下来就要执行，该学派认为战略形成是一个孕育过程。

（2）计划学派。强调战略规划的作用，认为组织的任务就是从事某种必要的战略规划，而"阻碍"组织从事战略规划的首要原因是高级管理者不够重视，战略形成就是一个程序化过程。大多数战略规划模式都具有一个相同的基本思想：采用 SWOT 模式并将其分解成清晰的若干步骤，运用大量的分析材料和分析技术来完成每一个步骤。步骤开始时，重视目标的设定；步骤结束时，重视预算和经营计划的评估。

（3）定位学派。不仅强调战略制定过程的重要性，也强调战略自身的重要性，它通过聚焦于战略的内容将战略管理领域中的研究从传统的说明性分析扩展到实际调查。该学派认为战略形成是一个分析过程。

（4）企业家学派。不仅将战略形成过程完全集中到一个领导人身上，而且强调某些与生俱来的心理状态与过程，如直觉、判断、智慧、经验和洞察力。认为战略形成不是集体和文化的结晶，而是个人、领导者构思的产物，是一个构筑愿景的过程。

（5）认知学派。借鉴人类认知学科的相关知识，特别是认知心理学领域的研究成果，探索战略形成过程的本质，认为战略形成是一个心智过程。认知学派有两个分支：一个分支倾向于实证主义，它将知识的处理与构建看做一种试图勾画客观世界的结果（战略家的眼睛就像照相机）；另一个分支则认为所有的认知活动都是主观的，战略就是对世界的某种解释。

（6）学习学派。认为战略是个人或者群体在开始研究某种情境以及研究组织应对情境的能力时自然产生的，而非通过规划形成的。强调的是战略家必须不断地学习，战略学习的新方向包括：学习型组织、演化理论、知识创造、动态能力方法和混沌理论。

（7）权力学派。从权力（影响力）和政治等因素入手，把战略形成看做是一个明显受权力影响的过程，强调当权者将权力和政治手段应用于战略谈判以获得特殊利益。这一学派有微观权力和宏观权力两个分支，前者是关于组织内部的个人或团体的权力，后者则反映了组织与其环境（供应商、客户、竞争者、政府官员等）之间的相互依赖性。

（8）文化学派。文化是人类学的核心概念，文化学派认为战略形成是根植于文化中、受社会文化驱动力影响的过程，它关注文化对保持战略稳定性的影响。

（9）环境学派。把环境定位于战略形成过程中的三大力量之一（其他两个是领导力和组织），它认为组织是消极被动的，当外界环境发生变化时，组织会花费时间应对这种变化，并重新调整自己的议事日程，战略的制定过程就是一个映射外部环境的过程：要么组织按环境要求改变自己，要么使战略选择从组织和领导力中脱离出来并融入到环境中。

（10）结构学派。认为如果一个组织选择了一种存在状态（组织状态既有稳定连贯的时期，也有动荡变化的时期），那么战略制定就是组织从一个状态向另一个状态跃迁的过程。换言之，变革是结构的必然结果。结构学派描述了既定状态下战略的相对稳定性，同时穿插着偶尔向新战略的显著飞跃。

5. 作为战略实施工具的平衡计分卡

平衡计分卡（BSC）由罗伯特·卡普兰和大卫·诺顿在对绩效测评方面处于领先地位的 12 家公司进行为期一年的研究后发明的一种绩效管理模式，后来在实践中扩展为一种战略管理工具。平衡计分卡是世界上流行较广、被誉为"75 年来最具影响力的"战略管理工具。

平衡计分卡以企业的战略为基础，并将各种衡量方法整合为一个有机的整体，它既包含了财务指标，又通过顾客满意度、内部流程、学习与成长的业务指标来补充说明财务指标。其特点是始终把战略和远景放在其变化和管理过程中的核心地位，使企业在保持对财务业绩进行关注的同时，管制卓越而长期的价值和竞争业绩的驱动因素。从人力资源管理的角度来看，平衡计分卡系统地反映了人、财、事、物的完美统一。

平衡计分卡以平衡为诉求，寻求财务指标与非财务指标、长期目标与短期目标、结果性指标与动因性指标、企业组织群体与外部群体、领先指标与滞后指标之间的平衡。针对不同的市场地位、产品战略和竞争环境，应用者应设计出各具特色的平衡计分卡，以便使之与自己的使命、战略、技术和文化相符。在我国，越来越多的领域开始运用平衡计分卡，其中包括金融领域。

平衡计分卡的核心思想就是通过四个维度指标之间的因果关系展现组织的战略轨迹，实现绩效考核—绩效改进以及战略实施—战略修正的战略目标过程。每个维度的战略目标及指标体系，如表 3－1 所示。

表 3-1 平衡计分卡的四个维度

维度	战略目标	指标体系
财务维度	股东价值	收入增长指标、成本减少或生产率提高指标、资产利用或投资战略指标。更加具体的指标包括经济增加值、净资产收益率、资产负债率、投资报酬率、销售利润率、成本降低率、现金流量净额等
	增加收入/降低成本	
	提高资产利用与投资	
客户维度	赢得更多的客户	市场和客户份额、客户保持率、客户获得率、客户满意度、客户获利率、客户利润贡献率
	成为价格领导者	
	改善运营效率	
内部流程维度	降低成本计划	评价企业创新能力的指标,如新产品开发所用时间、开发费用与营业利润比例;评价企业生产经营绩效的指标,如产品和服务的质量/成本;评价企业售后服务绩效的指标,如企业对产品故障的反应时间与处理时间
	建立知识管理系统	
	减少非增值的活动	
学习与成长	培训的最佳实践	评价员工能力的指标,如员工满意程度、员工流失率、员工生产率、员工培训次数;评价企业信息能力的指标,如信息覆盖率;评价激励、授权与协作的指标,如员工所提建议与采纳的数量
	关于运营绩效的数据库网络	
	围绕核心竞争力重新整合组织	

从企业实践看,平衡计分卡的实施流程包含以下几个环节:

(1)确定一个明确的战略目标,且这一目标能够在整个组织内部得到沟通和广泛的认同。

(2)确定战略主题来界定战略活动的范围与主要任务,从而保证战略总目标的实现。

(3)开发战略地图。各维度指标确定后,所要做的就是在选择的指标之间寻找因果关系链条并绘制战略规划图,以便使得企业通过相互支持、逻辑关联的指标来最直观地反映出企业的战略。进行因果链分析的重要工具是价值树模型,即在指标之间寻找对应的逻辑关系,在价值树模型图上分别列出企业的战略目标、对应的关键绩效指标及驱动这些指标的关键驱动流程及对应的指标,最后确定可能要涉及的部门。

(4)设计能够反映战略要求的指标体系。指标的设计一定要突出重点,抓住关键,具体而不空泛,精简而不庞杂,准确而不偏颇,以 25~30 个指标为宜,其中财务维度应包括 3~4 个指标,客户维度应包括 5~8 个指标,内部流程维度应包括 5~10 个指标,学习与成长维度应包括 3~6 个指标。

(5)为每一个衡量指标建立一个标准值或称作目标值,作为企业对未来绩效水平的期望值。目标值通常基于企业过去的绩效水平,考虑行业发展趋势和竞争态势,参照行业最佳水平来设立,既要具有现实性和挑战性,又要通过努力能够达到。

(6)制定行动计划并实施,通过执行行动计划来完成指标,从而实现战略目标。

企业实施平衡计分卡应该关注以下几点:

(1)高层亲自推动,整个企业要克服沟通与共识上的障碍。

(2)量身定做平衡计分卡,不能照搬模板或其他企业的平衡计分卡。

(3)坚持全员参与,反复沟通,让企业所有人都能理解和掌握战略,并在自身工作中贯彻。

（4）及时调整平衡计分卡中不合理、不完善的地方。

（5）成立项目小组，设计、组织、推动平衡计分卡的实施。

（6）平衡计分卡的设计要体现真实有用原则，尽可能简单化，使每个人都能理解并迅速执行。

（四）组织设计

组织设计包含职能设计、管理幅度和管理层次设计、部门设计、职权设计、组织再设计等内容。在企业重组时，搞好组织设计显得十分重要。

1. 职能设计

在进行职能设计时，首先要对职能进行分析，以确定职能类型。职能类型可细分为对外经营职能和对内管理职能；高、中和基层职能；生产管理、技术管理、供销管理、人事管理、财务管理等职能；专业性职能、综合性职能和服务性职能；关键职能和次要职能；决策性职能、执行性职能和监督保证性职能。

在进行职能设计时，还要考虑到职能变更。主要考虑：职能是否需要增减；职能的具体内容是否需进一步细化；是否有必要强化某些职能。

2. 管理幅度和管理层次设计

管理幅度定义为一名领导者直接领导的下级人员的数量；管理层次定义为从企业最高一级管理组织到最低一级管理组织的各个组织等级，每一组织等级即为一个管理层次。

管理幅度设计应考虑的因素包括：

（1）管理工作的性质。管理工作复杂多变、富于创造性，则管理幅度应小些。下级工作人员工作如相似，则可扩大管理幅度。

（2）人员素质。领导及其下属素质高，则可扩大管理幅度。

（3）下级人员职权合理程度。授权合理、职责明确、责权一致时，管理幅度可大些。

（4）计划与控制的明确性及其难易程度。计划制定的详细具体、切实可行时，可加大管理幅度。

（5）信息沟通的效率与效果。效率高、效果好，则可考虑加大管理幅度。

（6）组织变革速度。变革快时，应缩小管理幅度。

（7）下级人员和单位空间的分布。分布范围窄，可加大管理幅度。

确定管理幅度可采取以下步骤：

（1）确定影响管理幅度的主要变量。变量包括职能的相似性、地区的相近性、职能的复杂性、指导与控制的工作量、协调下级部门步调一致的工作量。

（2）确定各变量对上级领导人工作负荷的影响程度。首先，按每个变量本身的差异程度将其划分若干等级。然后，根据处在不同等级上的变量对上级工作负荷的影响程度，分别给予相应的权数。

（3）确定各变量对管理幅度总的影响程度，并通过修订加以确定。

（4）确定具体的管理幅度。

确定管理层次可按以下步骤：

（1）按照企业的纵向职能分工，确定企业基本的管理层次。如可将集中经营与管理的企业划分为经营决策层、专业管理层和作业管理层三个基本层次。

（2）按照有效管理幅度推算具体的管理层次。

（3）按照效率原则，确定具体的管理层次，并根据具体情况作局部修正。

无论是确定管理幅度还是确定管理层次，都应遵守如下原则：

（1）尽量减少管理层次和各级副职。

（2）正确处理管理层次与管理幅度的关系。一般而言，管理层次应在管理管理幅度已确定的前提下进行。

3．部门设计

部门设计有高层管理部门和基层管理部门之分。

高层管理部门承担的是关键性业务活动，这些活动其他部门不宜承担或承担不起。关键性业务活动主要有：确定企业任务、目标、战略和计划，进行战略实施的组织与控制；确定企业的组织设计方案，并组织实施；选用干部，特别是关键部门领导和高层领导；建立和发展企业对外的重要社会关系；主持和参加企业例会及临时性会议，参加必须出席的下级部门的重要问题；处理突发性问题；高层组织自身建设工作；组织培育企业文化。

由于高层管理部门在企业中的位置非常重要，因此在进行部门设计时尤其要注意搞好高层管理班子的建设：

（1）注意领导人的搭配，以充分发挥集体领导的优势。基本原则是担任高层管理职务的人不宜再兼任下级部门的职务。

（2）建立健全高层管理的参谋机构，如政策研究室、业务研究部等，其职责主要是：围绕企业长远发展和重大决策，进行调研并提出战略性建议；密切注意企业内外部环境变化，及时向领导提出建议；提供咨询；追踪决策的执行情况，反馈给高层领导，并提出改进或补救建议。

至于基层管理部门的设计，关键是把基层管理的主要业务和权力放在作业现场，尤其要吸收一线员工参与管理。

4．职权设计（决策权力分配）

职权按在管理过程中的职能可分为经营决策权、生产指挥权、监督权和咨询权，按职权关系可分为命令权（上级指挥下级）、参谋权和职能职权。职能职权是指劳动人事、财务、技术、销售等职权。

职权设计需遵循的基本原则包括：

（1）维护统一原则，包括首脑负责制、正职领导副职、一级管一级、只能有一个上级等具体内容。贯彻此原则时应注意处理参谋职权和职能职权的关系，一般做法是参谋部门只能提建议而不能指挥，职能职权只能用于真正必要的业务上。

（2）权责一致原则，即决策权、指挥全和用人权不能脱节。

（3）集权与分权相结合。

（4）让参谋机构发挥作用。应注意参谋机构不能直接向下级发号实令，但可以越级向上级报告。

（5）用书面方式对职权作出确切、具体、全面的规定。

在进行职权设计时，应搞好职权的纵向配置与横向分立、协调。纵向配置的关键是处理好集分权关系。处理此关系需考虑如下因素：产品结构及生产技术特点，如生产经营各环节联系紧密的，则要求集权多些，而跨行业经营、技术差别大、市场或销售渠道各不相同的，则分权可多些；环境条件及经营战略，如环境多变的，分权可多些；企业规模与组织形式，如规模大的企业，分权可多些；企业干部条件和管理水平；办公自动化程度。除考虑上述因素外，纵向配置职权时，还应坚持以下两个配置原则：

（1）每一项决策，有权对其作出决定的层次，应该是能够全面考虑受该决策影响的所有业务活动及管理目标的层次，以保证局部优化和整体优化的统一；每一项决策，应尽量由最低可能层次和最接近作业现场的部门和人员去制定，以便使决策者能真正掌握第一手资料。

（2）可先由下级就工作性质提出决策权要求，上级平衡后再作出决策权分配。

职权的横向分立与协调是既矛盾又统一的关系，职权横向分立的主要任务是搞好部门间职权的衔接，以保证各部门的业务活动能顺利进行。部门间职权主要包括建议权（向其他部门提建议）、协助权（向其他部门提供服务或帮助）、确认权（对其他部门的提议或建议予以认可的权力）、协商权（同其他部门协商后再作决策）、接受协商权（有权参加协商但不能作决策的部门的权力）、接受通知权（获取关于某项业务进展情况通知的权力）。

至于搞好职权的横向协调，主要是通过以下途径来达到：

（1）通过制定管理规范，来建立正常的工作秩序。

（2）定期召开例会，解决部门间冲突问题。

（3）联合办公和现场调度。

（4）主管部门组织会审会签，协调解决。

（5）设置固定的联络员，专门与其他部门保持沟通。

（6）设立临时或专职协调部门。

（7）建立跨部门联谊组织，开展横向联系。

（8）设立专职或兼职的人员或部门进行监督，以避免各行其是。

5. 制度、规则等管理规范设计

管理制度有基本管理制度和专项管理制度之分。基本管理制度包括企业领导制度、民主管理制度、经济责任制等。专业管理制度包括人事管理制度（劳动考勤、职工录用、职工奖惩、职工培训、劳动保护、定员管理等制度）；财务管理制度（内部经济核算、成本管理、固定资产管理、流动资金管理、专项资金管理等制度）；生活后勤制度（医疗卫生管理、职工食堂管理、基本建设管理、卫生管理等制度）；销售管理制度（市场调查与预测管理、销售价格管理、广告宣传管理、销售服务管理、用户退货管理、销售人员管理等制度）；生产管理制度（作业计划、生产调度、质量管理、计量管理、设备管理、安全管理、采购管理等制度）；科技管理制度；部门和岗位制度。

6. 组织再设计

组织再设计是指当企业出现经营成绩下降、士气低落、决策迟缓、指挥不灵、扯皮增多等情况时，企业进行的组织改造活动。可通过问卷调查、座谈会、个别面谈等形式，了解组织面临的问题，并对这些问题进行分析，针对问题进行解决。组织再设计时应采取积极慎重的方针，先做好组织改革的宣传，尽量排除改革的阻力。

四、会计学知识

为使大家在短时间内能对会计学知识有个初步的了解，下面简单给出了一些会计学术语的基本定义，包括会计假设、会计科目、会计准则等。

（一）会计假设

会计假设是指企业在组织会计核算工作中，必须具备的前提条件，主要包括：

（1）会计主体假设。会计主体可以是一个企业，也可以是一个由众多企业联合起来的企业集团。凡是法人都可成为会计主体，但会计主体不一定都是法人。会计主体亦即会计为之服务的特定单位。持续经营假设。指在正常的情况下，会计主体按照既定的经营方针和经营目标，会无限期地经营下去，而不会破产停业清算。作此假设是为了建立会计确认和计量原则，意义在于企业的资产计价按实际成本计算，并为采用权责发生制铺平道路。

（2）会计分期假设。会计期间通常是一年，称为会计年。

（3）货币计量假设。该假设要求对所有会计核算的对象采取同一种货币作为统一的尺度来予以计量，并把企业经营活动和财务状况转化为统一货币单位反映。

（二）会计科目

会计科目是指对资产、负债、所有者权益、收入、费用、利润等会计要素所进行的具体分类。

（三）会计准则

我国财政部于 2006 年 2 月颁布了新《企业会计准则》并于 2007 年 1 月 1 日开始施行。新《企业会计准则》包括 1 个基本准则和 38 个具体准则。38 个具体准则涉及存货、长期股权投资、投资性房地产、固定资产、生物资产、无形资产、非货币性资产转化、资产减值、职工薪酬、企业年金基金、股份支付、债务重组、或有事项、收入、建造合同、政府补助、借款费用、所得税、外币折算、企业合并、租赁、金融工具确认和计量、金融资产转移、套期保值、原保险合同、再保险合同、石油天然气开采、会计政策和会计估计变更及差错更正、资产负债表日后事项、财务报表列项、现金流量表、中期财务报告、合并财务报表、每股收益、分部报告、关联方披露、金融工具列报和首次执行企业会计准则。

新《企业会计准则》规定：企业应当对其本身发生的交易或者事项进行会计确认、计量和报告，企业会计确认、计量和报告应当以持续经营为前提，企业应当划分会计期间、分期结算账目和编制财务会计报告，企业会计应当以货币计量、采用借贷记账法记账、以权责发生制为基础进行会计确认、计量和报告。

（四）会计要素

企业应当按照交易或者事项的经济特征确定会计要素。会计要素包括资产、负债、所有者权益、收入、费用和利润。企业在对会计要素进行计量时，一般应当采用历史成本，采用重置成本、可变现净值、现值、公允价值计量的，应当保证所确定的会计要素金额能够取得并可靠计量。在历史成本计量下，资产按照购置时支付的现金或者现金等价物的金额，或者按照购置资产时所付出的对价的公允价值计量。负债按照因承担现时义务而实际收到的款项或者资产的金额，或者承担现时义务的合同金额，或者按照日常活动中为偿还负债预期需要支付的现金或者现金等价物的金额计量。

资产是指企业过去的交易或者事项（包括购买、生产、建造等）形成的、由企业拥有或者虽然不拥有但能实际控制、预期会给企业直接或者间接造成现金等价物流入（即带来经济利益）的资源。同时满足以下条件的，可以确认为资产：与该资源有关的经济利益很可能流入企业；该资源的成本或者价值能够可靠地计量。只有同时符合资产定义和资产确认条件的项目，才可列入资产负债表。

负债是指企业过去的交易或者事项形成的、预期会导致经济利益流出企业的现时义务（即在现行条件下已承担的义务）。同时满足以下条件的，可以确认为负债：与该义务有关的经济利益很可能流出企业；未来流出的经济利益的金额能够可靠地计量。同时符合负债定义和负债确认条件的项目，可以列入资产负债表。

所有者权益是指企业资产扣除负债后由所有者享有的剩余权益，又称为股东权益，包括所有者投入的资本、直接计入所有者权益的利得和损失、留存收益等。所有者权益项目应当列入资产负债表。

收入是指企业在日常活动中形成的、会导致所有者权益增加的、与所有者投入资本无关的经济利益的总流入。收入只有在经济利益很可能流入从而导致企业资产增加或者负债减少且经济利益的流入额能够可靠计量时才能予以确认。同时符合收入定义和收入确认条件的项目，应当列入利润表。

费用是指企业在日常活动中发生的、会导致所有者权益减少的、与向所有者分配利润无关的经济利益的总流出。费用只有在经济利益很可能流出从而导致企业资产减少或者负债增加且经济利益的流出额能够可靠计量时才能予以确认。符合费用定义和费用确认条件的项目，应当列入利润表。

利润是指企业在一定会计期间的经营成果。利润包括收入减去费用后的净额、直接计入当期利润的利得和损失等。利润项目应当列入利润表。

（五）财务会计报告

财务会计报告是指企业对外提供的反映企业某一特定日期的财务状况和某一会计期间的经营成果、现金流量等会计信息的文件。包括会计报表及其附注和其他应当在财务会计报告中披露的相关信息和资料。会计报表则至少应当包括资产负债表、利润表、现金流量表等报表。小企业编制的会计报表可以不包括现金流量表。

五、统计学知识

（一）统计总体与总体单位

统计总体是客观存在的在同一性质基础上结合起来的许多个别事物组成的整体；构成统计总体的个别事物成为总体单位。对任何经济现象进行统计分析，事前都要确定统计总体和总体单位。如客户经理准备对总资产在 5 亿以上的制造业企业进行效益分析，则所有总资产在 5 亿元以上的制造业企业就构成了统计总体，其中每一家企业就成为总体单位。

（二）标志、标志的具体表现和统计指标

统计学意义上的标志是指说明总体单位特征的名称，有品质标志和数量标志之分。品质标志表示事物的质的特征，如客户所在的行业、客户经理的性别等；数量标志表示事物的量的特性，即可以用数值表示的特征，如客户的现金流量、客户经理小组的成员数量等。

标志的具体表现是在标志名称之后所表明的属性或数字，如某客户的经营活动现金流量是 5000 万元，某客户所在的行业为机械制造行业等。

统计指标是指反映总体现象数量特征的概念和具体数值。一个完整的统计指标包括六个构成要素：指标名称、计量单位、计算方法、时间限制、空间限制与指标数值。如2003 年 12 月甲客户在北京地区的分公司共完成利润 5000 万元人民币。

（三）统计指标的种类

从统计指标所说明的总体现象的内容不同，可以分为数量指标和质量指标；从统计指标的作用和表现形式来讲，可分为总量指标、相对指标、平均指标和标志变异指标。

数量指标反映总体绝对数量的多少，如客户数量，它的数值随总体范围的大小而增减。质量指标是说明总体内部数量关系和总体单位水平的统计指标，如客户构成中制造业客户和服务业客户的比例，客户经理小组中男女客户经理的比例等。

总量指标是反映总体现象规模的统计指标，是说明总体现象广度的，它表明总体现象发展的结果。按其反映的时间状况不同可分为时点指标和时期指标：时点指标反映总体在某一时刻上状况的总量指标，时期指标反映总体在一段时间内活动过程的总量指标。时期指标的数值可以连续计数，其各期数值直接相加可以说明较长时期内某一经济现象发生的总量。

相对指标是两个有联系的总量指标相比较的结果，是反映某些相关事物之间数量联系程度的综合指标。相对指标的数值有两种表现形式：系数、倍数、成数、百分数等无名数；平均每名客户经理创造效益等用来表明密度、普遍程度、强度的有名数。相对指标又可细分为：结构相对指标（以部分数值与总体数值对比求得比重或比率，来反映总体内部组成状况）、比例相对指标（总体中某一部分数值/总体中另一部分数值，反映总体中各组成部分之间数量联系程度和比例关系）、强度相对指标（某一总量指标数值/另一有联系但性质不同的总量指标数值，如每名客户经理服务的客户数量）、计划完成情况相对指标（实际完成数/计划数）、动态相对指标（有发展速度和增长速度两种，发展速度等于报告期水平除以基期水平，发展速度为增长速度减去 1，发展速度和增长速度均有定基和环比之分）。

平均指标是在同质总体内，将各单位数量差异抽象化，按照某个数量标志来反映总体在一定时间、地点条件下一般水平的统计指标，如客户经理小组成员的平均收入等。平均指标又可分为：算术平均数（总体标志总量/总体单位总数，分为简单算术平均数和加权算术平均数）、调和平均数（是标志值倒数的算术平均树的倒数，分为简单调和平均数和加权调和平均数）、几何平均数（几个变量值乘积的 n 次方根）、中位数和众数。

标志变异指标是反映总体单位标志值分布特征的指标，它反映着总体各单位标志值的差异程度，亦即反映分配数列中各标志值的变动范围或离差程度。平均指标反映标志值的一般水平，而标志变异指标反映标志值的差异性。标志变异指标分为全距（最大标志值—最小标志值）、平均差（各个标志值对其算术平均数的平均离差）和标准差（离差平方平均数的平方根，又称均方根差）。

（四）　长期趋势的测定

测定长期趋势就是测定客观现象在某一个相当长的时期内持续发展变化的趋势。测定方法有移动平均法、半数平均法和最小平方法。移动平均法是采用逐项递移的方法分别计算一系列移动的序时平均数，形成一个新的序时平均数时间序列，该序列呈现出现象在较长时间内的基本发展趋势。半数平均法是将时间数列各项数值平均分为两部分，各求其平均数，然后将这两个平均数绘在图上，据此可确定两点，连接此两点即成为趋势直线。最小平方法是分析长期趋势较常用的方法，其中心思想是通过数学公式配作一条较为理想的趋势线，这条趋势线满足两个要求：原数列与趋势线的离差平方和最小；原数列与趋势线的离差总和为 0。

（五）　指数和指数体系

指数是用来测定一个变量对于一个特定的变量值大小的相对数。

（1）　个体指数和总指数。例如，反映一种商品价格变动的价格指数称为个体价格指数；综合反映多种商品价格平均变动程度的价格指数称为价格总指数。

（2）　简单指数和加权指数。当由个体指数计算总指数时，用个体指数简单平均的方法求得的总指数称为简单指数；用个体指数加权平均的方法求得的总指数称为加权指数。

（3）　综合指数、平均数指数与平均指标指数。综合指数是总指数的一种形式，凡是一个总量指标可以分解为两个或两个以上的因素指标时，将其中一个或一个以上的因素指标固定下来，仅观察其中一个因素指标的变动程度，这样的总指数就叫综合指数；平均数指数是个体指数的加权平均数，又包括加权算术平均数指数和加权调和平均数指数；平均指标指数是两个平均指标值对比形成的指数。

（4）　数量指标指数和质量指标指数。

（5）　动态指数和静态指数。

（6）　定基指数和环比指数。

经济上有联系、数量上有关系的三个或三个以上的指数组成指数体系，指数体系可以综合地反映事物的变动状况。

（六）　统计调查

统计调查有多种方式方法。按调查对象包括的范围不同分为全面调查和非全面调查。对构成调查总体的所有个体——进行调查登记是全面调查，只对其中的部分个体进行调查登记为非全面调查。按调查登记的时间是否带有连续性分为经常性调查和一次性调查。按组织方式的不同分为统计报表和专门调查。按收集资料的方法不同分为直接观察法、采访法和逐级报告法。此外，还有普查（专门组织的、一次性的全面调查）、重点调查（对调查对象范围内的一部分重点单位进行调查，所谓重点单位是指调查的标志值在总体中占很大比重、能够反映出总体基本情况的单位）、抽样调查（从调查对象总体中随机抽取一部分单位作为总体的代表，用样本指标数值来推算总体指标数值）

和典型调查（选择总体中的典型单位进行调查，典型单位不一定是重点单位）等多种调查方式。

在进行调查时需明确两个概念：调查对象和调查单位。调查对象是需要调查的社会现象的总体，而调查单位是要调查的社会现象总体所组成的个体，也就是在调查对象中所要调查的具体单位。

（七）统计整理、统计分组与次数分布

统计整理是指根据统计研究的目的，将统计调查所得的原始资料进行科学的分类与汇总，或对已经加工过的资料进行再加工，为统计分析准备系统化、条理化的综合资料的工作过程。作为一个相对独立的工作阶段来说，统计整理主要指对原始资料的整理，涉及统计分组与次数分布。

统计分组就是根据统计研究的需要，将统计总体按照一定的标志区分为若干个组成部分，是在统计总体内部进行的一种定性分类：对总体而言，是"分"，即将总体区分为性质相异的若干部分；对个体而言，是"合"，即将性质相同的个体进行组合。统计分组的关键在于选择分组标志和划分各组界限。可按数量标志或品质标志进行分组，分组标志一经选定，必将突出总体在此标志下的性质差异，而将总体在其他标志下的性质差异掩盖起来；划分各组界限，就是要在分组标志的变异范围内，划定各相邻组间的性质界限和数量界限。

次数分布就是在统计分组的基础上，将总体中的所有单位按组归类整理，形成总体中各个单位数在各组间的分布。分布在各组中的个体单位数叫次数，各组次数与总次数之比称为频率。将各组组别与次数依次排列而成的数列称为分布数列。根据分组标志特征的不同，分布数列可分为属性分布数列与变量分布数列。影响次数分布的因素主要有：

（1）组距与组数组距的大小与组数的多少成反比。各组组距相等的，称为等距数列；各组组距不相等的，称为异距数列。

（2）组限和组中值。划分连续变量的组限时，相邻组的组限必须重叠；划分离散变量的组限时，相邻组的组限必须间断。组中值用来代表组内变量值的一般水平，前提是：各单位的变量值在本组范围内呈均匀分布或在组中值两侧呈对称分布。

第三节 客户经理的金融知识

一、基本知识

关于货币及货币流通、银行信用、利息和利息率、金融资产、汇率等概念，人们都较熟悉。下面重点介绍一些较重要且基本的金融知识。

（一）金融体系

金融体系是金融机构、金融市场与金融工具的统称。其中，金融机构包括：中央银行即中国人民银行；政策性银行指国家开发银行、进出口银行和农业发展银行；国有控股及

独资商业银行有中、农、工、建；其他银行有交通银行、中信银行、中国光大银行、浦发银行、兴业银行等；非银行金融机构包括保险公司、信托投资公司、财务公司等。

（二）金融市场

金融市场是资金供求双方通过金融性工具进行资金融通的场所。按不同标准，可对金融市场进行不同的分类。

按资金交易期限划分，金融市场可划分为货币市场和资本市场。货币市场是指融资期限在一年以内，包括票据转让与贴现、金融机构间资金拆借、定期存单买卖、短期存款和贷款、短期债券市场等。资本市场是指融资期限在一年以上，包括股票市场、长期债券市场、长期借贷市场、金融衍生市场等。

按金融交易程序划分，金融市场可分为发行市场和流通市场。发行市场又称初级市场、一级市场，包括股票、债券、票据等有价证券的最初发行市场。流通市场又称次级市场、二级市场。

按金融资产形式划分，金融市场可分为拆借市场、票据市场、存单市场、证券市场、黄金市场、外汇市场（银行结售汇市场和银行间外汇市场）和保险市场。

按交割期限划分，金融市场可分为现货市场、期货市场和期权市场（买卖选择权）。

（三）货币供给与货币需求及货币均衡

按流动性强弱，我国货币供应量可划分为如下层次：M0：现金通货，即流通中现金；M1：M0＋银行活期存款；M2：M1＋储蓄存款＋单位定期存款＋财政金库存款；M3：M2＋商业票据＋短期融资债券。

货币供给决定公式为：货币供应量＝基础货币×货币乘数。我国的基础货币由金融机构库存现金、流通中货币、金融机构特种存款、金融机构交存准备金等构成。

货币需求包括居民个人需求（消费、储蓄和投资）、企事业单位货币需求（交易需求和投资需求）和政府部门需求（交易需求、储备需求和投资需求）。

货币均衡是指货币供给量与国民经济对货币的需求一致。银行信贷收支和财政信贷收支都对货币均衡有影响。

（四）国际收支与外汇管理

国际收支项目包括经常项目、资本项目和平衡项目。经常项目是反映本国与外国交往中经常发生的项目，包括贸易收支、劳务收支和无偿转让。资本项目是反映资本流入和流出的项目，分为长期资本（指偿还期超过一年或未规定偿还期的资本，其主要形式有直接投资、证券投资、长期贷款）和短期资本（指即期付款的资本和合同规定借款期为1年或1年以下的资本）。平衡项目包括国际储备（黄金储备、外汇储备、国外借款、国际货币基金组织分配的特别提款权和其他提款权）和"错误和遗漏"。

调节国际收支的措施主要有：鼓励出口，抑制进口，减少贸易逆差；调整汇率以调节国际收支差额；调整利率，以影响资本的流出和流入；运用政府间信贷和国际金融机构的贷款，以调节国际收支；加强外汇管理，包括进行行政干预。

对经常项目外汇管理，我国采取的政策是：实行银行结售汇制，实现人民币经常项目可兑换；实行进出口收付汇核销管理；实行暂收待付外汇和专项外汇账户管理；实行国际收支统计申报制度；禁止在境内以外币计价、结算和流通，建立银行间外汇市场，改进外汇形成机制。对资本项目外汇管理，我国采取的基本思路是：先放松流入，后放松流出；先放开长期资本流动，后放开短期资本流动；优先放开对金融机构的管制，后放开对非金融机构和居民个人的管制；先放开有真实背景的交易，后放开无真实背景的交易。

（五）外债管理

外债是指境内机构对非居民承担的以外币表示的债务，其中境内机构是指在中国境内依法设立的常设机构，包括但不限于政府机关、金融境内机构、企业、事业单位和社会团体，非居民是指中国境外的机构、自然人及其在中国境内依法设立的非常设机构。外债主要包括外国政府贷款、国际金融组织贷款和国际商业贷款等。

外债管理从内容看，可分为：规模管理，即确定中长期和年度合理负债水平；结构管理，包括融资结构、期限结构、利率结构、币种结构、市场与国别结构等；投向管理；风险管理（建立偿债风险基金、采用期权等金融工具使债务合理化）。对于外债偿还，我国从财政角度确立了"谁借款，谁偿还"的总原则，具体分为统借统还、统借自还和自借自还三种方式。

（六）通货膨胀、通货紧缩与流动性陷阱

（1）通货膨胀。是指商品和劳务的价格普遍持续上升，货币不断贬值。作为一种经济现象，这种现象包含三个变量：一是货币扩张；二是商品供不应求；三是货币贬值。三者的关系是：货币扩张是货币贬值的结果，而不是货币贬值的原因。由于商品供不应求和货币贬值，为了平衡工资和物价指数变化以及扩大投资生产，政府和企业扩大信贷，导致货币扩张。通货膨胀的原因是社会总商品供求关系失衡（商品供不应求）。通货膨胀表明社会"持货率"增长速度超过"持币率"增长速度。

（2）通货紧缩。是与通货膨胀相对应的一种经济现象，一般指价格总水平的持续性下降，并同时出现经济衰退和货币与信贷紧缩。也就是一国发行的货币量少于现实流通中和经济交易中所需的货币量，其表现为总体需求的不足。其他表现形式包括：职工下岗、物价负增长、企业负债率高涨、投资"套牢"、经济增速下滑、银行利率连续下调、资源消耗量萎缩。与通货膨胀相比，通货紧缩的危害在于：消费者预期价格将持续下跌，从而延后消费，打击当前需求；投资期资金实质成本上升，回收期价格下跌，令回报下跌，从而遏制投资。通货紧缩出现的原因，一是生产过剩，产品供给大于需求，促使大量产品销不出去；二是需求不振。

（3）流动性陷阱。是指经济中的代表性利率已经下降到某个程度，而国内的投资和消费需求依然不振，靠增加货币供应量不再能影响利率或收入，货币政策就处于对经济不起作用状态。在流动性陷阱下，人们在低利率水平时仍愿意选择储蓄，而不愿投资和消费。此时，仅靠增加货币供应量就无法影响利率。当利率为零时，即便中央银行增加多少货币供应量，利率也不能降为负数，由此就必然出现流动性陷阱。另外，当货币和债券利率都为零时，由于持有货币比持有债券更便于交易，人们不愿意持有任何债券。在这种情况下，即便增加多少货币数量，也不能把人们手中的货币转换为债券，从而也就无法将债券的利率降低到零利率以下。流动性陷阱表现为两个方面：首先，金融体系的流动性极其充足，即所谓的"宽货币、紧信贷"现象。其次，反映资金供求状况的银行间市场利率已经降到了极低水平。

一个国家的经济陷入流动性陷阱主要有三个特点：整个宏观经济陷入严重的萧条之中，需求严重不足，居民个人自发性投资和消费大为减少，失业情况严重，单凭市场的调节显得力不从心；利率已经达到最低水平，名义利率水平大幅度下降，甚至为零或负利率，在极低的利率水平下，投资者对经济前景预期不佳，消费者对未来持悲观态度，这使得利率刺激投资和消费的杠杆作用失效，只能依靠财政政策，通过扩大政府支出、减税等手段来摆脱经济的萧条；货币需求利率弹性趋向无限大。

二、中央银行知识

中央银行具有"发行的银行（垄断货币发行）"、"银行的银行（集中存款准备金、统一商业银行之间的票据交换和清算以及为普通银行提供支付保证即充当最后贷款人）"和"政府的银行（制定和实施货币政策、保障银行稳健运行，代表政府参加国际金融组织和各项国际金融活动，为政府服务）"三个基本属性。

（一）中央银行的业务

表 3－2　中央银行业务的主要分类表

银行性业务		管理性业务
资产负债业务	其他业务	
货币发行业务	支付清算业务	存款准备金管理
准备金及其存款业务	经理国库业务	货币流通管理
发行中央银行证券	会计业务	货币市场监管
再贴现与贷款业务		黄金外汇管理
公开市场业务		征信管理
黄金外汇业务		金融风险的评估与管理
注：根据不同的分类标准，中央银行的业务可以有多种分类。将中央银行业务分为银行性业务和管理性业务的标准是看该业务是否与货币资金的运动相关。其他分类有：按是否进入资产负债表分为表内业务和表外业务，按中央银行的性质分为货币发行业务、政府银行的业务、银行的银行业务等。		反洗钱和金融安全管理
		国际金融活动与协调管理
		金融统计业务
		对金融机构的稽核、检查与审计

中央银行的负债是指金融机构、政府、个人和其他部门持有的对中央银行的债权。

（1）中央银行的存款一般分为商业银行等金融机构的准备金存款、政府存款、非银行金融机构存款、外国存款和特定机构存款等几种。其中，准备金存款是中央银行存款业务中数量最多、作用最大的一项，主要目的在于配合中央银行实施货币政策和宏观调控。存款准备金率规定了所有商业银行吸收的存款必须按照法定比率提取准备金并缴存中央银行，其余部分才能用于放款和投资。我国按旬平均余额、在当旬第 5 日或下旬第 4 日营业终了时由一级法人存入人民银行总行或法人注册地人民银行分支机构。法定存款准备金率的高低可以直接影响商业银行资产的流动性，实际上也就控制着放款与投资的数量，从而进一步起着调节货币供应量的作用。对不同的金融机构，按照其资本充足率、不良贷款率等情况，实行不同的存款准备金率，以形成"扶优限劣"的激励机制。

（2）货币发行。货币发行有两种含义：货币从中央银行的发行库通过商业银行的业务库流到社会；货币从中央银行流出的数量大于从流通中回笼的数量。货币发行按其性质分为经济发行（中央银行根据国民经济发展的客观需要增加货币供应量）和财政发行（因弥补国家财政赤字而进行的货币发行）。货币发行时，要以某种贵金属或某几种形式的资产作为其发行货币的准备（货币发行的准备制度），从而使货币的发行量与某种贵金属或某些其他资产的数量之间建立联系和制约。发行货币的准备金一般包括现金准备（黄金、外汇等流动性极强的资产）和证券准备（能在金融市场上流通的证券，如短期商业票据、政府公债等）。当前世界上大多数工业国家的货币发行现金准备率都比较低，主要采取证券准备作为发行基础。

（3）发行中央银行债券。中央银行债券是为调节金融机构多余的流动性，而向金融机构发行的债务凭证，如中央银行票据。中央银行债券发行时可以回笼基础货币，到期清算则体现投放基础货币。在公开市场上发行中央银行债券时，按竞标标的不同可分为数量招标和价格招标两种方式。

（4）对外负债。为平衡国际收支、维持本国汇率的既定水平及应对货币危机，中央银行一般都承担一定的对外负债，包括从国外银行借款、对外国中央银行的负债、国际金融机构的贷款、在国外发行的中央银行债券等。

（5）资本业务。中央银行的资本来源，即自有资本的形成主要有四个途径：中央政府拨款、地方政府或国有机构出资、私人银行或部门出资（这种情况不多见）、成员国中央银行出资（如欧洲中央银行）。中央银行的资本主要由法定资本、留存收益、损失准备、重估储备组成。在我国，中央银行的盈利按核定比例提取总准备金后全部上交中央财政，亏损全部由中央财政承担。

中央银行的资产是指中央银行在一定时点上所拥有的各种债权。中央银行的资产业务主要包括再贴现业务、贷款业务、证券买卖业务和黄金外汇储备业务。

（1）再贴现和贷款业务是中央银行对商业银行等金融机构提供融资的两种方式，是中央银行充当"银行的银行"的重要体现。其中，中央银行的贷款包括对金融机构的贷款、对政府的贷款（用于平衡政府收支）、对特定目的与用途的贷款（我国为支持老少边穷地区的经济开发所发放的贷款）、对外国政府和国外金融机构的贷款。

（2）证券买卖业务的主要目的在于直接投放和回笼基础货币，调节金融体系的流动性，并引导货币市场利率，传达货币政策意图，为中央银行货币政策操作的三大基本工具之一。我国中央银行在公开市场上买卖的证券主要是国债、政策性金融债以及中央银行票据，交易对手主要是人民银行选定的能够承担大额债券交易的一级交易商（商业银行、证券公司、保险公司等）。

（3）黄金外汇储备业务有利于稳定币值、汇价和灵活调节国际收支。由于黄金和外汇是国际间进行清算的支付手段，各国都把它们作为储备资产，由中央银行保管和经营，以备国际收支发生逆差时用来清偿债务。中央银行保管和经营黄金外汇储备，一是确定合理的储备数量，二是保持合理的储备结构（币种结构、资产结构、期限结构等）。发展中国家一般需要保持一个中等偏高的外汇储备规模。

中央银行的支付清算业务是指中央银行作为一国支付清算体系的参与者与管理者，通过一定的方式和途径，实现金融机构之间的债权债务清偿和资金顺利转移。作为中央银行的基本职责之一，清算效率的高低对一国经济发展及金融稳定具有重要意义。中央银行支付清算服务的主要内容包括组织票据交换、提供异地跨行清算服务、提供证券交易的资金清算服务。拥有现代化的支付清算系统对提高效率至关重要，我国支付清算系统建设的基本设想是以现代化支付系统为核心，各商业银行内系统为基础，票据交换银行、卡基支付系统并存。目前，作为现代化支付系统建设的重要成就，我国的大额支付系统已经建成运行。

中央银行的经理国库业务是指对国家预算资金的保管、出纳及相关事项的组织管理与业务安排。我国的经理国库业务由国家委托中央银行代理，而没有单独设立经管国家财政预算的专门机构。中央银行为财政部门开设国库单一账户，所有财政收入必须交入该账户，所有财政支出必须从该账户拨付。中央银行定期向同级财政部门提供国库单一账户的收支情况，核对国库单一账户的库存余额。

中央银行的会计业务是体现和反映中央银行履行职能和业务活动的会计安排，是中央银行反映经济情况、监督经济活动、预测经济前景、参与经济决策的重要工具。中央银行为政府和金融机构提供的各种服务，如支付清算、经理国库、兑付债券、贷款、货币发行与回笼、金银业务等，以及由此而产生的资金变化和财务活动，都需要中央银行以会计核算形式与核算方法进行连续、系统、全面的反映和监督。

中央银行的调查统计业务是其获取经济金融信息的基本渠道，主要包括：

（1）货币统计，主要是关于货币供应量的统计。根据国际货币基金组织编制的《货币与金融统计手册》，我国还编制货币概览和银行概览。货币概览总括反映货币当局和存款货币机构的对外资产、负债情况；银行概览总括反映货币当局和银行机构对外的资产、负债情况。

（2）信贷收支统计，主要对金融机构以信用方式集中和调剂的资金进行数量描述，能综合反映金融机构的全部资产和负债状况。信贷收支统计报表以信贷资金收支余额表的表式编制，由资金来源和资金运用两部分组成。

（3）金融市场统计，包括货币市场统计、资本市场统计和外汇市场统计。

（4）国际收支统计，采用复式记账及权责发生制原则，由国际收支平衡表和国际投资头寸表组成。

（5）资金流量统计，从收入和分配社会资金运动的角度对国民经济各部门的资金来源、资金运用以及各部门间资金流量、流向变动进行统计。

（二）货币政策

货币政策是中央银行为实现币值稳定、经济增长、充分就业、国际收支平衡、金融稳定等经济目标，运用各种工具调节和控制货币供应量和利率等中介指标，进而影响宏观经济的方式和措施的总和。中央银行货币政策可选择的操作指标主要是准备金和基础货币，中介指标则是货币供应量与利率。

货币政策工具主要有一般性工具和选择性工具。前者如法定存款准备金政策、再贴现政策、信用贷款和公开市场业务，后者如消费者信用控制、证券市场信用控制、不动产信用控制和优惠利率政策。从我国来看，公开市场操作主要工具包括回购交易、现券交易和发行中央银行票据。其中回购交易分为正回购和逆回购两种，正回购为中央银行向一级交易商卖出有价证券，并约定在未来特定日期买回有价证券的交易行为，正回购为央行从市场收回流动性的操作，正回购到期则为央行向市场投放流动性的操作；逆回购为中央银行向一级交易商购买有价证券，并约定在未来特定日期将有价证券卖给一级交易商的交易行为，逆回购为央行向市场上投放流动性的操作，逆回购到期则为央行从市场收回流动性的操作。现券交易分为现券买断和现券卖断两种，前者为央行直接从二级市场买入债券，一次性地投放基础货币；后者为央行直接卖出持有债券，一次性地回笼基础货币。中央银行票据即中央银行发行的短期债券，央行通过发行央行票据可以回笼基础货币，央行票据到期则体现为投放基础货币。

此外，利率控制、信用配额管理等直接信用控制手段和道义劝告、窗口指导等间接信用指导也属于货币政策工具范畴。

三、金融监管知识

中央银行制度的产生和发展在很大程度上基于政府对金融业监管的需要。在相当长的时期内，大多数国家的中央银行同时承担着货币政策和金融监管的职能。近20年来，随着金融领域风险的加大、金融机构间界限的模糊及金融业务之间的融合，一些国家把中央银行所履行的货币政策与金融监管职能相分离。我国即专门成立了银行业、保险业、证券业三大金融行业的监督管理委员会，分别承担这三个行业的监督管理职责。

金融监管有狭义和广义之分。狭义的金融监管是指监管当局依据国家法律法规的授权对金融业实施的监督管理，广义的金融监管是指在上述监管之外，还包括金融机构的内部控制与稽核、同业自律性组织的监管以及社会中介组织的监管等。谈到金融监管，不能不提到巴塞尔银行监管委员会，它于1997年推出的《有效银行监管的核心原则》，已成为各国（地区）监管体系的重要参考文件。

金融监管的目标在于：维护金融体系的安全与稳定；保护存款人、投资者和其他社会公众的利益；促进金融体系公平、有效竞争，提高金融体系的效率。从监管体制上分，有集中监管体制和分业监管体制，我国采取的是后者。金融监管一般采取如下原则：监管主体的独立性原则；依法监管原则；"内控"与"外控"结合原则；稳健运营与风险预防原则；对跨国金融机构还采取母国与东道国共同监管原则。

金融监管包含三方面的内容：

（1）为防止银行遭遇风险而设计的预防性监管，主要手段有市场准入、资本充足性管理、流动性管制、业务范围限制、贷款风险控制、准备金管理与管理评价。

（2）为保护存款者的利益而提供的存款保险，即国家货币主管部门为维护存款者利益和金融业的稳健经营，规定本国金融机构必须或自愿地按吸收存款的一定比例向保险机构交纳保险金。当金融机构出现信用危机时，由存款保险机构向金融机构提供财务支援，或者由存款保险机构直接向存款者支付部分或全部存款。

（3）为避免金融机构遭遇流动性困难，由货币当局在非常状态下提供紧急救援，手段主要有提供低利率贷款、存款保险机构的紧急援助、中央银行组织下的联合救助和政府出面援助（投入资本金或大量存款、收归政府经营、债务由政府清偿、股东利益由政府保护等）。

从监管对象上看，包括：

（1）对商业银行的监管。在审批商业银行设立与开业时，主要考虑资本金、高级管理人员素质、银行业竞争状况与社会经济需要等因素，并为商业银行的设立与开业确定了一套规范的审批程序。除在设立与开业时加强监管外，还按照审慎监管政策加强对商业银行日常经营的监管，通过现场与非现场稽核检查考察银行的整体经营管理水平。

（2）对信托机构、合作金融机构、外资金融机构、政策性金融机构、保险公司、证券公司、金融租赁公司、财务公司和典当行等其他金融机构的监管。

（3）对货币市场、资本市场和外汇市场等金融市场的监管。

四、商业银行资本、呆账准备与贷款集中度

（一）银行资本

银行资本有三种含义：账面资本、监管资本和风险资本（或称经济资本）。账面资本就是各种形式的具有资本本质的项目依据一定的会计方法和规则，在银行资产负债表上反映出来的资本，包括股东权益、次级债权等，承担着各类损失带来的最后清偿责任。监管资本是银行监管机构根据本国情况规定的银行必须执行的强制性资本标准，一般按照资本的股权特性分为不同等级，把相对长久的可自由支配的资本项目规定为一级资本（或称核心资本），把相对暂时性和不能自由支配的资本规定为二级资本（或称附属资本、次级资本）。风险资本是与银行实际承担的风险直接对应的资本范畴，它的数量随银行实际承担的风险大小而变化，与非预期损失相等。风险资本不是一个精确的财务概念，而是银行经营管理的重要手段。三种资本含义的数量关系是：风险资本最低，其次是账面资本，监管资本最高。

表 3-3 银行资本构成

资本	资本的一般构成	我国商业银行的基本构成	相关术语解释
核心资本	①实收资本，包括已经发行并全额实缴的普通股和永久性非累计优先股。②公开储备：通过留存收益或其他盈余，如股票发行溢价、留存利润、一般准备金和法定准备金的增值而创造和增加的部分。	实收资本或普通股、资本公积、盈余公积、未分配利润、少数股权。	实收资本：投资者按照章程或合同、协议的约定，实际投入商业银行的资本。 资本公积：包括资本溢价、接受的非现金资产捐赠准备和现金捐赠、股权投资准备、外币资本折算差额、关联交易差价和其他资本公积。 盈余公积：包括法定盈余公积、任意盈余公积以及法定公益金。 未分配利润：商业银行以前年度实现的未分配利润或未弥补亏损。 少数股权：在合并报表时，包括在核心资本中的非全资子公司中的少数股权，是指子公司净经营成果和净资产中不以任何直接或间接方式归属于母银行的部分。

资本	资本的一般构成	我国商业银行的基本构成	相关术语解释
附属二级资本	①非公开储备：只包括虽未公开，但已反映在损益账上并为银行的监管当局所接受的储备。②资产重估储备：包括银行自身固定资产的正式重估增值和有价证券名义增值。③一般储备金/一般呆账准备金：用于防备目前还不能确定的损失的储备金或呆账准备金。④混合（债务/股票）资本工具：一系列同时具有股本资本和债务资本特性的工具。⑤长期次级债务：包括普通的、无担保的、原始期限最少在5年以上的资本债券和信用债券。	重估储备、一般准备、优先股、可转换债券、长期次级债务。	重估储备：商业银行经国家有关部门批准，对固定资产进行重估时，固定资产公允价值与账面价值之间的正差额为重估储备。若银监会认为，重估作价是审慎的，这类重估储备可以列入附属资本，但计入附属资本的部分不超过重估储备的70%。 一般准备：一般准备是根据全部贷款余额一定比例计提的，用于弥补尚未识别的可能性损失的准备。 优先股：商业银行发行的、给予投资者在收益分配、剩余资产分配等方面优先权利的股票。 可转换债券：商业银行依照法定程序发行的、在一定期限内依据约定条件可以转换成商业银行普通股的债券。计入附属资本的可转换债券必须符合以下条件：①债券持有人对银行的索偿权位于存款人及其他普通债权人之后，并不以银行的资产为抵押或质押。②债券不可由持有者主动回售；未经银监会事先同意，发行人不准赎回。 长期次级债务：是指原始期限最少在5年以上的次级债务。经银监会认可，商业银行发行的普通的、无担保的、不以银行资产为抵押或质押的长期次级债务工具可列入附属资本，在距到期日前最后5年，其可计入附属资本的数量每年累计折扣20%。如一笔10年期的次级债券，第六年计入附属资本的数量为100%，第七年为80%，第八年为60%，第九年为40%，第十年为20%。
附属三级资本	指满足以下条件的短期次级债务：无担保且已全额落实；最早到期日不低于2年；未经监管当局许可不得提前偿付；若偿付利息和本金（即使在到期日）会导致银行无法达到最低资本要求，则停止偿付。三级资本只能用来满足市场风险的要求，而且只有在一级资本和二级资本能满足信用风险的前提下，才可用三级资本来弥补市场风险。	国内暂无。	

续表

资本	资本的一般构成	我国商业银行的基本构成	相关术语解释
扣除项	核心资本中要扣除商誉。总资本中要扣除对不并表的银行与财务附属公司的投资和对其他银行与非金融机构的资本投资。	计算资本充足率时，应从资本中扣除商誉、商业银行对未并表金融机构的资本投资、商业银行对非自用不动产和企业的资本投资。计算核心资本充足率时，应从核心资本中扣除商誉、商业银行对未并表金融机构资本投资的50%、商业银行对非自用不动产和企业资本投资的50%。

为获得资本，银行必须支付成本，包括有形的成本（资本回报、为筹资所花的费用）和无形的（控制权成本、信息披露成本、募资失败成本等，仍需银行实际承担）。由于资本的收益没有固定的收益作保证，与债权相比承担着最后清偿的责任且没有期限，投资者因资本承担着高风险而要求资本收益必须最低与资本市场同等风险的投资收益率相一致，即在"无风险"的政府债券收益之上增加一个"风险溢价"。资本非常昂贵，其来源也非常有限，主要包括发行普通股、优先股、次级债券、可转换债券、积累未分配利润、提取资本公积和权益准备金。资本对银行业务产生约束，要求银行以价值为基础追求经风险调整后的收益，同时要求银行必须保持适度的规模和速度、提高资产质量和合理安排资产结构，从而相对增加收益、节约资本占用、能够腾出更多资源发展更多的能增加银行价值的业务。从短期看，强化资本约束将会给商业银行带来短期阵痛；从长期看，则会更新商业银行的经营理念和经营模式，实现商业银行的协调发展。

银行资本要维持在一定水平上，银行资本与风险资产的比例就是资本充足率。巴塞尔银行监管委员会规定这个比率不能低于8%，即银行可以扩展的风险加权资产总量不能超过资本总量的12.5倍。根据银行各种资产的风险程度，对资产分类规定不同的风险权重，用以计算所需要的资本数量。对表外业务和衍生产品也规定了转化系数，用来把它们转换成风险资产。

表3-4　表内资产风险权重表（本表引自"商业银行资本充足率管理办法"）

项　　目	权重（%）
a. 现金类资产	
aa. 库存现金	0
ab. 黄金	0
ac. 存放人民银行款项	0
b. 对中央政府和中央银行的债权	
ba. 对我国中央政府的债权	0
bb. 对中国人民银行的债权	0
bc. 对评级为 AA - 及以上国家和地区政府和中央银行的债权	0
bd. 对评级为 AA - 以下国家和地区政府和中央银行的债权	100
c. 对公用企业的债权（不包括下属的商业性公司）	

续表

项　　　目	权重（％）
ca. 对评级为 AA - 及以上国家和地区政府投资的公用企业的债权	50
cb. 对评级为 AA - 以下国家和地区政府投资的公用企业的债权	100
cc. 对我国中央政府投资的公用企业的债权	50
cd. 对其他公用企业的债权	100
d. 对我国金融机构的债权	
da. 对我国政策性银行的债权	0
db. 对我国中央政府投资的金融资产管理公司的债权	
dba. 金融资产管理公司为收购国有银行不良贷款而定向发行的债券	0
dbb. 对金融资产管理公司的其他债权	100
dc. 对我国商业银行的债权	
dca. 原始期限 4 个月以内	0
dcb. 原始期限 4 个月以上	20
e. 对在其他国家或地区注册金融机构的债权	
ea. 对评级为 AA - 及以上国家或地区注册的商业银行或证券公司的债权	20
eb. 对评级为 AA - 以下国家或地区注册的商业银行或证券公司的债权	100
ec. 对多边开发银行的债权	0
ed. 对其他金融机构的债权	100
f. 对企业和个人的债权	
fa. 对个人住房抵押贷款	50
fb. 对企业和个人的其他债权	100
g. 其他资产	100

表 3 - 5　表外科目的信用风险转换系数（本表引自"商业银行资本充足率管理办法"）

项　　　目	信用转换系数（％）
等同于贷款的授信业务	100
与某些交易相关的或有负债	50
与贸易相关的短期或有负债	20
承诺	
原始期限不足 1 年的承诺	0
原始期限超过 1 年但可随时无条件撤销的承诺	0
其他承诺	50
信用风险仍在银行的资产销售与购买协议	100

注：上述表外项目中：①等同于贷款的授信业务，包括一般负债担保、远期票据承兑和具有承兑性质的背书。②与某些交易相关的或有负债，包括投标保函、履约保函、预付保函、预留金保函等。③与贸易相关的短期或有负债，主要指有优先索偿权的装运货物作抵押的跟单信用证。④承诺中原始期限不足 1 年或可随时无条件撤销的承诺，包括商业银行的授信意向。⑤信用风险仍在银行的资产销售与购买协议，包括资产回购协议和有追索权的资产销售。

（二）呆账准备

银行为应对可能的损失要提取准备，包括专项准备和一般准备。专项准备是对某种特定资产可以预见的损失的准备，实质上是一种经营必需的成本。作为成本扣减利润，专项准备通常可以通过业务定价来补偿。一般准备是对于超出可以预见的损失部分所做的准备，这部分风险是真正意义上的风险，不可能通过日常的成本来管理。一般准备一般在监管规定中被列入资本，要求作为二级资本对待，但作为二级资本的部分不得超过银行加权风险资产的 1.25 个百分点。

一般而言，呆账准备金计提和冲销需要综合运用四种方法：①直接冲销法，即平时不计提，当贷款实际损失时直接冲销利润。②普通准备法，即每年按贷款余额的固定比率提取呆账准备金，当贷款损失实际发生时先冲销呆账准备金，呆账准备金不足时再直接冲销利润。③特别准备法，即定期检查贷款并估计可能的损失，按估计的损失程度计提特别准备金。特别准备金科学计提的前提是要对贷款有一个以风险为基础的分类方法，目前普遍采用的是以美国为代表的"正常、关注、次级、可疑和损失"五级分类法。④特定准备法，即专门针对某一地区、行业或某类贷款专门计提。

根据我国 1998 年发布的《贷款风险分类指导原则（试行）》，商业银行在实行贷款五级分类后应按照谨慎会计原则建立贷款呆账准备金制度，提取普通呆账准备金，并根据贷款分类结果，提取专项呆账准备金（包括特别呆账准备金）。

监管当局都要求银行提取充足的呆账准备金，但一般不对准备金计提的比例作统一规定，只是提出没有法律效力的建议计提比例。虽然是建议计提比例，由于关系到银行的抗风险能力，因而商业银行均非常重视，在确定具体计提比例时一般根据历史数据进行估计而获得。表 3 - 6 列出了部分国际和地区设定的准备金计提比例参考值。

表 3 - 6　专项呆账准备金计提比例参考值　　　　　单位：%

	美国	香港特区	匈牙利
正常	0 ~ 1.5	0	0
关注	5 ~ 10	2	0 ~ 10
次级	20 ~ 35	25	11 ~ 30
可疑	50 ~ 75	75	31 ~ 70
损失	100	100	71 ~ 100

（三）贷款集中度

贷款集中度主要通过个别大额贷款与银行资本的比例来衡量。监管当局一般会对单个借款人的贷款数量和关系借款人的贷款数量进行限制。我国相关制度规定，商业银行对同一借款人及其关联企业（即集团客户）的贷款余额与商业银行资本余额的比例不得超过 15%，对股东等关系人的授信余额不得超过商业银行资本净额的 10%。

五、商业银行经营状况分析

衡量商业银行经营业务主要通过风险和盈利性两个方面来进行。商业银行的风险包括信用风险、市场风险和操作风险。盈利性指标主要是资产回报率和资本回报率。前者等于税后利润除以平均资产，后者等于税后利润除以平均股本。

$$资本回报率 = 资产回报率 \times 股本乘数$$
$$= 资产回报率 \times 平均资产 \div 平均资本$$

商业银行的经营管理能力体现在其盈利性与风险的综合平衡上，而风险和盈利性的综合平衡是通过大量的财务与非财务决策以及一系列经营与投资组合实现的。

（一）资金分析

包括自有资金分析、资金来源与运用分析、清偿能力分析。

自有资金的分析指标有自有资金对总资产的比率（衡量安全程度，比率越高，安全程度越高）、自有资金对负债的比率（衡量安全性）。

银行资金来源的分析指标有：

银行资金来源增长率：（本期资金来源 - 上期资金来源）÷上期资金来源。反映银行资金来源增减变动。

银行资金自给率：（自有资金 + 吸收存款）÷资金来源总额。比率越高，表明银行资金自给能力越强。

银行资金来源的构成分析。

银行存款分析：变动分析和结构分析。

资金来源集中程度分析：尽量争取分散。

资金利用程度分析：盈利性资产÷资金来源。比率越大，表明资金利用程度越高。

银行资金运用分析主要进行资金运用增减变动分析、资金运用构成（盈利性资金运用和非盈利性资金运用）分析、贷款投向构成分析、贷款性质结构分析（流动资金贷款、技术改造贷款、基建贷款等各占贷款总额的比重）、资金运用质量分析（拖欠利息贷款、逾期贷款、呆滞贷款等所占贷款总额的比重）、贷款集中程度分析（最大客户待客额/银行自有资本）。

资金清偿能力分析指标有：流动性资产与资产总额的比率（比率越大，表明清偿能力越强）、流动资产对负债的比率（比率越高，表明清偿能力越强）、现金资产对总资产的比率（比率越高，表明清偿能力越强）、现金资产对短期负债的比率（比率越大，表明清偿能力越强）。

（二）财务分析，财务分析主要是分析成本和利润

分析银行成本的指标主要有存款平均利息率（存款利息支出总额÷各项存款年平均余额）、借入资金平均利率（借入资金利息额/借入资金年平均余额）、存款费用率（各项费用支出/各项存款年平均余额）、银行资金成本率（银行总成本/银行全部资金平均余额）、银行资金的边际成本（资金总成本增量/资金来源增量。边际成本低时，应积极组织资金；边际成本高时，应控制资金来源的增长率）、贷款成本率（银行成本费用/各项贷款平均余额。指标高，表明成本高）、盈利性资产成本率（各项成本费用支出总额/盈利性资产平均余额）、贷款收入成本率（银行成本支出总额/贷款总收入）、银行收入成本率（银行成本支出总额/银行各项收入总额）、营业收入成本率（银行成本支出总额/银行营业收入总额）。

分析利润情况的指标主要有自有资金利润率（利润额/自有资金平均余额）、银行

资金利润率（利润额/信贷资金平均余额）、盈利性资产利润率（利润额/盈利性资产平均余额）、贷款利润率（利润额/贷款平均余额）、银行成本利润率（利润额/银行成本支出总额）、银行收入利润率（利润额/银行收入总额）。

六、商业银行风险管理

高杠杆经营的特点决定了商业银行经营管理的本质就是经营和管理风险。现代商业银行的风险管理呈现如下特征：经验判断与量化管理结合运用取代传统的经验判断，且量化管理的地位呈上升趋势；市场风险从信用风险中分离出来，专业化管理取代了笼统的风险管理；组合风险管理取代了单一资产风险管理；主动风险管理（通过资产转让、证券化等手段出售风险）取代了被动风险管理（被动等待贷款到期）；全面风险管理（风险管理作为一个系统化的体系融入到银行经营管理的各个方面）取代了分散的风险管理（风险管理仅仅是某个部门或某个领域的事情）。

实践中，人们运用数学和统计的方法描述风险的大小。商业银行风险管理的实质就是对风险的量化和风险暴露的管理。

（一）风险量化的基本原理

风险可能带来损失，而损失可以划分为预期损失、非预期损失和极端损失。对不同损失可采取不同的管理手段。

表 3 - 7　损失的分类及对付不同类型损失的基本手段

损失类别	含　义	管理手段
预期损失	平均损失值。比如 3 年的损失值分别是 2、4、6，则预期损失为（2 + 4 + 6）/3 = 4。预期损失仅仅作为正常的财务成本影响银行当期收益。	通过定价转移，即把风险作为成本转移到产品价格中去。定价转移是否成功关键看市场接受不接受，归根到底决定于银行的风险控制水平。银行拨备时计提的呆账准备金应当等于预期损失，而呆账准备金的足额提取取决于银行具有准确预测预期损失的能力、准确核算利润的意愿及体制。
非预期损失	在一定容忍度下，最大损失值超出预期损失的那部分损失。非预期损失会消耗银行资本，构成银行真正的风险。	资本覆盖非预期损失。资本覆盖风险的程度取决于银行对风险的偏好程度，但并不是说银行想多低就多低，还要受监管当局对资本充足率的要求。
极端损失	在一定容忍度下，在极端情况下，超过最大损失值的那部分损失。极端损失在极端不利环境下发生，而极端不利环境有两个具备条件：发生的概率非常小；发生以后对银行的后果极端不利。	压力测试对付极端损失。压力测试不是对付极端损失的可靠办法，但在一定程度上是有效的。所谓压力测试，就是银行假设性地把经营环境模拟成极端不利的条件，测试自己的资产、负债、资本等各项指标在这种情况下会出现什么后果，并作出一些应对性策略，以防止厄运的发生。

注：①容忍度是测量最大风险值时没有覆盖到的情况的百分比。比如在 60% 的情况下最大损失值是 9，也就是说还有 40% 的可能要超过 9。这个 40% 就是容忍度。不同的容忍度决定了非预期损失和极端损失之间的划分。容忍度是人为设定的，取决于银行对风险的态度，喜欢多承担风险，条件就设定得低一些；否则就高一些。②战争、政变、恐怖袭击、金融危机、客户违约比例或汇率、利率波动超过一定程度等都属于极端不利事件（银行遭受的损失超过了预期损失和非预期损失承受的范围）。

（二）风险量化的基本手段

表 3 - 8　风险量化的基本手段一览表

基本手段	含义	备注
信用评级法	信用评级是对信用风险中的预期损失大小进行评估。预期损失 = 客户违约率（客户违约的比例）× 违约损失率（客户违约后某一类业务的最终发生损失的比例）× 信用敞口。其中，客户违约率用客户信用评级体系完成，违约损失率用债项评级体系完成。	信用评级最直接、最重要的作用在于：它能科学地预测出客户的违约概率。评估结果主要是为贷款决策和贷款定价提供参考。信用评级有两类：由专业评级机构进行评估的外部评级，如穆迪和标准普尔的评级；银行内部对自己的客户进行的内部评级。
VaR 法	VaR 是一种管理风险波动性的方法，代表在一定期限和一定置信区间内银行特定的头寸或组合面临的最大可能的损失，在数量上对应着非预期损失。具体做法就是给每种业务（或部门）下达一个风险限额，并进行监控。	为目前量化风险管理最成熟的手段，特别适用于市场风险管理。
资产组合管理	对银行资产结构进行管理，尽量把风险进行内部抵消，保证在一定收益前提下银行承担的风险最小。	组合管理的基本原则是：尽量把资产分散到不同领域，防止过度集中；尽量选择正关联性低或负关联性高的资产搭配。

（三）全面风险管理

全面风险管理的核心是用风险调整资本收益率（RAROC）为衡量标准，进行资本的最优配置，实现资本收益的最大化。RAROC 表示特定资产或业务单元在扣除预期损失后的收益与所占用的风险资本的比值。它对客户经理的启示意义在于：客户经理应该尽量向客户争取较高的产品价格、尽量营销少占用风险资本的低风险业务，如中间业务。

RAROC = 风险调整后收益 ÷ 风险资本

　　　 =（收入 - 资金成本 - 经营成本 - 风险成本）÷ 风险资本

其中，风险成本是指预期损失，风险资本也就是非预期损失。

风险管理与资本管理相结合是商业银行风险管理的重要方向。根据《新巴塞尔资本协议》的要求，商业银行对信用风险、市场风险和操作风险都需要有充足的资本作保证，其中操作风险的资本要求大致应占全部资本的 20%，信用风险和市场风险的资本要求大致分别占 55% 和 25%。

表 3 - 9　商业银行三大风险的管理

风险类别	含义	管理手段	备注
信用风险	债务人未来不能按期还本付息的可能性，又称违约风险。关键是要对信用风险进行量化。	①用内部评级体系对信用风险进行量化。内部评价法又分为初级法和高级法。初级法仅要求银行计算出借款人的违约概率，其他风险要素值由监管部门提供；高级法则要求银行同时测算出自己的违约损失率和风险敞口。②通过信用衍生产品和信贷二级市场、信贷资产证券化将风险转移出去。	量化违约损失率的基础在于建立数据库，获取足够的数据，而目前我国这项工作才刚刚起步，相关数据非常缺乏。应关注数据的收集与清洁。

续表

风险类别	含义	管理手段	备注
市场风险	因利率、汇率和资产价格等市场要素波动而引起的，金融产品价值或收益具有不确定性的风险，通常包括流动性风险、利率风险、汇率风险和交易风险等。巴塞尔委员会将市场风险定义为：银行交易账户内利率和股票价格风险以及所有的汇率和商品风险。	①缺口管理，主要是利率缺口管理和流动性缺口管理。所谓缺口，就是差额，是衡量敏感性的指标。②存续期管理。所谓存续期，指的是以现金流量的折现值为权重计算的一项金融工具或全部资产负债组合的加权平均偿付期。③情景分析，即在现有头寸数据的基础上，结合对未来业务量和利率变化的预测，以及对客户行为的分析与假设，进行多种不同情景的动态分析。④借助风险计量模型管理交易风险。对采取内部计量模型法的银行，巴塞尔委员会要求进行"回溯测试"，即要求银行每年必须进行一次回溯测试，将内部模型计算出来的风险测量值与每天实际发生的利润或损失进行比较。⑤表内调节与表外对冲。表内调节是指通过对资产负债表内的资产和负债项目进行调整，达到调整结构，减少敞口或结构不匹配的业务量，从而缓解或降低风险的目的；表外对冲是指针对资产负债表上出现的较大利率、汇率或流动性敞口，构造出一些衍生的金融工具，通过在市场上买卖这些金融工具，产生出与资产负债表内的风险敞口相反的头寸，从而达到与表内敞口相互抵消、减少风险的目的。⑥资金转移定价，是一种向资金使用部门收取利息并向资金提供部门支付利息的内部定价机制。资金转移定价的重要功能在于分离业务中的市场风险与信用风险，将市场风险交由资金部门集中管理，而分支机构、营销部门专司营销，只承担信用风险。	流动性风险是指银行无法筹集足够的资金来满足存款人的提款要求或借款人的贷款要求，或者筹资的成本超出了银行可承受的范围的风险。利率风险是指因利率的波动使商业银行资产负债组合的净利息收入或长期市场价值受到削减的风险。汇率风险是指因汇率波动导致的银行净收益与长期市值出现下降的风险。交易风险是指来自交易账户中的市场风险。而所谓交易账户是指每天按市价记账、以赚取利差为目的的项目，如股票、债券、衍生金融产品等。
操作风险	由于内部程序、人员行为、系统的不完善或失误及外部事件造成的风险。分为内部管理风险和外部依存风险。	操作风险管理的核心是量化操作风险并计算出相应的资本金。方法主要有：①"一刀切"基本指标法。巴塞尔委员会给出的公式是：操作风险资本金＝前3年总收入的平均值×15%。②按产品线分类计算，即将银行的总收入按业务类别划分为公司金融、交易、零售业务、商业银行业务、支付和清算、代理服务业务、资产管理及零售经纪业务，监管当局对每类业务收入的操作风险资本要求确定不同的乘数，每类业务前3年总收入的平均数乘以相应的乘数，即为每类业务操作风险的资本要求，各类业务的资本加总后即为银行总体操作风险的资本要求。	操作风险主要有以下类型：内部欺诈、外部欺诈、就业政策和工作场所安全性，客户、产品及业务操作，实体资产损坏，业务中断/系统失败，执行、交割和内部流程管理。

　　我国对商业银行风险管理工作高度重视，中国银监会专门印发了《商业银行风险监管核心指标（试行）》，以期对国内中资商业银行进行风险监管。按照要求，商业银行风险监管核心指标分为三个层次，即风险水平、风险迁徙和风险抵补。其中，风险水平类指标包括流动性风险指标、信用风险指标、市场风险指标和操作风险指标，以时点数据为基础，属于静态指标；风险迁徙类指标衡量商业银行风险变化的程度，表示为资产质量从前期到本期变化的比率，属于动态指标，包括正常贷款迁徙率和不良贷款迁徙率；风险抵补类指标衡量商业银行抵补风险损失的能力，包括盈利能力、准备金充足程度和资本充足程度三个方面。

表 3 - 10　商业银行风险监管核心指标一览表

类型	一级指标	二级指标	计算公式	指标释义
风险水平	信用风险	不良资产率	$\dfrac{\text{不良信用风险资产}}{\text{信用风险资产}} \times 100\%$	信用风险资产主要包括：各项贷款、存放同业、拆放同业及买入返售资产、银行账户的债券投资、应收利息、其他应收款、承诺及或有负债等。不良信用风险资产是指信用风险资产中分类为不良资产类别的部分。该指标不应高于4%。
		不良贷款率	$\dfrac{\text{次级类}\atop\text{贷款} + {\text{可疑类}\atop\text{贷款}} + {\text{损失类}\atop\text{贷款}}}{\text{各项贷款}} \times 100\%$	次级类贷款、可疑类贷款、损失类贷款这三类贷款合计为不良贷款。各项贷款指银行业金融机构对借款人融出货币资金形成的资产，主要包括贷款、贸易融资、票据融资、融资租赁、从非金融机构买入返售资产、透支、各项垫款等。该指标不应高于5%。
		单一集团客户授信集中度	$\dfrac{\text{最大一家集团客户授信总额}}{\text{资本净额}} \times 100\%$	最大一家集团客户授信总额是指报告期末授信总额最高的一家集团客户的授信总额。该指标不应高于15%。
		单一客户贷款集中度	$\dfrac{\text{最大一家客户贷款总额}}{\text{资本净额}} \times 100\%$	最大一家客户贷款总额是指报告期末各项贷款余额最高的一家客户的各项贷款的总额。该指标不应高于10%。
		全部关联度	$\dfrac{\text{全部关联方授信总额}}{\text{资本净额}} \times 100\%$	全部关联方授信总额是指商业银行全部关联方的授信余额，扣除授信时关联方提供的保证金存款以及质押的银行存单和国债金额。该指标不应高于50%。
	市场风险	累计外汇敞口头寸比例	$\dfrac{\text{累计外汇敞口头寸}}{\text{资本净额}} \times 100\%$	累计外汇敞口头寸为银行汇率敏感性外汇资产减去汇率敏感性外汇负债的余额。该指标不应高于20%。
		利率风险敏感度	$\dfrac{\text{利率上升200个基点}\atop\text{对银行净值影响}}{\text{资本净额}} \times 100\%$	本指标在假定利率平行上升200个基点情况下，计量利率变化对银行经济价值的影响。指标计量基于久期分析，将银行的所有生息资产和付息负债按照重新定价的期限划分到不同的时间段，在每个时间段内，将利率敏感性资产减去利率敏感性负债，再加上表外业务头寸，得到该时间段内的重新定价"缺口"。对各时段的缺口赋予相应的敏感性权重，得到加权缺口后，对所有时段的加权缺口进行汇总，以此估算给定的利率变动可能会对银行经济价值产生的影响。

续表

类型	一级指标	二级指标	计算公式	指标释义
风险水平	流动性风险	流动性比率	$\dfrac{流动性资产}{流动性负债}\times100\%$	流动性资产包括：现金、黄金、超额准备金存款、一个月内到期的同业往来款项轧差后资产方净额、一个月内到期的应收利息及其他应收款、一个月内到期的合格贷款、一个月内到期的债券投资、在国内外二级市场上可随时变现的债券投资、其他一个月内到期可变现的资产（剔除其中的不良资产）。流动性负债包括：活期存款（不含财政性存款）、一个月内到期的定期存款（不含财政性存款）、一个月内到期的同业往来款项轧差后负债方净额、一个月内到期的已发行的债券、一个月内到期的应付利息及各项应付款、一个月内到期的中央银行借款、其他一个月内到期的负债。该指标不应低于25%。
		核心负债比例	$\dfrac{核心负债}{总负债}\times100\%$	核心负债包括距到期日3个月以上（含）定期存款和发行债券以及活期存款的50%。该指标不应低于60%。
		流动性缺口率	$\dfrac{流动性缺口}{90天内到期表内外资产}\times100\%$	流动性缺口为90天内到期的表内外资产减去90天内到期的表内外负债的差额。该指标不应低于-10%。
	风险迁徙	正常贷款迁徙率	$\dfrac{\begin{array}{c}期初正常类贷款中转为不良\\贷款的金额+期初关注类贷款\\中转为不良贷款的金额\end{array}}{\begin{array}{c}期初正常类贷款余额-期初\\正常类贷款期间减少金额\\+期初关注类贷款余额-期\\初关注类贷款期间减少金额\end{array}}\times100\%$	期初正常类贷款中转为不良贷款的金额，是指期初正常类贷款中，在报告期末分类为次级类/可疑类/损失类的贷款余额之和。期初关注类贷款中转为不良贷款的金额，是指期初关注类贷款中，在报告期末分类为次级类/可疑类/损失类的贷款余额之和。期初正常类贷款期间减少金额，是指期初正常类贷款中，在报告期内，由于贷款正常收回、不良贷款处置或贷款核销等原因而减少的贷款。期初关注类贷款期间减少金额，是指期初关注类贷款中，在报告期内，由于贷款正常收回、不良贷款处置或贷款核销等原因而减少的贷款。
		关注类贷款迁徙率	$\dfrac{期初正常类贷款向下迁徙金额}{\begin{array}{c}期初正常类贷款余额-\\期初正常类贷款期间减少金额\end{array}}\times100\%$	期初正常类贷款向下迁徙金额，是指期初正常类贷款中，在报告期末分类为关注类/次级类/可疑类/损失类的贷款余额之和。

续表

类型	一级指标	二级指标	计算公式	指标释义
风险迁徙	不良贷款迁徙率	次级类贷款迁徙率	$\dfrac{\text{期初次级类贷款向下迁徙金额}}{\text{期初次级类贷款余额－期初次级类贷款期间减少金额}}\times100\%$	期初次级类贷款向下迁徙金额，是指期初次级类贷款中，在报告期末分类为可疑类/损失类的贷款余额之和。期初次级类贷款期间减少金额，是指期初次级类贷款中，在报告期内，由于贷款正常收回、不良贷款处置或贷款核销等原因而减少的贷款。
		可疑类贷款迁徙率	$\dfrac{\text{期初可疑类贷款向下迁徙金额}}{\text{期初可疑类贷款余额－期初可疑类贷款期间减少金额}}\times100\%$	期初可疑类贷款向下迁徙金额，是指期初可疑类贷款中，在报告期末分类为损失类的贷款余额。期初可疑类贷款期间减少金额，是指期初可疑类贷款中，在报告期内，由于贷款正常收回、不良贷款处置或贷款核销等原因而减少的贷款。
风险抵御	盈利水平	资产利润率	$\dfrac{\text{净利润}}{\text{资产平均余额}}\times100\%$	该指标不应低于0.6%。
		资本利润率	$\dfrac{\text{净利润}}{\text{所有者权益平均余额}}\times100\%$	该指标不应低于11%。
		成本收入比率	$\dfrac{\text{营业费用}}{\text{营业收入}}\times100\%$	该指标不应高于45%。
	准备金充足程度	资产损失准备充足率	$\dfrac{\text{信用风险资产实际计提准备}}{\text{信用风险资产应提准备}}\times100\%$	该指标不应低于100%。
		贷款损失准备充足率	$\dfrac{\text{贷款实际计提准备}}{\text{贷款应提准备}}\times100\%$	贷款实际计提准备指银行根据贷款预计损失而实际计提的准备。该指标不应低于100%。
	资本充足情况	资本充足率	$\dfrac{\text{资本净额}}{\text{风险加权资产＋12.5倍的市场风险资本}}\times100\%$	该指标不应低于8%。
		核心资本充足率	$\dfrac{\text{核心资本净额}}{\text{风险加权资产＋12.5倍的市场风险资本}}\times100\%$	该指标不应低于4%。

七、商业银行头寸匡算与资金调度

（一）头寸匡算

头寸是指商业银行随时能够运用的资金，它是满足资金流动性、保证支付能力最基本的手段。可分为基础头寸和可用头寸。基础头寸是指商业银行的库存现金和在中央银行的清算存款（两者之间可以相互转化）。可用头寸除包括基础头寸外，还包括应清入清出的汇差资金、到期同业往来、交存准备金调增调减额、应调增调减的二级准备金额。从满足流动性角度讲，头寸越足越好，但头寸过分充足，则会影响效益，因而必须在头寸匡算的基础上确定一个合适的金额。实际工作中，一般是根据现金流入流出情况匡算银行资金账户余额，再根据账户余额情况采取相应的措施从其他银行融入资金或向其他银行融出资金。今日账户余额（预测数）一般按如下公式计算：上一工作日的账户余额＋今日现金流入－今日现金流出＋／－分行当日预计变动额。银行的今日现金流入项目包括：正回购起息、逆回购到期、同业拆入起息、同业拆出到期、债券卖出、债券到期兑付、调剂市场卖汇；今日现金流出项目包括：正回购到期、逆回购起息、同业拆入到期、同业拆出起息、债券买入、债券承销缴款、调剂市场买汇。

头寸匡算的基本方法有三个：

1. 因素法

能增加银行头寸的因素有客户存款、提供非存款服务所得收入、客户偿还贷款、银行资产出手、货币市场借款等，减少银行头寸的因素有客户提取存款、贷款投放、偿还非存款借款、提供和销售服务中产生的营业费用和税收、向股东派发现金股利。所谓增加头寸，就是通过负债筹集更多资金，同时压缩资产规模以收回资金；如需减少头寸，则反向操作即可。

运用因素法匡算头寸，尚需考虑宏观因素的影响，比如 GDP 增长速度对存贷款需求都有影响、央行流动性紧缩政策可减少商业银行可贷资金量、资本市场发行新股可减少客户银行存款等。一般而言，商业银行所需资金头寸大致等于贷款增量与存款增量之差，即预计贷款增量＋应缴存款准本金增量－预计存款增量。

2. 资金结构法

资金结构法是通过分析存贷款资金结构及其变化趋势来预测未来的头寸需求。吸收存款是银行资金来源的最主要部分，按被提取的可能性，存款可分为游动性货币负债（随时可能被客户提走）、脆弱性货币负债（近期内可能被提取的存款）和稳定性货币负债（能长期使用的存款）。

银行可为稳定性程度不同的存款保留不同的流动性资金，以此预测负债流动性需要量。计算公式：权重×（游动性货币负债－法定准备金）＋权重×（脆弱性货币负债－法定准备金）＋权重×（稳定性货币负债－法定准备金）。稳定性越高，所采取的权重就越小。

对贷款而言，银行本着客户第一的原则总想尽可能满足，因此必须预测出未来最大可能的贷款量，并为此保持充足的流动性资金。

商业银行总的头寸需求即为负债的流动性需求加上贷款的流动性需求。当然，实际工作中，头寸测算要复杂得多，因为银行业务种类繁多，而不仅仅是存贷款。

3. 流动性指标法

商业银行可通过对比分析自身的流动性指标与同业的平均水平来估算其头寸。流动性指标一般包括流动资产占总资产比率、短期投资占总资产比率、核心存款占总资产比率、活期存款与定期存款比率等。

（二） 资金调度

商业银行根据头寸的松紧状况，按照安全性、流动性和盈利性协调统一的要求进行资金的上缴下拨、调入调出、拆入拆出和借入借出。基本原则是：在多余资金调出时尽量争取收益，在资金不足需要调入时尽量减少利息支付。一般而言，在头寸紧张时，最快的方式就是在同业市场上借入或拆入资金，或通过转贴现卖出回笼资金。如果头寸仍然紧张，则需考虑出售信贷资产以加大资金回笼力度。在头寸宽松时，最佳使用途径仍是加大贷款投放力度。如果信贷市场疲软，则应进一步分散资金使用对象，比如向债券投资要效益。

调节账户余额（资金余缺）的手段主要有：

1. 人民币质押式回购

目前，该回购通过全国银行间同业拆借中心及全国银行间债券交易中心的交易系统进行。如果账户余额不足，则银行须采用质押式正回购的方式从其他金融机构融入资金；如果账户余额有余，则银行可采用质押式逆回购的方式向其他金融机构融出资金。办理质押式回购的基本程序是：选择交易对手进行电话询价，达成交易意向后填写"资金交易申请书"，报被授权部门负责人审批；根据审批，通过交易中心的交易系统与对手成交；打印成交单，并据以填制"内部划款单"；在交易起息日，将打印的成交单交会计结算部门进行资金清算；根据交易要素登记电子台账；在交易到期日，将打印的成交单和"内部划款单"一并交会计结算部门进行资金清算；将相关交易记录装订归档。

2. 人民币同业拆借

同业拆借通过全国银行间同业拆借市场交易系统进行。与其他金融机构开展同业拆借业务，特别是拆出资金，商业银行的交易金额必须控制在对交易对手的授信额度内。如果账户余额不足，则商业银行可采取同业拆入的方式从其他金融机构融入资金；如果账户余额有余，则商业银行可选择同业拆出的方式向其他金融机构融出资金。

八、商业银行经营管理体系变革

（一） 西方商业银行的经营管理架构

20世纪末以来，金融竞争日趋激烈，经济全球化日益向广度和深度推进，商业银行传统的经营管理模式在全球范围内面临前所未有的冲击和挑战。根据市场竞争和经济发展的新趋势，西方先进银行以经营管理体制改革为有效途径，力图实现与经济发展新变化的同步跟进，并且取得了成功。

1. 事业部制度

西方商业银行普遍采取事业部制度。该制度主要特征：①明确区分业务职能和支持职能。②事业部主要负责银行战略的落实和实施，其管理模式是事业部制的，并非传统的地理划分。③支持职能是集中式管理，使所有业务部门都能更为有效地共享总行的各项管理职能。④所有集中的支持部门负责人如 CIO、CCO、CFO 都直接向总行行长汇报，在其职能线上拥有相应的决策权和领导权。

2. 业务组织方式

西方商业银行确立自己管理体制的原则不是简单的"客户驱动"或"产品驱动"，而是更好地适应客户需要＋更有效的节约成本＋更有效率的组织推动。在此原则框架下，西方商业银行组织架构调整的基本趋势是业务线的调整越来越综合，越来越简单，过去众多的业务部门都在向两类业务线靠拢，一是零售金融业务，二是批发银行业务。过去的银行业，无论是欧洲还是美洲，或者亚洲，几乎无一例外的都是以地区为中心、以分行为主导，而现在的趋势则几乎完全颠倒过来，凡是大的银行，特别是国际性的跨国银行，在架构设立上都是按业务系统来组织和推动，强化银行总行的系统管理和分行的营销职能。西方商业银行按业务系统来组织和推动主要基于以下判断：按地区进行组织、推动，使本来有限的产品、营销、关系、费用、人才等资源被分散到多个层级的经营实体中，形成资源浪费；而按业务线来贯彻、来推动，有利于更有效地节省成本，也会更有效率。此外，按业务系统来组织和推动还有利于更好地适应市场，满足客户需要。总行及总行的专业部门就其所掌握的信息、拥有的资源而言，容易做到在市场上快速领跑，"站得高、看得远、动得快、做得好"是市场对总行部门的基本要求。当然，总行的部门能不能做到，那是另外一个问题。

具体到一家商业银行，如何去组织其业务管理，如何设计其业务流程，最终要看业务本身的性质和产品的特点而定。一般而言，公司和投资银行业务不受地区的局限，在现代高科技和现代通信前提下，很明显地按业务条条纵向推动更有效率。

3. 三类部门系统

现代西方商业银行的部门不多，但都很大，一个业务部门就是一个业务系统，就是一条战线。从职能上看，现代西方商业银行的所有部门分为三类：

（1）业务拓展系统。这是由市场营销、前台处理和后台处理组成的业务流程运行体系，面对分别由政府、金融同业、公司和个人客户组成的细分市场，并形成相对独立的业务体系。业务部门的职责是拓展市场、"销售银行"、服务客户，直接为银行创造利润。业务拓展系统大多数是按照公司银行业务和零售银行业务两条线来设立和归并。

（2）管理系统。银行将公共关系、财务管理、信贷管理、风险控制、审计法律等管理部门精简后组合在一起，称为"银行管理中心"，行使集中统一的管理职责。银行管理中心不直接从事业务操作，跟业务系统是分离的，只是负责对业务系统进行目标设立、检查、评估、考核、管理和控制，主要职责体现在：制定规章制度、制定业务服务标准和规范、制定工作指引、检查督导全行各业务系统等。

（3）支持保障系统。包括信息技术、人力资源、研究与发展、后勤保障等部门。从节省成本和提高服务效率的角度出发，越来越多的银行开始将支持保障系统中的部分功能外包出去。有些银行则是把支持部门全部集中使用，有些银行还采取把支持部门镶嵌到各业务系统中去。

在上述三个部门系统之外，商业银行实际上还有一个"统率三军"的决策指挥系统，即银行的董事会和负责日常管理的行长班子及执行机构。各银行在其董事会内和行长室下各设有若干委员会。这些委员会有些是专业政策和事项的最后决定者，有些是执行层面上的组织者、协调者和执行者。

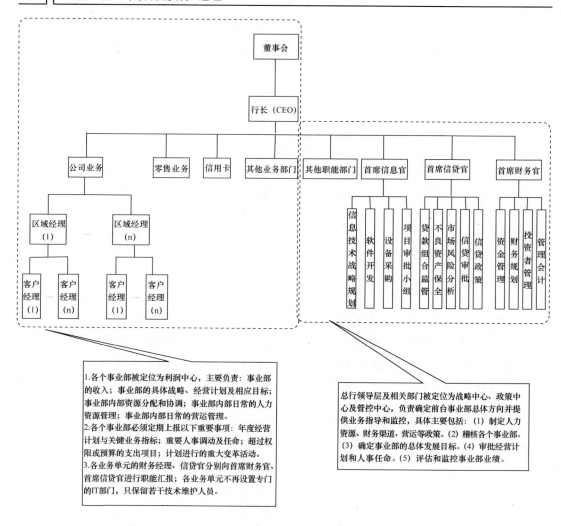

图 3-1 典型的商业银行经营管理架构

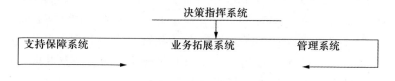

图 3-2 三大部门系统的关系

现代西方商业银行的部门设置、业务配合通过上面勾画的三条线展开。主线是业务拓展系统，这是银行生存和发展的基石；管理系统是业务部门的"制动"系统，负责用专业眼光建议甚至决定哪些事情该做，哪些事情不该做，评价哪些事情做得妥当，哪些做得不妥当；支持保障系统是业务部门的"加油"系统。三条线职责明晰，分工清楚，各自都努力以服务者的身份做好本职工作，既服务于客户，又服务于行内其他部门和相关的机构。以瑞士联合银行为例，瑞士联合银行的组织架构为，在银行集团管理层（行长室）下设立"银行管理中心"，由这个管理中心负责推动和管理全行的业务。银行的全部业务分三条线来组织：瑞士本土业务、资产管理业务和瑞银华宝（在海外，瑞银华宝主要做投资银行业务，并统一以瑞银华宝名号进行）。需要说明的是，西方商业银行通常以设立专业性子公司的方式来从事不同的业务，亦即根据业务性质的不同来组建不同的专业性子公司。

4. 集约化、扁平化的总分行结构

现代西方商业银行的分行很多，但不一定很大，职能一般单一，很多业务集中在总行的部门完成。"大总行"通过"大部门"来体现，部门内汇聚了主要的业务专业人才，分工细，专业性强。这种结构的形成主要是因为更专业化、更节省劳力。商业银行的业务是辐射到全社会各系统、各行业的，而每个系统、每个行业都需要特别的知识，要有专家才行。如果每个分行都配置相应的专家，需要的人会很多，但业务可能很少，这样就会造成人力资源的浪费、成本的增加；如果不配专家，让其他人兼做，又达不到科学分析和正确决策的要求。而通过部门以专业化的形式来集中开拓业务和服务于客户，则可以兼顾上述两方面的要求。现在，信息技术飞速发展，也为各项银行业务的专业化、集中化、工厂化处理提供了现实可能。

"大总行——大部门——小分行"的基本特征是扁平化。扁平化是通过减少管理层次、压缩职能机构、减少中间管理层而建立起来的一种紧凑而富有弹性的新型团体组织。它具有敏捷、灵活、快速、高效的优点，其竞争优势在于，它不但降低了企业管理的协调成本，还大大提高了企业对市场的反应速度和满足客户的能力。当企业的任何地方出了问题，它都能很快地传递到决策者那里，而不是一级一级汇报上来，等问题大到无法解决时才被决策者发现。

比如美联银行。美联银行总部设在北卡罗来纳州的夏洛特市，有8个地区总部，7万余名员工。美联银行的业务可简单地分为批发业务和零售业务两大块，也可细分为50多个领域，主要包括商业银行业务（现金管理、不动产贷款等）、消费者银行业务（汽车融资、按揭、卡类产品等）、资本市场业务（银团贷款、证券化、股票发行等）和资本管理业务（个人信托、共同基金、证券经纪等）四类。美联银行以业务系统设计组织框架和部门，各业务系统都分为市场拓展部门、风险控制部门和支持部门三条线展开。由于美联银行在业务运作和管理上采取的是一种按业务系统集中运作的体制，故其部门设置比较庞大，结构也较复杂，每一部门下都细分为多个小部门和专业小组，采取的是典型的大总行、大部门和小分行结构。总行拥有庞大的运行系统。美联银行在国内拥有2700多个分行，但各分行所能处理的业务很受限制，主要做零售业务。在美联银行，分行只是作为存款吸收中心、ATM中心和现金管理中心而存在，大量的业务都是通过各大业务部门去处理，并且很多业务被集中在总行处理。美联银行在总行所在地设有庞大的客户信息中心，有近万名职员在该中心工作。

5. 总分行的经营管理体制

现代西方商业银行根据业务走向、客户分布、地域特征等，在总行与分行之间设立地区总部，并通过这些地区总部强化对全国和全球各地分行的管理，以便更好地满足客户的服务要求和实现银行自身的发展目标。地区总部制的基础是总分行制。在现代西方，总分行制已逐步取代单一银行制而成为商业银行组织体制的主流。如德国商业银行把全国划分为 20 个地区，并设立管辖分行，这些地区管辖分行管理着 180 个二级分行和 600 个三级分行，它们实际就是国内的地区总部。德意志银行在海外设有两个总部，位于新加坡的总部管理整个亚太地区，位于纽约的总部管理美国和加拿大的业务，另外在南非的约翰内斯堡设有管辖分行，管理整个非洲地区的业务。

现代西方商业银行的分行就是一个营业网点，职能一般都比较单一，不可能"小而全，大而全"，当然也有些网点从事几种业务甚至全面业务。业务单一或全能的分行的职能都是销售银行的产品。

分行直接属于总行业务部门的管理，各项业务都属于垂直领导。有三类部门直接管理各自的分行，一是公司银行业务系统，二是零售业务系统，三是国际业务系统（管理海外分行）。

同一分行内如果同时有两类业务，则有两个行长。分行行长的职责主要是两条，一是负责各类资源的合理配置，二是保证分行的合规性经营，即保证分行的业务经营符合当地管理部门的规定。通常，在分行一层，零售银行业务量比较大，客户量也最多，故西方商业银行往往让负责零售银行业务的行长兼管整个分行的人事及资源调配等工作。但每位行长在职位上都是同级，彼此之间没有隶属关系，他们分别对其直属的上一级部门（主管的业务部门）的负责人负责。

分行的规模有大有小，一切视业务量大小而定。有些小的分行甚至只有 3~5 人。

总行对分行的核算非常严格，都有经营目标约束。通常做法是，由总行管理中心把指标分解到各业务系统，再由总行业务部门分解到每一个经营部门，以及每一部门下的不同业务团队，而不直接给分行下达相应的利润指标或其他指标。核算体系严格、全面，每个部门、每条业务线、每个分行、每个工作小组，对资源的占用、成本的分摊、利润的贡献等都有准确的界定。当然，科学的核算以完善的信息管理系统为基础，西方商业银行都建有科学的内部定价系统和资金内部转移成本分析系统。

对公司银行业务和零售银行业务的考核分别属于两个系统，收益分别核算到业务线下，同样，成本也合理分摊到两块。有些很难界定的成本则通过两个分行行长以协商方式去解决。

任何考核都难以做到 100% 的准确和绝对的公正。西方商业银行的基本理念是：要考核，就要分出好和坏，就要做到公开、公平和公正，就要根据考核结果进行奖惩；只要立意正确、方法得当、措施得力，考核就不会出现大的偏差，最起码的是排队顺序不会出现大的偏差。

（二）西方商业银行经营管理体制变革的主要经验

西方商业银行通过改革调整爆发出了新的生机和活力，极大地增强了自身长久发展的竞争能力，在全球化、综合化和专业化的竞争中逐渐占据领先优势地位。美洲、花旗、汇丰等国际知名银行由于实施了调整及改革措施，在各自领域均取得了成功。这些银行变革的主要经验包括：

（1）通过银行体制创新，大都采取了以市场为导向、以客户为中心、前中后台专业协作分工制约、职责明确、以扁平化垂直管理为主的事业部制组织架构。

（2）通过完备的利益协调机制，使横向、纵向的各方都以银行业务发展为己任。

（3）条块结合得比较好。"条"主要负责资源配置、风险控制与资产运作，"块"主要负责当地市场的营销。

（4）十分注重银行体系自身的文化塑造和人力资源管理，有着良好的营销文化和风险管理文化。

（5）考核评价体系很科学，有着市场化的薪酬体制和绩效管理体制，能够对员工实施有效的激励。

（6）总分行、各部门职能非常清晰，都知道自己的"边界"在哪里，并能做到很好的配合。

（7）在加强全行统一的策略管理的同时，注重区域市场策略的制定和执行。

（8）实行按行业、产品、客户的业务流程再造和资源整合，有强大的 IT 支持系统，如全行有一个数据仓库，有一个完备、先进的管理信息系统，全行的各种资源能够充分地共享；全行有一套科学的核算系统，成本能够准确地记录和核算，能够科学合理地分析，行内资金转移定价要科学、准确，各地区、各业务、各小组、各个人、各个客户的成本和利润核算能细化到最小单位，资源的占有、收入的创造都要合理计算，贡献要准确度量；全行要有一套科学的考核、评价体系，要能准确地度量每个机构、个人的贡献度，并有相应的奖惩制度；全行各层次的干部素质要相应地提高，业务系统的指导要能达到既定的高度等。

（三）关于国内商业银行的经营管理体制变革

1. 存在的主要问题

（1）实行的是行政管理型的金字塔式层级管理，信息传导机制不畅，环节多，时间长，失真情况严重，导致决策效率低，市场营销的效能差，市场吻合度不高，与市场快速反应的要求相背离。

（2）资源配置割裂，导致资源闲置与内生性消耗严重，本来就有限的产品、营销、关系、费用、人才等资源被分散在多个层级的经营实体，专业协作与互补无法实现，整体经营价值不能有效发挥。

（3）职责定位不明确，管理条线不清晰，管理粗放，比较混乱，没有形成统一的营销管理体系。

（4）总、分行业务部门在全行业务发展中的应有作用没有能够充分发挥，管理力度和营销能力存在明显不足。

（5）业务增长方式单一，缺乏应对新形势、解决新问题的有效手段，资产拉动型、费用推动型和关系营销型的对公业务增长方式受资本约束、资产质量恶化和财务支援等多种因素制约而难以为继。

（6）产品创新能力不足，以市场为导向、客户为中心的产品研发、资源整合体系未能切实建立，缺乏策略与系统性支撑。

（7）业务队伍建设亟待加强，素质较差、专业服务水平与团队综合营销能力相对较弱，很难满足客户高层次、一体化的金融服务需求。

（8）全行的风险管理水平不高，风险控制能力较差。由于信息不对称，职能划分不清晰，流程被割裂，以及对客户经理系统性培训严重不足，最终导致风险控制能力不强，累积问题较多。

（9）全行对公业务的预算管理、分析评价、核算体系存在重大缺陷，不能提供按产品、按行业、按客户、按区域的核算评价结果，导致资源配置能力不够，经营效能模糊化。

2. 改革调整的重要意义

（1）有利于建立市场快速反应机制、提升市场竞争能力。

（2）有利于适应客户日益综合化、个性化和专业化的需求。

（3）有利于提高风险识别与控制能力、保证银行稳健经营和长效发展。

3. 改革调整的总体构想

以市场为导向，以客户为中心，以提升经营层次、发挥整体功能、增强竞争实力、提高管理水平为目的，以优化资源配置、调整职能定位、健全组织架构为基础，明确对公业务部门的职责定位，加强业务各部门之间的协调配合，加大产品创新力度，通过条线整合实现费用投入、产品跟进、机构设置、考核分配、人员配备及客户资源的有效配置，提高业务的综合产出能力和利润贡献，积极培育具有成长性和综合价值贡献大的基本客户群体，实现银行业务的平稳、持续、协调发展。

4. 借鉴国际银行先进经验推进国内商业银行经营管理体制变革

（1）西方商业银行对"分行"的定义与我国不同，西方商业银行分行的职能比较单一。按照国内目前的市场环境和技术条件及商业银行的实际情况，推行"小分行"并不现实。总行的选择是，先把分行做大做强，由管理中心变为营销中心、利润中心。

（2）做大总行，提升总行的管理能力和营销能力，发挥总行在提升全行整体对公业务竞争能力中的作用。由总行综合配置有限资源，提高全行业务资源配置能力与水平。加强风险管理建设，建立以客户为中心、以市场为导向、以成熟的风险控制技术为手段的市场风险评估评价管理体系。

（3）加强条线建设，按业务线来纵向组织全行的业务运作，即逐步过渡到对业务"条条"进行系统的管理。初期，首先要加强纵向管理，总行业务部门要加强对分支行的指导，特别是在政策制定、流程设计、产品创新、预算编制、营销支援等方面。建立总、分行联动营销机制和对重点客户实施分层次营销、管理及服务的快速反应机制，包括行业金融服务方案规划及设计等。

（4）建立分工明确、相互支持的运营体系，做好条块结合。从总行层面开始明确职责，分清"边界"，不留"死角"，杜绝"有些事情谁都管谁都不负责任，有些事情却又找不到人管"的现象。总分行、各部门在良好的企业文化和科学的考核评价下密切配合、相互支持。在企业文化建设方面，要注重营销文化和风险管理文化建设，努力培育现代感的服务意识、协作意识和团队精神。在科学考评方面，对客户经理和风控人员"捆绑"考核，使两者统一到全行的业务发展上来。

（5）实现按产品、行业、客户及区域的营销组织管理及预算管理，以集约化经营为方向，对资源需求大、风险识别能力要求高、对过程管理要求严格的重点行业、重点客户和重点产品进行集中管理。加强区域营销指导，推行行业客户经理。区域特点不同，总行的管理不能"一刀切"，要体现区域特点（各分行也要努力成为"扎根当地的全国性银行"）。同时，银行发展的基本方向是从地区分行为核心到以业务系统为核心转变，而不同行业区别较大，培育行业客户经理刻不容缓。

（6）建立统一、高效、前中后台分工支持的事业部制，推行扁平化垂直管理。增强总分行自身营销管理能力，不断充实和完善职能，加强自身建设，搞好横向、纵向部门间的综合协调，提升全行集约化经营管理水平。

（7）建立科学的评价考核和绩效分配体系、"核算到产品，核算到岗位，核算到人"的核算体系、完备先进的信息系统、全行统一的数据仓库等，发挥 IT 支持的作用。

5. 改革调整推进情况评价

国内商业银行营销管理的调整改革必须在科学、合理的方案指导下进行，应有专人负责组织推进此事，并对推进实施效果进行评价。

表 3 - 11　经营管理体制改革推进情况评价内容与标准

指标体系		标　准	评价方法
组织领导（20%）	组织架构（10%）	是否按要求成立改革推进领导小组及工作小组，相关责任人员是否到位，责任是否明确。	按科目逐项打分并计算加总得到总分值。
	职能发挥（10%）	领导小组和工作小组在动员发动、方案制定、改革进程控制等方面是否发挥了应有的作用。	
体系建设与运行（80%）　改革方案的具体实施（60%）	客户调整（10%）	是否在调整过程中保证了客户移交的平稳进行，是否按方案要求平稳进行了存量授信客户的集中管理和新增授信客户的集中营销管理。	
	人员调整（10%）	是否确保了关键岗位人员不流失和业务平稳交接	
	机构调整（10%）	是否健全了业务管理机构和经营机构，是否做到分行与支行功能的差别定位，岗位设置及岗位职责是否明确。	
	利益调节（10%）	改革调整过程中利益调节办法是否明确、到位、有效，是否促进了调整的顺利进行。	
	资源配置（10%）	资源配置方案是否清晰、落实是否到位，能否对改革进程起到促进作用。	
	人员管理（10%）	是否加强了对公司业务人员的集中统一管理，考核评价办法是否科学、到位、全面。	
改革调整效果（20%）	营销业绩　10%	主要财务指标是否较改革调整前有明显改善，客户数量是否增加，客户质量是否提高。	
	营销管理　10%	对重点产品、客户的集中统一管理是否到位，营销的组织性是否提高，分行营销管理部门的职责是否落实。	

九、金融控股公司

近些年来，人们越来越关注金融控股公司，金融控股公司也成为很多大型商业银行发展的目标模式。下面择要对金控公司进行介绍。

（一）金控公司的要素与类型

金控公司是金融业实现综合经营的一种组织形式。构成金控公司的基本要素有四个：一是持有其他公司股份；二是对持有股份的公司具有控制权，能够控制或支配它们的经营活动；三是金融业务占主导地位；四是综合经营。银、证、保等企业都是金控公司的子公司，彼此之间为兄弟关系。金控公司本身也具有法人资格，它和所控制的子公司组成一个金融集团。

金控公司的架构有利于资本集聚和资产重组，有利于战略管理与事业经营的分离，有利于减少不同企业文化或业务之间的摩擦，在规模经济、范围经济、资本扩张、协同效应及降低单一业务所产生的行业风险等方面，具有其他组织形式无可比拟的优势。较其他模式，金控公司还具有合理避税功能。但该模式具有组织管理成本高、风险分散功能不充分等不足。目前，金控公司模式已成为金融业综合经营的主流组织模式。

金控公司有纯粹控股公司和事业控股公司之分。纯粹控股公司的主要任务是制定战略规划并组织实施，本身并不经营业务，所有金融业务都由子公司经营。而事业控股公司本身也直接经营金融业务。美国、日本和中国台湾都有法律明文规定只许设立纯粹金控公司。

从对子公司的控制程度看，金控公司分为完全控股公司和部分控股公司。为提高协同效应，大部分金控公司采取完全控股方式，即持有子公司全部或绝大部分股份。

良好的金控公司应能体现资源共享、业务互补、利益一致、风险分散与隔离等功能。在设计发展战略、完善公司治理、确定组织框架时，都应注重这些功能的发挥。

（二）金控公司的战略管理

金控公司需对影响自身目前及今后发展的关键因素进行分析。在明晰自身使命的前提下，做好战略选择。金控公司的战略选择必须以自身的核心竞争力为依托或者能强化自身的核心竞争力。

战略选择解决的是金控公司"向何处去"的问题，它使金控公司为获得长期竞争优势而确定了发展方向（目标）。在扩大业务规模、扩大市场份额、拓展地域范围、扩展产品线等目标中，金控公司一般会同时选择几个目标，但在某一时期会以一个或两个目标为重点。在金控公司发展初期，一般会采取追求规模、增长和市场份额战略，而在发展成熟时，会采取追求盈利性、资产质量和股东利益战略。

一个良好的战略仅是战略成功的前提，有效的战略实施才是战略目标顺利实现的保证。金控公司还需制定落实战略的政策和行动方案，并通过组织结构的调整、内外部资源的合理配置、企业文化的构建、信息的沟通与控制、激励制度的建设来执行它。战略实施是个自上而下的动态过程，需要高层领导人员的统一领导和统一指挥。绩效考核体系是保证战略实施的重要工具，因此，金控公司的战略一定要落实到绩效管理上，且绩效管理必须从战略角度设计。

为保证战略对经营管理指导的有效性及实现综合经营和战略经营之目的，金控公司需根据实际的经营事实、变化的经营环境、新的思维与机会、自身发展状况等因素对所选择的战略及时进行调整，并依次对各子公司进行取舍。

（三）金控公司的资本结构

金控公司的资本必须达到足以应付不可预期的巨额损失，不仅能保护债权人免受其经营失败丧失偿付能力的风险，而且还能为金控公司摆脱财务困境留出足够的空间。金控公司受到监管资本、资本市场融资、资本回报和内部风险承受能力等因素的约束。因此，需对业务发展需要的长期资本进行规划。在规划资本结构时，金控公司至少要考虑子公司资本结构和控股公司代理成本两个因素。

适当的资本结构可起到降低融资成本、保持高效率资本控制、促进经营战略实现等作用。因此，加强资本管理非常必要，重点是确定抵御经营风险所需的资本量和提高资本配置效率，保证资本平衡，并充分利用资本投资工具和资本管理技术提高资本管理效率。

根据适用对象的不同，金控公司的资本分为账面资本、监管资本和经济资本。对金控公司而言，不同资本意味着不同的管理要求。

账面资本是指面向资本市场和投资者筹集的资本，亦即根据会计准则定义的资本，包括普通股、未分配利润和各种资本储备等公司持股人的永久性资本投入。金控公司采取何种方式筹集此资本，首先要考虑资本成本，其次要关注控制权。

监管资本是监管机构要求金融机构拥有的最低资本，又称"法定资本"，用以抵御信用风险、市场风险和操作风险。监管资本分为一级资本、二级资本和三级资本，它与加权风险资产总量的比率叫资本充足率。金控公司需要专门的监管资本计量方法。

经济资本是在一定置信区间内，在确定的时段内，金融机构所能容忍的最大损失额度，亦即金融机构为不确定的潜在损失而预留的资本，其目的是保证金融机构在遭受真正损失时能够维持运营。经济资本综合考虑风险与收益，是金控公司资本管理的重要内容。

（四）金控公司的公司治理

公司治理受制于资本结构，是指公司所有者对经营者的一种监督和制衡机制，即合理安排所有者与经营者之间权利与责任的一种制度。公司治理通过制度的设计与执行以及责、权、利的配置，提高管理效能和监督经营管理者行为。具体而言，公司治理就是股东大会、董事会和监事会及管理层所构筑的治理关系。对金控公司而言，多了一层控股公司与被控股的子公司之间的治理关系。

公司治理须遵循一些基本的原则，如协调相关者利益、监督企业经营者、信息披露等。

公司治理的主体是股东，公司治理应首先体现股东的基本权利。股东权利通过两种途径实现：一是要有一个信息完善且能很好发挥功能的董事会。公司治理的核心是董事会，董事会除董事会会议外，主要依靠下设的薪酬、提名、风险审计等专业委员会来运作。二是要在公司内部构造一个合理的权力结构，从而在股东大会、董事会、监事会与经理管理层之间形成制衡关系。除内部制衡关系外，公司治理还要与外部环境相配合。

（五）金控公司的组织机制

组织机制实质上是如何处理金控公司与子公司的集、分权关系，亦即金控公司与子公司间的法人关系与产权管理关系。金控公司以董事会为中介，以管理董事为基础，保证对子公司实施产权管理。同时，以是否涉及公司产权变动为标准，合理界定子公司董事会的经营自主权边界，既能使子公司的经营行为符合金控公司需要，又要尊重子公司的相对独立性。

金控公司与其子公司之间集权与分权的程度，取决于它们之间委托—代理成本与管理效益之间的均衡关系。据此，可分为集权型、集分权结合型和分权型三种管理方式。采取哪种管理方式，则取决于金控公司自身的战略要求、管理理念、经营特点、股权结构、素质和市场环境。对那些与集团核心能力、核心业务密切相关的子公司的经营活动，金控公司一般会实施高度的统一管理与控制；对那些与公司核心能力、核心业务关系一般甚至没有影响的成员企业，往往实行分权管理。

金控公司与其子公司之间的管理与被管理关系取决于股权的控制和控制性契约的存在。金控公司通过对子公司股东会或董事会的控制来控制子公司，表现为金控公司对子公司的经营方向、方针、投资计划、董事会组成等重大事项的控制。但控制支配权不能滥用，要以整体利益居先、兼顾公平为基本原则，各子公司也要维护自己的合法权益。

金控公司与子公司各有独立的法律地位。金控公司实行两级财务管理体制，金控公司与子公司各有自己独立的财务，即"财务并表，各负盈亏"。金控公司对子公司的责任仅限于出资额，而不是统负盈亏，以避免个别高风险子公司拖垮整个金控公司。

从功能建设上讲，金控公司应着重加强战略管理、业务整合、风险管理、资源配置和利益平衡、品牌和企业文化管理、系统平台建设（研发、信息、销售等）。从组织层次上讲，金控公司一般有三个层次：由董事会和经营管理层组成的总部；事业部层；事业部下围绕金控公司的主导或核心业务相互依存又相互独立的子公司。

整体作战能力是金控公司区别于单一公司的显著竞争优势，因而金控公司总部的管控能力是保证金融集团整体效益的关键，加强总部建设是整个金控工作的重中之重。

（六）金控公司的风险管理

作为一个金融企业集群，金控公司是典型的通过改变市场边界实现扩张的结果。不过，这种行为并未改变其所面临的风险结构，也并未消除单一企业面临的各种风险。相反，由于企业数量增加以及管理难度增大，金控公司又蕴藏着一些新的、特殊的风险，如协调各子公司行动的战略执行与管理风险、更为复杂的内控风险、因资本重复计算而导致的资本充足率实质降低风险、依据同样数量资本但可借到更多款项的财务杠杆风险等。

金控公司风险的特征可以概括为：一是风险集中化，即把单一企业的风险集中在金控公司名下；二是风险传染性强，一旦某一环节或某一方面出现问题，风险就会快速、全面传染，系统性风险更加明显；三是利益冲突，即组织架构和管控模式的复杂性对各类利益主体产生重大影响，导致的利益冲突更为复杂和突出。

金控公司在风险管理上关注的重点是把由于综合化经营导致的各类一般风险控制在可承受范围内，避免风险集中释放。对于特殊风险，金控公司要在有效协调各方利益、保证充分考虑各利益主体的基础上发挥最大协同效应，这就必须科学制定平衡各方利益的激励约束机制，而这必然涉及公司治理这一更深层次的内容——公司治理机制是金控公司进行风险管理的突破口和切入点，公司治理是风险管理的基础。

金控公司的风险管理，既不能采取各子公司各自为战的思路，也不能在整个金控公司推行单一的风险管理技术，应该采取风险管理与其他管理工作相结合、母子公司联动的方式。在金控公司发展初期，应以原有风险管理框架为基点，各子公司分别管理自己的一般风险，金控公司负责管理母公司层面的风险和重大经营风险，可将风险关口前置，管理权限适当下放；当金控公司进入成长和成熟期后，可将风险管理权限适当上收或进行结构调整。这个度的掌握，取决于金控公司的风险偏好和风险承受能力。

"防火墙"可以阻隔金控公司内部的风险传染，但无法阻隔金控公司的声誉风险。"一人生病，全家吃药"往往成为金控公司风险管理失败的标志。金控公司需要精心设计"防火墙"。

第四节　客户经理的票据知识

通常所讲的票据业务，主要是指商业汇票业务，亦即商业汇票承兑和贴现以及转贴现、再贴现业务。近些年来，商业汇票业务在我国发展迅猛。作为银行产品销售前沿的客户经理理应对票据业务知识有所了解。专业票据经理也需要不单对票据产品精通，也需要对票据产品背后的票据基础知识有所掌握。以下主要从票据行为和票据权利两方面对票据业务知识进行介绍。文中加双引号的引用内容，除非特别注明，均引自1996年开始施行的《票据法》。

一、票据行为

（一）票据行为的含义

票据行为是指票据关系人依票据法所为的能够产生票据债权债务关系的要式法律行为。可从三个方面对这一概念进行理解：

（1）票据行为是一种法律行为：以发生一定法律后果为目的、以意思表示为要素，是一种合法行为。只要按照票据法的规定所为，就能使行为人的意思表示产生法律效力。

（2）票据行为的发生与变更，能够在票据关系人之间产生票据权利义务关系。

（3）票据行为的实施必须依照票据法规定的内容和行为方式进行，否则就无法实现其票据法上的效力。

（二）票据行为的分类

票据行为按不同标准可进行不同的分类。

（1）狭义票据行为和广义票据行为。狭义票据行为仅指出票、承兑、背书和保证，广义票据行为除包括狭义票据行为外，还包括付款、更改、追索、票据伪造与变造、提示、参加付款、涂销等其他行为。人们一般在狭义范畴上理解票据行为。

（2）基本票据行为和附属票据行为。基本票据行为是指创设票据的原始行为，是使票据上权利义务得以产生的出票行为。只有基本票据行为有效，该票据才能有效。如果基本票据行为无效，票据本身即为无效，在无效票据上所为的其他一切票据行为都属无效，都不能发生当事人所预期的法律效力。附属票据行为是指以出票行为为前提，在已做成的票据上所为的票据行为，主要包括承兑、背书和保证。

（3）各种票据共有的票据行为和某种票据独有的票据行为。出票是各种票据必需的票据行为，背书是各种票据共有但非必需的票据行为，承兑是汇票特有的票据行为，保证则是汇票和本票中可能产生的票据行为。

（三）票据行为的特征

票据行为是特殊的法律行为，具备一些一般法律行为所不具有的特征。

1. 要式性

票据是要式证券，《票据法》为各种票据行为均规定了严格的行为格式，未依法定方式进行，则不产生正常的法律效力。因此，票据行为必须是要式行为，不允许行为人自由选择而必须按照法定款式、方式和手续进行，以确保票据的形式、内容统一，便于交易双方在票据流通中清楚、迅速地确认各自在票据上的权利与义务，从而方便收受，提高票据流通的速度与效率。

要式性体现在三个方面：

（1）签章。行为人通过签名、盖章或者签名加盖章表示对其行为负责。未在票据上签章或签章不合规则的，其票据行为无效。

（2）书面表现形式而非口头，且在票据上记载事项的位置也是固定的。如果未按规定位置记载或仅以口头形式表述，则不能产生票据效力。

（3）款式。票据应记载的内容和对此内容的记载方式、记载位置合称为票据款式。在票据上的记载都必须以法定款式进行。不依法定款式进行票据行为的情形，主要包括欠缺法定记载事项、增加法定记载事项之外的其他内容、记载位置不合规则、书写格式不规范。

2. 无因性

票据行为与作为其发生前提的原因关系相分离，票据行为的效力不受原因关系存在与否及是否有效力的影响。只要具备抽象的形式，票据行为就能生效，而不必考虑导致其产生的借贷、买卖及其他实质原因。

无因性体现在三个方面：

（1）票据行为只要完成生效，除对明知存在抗辩事由而取得票据的持票人，票据义务人都必须承担票据义务，即使原因关系已无效、变更或根本不存在，票据义务人仍不能对持票人免除自己的票据义务。

（2）持票人无须证明自己及前手依何种实质的原因关系而取得债权，只需依背书连续就可以当然地证明票据债务有效，从而对票据债务人行使票据权利。

（3）对非直接的善意持票人，票据债务人不能以原因关系提出抗辩。票据债务人只能对其直接前手和直接后手以及明知存在抗辩事由而取得票据的持票人以原因关系提出抗辩。

在我国，无因性不是绝对的。"票据的签发、取得和转让，应当遵循诚实信用的原则，具有真实的交易关系和债权债务关系。票据的取得，必须给付对价，即应当给付票据双方当事人认可的相对应的代价。"

3. 文义性

票据行为的内容以票据上记载的文字为准。即使文字记载与实际情况不符，仍以文字记载为准，不允许当事人以票据上文字以外的证明方法来加以解释、变更和补充。

文义性体现在两个方面：票据债权人不得以票据上未记载的事项向票据债务人主张权利，票据债务人也不得以票据上文字记载以外的事项对抗票据债权人；不能以票据文字记载以外的其他事实或证据来证明、变更和补充当事人的意思表示。

4. 独立性

同一票据上存在数个票据行为，每一个票据行为都独立发生、各依其在票据上所载的文义分别独立发挥效力，某一行为无效不会影响其他行为的效力。需要说明的是，票据行为虽然是相互独立的，但由票据行为而产生的票据责任却是连带的，即票据上的所有行为人，对持票人来讲属于共同债务人，当持票人向票据债务人主张票据权利时，票据债务人之间承担的是同位的连带责任。"汇票的出票人、背书人、承兑人和保证人对持票人承担连带责任。持票人可以不按汇票债务人的先后顺序，对其中任何一人、数人或全体行使追索权。"

（四）票据行为的要件

票据行为的要件是指构成票据行为并使其发生票据权利义务的必要条件。票据行为所具备的一般法律行为也应具备的要件，为实质要件；票据法所规定的特别要件，为形式要件。我国票据法只规定了票据行为的形式要件，而对票据行为的实质要件并未加以规定，认可其适用于民法而非票据法中的相关规定。

1. 实质要件

（1）票据能力，即行为人的能力。票据能力包括票据权利能力和票据行为能力两个方面。票据权利能力是指可以享受票据权利、承担票据义务的资格；票据行为能力是指能够按照自己独立的法律行为取得票据权利、承担票据义务的资格。

具体到法人的票据能力，主要涉及三个方面：

第一，法人的票据权利能力。法人的票据权利能力开始于法人的成立，终止于法人因破产、兼并、解散等原因的消灭。除非票据行为超出其章程规定的范围且取得汇票的人为恶意取得，票据直接当事人才可提出该票据行为无效的抗辩。

第二，法人的票据行为能力与其权利能力在时间上完全一致不加分离，即始于法人的设立、终止于法人的消灭。法人的票据行为能力通过其法定代表人及其授权的人在职权范围内以法人名义来进行。无论是基于法人利益还是基于法定代表人及其授权人的私人利益，法人均需对该票据行为承担票据责任。除非相对人明知该种情况或者故意串通而为的票据行为，在法人的举证被认定之后，该法人才可免除票据责任。

第三，非法人团体和组织如法人的分支机构在授权范围内同样具有票据权利能力和票据行为能力。

（2）意思表示。在票据上记载的票据行为不论是否真实，只要是行为自己的意思表示则都是有效的票据行为，都应对善意持票人承担票据责任。行为人并未做出的意思表示，如果是伪造的票据行为，该行为无效，由伪造人承担相应的法律责任；如果是没有代理权和超越代理权所为的票据行为，该行为有效，但票据责任由无权代理人承担；受到欺诈、胁迫、处于危难或不利境地而被迫所为的票据行为，行为人不承担票据责任。

（3）行为合法。票据活动应当遵守法律、法规，不得损害社会公共利益。但对于因欺诈、胁迫而为的意思表示不真实的出票行为及因走私目的而为的出票行为，如果该票据已经背书转让，则不能简单地认为票据行为无效。在这种情况下，只能把原因关系作为对直接当事人的抗辩，而排除其对善意第三人的抗辩。

2. 形式要件

（1）书面格式。票据当事人要使用中央银行规定的统一格式的票据所为票据行为。没使用的，则所为票据无效。

（2）记载事项。记载事项是指按照《票据法》的规定，在票据上能够记载或者不能够记载的内容。分为：

第一，绝对必要记载事项，即必须在汇票上记载、缺少其中任何一项就会导致该汇票为无效汇票的事项。以出票为例，即使该汇票已经签发，也不会产生汇票上的权利义务关系，出票人不负票据责任。

第二，相对应该记载事项，即可以在汇票上记载，但如果不记载并不影响汇票的效力，可以依法律规定推定的事项。

第三，任意记载事项，即是否记载由当事人自主决定，法律并无要求，但一旦记载即产生票据法上效力的事项。与相对应该记载事项的区别在于：任意记载事项如未记载，法律也不进行补充推定；而相对记载事项如未记载，法律可以进行补充推定。

第四，不发生票据法上效力的记载事项。此类记载事项可以记载在汇票上，但不产生票据法上的效力，只产生其他法律诸如《合同法》、《民事诉讼法》上的效力。若因该记载事项发生纠纷，不能依票据法处理，只能以他法处理。

第五，不得记载事项，即法律规定不应该记载，记载后也无效力（相对无益）甚至导致票据无效（绝对无益）的事项。

（3）票据签章。签章是确定票据义务人的最基本要素，是票据行为人所必需的最低限度的形式要件。我国法律法规对票据签章有严格、详细的规定，如"法人和其他使用票据的单位在票据上的签章，为该法人或者该单位的公章加其法定代表人或者其授权代理人的签章。在票据上的签名，应当为该当事人的本名"。化名、笔名、错写姓名、只写姓不写名、只写名不写姓，或者以打印方式代替签名，都不能发生签名的效力。我国《票据管理实施办法》第17条规定，"出票人在票据上的签章不符合票据法和本办法规定的，票据无效；背书人、承兑人、保证人在票据上的签章不符合票据法和本办法规定的，其签章无效，但是不影响票据上的其他签章的效力"。其他的相关规定包括：没有代理权而以代理人名义在票据上签章的，由签章人承担票据责任；代理超越代理权限的，就其超越权限的部分承担票据责任；无民事行为能力人或者限制民事行为能力人在票据上签章的，其签章无效，但是不影响其他签章的效力；票据上有伪造、变造的签章的，不影响票据上其他真实签章的效力；票据上其他记载事项被变造的，在变造之前签章的人，对原记载事项负责；在变造之后签章的人，对变造之后的记载事项负责；不能辨别是在票据被变造之前或者之后签章的，视同在变造之前签章。

（4）票据交付。在票据按照一定书面款式记载相关事项并签章后，还需将票据交付给行为相对人，票据行为才能生效。

（五）票据行为的代理

我国《票据法》关于票据行为代理的规定比较粗疏，主要集中在第5条，"票据当事人可以委托其代理人在票据上签章，并应当在票据上表明其代理关系"。

1. 基本含义

票据行为代理是指代理人在代理权限内，在票据上载明以被代理人名义实施票据行为并签章，其票据上的法律后果直接由被代理人承担的行为。根据代理权发生的原因，可将代理分为委托—代理和法定代理。委托—代理是根据本人的意思，委托—代理人在一定权限内代理本人进行票据行为；法定代理是指根据法律的规定或法院的指定或选任，使代理人为本人进行有关的票据行为。

代理人所为的票据行为与本代理人本人所为的票据行为法律效力完全相同；在代理权限内，代理人有权决定如何向第三人作出意思表示，如超出代理权限，则该意识表示无效。票据行为代理的实质要件在于代理人必须在代理权限内实施代理行为，代理人与被代理人之间有授权关系。形式要件则包括：

（1）在票据上载明被代理人的姓名或名称。由于票据行为以在票据上签章为承担票据责任的前提，因此票据代理时，只有在票据上明示本人的含义，才能由本人负担票据上的责任。如果票据上未明示本人的含义，仅签盖了代理人的名章，即使该代理人已经得到本人授权，具有正当代理权或对外有代理权，本人仍可不负票据上的责任。

（2）表明代理关系。如果不在票据上表明代理关系，则持票人就很难辨别谁是代理人，谁是被代理人，这显然与票据代理的本意相悖。

（3）代理人在票据上签章。如果仅凭本人的意思，在票据上仅记载本人的姓名或名称而无代理人的签章，则为票据行为的代行，此票据行为应视为本人所为，本人应负票据上的责任；如果代理人是基于本人的授权而代为票据行为时，只在票据上记载本人的姓名或名称而无代理人的签章，则代理行为不成立，本人不负票据上的责任；如果没有经本人授权而在票据上记载本人的姓名或名称，则构成票据签名的伪造。

2. 分类

（1）无权代理。是指无代理权人以代理人名义代理被代理人实施票据行为的行为。在民法上，无权代理属于效力待定的行为：如果被代理人进行追认，则该代理行为有效，由被代理人承担责任。如果被代理人拒绝追认，则代理行为无效。但票据上的无权代理，不存在效力追认的问题。对代理人无权代理情况下在票据代理的行为，被代理人不负票据上的责任，并可以以此对一切持票人包括善意持票人提出抗辩，持票人应直接向无权代理人请求其履行票据上的义务而无须向被代理人请求，即票据责任应由无权代理人自己承担。

（2）越权代理。是指具有代理权的代理人超越代理权限而实施票据行为的代理。越权代理成立的前提是有效代理形式要件齐备且代理人有代理权，只是代理人代为实施的票据行为超越了代理的权限，增加了被代理人的票据义务。超越代理权限的部分由于违背被代理人的真实意愿，因而是无效代理。在票据实务中，主要的越权事项包括：增加票据金额（代理人就其越权部分承担票据责任，被代理人则承担其授权范围内的票据责任）；法定代表人超越法人章程而进行的越权代理（法人承担全部票据法上的责任，但越权代理的法定代表人应对法人承担相应的损害赔偿责任）和未增加被代理人实质债务的越权代理（如记载被代理人不便履行的付款地，只是加重负担而非增加债务，故一般按记载内容对双方及其后手发生票据法上的效力）。

（3）表见代理。是指代理人虽然没有代理权，但客观上有足以使第三人相信其有代理权的理由而实施的由被代理人承担票据责任的票据代理行为，实质上是一种特殊的广义的无权代理行为。只有形式与实质要件齐备后，表见代理的票据责任才由被代理人承担，因为表见制度确立的目的在于保护善意持票人的利益而不在于保护无权代理人。善意持票人既有权基于表见代理而请求被代理人履行票据义务，也可基于无权代理而追究表见代理人的票据责任。一般来说，表见代理包括代理人逾越代理权的限制而为的票据行为、代理人在代理权消灭或撤销后而为的票据行为以及实际上本人从未授权，为本人自己所为，但对第三人表示将代理权授予他人，或明知他人表示为自己代理而不表示反对的行为。

在形式要件上，表见代理完全具备，即必须由名义上的代理人（表见代理人）将有关票据代理行为所必须记载的事项明确记载于票据并将票据交付于相对人。

在实质要件上，包括：

第一，票据行为的相对人不知也不可能得知代理人与被代理人之间不存在代理关系（基于自身的故意或过失而不知代理人没有代理权的相对人不能以表见代理为由向被代理人主张票据权利），即行为的相对人属于善意。

第二，代理人虽然实际上并无代理权，但确实存在着足以使相对人在客观上相信其有代理权的情形，如被代理人以自己的某种行为对第三人表明他已将代理权授予他人、被代理人知道他人以其代理人名义实施票据行为而不作反对表示、代理人以前有代理权而现在代理权已被撤回或受到限制等。

如果上述形式要件和实质要件不具备，则表见代理不能成立，本人自然不负任何责任，可以无权代理为由，对抗包括善意持票人在内的任何持票人。

（六）票据行为中的法律关系

1. 《票据法》上的票据关系

《票据法》上的票据关系是指因票据的存在而产生的票据当事人之间的各种法律关系，主要是票据当事人之间基于票据行为而发生的债权债务关系。其中，票据收款人或持票人为票据关系的债权人，票据付款人和在票据上签章的其他当事人为票据关系的债务人。

（1）基本特征：

第一，票据关系基于票据行为而产生，其只能发生在交付和接受票据之后，交付和接受的原因或前提在票据交付之前就已存在，不属于票据关系的范畴。票据行为之外的行为，无论合法与否，均不产生票据关系。

第二，票据关系是特定的持有票据的债权人与在票据上签名的债务人之间的关系，具有票据关系的多重性和主体的相对性。在票据流通过程中，随着票据当事人的不断增加，票据关系的数量也在增加，再加上出票、背书、承兑、保证等票据行为的出现，在同一张票据上也会产生多个票据关系，这就是票据关系的多位性。但是，每个当事人在一系列的票据行为中总是处于相对的状态中，如背书人相对于其前手是债权人，相对于其后手是债务人。

第三，票据关系的客体具有唯一性，即一定数额的货币而非其他给付方式。

第四，票据关系的内容是票据当事人所享有的票据权利和所承担的票据义务。表现为两类：票据债权人的付款请求权与债务人的付款义务；票据债权人的追索义务与债务人的偿付义务。

第五，票据关系的无因性和独立性。一方面，票据关系的效力不受票据基础关系效力的影响，以此保障票据效力的确定性和票据的可流通性。另一方面，在同一票据上有多个票据行为并引起多个票据关系的情况下，各个票据行文及其所引起的各个票据关系又具有独立性，某一票据行为和票据关系的无效，不影响票据上其他票据行为关系的效力。

（2）票据关系当事人。票据关系当事人是指参与票据关系、享受票据权利和承担票据义务以及与票据权利义务有密切关系的法律主体。

第一，基本当事人和非基本当事人。

基本当事人以票据出票行为而直接产生，如出票人、付款人和收款人，这是构成票据关系的必要主体。基本当事人不存在、不完全或者不确定，票据关系将不能成立。

非基本当事人是在出票行为完成后，在基本票据关系的基础上，因各种辅助票据行为而后加入票据关系的，如被背书人、保证人、代理付款人等。

第二，权利主体、义务主体与关系主体。

合法持有票据者，为权利主体。既享有付款请求权，又享有追索权的权利主体，是绝对的权利主体。只享有追索权的权利主体，为相对的权利主体，他曾经在票据上负有义务，因履行了义务才取得票据权利，从而成为权利主体。

在票据上进行票据行为并签章的人负有相应的票据义务，为票据的义务主体。包括第一债务人，如汇票的承兑人，和第二债务人，如汇票的出票人、保证人、背书人等。

票据中的关系主体是指虽然票据上记载有其名称但不享有票据权利也不负有绝对付款义务的当事人，如委托收款背书中的被背书人、未承兑汇票中的付款人、汇票中除付款人外另行记载的"代理付款人"。

第三，票据上的前手与后手。

票据上的多数当事人依据其相互位置关系而分为前手和后手。如对背书人而言，被背书人是其后手。

第四，票据关系类型：

其一，票据的出票关系。包括票据出票人与收款人（持票人）之间交付票据的关系和出票人向收款人（持票人）担保票据承兑、付款的关系。在汇票的出票行为中，出票人对收款人有担保票据承兑和担保票据付款的义务。收款人有权请求付款人为票据承兑或付款，当收款人不获承兑或付款时，有权向出票人追索。

其二，票据的背书转让关系。包括背书人向被背书人交付票据的关系和背书人向被背书人担保票据承兑、付款的关系。被背书人的权利因背书的种类不同而不同：转让背书的被背书人取得背书人的票据权利；质押背书的被背书人依法实现其质权时有权行使背书人的票据权利；委托收款背书的被背书人有权代背书人行使被委托的票据权利。

其三，票据的保证关系。包括出票人、背书人对票据付款的担保和出票人、背书人以外的其他人对票据付款的担保，一般指后者。在票据保证关系中，保证人与被保证人对票据权利人承担连带责任。保证人所承担的责任内容与被保证人相同。保证人在履行债务后取得持票人的地位，对被保证人及其前手享有追索权。

其四，票据的承兑、付款关系。承兑关系的当事人是承兑人和持票人（收款人）。汇票经承兑后，承兑人与持票人（收款人）之间便形成确定的票据债权债务关系。收款人或持票人有权于汇票到期日要求承兑人付款，承兑人有义务对票据付款。如无合法抗辩理由即拒绝付款，要承担相应的法律责任。

付款关系的当事人是付款人（承兑人）和持票人（收款人）。

其五，因票据的参加行为而产生的票据参加关系（参加承兑关系与参加付款关系）。参加承兑关系是指票据债权人之外的第三人，因汇票不获承兑，为维护特定票据债务人的利益，防止持票人行使追索权，而于汇票到期日前参加到票据关系中，代替付款人承兑的行为。参加承兑人负有依票据金额付款的义务，持票人有权要求参加承兑人于票据到期日付款，参加承兑人付款后，取得持票人地位，有权向被参加人及其前手行使追索权。

参加付款关系是指当汇票的付款人或承兑人拒绝付款时，由他人代为付款的行为。参加付款人对于承兑人、被参加付款人及其前手取得持票人的权利。

2. 票据法上的非票据关系

票据法上的非票据关系是指由票据法直接规定的与票据行为有联系但不是由票据行为本身所引起的法律关系。票据当事人之间基于票据法的直接规定所产生的权利义务关系，不属于票据关系，而是票据法上的非票据关系。

票据法上的非票据关系与票据关系的区别在于：票据关系是由当事人的票据行为而发生，而票据法上的非票据关系是直接由票据法规定而产生；作为票据关系内容的权利是票据权利，权利人行使权利以持有票据为必要，而票据法上的非票据关系中的权利的行使，以存在票据法规定的原因为依据；票据关系中的票据权利以付款请求权和追索权为主要内容，而票据法上的非票据关系中的权利则表现为利益返回还权、返还请求权等。

票据法上的非票据关系主要包括两类：

（1）票据返还的非票据关系。为维护票据合法持有人的权益，票据法明确了票据的返还关系，包括票据债务人履行票据义务后请求持票人返还票据以消灭票据关系或行使追索权；持票人因获得承兑或不获承兑、付款后请求付款人退还票据；正当权利人请求因恶意或重大过失而取得票据的人返还票据。

（2）利益返换的非票据关系。当持票人因时效或因票据记载事项欠缺而不能实现票据债权时，持票人应享有民事权利，可请求出票人或者承兑人返还其与未支付的票据金额相当的利益。

3. 票据的基础关系

票据的基础关系是票据关系得以产生的基础，是票据当事人实施票据行为、发生票据关系的实质原因或前提，又称民法上的非票据关系。包括：

（1）票据原因关系，即授受票据的直接当事人之间基于授受票据的理由（原因）而产生的法律关系。授受票据的直接当事人是指出票人和收款人、背书人与被背书人。不同的当事人从事同一种票据行为，可产生相同的票据关系，但其原因关系则可能是多种多样的。主要包括两种情况：因真实的交易关系和债权债务关系而存在的有对价的原因关系，如支付货款、租金、合同定金等；因税收、继承、赠与而无偿取得的无对价的原因关系。无对价的原因关系属于例外情形。

（2）票据资金关系，即出票人之所以将某一特定当事人作为付款人的前提或原因的法律关系。出票人与付款人之间存在一定的约定，确定了他们之间的委托付款法律关系。票据资金关系实质上也是一种原因关系，只是这种原因关系仅发生在付款人与出票人等特定的当事人之间。票据资金关系的成立条件一般包括：付款人处有出票人预先交付的资金；出票人与付款人有信用合同，付款人同意为出票人垫付资金；付款人对出票人负有债务，双方约定以支付票款作为清偿方式，付款人出于其他目的而自愿为出票人付款等。

（3）票据预约关系，指票据的当事人之间有了原因关系后，在发生票据行为前，就票据的种类、金额、到期日、付款地等事项达成协议，并以此协议作为授受票据的依据。预约的结果是，当事人负责票据签发和接受票据的义务。如果当事人不依约履行，则依民法规定承担民事责任，但违犯预约发出的票据依然有效。票据预约是出票、背书等票据行为的准备，票据原因是出票、背书等票据行为的实质基础，出票、背书等票据行为则是票据预约的实践。

4. 票据关系与基础关系的分离与联系

票据关系并非票据关系的构成部分，而是独立于票据关系的另一类法律关系。票据关系一经形成，就与基础关系相分离，二者各自独立，基础关系是否存在与有效，原则上对票据关系不发生影响。但是，由于票据关系的产生是基于一定的票据原因，在一些特殊情况下，票据关系与基础关系又处于彼此牵连的状态。

（1）票据关系与原因关系的分离。票据是无因证券，一经签发就产生独立的债权债务关系并与该票据的原因关系相分离，这体现在四个方面：

第一，票据行为只要具备法定条件依法成立，就产生有效的票据关系，出票人、背书人、承兑人就应承担票据责任，持票人就能享有票据权利。原因关系即使不存在、无效、被撤销或有其他缺陷，均不影响已发行流通的票据的效力。

第二，票据债权人行使权利时，只以自己合法持有票据（背书连续、支付对价等）为要件，而无须证明其前手给付资金票据的原因，也不必证明该原因关系是否有效。票据债务人无须对持票人取得票据的原因进行实质上的审查，即应依法向持票人履行票据义务。

第三，票据债务人不得以原因关系不存在、有瑕疵或无效等事由来对抗善意持票人，拒绝履行其义务。

第四，票据关系的存在同样不能证明原因关系的存在或履行，以及原因关系的有效。如果票据上记载的内容与票据原因关系的内容不一致或不完全一致，应以票据记载为准，而不应以票据外的事实改变票据关系的内容。

（2）票据关系与原因关系的牵连。对恶意或有重大过失取得票据的人以及对明知存在抗辩事由而取得票据的人，票据债务人有权以票据原因关系有瑕疵为由进行抗辩。授受票据的直接当事人之间，票据债务人可以对不履行约定义务的与自己有直接债权债务关系的持票人进行抗辩。如果票据上的请求权因时效或其他原因消灭，并不意味着原因关系也消灭。

无对价（如税收、赠与、继承等）或以不当对价取得票据者，受其前手票据原因关系的影响，不得享有优于前手的票据权利，亦即持票人所取得的票据权利与其前手相同。在这种情况下，票据债务人可以用对持票人前手行使的抗辩事由对抗持票人。

（3）票据关系与资金关系的分离。出票人与付款人之间是否存在资金关系，并不影响持票人的票据权利，即使出票人在资金关系不存在的情况下签发票据，该票据仍然有效。换句话说，只要票据关系合法有效成立，持票人就可对付款人行使付款请求权。如果付款人因无资金关系而对票据拒绝付款，票据关系也仍然存在，持票人仍享有票据权利，可行使票据权利中的追索权。

付款人是否对票据予以承兑、付款，由付款人自行决定，不受资金关系的影响。即使资金关系存在，但只要付款人拒绝承兑，付款人就不承担付款的义务；即使资金关系不存在，只要承兑行为一经作出，付款人就要承担付款义务。

出票人不得以已将资金给付于付款人而拒绝承担其票据义务。出票人虽然与付款人有资金关系，并依资金关系为基础签发票据，但在票据不获付款时，出票人不能以已有资金关系作为抗辩理由对抗持票人行使追索权。

（4）票据关系与资金关系的牵连。当出票人成为持票人而向付款人请求付款时，如果出票人与付款人之间没有资金关系，付款人可以以此为由拒绝付款。

（5）票据关系与预约关系的分离。票据预约是票据关系产生的前提。如果票据预约的当事人违反预约发出票据，该票据仍然有效，当事人只能按合同法追究票据预约关系中的违约方。此时，票据关系已不再受追究结果的影响。

如果没有票据预约或者票据预约无效或者票据预约被撤销，只要出票或者背书行为符合票据法的规定，由此产生的票据关系不受影响，仍属有效。

（6）票据关系与预约关系的牵连。一般来讲，票据预约一经履行即消灭，不再影响票据关系的效力，但是在授受票据的直接当事人之间，票据债务人可以以票据预约关系对抗票据债权人。

二、票据权利

票据是一种完全有价证券，票据与其所代表的权利密不可分：票据权利的产生以作成票据为必要，票据权利的行使以提示票据为必要，票据权利的转移以交付票据为必要。可以说，票据权利是票据的实质内容。

（一）基本含义

票据权利是指持票人向票据债务人请求支付票据金额的权利，是一种随票据行为产生、由票据债权人享有的权利。可从如下几个方面理解这一概念：

1. 票据权利是以取得票据金额为目的的权利，其内容是票据金额给付的请求，包括付款请求权（第一次请求权）和追索权（票据上的第二次权利）

付款请求权是指持票人向票据债务人或其他付款义务人请求按票据上所载金额付款的权利，追索权是指持票人行使付款请求权遭到拒绝或有其他法定原因无法实现时向其前手请求偿还票据金额及其他法定费用如利息、必要费用等的权利。通常情况下，只有在付款请求权遭到拒绝后，才可以行使追索权。汇票到期日前，如存在下列情况，持票人也可不行使付款请求权而直接行使追索权：汇票被拒绝承兑的；承兑人或者付款人死亡、逃匿的；承兑人或者付款人被依法宣告破产的或者因违法被责令终止业务活动的；票据被拒绝承兑、被拒绝付款或者超过提示付款期限，票据持有人再背书转让的。需要特别说明的是，在付款人对票据进行承兑后，付款人破产的，由于付款人在破产前已经对票据进行了承兑，因此付款人已经成为票据债务人，按照《破产法》等法律相关规定，未到期债权视为到期债权，债权人可向债务人破产清算组申报债权，要求从破产财产中获得清偿。但是由于参加破产分配有可能无法实现全部债权，而且程序复杂，因此大部分持票人会选择直接对背书人、出票人以及汇票上的其他债务人行使追索权。

票据的付款请求权与追索权都是持票人享有的请求支付一定金额的权利，但这两种权利又存在很多差异，主要表现在：

行使的次序不同。追索权是为弥补付款请求权之不足而赋予持票人的一种票据权利。只有当付款请求权被拒绝或因法定事由没有实现时，持票人才可行使追索权。如果付款请求权得以实现，则不能再行使追索权。

行使的次数不同。付款请求权一般只能行使一次，只要付款人履行了付款义务或者拒绝履行付款义务，付款请求权就不复存在。而追索权可以多次行使，当某一票据债务人清偿了票据债务之后，就可以取得的票据向其前手行使追索权。

行使的条件不同。付款请求权的行使一般是无条件的，持票人仅按票据上载明的时间行使即可。而追索权的行使是有诸多条件的，包括发生了票据到期被拒绝付款等法定原因，且履行了必要的法律保全手续，取得了拒绝证明或其他证明。

行使的对象不同。付款请求权的行使对象只能是票据上的第一义务人，即付款请求权的对方当事人只有一个；而追索权的行使对象是持票人的前手，包括所有的票据义务人。

请求的金额不同。付款请求权请求支付的金额为票据金额，而追索权请求支付的金额不仅包括票据金额，还包括该金额在法定期间内的利息及其他法定的必要费用。

权利的消灭时效不同。汇票的付款请求权自票据到期日起 2 年内不行使而消灭，而最后持票人对其前手的追索权自被拒绝承兑或者被拒绝付款之内起 6 个月内不行使而消灭，被追索人对其前手的再追索权自清偿之日或被诉之日起 3 个月内不行使而消灭。

2. 票据权利是凭借对票据的占有才能行使的权利

票据权利附随在票据之上（特殊情况如公示催告除外），两者不可分离，因此，同一票据上的权利只能有一个权利人，不可能同时存在两个以上的权利人，也不可能同时存在两个以上的权利。票据权利只能由持票人享有，票据上的债权与对票据本身的所有权是统一的。行使票据权利必须以占有票据为前提，票据权利人可以也只能凭票据请求票据义务人支付票据金额，而无权要求以其他标的物给付。票据债务人也无权以其他标的物的给付代替票据所载金额的清偿。不持有票据则无法行使票据权利。而且，凡持有票据的人就推定为票据权利人，可以向在票据上签章的所有票据债务人行使票据权利。

3. 票据权利的权利主体是合法持票人（收款人或被背书人），非法取得票据的持票人不享有票据权利

权利主体可分为绝对的权利主体和相对的权利主体。前者是指通过出票或者背书转让或者直接交付转让或者无偿赠与等方式取得票据的持票人，其既享有付款请求权，又享有追索权，但不负任何票据义务；后者指通过追索程序在清偿了后手所追索的金额之后取得票据的原票据义务人，在成为持票人后其仅享有的对包括承兑人在内的前手的再追索权，其曾在票据上负有义务，是因为履行了义务才取得再追索权。

4. 票据权利的义务主体是票据债务人，即因实施一定的票据行为而在票据上签章的人，包括出票人、背书人、保证人和承兑人

义务主体可分为第一债务人和第二债务人。前者也称主债务人（承兑人），是指对持票人承担无条件支付票据金额义务的票据行为人，亦即票据权利人首先主张权利的对象，其所承担的是付款责任，持票人向其行使的权利为付款请求权；后者也称次债务人，是指向持票人负担保付款义务即当主债务人不能满足持票人的付款要求时负责偿还义务的当事人，包括出票人、保证人、背书人及其保证人，其所付的是担保付款责任，持票人向其行使的权利为追索权。

5. 付款请求权和追索权虽然都属于持票人请求支付一定金额的权利，但存在明显不同

（1）行使顺序不同，付款请求权是第一次请求权，如果付款请求权实现，追索权即不复存在。

（2）行使的条件不同。付款请求权在票据到期日就可以行使，而追索权的行使是票据到期被拒绝付款或在其他特殊情况下才能行使。

（3）对方当事人不同。付款请求权的对方当事人只能是票据第一义务人（即承兑人）或关系人（即未承兑的付款人），而追索权的对方当事人包括所有的票据义务人。

（4）请求支付的金额不同。付款请求权请求支付的金额为票据上记载的金额，而追索权请求支付的除票据金额外，还包括该金额在法定时期的利息以及其他必要的费用。

（5）权利消灭时效不同。付款请求权的时效为票据到期起2年，追索权的时效是自被拒绝承兑或被拒绝付款之日起6个月，而再追索权的时效是自清偿日或者被提起诉讼之日起3个月。

追索权又包括两种：由持票人（绝对权利主体）向前手背书人行使的追索权；已履行追索义务的背书人（相对权利主体）向其前手背书人行使的再追索权。

（二）票据权利的取得、行使与保全和消灭

1. 票据权利的取得

依合法方式或法定原因而取得有效的票据，从而享有票据权利，称为票据权利的取得。一般来讲，持票人是票据权利人，但并非所有的持票人都享有票据权利，只有符合法定条件的持票人才能享有票据权利。包括给付了对价、取得票据的手段合法（不是采取欺诈、偷盗、胁迫、抢夺、拾得等手段取得票据）、取得票据时具有主观上的善意。

（1）从出票人处取得票据权利。票据持票人从出票人处取得票据，实现对票据的占有，就取得票权利。这种取得称为发行取得或原始取得。出票并交付票据如是出票人的真实意思表示，则票据权利的取得为真实取得。如被欺诈、胁迫而出票并交付票据，则出票人只能对其直接后手即行为相对人进行抗辩而不能对善意取得该票据的其他行为人进行抗辩。出票人以外的人以出票人名义虚假出票，只要相对人善意取得该票据，就仍然享用该票据上的权利，对其后手承担相应的票据义务。

（2）从合法持票人处依受让取得票据权利。持票人从有票据处分权的前手权利人手中通过连续背书转让方式受让票据，是票据权利转让最主要的方式。此外，背书人在履行了追索义务重新取得票据、保证人在履行了保证义务而取得票据后，也都能成为票据权利人，两者也称为票据权利的继受取得。

（3）依其他法律有偿或无偿取得票据权利。包括继承、赠与、企业的分立与合并、法院的判决以及税收或行政部门的命令与决定等原因而取得票据权利。

（4）票据权利的善意取得。票据权利的善意取得是指票据受让人依据票据法所规定的转让方法，善意地从无权处分人手中取得票据，从而享有票据权利的法律情形。只要受让人取得票据时不知道也不可能知道票据上已存在的瑕疵或其前手为不法持票人，尽管转让人无权处分该票据权利，受让人因此取得的票据权利也不受影响。

票据权利善意取得的构成要件有四：①必须按票据规定的转让方式取得票据，即按背书交付方式进行。未按票据规定的转让方式，如背书不连续、禁止背书、被拒绝承兑或被拒绝付款、超过付款提示期限，或者非依票据法而以其他法律规定取得票据，如税收、继承等，均不受善意取得的保护。②必须是从无权处分人手中取得票据。这里的无权处分人仅限于持票人的直接前手，其间接前手有无处分票据权利对此无影响。从无行为能力人、限制行为能力人手中受让票据的人，不适用于善意取得的规定。此外，出票人如果记载禁止转让字样、到期后的背书以及委托取款背书也不存在善意取得的问题。③必须是无恶意或重大过失而取得票据。恶意就是受让人在受让票据时已经知道让予人为无权处分人但仍受让该票据的行为。重大过失是指受让人缺乏一般人应有的注意、对本应发现的瑕疵没有发现而受让该票据的行为。恶意取得票据，或者因重大过失取得票据，不得享有票据权利。取得票据的人在受让票据时只有既无恶意也无重大过失，才受"善意取得"的保护。④必须是付出相当代价取得票据。以不相应的代价取得票据不能适用善意取得制度，但可能仍享有票据权利，但这种票据权利不能优于其前手。业务实践中，构成对价的事物通常有实物、劳务、智力成果及其他无形资产、有效的合同及法律认可的其他事物。至于所付代价是否为双方当事人认可且相对应，取决于双方在授受票据时所依据的协议或其他证据。

只要满足票据权利善意取得的构成要件，就可产生相应的法律后果，包括：善意取得票据的受让人取得有关的票据权利，票据债务人不得以其相对让予人无处分票据的权利为由对抗善意持票人；原权利人丧失票据权利（不管丧失原因是什么），原权利人不得请求善意取得票据的持票人返还票据或票据利益，只能按相关法律向侵害人或不当得利人请求损害赔偿或返还不当得利。

2. 票据权利的行使与保全

（1）票据权利行使的内容。票据权利的行使是指票据权利人请求票据债务人履行票据义务的行为，包括：持票人请求付款人承兑或者付款的行为；持票人请求其前手背书人、保证人或出票人清偿票据所载金额和有关费用的行为；清偿义务人在承担了有关票据义务后，向其前手、被保证人或出票人进行再追索的行为。与票据权利的行使相关的一个概念是票据权利的保全，即票据权利人为防止票据权利丧失而作出的一切合法行为，包括：持票人向第一义务人提示票据以保全其付款请求权和追索权的行为；被拒绝承兑和付款时持票人做成拒绝证书以保全其追索权的行为；票据权利主体主张权利提起诉讼以中断票据时效的行为等。

（2）票据权利行使与保全的地点、方式。持票人对票据债务人行使票据权利，或者保全票据权利，应当在债务人的营业场所（而非票据权利人的住所）和营业时间进行；票据债务人无营业场所的，才在其住所进行。营业时间一般包括营业日和营业内的营业时刻两项内容。营业日是指票据当事人应该营业的日子；营业时刻则是指票据当事人在营业日当天应该营业的时间。

票据权利行使的方式主要有三个：①按期提示票据。因为票据权利不能离开票据而存在，故请求义务人履行义务就不能通过口头或者书面方式，否则就不会产生行使票据权利的效力。要在票据法规定的期间内，现实地向票据债务人或关系人出示票据，请求其履行票据债务。行使票据权利的提示可细分为承兑提示（严格地讲仅是确认支付请求权或请求付款人进行票据行为，而非实质意义上的行使付款请求权）、付款提示、追索权提示。按照我国《票据法》规定，持票人不在法定期限内进行承兑提示和付款提示的，丧失对前手的追索权。因此，作为行使票据保全的手段，提示票据必须依期而行。②作成拒绝证书。为了证明持票人曾经依法行使票据权利而遭到拒绝或者根本无法行使票据权利，拒绝一方或者法律指定的机构要做出拒绝证书。拒绝证书是票据权利人行使追索权所必备的条件，如果票据权利人未在规定的时间内作成拒绝证书，则丧失对其前手的追索权。承兑人出具的拒绝承兑证明、付款人出具的拒绝付款证明、退票理由书以及人民法院、公证机关、医院出具的相关文书与证明，也具有拒绝证书的效力。③中断时效。在票据时效期间，持票人必须行使票据权利，否则就丧失了票据权利。但在时效期限内，持票人为保全票据权利而往往会采取一些中断时效的行为，如提起诉讼、公示催告等。通过中断时效，保全了票据权利，使得票据权利以前经过的时效归于无效，从中断时效的事由消除之日起，时效期间重新计算。

3. 票据权利的消灭

票据权利的消灭是指由于一定事实的出现而使票据上的付款请求权和追索权失去法

定效力的情形。

（1）导致付款请求权和追索权消灭的共有原因。付款人付款。付款人在足额支付（而非部分支付）票据金额以后，票据权利绝对消灭，不仅付款人免除汇票上的责任，在汇票上签名的所有票据债务人也都因此解除责任。票据上的其他债务人在受到追索时的付款只是使持票人个人所享用的票据权利消灭，而票据上其他义务人的票据权利并未消灭，可行使再追索权，直至票据债务由主债务人即出票人或付款人清偿，追索权才会消灭。

时效期间届满。票据权利因权利人怠于行使或因其他原因造成的时效期间届满而消灭。

票据毁损。票据被焚烧、撕毁、严重磨损等，以致丧失其原有的物质形态，完全不能辨认其必要记载事项，此时票据权利也告诉灭失。

（2）导致追索权消灭的特有原因。未在法定期限内对必须进行承兑的汇票进行提示承兑，或者未在规定期限内提示付款，或者未在规定期限内作成拒绝证明文书，票据权利人就丧失对其前手的追索权，但其付款请求权仍然有效，承兑人或者付款人仍应对持票人承担付款责任。

（三）票据法上的非票据权利

1. 基本含义

票据法上的非票据权利是指是指与票据有关的由票据法直接规定而非由于票据行为所发生的权利。票据法上的非票据权利引起的纠纷，也属于票据纠纷，受到我国票据法的管辖。由于这种权利不体现在票据上，因而无须票据就可以行使权利，不像票据权利那样必须以占有和提示票据为要件。当票据权利不能正常行使时，行使非票据权利可以使权利人获得合理的补偿。

2. 非票据权利的分类

票据法实践中遇到的非票据权利主要有以下几种。

（1）出票人的要求返还票据权。当出现票据未转让时的基础关系违法、双方不具备真实的交易关系和债权债务关系、持票人应付对价而未付对价等事由时，出票人可向其直接后手行使返还票据权。如果出票人的直接后手已将票据背书转让，则出票人不能行使该权利。

（2）失票人的要求补发票据权。失票人的要求补发票据权只能在票据时效届满以前行使，如果该票据所载票据权利时效已经届满，则只能依靠其他寻求补偿。且该权利只能向出票人而非付款人或承兑人请求。在提出该权利时，失票人应提供担保，以避免善意取得该票据的第三方主张票据时会给票据债务人尤其是出票人造成损失。

（3）失票人的请求返还票据权。失票人可向非法持有票据人行使请求返还票据权。

（4）未按规定期限通知而使前手或者持票人享有的损害赔偿请求权。持票人在受到被拒绝承兑或者被拒绝付款的有关证明之日起3日内，应将被拒绝事由书面通知其前手；其前手应该自接到通知之日起3日内书面通知其再前手。持票人也可以同时向各汇票债务人发出书面通知。未按照规定期限通知的，持票人仍可以行使追索权。因延期通知给其前手或者出票人造成损失的，由没有按照规定期限通知的汇票当事人承担对该损失的赔偿责任，但所赔偿的金额以汇票金额为限。

（5）持票人的利益返还请求权。持票人因超过票据权利时效或者因票据记载事项欠缺而丧失票据权利的，可以请求出票人或者承兑人返还其与未支付的票据金额相当的利益。这是一种持票人丧失票据权利时经常行使的、最重要的一项非票据权利。利益返还请求权的权利人是因超过票据权利时效或者因票据记载事项欠缺而丧失票据权利的正当持票人，包括最后的被背书人、因履行追索义务而取得票据的背书人或保证人、票据丢失但具有相应证明的持票人。利益返还请求权的义务人则是出票人和承兑人，背书人因未获得单方面票据利益、保证人因不能获得票据利益，因而都不应成为利益返还请求权的义务人。

利益返还请求权制度的设定在于在于实现票据当事人利益的均衡。因为，为尽快实现票据权利流通的效率，票据权利的时效远远短于其他权利，这有利于票据义务人尽快实现义务，结束票据权利的不稳定状态，但却使票据权利人比其他权利人更容易因时效期满而丧失票据权利。同时，如果丧失票据权利的持票人在取得票据时支付了对价，则由于因丧失票据权利而无法行使付款请求权和追索权，出票人或者承兑人却既能获得对价，又能免除付款义务，因而会造成法律的不公布。利益返还请求权制度的设定使得丧失票据权利的持票人的利益有所补救。

利益返还请求权的行使必须满足以下要件：①票据权利曾经有效存在。票据权利不存在也就无所谓消灭，持票人不是真正的票据权利人也就无法请求票据义务人承担票据义务。如果票据权利不消灭也就不存在利益返还请求权。持票人行使利益返还请求权虽不以提示票据为必要，但必须有其他证明文书来证明其的确为正当持票人且原来的票据权利无瑕疵。②票据权利超过时效或在法定期限内未完成保全手续而消灭，至于持票人是否在票据权利丧失中存在过失则不加以考虑。③返还义务人因票据权利消灭享有利益，这时持票人可向返还义务人要求返还与其未付的票据金额相当的利益。利益多少的举证责任由利益返还请求权人承担，且"利益"以其未付的票据金额为限，不包括其他费用与利息，因为返还义务人并无过错，利益返还请求权的发生完全是因为票据权利行使时效已过，这在很大程度上是票据权利人的责任。

（四）从票据债务人角度而言的票据抗辩

票据抗辩权是票据债务人所享有的与票据债权人所享有的付款请求权和追索权相对应的一种权利，是票据债权人不依法行使票据权利时票据债务人进行自我救济的一种手段，指票据债务人可以依票据法规定以一定的合法事由对于票据债权人提出的请求予以拒绝的行为。票据抗辩权具有抗辩切断特性，即票据债务人所享有的任何旨在对抗出票人或者持票人前手的抗辩权利，都不得对持票人行使。也就是说，票据受让人在受让票据时，并不同时受让前手就该权利所存在的抗辩事由。

行使抗辩权的票据债务人是指票据上的所有债务人。票据债务人行使抗辩权以不履行票据债务为目的，有利于阻止不合法票据的持有人以及不法取得票据者取得票据利益，是对合法票据权利人及债务人有效保护的一种手段，但票据债务人不能无限制地行使或滥用票据抗辩权，其拒绝履行票据债务必须有合法事由，合法事由被称为票据抗辩事由。需要说明的是，票据抗辩通常是对票据金额的全额抗辩，不存在对部分票据金额的抗辩。

票据抗辩作为《票据法》上的一项重要且特殊的制度，带来了一定的法律后果，导致持票人与票据上记载的债务人之间的票据债权债务关系消灭，但持票人与其前手及出票人之间的债权债务关系并不因此而当然解除。在持票人行使追索权时，如遭遇前手的合法有效抗辩，则会丧失相应的追索权。不过，持票人如因票据抗辩而无法行使权利时，其所享有的民事权利并未消灭，持票人可依据其他的民事法律规定向与其有债权债务关系的直接当事人主张权利。

票据抗辩在立法体例上，有的国家的票据法以明文列举抗辩事由，凡未列举的，不为抗辩事由，这在理论上称为积极限制主义；有的国家的票据法以明文列举票据债务人不得行使抗辩权的事由，凡不列举者，皆可作为抗辩事由，这在理论上称为消极限制主义。我国《票据法》第13条第一款以消极限制主义的立法形式规定了当事人不得行驶抗辩权的两种形式，即票据债务人不得以自己与出票人之间的抗辩事由对抗善意持票人；票据债务人也不得以自己与持票人的前手之间的抗辩事由对抗善意持票人。该条第二款又以积极限制主义的立法形式规定了当事人能够行使抗辩权的一种形式，即票据债务人可以对不履行约定义务的与自己有直接债权债务关系的持票人行使抗辩权。

就票据抗辩事由（原因）而言，票据抗辩包括物的抗辩与人的抗辩两种。两者的主要区别在于被抗辩的对象不同，物的抗辩可以对任何债权人行使，而人的抗辩只可以对特定的债权人行使。

1. 物的抗辩

物的抗辩又称客观的抗辩或绝对的抗辩，是指由于票据本身或票据所记载的债务人的原因，可由票据债务人来对抗一切持票人而不因持票人变更受到影响的票据抗辩。包括两类：

（1）任何票据债务人可以对任何持票人行使的抗辩（此种抗辩主要基于票据本身的原因而产生）。

因票据不具备法定的形式要件而使票据无效的抗辩，包括票据上欠缺法定必要记载事项、未使用人民银行按统一规定印制的票据、空白授权票据没有补充完全、票据金额记载中文大写与阿拉伯数字不一致、出票人没有签章或签章不符合法律规定、更改了不得更改的记载事项（票据金额、日期、收款人名称）、出票人在票面上记载了附条件付款文句、出票人在票据上记载了"不得转让"字样后持票人又背书转让的（此种情况下，背书转让后的受让人不享有票据权利，票据的出票人、承兑人对受让人不承担票据责任）。对具有以上特征的票据，无论谁持有，其向票据债务人请求行使票据权利时，债务人都可以票据无效为由抗辩。

票据权利人行使权利不当，不依票据文句提出请求，包括票据到期日尚未届至、持票人请求付款的地点与票据所载的付款地不符等。

票据权利已经无法行使，包括超过票据权利时效、人民法院作出的除权判决发生效力后持票人（而非失票人）请求票据债务人付款、票据已得到全部付款并在票据上进行了记载、票据所载金额由于无法向票据债权人付出而以商业道德原因向有关机关办理了提存手续。

（2）特定票据债务人可以对任何持票人行使的抗辩。

第一，票据行为不能有效成立。包括票据上记载的债务人欠缺票据行为能力但在票据上签章、票据上记载的债务人是被他人无权代理或越权代理的、票据上记载的债务人是被伪造的、出票人在票据上记载"禁止转让"但由收款人以外的人持有票据的、票据债务人已被法院宣告破产或被责令终止业务活动、票据债务人的签章被伪造或在票据变造前签章等。

第二，持票人没有依法出示票据权利或票据债务人因持票人欠缺保权手续而解除了票据义务。如果持票人未按规定期限进行票据提示或者不能提供拒绝证明，依法将丧失对前手的追索权，即其前手的票据义务解除。所以，被解除了票据义务的票据债务人可以此为由对票据债权人行使抗辩权。

第三，持票人的票据权利因超过时效而消灭，票据债务人因而解除了被追索的票据义务，可以以时效期间届满不再负有清债义务为由对抗任何票据债权人。

第四，票据上记载的票据债务人已经实际丧失承担票据义务的能力，如债务人被法院宣告破产或被行政部门责令终止业务活动的，该债务人实际上已不具备承担票据义务的能力，当持票人向其主张票据权利时，可以此抗辩。

2. 人的抗辩

人的抗辩又称主观的抗辩或相对的抗辩，是指由于持票人自身的原因或者是票据债务人与特定持票人之间的特殊关系而提出，只能对抗特定的持票人而不能对抗一切票据债权人的票据抗辩。持票人一经变更，这种抗辩的原因便不复存在（即票据抗辩的切断）。人的抗辩包括两类：

（1）任何票据债务人可以对特定持票人行使的抗辩（由持票人自身不具备票据权利人资格原因而形成的票据抗辩，基于特定持票人自身的原因而产生）。包括票据债权人欠缺票据行为能力、持票人取得的票据背书不连续且不能举证、持票人以欺诈偷盗胁迫等非法手段取得票据或明知有上述情形但出于恶意取得票据、持票人明知票据债务人与出票人或者持票人的前手之间存在抗辩事由而取得票据、持票人因重大过失取得票据、持票人取得票据时欠缺对价以及持票人有其他依法不得享有票据权利的情形。

（2）特定票据债务人可以对特定持票人行使的抗辩（由票据债务人与特定持票人之间的特殊关系而提出的票据抗辩，基于特定的票据债务人与特定的持票人之间的关系而产生）。包括票据债务人的直接后手不履行约定的义务、直接票据当事人的原因关系不存在或者非法、背书人在票据上记载"不得转让"字样或票据依法不得转让（委托收款、质押）、票据债务人与直接票据债权人有特别约定、票据已付款但未在票据上记载且请求付款人又请求付款等情况。

3. 对票据抗辩的限制及例外

民法上的抗辩与票据法上的抗辩有很大的区别。在民法上，债权转让次数越多，债务人获得的抗辩越多；而在票据法上，为了促进票据流通，特设定了"抗辩切断制度"，即善意的、支付相当对价的票据受让人，不继受背书前手或者出票人与其他票据债务人之间存在的抗辩事由，原有的抗辩事由被阻断于授受票据的直接当事人之间，原有的抗辩事由对善意持票人而言，没有了效力。票据抗辩限制是票据法对票据债务人不得对特定的持票人行使抗辩权的规定，其根本目的在于界定票据抗辩的一定范围，从而保持票据流通的生命力。

在票据抗辩中，物的抗辩是客观的、绝对的，是可以对任何票据债权人主张的抗辩，因此，对物的抗辩未规定限制。票据抗辩的限制主要是指对人的抗辩的限制，即将票据抗辩中关于人的抗辩限制于直接当事人之间，不允许特定人之间的抗辩扩大至后手当事人之间的票据关系中。票据抗辩具体包括两种情况：

（1）票据债务人不得以自己与出票人之间的抗辩事由，对抗持票人。在委托付款的汇票关系中，票据债务人（承兑人）与出票人之间，往往存在某种权利义务关系，这正是承兑人愿意接受出票人的委托承担付款义务的前提，但是票据债务人不能以因其与出票人之间的这种权利义务关系而产生之事由对抗持票人行使抗辩权。

（2）票据债务人不得以自己与持票人的前手出票人之间的抗辩事由，对抗持票人。票据债务人可以其与直接相对人之间的关系对抗票据的直接相对人，但不能以这一抗辩事由对待直接相对人的所有善意后手。

有两种情况例外：一是无对价抗辩。因税收、赠与和其他可依法无偿取得票据的，持票人所享有的票据权利不能优于其前手的权利。二是知情抗辩。对明知存在抗辩事由而取得票据的持票人，票据债务人可以依自己与出票人或者与持票人的前手之间的抗辩事由对抗持票人，但可对抗的事由应限定在持票人所知道的抗辩事由范围内，且这种事由必须是持票人在获得票据时就已知晓。

（五）作为票据权利相对物的票据义务

1. 含义与特征

票据义务是指票据义务人（出票人、背书人、承兑人、保证人、付款人、保付人等）向持票人履行的、支付票据金额（发生追索情况下除票据金额外，还包括票据金额所产生的利息和通知等其他费用）的义务。

与一般的金钱债务相比，票据义务具有如下特征：

（1）票据义务是无因责任和文意责任。票据关系是无因关系，票据义务基于票据行为而产生，所以不受票据原因关系的影响，票据原因关系中的责任消灭，并不当然消灭票据义务。同时票据行为人承担的票据责任只有在他于票据上签章以后才能发生，且只依其所记载的文义负责而不对记载以外的事项负责。

（2）票据义务是单方责任。票据义务人不享有对票据权利人的请求权，不因自己履行票据义务而得以对票据权利人主张一定的权利。背书人因履行了追索义务而后享有的向其前手进行再追索的权利，不是发生在同一相对当事人之间。

（3）票据义务中的义务人具有广泛性和多位性。票据自出票人依法签发交付时，只有没有记载"禁止转让"字样，收款人就有权通过背书和交付来转让票据。如果背书连续进行下去，则背书人就不断加入到票据义务人之中，从而导致众多票据债务人的产生。再加上票据的承兑制度、保证制度和保付制度，使得票据义务人具有广泛性特征。

（4）票据义务中的义务人具有转移性和相对性。转移性表现在向票据权利人清偿票据所载金额的义务人，在因清偿而取得票据后，原先的义务即刻就全部转移给其他前手票据义务人，他则成为票据权利人。

相对性表现在两个方面：一是义务人的身份具有可变性，即除出票人外，大多数票据债务人由票据债权人即原持票人转变而成。票据债务人在履行了追索义务后又可以变成票据债权人。二是义务人的身份具有对应性，即在票据上签章在前的前手是签章在后的后手的票据义务人，签章在后的后手相对于持票人来讲也是票据义务人。

（5）票据义务具有双重性和连带性。双重性表现在票据义务是付款义务和担保付款义务的结合。票据义务人或承担票据付款义务，或承担票据担保付款义务，在有关义务人未全部履行付款义务时，担保付款人就应承担支付相应款项给票据权利人的义务。

连带性表现在无论票据义务人有无与其他票据义务人负连带责任的意思，只要其中之一无力付款时，其他票据义务人都负有代替偿还的义务，且这种连带义务是法定连带义务而非约定连带义务，是只要在票据上签章就必须承担的义务。

2. 票据义务的分类

（1）票据付款义务。票据付款义务与票据权利中的付款请求权相对应，是票据上所载付款人或代理付款人依据票据文义而对票据权利人所应承担的义务，亦即支付票据所载金额（民法上的清偿可以"一定的物"或"一定的劳务"来进行，而票据法上的支付只能是"金钱"）的义务。它具有第一次义务的性质，因此也被称作主票据义务或付款义务。票据付款完成后，票据权利人的票据权利得以实现，票据债务人的票据债务归于消灭，票据关系及票据本身也随之消失。票据付款义务的发生，依赖于相应的票据行为的完成，如出票行为和承兑行为。未经承兑之前，出票人在事实上处于主义务人的地位，但持票人并不能立即向出票人请求付款，他只能首先向票据所载付款人提示承兑。付款人承兑后，成为主义务人，承担到期付款的义务；若付款人拒绝承兑，则仍由出票人作为主义务人承担付款义务。

第一，票据付款的分类。票据付款是票据关系的最后一个环节，是票据活动基本过程的终点。与出票、承兑、保证、背书等票据行为不同，它不以行为人在票据上为一定的意思表示并签章为其效力要件，而是由票据法直接规定其行为的效力；它不以承担票据债务为目的，但却能够消灭票据债务。

按照不同标准，可对票据付款作出不同的分类：

1）本人付款和代理人付款。本人付款是指由票据上记载的付款人向持票人所为的付款。付款人基于自己的票据行为而进行的付款，如承兑人的付款，被称为绝对付款义务人付款；付款人基于他人的票据行为而进行的付款，如付款人在未承兑前所进行的付款，被称为委托付款义务人付款。代理人付款是指由付款人委托的代理人代替其向持票人所为的付款。代理付款人并非票据当事人，而是基于付款人在票据外的委托，代替其进行付款的人。在商业汇票实务中，主要是商业承兑汇票上记载的付款人的开户行。

2）全部付款和部分付款。全部付款后，票据上的权利义务完全消灭，不仅付款人的票据债务因其履行而消灭，其他在票据上签章的票据债务人的票据债务也同时消灭。我国票据法目前暂不承认部分付款，但日内瓦《统一汇票本票法》是承认的，"持票人不得拒绝部分付款。在部分付款的情况下，付款人得请求在票据上记载其已支付的票据金额，并出具收据"，"对未获付款的部分，在持票人履行必要的保全手续后，票据债务人仍然负有票据责任"。

3）到期付款与期外付款。在法律规定的提示期限内或者持票人同意延长期限内进行的付款称为到期付款；反之则称为期外付款。期外付款又分为在法定或约定的提示付款期限到来之前或之后进行的付款，前者称为期前付款，后者称为期后付款。在无法定义务的情况下，付款人按照自己的意思提前进行付款，实际上是自愿放弃了自己的期限利益。但是，付款人对期限利益的放弃，并不能成为其错误付款的免责事由。当向实际上无权利人付款后，真实权利人又主张票据权利时，付款人得承担再次付款的责任；在到期日前如发生出票人撤销支付委托或要求停止支付等情况下，期前付款的付款人也须承担因期前付款而产生的损失。"持票人未按照前款规定期限提示付款的，承兑人或者付款人仍应当继续对持票人承担付款责任"（当然，该付款责任要受票据权利时效规定的限制），因此，对承兑人来讲，期后付款与到期付款的法律效力是一样的。

4）提存支付和非提存支付。提存支付是指当持票人不在法律规定的期限内为付款提示时，票据债务人将相应的票据金额交给提存机关，从而相当于已履行付款义务的一种付款形式。提存付款的主体是承兑人而非出票人、背书人，因为持票人未在法定的提示付款期限内提示付款，即丧失对出票人、背书人的追索权，他们无须进行提存行为。一般情况下，票据付款都是非提存付款。

第二，票据付款的程序。

1）提示付款。是指持票人为取得票据金额的支付而向付款人或者代理付款人出示票据，请求其付款的行为。提示付款是持票人所为的行为，是票据付款全部程序的第一步。值得注意的是，当持票人未按照法律规定的提示付款期限提示付款时，对持票人来说，其向承兑人或者付款人请求支付票据金额的权利仍在，但失去延迟利息的请求权和向背书人的追索权。

2）付款。"持票人依照前条规定提示付款的，付款人必须在当日足额付款。"一般来讲，付款应当以人民币作为付款标的。如果汇票上记载的金额为外币的，要以付款日的市场汇价换算成人民币进行支付（汇票当事人对汇票支付的货币种类另有约定的，可依当事人的选择进行支付）。

在进行对外付款时，法律规定付款人应尽付款审查义务。"付款人及其代理付款人付款时，应当审查汇票背书的连续，并审查提示付款人的合法身份证明或者有效证件。付款人及其代理人以恶意或者有重大过失付款的，应当自行承担责任。"付款人的审查主要是形式上的审查，主要是通过对票据上记载事项的审查，来判断持票人的权利是否存在瑕疵。对必要记载事项完备、无不生票据法上效力的记载事项、未发现变造的记载事项、未发现更改的票据金额、日期和收款人名称的，即可认为该票据为有效票据。形式审查还包括对持票人资格的审查，一般通过背书是否连续来判断。

付款程序的最终完成包括两个环节：

●付款的签收。持票人在获得足额付款后，付款人有权要求其在汇票上记载"收讫"字样，以此作为付款人已经依法履行付款义务的证明。对于签收的时间，一般认为应在付款的同时进行。我国票据法还规定了视同签收制度，如果持票人委托银行收款，受委托的银行将代收的汇票金额转账收入持票人账户，即视同签收。

●汇票的回收。付款人将已付款的票据收回，能现实地防止该汇票再次投入流通。如果该票据没有被付款人收回，则持票人如恶意将其再行转让，或丢失后转至善意第三人之手的情况下，付款人可能还需继续承担付款责任。在票据实务中，付款人足额付款、持票人在汇票上签收和持票人将汇票交给付款人等环节一般是同时进行的。付款人进行合法有效的付款后，票据关系完全消灭，付款人还取得向出票人求偿的权利。

（2）票据担保付款义务。票据担保付款义务与票据权利中的追索权相对应。只有在持票人遭到付款人或主票据义务人的拒绝或者其他法定事由的出现导致其权利不能实现时，承担票据担保义务的义务人才有义务应持票人依法定程序提出的请求而履行票据付款义务，并在履行票据义务后有权向前手及主票据义务人行使票据权利。票据担保付款义务具有补充票据付款义务的作用，因此被称为从票据义务、第二义务、次义务或清偿义务。背书人、保证人和已承兑汇票的出票人被称为从票据义务人。承担票据担保付款义务的义务人即使履行了票据义务，并不导致票据及票据权利消灭。

票据担保付款义务的发生，也依赖于相应的票据行为的完成，主要是背书行为和保证行为。但票据担保义务的实际履行，还需要票据未获承兑或未获付款等法律事实的形成。

3. 票据义务的履行

（1）票据义务履行的前提是票据权利人主动且依法请求履行。票据债务人不负有到期主动履行的义务。只有票据权利人主动出示票据请求付款，且这种请求符合如下法定条件，票据义务人才能到期履行义务：①票据权利人持有的票据为有效票据，并且票据本身背书连续，行使付款请求权的持票人是票据上的最后被背书人。②最后持票人应遵守期限并在合法的地点和营业时间内向付款人及其代理付款人行使付款请求权。③如果付款请求权遭到拒绝，票据权利人应及时取得拒绝证明，并在法定期限内向前手发出已被拒绝的通知。④票据权利人在履行了取得拒绝证明或其他证明并及时通知前手等保全措施后，应在法定期限内向其他票据债务人行使追索权。

（2）各票据债务人票据义务的履行。①出票人的票据义务。出票人在完成出票行为后承担担保付款和担保承兑两项义务。出票人在汇票得不到承兑或者付款时，应当向持票人清偿由追索和再追索所产生的金额和费用，即承担最终的追索义务。②背书人的票据义务。背书人承担保证其后手所持汇票承兑和付款的责任。背书人在汇票得不到承兑或者付款时，应当向持票人清偿由追索和再追索所产生的金额和费用。③承兑人的票据义务。承兑人承担的是绝对付款义务：一是票据到期，必须无条件向持票人支付票据金额。二是当持票人未按照法定期限提示付款时，在作出说明后，承兑人仍应当继续对持票人承担付款责任。三是在票据到期而拒绝付款时，必须向持票人或其他因履行追索义务而取得票据的人（包括出票人）偿还追索和再追索所产生的金额和相关费用。四是保证人的票据义务。保证人承担的票据义务与被保证人承担的票据义务相同。保证人与被保证人对持票人承担连带责任，票据到期后得不到付款的，持票人有权向保证人请求付款，保证人应当足额付款。

4. 票据义务的解除

导致票据义务解除的法定事项主要有：

（1）付款人依法足额付款，全体票据债务人的票据义务解除。

（2）最后持票人没有依法行使付款请求权，所有从票据义务人的票据义务解除。

（3）最后持票人请求付款遭到拒绝后没有行使保全措施，出票人以外的所有从票据义务人的票据义务解除。

（4）持票人的追索权得到实现，履行了票据付款义务的从票据义务人的所有后手的票据义务解除。

（六）与票据权利义务紧密相关的票据时效

票据时效也就是票据权利（付款请求权和追索权）的消灭时效。在票据时效期间内，如果票据权利人不行使其权利，则该权利归于消灭。本着要求票据权利人尽快行使其票据权利、票据债务人尽早卸下责任、从而促进票据流通的立法宗旨，票据法上的票据时效要不一般民法上的时效期间为短。

票据权利如在法定期限内不行使则归于消灭，但由于票据权利的特殊性，票据权利在消灭时，权利人虽不再享有票据权利，但仍可依据票据法享有其他权利，如享有利益返还请求权，通过请求出票人或者承兑人返还其与未支付的票据金额相当的利益，作为授受票据时所付出代价的补救。

我国票据法规定了2年、6个月、3个月三种票据时效期间。汇票的持票人对出票人的追索权、对承兑人的付款请求权和追索权适用于2年的时效期间（自票据到期日起2年）；持票人对其前手的追索权适用于6个月的有效期间（自被拒绝承兑或被拒绝付款之日起6个月）；持票人对其前手的再追索权适用于3个月的时效期间（自清偿日或者被提起诉讼之日起3个月）。

三、汇票制度

汇票制度包括出票制度、承兑制度、背书制度、保证制度、付款制度、追索权制度以及涉外制度和法律责任制度。付款制度、追索权制度在上节中已经论及，本节不再赘述。

（一）出票制度

1. 出票的基本含义

出票，又称票据的签发或票据的发行。指出票人依据票据法的规定在汇票上签章、记载以作成票据，并将其交付给收款人，从而创设票据上权利义务关系的一种票据行为。签发票据的人，称为出票人；接受出票人交付票据的相对人，为第一持票人。从形式上看，出票行为由作成票据和交付票据两个行为构成。作成票据是指出票人以创设汇票上的权利义务为目的，以法定的格式记载一定的事项并签名或盖章。由于汇票由中国人民银行统一印制，出票人只需以格式填写即可。交付票据是指出票人将已制作完成的汇票以本意交给汇票上指定的收款人占有，如交付并非出于出票人的本意，而是受到胁迫、欺诈或偷盗被迫将汇票交于票据上指定的收款人，则不构成票据法意义上的票据交付。在票据作成之后尚未发行或交付前，如因被盗或遗失而进入流通领域，则视持票人是否善意取得票据而决定出票人是否承担票据责任。如持票人善意取得则出票人应承担票据责任，恶意取得则出票人不承担票据责任。

出票本质上表现为一种无条件的支付委托，即出票人委托汇票所载付款人，向汇票所载的收款人或持票人无条件支付票据金额。通过出票，汇票上载明的收款人取得向付款人要求付款的权利，而付款人则基于出票人的委托获得向收款人支付一定金额的权利。此时尚不形成付款人的绝对付款义务，只有经过承兑，付款人的绝对付款义务才最终形成。

出票作为最初始的票据行为，是背书、承兑和保证等其他票据行为得以有效的基础。出票是创设票据的行为，在出票以前，汇票是不存在的。只有在出票行为做出之后，才产生票据权利，其后一系列票据行为才得以在汇票上进行。从这个意义上，一般将出票行为称为基本票据行为，把基于出票行为而后续进行的其他票据行为称为附属票据行为。如果出票行为无效，则其后的附属票据行为也无效。

出票可以由出票人本人亲自进行，也可由出票人委托他人代为进行。代理人受托代为签发汇票如出票人本人签发一样，必须依票据法的规定记载各事项，并通过"某某代理某某"字样表明代理关系。在实际工作中，一般由集团公司代理其分子公司进行出票，并通过签署委托—代理协议来规范双方权利义务。

按照法律规定，银行承兑汇票由在承兑银行开立存款账户的存款人签发；商业承兑汇票既可由付款人签发，也可由收款人签发。

2. 出票的法律效力

出票的法律效力是指出票行为对出票时存在的基本当事人（包括出票人、付款人和收款人）产生的法律效力。

（1）对出票人的法律效力：承担担保承兑和担保付款的责任。担保承兑和担保付款作为一种法定责任和票据法的强行规定，不取决于出票人的意思表示。按我国票据法规定，出票人担保承兑和付款的义务不得依特约而免除，即使出票人在出票时明确记载免除其担保承兑和付款的义务，该记载也属于记载无效事项。如果汇票的持票人在提示承兑或付款遭到拒绝后，持票人可直接选择出票人主张票据权利，也可向前手主张票据权利。持票人的前手清偿后再向出票人主张票据权利。无论是持票人直接的主张权利，还是持票人的前手在清偿完毕后再主张票据权利，出票人都应承担包括票面金额、相应利息、所花费用在内的给付责任。

第一，担保承兑。是指出票人保证其签发的汇票能够获得承兑。汇票作为委付票据，其付款不直接由出票人完成，而由出票人委托付款人完成。出票人在汇票上签章后就应保证汇票获得承兑。如果付款人拒绝承兑，则持票人可以拒绝承兑证书为据向出票人追索票据欠款。只要持票人在票据到期前不获承兑，出票人就不得已将票据资金交付承兑人为由对抗持票人。

第二，担保付款。是指出票人保证持票人到期能够获得付款。出票人作为票据债务人在票据关系中处于第二债务人的地位。正常情况下，持票人在法定提示期限内可以从付款人处获得付款。只有持票人请求承兑、请求付款被拒绝或其他法定原因而无法从付款人处获得票据款项时，出票人即应当承担清偿票据款项的责任。

（2）对付款人的法律效力：可以对持票人承兑或者付款，但不负有必须承兑或付款的义务。出票行为对付款人的效力，使付款人取得对汇票进行承兑和付款的资格。出票行为完成后，对付款人尚未产生票据法上的效力，不承担票据法上的义务。付款人可以根据自己独立的意愿决定对汇票是进行承兑还是拒绝承兑。如果拒绝承兑或尚未进行承兑，付款人就无须承担任何票据义务。持票人在付款人拒绝承兑后只能要求出票人履行担保承兑或付款的义务，进行期前追索。

付款人在承兑前仅是汇票当事人，而不是汇票债务人，即使出票人在付款人处留有款项，付款人也可不进行承兑。只有在承兑后，付款人在汇票上的签章行为才使付款人成为汇票债务人，承担必须付款的责任。

由于票据关系与资金关系在票据法上相互分离，资金关系存在与否，并不能构成付款人同意或拒绝进行承兑、付款的理由。付款人在承兑后不得借口没有收到出票人交付的款项而不进行付款。如果付款人与出票人之间存在委托付款协议而付款人违约没有进行承兑、付款，那么付款人虽不必承担票据法上的责任，但应承担合同法上的责任。

（3）对收款人的法律效力：取得汇票上的所有权利。出票行为完成后，收款人即获得汇票上的所有权利，包括：

第一，付款请求权。收款人的付款请求权在付款人承兑前仅是一种期待权，尚处于不确定状态。只有在付款人对汇票进行承兑后，付款请求权才变为一种现实的权利。

第二，追索权。在汇票不获承兑或者不获付款，或者有其他法定事由而使得收款人票据权利实现的可能性减少时，收款人在履行相关保全手续后，可以向出票人主张期前追索或者期后追索，要求其偿还票据金额及利息、费用等其他必要的金额。

第三，背书权。收款人在取得相应支付对价的情况下，有权通过背书方式将票据进行转让，从而由票据权利人变为票据义务人，对被背书人承担担保承兑和担保付款的义务。

第四，提示权。收款人有权向票据的付款人提示票据请求承兑或者付款。当然，即使不进行提示，收款人在票据到期时也可直接请求付款。

3. 出票的款式或格式

出票的款式或格式是指汇票的出票人按照票据法的规定，在汇票上应为的各种记载，亦即出票的记载事项。由于汇票是文义证券，汇票上的一切权利义务均以汇票记载为依据，票据当事人不能以任何汇票上记载文义之外的事实或理由对票据文义加以解释、补充或变更。为避免票据当事人各方对票据文意的理解和判断各不相同，进而避免因此引发票据纠纷，各国对汇票的出票记载事项均采取法定主义，即汇票上记载事项应当以票据法规定为准，当事人不得随意创设。

（1）绝对应该记载事项。出票人因欠缺绝对应该记载事项而对持票人提出抗辩的，人民法院应予支持。换句话说，出票时如缺少绝对应该记载事项之一的，该汇票无效。

绝对应该记载事项包括：①表明"汇票"的字样；②无条件支付的委托；③确定的金额；④付款人名称；⑤收款人名称；⑥出票日期；⑦出票的签章。其中，①～②事项在实践中已按人民银行规定事先统一印制在汇票上相应位置，出票人签发票据时，不必另行记载票据文句，只要根据需要正确选择票据凭证，记载其他事项即可。③～⑦事项需要出票人在出票时自己填写，应该注意如下几点：

第一，金额必须以货币表示且必须明确具体。汇票是一种金钱证券，以货物为记载对象的"货物汇票"或记载以支票进行支付，则不产生汇票的效力，必须以货币作为票据债权的标的，且金额必须具体确定。不确定的记载，如浮动记载（人民币1000万元左右）、选择记载（1000万元或1500万元）、重叠记载（1000万元及1500万元）、限额记载（最高支付1000万元）、待定记载（"以到期日商品价格计算的金额支付"），均会导致汇票无效。汇票金额经过涂改，或汇票上中文大写的金额与数码记载的金额不一致，也会导致汇票无效。如果银行把金额涂改过的汇票进行了贴现，或者对记载的不确定金额进行了承兑并付款，将自行承担责任。

第二，付款人与收款人的记载必须真实。

付款人是指受出票人委托根据票据文义到期负有无条件支付票据金额义务的人。出票人可以以自己为付款人，也可记载任何其他人为付款人。收款人是指由出票人指定的、接受票据金额支付的人，出票人在票据上记载收款人名称后，收款人即成为第一持票人，在其完成背书后，则成为第一背书人。如果汇票上未载明收款人名称，则以持票人为收款人。

付款人或收款人如为杜撰之人、已死之人、已被注销或破产之人（或金融机构），则该汇票为无效汇票。收款人名称一经记载即不能更改，否则票据无效。

第三，出票日期仅指票据上记载的签发票据的日期，与实际发生出票行为的日期并不一定一致。

出票日期的年月日不齐全，或出票日期的记载晚于汇票到期日，或记载有两个及以上出票日期且互相矛盾，或出票日期记载的年月日实际并不存在，都将会导致汇票无效（有人认为如记载了现实历法中并不存在的日期，如32日，应认定该月的月末日为汇票实际出票日，但从避免纠纷角度看，这样的票据最好不要贴现）。

第四，汇票出票人的签章为该法人或该单位的财务专用章或者公章加其法定代表人、单位负责人或者其授权的代理人的签名或者盖章。汇票的出票人可以一人签章，也可以两人或两人以上签章，凡是两人以上共同签章的，即为共同出票人，应对票据上的文义承担连带责任。在我国，目前个人尚不具备在汇票上签章的资格。

（2）相对应该记载事项。包括付款日期、付款地和出票地。其中，付款日期又称汇票到期日，是汇票权利人行使权利、汇票债务人履行义务的日期，亦即汇票上记载的付款人支付汇票金额的日期。它是确定票据付款义务履行时间的法律依据，如果汇票上未记载付款日期，则为见票即付。

付款地是付款人支付票据金额的地域，是确定支付的货币种类、请求付款或拒绝证书做成地、确定管辖法院的重要依据。出票地是出票人在汇票上形式记载的出票区域。如果汇票上未记载付款地或出票地，则付款人或出票人的营业场所、住所或经常居住地为付款地或出票地。

（3）任意记载事项。任意记载事项主要有二：①不得转让文句。不得转让文句是出票人在汇票上所做的旨在禁止票据背书转让的特别记载事项。如果在汇票上记载"不得转让"文句，则该汇票就丧失了流动性，如果再转让，就不发生票据法上转让的效力。②支付货币种类的约定。汇票当事人对汇票支付的货币种类有约定的，按汇票上记载的约定币种进行支付；如无明确约定，一般以人民币支付为原则。

（4）不发生票据法上效力的记载事项。这类记载事项不产生票据法上的效力，但在符合其他法律规定时能产生其他法律效力。较常见的有关于延迟支付票款时违约金的约定、关于管辖法院的约定、记载交易双方的交易协议号码等。

（5）记载本身无效、在票据法上视为无记载的事项。如出票人在汇票上记载"免除担保承兑"、"免除担保付款"字样，就不会产生任何法律效力。

（6）使汇票归于无效的记载事项。如记载支付汇票金额的条件、记载不确定的支付金额等，会导致汇票无效。

（二）承兑制度

1. 承兑的基本含义

承兑制度是远期汇票特有的一种制度。承兑即承诺兑付之意，指汇票的付款人在汇票的正面记载有关事项并签章，然后将汇票交付请求承兑之人，承诺在汇票到期日无条件支付汇票金额的票据行为，它具有增强汇票信用、促进汇票流通的效用。由于汇票的出票行为只是单方委托付款人付款的行为，付款人并不负有绝对付款的义务，设立承兑制度的目的就是让付款人表明自己愿意承担汇票到期无条件付款的责任。如果没有承兑制度，汇票上的权利义务关系就会一直处于不确定状态，这必然会影响汇票的流通。

汇票一经承兑，汇票上的权利义务关系即告确定，亦即付款人承兑后，其付款义务便确定无疑，承兑人成为票据责任的最终承担者。即便承兑人与出票人之间无事实上的资金关系，只要其进行承兑，就必须承担付款责任；如果持票人为出票人，他也可向承兑人要求偿还。持票人获得承诺后，其票据权利（主要是付款请求权）也就由期待权变为现实的权利，持票人可以现实地请求承兑人付款。

承兑作为一种附属票据行为，是在出票行为的基础上进行的。如果出票行为在形式上不符合票据法的要求，即使承兑行为符合票据法的要求，该汇票仍然无效。亦即没有出票行为，就没有承兑行为。相对于出票行为而言，承兑行为又具有相对独立性，即出票人的出票行为并不当然产生使付款人成为票据债务人的效力，而只是赋予付款人付款的资格，付款人是否承兑完全由自己的意愿决定，即使出票人与付款人之间签订有承兑协议、存在付款约定或在付款人处留有资金，付款人也可能拒绝承兑。

承兑是付款人的单方法律行为，仅以汇票文义承担付款责任，无须与其他当事人进行合意。承兑又是要式法律行为，即付款人愿意支付汇票金额的意思必须在汇票上所为，如果不严格按照法律规定在汇票上记载"承兑"字样、承兑日期并签章，则不会发生承兑的效力。承兑事项应记载于汇票正面，不能在汇票的背面或者粘单上记载。此外，承兑行为由记载"承兑"字样、承兑日期并签章和交还持票人两个行为组合而成。如果仅有第一个行为，则不能产生承兑的效力，因为付款人完全可以在签字承兑后交付汇票前随时撤销承兑。

在我国，承兑要贯彻三个原则：

（1）承兑自由原则，即汇票上记载的付款人是否对汇票承兑，由其自由决定。即使出票人与付款人签订有承兑协议，付款人仍可拒绝承兑。当然，是否将汇票提示承兑，也由持票人自主决定。

（2）完全承兑原则。承兑是对全部付款金额的承兑，我国不允许就汇票金额作部分承兑。

（3）单纯承兑原则。付款人承兑汇票，不得附有条件，应完全按照汇票上所记载的文义进行；承兑附有条件的，无论该条件是否征得持票人同意，均视为付款人拒绝承兑。比如，在汇票上记载有"到期日前出票人与持票人之间的债务纠纷已经解决的，承担付款"或"在到期日前出票人与持票人之间的债务纠纷没有解决的，承兑失效"等文句的，为承兑无效的汇票。部分承兑的记载和承兑时改变汇票上原有事项的记载也属于使承兑无效的记载。

2. 承兑的程序

从程序上看，承兑包含提示承兑、承兑或拒绝承兑、交还汇票三个环节。

（1）提示承兑。是指持票人向付款人现实地出示汇票（而不是口头或书面方式），并要求付款人承诺在票据到期日愿意付款的行为，包含两层含义：持票人向付款人出示汇票；持票人要求付款人承诺付款。提示承兑不是一种票据行为，只是付款人为汇票承兑这一行为的前提，是持票人享有的票据权利的一种。是否提示承兑，是持票人的自由，但持票人如果不提示承兑，则持票人就不能向付款人证明其票据权利的存在，并会丧失对其前手的追索权，付款人也无从进行旨在记载承兑意旨意的书面行为，从而付款人也无法承担票据责任。提示承兑的提示人为汇票的持有人，受提示人则为汇票上记载的付款人。

付款人收到持票人提示承兑的汇票时，应向持票人签发收到汇票的回单。回单上应当注明汇票提示承兑日期并签章，可以起到证明持票人已经进行了提示承兑的作用。

持票人提示承兑必须在法律规定的地点和期间进行。提示承兑的地点通常在在汇票上载明的付款人的营业场所、住所或者经常居住地。按法律规定，定日付款或者出票后定期付款的汇票，持票人应当在汇票到期日前向付款人提示承兑；见票后定期付款的汇票，持票人应当自出票日起 1 个月内在付款人提示承兑。

（2）承兑或拒绝承兑。在承兑之前，付款人仅是汇票关系人，而非汇票债务人；承兑以后，付款人就变为承兑人和汇票上的主债务人，承担到期付款的责任。付款人自收到持票人提示承兑的汇票之日起 3 日内应当做出承兑或拒绝承兑的决定。为保护持票人的利益，付款人无论是否同意承兑，持票人在提示承兑期满后都可凭借持票人签发的收到汇票的回单向付款人要求交还汇票。

承兑的绝对应当记载事项包括承兑文句和承兑人签章两项。缺少这两项中的一项，为无效承兑。承兑文句是付款人承诺汇票到期无条件付款的意思表示，一般是在汇票正面记载"承兑"字样。由于我国在票据上已预先印好相应的承兑文句，承兑人只需在汇票上相应地方签章即可。承兑人的签章原则上应与汇票所载付款人名称一致。

承兑的相对应当记载事项是指承兑日期，如未记载承兑日期，法律推定付款人收到提示承兑的第 3 日为承兑日期。如果付款人在法定的期间没有承兑或拒绝承兑的，应该向持票人出具拒绝证明或者退票理由书，持票人据此进行期前追索。付款人因死亡、逃匿、破产等原因而不能出具拒绝证明或者退票理由书的，法院判决文书、主管部门处罚决定、医院死亡证明等也具有拒绝证书的效力。

（3）交还汇票。付款人同意承兑的，在汇票正面记载有关事项后，应将汇票重新交还给持票人；付款人不同意承兑的，在将汇票交还给持票人时应附有拒绝证明以便持票人行使追索权。在未交还汇票之前，承兑行为不发生法律效力，付款人可以在交还汇票之前撤销其承兑。如已交还票据，或已用书面通知方式将承兑意愿告知有关当事人的，则不能撤销承兑。撤销承兑以涂销方式进行，而不能以口头或票据外的其他书面形式进行，即应该在汇票上涂销承兑人的签名和其他承兑记载事项，或在保留签名和其他承兑记载事项的同时记载"撤销承兑"等文句，以表明撤销承兑。

（三）背书制度

1. 背书的基本含义

背书作为一种附属票据行为，是指以转让票据权利给他人或将一定的票据权利授予他人行使为目的，在票据背面或者粘单上记载有关事项并签章，然后将票据交付他人。进行背书行为的持票人为背书人，接受其背书行为的他人为被背书人。背书可从以下几个方面理解：

（1）与出票作为基本票据行为不同，背书是一种附属票据行为，它以出票行为为前提。出票无效必然导致背书无效，但背书无效并不必然导致出票行为无效。

（2）背书为持票人所为，但并非所有汇票持有人都可以背书转让汇票，法律有明确禁止的或者不享有汇票权利的持票人不能背书转让汇票，如以委托收款背书而取得票据的被背书人和质押背书的被背书人不得再以背书转让汇票权利；汇票被拒绝承兑、被拒绝付款或者超过付款提示期限的，不得背书转让。

（3）背书以转让票据权利或将一定的票据权利授予他人行使为目的。通过转让票据权利而使汇票得以流通。通过背书授予他人行使汇票权利，包括委托收款背书和质押背书两种情况。

（4）背书必须在票据背面或粘单上所为，是一种要式行为。粘单由中央银行统一管理印制，在粘单上记载有关事项和签章的行为与在汇票背面进行记载有关事项和签章的行为具有同样的法律效力。使用票据粘单的，粘单上的第一记载人，应当在汇票和粘单的粘接处签章。

（5）背书无须被背书人的同意，是背书人单方所为的法律行为，它由记载有关事项和签章及交付给被背书人两部分行为组成。背书人只有记载事项、签章完毕并交付给被背书人，才发生背书的效力。如果在交付之前，汇票因被盗、遗失等非因背书人意志的事由脱离背书人，背书人则仅对善意持票人承担票据责任。

（6）背书转让的必须是全部票据权利，而且该权利只能同时转让给同一人。汇票是完全有价证券，权利的行使以持有汇票为必要，权利的转移以交付汇票为必要。如果背书人仅转让部分权利于他人，或者将全部权利转让给两人以上（此类背书称为一部背书），则汇票权利受让人无法完全或同时取得汇票，进而无法行使汇票权利，因此一部背书为无效背书。一部背书虽为无效背书，但并不导致汇票无效，只是经一部背书获得汇票的被背书人不享有汇票权利。

（7）背书必须无条件，背书时附有条件的，所附条件不具有汇票上的效力。有条件背书并不使背书无效，只是视所附条件为未记载。附条件被背书的被背书人取得汇票权利，可以行使付款请求权和追索权。

（8）汇票背书时记载"不得转让"的，被背书人再背书转让的，原背书人对被背书人的后手不承担票据责任。

（9）背书具有背书人将债权转让、被背书人取得所有权以及背书人对其后手具有担保承兑与担保付款的效力。背书的保证责任不是基于当事人的约定而产生，而是直接由法律规定的，背书人的保证责任不以当事人的特约而免除。

2. 背书的种类

以背书的目的为标准，背书一般可分为以转让票据权利为目的的背书（转让背书）和以授予他人行使一定票据权利为目的的背书（非转让背书）。前者为通常意义上的背书，后者为特殊意义上的背书。转让背书按被背书人、背书时间、权利转移效力、权利担保效力等方面有无特殊性分为一般转让背书和特殊转让背书。一般转让背书按是否记载被背书人为标准分为完全背书和空白背书。特殊转让背书包括无担保背书、背书禁止的背书、回头背书和期后背书。非转让背书按背书人为被背书人设定的权利不同而分为委托收款背书和质押背书。下面选择常见的几种背书形式加以分析。

（1）完全背书。指背书人在汇票背面或粘单上记载背书人、背书的意旨及被背书人名称并签章的背书，又称正式背书、记名背书，亦即通常所指的背书。

第一，完全背书的效力。背书有效成立后，将会产生三个方面的效力。

一是权利转移效力。即票据上的一切权利从背书人转移到被背书人。被背书人取得的票据权利，包括其对付款人的付款请求权，对出票人、背书人及保证人的追索权，将汇票再背书转让他人的背书权。背书转让的是票据上的权利，由于票据的基础关系与票据关系相分离，所以非票据上的权利（票据当事人设定的质权、抵押权或者违约金请求权）并不随票据的背书行为而转移。这些权利的转移须依其他法律进行。

二是权利担保效力。与出票人的担保责任不同，背书人仅对其所有后手承担担保承兑和担保付款责任，而出票人要对全部背书人和被背书人承担担保责任。当票据不获承诺或者被拒绝付款时，背书人作为第二位的债务人，应偿还票面金额。背书人的担保承兑和担保付款责任作为我国的一种法定责任，不能以当事人的特殊约定而免除。

三是权利证明效力。即背书只要在形式上连续，依法就可推定持票人为正当的票据权利人，票据权利就可实现向被背书人的有效转移，无需持票人再证明其取得汇票的合法性。"以背书转让的汇票，背书应当连续。持票人以背书的连续，证明其汇票权利；非经背书转让，而以其他合法方式取得汇票的，依法举证，证明其汇票权利。前款所称背书连续，是指在票据转让中，转让汇票的背书人与受让汇票的被背书人在汇票上的签章依次前后衔接。"

第二，完全背书的记载事项。完全背书的绝对记载事项包括背书人的签章和被背书人名称两项，缺少上述两项或其中任何一项都导致背书行为无效。背书人是为背书行为的人，除第一背书人为收款人外，其余背书人须为前背书的被背书人，背书人的签章为签名、盖章或签名加盖章。被背书人是背书人依背书方式指定的票据权利的受让人。被背书人通常由背书人记载，如果背书人未记载被背书人即将汇票交付他人的，持票人可以在票据被背书人栏内记载自己的名称，该记载与背书人记载具有同等的法律效力。

完全背书的相对记载事项是指背书日期。如果汇票未记载背书日期，则视为汇票到期日（汇票上记载的应该付款的日期）前背书。当汇票上记载的背书日期和实际的背书日期不一致时，应以汇票上记载的背书日期为准。

完全背书的任意记载事项是指"不得转让"的记载。背书人记载"不得转让"与出票人记载"不得转让"效力不同。出票人记载"不得转让"将使汇票丧失背书性，即汇票不得以背书方式转让，否则背书无效；而背书人记载"不得转让"的，该汇票仍可以以背书的方式转让，只是背书人对其禁止转让后又经背书而取得汇票之人不承担担保承兑和担保付款的责任，并不使其后手的背书无效。

记载不发生票据法效力的事项是指背书时所附的条件。"背书不得附有条件，背书时附有条件的，所附条件不具有汇票上的效力。"

记载使背书行为无效的事项是指"将汇票金额的一部分转让的背书或者将汇票金额分别转让为两人以上的背书"。该种背书为无效背书，但并不会导致汇票无效。

（2）空白背书。是指背书人在背书中未指定被背书人，在被背书人记载处留有空白的背书，又称不记名背书或不完全背书。目前我国尚不承认空白背书。"汇票以背书转让或者以背书将一定的汇票权利授予他人行使时，必须记载被背书人名称。"

（3）背书禁止的背书。法律赋予出票人或背书人有权或因法律直接规定而对票据的背书加以限制，即为背书禁止，包括两种类型：

第一，约定的背书禁止。约定的背书禁止是指汇票的出票人或者背书人基于自己的意愿，在汇票上记载"不得转让"、"禁止背书"等字样，从而产生限制汇票流通效力的背书禁止。约定背书禁止的目的有三：保留抗辩权，即出票人或背书人在汇票上进行背书禁止后，收款人或被背书人再行背书转让汇票，出票人或背书人对收款人的受让人和被背书人的受让人可以进行抗辩，不承担票据责任；减少追索对象，防止票据追索金额的扩大，从而将追索金额和对象限制在一定范围内；避免与更多的不特定的人发生票据关系，从而减少票据纠纷的发生几率。①出票人约定背书禁止。"出票人在汇票上记载'不得转让'字样的，汇票不得转让"，亦即出票人记载"不得转让"字样后，该汇票丧失流通性，如果持票人再背书转让，背书行为无效。背书转让后的受让人不得享有票据权利，汇票的出票人对受让人也不承担票据责任。②背书人约定背书禁止。背书人在汇票上记载"不得转让"字样，其后手再背书转让的，原背书人对其后手的被背书人不承担保证责任，但背书人对其直接后手要承担担保责任。换句话说，万一将来持票人被拒绝承兑或拒绝付款而行使追索权时，不得对记载"不得转让"字样的背书人进行追索。

第二，法定的背书禁止。法定的背书禁止是指法律直接对票据的背书加以限制的背书禁止。"汇票被拒绝承兑、被拒绝付款或者超过付款提示期限的，不得背书转让；背书转让的，背书人应当承担汇票责任。"之所以作如此规定，是因为汇票如果被拒绝承兑或者被拒绝付款，再背书转让后的被背书人只能享有追索权；如果汇票超过付款提示期限，再背书转让的被背书人可能无法得到付款人的付款。上述两种情况对被背书人来讲都极为不利，受让后容易产生票据纠纷。

（4）回头背书。是指以票据上的原债务人（出票人、背书人、承兑人和保证人等在票据上签章的票据行为人）作为被背书人的背书。"持票人为出票人的，对其前手无追索权。持票人为背书人的，对其后手无追索权"，可见我国法律是承认回头背书的。

回头背书的持票人集票据权利和票据债务于一身，在行使追索权时容易出现循环追索。为保证票据安全流通和票据权利的实现，对持票人行使票据权利应当进行适当限制。具体来讲：①持票人为出票人时，如果汇票已经承兑，则持票人只可向承兑人请求偿还；如果汇票尚未承兑，则持票人不得向任何人行使追索权。②持票人为背书人时，对原有后手无追索权，仅可以向其原有前手进行追索。③持票人为承兑人时，持票人对任何人均无追索权。④持票人为保证人时，持票人除可以向被保证人及被保证人的前手行使追索权，但不得对原有后手行使追索权。

（5）委托收款背书。是指背书人以委托他人收取票面金额为目的，将票据权利授予他人行使的背书。"背书记载'委托收款'字样的，被背书人有权代背书人行使被委托的票据权利。但是，被背书人不得再以背书转让汇票权利。"被背书人依背书人授权行使票据权利后，其后果由背书人承担，即所授权的票面金额归于背书人，无法收取票面金额的后果亦由背书人承担。被背书人享有的是背书人授予的代理权，票据权利仍由背书人享有。除在汇票上签章并记载被背书人名称外，"委托收款"字样亦为绝对应该记载事项。

委托收款背书不以转让票据权利为目的，且被背书人不得再以背书转让汇票权利，也不得进行质押背书，但可以再次进行委托收款背书。在再次委托收款背书情况下，原背书人对后手的被背书人不承担票据责任，但出票人、承兑人以及原背书人之前手的票据责任仍需承担。

（6）质押背书。又称设质背书，指持票人在票据权利上以设定质权为目的的背书。其中，背书人是出质人，被背书人是质权人，背书的结果是被背书人取得质权，但背书人仍享有票据权利。被背书人依法实现其质权时，可以行使汇票权利，比如可以向汇票债务人收取汇票金额。如果票据债务人不付款，则损失由被背书人承担，而不像委托收款背书那样由背书人承担。在作成质押背书时，应在汇票上记载"质押"字样。

（四）保证制度

1. 保证的基本含义与特征

（1）保证的基本含义。票据保证是指票据债务人以外的第三人，在已经发行的票据上（而非在票据以外的其他处）进行保证文句的记载、完成签名并将其交付给持票人，以担保特定票据债务人履行票据债务的一种附属票据行为。票据保证具有所有票据行为共有的特征，如文义性、要式性、无因性、独立性等。票据保证中的当事人包括保证人与被保证人。

第一，保证人。为了增加票据信用、确保交易安全，给票据权利的实现提供更充分的保障，在汇票的出票人、背书人及承兑人尚不足以确定票据信用时，有必要对汇票提供保证。票据保证所担保的债务出票人和背书人的偿还债务，也可以是承兑人的付款债务。

票据债务人因为一定的票据行为而承担了票据责任，如果由其再为自己或其他债务人作票据保证，无非是重复其担保责任，对于票据信用和交易安全并无实际意义，因此法律规定票据债务人不能再成为保证人，保证人限于票据债务人以外的第三人。当汇票的出票人、背书人以及承兑人的信用不足以保证汇票到期能获得付款时，由票据债务人以外的第三人进行票据保证就可增强票据信用和票据交易安全，从而促进票据流通。在我国，保证人应是具有代为清偿票据债务能力的法人、其他组织或者个人，国家机关、以公益为目的的事业法人、社会团体、企业法人的分支机构和职能部门不得为保证人，如果为汇票提供保证，则该保证无效，但经国务院批准为使用外国政府或者国际经济组织贷款进行转贷，国家机关提供保证的，以及企业法人的分支机构在法人书面授权范围内提供票据保证的除外。

第二，被保证人。票据被保证人限于票据债务人，如出票人、承兑人以及背书人。付款人在承兑之前不负票据上的责任，因而尚不具备被保证人的资格。保证人可以为一个票据债务人进行保证，也可为票据上的多个甚至所有的票据债务人进行保证。被保证人名称作为相对必要记载事项，如果没有被记载，则对于已经承兑的汇票，承兑人为被保证人；未被承兑的汇票，出票人为被保证人。如果记载了被保证人名称，则意味着保证人仅对所记载的被保证人的票据债务承担保证责任，对其他票据债务人的票据债务不承担任何责任。

（2）保证的基本特征。

第一，票据保证是一种依法定款式、以书面方式、在法定处所、于汇票上所为的票据行为。由于汇票上通常没有印制"保证"字样，因此只能由保证人根据需要自行记载。一般而言，如果被保证人是出票人或者承兑人，票据保证应当在汇票的正面进行；如果被保证人是背书人，则票据保证相应地应在汇票的背面或者粘单上进行。票据保证除要求必须记载保证文句外，还必须记载保证人名称和住所以及保证人签章。之所以将保证人名称和住所列为绝对必要记载事项，是因为这样便于票据权利人了解保证人的情况，从而顺利地行使票据权利。保证日期作为相对必要记载事项，如果未在汇票上载明，则法律推定出票日期即为保证日期。

第二，"保证不得附有条件，附有条件的，不影响对汇票的保证责任"。票据保证所附条件不产生票据法上的效力，视为未记载，按单纯保证发挥效力。若记载保证部分金额，可视为附加条件，因此可认为我国的票据保证为：一是全额保证，即保证人应就票据上记载的全部金额承担保证责任。二是单纯保证，即不附加任何条件的保证。三是正式保证，即保证人在签章的同时，在汇票上记载"保证"字样。

第三，按照保证人的数量可将票据保证分为单独保证和共同保证。单独保证是指仅有一个保证人所为的保证。共同保证是指由两个以上的保证人对同一项票据债务所为的保证。共同保证情况下，保证人之间承担连带责任。

第四，在票据实务中，存在一种被称为隐存保证的保证。例如，甲签发一张汇票，本应以乙为票据权利人，但由于乙对甲的资信不放心，不愿接受甲签发的汇票。为消除乙的顾虑，甲只好先签发汇票给丙，再由丙背书给乙。此时丙因背书而承担了担保承兑与付款的责任，效果相当于保证，因而被称为隐存保证。隐存保证虽然不具有票据保证的成立要件，但由于它不会暴露被保证人在信用上的问题，不像票据保证那样容易对持票人再行转让造成一定困难，能够不必记载保证文句而隐蔽地实现保证目的，因而实践中存在一定的市场。

2. 票据保证的记载事项

票据保证的绝对必要记载事项包括表明"保证"的字样及签章,两者缺一将导致保证无效。相对应当记载事项包括被保证人的名称和保证日期。如果汇票上未记载被保证人名称,对已经承兑的汇票来讲,承兑人为被保证人;对尚未承兑的汇票来讲,出票人为被保证人。如果汇票上没有记载保证日期,则法律推定汇票的出票日期为保证日期。

3. 票据保证的效力

票据保证行为一经成立,会在票据当事人之间产生一定的权利义务关系。

(1)对保证人的效力。

第一,保证人的责任。对保证人而言,应当对合法取得汇票的持票人所享有的票据权利承担保证责任。保证人责任的特点主要有三:

一是从属性。保证人责任的产生依赖于被保证债务的存在。只要被保证的债务具备形式要件,能有效存在,票据保证也就存在,保证人就应负保证责任。当被保证人的债务因偿还、付款、抵消、免除等事由归于消灭时,或者被保证人的债务因票据记载事项欠缺而无效时,票据保证也随之消灭或者无效,保证人就不再承担保证责任。保证人责任的种类、范围依被保证人所承担的义务(亦即在汇票上的地位)来确定。票据债务包括主债务人的付款义务和从债务人的偿还义务即追索时的付款义务。如果保证人为承兑人提供票据保证,则应负付款义务;如果保证人为出票人或者背书人提供票据保证,则应负追索时的偿还义务。持票人向被保证人主张的票据权利有多大,向保证人主张的票据权利就有多大,即请求付款金额或追索金额相同。保证人责任的时效期间与被保证人责任的时效期间相同。两者的性质也相同,保证人不享有先诉抗辩权,持票人可以对被保证人行使的权利,也同样可以向保证人行使。

二是连带性。票据保证的保证人责任是一种不因当事人之间约定而改变的一种法定连带责任,即保证人应当与被保证人应对持票人承担连带责任。汇票到期后持票人得不到付款的,持票人有权直接向保证人请求付款,而无须先向被保证人请求付款,保证人接到持票人的付款请求后应当足额付款,不得以持票人未先向被保证人提出请求而拒绝履行保证责任。如果被保证人是出票人、背书人而非承兑人,则持票人可以直接向保证人形势追索权。

三是独立性。保证行为一经合法成立即独立发生效力,不受被保证债务效力的影响。即使被保证的债务因实质原因而无效,票据保证仍然有效,保证人仍然应承担保证责任。

第二,保证人的权利。保证人代替被保证人清偿汇票债务即履行保证责任以后,可以代替被保证人在汇票上的位置,行使持票人对被保证人及其前手的追索权(被保证人后手的票据债务已消灭)。当被保证人为出票人、背书人时,保证人的追索权为再追索权;当被保证人为汇票的承兑人时,保证人承担的如果是付款义务,则为追索权;如果是追索时的付款义务,则为再追索权。

(2)对持票人的效力。汇票保证行为成立后,持票人的票据权利又多了一层担保关系。如果被保证人是承兑人,则汇票到期时,持票人可以直接向保证人请求付款;如果被保证人是汇票的出票人或者背书人，则持票人在汇票到期不获付款时，可以向保证人行使追索权。

（3）对被保证人及其前手、后手的效力。保证行为本身并不能免除任何票据债务人的票据责任。但保证人一旦承担了保证责任，则被保证人的后手即可免责；而保证人因为承担了保证责任而取得持票人资格，对被保证人及其前手则享有追索权。

（五）涉外票据制度

涉外票据是指出票、背书、承兑、保证、付款等行为中，既有发生在国内又有发生在国外的票据，而不像国内票据那样所有票据行为均发生在国内。票据当事人是否具有涉外因素并不决定该票据必然是涉外票据，判断票据涉外性的唯一标准是票据行为是否具有涉外性。一个外国公司在中国签发的票据，只要后续行为没有在国外完成，就是国内票据。

由于涉外票据上的票据行为（包括付款行为）中至少有一个是在国外发生，票据一旦发生纠纷，必然产品票据法律冲突问题。虽然国际上各国的票据法正在趋于统一，但短期来看达成完全一致的可能性并不大。在此种情况下制定票据冲突规范就成为解决涉外票据法律冲突的现实选择，我国《票据法》就有专门内容对此进行规范。

我国《票据法》对票据冲突的规定主要包括两部分：

（1）一般性原则：包括国际条约的内容中有与国内法规定不一致的，如我国已缔结或参加该国际条约，则优先适用国际条约的规定（不包括我国明确提出保留意见的条款）；如果我国参加或者缔结的国际条约没有相应规定，或者该条约的规定与我国国内法规并不矛盾，则仍然适用国内法的规定；如果我国法律和我国缔结、参加的国际条约均无规定，则适用国际惯例。需要说明的是，国际惯例并不具有法律约束力，只有被当事人明确接受，才对其产生约束力，从这个意义上讲，国际惯例对涉外票据纠纷的解决只能起到补充作用。

（2）冲突规范方面主要包括（冲突规范的作用在于为民事纠纷寻求作为法律的依据，被选定的法律就是准据法）：票据债务人的民事行为能力一般情况下依据债务人的本国法，但当依据行为地法律与依据债务人的本国法得到的结果不一致，而且依据行为地法律债务人具有行为能力时，债务人的民事行为能力就依行为地法律确定；汇票的出票记载事项的性质、对票据效力的影响和票据追索权的行使期限适用于出票地法律；票据的背书、承兑、付款和保证行为适用于行为地法律；票据的提示期限、有关拒绝证明的方式、出具拒绝证明的期限以及票据丧失补救程序，适用于付款地法律。

（六）法律责任制度

法律责任是指没有履行合同义务或者法定义务，或因为法律的规定，而应当承受的某种不利的法律后果。就票据法律责任而言，与票据责任不同。票据责任可理解为票据义务，而票据法律责任则是因违法票据法律规定或不履行义务而承担的后果。我国对票据法律责任进行规范的法律主要是票据法、票据管理实施办法和支付结算办法，另外《民法》、《刑法》中的相关规定也可直接引用或参考使用。

1. 票据法律责任的分类

票据法律责任根据不同的标准进行不同的分类：

根据其产生的原因分为由于票据上的行为失误而产生的法律责任（如因出票错误而使票据被拒绝承兑从而给他人造成损失）和由于实施非票据行为而产生的法律责任（如故意伪造票据进行诈骗）。

根据承担的责任内容可分为民事责任、刑事责任和行政责任。民事责任是向票据权利人或者其他蒙受损失的人承担的损害赔偿责任；行政责任是行为人实施了构不成犯罪的违法行为或者行为人违反了票据行政管理规定而应承担的责任；刑事责任是因为行为的违法行为构成了犯罪而应承担的责任。

根据票据责任人的多少，可以分为单独责任和共同责任。单独责任是单独一个责任主体承担的责任，而共同责任是数个责任主体共同承担的责任。

根据具体表现不同分为财产责任（如罚款）和非财产责任（如判刑）。

根据责任承担主体的不同分为出票人责任、付款人责任、背书人责任等。

票据法律责任的构成要件包括：

行为的违法性。违法行为必须是人们的有意识活动，且是对法律规定的违反。违法性的程度不同，承担的法律责任也不同。

2. 业务实践中出现的票据法律责任

（1）票据欺诈。属于金融欺诈的一种，是利用票据进行欺诈活动的行为，基本特征是主观上出于故意的主观恶意，客户上是利用票据进行欺诈活动。由于票据欺诈行为是严重扰乱市场金融秩序的行为，因此法律对此处罚相对严厉，实施票据欺诈的，要承担刑事责任。单位实施票据欺诈的，对单位要判处罚金，对直接负责的主管人员和其他直接责任人要判处徒刑。当然，对情节较为轻微、尚未构成犯罪的，可以进行行政处罚。

（2）金融机构工作人员的票据法律责任。金融机构办理票据业务时，应当认真审查票据的真实性和合法性。如果工作人员在工作中玩忽职守，没有进行必要的审查，轻信他人的陈述，或者根据技术条件和正常的工作程序能够查明该票据是非法票据的，而工作人员由于种种原因却未查明，或者明知该票据存在非法因素，仍对外付款、承兑、保证，则工作人员应承担责任。如果工作人员已经尽了最大限度的审查仍然无法确定票据是非法票据，该票据如果给金融机构造成损失，工作人员也不应当承担法律责任。

四、票据丧失及其补救

由于各种原因，票据丧失在票据业务实践中会经常发生。票据丧失后，如何尽最大可能利用法律赋予的权利来保护自己的票据权利，是票据从业者应该掌握的重要内容。

（一）票据丧失及其法律后果

票据丧失是指持票人并非出于自己的本意而丧失对票据的占有。票据丧失根据票据是否还现实存在的情形分为绝对丧失和相对丧失。前者又称票据的灭失，是指票据作为一种物已被消灭，如票据被烧毁、撕毁；后者又称票据的遗失，是指票据权利人因遗失、被盗等原因而脱离了对票据的占有。两者的共同点在于都会导致票据权利人无法行使票据权利的法律后果。区别在于如果票据是绝对丧失，失票人虽然暂时无法行使票据权利，但不会存在票据金额被他人冒领或被第三人善意取得的可能性，只要持票人采取了法定的补救措施，最终仍能实现自己的票据权利；而在票据相对丧失的情况下，失票人的风险要大得多，如果采取措施不及时，票据金额可能会被他人冒领，或者票据被第三人善意取得而使失票人遭受损失。

票据丧失应具备以下条件：

存在持票人丧失对票据占有的事实，即票据权利人已经现实地失去了对票据的占有或控制，丧失了行使票据权利的前提或基础。

持票人丧失票据不是基于自己的意志，而是由于意志以外的原因造成的，如被他人盗窃、抢劫、撕毁或自己不慎丢失。如果是持票人自己故意将票据毁灭或转让，则不构成票据丧失。

持票人所丧失的票据必须是符合票据法要求的有效票据。无效票据不存在票据权利的丧失问题。如果票据上的票据权利已不复存在（如已获付款且记载"收讫"、"已付款"字样的票据），也不会发生票据丧失的法律后果。

（二）失票救济制度

在世界主要国家的法律和司法实践中，对票据丧失的补救措施大致有两种：一是失票人向法院申请公示催告，二是失票人在一定条件下向法院提起诉讼。我国的失票救济制度由《票据法》、《民事诉讼法》及最高人民法院、中国人民银行关于贯彻《民事诉讼法》、《票据法》的通知、规定及规章制度共同构成，主要涉及三种具体措施：挂失止付、公示催告和票据诉讼。对于这三种措施，除法律有特别规定外，失票人可根据丧失票据的具体情形自由选择进行补救。

1. 挂失止付

挂失止付是指票据丧失时失票人将丧失票据的情况通知付款人，并请求付款人停止付款，接受挂失止付的付款人在票据款项未被他人取得的情况下，决定暂时停止支付的一种失票补救措施。作为失票人采取的一种临时性失票救济措施，失票人在采取挂失止付措施后，必须进一步采取其他救济措施，或向法院申请公示催告，或向法院提起诉讼，否则挂失止付将失去其效力。挂失止付的最大作用在于暂时防止票据金额被他人冒领，为失票人采取其他补救措施留出必要的时间，但它无法使失票人的票据权利恢复。尽管挂失止付需借助公示催告或票据诉讼，但挂失止付并非公示催告或票据诉讼的必经程序，失票人亦可不经挂失止付即向人民法院提起公示催告或票据诉讼。

（1）挂失止付的条件。办理挂失止付需要满足三个条件：

第一，票据已经相对丧失。在票据相对丧失情况下可以办理挂失止付。在票据绝对丧失情况下，票据不可能流入他人之手，失票人也不会因他人冒领票款而丧失利益，因而无须也不能挂失止付。

第二，当事人适格。即必须由能够提出挂失止付的权利人向挂失止付的相对人提出而不是向法院直接提出。这里的权利人指丧失票据的合法持票人，一般应当是票面载明的收款人、最后背书的被背书人或者因受持票人追索清偿了票据金额从而取得票据的背书人、出票人；相对人是指所丧失的票据上载明的付款人或代理付款人。

第三，须填写挂失止付通知书并签章，即必须书面做出。

（2）挂失止付的基本程序。

第一，失票人确认票据的确已经遗失。

第二，失票人应及时向票据的付款人或代理付款人发出书面通知。通知书应记载如下事项：票据丧失的时间、地点和原因；所失票据的种类、号码、金额、出票日期、付款日期、付款人名称、收款人名称；挂失止付人的姓名、营业场所或住所及联系方法。

第三，接受挂失止付通知的付款人或者代理付款人在收到挂失止付书面通知书后，应进行核查。如果查明该票据的确未付款，应当立即停止付款。如果该票据在此之前已经付款，付款人或代理付款人则不再接受挂失止付；如果付款人在暂停支付期间支付票款的，无论付款人善意或恶意，其均应承担责任。

（3）挂失止付的有效期限。

第一，失票人挂失止付后，从次日起3日内未向法院申请公示催告或票据诉讼的，自第4日起挂失止付失效，付款人可向持票人支付票款。

第二，失票人挂失止付后3日内已申请公示催告或票据诉讼，但付款人或代理付款人在收到挂失止付通知书之日起12日内没有收到法院挂失止付通知书的，自第13日起，挂失止付通知书失效。

第三，付款人或代理付款人收到挂失止付通知书之日起12日内收到法院停止支付通知书的，应按照法院的停止支付通知书确定止付期限。

2. 公示催告

公示催告是指法院依合法失票人根据法定理由提出的申请，以公示的方法催告不明的利害关系人在法定期间主张权利，如无人申报权利，经申请人申请，对丢失票据做出除权判决的程序。丧失票据的最后合法持票人向法院提请公示催告并非因为与他人发生票据权利争议需要法院解决纠纷，而是因票据丧失使失票人无法行驶票据权利需要法院予以恢复，是失票人借助法院的公示宣告、通过公力的救济而使票据权利与票据本身相分离的一种措施，本质上并非权益之争。公示催告不仅具有防止所失票据被冒领的作用，还具有使票据复权的功能，失票人可以根据法院判决而不在凭借票据请求付款人支付票据款项。

（1）公示催告与一般案件审理的区别。公示催告虽然是向法院提请的，但其与一般的法院案件受理有所不同：

第一，公示催告属于非诉讼案件。依《民事诉讼法》规定，无明确被告者法院不予受理。而公示催告的一方当事人是固定的，但公示催告的另一方当事人却是不明的利害关系人（是否存在、具体为谁等均处于不明状态）。

第二，对于公示催告，法院以公告方式来确定票据利害关系人是否存在，并且对权利人的主张仅从程序上审查是否成立。一般的案件审理则需从程序和实体两个方面进行。

第三，公示催告期限届满无人申请权利的，需由公示催告申请人向法院提出宣告该票据无效的申请，法院根据申请做出除权判断，而不像一般案件审理那样由法院直接宣判结果。

第四，公示催告期间内若有人申报权利，法院应裁定公示催告终止，该裁定不得上诉；除权判决后，当事人也不得对除权判决提起上诉。亦即公示催告程序实行一审终审，不像其他案件一样可以上述再审。

（2）公示催告的范围与条件。我国公示催告的适用范围为可以背书转让的票据。超过付款人提示期限的票据丧失后，失票人也可向申请公示催告。对公示催告来讲，申请人必须是失票人，亦即享有票据权利的最后持票人。申请原因为可背书转让票据被盗、遗失或者灭失。不可背书转让的票据丧失的，以及不属于被盗、遗失或者灭失三种情况所引起的票据纠纷不适用于公示催告制度。除票据的最后合法持有人外，所失票据的出票人、付款人、背书人、保证人等无权申请公示催告。

申请人提起公示催告时，必须以书面方式向有管辖权的法院申请。公示催告申请书应载明以下内容：出票人、持票人和背书人名称；申请的理由与事实；通知票据付款人或代理付款人挂失的时间；付款人或代理付款人的名称、通信地址和电话号码。有管辖权的法院指票据支付地的人民法院，即票据上载明的付款机构所在地或票据付款人、代理付款人的住所地。

（3）公示催告的程序。

第一，失票人向有管辖权的法院（票据支付地法院）书面提出公示催告申请，法院接受申请后尽快决定是否受理。如果法院认为不符合受理条件，应在7日内裁定驳回申请。法院的审查一般从两方面进行：一是审查申请的形式要件，包括法院是否有管辖权、申请人是否具备诉讼能力、申请的手续是否完备等；二是审查申请的实质要件，包括申请人有无申请权、票据是否丧失等。

第二，法院决定受理公示催告申请后，同时向付款人或代理付款人发出止付通知。止付通知在性质上属于保全措施，付款人或代理付款人在接到止付通知后，应立即停止支付；仍为支付的，法院可对其采取强制措施，并在法院判决后仍承担支付义务。

第三，法院在通知停止支付3日内发出公告，催促利害人申报权利。公告期限由法院决定，但不得少于60日。公告的媒介包括：法院的公告栏、全国性的报刊、法院所在地的证券交易所。我国法律规定，公示催告期间转让票据权利的行为无效，也就是说，在公示催告期间，票据不能用于质押、贴现或转让。因质押、贴现或转让而接受公示催告票据的，持票人主张票据权利是无法得到法院支持的（不包括公示催告期间届满以后、法院作出除权判决之前这段时间所取得票据的情况）。

第四，与丧失票据有利害关系的人向法院申报权利。与丧失票据有利害关系的人是指被催告申报权利的失票持有人，亦即原票据持有人丧失票据后取得该票据的人。利害关系人在公示催告期间或期满后除权判决前向法院申报权利，均为有效申报，但申报人最好在公示催告期间进行申报。

第五，法院收到利害关系人的申报后进行审查，并通知公示催告申请人在指定期间查看票据。申请人公示催告的票据与利害关系人出示的票据不一致的，驳回利害关系人的申报；如一致，法院应当裁定总结公示催告程序，并通知申请人和支付人。

第六，公示催告期满，如无利害关系人申报权利或者申报被驳回，公示催告申请人应从申报权利期间届满的次日起1个月内向法院提出申请，请求法院做出除权判决以恢复行驶票据权利。除权判决是法院判决宣告票据无效，使票据权利与原票据分离的一种表示，失票人（公示催告申请人）此时可不凭票据而直接凭除权判决对票据债务人行使票据权利。经除权判决后，票据无效，即使是善意持票人也不再享有票据权利。

第七，因正当理由没有在法院做出除权判决前向法院申报权利的，在除权判决公告之日起一年内，利害关系人让可向做出除权判决的法院起诉。如果起诉理由正当、充分，法院可撤销原除权判决。对于超过法定的一年期限的，票据利害关系人的诉讼请求不再受法律保护。

3. 票据诉讼

票据诉讼是指失票人丧失票据后，在票据权利时效届满以前，提供了相应的担保，请求出票人补发票据或者请求债务人付款遭到拒绝，直接或经挂失止付 3 日内向法院提起诉讼，要求法院判令出票人补发票据或票据债务人支付票款的一种票据丧失补救制度。

票据诉讼采取的是一般的民事诉讼程序，和公示催告程序是不一样的。作为诉讼原告的失票人，可以在票据丧失后先挂失止付而后在 3 日内向法院提起诉讼，也可不经挂失止付即刻向法院提起诉讼。由于法院收到起诉状后在 7 日内决定是否立案并在立案之日起 5 日内才将起诉状副本发送被告，此期间票据极易被他人冒领，因此失票人稳妥起见，还是采取先挂失止付，再提起诉讼的方式为好。

作为失票人提起诉讼的相对当事人主要是与失票人具有债权债务关系的出票人、拒绝付款的票据承兑人或付款人等票据债务人以及非法持有票据的人；诉讼请求的内容包括请求出票人补发新票据、请求债务人付款或者请求非法持有人返还票据等。票据诉讼的管辖地法院是票据支付地或被告住所地法院。一般而言，票据债务人有可能错误地向失票人支付票款或者向善意持票人支付票款后再向失票人二次支付票款从而损害票据债务人的合法权益，为此，法院会要求失票人提供与票面金额相当的担保。

当所失票据的权利时效消灭后，失票人有权请求解除担保。如果票据的付款人或者承兑人对票据付款后，所失票据重新出现，且善意持票人向其主张票据权利，而失票人所提供的担保不足以支付票据金额，则付款人或者承兑人有权向失票人请求补偿。

五、票据的异常形态

（一）瑕疵票据

瑕疵票据是指票据上存在着影响票据权利的行为，使票据权利义务的实现受到影响的票据。瑕疵票据与异常的票据行为相关，是票据行为与票据权利的瑕疵，由于票据权利的义务主体行为错误而导致其直接后手或持票人行使票据权利时出现障碍。

瑕疵票据与形式要件欠缺的票据不同。瑕疵票据在形式要件上并无欠缺，无须也不可能进行补救，只是某一形式要件所依赖的票据行为存在问题，并非任何情况下瑕疵票据都无效，也不是任何人都可以主张瑕疵票据无效。这一点和形式要件欠缺的票据有所不同。欠缺形式要件的票据主要是欠缺票据法规定的记载事项，如果对该票据依法进行了必要的补充，则该票据可成为有效票据。当然，如果未依票据法的规定对欠缺形式要件的票据进行完全补充或者已经不可再进行完全补充，则该票据当属于无效票据。

票据瑕疵与票据损毁也有区别。票据损毁是票据物理形态意义上的瑕疵，当票据损毁还没有达到无法辨认、还可以确定认知票据上所表明的票据权利时，该票据仍为有效票据；当票据损毁到无法辨认票据记载内容，即使该票据原来为有效票据，除非经过公示催告程序，否则该票据所载票据权利就会消失。然而，瑕疵票据在大多数情况下，仅使票据效力发生变化而并不导致票据权利的消灭。

1. 票据伪造

票据伪造是指无票据权利的人（而不是无票据行为能力的人）以行使票据权利义务为目的，假冒他人或虚构他人名义在票据上签章，使真正的票据权利人享有的票据权利存在瑕疵的伪为票据的行为。伪造人本不具备享有票据权利却想行使票据上的权利，从而伪造和假冒被伪造人签章，伪造后，伪造人享有票据权利、却因未在票据上以自己的名义签章从而不必承担票据义务，发生票据权利义务主体的错位。在票据伪造情况下，无论是伪造人的直接后手还是持票人都既不能请求被伪造人承担票据义务，也无法请求伪造人承担票据义务。业务实践中，伪造的手段有很多，如私刻他人印章、模仿他人签名、以复写方式在票据上签名、以偷盗方式获得他人印章、私自使用自己保管的他人印章、伪造不存在的他人签章等。

票据伪造分为基本票据行为的伪造和附属票据行为伪造。前者是对出票行为进行伪造，根本特点在于出票人就是假的。后者是出票行为之外的伪造，如背书伪造、承兑伪造、保证伪造等。附属票据行为伪造又分为伪造在先和伪造在后两种情况。伪造在先如背书伪造后以合法方式将票据转让善意受让人，善意受让人又以真实背书将票据转让他人；伪造在后如背书真实，持票人伪造承兑而将票据转让他人。区分伪造在先和伪造在后的目的主要是确定票据责任人范围及其责任。

（1）票据伪造成立的条件。票据伪造属于典型的利用票据骗取利益的违法行为。判断是否构成票据伪造，关键是看是否具备如下条件：

第一，伪造者所为的行为在形式上符合票据行为的要件。伪造行为本身并非票据行为，但从该行为的外观看就是票据行为，带给人的是票据行为的印象。

第二，伪造者须假冒他人名义（没有得到他人的授权而盗用他人名义）或虚构他人名义在票据上签章。这是票据伪造的根本。如无假冒或虚构，行为人以自己真名进行签章，则为真实的票据行为。

第三，伪造者以享有票据权利为目的，其真实意思是在不承担票据债务的前提下享有票据权利。既不想承担票据义务，也不想享有票据权利而假冒他人在票据上进行的行为，不构成票据的伪造，如导演为演出需要假造票据样本。

（2）票据伪造的法律后果。票据伪造对伪造人、被伪造人、真实签章人和付款人分别产生不同的法律后果。

第一，对伪造人而言，由于没在票据上签上自己的真名，因此不必承担票据责任，但要承担票据法外的法律责任，包括民法上构成侵权时承担的侵权责任、刑法上的刑事责任和行政法上的行政责任。

民法上的侵权责任是指伪造人就其行为造成的后果承担的侵权损害赔偿责任。

刑法上的刑事责任在出现下列行为之一时由伪造人承担：伪造、变造票据的；故意使用伪造、变造的票据的；签发无可靠资金来源的汇票以骗取财物的；出票人在汇票出票时作虚假记载骗取财务的；冒用他人的票据或者故意使用过期或作废的票据以骗取财务的；付款人同出票人、持票人恶意串通实施上述行为之一的。

出现上段中所述行为之一但情节轻微不构成犯罪的，依规定应给予行政处罚。

第二，对被伪造人而言，由于未在票据上签章，因此不承担票据上的任何责任，可以此事由对抗任意持票人，包括善意持票人。

第三，对票据上的真正签章人而言，伪造的签名不影响其效力，真实签名的人仍应对自己所为的票据行为承担责任。

第四，对付款人或代理付款人而言，在付款时只要按照法律规定对票据上的签章及各记载事项进行了通常的审查，不存在恶意及重大过失的情形，那么即使未能辨认出票据上有伪造的签章而付了款，其付款行为仍然有效，不再承担对票据的真正权利人付款的责任。当然如果在审查时存在恶意或重大过失，则付款人或代理付款人仍应承担对票据的真正权利人付款的义务。

（3）票据伪造的风险承担。当票据伪造时，伪造人获得非法收益，理论上应该由伪造人承担风险。但事实上不然，真正承担风险的人往往可能是持票人、付款人、被伪造人或真正签章人。

第一，持票人负担风险的情况。持票人如果从虚假出票人或虚假背书人处取得伪造的票据，当该持票人请求付款时因种种原因被拒绝，而这张票据上又无其他当事人的真正签章时，即使持票人属于正当持票人，其也无从实现其票据权利。此时，如果持票人再无法从伪造人那里得到民事赔偿，则其必然自行承担损失。

第二，付款人负担风险的情况。如果付款人对应当辨认出的伪造票据由于疏忽而未能辨认出以致对伪造票据付了款，则付款人应当承担风险。

第三，被伪造人负担风险的情况。一般来讲，被伪造人无须承担任何责任与风险，但存在可归责于被伪造人事由的情况出外。比如被伪造人一贯授权某职员在票据及其他文件上代为签章，该职员滥用职权在未经授权的情况下在票据上签了被伪造人的章。又如，被伪造人虽已更换印章保管人但未及时收回印章，印章保管人用此印章在票据上伪造。

第四，真实签章人负担风险的情况。真正签章人不能因票据上有伪造而拒绝持票人的权利主张，在履行义务后可向他之前签章的人行驶票据权利，以此向前追索，直至最前面的真正签章人。

2. 票据变造

票据变造是指没有票据变更权限的人以行使票据权利义务为目的，变更票据上除签章之外的其他记载事项的违法行为（对签章行为进行变更属于伪造），属于票据欺诈行为。如持票人将票据金额或付款地进行了更改。

（1）票据变造成立的条件：

第一，必须是无变更权限之人所为。票据记载事项的原记载人有权对票据上除金额、日期、收款人之外的其他事项进行更改，非原记载人对这些事项进行更改即构成票据的变造。此外，任何人对金额、日期、收款人进行更改，也构成票据的变造。当然，对这三项记载事项进行更改的票据已成无效票据。

第二，必须是变更票据签章以外的其他事项的行为。如果对票据上无关紧要的事项加以变更或变更后不会使票据权利内容发生变化的行为，则不构成票据的变造。只有对票据上除签章以外的事项进行了变更且引起了票据权利内容发生变化的行为，才构成票据的变造。

第三，以行使票据权利为目的，如背书人变更票据日期是为了转让票据。

（2）票据变造的法律后果：

第一，对票据变造者的法律后果。如果票据的变造人本来就是票据上的行为人，在票据上有其签章，那么该变造人应当按其变造后的票据记载事项承担票据责任，并承担变造票据的刑事责任、民事责任及行政责任；如果票据的变造人在票据上没有签章，则不负有票据上的义务，但应承担刑事责任、民事责任及行政责任。

第二，对参与变造或同意变造票据者的法律后果。对于参与变造或同意变造票据的人，不论其签章是在变造之前还是在变造之后，一律按变造后的文义承担票据义务，同时承担相应的法律责任。

第三，对变造票据上签章的其他人的法律后果。在变造之前签章的人对原记载事项负责，在变造之后签章的人对变造之后的记载事项负责；不能辨别是在票据变造之前或者之后签章的，视同在变造之前签章。

第四，对变造票据的付款人的法律后果。付款人有过错时要承担损害赔偿责任；如果付款人无过错或已经尽到善良管理人应尽义务的，则不必承担损害赔偿责任。

（3）票据变造的风险负担。当票据被变造时，有可能承担风险的主体包括持票人、付款人、变造前的签章者或变造后的签章者。

第一，持票人负担风险的情况。当持票人直接从变造者手中取得票据时，风险只能由持票人自行承当。如果持票人与变造者之间尚有若干背书人，则持票人在不获付款时，可向变造之后的任一人追索。

第二，付款人负担风险的情况。基本等同于票据伪造时的情况，故不再赘述。

第三，变造前的签章者负担风险的情况。通常情况下变造前的签章者仅依据票据上原来的记载事项负票据责任，当如果出现变造人与被变造人恶意串通的情况，在变造前的签章者仍需承担责任。

第四，变造后的签章者负担风险的情况。变造后的签章者应负担变造后的票据义务。如果变造之后有若干签章人，则离变造签章最近的签章者将称为风险的最后承担者。

（二）票据的涂销与更改

1. 票据涂销

票据涂销是指行为人采取某些方法，涂抹或者消除票据上的签名或其他记载事项的行为，比如付款人将汇票上记载的"承兑"字样涂去、持票人将其前手的签名涂去等。票据涂销的方式包括以墨水涂去、以纸粘贴、以橡皮涂擦、以化学药液消除、以文字标注等。

票据涂销的构成要件有两点：

（1）票据涂销是有涂销权的人故意所为的行为。有涂销权人一般是原记载人或票据法明确规定有涂销权的人。有涂销权的人进行的涂销包括两种：想对票据上的记载事项进行消除而进行的涂销（如记载了质押背书后又改变主意并将质押背书字样涂销）和对票据上无意义的记载事项进行消除（如背书人受到追索清偿后将自己的背书及自己后手的背书涂销）。这两种涂销是涂销人真实意思的表示，能够产生涂销的法律效力。票据权利人故意涂销票据上的记载事项，则该权利人就丧失其在该涂销部分的票据权利。对背书和承兑的涂销而言，将产生不同的法律后果。背书人本人或其他票据权利人将票据上已经记载的背书涂销，被涂销的背书人及其后手背书人（在被涂销背书人之后而在涂销权人涂销以前背书的人）的背书责任免除；承兑人接受持票人提示的汇票后，在将签有承兑字样的汇票交付汇票提示人之前将承兑字样涂销，产生拒绝承兑的效力。

有涂销权人非故意进行的涂销、无涂销权的人无论是故意还是非故意进行的涂销都不会产生涂销的法律效力，因而也不是真正意义上的涂销。

（2）票据涂销仅限于对票据上记载事项的涂抹和消除行为，而不包括对票据记载事项的更改或增加。

2. 票据更改

票据更改是指依票据法规定有更改权限的人，对票据上可以更改的记载事项按法定方式加以改变的行为。票据更改一般在原记载人将票据交付之前进行。如果已将票据交给他人，需要更改时则需征得他人的同意，并由同意人在改写处签章，否则不会产生票据更改的效力。

票据更改的成立要件包括：必须由有更改权限的人（即原记载人）进行更改；只能对票据法规定可更改事项进行更改；依法定方式进行更改；经相关票据当事人同意。

如果有权更改人依票据法规定对票据记载事项进行更改，则原记载的内容因更改而无效，改写后的记载事项代替原记载事项产生票据法上的效力；如果不依票据法规定对票据记载事项进行了更改，则依更改内容不同产生不同的法律后果，比如对出票金额进行更改将造成票据无效。

第五节　客户经理的供应链融资知识

供应链融资本身不属于银行产品，而是贷款、商业汇票、保函、信用证等银行产品在核心企业的供应商和经销商身上的应用。因为核心企业的介入，银行对核心企业的供应商和经销商提供融资，风险比传统意义上的单纯提供融资要小一些。

一、供应链融资的含义及特征

供应链融资与供应链管理紧密相关。如果说供应链管理是从核心企业角度而言的、针对其供应链网络而进行的一种管理模式，则供应链融资则是从银行角度而言的、针对核心企业供应链各个节点企业而提供金融服务的一种业务模式。

（一）供应链融资理念的出现

供应链的核心企业通常为制造商。一方面，供应链表现为以核心企业为主导的网络结构，这决定了供应链上的配套企业的资金实力与核心企业的资金实力不匹配，配套企业在资金链中处于弱势地位；并且，由于核心企业的强势导致配套企业在信息资金和谈判地位上处于劣势，这反过来又导致其资金需求的进一步加强。另一方面，固定资产只占配套企业资产很少一部分，流动资金、库存、原料等是其资产的主要表现形式，且配套企业的信用等级评级普遍较低，这些情况使得配套企业很难获得以固定资产抵押担保方式提供的银行贷款服务。物流、资金流和信息流是供应链运作的三个重要因素，配套企业资金流的缺口将很难保持供应链的连续性，造成资源的损失和浪费。

供应链融资的解决思路是，首先，理顺供应链上相关企业的信息流、资金流和物流；其次，银行根据稳定、可监管的应收、应付账款信息及现金流，将银行的资金流与企业的物流、信息流进行信息整合；最后，由银行向企业提供融资、结算服务等一体化的综合业务服务。物流、资金流和信息流的统一管理与协调，使参与者，包括供应链环节的各个企业以及银行分得自己的"奶酪"，从而进一步提高供应链效率并能够增强其竞争力。同时，仓储物流公司通过对物资的直接控制帮助金融机构减少信用风险。

"供应链融资"就是在供应链中寻找出一个大的核心企业，以核心企业为出发点，为供应链上的节点企业提供金融支持。一方面，将资金有效注入处于相对弱势的上下游配套中小企业，解决配套企业融资难和供应链失衡的问题；另一方面，将银行信用融入上下游配套企业的购销行为，增强其商业信用，促进配套企业与核心企业建立起长期战略协同关系，从而提升整个供应链的竞争能力。

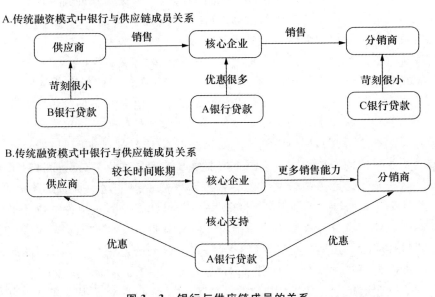

图3-3 银行与供应链成员的关系

对于银行而言，供应链整体信用要比产业链上单个企业信用要强，银行提供的利率与贷款成数乃是随着生产阶段而变动，并随着授信风险而调整，例如：订单阶段，因不确定性较高，其利率较高，贷款成数相应较低，但随着生产流程的进行，授信风险随之降低，利率调降，贷款成数调升。因此，风险与收益相互配合，完全符合银行的风险控管与照顾客户的融资需求。并且，由于供应链管理与金融的结合，产生许多跨行业的服务产品，相应地也就产生了对许多新金融工具的需求，如国内信用证、网上支付等，为银行增加中间业务收入提供了非常大的商机。

尽管供应链上产生利润的环节很多，但最高的利润回报总是来源于高附加值产品和终端产品。在供应链的产品形态不断被加工制造转化的同时，银行通过为配套企业安排优惠融资，实际上也就扩大了核心企业的生产和销售；同时，核心企业还可以压缩自身融资，从供应链整体增值的部分直接获利，实现"零成本融资"甚至"负成本融资"。供应链上的"融资"行动，推动了供应链上的产品流动，实现从低端产品向高端产品的转换；进而，可以向整个供应链中的上下游产品要效益，提高产品的附加值和核心竞争力，间接地为核心企业带来更多的利益。

（二）对供应链融资含义的理解

所谓供应链融资，就是指基于企业商品交易项下应收应付、预收预付和存货融资而衍生出来的组合融资，是以核心企业为切入点，通过对物流、资金流和信息流的有效控制或对有实力关联方的责任捆绑，针对核心企业上下游长期合作的供应商、经销商提供的融资服务。简言之，供应链融资就是对核心企业的配套企业所进行的融资。

在供应链融资模式下，处于供应链节点上的企业一旦获得银行的支持，资金这一"脐血"进入配套企业，也就等于进入供应链，从而能激活整个供应链，使该供应链的市场竞争能力得以提升。供应链融资不仅有利于解决配套企业融资难的问题，还促进了金融与实业的有效互动，使银行跳出单个企业的局限，从更宏观的高度来考察实体经济的发展，从关注静态转向企业经营的动态跟踪，这将从根本上改变银行的观察视野、思维脉络、信贷文化和发展战略。

我们可从以下几个侧面来进一步理解供应链融资的含义：

（1）供应链融资不同于传统的融资业务，其本质是银行信贷文化的转变。传统的融资业务主要考虑行业地位、财务特征和担保方式，从财务、市场等角度对主体企业进行信用评级，是基于财务报表的主体企业授信，这实质是一种针对单一企业的、判断长期还款能力的标准，对核心厂商的上下游配套企业并不适合。而供应链融资改变了过去银行对单一企业主体的授信模式，它围绕产业内某一家核心厂商，从原材料采购，到制成中间及最终产品，最后由销售网络把产品送到消费者手中这一贸易链条，将供应商、制造商、分销商、零售商、直到最终用户连成一个整体，全方位地为产业链条上的多个企业提供融资服务，审贷标准变为信用记录、贸易背景、交易对手、客户违约成本以及金融工具的组合应用，强调的是贸易背景的真实、贸易的连续性、核心厂商的规模与信用及实力、授信上限与额度分散原则、封闭运作与贷款的自偿性。通过银行产品的介入，实现整个产业链条上客户的不断增值。融资也从为单一企业提升竞争能力而进行的融资，变成为提升整个供应链竞争能力而进行的融资。

（2）供应链融资不同于供应商融资。供应商融资是针对产业链中核心企业的供应商而提供的融资，可视作供应链融资的一部分。我们讲供应链融资，主要从产业角度，基于核心企业与其上下游配套企业之间发生的真实贸易关系，而对核心企业的供应商或经销商发放的融资，旨在解决核心企业的上下游配套企业营运资金不足的问题。从出发点上讲，是对核心企业的配套企业提供的融资；从归宿点上看，则是壮大核心企业的供应链网络，从而提升核心企业的供应链管理能力。

（3）供应链融资并非单一的融资产品，而是各类产品的组合序列。我们通常所说的向客户提供融资，实际上并不仅仅意味着提供贷款。贷款是融资的主要形式，但不是全部。向客户提供融资，从银行角度讲，实际上是指提供贷款、信用、智力的全部或其中之一种。信用主要以承兑汇票形式存在，智力则以财务顾问形式存在。我国目前的银行业虽然也开始推行财务顾问服务，但毕竟处于起步阶段，尚未形成气候。因此，供应链融资，从银行角度讲，主要是向配套企业提供贷款和（或）票据，并且这种融资形式也不是以一种具体产品的形式存在，而往往是通过有效组合提升供应链运行效率的各种银行产品，设计综合性的融资方案，进行个性化服务，来满足客户的多样化需求，从而达到营销优质客户、提升自身营销收益的目的。

（4）供应链融资着眼于灵活运用金融产品和服务。供应链融资从产业内核心厂商入手研判整个产业链条，一方面，将资金有效注入处于相对弱势的上下游配套企业，解决链条失衡问题和配套企业融资难问题；另一方面，将银行信用融入上下游企业的购销行为，增强其商业信用，改善其谈判地位，使产业链条内成员更加平等地协商和逐步建立长期战略协同关系，提升竞争能力。在营销上则有两条线路：一条是从核心企业入手搜寻配套企业，另一条则是从配套企业逆向搜寻核心企业。两条线路的共同归宿是将核心企业引入风险控制，降低对配套企业提供融资的风险。

（5）供应链融资的对象仅限于与核心企业有密切、商品交易关系的配套企业。供应链融资是向核心企业的配套企业提供的融资，但并不是所有向核心企业的配套企业提供的融资都属于供应链融资。只有把这些融资与核心企业进行责任捆绑，或者由银行对融资项下的债权、货权进行有效控制时，该种融资才可称为供应链融资。银行很久以前就开始向核心企业的配套企业提供融资，但那时并没有供应链融资业务的说法，就是因为那时向核心企业的配套企业提供融资时，是把配套企业独立看待的，仅仅作为一个市场主体单独分析，没有用供应链的管理理念分析配套企业。从这点来看，供应链融资首先是一种理念的变革，是用新的思维来看待核心企业与配套企业的关系，并通过银行的产品来防范针对配套企业提供融资的风险。

供应链融资重点关注贸易背景的真实性、交易的连续性、交易对手的履约能力、业务的封闭运作与贷款的自偿性。它将贷款风险控制前移至客户的生产、存储及其交易环节，以产业链整体或局部风险控制强化单一企业的风险个案防范。这涉及适合提供融资的配套企业的条件问题。并不是核心企业的所有配套企业都适合提供供应链融资。那些只是偶尔向核心企业提供商品或偶尔销售核心企业商品的配套企业，就不适合提供供应链融资。那些与核心企业交易关系建立很久且交易连续的配套企业，由于受到核心企业的信赖，在某种程度上核心企业也依赖这些配套企业拓展市场，因而对银行来讲，业务风险会小很多，因而是银行提供供应链融资业务的首选对象。供应链融资还特别关注贸易的真实性，这是因为供应链融资中常常使用票据作为融资工具，而票据签发的前提是贸易背景真实。另外，讲求贸易背景真实，还隐含着对融资对象资金使用的监管。从风险防范角度讲，如果一个融资对象真的把资金用在生产经营上，除非生产经营失误，一般来讲融资对象凭借自身的业务运转，是能够归还银行贷款的。那些不能按时归还银行贷款的客户，往往是挪用信贷资金用于非生产经营的客户。因此，供应链融资强调要基于真实的商品交易关系向配套企业提供融资。

（6）供应链融资是一个笼统的称谓，包括很多具体的业务模式，每种模式又包含不同的产品。供应链融资在不同的行业，体现方式也不一样，有些行业适合提供贷款，有些行业则适合提供票据。可以说，从不同角度考察，可以看到不同的供应链融资形式。但为了便于营销，也为了服从于品牌建设的需要，不同银行在推出供应链融资业务时，一般都给其取个"好听的名字"，如中国光大银行称其为阳光供应链融资，深圳发展银行称其为 1＋N 模式。供应链融资产品体系十分庞杂，有些银行有专门的称谓，有些则归入其他产品门类中。

（7）供应链融资在一定程度上能减少业务风险。对核心厂商的上下游配套企业开展供应链融资业务相对比较安全，这是因为供应链融资针对的是与产业内核心厂商有稳定产品供应或销售关系的配套企业。由于配套企业与核心厂商的真实交易背景难以伪造，核心厂商的规模实力能基本保证交易环节和付款环节的潜在风险，采取资金封闭运作方式，由银行直接按交易链条将资金直接付给客户的上下游核心大企业，也使得银行能够直接把握企业的贸易行为，控制贸易项下的资金流和物流，这决定了核心企业的上下游配套企业具有稳定的现金流，银行信贷资金可因优势核心厂商的履约而安全。如果配套企业的信用记录良好、贸易行为连续，但由于资金实力较小或资产规模较小而形成授信障碍，银行就可以针对该客户的单笔业务贸易背景和上下游客户的规模、信誉实力，帮助客户借助上下游大型客户的资信以单笔授信的方式，配合短期金融产品和封闭运作等风险制约，为该客户提供供应链融资。此外，供应链融资针对的都是单笔交易而非针对企业整体信用，从而避开了从企业的基本面上去控制风险这一"雷区"，由看出身、固定资产到关注企业的动产和贸易背景，在很大程度上解决了企业在融资过程中无核心资产抵押、无第三方担保的困惑。随着国内主要产业内部以核心企业为核心的链式结构的形成，各家商业银行开始积极拓展这一业务新领域。

（8）供应链融资业务的操作风险有所提升。供应链融资因其业务特性而降低了信用风险，但并不意味着整体风险下降。事实上，供应链融资的操作风险相对较大。这是因为供应链融资需要银行对贸易项下的货物、应收账款、业务流程进行密切监控，需要银行从业人员对贸易项下的商品的经营规律有深刻的了解，操作方面的要求比传统融资业务大大提高。

（9）需要动态地分析企业状况。供应链融资项下，银行不再静态地关注企业的财务报表，也不再单独评估单个企业的状况，而是更加关注其交易对象和合作伙伴，关注其所处的产业链是否稳固以及目标企业所在的市场地位和供应链管理水平。若供应链体系完整，企业经营比较稳定，银行便会为其制定融资安排。这也是供应链融资最重要的一点。此外，供应链融资强调动态、系统的授信管理，强调贷后的实时监控和贸易流程的规范操作。

（10）从发展业务、防控风险角度看，银行需同核心企业建立战略合作关系。通过供应链融资的提供，可以帮助核心企业降低财务风险、密切与配套企业的关系、减少自身融资、扩大生产与销售，因此可以获得核心企业的认同。但对提供供应链融资的银行来讲，更需密切与核心企业的关系，这是因为核心企业是供应链的核心，配套企业的产品销售状况很大程度上取决于核心企业产品的品牌影响力。如果核心企业愿意为配套企业的融资提供风险保证，则银行更应看重与核心企业的关系。换句话讲，银行虽然是向核心企业的配套企业提供融资，但融资的风险很大程度上要取决于核心企业。如果与核心企业建立起长期的战略合作关系，则银行就可充分把握供应链的资金流、信息流、物流和商流，因而能做出科学决策，从而减少业务风险。

供应链融资背景知识——供应链与供应链管理

供应链的概念在 20 世纪 80 年代末被提出，并迅速在制造业管理中得到普遍应用。近几年来，供应链管理已经作为一种新的管理模式在几乎所有的行业得到普及。尤其是国际上一些知名的企业如惠普、戴尔等在供应链管理中取得巨大的成绩，产生了良好的示范效应，使得越来越多的产业界人士坚信供应链管理是新世纪企业适应全球竞争、降低成本、提高效率的一种有效途径。

一、供应链的概念、特征与类型

（一）供应链的概念

相关企业之间的供需关系是客观存在的，它反映了企业之间的合作关系及产业关联关系，称之为供应链。由于供应链上的每一个环节都含有"供"与"需"两方面的含义，即供应链中的任何一个企业，相对于上游企业，它是需求方，而相对于下游企业，它是供给方，故也称其为供需链。传统的供应链含义还指一个企业内部不同部门之间的产供关系，即将采购的原材料和收到的零部件，通过生产的转换和销售等过程传递到企业的用户这样一个过程。这种理解把供应链看成是企业中的一个内部过程，显然有其历史的局限性。

相对于传统意义上的供应链概念，现代意义上的供应链概念是个更大范围、更为系统的概念，也是一个对企业的生产经营和市场竞争更有指导意义的概念。现代意义上的供应链不再指企业内部各部门之间的关系，而是专指由客户需求开始，贯通从产品设计到原材料供应、生产、批发、零售等过程，把产品送到最终用户的各项业务活动，联结的是一个企业与其上下游企业之间的关系，尤其是围绕核心企业的网链关系，即核心企业与供应商、供应商的供应商乃至一切前项的关系，与用户、用户的用户及一切后项的关系。供应链通常由供应商、制造商、分销商、零售商等多个环节组成。尽管从理论上讲无形物品（服务）转移而形成的链条也是供应链，但通行的、可以管理的供应链仅限于由有形产品转移而形成的链条。

供应链的产生与企业追求自身的核心竞争力密切相关。某家企业为了使自己区别于其他企业、使自己保持相对于其他企业的竞争优势，就必须专注于核心业务。这样就需通过外包形式把非核心业务交由其他企业来做。这些企业向上联系上游企业、向下联系下游企业，形成一条自原材料采购、到产品制造、再到产品销售的"链条"。处于链条上的每个节点企业之间的关系都是供需关系，但这时的供需关系已不同于传统意义上企业之间的供需关系。传统意义上的两个供需企业之间一般是业务联系不紧密、信息较少共享、各自独立决策；但在供应链项下，供需企业之间的关系要紧密得多，两者之间为长期合作关系、在多个领域实施信息共享、彼此依赖程度较大。与传统企业之间的关系更强调各自的市场利益不同，供应链各节点企业之间追求的是长期的合作、共同的努力及解决共有的问题。

供应链总是有"链主"的，即供应链上的核心企业，一条具体的供应链也可以说成是某个核心企业的供应链。根据企业的商业形态，可以分为两种带有明显行业特性的供应链，即制造业的供应链，如钢铁、汽车、石化行业；商贸业的供应链，如香港利丰集团、沃尔玛、苏宁电器。其中制造业供应链是目前学术界以及银行界研究和应用最为广泛的供应链。在构建利益共同体的过程中，核心企业要承担起供应链管理的主要职责，因为核心企业通过对资金流的协同，提升供应链的整体效率，在实施供应链管理过程中发挥着管理和组织作用。

一个供应链的构成如附图1所示：

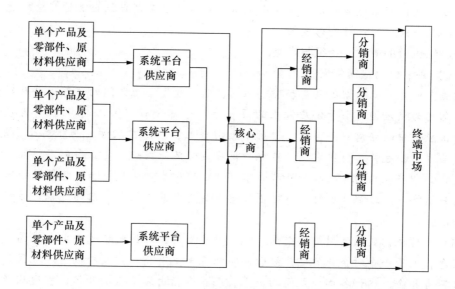

附图1　供应链构成示意图

供应商网络位于制造商的左边，包括所有直接或间接提供输入的组织。例如，一个计算机制造商的供应商网络包含所有提供产品的公司，产品范围涉及塑料、芯片等原材料以及像硬盘、主板等组件和部件。特定的材料在装入计算机之前，会经过多个供应商。例如，硬盘供应商的供应商又有它自己的一套供应商队伍。销售网络位于制造商的右边，主要负责产品的分销和零售，包括分销商和零售商。仓储物流公司供应商、制造商以及销售商的下方，负责原材料、产品等在各地之间的移动，配送管理涉及储存、进货、仓库以及销售渠道。

供应链作为一个从开始挖掘需求到满足需求（提供产品）的流程，是商流、物流、信息流和资金流的有机组合。其中，商流从消费者需求开始，包括需求分析、产品开发与设计、生产计划制定、企业之间订立合同、承诺交易、执行交易、交易后维护等工作；物流是实物的交付和转移，是履行交易的必要过程，包括运输、仓储及包装等，它本身并不能满足客户的需求，但能增加产品的价值和减少供应的成本；信息流是供应链各环节行动的依据，它为供应链上各成员企业进行合适的商业决策提供有用的信息；资金流是企业在产品销售之后收取顾客货款和清偿供应商款项的过程。"四流"的基本关系是：信息流带动商流，商流决定物流，物流反馈为资金流。"四流"缺少任何一个，供应链都无法有效运转。

供应链可以从不同侧面被理解。

（1）它是一条联结供应商到用户的物料链，通过链中不同企业的制造、组装、分销、零售等过程将原材料转换成产品再到最终用户的转换过程。在任何一个产业内部都存在着链式结构，即如果以产业内核心厂商为基点，则在核心厂商的上游是由核心厂商与供应商组成的原料供应关系，在核心厂商的下游是由核心厂商与下游经销商及最终用户组成的产品销售关系。

（2）它是一条增值链，物料在供应链上因加工、运输等过程而增加其价值。通过对供应链的有效管理，可以实现比竞争对手更大的市场价值。从货币价值的角度分析，原材料从投入开始，经过加工、转化并被消费者最终购买消费，当中做出的所有增值活动都是由在供应链上的各个企业完成的，增值过程所构成的网络称为核心企业的价值链，价值链是供应链的资本层面。核心企业无不期望有效地管理供应链上信息流、物流、资金流的运转，以获取最大限度的价值增长。

（3）它是一条合作链，通过与重要的供应商和用户建立战略合作伙伴关系，可以更有效地节约成本、拓展市场。核心厂商与供应商、经销商建立相对稳定的业务关系，进行上下游资源的重新整合，形成利益合理分享、风险多头共担、稳定有序的企业商务生态链。

上述价值增值流程、物流功能网链、企业间合作网链结构等描述，实质上从不同层次、不同侧重点反映了供应链构成的形式与活动内容，反映了供应链运作的复杂性。

（二）供应链的特征

全面把握供应链的特征有助于我们更深入地理解供应链的含义。对于供应链的特征，我们可主要从以下几个方面进行了解。

（1）供应链结构具有完整性。现代企业之间的竞争不再是自身实力的竞争，而是以自己为核心的整个供应链的竞争，为此，每个在市场中竞争的企业都力图构建以自己为核心的完整的产业链：针对上游，它希望掌握所有原材料供应；针对下游，它希望掌握全部销售渠道。以钢铁冶炼企业为例，其生产规模、能力等并非决定自身竞争成功的主要因素，它只有掌握了铁矿石的供应，即锁定了上游原材料的成本，才能使自己以优于竞争对手的投入生产出相同的产品；同样，它也只有控制了更多的销售渠道，才能比竞争对手销售更多的产品。为此，钢铁冶炼企业的竞争格局就是前后项一体化以打造从原材料供应到产品销售的一条完整的供应链。

（2）供应链系统具有一致性。以核心企业为主构成的供应链中的各个企业主体，在运营目标上具有一致性，即都是希望通过自身的高效运转，降低整个供应链的运营成本，进而提升整个供应链的运作价值，实现自己更大的财务效益。任何一个企业都处于链中的某一节点，都以整个供应链的成功为成功、失败为失败，所以，内在的利益驱动使供应链中各企业紧密连接在一起，为实现整个供应链的目标进而是各个节点企业的目标而运转。围绕核心企业的各个配套企业由于力量单薄，竞争实力较弱，更为依赖整个供应链，所以都会自觉、自愿地围绕在核心企业周围。

（3）供应链主体具有独立性。虽然众多企业围绕核心企业形成一个完整的供应链，但链中各个节点的企业并非核心企业的内部部门，而是一个个独立的市场中的企业，它们在服从于整个供应链利益这一大背景下，都有着自己独立的利益诉求与运行特点，各企业间也存在着利益冲突，有意或无意地损害供应链整理价值的创造。同时，因不同产权主体等原因导致企业间信息资源的协调不一致，导致信息流在企业间的流转不畅，也影响供应链价值的创造和共享。供应链中的核心企业通过对整个供应链的计划与调控，实现供应链上各节点企业的利益协同。从这个意义上讲，供应链结构是介于市场组织与企业组织之间的一种组织，它既不像市场组织那样完全是互不干涉、完全独立，也不像企业组织那样实现了完全的内部一体化。也正因为如此，核心企业才需要对供应链中的其他企业进行科学管理，以实现整个供应链的有序、高效运作。

（4）供应链功能具有关联性。供应链中任何一个企业都与其他企业密切相关，供应链中的各个环节都相互关联。只有这些企业、环节协调一致，才能保证整个供应链的有效运转。所以，核心企业在构建以自己为核心的供应链时，总要认真研究各节点企业的特点，力图使供应链网络更为科学、合理。供应链使得原本是相互独立的信息化孤岛上的企业联结在一起，建立起一种跨企业的协作，将过去分离的业务过程集中起来，通过原材料供应商、加工和组装、生产制造、销售分销与运输、批发、零售、仓储和客户服务等相互配合的全部过程，实现了从生产领域到流通领域、消费领域的一步到位。

（5）供应链边界具有相对性。一个完整的供应链包括从需求挖掘到需求满足的整个过程的活动，但对于市场中的具体企业来讲，它构建的可能是仅包含其中若干环节的供应链。如一个连锁超市构建的供应链可能包含商品供应者和周围社区的需求者，而一个煤炭开采企业构建的供应链则可能包括矿山勘探、矿山设计与施工及洗煤、选煤等企业。此外，供应链与供应链之间的环节也具有相对性，一个企业既可以处于某个供应链中，也可能同时处于另一个供应链中。如焦炭企业既可以在煤炭企业构建的供应链中，也可以在钢铁冶炼企业构建的供应链中，因为煤炭的深加工是煤化工行业，焦炭是煤化工的主要行业，同时焦炭又是钢铁冶炼企业的主要燃料，现在很多钢铁冶炼企业都在开工建设自己的焦炭生产设施。

（三）供应链的类型

（1）基本供应链。基本供应链由一个企业、该企业的直接供应商和直接客户构成，包括了从需到供的循环。这是供应链最基本的模式，也是一种最简单的模式，它是各种复杂供应链模式的基础。从资本追逐盈利的特性出发，一个企业从依靠自身来从事市场竞争到通过构建供应链来从事市场竞争，只是完成其走向大型化、规模化之路的一个阶段，它肯定会向控制越来越多的供应商和下游客户发展，如没有非市场力量的干预，其最终要么失败，要么实现寡头垄断。在资本主义发展的早期阶段，钢铁、石油等行业很快就形成了若干垄断企业，最终催生了这些国家制定并颁布"反垄断法"。在基本供应链中，一般有三种类型的企业：核心企业、供应者和需求者。核心企业在产业链中居于支配地位，有较强的话语权；供应者和需求者是围绕核心企业运转的，因此又称为配套企业。

（2）产业供应链。核心企业在构建完基本供应链后，会向供应商的供应商和用户的用户扩展，最终形成一个涵盖从需求挖掘到产品供给的完整链条，这就是产业供应链。或者说，产业供应链是由若干个基本供应链构成的。基本供应链中的核心企业在产业链中可能仍是核心企业，也可能成为另一个核心企业的配套企业，这取决于其在整个产业链中的地位及竞争能力。由于任何一个企业都不可能成为所有业务上的杰出者，它只有联合其他具有优势互补特征的产业链中的其他企业，共同组成一个利益共享的供应链，才能成为市场中有差别竞争优势的主体。所以，企业总是倾向于向范围更广的供应链发展，产业供应链最终会成为供应链的主要模式。

（3）全球网络供应链。全球网络供应链是在全球范围组合而成的供应链。随着全球经济一体化进程的加快，全球网络供应链越来越显示出其竞争实力。很多跨国企业以放眼全球的眼光，根据产品特性和竞争特点，从全球范围内选取有竞争力的合作伙伴，将供应、生产置于最合适的地方，从而组成全球供应链。如一些大型跨国零售企业，生产基地遍布世界各地，而采购中心仅分布于若干国家。又如一些跨国IT企业，产品设计、研发与生产被分布在不同国家。造成上述分布的原因在于跨国企业善于在全球范围内最佳配置资源，以实现成本最低、效益最高。

（4）效率型供应链。效率型供应链是以尽可能低的成本价格来有效实现以供应及时、充足为基本目标的供应链。这类供应链总是力争存货最小化，并通过高效率物流过程形成物资、商品的高周转率，从而在不增加成本甚至减少成本的前提下提升供应链的价值。为提高效率，核心企业会倾向于更为有力地控制配套企业，以增加运作的协同性。效率型供应链还表现在能对市场不可预见的需求做出迅速反应，因此要求生产系统具备足够的缓冲生产能力和存货。

（四）供应链在不同行业的表现

一个完整的供应链都由上中下游三个大的环节组成：上游表现为原材料提供，中游表现为产品制造，下游表现为产品销售及消费，但行业不同，其供应链表现的具体形式也有所不同。

（1）石化行业供应链。石化行业的上游主要是围绕原油和天然气的勘探、开采和采购；中游主要是以原油和天然气为原料加工生产出石化产品；下游则主要以石化产品和附加产品为基础进行深加工及产品销售。围绕石化行业的上中下游产业还派生出许多相关产业，包括采掘业、设备制造业、批发零售业和交通运输业等。从供应链角度考察，石油炼化企业是整个供应链的核心企业，石油天然气勘探公司、勘探设备制造公司、开采公司等构成石油炼化企业的上游配套企业，各种化工产品的深加工企业及销售公司则构成石油炼化企业的下游配套企业。

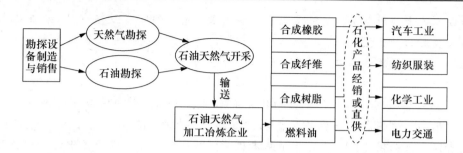

附图2 石化行业供应链

（2）汽车行业供应链。汽车行业的上游主要是零配件及原材料供应商，包括轮胎供应商、发动机供应商、钢材供应商、特种玻璃供应商、汽车设计公司等；中游主要是以汽车、工程机械生产为主的核心制造商，如第一汽车制造公司、丰田汽车公司等；下游主要是汽车经销商、法人终端客户及个人购车者。

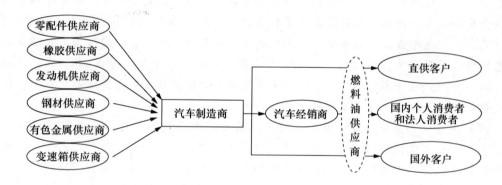

附图3 汽车行业供应链

（3）钢铁行业供应链。钢铁行业的上游主要是矿山勘探、开采，包括挖掘设备制造与销售者、铁矿石供应商等；中游主要是钢铁冶炼企业，如武汉钢铁公司、鞍山钢铁公司等；下游主要是钢材销售及消费，包括各级钢材经销商、房地产商以及燃油供应商等。按照重量来计，钢材占到汽车的50%，包括圆钢40Cr、大梁板用的510板材、悬架用的STE285板材等，各类铸铁件占到20%～30%，铜铝等有色金属占到3%～5%。

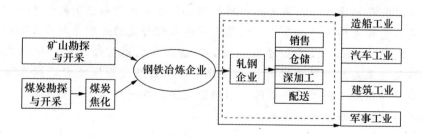

附图4 钢铁行业供应链

（4）房地产行业供应链。房地产行业的上游是土地供应部门、建筑设计院与建材供应商；中游主要是房地产开发商；下游主要是公司、个人购房客户。围绕房地产开发商，还衍生出房地产经纪公司、房屋装修公司、测量公司等。

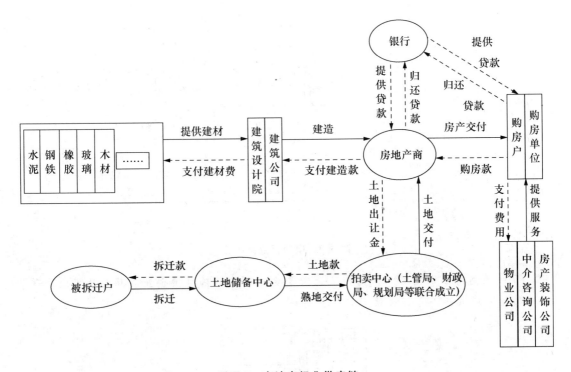

附图5　房地产行业供应链

（5）船舶行业供应链。船舶行业的上游主要是钢材制造与销售、锅炉制造与销售以及各种导航设备制造与销售；中游主要是载重量不同的船舶制造商；下游主要是从事运输的各种交通运输企业以及使用船舶的相关企业。

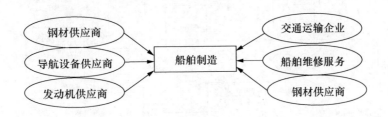

附图6　船舶行业供应链

（6）电力行业供应链。电力行业的上游包括发电企业、电力设备生产企业等，下游则是公司、组织等用电企业以及用电个人。

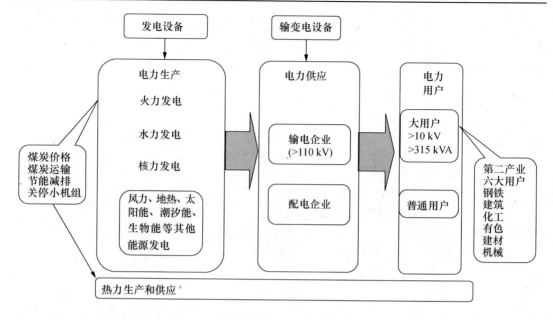

附图 7　电力行业供应链

（7）医药行业供应链。医药行业上游主要是医药原料提供企业、药品生产企业等，下游则是医药批发、零售及患者。

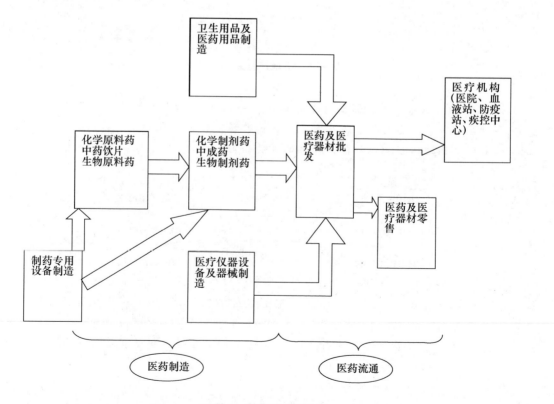

附图 8　医药行业供应链

二、供应链管理及与银行融资的关系

供应链表现为由原材料供应商、制造商、分销商、物流商等上下游企业组成的网链结构，这一网链结构能够有效支持和满足用户需求。这一系统能否达到总体绩效最优，取决于核心企业对它的整体协调与控制，因而产生了供应链管理的概念。所谓供应链管理，就是在满足服务水平要求的同时为降低系统总成本而将原材料供应商、制造商、分销商、物流商到最终用户组成网链来组织生产与销售商品，并通过商流、物流、信息流和资金流系统的设计、运行和控制等活动来达到预期目的。简言之，供应链管理就是核心企业通过对其上下游企业的有效组织与管理，实现整个供应链的最佳运转，进而以最快速度满足用户需求，实现整个供应链的价值增值，使供应链每个节点企业实现最佳的财务效益。

供应链管理是一种集成化的管理理念，其核心意义在于使企业充分了解客户及市场需求，与供应商及其他合作伙伴在经营上保持步调一致，实现资源共享与集成，协调支持供应链上所有企业的协同运作，从而取得整体最优的绩效水平，达到提高供应链整体竞争力的目的。

随着"微利时代"的到来，企业对建立新管理模式——供应链管理的需求也日益迫切。在企业发展早期，它们关注的是实现纵向一体化，但是，全球经济一体化的趋势使企业在更大范围和更高层次上进行竞争。大而全、自给自足的"纵向一体化"模式已丧失了竞争力，取而代之的是跨行业、跨地域的"横向一体化"的经营模式，即企业把主要精力放在提升核心竞争力上，其他非核心业务外包给合作企业，利用企业外部资源快速响应市场需求。企业经营战略从纵向一体化向横向一体化的转变要求企业具有一定的知识和能力，企业能够根据内部的资源特点，去发现、选择和利用外部资源，从而通过对内部资源和外部资源的整合来提高企业核心竞争力。

供应链管理的主体是网链中处于主导地位的核心企业，由核心企业自起始点到消费点围绕网链上各节点企业、设施资源、功能服务对物流、信息流、商流和资金流进行一体化和集成管理。供应链管理以满足最终客户需求为目标，着眼于提升整个供应链的效率和盈利能力。提升供应链整体效率与盈利能力的技术有很多，如建立合理的物流配送中心、科学选择网链节点企业、设计科学合理的针对节点企业的激励措施等。无论具体技术有多少，最基础的东西都是每个配套企业均要有较高的效率，这是因为配套企业是构成供应链网络的基本单元。

提升每个配套企业的效率是供应链中核心企业要首先考虑的问题。手段包括人才培训、销售返点甚至直接的资金注入等。但我们注意到，核心企业不会允许配套企业无限制、无成本地占用自己的资源，它总是希望在尽可能节约使用核心企业自身资源的前提下提升配套企业获取资源的能力。然而配套企业获取资源的能力远远不及核心企业，除非让资源提供者看到配套企业具有与核心企业相同的资信或实力。核心企业不投入实际资源但使配套企业获得资源的途径是有的，如承认配套企业是以自己为核心的供应链的组成者、愿意为配套企业获取资源提供担保等。

资源的概念很宽泛，在不同场合有着不同的内涵。对于在市场中竞争的企业来讲，资金无疑是项重要的资源。采购货物依靠的是资金，回笼货款使用的仍然是资金，利润反映的形式也是资金。然而，资金作为资源是稀缺的。这与市场流动性强弱无关，即使市场中资金再富裕，对一个具体的企业来讲，它拥有的资金与它希望完成的事业之间总会存在着不小的差距。每个企业无不希望获得其发展业务所需要的资金，这对供应链中各企业尤为重要。核心企业往往是资金密集型企业，其自身的市场地位、盈利能力、信用程度决定其具有较为宽松的融资环境，并且因为其管理较为规范，资金也会被较为节约地适用。供应链中的配套企业实力较弱，资金来源渠道有限，对资金的需求更是迫切。

因此，发展壮大供应链需要资源投入，但为尽可能节约供应链各节点企业的成本支出，作为资源的资金需要从供应链外部引进，这一市场缝隙即是本书所阐述的供应链融资业务的产生基础。

二、供应链融资的分类

供应链融资作为一个较大的融资范畴，从不同角度可做不同的分类。

（一）按融资对象在产业链中的地位分类

产业链从前端到后端依次为供应商、核心企业、经销商和最终用户。供应链融资据此可分为供应商融资、核心企业融资、经销商融资和最终用户融资。一般而言，核心企业具有较强的市场地位，对其授信评价主要看财务、市场及法人经营管理等情况，其融资可按主体企业授信进行；最终用户作为商品的最终购买者，其融资一般采取按揭的方式。个人客户采取个人按揭方式融资，如购车、购房，因此归入对私业务。在供应链含义下讲最终用户融资主要是指公司客户方面。供应商和经销商按与核心企业的关系远近还可分为一级供应商、二级供应商、一级经销商、二级经销商等，银行对不同等级供应商、经销商的融资均纳入供应链融资的范畴。

（二）按实际承担风险主体的不同进行分类

供应链融资的对象不一定是实际的风险承担者，大多数情况下核心企业承担着配套企业融资的风险。按照实际承担风险主体的不同，供应链融资可分为核心企业承担实际风险的供应链融资、配套企业承担实际风险的供应链融资、特定专业市场供应链融资。其中，对于配套企业承担实际风险的供应链融资，银行为防范业务风险，要么掌控货权，要么掌控针对核心企业（卖家）的应收账款，因此，这类供应链融资又可大致分为基于债权控制的供应链融资和基于货款的供应链融资。

供应链融资的体系，如图 3-4 所示。

1. 核心企业承担实质风险责任的供应链融资

该类融资又称 1+N 融资，其中 1 代表着核心企业，N 代表着配套企业，即核心企业的供应商与经销商。+代表着核心企业与配套企业的风险连接。在实际业务中，由于供应商和经销商在产业链中的地位不同，发挥的作用也不同，因而核心企业对供应商和经销商的融资承担责任的特性也有所不同。核心企业除对供应商和经销商的融资都可承担连带担保责任外，对供应商融资而言，由于其是向核心企业销售货物，核心企业如承担风险责任，则表现为承诺定向付款；对经销商融资而言，由于其是向核心企业购买货物，核心企业可承担回购担保责任和未售退款承诺。

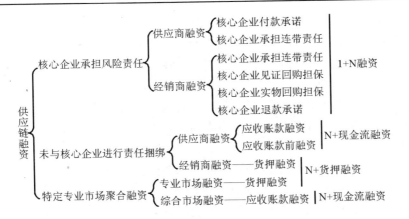

图 3 - 4 供应链融资的体系

2. 以核心客户配套企业为责任主体的供应链融资

在此方式下，核心客户不提供连带责任保证、见证回购担保、实物回购担保或购买付款承诺。配套企业由于信用风险较大，银行只有采取更多的风险控制手段才能防范风险。对供应商而言，最大的价值在于其拥有针对核心企业的应收账款，因此银行在核心企业不承担风险责任的情况下，控制住其供应商针对核心企业的应收账款，则就控制住了供应商的现金回流，因而业务风险也就得到了防控；对经销商而言，其最大的价值在于能够获得核心企业的供货并通过货物的销售来回流资金，因此银行在核心企业不承担风险责任的情况下，可通过对融资项下货物的控制来控制资金的流向，同样可起到风险防范的作用。当然，供应商也可用货物质押来融资，但就主流来讲，在核心企业不承担风险责任的情况下，针对供应商，银行主要提供应收账款融资；针对经销商，银行主要提供货押融资。对于应收账款融资，由于是基于债权控制而进行的融资，因此又称为 N + 现金流融资；对于货押融资，由于是基于货权控制而进行的融资，因此又称为 N + 货融资。

核心企业不承担风险控制责任，并不意味着在银行业务风险的防范工作中，不需要核心企业发挥作用，银行应当尽可能要求核心客户提供一定的风险控制辅助措施，如对违约借款人进行一定的惩罚（降低其经销商资格等）、协助处理质押物，或按银行指定路径发货等。

在应收账款融资方式下，银行面临着识别有价值应收账款的问题，只有应收账款有价值，银行才可能提供融资。提供融资前，银行还要设计严谨的资金流向管理策略，以确保应收账款实现后能用来归还银行融资。在货押融资方式下，严格的货权监管和货物本身的特性至关重要。银行一般借助管理规范、经营规模较大的特大型物流仓储企业对银行供应链融资项下的货物进行全程监管并足额保险，货物本身要具有较好的市场变现能力、市场价格透明、价格相对稳定，形成的货权凭证（仓单）可以在有形、固定的市场进行交易等特点。

3. 特定专业市场供应链融资

特定专业市场有两大类。一类如钢材交易市场，将众多钢材经销商会聚其中进行交易，交易市场为吸引更多的经销商加入市场从而获得更多的营业收入，愿意为入场客户的融资提供风险分担承诺。这类市场适用于专业市场、入场企业与银行三方合作的供应链融资，其基本模式是：交易商申请成为专业市场的入场客户，专业市场同意后接纳其成为市场会员，入场企业按专业市场交易规则进行交易；入场企业存在资金需求时，向专业市场提出申请，专业市场认可其风险水平后向合作银行进行推荐，并承担程度不同的风险责任；银行独立评审后决定是否向入场企业提供融资。具体操作时，专业市场内从事买卖的交易双方在交易合同签订后，需将交易合同金额一定比例的预付款和保证金交存到专业市场，余下金额向银行融资；银行批准借款人的融资申请后，专业市场冻结买卖双方资金账户，同时将交存到专业市场的预付款和保证金存入贷款银行指定账户内，银行则根据保证金存入通知单向借款人发放贷款。在这样的业务操作中，专业市场起着交易监管的作用。有时，银行为了更好地防范业务风险，甚至要求专业市场为其入场客户在银行的融资提供担保。

除钢材交易市场这类专业市场外，另一类专业市场是像沃尔玛、肯德基这样的客户。它们通过采购吸引着众多的供应商，这些供应商由于向这些世界知名企业供货，因而回款较有保证，因此银行也可对这些供应商提供融资。

综上可知，钢材交易市场类供应链融资实际上是一类特殊的核心企业承担风险责任的供应链融资，这个"核心企业"就是钢材交易市场；沃尔玛类供应链融资则实质上是一类特殊的应收账款融资，特殊性体现在这个"市场"将很多购买者集聚在一起，而不像一般核心企业那样其用户是"一对一"的。

三、供应链融资的市场价值

供应链融资获得产业界和银行界的普遍认可并被高度重视，是有深刻的现实基础的。对核心企业及其供应链网络以及提供融资的银行来讲，供应链融资具有巨大的价值。

（一）供应链融资对于供应链网络及其各节点企业的价值

1. 有利于提升核心企业的市场竞争能力

供应链融资是随着供应链网络的形成与发展而出现的，满足了核心企业壮大其供应链网络从而提升市场竞争力的需求。企业之间的竞争从表面上看是其产品及综合实力的竞争，但实质上是其供应链网络的竞争，因为供应商决定着核心企业的原材料供应，经销商决定着核心企业的产品销售。原材料供应及时、顺畅，决定了核心企业能以比竞争对手更高的效率来组织生产；产品销售的顺利进行则使得核心企业能够以更快的速度回笼资金，投入再生产。因此，核心企业的市场反映能力在很大程度上取决于供应商的供应能力和经销商的销售能力，而供应商的供应能力和经销商的销售能力又离不开作为"金融血液"的银行资金的支持。银行支持核心企业的供应商和经销商，实质上也就是在间接支持核心企业。核心企业凭借自己的市场信用，利用银行的支持，壮大了以自己为核心的供应链网络的实力，最终表现在自己的市场竞争能力得以大幅度提升。

以汽车行业为例。汽车厂商生产各种品牌的汽车，但这些汽车需要分布在全国各地的经销商网络来销售。只有这些汽车卖给最终消费者，才算真正实现销售。但核心企业要收到货款才向经销商发货，它要想让经销商销售更多的货物，只有更大批量地向经销商发货，这就需要经销商提供更多的采购资金。从经销商角度看，它要实现更多的销售，首先就需要有大量的资金向汽车厂商进货，而经销商的典型特征是杠杆经营，自身资本投入很少。这就陷入一个怪圈：汽车厂商想扩大销售而又不愿给经销商提供更多的信用，从而使经销商在较少资金下提取更多的汽车；经销商想采购更多的货物以支持更大规模的销售而自身又缺乏充足的资金。银行的介入解决了这一难题：银行向经销商提供融资用于汽车采购，并要求汽车厂商对经销商销售不出去的汽车进行回购，用回购款支付经销商欠银行的贷款。这样，经销商获得了采购资金，汽车厂商及时回笼货款且未释放更多信用就实现了更多汽车的销售，银行则获得了融资业务项下的各种收入。通过银行的介入，汽车厂商实现了更大规模的销售，而更大规模销售的结果则是汽车厂商市场品牌的扩大和竞争实力的提升，因而供应链融资对汽车厂商的意义尤其重大。

2. 有利于解决配套企业融资难的问题

核心企业的配套企业绝大多数都是中小企业。目前中小企业的融资是个世界性难题。由于中小企业在其资产结构中，通常大部分资产都集中在流动资金、库存、原料等动产方面，固定资产仅占很少的一部分，不能满足向银行申请融资的硬性条件，因而束缚了它们向银行进一步融资、谋求更大发展的能力。在我国，虽然有中小企业版资本市场，但能进行直接融资的中小企业毕竟占中小企业群体的很少一部分；短期融资券也主要由大型企业发行；产业投资基金也主要投向理念有创意，产品有市场，有"概念"的企业，能具备产业投资基金所需条件的企业毕竟是少数，因此对众多核心企业的配套企业来讲，依托直接融资来发展生产经营并不现实，而银行长期以来一直局限于传统的主体企业授信思维，加之中小企业的确违约率较高，银行也不愿意为中小企业提供融资。

尽管供应链融资并不只针对中小企业而开展，但它对于缺少资产抵押、财务报表透明度低、企业规模小的中小企业更为契合。在供应链融资项下，银行终于发现配套企业的核心价值，即它们和核心企业具有稳固的产销供应链。只要将这一链条牢牢控制住，银行的融资风险就不会很大。而银行只要业务风险能够控制，就会向企业提供融资。这样，配套企业的融资问题就解决了。需要说明的是，配套企业主要是中小企业，但并不是全部；银行供应链融资的对象不是所有的中小企业，只是那些与核心企业有稳固、连续贸易关系的中小企业。解决了这部分中小企业的融资难题，中小企业融资难的问题也就解决了大部分。而解决中小企业融资难的问题，具有十分重大的意义。因为，中小企业与垄断企业是现代经济的两极，大型垄断企业代表了一个国家的经济实力，而中小企业往往代表了一个国家的经济活力。中小企业吸纳了一个国家大部分的劳动力，是解决一个国家就业问题的主导力量。只要中小企业发展了，就业问题、稳定问题就不会成为问题。而中小企业发展的关键就是融资问题要解决，供应链融资部分地解决了这个问题，就间接地支持了国家的就业政策及经济发展政策。

向核心企业的配套企业提供融资，表面上是解决其融资难问题，但我们知道融资本身并不是目的，融资的目的在于做好生产经营。银行从核心客户入手分析整个产业链，着眼于合理运用银行产品，将银行信用有效注入上下游配套企业，在满足其融资需求的前提下，适度放大了配套企业的生产经营能力：配套企业原来只能采购一定金额的货物，而通过银行融资的介入，采购能力可能就是"这一金额"的若干倍，这也是一种杠杆效应。

3. 有利于提升产业竞争实力

企业与企业之间的竞争实质上是供应链之间的竞争，而国与国之间的竞争实质上就是产业实力的竞争。产业实力取决于产业内部大型、中型和小型企业之间的协同程度。供应链融资极大地提升了配套企业与核心企业之间的协同程度，改变了过去单一企业单打独斗的市场格局，更大规模地拓展了市场，进而提升了以核心企业为主体的整个产业的实力。因此，从宏观意义上讲，供应链融资功不可没。

（二）供应链融资对于银行的价值

对银行而言，发展供应链融资，可以是说是一种不得已而为之的战略选择。

说是不得已的选择，是就银行发展面临的外部环境而言的。从成本收益来讲，或者从业务便利性上讲，银行是倾向于与大企业开展业务合作的，因为大企业市场地位高、信用程度高，还款有保障，并且提供融资后所进行的授信后管理工作也相对简单。银行的客户经理在条件许可的情况下也倾向于向大企业提供服务，因为向大企业提供服务的特点是"一次投入、长期产出"，不像供应链融资那样需要做很多细则的操作性工作，会占据客户经理大量的时间。然而，银行对大企业的争夺是非常激烈的，对中小银行来讲，在服务大企业方面往往显得力不从心，不得不去搜寻"门当户对"的客户。况且，从产业发展态势上看，供应链产业格局的形成也为银行服务于中小企业提供了可能。供应链融资业务项下，中小企业蕴涵着丰富的市场机会，自己银行如不介入，其他银行也要介入，晚介入不如早介入，因此，在对供应链客户大规模的争夺中，每家银行都必须而且是不得已介入其中。

说是战略选择，是指银行为适应外部环境变化而主动采取的、长期性的举措。外部环境是供应链格局已经形成，只有适应这个格局，银行才能发展，才能在市场竞争中占据先机。很多银行从战略高度，认识到发展供应链融资业务的重大意义。

1. 供应链融资是强化交叉销售、提高银行业务综合贡献度的重要手段

交叉销售是一种新兴的营销方式，是指借助于客户关系管理来发现现有客户的多种业务需求，并为满足他们的需求而销售多种不同服务或产品，努力鼓励客户使用本银行多种产品或服务。供应链融资以促进交易、实现销售为杠杆和主要着力点，依托以不同核心客户为主要牵动载体的产业链商务模式、结算方式及货物流转的具体特点，全线推进银行相关产品的交叉销售，实现对产业链上各参与主体的综合化联动营销，是实现交叉销售的最好载体。银行开展供应链融资，需要深入了解核心企业及其配套企业的产业特征、贸易特点，这有利于对客户需求进行深入挖掘，从而提高该客户对银行的价值贡献。

业务实践证明，挖掘既有客户的价值远比营销新的客户要容易，这也是客户关系管理近些年获得大力发展的主要内在动因。银行需要在既有客户身上进行多种产品的交叉销售，从而获得更多的价值。从另一个侧面上，银行提供供应链融资也可深化客户关系，更好地获得客户的认可。很多银行通过对核心企业的配套企业提供细则、周到的服

务，与配套企业建立起密切的关系。慢慢地，这些企业就离不开银行了，因为银行如果只提供一种产品，客户很容易转而向其他银行寻求服务，而如果银行提供的是多种产品，则客户转向其他银行寻求服务的"转户"成本就会很高。考虑到成本的因素，这些企业一般不会再去寻求新的银行。当银行牢牢掌控住配套企业后，核心企业也就离不开银行了，因为配套企业的资金往来、账户开设均在这家银行，核心企业就不得不同这家银行打交道。所以说，供应链融资还是银行深化客户关系的好工具。

2. 供应链融资能有效控制基于交易风险而产生的企业信用风险

信用风险是商业银行面临的最古老、最基本的风险。从事资金交易的银行需主要面临市场风险，而对于以信贷业务为主的银行需主要面对信用风险。在我国商业银行的发展历史上，有几次不良资产剥离的事件。造成数万亿不良资产出现的重要原因，就是银行没能管住借款人的信用风险。所以说，对商业银行来讲，如何对信用风险进行科学管理一直是个挑战。供应链融资由于自身所具备的贸易真实性、交易连续性、过程封闭性和自偿性的特点，将有效改变现有的风险管理的本质缺陷，全面提高客户的履约能力，从而降低银行的信用风险。因而受到各家银行的普遍重视。有些银行经过近些年的成功实践，也的确发现供应链融资项下出现不良贷款的概率已大为降低。

3. 供应链融资可以逐步优化银行公司业务的利润贡献结构

供应链融资作为突破中小企业授信障碍的一种全新综合化金融服务模式，具有优化银行客户结构、丰富产品体系、增加收入来源、有效控制风险、培育基础客户群体的重要作用。尤其重要的是，供应链融资给商业银行带来了新的盈利模式。

（1）笔数小、频次高、周转快、手续费收益高。作为中小企业，配套企业融资需求的最大特点就是"急、小、频、快"，而这非常适合供应链融资。供应链融资的主体业务品种是商业汇票及其衍生产品。针对银行承兑汇票业务，在占用风险资产余额不变情况下，缩短单笔票据期限，提高开票频次，既能在真实交易过程中跟踪控制风险，又可提升授信额度的总体价值回报。因为在现行法律框架下，承兑汇票的手续费是按次数以金额为基础收取的，与承兑日到到期日的时间长短无关，而这一时间只要不超过6个月就行。换句话说，在承兑金额限定的情况下，开票的次数越多，对银行就越有利。银行根据配套企业贸易项下资金支付特点，可针对性地开出时间长短不一的承兑汇票，这比仅承兑6个月的汇票能获得更多的手续费收入。此外，对于保证金之外的敞口部门，银行实质上承担着巨大的信用风险，因此很多银行在业务实践中除向承兑申请人收取手续费外，还收取比率不等的风险承担费，从而缩小与流动资金贷款利息收入的差距。

（2）收入来源结构多元化。供应链融资业务有较高的技术含量，产品附加值较高，尤其是在没有核心客户责任捆绑和特定交易方式融资项下，银行为配套企业提供的量体裁衣式融资方案，需要付出大量的劳动，因此可向配套企业收取一定的财务顾问费，以弥补银行这一部分的劳动付出。

（3）参与特定中介机构的收益分成。银行开展供应链融资业务，需要与仓储公司、保险公司等机构建立业务合作关系，在互惠互利的前提下，银行可安排借款人在指定保险公司投保、银行也可指定仓储公司承接货物监管。既然银行为这些中介机构带来了新的业务机会，当然可以参与对保险费、仓储保管费的收入分成。

（4）结算控制与物流项下的低成本存款收益。配套企业以从事生产经营为主，交易过程中会产生大量的资金沉淀。在当今经济格局下，存款对银行而言仍属稀缺资源，因此，供应链融资对银行增加存款而言意义重大。如果银行能够再把核心企业营销到位，则获得的存款规模会更大。以经销商与核心企业的关系为例，经销商如果用现金支付购货款，则核心企业会收到现金；如果经销商用票据支付购货款，则核心企业会取得汇票，而核心企业取得汇票后要么到期收款，要么再用于支付，但最常见的办法是向银行申请贴现以提升有限资金的使用价值。无论哪种方式，都会增加核心企业的现金流入，这对于与核心企业合作的银行来讲，必然反映为存款。

四、供应链融资的金融工具

供应链融资作为一种银行针对供应链网络节点上企业所提供的银行服务，是由很多具体的金融工具构成的。一般来说，同其他任何银行服务一样，银行的所有产品都可向供应链网络节点上各企业提供。但从供应链融资角度讲，使用最多的金融工具是信用证、保函和商业汇票。其中，信用证是指银行根据开证申请人（进口人、买方）的要求向受益人（出口人、卖方）作出的一项有条件的付款承诺，亦即银行承诺在受益人提交了符合信用证条款的单据之后向受益人付款的一项书面文件。信用证作为"一项不可撤销的安排"，构成开证行对相符交单予以承付的确定承诺。银行保函又称银行保证书，是指银行应申请人的请求，向第三方（受益人）开立的一种书面信用担保凭证。在申请人未能按双方协议履行责任或义务时，由银行代其履行一定金额、一定期限范围内的某种支付责任或经济赔偿责任。商业汇票是银行票据体系中的一种，由银行承兑汇票和商业承兑汇票组成。按照票据产生与运用的逻辑顺序，票据业务大致可分为承兑产品和贴现产品。

第四章

提升技能

为增强自身的市场拓展能力，客户经理有必要掌握一些专门的技能，包括客户调研技能、客户评价技能、产品和服务组合技能、客户关系维护与管理技能、客户营销技能、人际沟通技能、展业技能、投标技能、行业分析技能、报告撰写技能、财务分析技能等。

第一节　基本技能

一、调查技能

在进行具体调查前，应根据调查需要及调查对象的特点搞好调查指标与调查指标体系的设计。在进行此项工作时，应还注意重点完成以下工作：确定调查指标的名称、含义、内容与范围；确定调查指标的计量单位；确定调查指标的时间界限和空间范围。

如采取问卷的形式开展调查，还应搞好询问表的制作。制作询问表时应该使编制的问卷达到全面、精确、易回答、有逻辑性的要求。在进行询问时，关键是要创造融洽的气氛。

一般来讲，调查内容包括市场环境调查（竞争者情况、技术发展状况、行业发展状况、政策环境状况等）、市场需求及容量调查、消费者调查、产品调查及企业调查。

在调查结束后，可采用简单分组和复合分组的方法对调研资料进行整理。

二、产业、行业及企业分析技能

1. 主要分析方法

（1）判别分析法。这是一种定性分析方法。

（2）回归分析法。即估计自变量影响因变量变化的程度，如价格下降对销售额增长的影响程度，则价格是自变量，销售额是因变量。当自变量只有一个时，称为简单回归；当自变量有多个时，称为多样回归。

（3）聚类分析法。这种方法的核心思想是把相关因素集合在一起加以分析。

（4）趋势分析法。即对未来发展前景进行预测。

（5）描述性模型。即运用过去调查形成的模式进行调查。

2. 在进行产业和行业分析时需注意的事项

（1）在分析本产业（行业）现状及发展趋势时，应考虑相关产业对本产业的影响。

（2）产业（行业）分析应重点放在产业（行业）的地区分布、发展概况及存在问题、产业（行业）的经济特征、近些年的运行态势、产业（行业）内竞争状况、产业政策、产业（行业）的技术装备、制约其发展的因素、发展潜力与前景、产业（行业）内主要企业分析、国际产业（行业）状况及其影响。

（3）产业（行业）分析报告要数据充分，有说服力，避免空洞。

（4）要同开展投资银行业务的机构加强个人联系，从中获取有价值的研究报告。因目前各企业都对商业秘密加以保护，故有些情报极不易获得，故应加强同这些机构的私人联系。

3. 在进行企业分析时应注意的事项

（1）企业分析同产业（行业）分析既有相同的地方，也有不同的地方。区别之一就是，企业分析深入到经济的微观面，比产业（行业）分析更为具体，因此要求分析人员务必要对企业多调查，必要时要深入企业内部进行蹲点调查。

（2）企业分析的范围要同要求人对分析的要求结合起来，亦即要有针对性，有时不必非常全面。

（3）分析重点一般应放在企业的经营范围、外在环境、企业产品的市场状况、企业产品的技术含量、相关产品对本企业的冲击、企业在本行业中的地位、企业竞争优势与劣势、顾客反映、竞争对手状况、企业发展面临的关键问题、企业的发展前景、企业人员素质、企业经营能力及市场竞争能力、面临的风险、财务状况、企业文化等方面。上市公司还要分析其上市表现。

（4）企业分析的落脚点应放在提建议上。分析问题是为解决问题，企业分析人员应根据分析结果提出高质量的对策建议。尤其要在企业发展战略是否需要调整、财务如何安排、企业文化如何形成等方面多费笔墨。

三、展业程序与技巧

1. 开展业务之前，一般经过以下程序

（1）建立专门机构、配备人员并搞好职责分工。开展一项大的工作，需设置以下小组：业务规划与公共关系组、市场调研与报告撰写组、项目储备组、业务洽谈组和作业推进组。同时，在业务开展初期，配备 3～5 人，以做到精干高效，之后随业务开展可适当增加人手。此外，业务开展还要与制度建设匹配起来，以做到有章可循。如制定《业务操作规程》、《奖惩规则》。

（2）展开市场调研。

（3）确定市场需求。

（4）储备项目资源。项目资源应具有信誉好、效益佳、发展潜力大的特点。

（5）开发银行优势，包括：管理经验、管理艺术、管理组织、管理人员、管理效果等方面的管理优势；经营人员素质、经营资源状况、营业网点多寡、技术水平高低、经营信誉如何等方面的经营优势；人员素质高、不同专业人才搭配等方面的人才优势；

业务开发优势。

（6）与潜在客户接洽，展开公关。

（7）对客户进行"诊断"，找寻"突破口"。

（8）签订合作合同或协议，合同内容主要包括：合同双方名称；双方合作的基础、基本内容和必要条件；双方合作的组织方式；双方合作的交流方式；合作双方的权利和义务；费用支付或索取方式；争议的解决；违约及违约责任；合同的生效及终止；合同有效期限等。

（9）开展品种设计，确定是向客户提供专项金融服务还是一揽子金融服务。

（10）设计运作方案。

（11）组建运作联盟（充当牵头人）以化解风险。

（12）开展具体操作。

（13）品种更新运作，建立长期合作关系。

2. 基本作业方案设计完成后，业务的具体操作步骤

（1）签订合作协议；

（2）安排债务转移；

（3）形成各方认可的重组方案，报有关部门批准；

（4）协调债权人关系，确定债务剥离方案；

（5）对作业对象拟进入重组企业的资产进行评估；

（6）有关方出资到位，组建新公司。

3. 在开展业务时需讲求的作业技巧

（1）选拔知识面宽、业务技能强、社会关系广、责任心和事业心重的人组成展业队伍。

（2）做好业务开展规划，使展业工作有极强的目的性和计划性。

（3）抓好项目储备工作，最好选择那些与银行有信贷关系的企业作为展业对象，目的在于保障银行信贷资产的安全。

（4）搞好与政府有关部门及会计师事务所、审计师事务所、资产评估事务所、投资公司、信息咨询机构的关系，争取他们的支持。

（5）在业务谈判中，要争取主动权，晓之以理，动之以情，并始终把银行利益最大化放在第一位。

（6）在展业过程中切勿急躁，要循序渐进，抓一个项目就要搞好一个项目，抓一个企业就要搞好一个企业，要树立信誉，培养稳定的基本客户。

（7）在展业初期，要多同相关部门商洽，争取其支持。

（8）要把培养外围专家群作为一项重要任务来抓。可与各科研院所加强联系。一些作业方案可事前征求他们的意见。

（9）在开展业务时，最好向企业提供一揽子金融服务，以达到全面合作的目的，如暂时达不到，在做某一项专门服务时，也应努力做好，以树立银行在该企业中的良好形象。

（10）要狠抓调查研究技能的提高，信息工作对银行开展公司金融业务至关重要，

要逐步建立自己的信息网络。

四、客户调研技能

客户调研技能包括确定调研目标、制订调研计划和方案、选择调研方法、进行资料收集、分析调研资料、撰写调研报告等。一般来讲，调查内容包括市场环境调查、市场需求及容量调查、客户调查、产品调查及银行产品使用情况调查等。

有时由于自身力量有限、客观条件限制等原因，客户经理可采取委托外部机构进行调查的方式。此时应特别注意和被委托者的沟通，以免出现调查结果不符合调查要求等情况。

五、客户评价技能

借助客户财务报表、规章制度、访谈资料、媒体报道、行业研究等资料对客户进行以法人评价、财务评价、市场评价为主要内容的全面评价，寻找和发现客户的核心竞争优势和价值，作为培育此客户的依据。

六、产品和服务组合设计技能

根据客户情况、客户需求、银行所能提供的产品以及所能调动的外部资源进行产品和服务的组合设计，为客户特别定制合身的金融产品套餐，满足客户个性化的金融需求。

七、客户关系维护与管理技能

运用各种工具维护并扩大客户同银行的合作关系，留住现有客户，增加回头客，发展新客户。

八、客户营销技能

营销技能具体包括寻找和识别目标客户、说服客户、与客户达成合作意向、处理客户异议、维护客户关系、与客户谈判等技能。

九、新闻报道撰写技能

客户经理营销到位一个大客户后，应及时撰写新闻报道，并通过银行内部媒体或外部公开媒体进行报道。这样一来，可起到扩大影响、鼓舞士气的作用。客户经理不仅要能营销、善营销，而且要让别人知道你能营销才行。新闻报道力求简洁，寥寥数语就应把事情的来龙去脉讲清楚，切忌长篇大论。

我银行与××市政府签署战略合作协议（样本）

×月×日，我银行与××市政府签署战略合作协议。×××董事长和××市×××市长出席签字仪式，×××总经理和××市×××副市长分别代表双方签字。总部有关部门负责人、××市有关单位主要领导参加了签字仪式。

×××董事长在致辞中回顾了银行在××市的业务发展状况，对××市各界给予我银行的支持表示感谢，对近几年××市取得的重大成就表示祝贺。他指出，我银行近年来加大改革发展步伐，已步入历史新时期。我行将以签署战略合作协议为契机，进一步整合内部资源，发挥金融优势，积极支持××市的经济社会发展。×××市长在致辞中指出，目前××市正在按照党中央和国务院的要求，加快经济增长方式转变和经济结构调整，重点围绕新能源等重点产业来发展经济。他希望我银行充分发挥金融优势，一如既往地对××市的经济金融发展提供支持。

此次我行与××市战略协议的签署，对树立我行品牌，增进外部合作，推动我银行在××市的业务发展将发挥积极作用。

（×××供稿）

十、人际沟通技能

人际沟通技能包括提问、倾听、反应、解释等。客户经理应能调动下级客户经理的工作积极性、协调好工作小组成员间的关系。

第二节　投标技能

优势客户往往通过招标选择合作银行，为此，在银行竞争日趋激烈的情况下，学会投标技能非常重要。

一、领会招标文件的基本精神

参与客户组织的招标活动，首先要了解客户在"招"什么。要拿到客户的招标文件并细细阅读，切实领会招标文件的基本精神。比如财政招标：财政收入收缴与支出是财政与银行关系最密切的业务内容，而当前财政收入收缴与支出制度改革的出发点在于规范财政收支行为，加强财政收支管理监督，提高财政资金使用效率。从这一要求出发，我国财政收入收缴与支出制度改革的主要内容就是建立国库单一账户体系，所有财政性资金都纳入国库单一账户体系管理，收入直接缴入国库或财政专户，支出通过国库单一账户体系支付到商品和劳务供应者或用款单位。所谓国库单一账户体系主要由财政部在人民银行开设的国库单一账户、财政部在商业银行开设的零余额账户、财政部为预算单位在商业银行开设的零余额账户以及财政部在商业银行开设的预算外资金财政专户等账户组成。地方财政部门在设计财政业务改革思路时也大都是比照此模式进行的。

客户举办招标活动一般都伴随着自身的改革，都有一系列的制度或方案做支持，因此能及时获得这些制度与方案并认真加以学习是十分必要的。

二、了解客户对投标银行的基本要求

客户举办招标活动，需对投标人提出资格、业务办理水平等方面的要求。招标内容不同，招标人对投标人的要求也会有所不同。还是拿财政投标来作介绍，从财政收入收缴与支出制度改革的主要内容看，商业银行在其中作用明显。商业银行要为财政部门及预算单位开立账户并按财政部门要求具体办理款项收缴及款项拨付。可见，财政收入收缴与支出制度改革离不开商业银行。正是因为商业银行在财政收入收缴与支出制度改革中具有如此重要的意义，财政部门才决定通过招标活动选择代理银行，以确保代理银行能满足财政收缴及支付业务的需要。代理银行为保证代理业务的顺利进行，要在资金汇划能力、网点分布、制度建设、人员培训、责任分工、信息系统建设等方面做好必要的准备。

三、相关注意事项

（一）与客户密切联系，摸清客户的需求

客户的改革要经过酝酿、形成初步方案、讨论试点、正式推行等很多环节，因而是渐进的。银行应从平时就关注客户的改革动向，了解客户改革的最新进展，将工作做在平时，使招标工作正式启动时银行能以最快的速度获得信息。应了解客户具体负责招标工作的部门、人员，建立并维护同他们的日常往来，争取与厅局长、处长及具体经办人建立起多层次的日常往来关系。另外，招标活动通常由客户委托一家招标公司进行，因而还应摸清招标公司的情况。

（二）得知客户通过招标选择合作银行的信息后，立即组织专人组成工作小组具体负责投标事宜

在得知客户通过招标选择合作银行的信息后甚至以前，银行就应组成专门工作小组具体负责投标事宜。该小组一般由主管领导牵头，公司业务部门、会计结算部门、电脑技术部门、头寸调度部门及营业部门的人员组成。小组内部一般按投标文件起草者、投标文件汇总者、对外联络营销者、投标现场演讲者组成。小组每个成员要有高度的责任心、敬业精神和团队精神。每个岗位要各司其职，确保各自负责的分工内容在保证质量的前提下按时完成。

（三）工作小组要认真阅读招标文件，明确投标要求，按招标文件的要求认真编制投标文件

投标文件准备得是否完备、到位，直接影响到能否中标，而招标文件是投标者据以制作投标文件的重要依据，因此投标文件起草者必须认真阅读招标文件，严格按招标文件的要求编制投标文件。一般来讲，投标文件由投标函、投标保证书、法人代表授权书、投标方案、投标书附件及投标方案简介组成。投标方案是整个投标文件中最为重要的部分，一定要囊括招标文件对投标方案编写的所有内容，不能有任何遗漏。招标文件对投标方案的附件编写也有要求，除要求的内容外，银行还应在附件中重点加上网上银行、对公结算产品、业务处理系统介绍等内容。投标方案附件的编写一定要全面，要突

出银行的重点与特色。投标方案简介是供陈述人大会陈述用的，一般包括银行介绍、业务优势、所做的准备工作、服务承诺等要素，文字应高度精练，确保涵盖投标方案的主要内容，并能在规定的时间内陈述完。

对投标文件内容的编写任务，要落实到人，明确工作要求及完成时限，投标文件总撰完成后，要自己或交由专门的广告公司进行印制，包括文件的排版、印刷、装帧、外包装及封条的贴封等。一般来讲，这些公司是事前联系好的，要选择那些创意好，具有标书制作经验的公司承担此项工作。如果选择广告公司制作标书，还要留出一周左右的时间供其完成工作。投标文件制作完成后，还要完成银行内部程序，包括各种法律文件的签字盖章。分行参加投标，一般需取得总行的授权，该授权书往往作为投标文件的组成部分。由于招标文件的发布时间与开标时间间隔一般都很短，对投标文件制作的要求却很高，因此，工作小组肩负的责任很大，最好做一个完整的工作方案，确保在开标前能完成投标文件的制作。

（四）充分利用各种渠道，了解客户相关信息，有针对性地开展营销工作，争取他们对银行的理解与支持

制作出一流的、比其他银行有明显优势的投标文件是夺得业务资格的重要条件，但不是唯一条件。能否最终获得中标资格，信息的获得及利用也相当重要。信息包括客户的业务需求信息及相关人员信息。工作小组获得并利用这些信息，满足客户的业务需求，将有助于中标资格的取得。

（五）授权代表人在指定时间到达指定开标地点，履行投标职责

现场陈述人一般为主管领导。主管领导应带领工作小组成员及其他相关人员在指定时限到达开标地点。一般应尽量提前，给广大评委一个本银行重视此次投标的良好印象。在开标现场，银行人员在开标前应注重与其他投标行的交流、学习他们投标的经验，应在规定时间前将投标文件交至秘书处；大会陈述时应注意保持会场秩序，聆听其他行陈述人的陈述内容，注重他们的陈述技巧，以备下次投标时借鉴。陈述人在陈述时应注意语速、语调，一般应在规定时间前半分钟左右陈述完毕，不可超过规定时间。

（六）中标后要积极组织专人开展对相关规章制度的制定、修改、下发及专门信息管理系统的开发，确保能为客户提供高质量的服务

如能中标，招标公司将会书面通知银行。银行收到中标通知后，应立即与客户相关人员联系，力求早日签署协议。同时，应摸清客户的详细需求，积极组织科技力量按投标文件中的承诺进行业务信息管理系统的开发。开发完成后，要组织相关部门进行上线前的测试，测试通过后再上线运行。另外，应组织公司业务、会计结算等相关部门对相关规章制度进行修订，然后正式下发作为业务开展的标准。对员工要进行业务开展前的培训工作，最好请客户的有关领导、预算单位领导及改革方案的起草者来进行授课。

（七）认真维护与客户的关系，提高客户对银行服务的满意度

业务一定要落实到具体的部门和人员。对柜台人员、会计清算人员、系统维护人员及客户经理要进行明确的职责划分。客户经理作为银行与客户日常关系的维护人员，一定要为客户提供到位的服务，摸清他们的详细需求并及时反馈回行内相关部门，能解决的要及时加以解决，如暂时不能解决要说明原因并列出解决问题的时间表。维护的手段

包括电话维护、登门拜访等。每个参与维护的人员要珍惜来之不易的工作成果，确保客户满意本银行的代理服务。

第三节 报告撰写技能

学习撰写分析报告对提高客户经理的业务素质与技能、规范客户经理的业务行为都具有重要的意义。定期或不定期地撰写分析报告，应该成为客户经理一项经常性的工作。

客户经理需撰写的与其工作有密切联系的分析报告主要有四类：业务拓展报告（汇报）、重大事项专题报告、客户价值评价报告、工作总结与展望报告、行业分析报告。

一、业务拓展报告（汇报）

此报告用于客户经理向上级汇报自己的业务进展情况，一般是取得阶段性成果之后再进行撰写。业务拓展报告（汇报）的主要内容如下：

（1）题目：关于与××公司开展业务合作进展情况的报告（汇报）。

（2）客户基本情况介绍。

（3）介绍从不认识客户到同客户接触的来龙去脉。

（4）拓展此客户的意义，重点分析客户可能给银行带来的利益。

（5）同其他竞争者相比本银行在拓展此客户时的优势与劣势。

（6）至报告撰写时止的业务拓展情况总结，包括：和客户的哪些决策者进行了接触；进行了几次会谈，每次会谈取得了哪些共识；对拓展进程的总体评估。

（7）下一步工作面临的困难。

（8）下一步工作计划。

（9）需要领导或相关部门提供哪些支持。

（10）结语。

二、重大事项专题报告

重大事项专题报告是客户经理为反映客户拓展过程中的重大事项而撰写的专门报告。客户经理应在重大事项发生后以尽可能快的速度提交书面报告。报告应准确描述事件、分析事件，重点分析可能导致客户经理工作失败的因素，提出处理意见或建议。

客户经理业务拓展中需专题报告的重大事项主要有：

（1）可能对客户产生重大影响的政策出台。

（2）客户同其他银行签署了合作协议或合作洽谈取得了重大进展。

（3）客户本身在经营、管理等方面发生了重大变更，与之进行合作的基础不再存在。

（4）同客户的合作洽谈取得了重大进展或遇到了重大障碍且客户经理自身无法解决。

（5）需要银行高层领导同客户签订合作协议时，也需进行专门报告。

三、客户价值分析报告

客户价值分析报告是客户经理在对客户的调研资料进行整理、分析的基础上撰写的，是客户经理在对客户进行调研、价值分析后的一个阶段性总结。客户经理据此报告可以判断银行同客户的合作潜力，且此报告也是客户经理开展业务的一个基础材料。

（一）客户价值分析报告的撰写原则

（1）对分析材料作深入分析，应有客户经理的独到见解，不应是材料的堆积和事实的罗列。

（2）报告要有合理的结构，要靠清晰的思路把材料及见解组织起来。注意三点：封面要精美、实用；要列出清晰明了的提纲，通过提纲能知道报告的主体内容；要有精练、简洁的摘要，能通过摘要明了报告的总体概貌。封面、提纲、摘要应放在报告正文的前面。

（3）要多用数字和比率说话，并恰当地运用各种图表。

（4）语言要准确、平实，句式易精短，词语忌冷僻，应直截了当而不绕圈子，可有可无的话坚决不要，更不能写成散文。

（5）避免尽善尽美，要突出特色、突出重点。

（二）客户价值分析报告的基本格式

（1）封面、目录、提纲与摘要。封面上要注明客户名称、评价人员、评价时间、密级、有效期、编号等；摘要应将报告的主要结论、论证分析过程、采用的分析方法进行总结性阐述，在摘要中还可声明报告的适用条件、使用报告应注意的问题；目录应将报告中每一部分的名称、页码标出来供查阅。

（2）客户基本情况介绍。本部分主要介绍客户名称、所属行业、注册地点、营业执照号、法人代表、联系电话、开户银行、历史沿革、业务范围、组织类型、注册资本、出资人、技术水平、管理水平、文化特点等企业基本情况。

（3）外部环境分析。本部分主要包括行业分析和地区分析。行业分析主要侧重于技术、经济、政策方面；地区分析则主要侧重于地区发展等小环境方面。

（4）内在条件分析。本部分主要包括法人评价、市场评价、财务评价和重大事件评价。市场评价主要分析国内外市场状况与前景、竞争优势与劣势、供应商/顾客分析；财务评价主要分析盈利、运营、偿债、发展潜力分析，客户在银行的负债情况和过去的经营记录以及与银行的业务往来；重大事件评价包括体制改革、法律诉讼、人事变动、经营决策等。然后，客户经理根据上述分析，初步测算授信额度及可能给银行带来的利益，并进行客户价值描述。

（5）与客户建立合作关系的具体设想。

（6）小结与附件。结论不应拖泥带水，应精练、准确；报告中用到的原始资料可附在正文后面，注意对附件作编号，以便查询。

四、工作总结与展望报告

此报告主要用于总结过去一个阶段工作取得的成绩与不足、希望领导给予支持的地方及下一步的工作打算。一般在年终时，客户经理应撰写此报告。

下面的报告是身处一家银行总行的客户经理在上半年度即将结束时写的，目的在于回顾上半年的工作，安排下半年的工作。该客户经理领导着一个服务团队。在报告中，该客户经理称其所领导的团队为部门。

客户拓展工作报告（回顾与展望）

一、工作成效

（1）以年初单位为我部门下达的授信 180 亿元、贷款 100 亿元的任务为工作目标开展工作。截至 6 月 30 日，我单位向×××等大客户提供授信 90 亿元、发放贷款 42 亿元，提前完成上半年经营任务。

（2）做深、做透一个行业，而不单单是一个企业。我处选择了与集团客户密切相关的财务公司行业作为突破口，与大多数财务公司建立了日常联系，并专门针对财务公司设计了"理财方案"，作为服务财务公司的特色产品。该方案以理财为特色，联合保险公司、证券公司、信托公司为财务公司提供综合理财方案。

（3）选择重点行业，寻求重点突破，以跨地区、跨行业（产品销售、原材料供应、组织结构等方面）的大客户为营销重点，以"服务方案＋私人关系＋产品跟进"为营销手段。我处在人员有限的情况下，不能全面出击抓所有行业，也不可能抓重点行业中的所有客户，因此，选择了石油化工、电力、交通中的若干企业作为营销重点。在具体客户方面，选择了××××、××××等企业。

（4）加强客户储备，广泛收集客户信息。将××××、××××等客户纳入下半年营销范围。

（5）客户营销与产品创新并重，在营销过程中挖掘客户需求，进而转化成银行产品。①我处从××××等客户处了解到利用票据降低财务成本的需求后，自主开发完成了买方付息票据贴现新产品，经监管部门批准后在全行范围内推广，获得了很大成效。我部专门为该产品设计并印制了产品宣传手册，送达到分行及重点客户手中，起到了很好的营销效果。②在营销中发现像××××等业内知名、资产量大、现金流量大的财务公司迫切需要资金融入而目前融资渠道有限。针对这种情况，我部门设计了信贷资产转让业务。

（6）自主营销与联合营销并重，发挥分支机构特别是总行各支行在营销中的力量，既带出了队伍，又发挥了支行关系广、路子野的优势。我部门在人员有限的情况下，不仅在行业、客户上要抓重点，在分支机构的选择上也只能先照顾重点地区。同分行开展联合营销，主要是针对分行发起的大客户或集团客户，这些客户在管理上一体化、财务上高度集中，需要总行协调系统内力量为其提供服务。

（7）在部门内形成既相互分工、又密切合作的工作氛围。×××同志主要负责联动贷款发放、服务方案设计，×××同志主要负责客户营销及统一授信项下额度管理，×××同志则主要负责客户营销、内外协调，兼顾联动贷款。我部门除积极做好职责分工内的事情外，还密切配合其他处室共同搞好部内工作。

（8）维护×××等政府部门的关系。

二、经验、不足与困惑

（1）带动分支行联合营销客户做得不够，这既有人手不足等客观原因，更有主观原因，耕耘自己一亩三分地的意识浓厚。

（2）行业、市场、同业研究不够，方案策划水平亟待提高（这是与其他银行的服务方案相比较得出的结论），营销资源无法快速发现并运用，在市场竞争中深感疲惫。

（3）技术手段／利益。从技术方面，我行离国内同业先进水平有一定距离，使我们在营销中比较被动，已使用我行技术手段的客户常常表示不满，有的甚至转向其他银行寻求服务。从利益上讲，不同支行有不同的利益，都希望其他支行为自己打工而自己不付出，而集团客户往往需要银行的某家支行牺牲自己的利益（如集团资金管理往往使其分公司的开户行没有存款，而没有存款，这家支行就不会去维护集团在当地的分公司），我部门又缺乏相应的管理手段，只能求完客户再求分支行，效果还往往很差。最后导致我部门不愿也不敢去营销有资金结算管理需求或依靠技术手段的客户，只能也只愿在授信上下工夫，因为我们授信完毕，分支行就可以领用，对其有现实利益，故在这方面配合得比较好。

（4）产品创新机制／速度与市场要求相差太远，然而市场不会等待我们，白白失去很多业务机会。

（5）对现有客户的维护跟不上。在客户数量少的情况下尚能讲究，但即使这样，我部门跑客户的时间仍显不够。客户潜力挖得不够，目前受条件限制，主要靠贷款维持，稳定客户的手段单一。

感想主要有两点：

（1）客户营销要靠主动，包括对分行的主动和对客户的主动，不能靠等。分行不会主动向我们说他有个现成的好客户，他们关心的是信贷审查能否通过；好的客户也不会主动向我们要服务，因为有数家银行正在争着为其服务。只有靠主动，才能改变客户资源少的窘境。

（2）树立、巩固总行在营销中的权威与释放分支行在营销中的潜力相结合。我部对分支行的管理缺乏手段，只能在客户营销中通过权威来团结分支行。

三、下半年工作打算

（1）锁定目标行业与客户。工作的出发点是尽可能多地完成领导下达的营销任务。在我部门人员少的目前条件下，为讲求营销实效，我部门对原先仅锁定行业前几名客户进行营销的做法进行改良。行业仍定位在交通（民航）、石油化工、电力三大行业，兼顾其他行业。客户则主要锁定在×××等客户身上。

（2）完善营销方式。在"服务方案＋私人关系＋产品跟进"基础上再增加"领导参与"这一因素。重点邀请领导参与目标客户的营销，同时参与对已有重点客户的关系维护。

（3）密切与其他分支机构的业务联系。方式：出差、调研，一同拜访营销当地客户；对分支行提请我处要办的事项，尽快、及时予以处理；对分支行营销经验进行总结、推广，扩大其在行内外的知名度，尤其是在行内的知名度。

（4）优化处内工作氛围，继续强调客户营销服务由主办经理牵头、服务方案集体审订、所有客户处长带头上门营销、处内定期研讨案例等工作方式。

（5）进一步更新观念，树立团队作业、内部营销（对总行其他部门要进行营销，对分支行也要进行营销）理念，要比其他部门拥有更紧迫的责任感、使命感。

（6）行业、同业研究方面争取有起色。目前选定的行业是××××。研究方式上：在营销过程中收集、整理材料；借助相关研究单位获取资料。研究报告完成后通报全系统，做到资源共享。

五、行业分析报告

对行业进行分析、撰写行业分析报告是客户经理从事客户培育的基础性工作，因为银行的优质客户主要来源于成长性高的行业。把握了行业的总体态势，就为客户经理向哪个方向努力提供了一条线路。客户经理应结合自己的工作撰写行业分析报告，要找准客户经理的切入点，提出客户经理的对策建议：是否介入、何时介入、介入到什么程度、怎样介入。

鉴于行业分析对金融业务开展的重要性，越来越多的金融机构开始重视对行业的专门分析与研究工作，客户经理可以借鉴这些机构的研究成果，但必须认真加以分析，找出对自己银行有价值的地方。

（一）行业分析报告的基本结构

（1）报告摘要。主要摘写行业分析报告的主要结论。

（2）行业的概念、特征、地位与分类。

（3）全球范围内（或发达国家）该行业的情况。

（4）行业发展历史与现状，包括市场供应状况、市场需求状况及市场供需情况。

（5）市场预测，包括原料供应和产品需求的市场预测。

（6）发展前景展望，包括市场容量、技术水平、产品结构等。

（7）政府的主要优惠政策及行业投融资方式。

（8）我国该行业的发展现状与存在问题，包括发展历程、产品进出口情况、行业的国际竞争力、发展政策及存在的主要问题。

（9）外部因素（如加入WTO）对行业发展的影响，包括有利影响和不利影响。

（10）我国该行业的发展前景，包括产品市场预测、行业总体发展态势、潜在市场分析等。

（11）行业内部结构分析。包括主要企业介绍、所占市场份额、银行的市场机会。

（12）金融服务建议，包括该行业带给银行的机会与风险；其他银行的介入战略；向其中哪些企业提供服务并说明原因；提供哪些服务；介入的方式、时机、需创造的条件。

（二）行业分析报告示例

客户经理应重点选择与所负责客户相关的行业进行分析。客户经理可参阅下面介绍的民航运输行业分析报告进行行业分析报告的撰写工作。需要注意的是，银行客户经理撰写的报告与专门研究机构撰写的报告侧重点不同，客户经理撰写行业报告的目的在于为自己的客户拓展服务。

民航运输行业分析报告（主要内容）

一、民航运输行业的含义与特点

民航运输行业属于交通运输业，在国民经济中处于基础产业地位，其兴起与发展对国家和地区的经济繁荣有着直接影响。随着经济和科学技术两方面的发展，民航运输业将在社会生活中发挥更重要的作用。

（一）含义

民航运输是指在国内和国际航线上使用大中型客机、货机和支线飞机进行的商业性客货邮运输。民航运输行业涵盖的范围很广，包括飞机的提供者、发动机制造商、燃油供应商、机场、空管系统、航空公司及相关服务企业等。为使分析更具有针对性，本报告所指民航运输行业仅包括机场、航空公司及相应服务设施。

（二）特点

（1）高投入与高产出。民航运输行业的发展需要大量集中性投资，其产出也很大，除运送大量旅客和货物外，还带动相关产业发展，对国民经济的贡献率很高。

（2）投资回收期较长，但投资回报相对稳定。民航运输业属于基础设施产业，这就决定了其投资需要较长的回收期。但由于民航运输企业前期投入结束后维持企业运行的费用相对较低，故其投资回报相对稳定。

（3）运行效率高。飞机飞行的高速度极大地缩短了运输时间，为产品的销售和服务提供了更快的运作机制。这在跨国、跨洲际运输中尤为显著。

受宏观经济、燃油价格及国际局势影响严重。

二、世界民航运输行业发展状况分析

（1）民航运输市场不断扩大，但发展不均衡。1984～1999年，世界民航运输周转量呈稳定增长态势，总周转量年均增长6%，旅客周转量年均增长5%。据预测，今后20年，全球民航运输的增幅将达到年均4.8%，喷气飞机将达到31000多架，全球航空市场新交付飞机和航空服务业务的总价值将超过4万亿元。上述情况表明世界民航有着良好的市场前景。

但世界民航运输发展又很不平衡。美国是当今世界第一大民航运输国家。1996～1998年美国民航运输总周转量占世界民航运输总周转量的比重分别为34.36%、34.19%和33.98%，而同期第二名国家所占的比重仅分别为7.41%、6.41%和5.98%。

（2）推行航空自由化政策。对内表现为放松管制，在市场进入与退出、航线、票价、航空公司成立等方面推行自由竞争；对外表现为开放天空，目前已形成了欧盟航空

运输统一市场、北美航空运输统一市场等多个开放天空区域。

（3）出现大型航空公司，市场结构呈垄断竞争型。目前，世界上主要航空大国已基本完成了民航运输产业结构调整。通过并购重组出现了一批大型化、集团化的航空公司，如美国的美利坚航空公司、三角航空公司、西北航空公司及德国的汉莎航空公司等。

（4）航空公司结成战略联盟。在国际航空运输市场自由化程度大大提高、竞争日益激烈的情况下，各航空公司为降低经营成本而组成了若干战略联盟，如明星联盟、环宇一家联盟、飞翼联盟、空中联队联盟、优质航空联盟等。

（5）支线航空成为发展亮点。支线航空是指航距在 600 公里左右，空中飞行时间在一小时左右的中小城市与中心城市，或中小城市之间的航班飞行。随着航空管制的逐步放松以及大型机场的不堪重负，支线航空得到很大的发展。1990～1996 年，欧洲支线航空旅客运输量翻了一番，而同期干线航空的旅客运输量增长率仅为 25%。1978～1999 年美国支线航空旅客运输量年均增长率将近 10%，这比干线航空旅客运输量 4% 的年均增长率要高很多。

（6）机场建设与管理体制普遍采取市场化模式。过去，机场作为重要基础设施长期由国家控制和所有。为适应扩大机场建设资金来源、提高机场管理水平等方面的需要，世界各国大都开始对机场采取机场公司的方式进行市场化运作。同这一情况相适应，世界许多国家掀起了机场股份化、商业化的浪潮。

三、我国民航运输行业的发展现状

（一）市场需求呈增长态势

表现之一，是民航运输在国家综合交通运输体系中的比重不断提高。

表现之二，是我国民航货邮周转量和旅客周转量均为正增长，且在大部分年份民航货邮周转量和旅客周转量的增长率超过了社会货邮周转量和旅客周转量的增长率。

表现之三，是我国民航定期航班运输总周转量、货邮周转量和旅客周转量在国际民航组织缔约国的位次不断提高。

（二）市场供给逐步增加

（1）民航运输规模日趋扩大。从机队来看，截至去年年底，全行业拥有各类运输飞机 510 架，国际航线和国内干线基本上使用了现代化大中型飞机；从航线网络来看，已经形成纵横交错、比较完善的航线运输网络，共有航线 1115 条，通航里程达 225 万公里。

（2）基础设施建设取得重要进展。我国民航基本建设投资去年达到了 135 亿元，比 2000 年的 4 亿元增加了 29 倍。"十一五"期间，共新建、扩建、改建了 40 个机场。同 1978 年民航使用的 81 个多数为中小型的机场相比，去年我国定期航班使用机场达到了近 200 个，机场等级也普遍得到提高。另外，空管设施得到加强，民航综合运输保障能力得到很大提高。

四、我国民航运输行业存在的主要问题

（1）市场供需结构暂时出现失衡。受经济发展水平的制约，我国民航运输市场不大，尤其是 20 世纪 90 年代后期，我国经济进入紧缩时期，造成民航市场有效需求不

足。在这种情况下，航空公司却大量增加运力、航班，造成供给暂时超过需求。

（2）航空运输公司数量多，规模小，产业集中度低。为激发活力，民航运输业引入了竞争机制。进入壁垒降低诱使地方航空公司相继进入航空运输市场，由此造成我国民航企业数量过多，规模过小，一半以上航空公司的运输飞机保有量仅在 10 架左右，缺乏应有的规模经济。无序竞争、过度竞争、竞争实力薄弱等问题日渐显露。

（3）部分地区机场建设存在一定的盲目性，存在建设规模过度超前、布局不合理等问题；在运营中，除枢纽机场及部分干线机场盈利外，相当部分机场尤其是中小型机场处于亏损状态。

五、我国民航运输行业发展前景展望

（1）市场规模进一步扩大。随着经济的发展、生产的扩大、经济活动的增多及地区间经济联系的加强，对民航运输服务的需求也必将大幅度增长。另外，随着融入国际市场步伐的加快，将带动对国际运输航线的需求；城乡居民生活水平的提高，航空旅游将成为消费热点。这些情况都预示着我国民航运输的市场规模将进一步扩大。

（2）市场结构逐步趋向合理。一是干、支线结构趋向合理。二是航空货运与航空客运将协调发展。三是东部和西部地区航空运输将协调发展。

（3）航空公司将通过重组实现规模化经营，且租赁仍是航空公司引进飞机的重要方式。为减轻日益到来的竞争压力，以应对加入 WTO 所带来的挑战，国内航空公司通过合并重组来壮大实力已迫在眉睫。除民航总局直属航空公司组建成三大航空集团外，地方性航空公司也将加入重组行列。航空运输企业属于资金密集型企业，购置飞机需要巨额资金。由于民航运输具有市场变化快、投资大等特点，预计航空公司为提高经济效益、降低经营成本，还会将租赁作为引进飞机的重要手段。

（4）机场公司股份化、商业化进程及机场间联合进程加快，机场建设力度也将进一步加大。

六、银行支持民航运输项目的基本思路及对策建议

（一）民航运输行业的发展与改革对银行信贷业务的影响

（1）民航运输行业良好的发展前景有利于银行加大对民航项目的信贷支持。"十五"及以后，我国民航运输业在飞机购置、航空公司基地建设、机场改扩建及新建等方面将加大力度。预计"十五"期间民航系统投资总规模约为 2835 亿元，这为银行开展业务提供了巨大空间。

（2）民航改革的深化及民航业今后的发展，也使银行信贷业务面临着一定的风险，主要是体制风险、市场风险和客户培育风险。

（二）银行民航运输项目贷款分析。

从项目数量、贷款余额、贷款质量、项目结构等方面对本银行已有的民航贷款项目进行分析。

（三）信贷政策建议

在我国，民航运输业尚处于发展阶段，市场前景广阔，建议今后在坚持审慎原则的前提下，加大对民航项目的金融支持。

（1）更多地介入航空公司项目。在航空公司项目中，重点选择支持规模大、竞争优势明显的民航运输集团以及市场定位明确、成长性高的支线航空公司。鉴于航空公司间的重组活动已经开始，建议银行尝试开展并购贷款业务，为航空公司的并购活动提供资金支持。

（2）采取多种方式支持飞机购置。鉴于租赁仍将是我国航空公司引进飞机的重要方式，银行除直接向航空公司提供购机贷款外，还可向经营效益好、具有相当实力的租赁公司发放购机贷款，以间接支持航空公司增加运力。此外，银行还可尝试开展飞机融资租赁的担保业务，以丰富业务品种。

（3）有选择地对机场项目进行支持。除重点对北京、上海、广州等枢纽及重点干线机场予以支持外，还应积极介入张家界、九寨沟等具有旅游等特色优势的支线机场的建设。

（4）防范西部地区支线机场的贷款风险。随着西部大开发战略的实施，西部地区将迎来一个支线机场建设的高潮，但受地方经济发展水平等因素的制约，需对支线机场项目的建设资金筹集和贷款资金的偿还问题进行深入研究。为达到既支持西部大开发又能防范银行信贷风险的目的，建议：①呼吁有关部门出资设立西部地区支线机场建设担保基金，以此资金为项目的银行贷款提供担保。②对机场建设所在地地方财力进行评估，让地方财政对机场公司进行补贴，补贴资金专项作为归还银行贷款的资金来源。③在西部地区支线机场采取 BOT 方式进行建设时，银行可对 BOT 项目公司予以贷款及咨询方面的支持。

六、专题研究报告

由于客户经理身处市场营销工作第一线，对客户需求的把握远比银行内部其他人员要到位，因此，一些关于市场、客户、产品方面的专题研究报告要交由客户经理撰写，即使不全部交给客户经理撰写，也至少会安排客户经理参与撰写。

撰写专题研究报告，需要客户经理具有扎实的理论功底、敏锐的市场感觉、独特的分析视角和较强的归纳分析能力。客户经理要围绕所要研究的课题，确定研究范围，理清研究主线，扎扎实实做调研，遵循先广泛收集素材→认真分析材料→得出若干结论→明确撰写提纲→动笔完成初稿→回头补充调研→修订完成报告。在整个过程中，客户经理要多与相关人员沟通，尤其是要拜访相关领域的专家。报告形成后，要及时拿给别人征求意见。觉得报告已基本完善后，还应该召开专家论证，以进一步征求意见，并按意见对报告进行完善修改。

以下，首先介绍一个关于中间业务发展策略的专题研究报告，从中客户经理也可以学习一些关于中间业务的知识。在具体应用时，客户经理应加上对所服务银行的中间业务的分析，这样才能使报告更具有针对性。然后，再介绍一个关于投资银行业务的研究报告。近些年，投资银行业务成为越来越多的商业银行的展业重点。通过这个报告，客户经理也可学到一些投资银行业务方面的知识。

商业银行中间业务发展策略研究

一、中间业务的界定

中间业务是指商业银行在资产业务和负债业务的基础上，利用技术、信息、机构网络、资金和信誉等方面的优势，不运用或较少运用自己的资产，以中间人或代理人的身份替客户办理收付、咨询、代理、担保、租赁和其他委托事项，提供各类金融服务并收取一定费用的经营活动。

中国人民银行在 2001 年 6 月 21 日出台了《商业银行中间业务暂行规定》，明确了中间业务的概念，即中间业务是指不构成商业银行表内资产、表内负债，形成银行非利息收入的业务，并将我国商业银行的中间业务分为九大类：

- 支付结算类中间业务，包括国内外结算业务。
- 银行卡业务，包括信用卡和借记卡业务。
- 代理类中间业务，包括代理证券业务、代理保险业务、代理金融机构业务、代收代付等。
- 担保类中间业务，包括银行承兑汇票、备用信用证、各类银行保函等。
- 承诺类中间业务，主要包括贷款承诺业务。
- 交易类中间业务，例如远期外汇合约、金融期货、互换和期权等。
- 基金托管业务，例如封闭式或开放式投资基金托管业务。
- 咨询顾问类业务，例如信息咨询、财务顾问等。
- 其他类中间业务，例如保管箱业务等。

这九类中间业务具体分类情况，见附图：

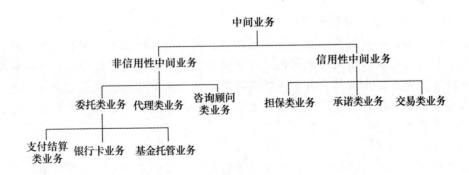

附图　中间业务具体分类

其中，信用性中间业务与资产负债表内业务关系密切，往往是由资产负债表业务派生出来的，可以看做是资产负债业务的必然延伸，随时可能对资产负债业务的平衡带来冲击，也随时可能造成额外的流动性需求和新的风险资产。非信用性中间业务是银行为增加收入来源、扩大业务范围而推出的，同传统的资产负债表内业务没有什么必然联系，通常不需承担风险。

二、国内外商业银行中间业务发展现状及比较

（一）西方商业银行中间业务现状

1. 经营范围广泛，业务品种繁多

随着社会经济的发展，西方各国纷纷打破金融分业经营的限制，实行混业经营。针对不同的客户市场，不断开发新品种，开展不同的营销组合以满足社会多方面、多层次的需求。由此，商业银行的金融产品日新月异，层出不穷。其中间业务种类涵盖丰富。如有"金融超市"美称的美国银行业，它们既从事货币市场业务，也从事商业票据贴现及资本市场业务，涉及业务除了传统的银行业务外，还有信托业务、投资银行业务、共同基金业务和保险业务，而后者更是它们主要的非利差收入来源。

2. 规模不断扩大，发展速度快

根据国际清算银行 1999 年发表的《国际金融市场发展报告》，1983～1986 年美国银行业的中间业务量从 9120 亿美元增长到 121880 亿美元，从占银行所有资产的 78% 上升到 142.9%，其中，居于美国银行业前列的花旗、美洲等五大银行集团 1988 年的中间业务活动所涉及的资产总和已超过 2.2 万亿美元，而同期这几家银行资产负债项下的资产总和为 7800 亿美元，资本总和近 450 亿美元；中间业务 3 年来平均增速为 54.2%，远远高于资产总额年均 9% 和资本总额年均 21.6% 的增速。

3. 中间业务收入占总收入比重大

在西方商业银行，中间业务收入已经成为银行的主要业务品种和收入来源，一般占总收入的 40%～50%，有的甚至超过 70%。美国银行业非利差收入占总收入的比重从 1980 年的 22% 上升到了 1996 年 39%。日本银行的非利息收入占银行收入的比重由 20 世纪 80 年代初的 20.4% 上升到 90 年代的 35.9%，中间业务量以每年 40% 的速度递增，英国从 28.5% 上升到 41.5%，德国仅 1992 年中间业务就获利 340 亿马克，占总盈利的 65%。

4. 服务手段先进，科技含量高

科技程度的提高为商业银行发展中间业务提供了强大的技术支持和创新基础。凭借着电子化程度高的服务手段，利用先进的网络系统，西方商业银行可以将产品和服务延伸至办公室和家庭，全新的商务模式能够满足客户的服务需求，实现客户足不出户进行理财的愿望。网络银行的出现极大地促进了中间业务的发展，也使西方商业银行获得了巨额的服务费收入。

5. 专业人才素质高

西方商业银行中间业务的发展，有赖于一支知识面宽、开发能力强的金融工程师及中间业务营销队伍。而且，他们所从事的业务更主要集中在与资本市场相关、科技含量高、附加值大的中间业务领域，能够在资本市场上根据客户需求而开发一系列的创新产品，同时运用于实际的操作。

（二）我国商业银行中间业务发展现状

我国商业银行中间业务的发展起步较晚，但经过改革开放后多年的培育和发展，特别是近几年随着我国金融体制改革的不断深化和经济发展对金融需求的拉动，国内各商业银行开始重视中间业务的发展，逐步认识到中间业务与负债业务、资产业务共同构成

商业银行的三大支柱业务，积极探索新的服务方式，倡导新的服务理念，大力开展新的业务领域，使中间业务已有了良好开端和明显进步。

1. 业务品种明显增加，业务量增长较快

随着对外贸易的迅猛增长和金融工具的推陈出新，我国商业银行在开展结算、汇兑、代理等中间业务的基础上，陆续推出了诸如信用卡、信息咨询、租赁、代保管、房地产金融服务、担保、承兑、信用证等一系列新兴中间业务。中间业务无论在种类还是规模上都有了相当大的拓展和提高。

2. 中间业务收入已初具规模

中间业务收入的比重在不同的商业银行都有了较大的提高。尤其是近几年来，这一指标提高幅度更加明显。目前工、农、中、建四大商业银行的指标分布在3%～17%的区间内，其中中国工商银行、中国建设银行的中间业务收入占其净差收入的比例超过了7%。

3. 我国商业银行正努力改变经营观念

将中间业务发展作为实现功能创新、建立现代化经营机制的"排头兵"。各商业银行在分支机构中建立中间业务部，以期有效地推动中间业务拓展和创新，加强风险控制和业务稽核。商业银行经营观念的转变和相应措施的实施，无疑对中间业务的发展是一个有力的推动。

（三）我国商业银行中间业务发展存在的问题

尽管我国商业银行的中间业务取得了一定的发展，产品日渐丰富，总量迅速增加，呈现出监管者推动、市场主体重视、市场广度和深度不断发展的良好局面。但与西方发达国家商业银行相比，无论在数量上还是质量上都存在较大差距，具体表现在：

1. 业务发展缓慢，规模小，收益低

虽然改革开放以来中间业务占总收入的比重从零增长到全国平均的8%。但与西方国家商业银行相比还有很大的差距。国外同业的中间业务收入一般占到总收入的40%～50%，一些著名的大银行，如美国的花旗银行、摩根银行甚至达到70%～80%，差距非常之大。

2. 中间业务产品品种少，层次低，功能很不完善

在我国商业银行开办的260多个中间业务品种中，60%集中在代收代付、结售汇、结算等劳务型业务上，而技术含量高、盈利潜力大的中间业务如信息咨询、资产评估、个人理财业务等还不足10%，高收益且具有避险功能的金融衍生工具业务刚刚起步，有的基本上还没有开展。而国外商业银行开办中间业务侧重于信息服务、现金管理、投资理财、风险管理等技术含量高、附加值高的业务，以市场为导向，具有强大的服务功能和市场吸引力。

3. 管理体制、经营机制上存在很多问题，缺乏全局性长期性规划

目前，我国商业银行缺乏科学的管理经营体制，在发展中间业务过程中没有统一的规划和管理，在一定程度上使中间业务的管理缺乏业务政策和决策的统一性、连贯性以及业务推动的有效性，严重制约着中间业务的发展。每个商业银行开展的中间业务品种雷同，难以形成自己的特色。这种情况一方面导致多样化的社会需求无法得到满足；另

一方面造成在少数中间业务品种上的恶性竞争。

4. 在收费方面存在较多问题

中间业务发展中业务量大幅度增加和业务收入缓慢增加形成鲜明对照，业务收费方面的问题已成为制约中间业务发展的瓶颈。一是开展中间业务缺乏统一收费标准；二是现行的收费标准过低，实际成本与收益倒挂；三是有收费标准但未认真执行，如部分代收代付业务，是我们吸收低成本资金，完善服务功能，提高竞争力的一种阶段，因此在实际业务中很难按标准收费；四是为争办中间业务而代客支付费用。

5. 业务创新能力较低，技术与人才支持不够

一方面，各商业银行在硬件、软件开发方面各自为政、重复建设，且互不兼容，规模效益较差；另一方面，现有的技术支持又不能满足市场的需求。既缺乏高效的信息管理系统与配套设备，又缺乏能够从事创新的、技术含量高的、复合型的中间业务专业知识人才。可以说，缺乏高素质人才，缺乏创新的手段设备，已经成为商业银行中间业务发展的瓶颈。

三、国内商业银行中间业务发展的外部环境分析

（一）政策法律环境分析

我国在 1995 年颁布了《中华人民共和国商业银行法》，第四章第四十三条明确规定商业银行在中华人民共和国境内不得从事信托投资和股票业务，不得投资于非自用动产，在境内不得从事向非银行金融机构和企业投资，确立分业经营原则。1999 年 7 月 1 日颁布的《证券法》重申了银、证分业经营的原则。分业经营的相关法规限制了商业银行的业务经营范围，在长期的分业经营过程中，银行的经营业务范围狭窄，业务品种单一。

2000 年 9 月，中国人民银行和中国证监会联合发布了《商业银行中间业务暂行规定》，明确了商业银行在经过人行审查批准后，可开办金融衍生业务、代理证券业务和投资基金托管、信息咨询、财务顾问等投资银行业务。有关商业银行被允许经营投资银行业务的法规出台，为我国商业银行拓展中间业务领域亮起了绿灯。2002 年 6 月出台的《商业银行服务价格管理暂行办法》意味着银行可以根据成本收益确定自己提供的服务价格，将对商业银行收入结构的调整、盈利能力的增强起到重要作用，使中间业务真正成为国内商业银行主营业务之一变为可能。

此外，加入 WTO 后，我国中间业务的发展将面临难得的政策机遇。首先，宏观政策导向将推动商业银行创新机制的建立，引导商业银行开办更多的新业务品种。中外银行在同一原则下竞争，央行必会鼓励国内银行探索金融创新，从而加速中间业务新产品的开发。其次，我国金融监管部门将按照国际惯例，实行监管和制定规则。中央银行将按照"三公"的平等竞争原则，提高监管水平，规范市场行为，实施统一规范的中间业务收费标准，引导商业银行中间业务有序竞争、平衡发展。最后，国家允许我国商业银行到海外上市，赴海外设立分支机构或并购海外金融机构，从而为我国银行拓展海外业务市场，尤其是国际中间业务提供了新机遇。

（二）宏观经济环境分析

近年来，由于国家积极的财政政策和稳健的货币政策拉动，经济增长一直保持着稳

定增长的态势。预计 2006 年投资需求将会继续保持在一定的水平上，居民收入也会继续增长，消费也会继续平稳扩大，消费者信心有所增强。首先，推广消费信贷，增加消费需求，为银行卡类中间业务的发展奠定了基础。其次，进出口量逐年增加，对银行发展国际结算等中间业务十分有利。最后，大型商贸集团、超市、连锁店、专卖店等新兴第三产业的迅速发展、日益频繁的对外商务贸易往来、城市工业的发展都使得企业对商业银行中间业务的需求大大增加。此外，个人代理收费、代发工资、资金汇兑、电子汇款、保管箱、投资理财等中间业务需求也日益增加。总之，从目前的宏观经济政策及宏观经济环境来看，对银行发展中间业务是非常有利的。

（三）社会文化环境分析

随着我国经济的发展，城镇居民收入的提高，人们的思想观念发生了一些改变。相当一部分居民把自己积蓄的一部分用于生活用品的消费，其中住房、汽车正逐渐成为消费的热点。但是由于我国社会保障体系还不完善，居民对医疗、养老、子女教育以及买房购车等费用的支出预期增加，必然影响到居民抑制当期的消费支出，因此整个社会消费水平增长缓慢，与国民经济增长速度不同步。此外，由于受社会信用环境和社会生产力发展不平衡制约，个人投资渠道十分狭窄，再加上债市、股市长期低迷影响，居民还是不得不把钱投放到银行，致使个人储蓄势头持续增长。在这种情况下，银行应抓住机会，加大对理财类产品宣传的力度，进一步推动理财类中间业务的开展。

（四）技术环境分析

信息技术的发展为银行金融创新提供平台。银行网络化是银行重要的技术变革。信息技术的发展不仅创新了金融手段，使人足不出户就能享受到电话银行、网上银行服务，而且带动了金融产品创新，如银行卡、网上支付、电子汇兑、代理资金清算等业务，从而促进了商业银行中间业务的发展。

目前，我国已初步建成了金融基础网络技术体系，金卡工程使越来越多的机构和公众分享到了益处。但总体看来，我国金融技术，特别是金融产品开发营销等方面的技术还差强人意。相当多的金融机构对于技术在未来竞争中的分量缺乏清晰和足够的估量，仅仅把技术看做是业务支撑，而不是重要的竞争手段，缺乏金融产品研发的系统规划。

（五）行业环境分析

商业银行所处的行业环境主要是金融机构体系，分为三类：第一类是中央银行；第二类是商业银行，其中包括四大国有商业银行和十余家股份制商业银行；第三类是非银行金融机构，包括国有或股份制的保险公司、城乡信用合作社、信托投资公司、投资基金公司、证券公司、财务公司等。

1. 同业竞争者

在同业竞争格局中，四家国有商业银行处于竞争主导地位，垄断了大部分基础客户群体，市场资源占有率居于绝对优势。从总体来看，当前的市场竞争主要体现为国有商业银行与股份制商业银行在人才、客户和特定业务上的争夺，发展态势朝有利于股份制商业银行的方向发展，但是国有商业银行的寡头地位依然不可撼动。

2. 潜在竞争者

商业银行的潜在竞争者主要是农村和城市信用合作社、城市商业银行以及外资银行，其中最强大的潜在竞争者是外资银行。加入 WTO 后，中国金融市场将逐步实现完全开放，外资银行将按照 WTO 条款在市场准入、国民待遇等方面与我国银行完全一样。

3. 替代服务竞争者

商业银行替代服务竞争者主要是证券公司、保险公司、财务公司及工程造价等各类咨询机构。在代理保险领域，各类保险公司不仅为商业银行的供应商，同时具有替代服务竞争者的双重身份。另外，其他几类竞争者主要以各自的领域优势提供各项咨询、顾问服务，将是银行开展相关中间业务所面临的竞争者。

四、国内商业银行中间业务的发展策略

（一）发展战略

1. 区域战略

●经济发达的中心城市要在发展传统中间业务的基础上，重点引进和创新多种高层次的中间业务，开展全方位、立体化的高起点、高科技、高收益的中间业务，以地域的客户为中心，开展远期结售汇、代理发行，承销、担保等各类衍生交易，以高科技服务取胜于同业。

●发展中地区，有选择地开展中间业务，研究开发中间业务的中级产品如航天，汽车，旅游，房产，代理路、桥、高速公路收费，自动转账交易等品种，使中间业务操作向方便化、适用化方向发展。

●经济欠发达地区，应以传统拓展中间业务为依托，着力开展代收代付、代理理财等初级中间业务品种，进而逐步创造适宜中间业务开展的环境，不断提高公众和企业的金融意识。

2. 阶段战略

●近期阶段。当前银行应大力发展风险较低的中间业务，尤其是非信用性、非融资性的中间业务，如金融咨询评估、代理业务、保管、结算等。这些业务有助于吸收存款，改善负债结构，提高客户经营管理水平，加速资金周转，而且还可以提高金融服务功能的层次，扩大服务领域的范围。由于目前对此类中间业务的需求量大，本身风险程度底、手续费收入可观，适应当前银行调整经营结构的需要。

●中期阶段。随着经济体制改革的深化，直接融资市场的发展和现代企业制度的逐步建立，银行在近期阶段低风险、低层次中间业务的拓展中已经积累了一定的经验，扩充了实力。这时，银行中间业务的定位，应逐步过渡到风险较高的信用性、融资性中间业务的发展，如担保、承诺、资产证券化等。这类中间业务使银行在提供服务、获取收益的同时要承担不同程度的风险，有可能需要间接占用银行的资金，但同时是资产负债表内业务的延伸，因此大力发展这类业务，能有力推动银行资产负债表内业务的拓展。

●远期阶段。随着现代企业制度的全面建立，金融市场的健全规范发展和全面对外开放，我国金融业必然由分业经营向混业经营转变，我国商业银行中间业务将迎来全面发展的时期。这一阶段银行中间业务的定位，可着重向金融衍生工具拓展，金融衍生工具将成为我国金融市场体系不可或缺的组成部分。

3. 引进战略

西方国家商业银行发展中间业务的经验值得银行借鉴，可以及时引进大量的中间业务产品和经营技术，对可能的风险可以事先予以警戒和防范。大多数外资银行目前已是国内商业银行的国外代理行，银行应充分发挥"后发优势"，充分利用资源优势，建立与外资银行的合作，加强向外资银行的全方位学习，从外资银行的管理技术、金融产品以及风险管理、内部控制、营销策略和信息技术的运用上多加学习，节省开发费用，降低创新风险，拓展中间业务，增强自身的竞争力。

4. 创新战略

银行在引进国外中间业务品种的同时，必须结合我国实际情况加以改进，不断推陈出新，发展具有自身优势的中间业务，才能在竞争中获得胜利，确立自己的市场地位。银行金融新产品的创新应以市场为导向，以盈利为原则，建立科学的金融产品开发体系。概括起来有三种途径：第一，借鉴和利用同业间的已研制成功的产品，同时加以优化；第二，对传统业务进行延伸性开发，突出自己的特色；第三，按照客户需求对市场进行细分研究后，再根据市场的现实情况进行适应性开发并使用。

（二）营销策略

中间业务的市场营销要求商业银行通过对客户金融服务需求的分析和市场细分，为客户开发与提供满意的中间业务产品，并通过合理的定价、便捷的渠道和良好的售后服务实现客户的金融需要，并最终实现自身的经济效益。中间业务的营销方法主要包括以下四个步骤：确定消费者的金融需求；根据市场调查结果设计新的中间业务产品或更新旧的中间业务产品；对已进行过专门研究的消费者提供针对性的营销服务，包括定价、促销和分销等；满足消费者的需求。

1. 客户定位

对公中间业务具有国内结算客户广泛而国际业务与代理业务客户相对集中的特点。银行对公中间业务应在广泛拓展客户的基础上，在技术、产品和费用方面逐步、不同程度地加大对如下客户群体营销工作的支持：

● 以进出口商为核心溯及生产商、仓储、货运、代理银行及最终用户而形成的国际业务客户链条。

● 由上端的国家部委、政策性银行、国际金融组织、国外银行、集团企业总部、财产保险公司、资金富集具有资金运用需求的一般客户，下端的国家重点企业、交通、环保、能源行业的企业、城市设施、中小企业、集团内企业、委托贷款用款人等资金使用人构成的代理业务客户链条和群体。

● 符合银行信贷政策的承兑业务客户。

2. 区域定位

对公中间业务区域定位相对信贷业务比较弱化，特别是重点发展的结算与代理业务适用于银行经营地区，但应根据各业务的特点有所侧重。基本可分为如下区域类型：

● 京津地区：该地区国家部委、金融机构与大型企业集团集中，外向型经济较为发达、资金密集。该地区的分行将列为国际业务的重点分行，应大力发展国际结算业务和贸易融资业务；作为代理类业务资源富集地区应加快发展；适当发展承兑业务。

● 长江三角洲、珠江三角洲：该地区金融机构发达，大型企业集团相对集中，外向型经济发达、三资、民营及中小型企业集中、资金密集。该地区分行将列为国际业务的重点发展区域而大力发展国际业务和贸易融资业务；加快代理类业务的开展；适当发展承兑业务。

● 沿海地区：外向型经济发达。该区域分行将列为国际业务发展的重点分行，应大力发展国际结算业务；加快代理类业务的开展；适当开展发展承兑业务，适当开展贸易融资业务。

● 中西部地区：大力开展代理类业务；加快发展国际业务；适当开展承兑业务。

● 内陆地区：大力开展代理类业务；加快发展国际业务；适当开展承兑业务。

● 东北地区：宜重点开展国际结算业务、代理业务，限制开展承兑业务及贸易融资业务。

3. 产品定位

国际业务与代理类业务可以带来较高中间业务收入并且具有较大的发展空间，是应重点发展的业务；承兑业务受资本约束，发展应与贷款增长同步；结算类业务是重点发展的业务，较少投入，收益明显；担保业务应予限制。

在全员建立品牌意识，树立银行独具特色的产品品牌形象，带动银行中间业务的发展。

4. 市场推广策略

产品的市场推广策略的制定可以从分销渠道与品牌建立、企业形象的树立与多种促销手段——广告、销售推广、公共关系、人员促销等的组合与运用四个方面进行，才能进一步赢得更多客户的信任，实现销售目标。

除了现有的直销系统（中间业务专柜、窗口、基层分理处、储蓄网点）和垂直营销系统（网上银行、ATM、POS）以外，还包括以下两种分销渠道：

● 水平营销系统，即两个或两个以上金融企业达成联合，共同拓展新出现的市场机会，期望谋求更大协同的一种销售系统。

● 委托营销系统，委托代理人为银行中间业务进行推销的一种销售系统。

根据以上产品推广形式，银行中间业务推广的基本策略是：

a. 以直销形式为分销主体，按中间业务客户市场细分和集约化的原则确定经营主体。对于面向政府和企业为主的中间业务，应由分行为主直接经营；对于面向个人客户为主的中间业务要由基层网点来承担。

b. 在垂直营销系统主要适用银行卡业务，包括现有的 ATM 和 POS 等终端设备。银行卡业务应改善用卡环境，扩大特约商户队伍。

c. 水平市场营销系统应发挥银行同附属金融企业之间的互补优势，利用其附属金融企业同股东单位的纽带优势。在此基础上，大力开拓投资银行业务，开发资本市场，开拓国际金融市场。

d. 委托营销系统主要是立足保住区域优势。银行应在某区域选择合适的委托—代理人，适当开展中间业务。

在当前银行的企业与个人客户对银行金融产品需求十分丰富的情况下，银行仅仅提供单一的资产、负债或某类中间业务产品是远远不够的，而是应该提供包括客户正在接受的银行产品服务以及相关的服务在内的一个全面解决顾客问题的方案，最终实现客户不仅对单一产品的忠诚度而且对银行其他中间业务产品的忠诚度。如对资产类业务客户，根据客户的具体需求积极推介审价咨询、代理保险、财务顾问、委托贷款等业务；对负债类业务的客户，积极推介代收代付、银行卡、结算类中间业务等。

5. 客户服务策略

银行中间业务产品具备服务产品的特性，因此客户服务策略也构成中间业务营销组合策略中不可或缺的一部分。

● 产品服务差异化策略。针对不同的细分市场和目标客户提供有差别、有特色的金融服务。对于不同的细分市场，要充分了解客户的个性化需求，为客户提供富有特色的金融服务，大力开展个性化营销，这是赢得顾客满意的基本条件之一。因此，银行可根据顾客的不同需求细分客户市场，因人而异，因地制宜，对高端客户（国有绩优大中型企业、财政等）提供"贵宾式"服务（如资产管理），对中端客户（中小企业、个人客户）提供"大众化"服务（如投资理财），对低端客户（个人）提供"便利化"服务（如自动转账、信用卡等），使各层次客户的服务需求都可得到满足。在服务方式上，对高端客户，应以客户经理服务和自助服务相结合的方式，对中低端客户，应以客户自助服务为主。

● 服务质量管理策略。银行服务质量的提高，要以高素质的员工、先进的经营理念、优良的企业文化为基础。主要措施包括：建立优质服务文化；推行标准化服务；强化服务技巧训练；建立高水平的服务质量标准；紧密监督中间业务服务履行情况，将服务表现与员工绩效挂钩；建立灵敏的客户信息传导机制。

（三）管理职能建设

1. 中间业务组织机构建设

由于在实际工作中，相当部分的中间业务品种分散在不同的业务部门里，因此需要建立专门的机构组织来推动、协调和管理中间业务。银行可考虑建立中间业务部或中间业务管理委员会，负责联系各业务部门并协调各业务部门在发展中间业务方面的关系，负责全行中间业务新产品的研究、开发、设计、宣传和推广，负责指导、组织、管理、经营全行的中间业务。

银行要进一步明确各项中间业务的具体经办部门及其职责。例如，代理清算业务的主要对口负责部门是科技部、会计结算部；理财业务的主要对口负责部门是投资银行部、私人业务部。各部门要明确各自的职责并对各自管辖的业务全面负责，实行中间业务的一条龙管理。

2. 中间业务绩效考核办法

为促进银行中间业务发展，应进一步加大对中间业务的考核奖励力度，具体思路有：一是将现行绩效考核办法里中间业务考核指标的设置由中间业务收入占净利息收入比重调整为中间业务收入计划完成值。二是将中间业务业绩作为客户经理绩效考核的一部分，使其中间业务业绩与其个人收入直接挂钩。三是设置中间业务奖励基金，按实现收入的一定比例挂钩费用。四是对新兴中间业务实行单项奖励，促进新兴业务快速发展。五是对传统代理业务收入要严格执行财务制度，实行收支两条线管理，杜绝中间业务收入流失现象。

统筹兼顾各部门利益，建立合理的业务收入分成考核制度。总分行间进行业务收入分成时，总行必须从全行利益出发综合统筹。部门之间也应兼顾相互利益，合理分成，只有这样才能提高各部门运作中间业务的积极性。

（四）基础设施建设

1. 加大中间业务的技术支持

改变传统的依赖分支机构网络的做法，借鉴、引进国内外先进的业务管理经验，加快电子化建设进程。加大金融科技的投入，在更高的层次上对电话银行、网上银行、手机银行进行研发，建立起完善的电子银行业务体系，为外汇中间业务的拓展提供技术支持。

同时，银行应综合管理各种管理信息系统。在现有管理信息系统的基础上，开发中间业务综合管理信息系统，形成纵横贯通的中间业务信息网络体系，在更高层次上发挥产品的中间业务职能，提高产品的竞争力。

2. 积极培养和引进专业人才，提高业务人员素质

一是积极引进投资基金、咨询、评估、投资银行、外汇买卖等专业人才；二是采取请进来，走出去，多渠道、多形式的方法培养中间业务从业人员；三是鼓励广大员工参加注册会计师、审计师、评估师、律师和保险代理人等资格考试，将取得资质证书人员充实到中间业务部门，为发展中间业务打下基础；四是要加强客户经理队伍建设。建立一支素质优良，业务精湛，敬业爱岗，有良好的交际能力和营销技巧的客户经理队伍。五是加强营业网点一线人员的培训，提高其综合运用各种产品为客户提供服务的能力。

3. 加大对中间业务创新的投入

一是建设国内企业通存通兑结算网络，适应电子商务之需；二是发展面向企业的财务顾问和咨询业务；三是发展资本市场的代理开放式基金发行、债券发行业务；四是面向个人的账户管理和投资理财服务；五是面向跨国经营的融通业务；六是面向资产证券化的中间业务等。

4. 加强中间业务信息交流

可以通过银行的内部网开办中间业务园地或专栏，及时反映银行中间业务发展情况，加强总分行间、各专业部门间的中间业务信息交流，提高中间业务信息综合利用水平，实现银行中间业务信息共享，促进银行中间业务的发展。

（五）风险管理与防范

1. 中间业务风险类型

相对于资产负债业务而言，商业银行中间业务风险较低，但收益与风险始终是相伴随的，中间业务在给商业银行带来可观收益的同时也带来了风险。由于非信用性中间业务直接利用银行的物质、技术优势向社会提供服务，不动用银行的资金，一般认为是风险度较低的中间业务，因此商业银行风险管理的主要对象是信用性中间业务的风险。

根据巴塞尔委员会1997年9月颁布的《有效银行监管的核心原则》，可以把信用性中间业务的风险分为10类。

●信用风险。是指借款人还款能力发生问题而使银行遭受损失的风险。信用性中间业务尽管并不直接涉及债权债务关系，但由于它多是以或有资产和或有负债的形式存在，当潜在的债务人由于多种原因不能偿付给债权人时，银行就有可能因连带责任而变成真正的债务人。

●市场风险。是指由于市场价格波动而使银行蒙受损失的风险。其风险主要是因利率、汇率等变化而使银行遭受资产损失。尤其在金融衍生产品（包括互换、期货、期权、远期利率协议等）交易中，若利率和汇率的波动方向与银行预测相反，则银行不但达不到规避风险和控制成本的目的，反而使其蒙受巨大损失。

●国家风险。是指银行在中间业务活动中，以外币供给国外债务人的资产遭受损失的可能性，它主要由债务人所在国的政治、经济、军事、自然灾害、社会环境等各种因素造成。

●流动性风险。是指银行无法以合理的成本迅速增加负债，或变现资产获得足够的资金。在中间业务活动中，如果银行提供过多的贷款承诺和备用信用证，它就存在可能无法满足客户随时提取资金要求的风险；如果银行在进行衍生工具交易时，想要进行对冲轧平其交易标的的头寸，却找不到合适的对手，无法以合适的价格在短时间内完成抛补而出现资金短缺，它也面临着流动性风险。

●筹资风险。是指当银行自有资金和闲置资金不足又无其他可动用的资金时，在交易到期日无法履约的风险。这种筹资风险往往发生在那些过度从事杠杆率较高的中间业务活动的银行。它与前述流动性风险密切相关。

●结算风险。是指在从事中间业务后，交易对手到交割期不能及时履约而产生的风险，即银行在收到对方一笔款项前对外支付资金结算，到资金清偿期后由于技术或对方经营困难等原因而导致资金支付中断或延迟而产生的风险。

●经营风险。包括银行业务经营和内部运作的风险。一方面，银行经营决策失误，会导致在中间业务，特别是金融衍生品交易中搭配不当，从而使其在交易中处于不利地位；银行经营失误还会引起资金流量时间上的不应，从而使其在一段时间内面临风险头寸敞口所带来的损失，此时经营成本与原来的预期目标发生较大偏差，从而出现收入下降的可能性。另一方面，由于银行内部控制不力，对操作人员的授权管理失误，或者是业务人员工作失误，内部人员利用电脑犯罪作案，以及各种自然灾害、意外事故等也会给银行带来损失，使银行面临业务运作的经营风险。

●信息风险。虽然某些中间业务尤其是金融衍生工具可转移或降低单个交易风险，但由于现行会计制度无法及时、准确地反映上述业务给银行带来的盈亏而使整个银行账目产生虚假变化，所以导致管理层的投资决策缺乏确切的数据基础，同时如果运作情况重叠越多，错误信息也就越多，银行面临的风险也就越大。

●定价风险。是指由于中间业务的内在风险尚未被人们完全掌握，因而无法对其做出正确定价而丧失或部分丧失弥补风险的能力的损失。由于信用性中间业务自由度大，交易灵活，而且根据交易对象信用等级高低也会有不同的定价。因此，到目前为止尚无统一标准的定价方法，商业银行在从事这一业务时就不可避免地承受定价风险。

●法律风险。商业银行承受不同形式的法律风险。包括因各国法律不统一，对中间业务监管宽严程度不一带来的风险；管理条例变化发生的风险；因不完善、不正确的法律意见和文件而造成的风险；以及由于中间业务大多属于创新业务，业务交易对象的法律权力可能尚未界定，现有法律可能无法解决与银行中间业务有关的法律问题等情况而造成的风险。

2. 风险管理

针对中间业务的风险，银行要借鉴国外商业银行的成功经验，加强中间业务的内部风险管理，建立和完善中间业务的风险管理系统。

● 完善中间业务规章制度和操作制度。银行应针对每一种中间业务的重要风险点，制定出详细的规章制度进行约束和限制，对容易出现风险的环节重点防范。同时建立以业务操作规程为基础的岗位独立、分工明确、职责分明的业务操作制度。具体来说，一是严格岗位分工，切实根据业务运作的要求，因事设岗，因岗定人；二是明确责任，相互制约，按照每一项业务至少两人参于记录、核算、管理的要求，明确各个岗位或员工在业务操作中的责权划分，按各自的工作性质、权限承担相应的工作责任；三是员工应对自己所办业务的合规性、真实性负责。

● 加强中间业务风险的基础性管理。包括：坚持对客户的信用评估制度，例如对较长期限的贷款担保和承诺，应定期重新协商合同条款，以减少信用风险；制定保护性条款，审核授权买卖的证据，要求对方支付保证金或抵押；合理确定和调整中间业务的价格，商业银行可按客户的信用等级与业务的风险系数收取佣金；重视前台交易和后台管理的结合。商业银行中间业务的管理人员不但要管好前台交易，也要加强对后台的结算、报告系统的管理，强化管理、交易、清算三分离体系。

● 强化内部稽核监督制度，建立和完善控制评价制度。稽核工作是保障内部控制机制落实的重要环节，总行要强化统一领导、统一管理、直接向一级法人负责的具有相对独立性和权威性的稽核管理体制。在稽核制度上要按国家和中央银行的金融法律、法规各项规章制度的要求，建立起按中间业务种类规范化的稽核操作程序；在稽核频率上，建立起按业务风险大小和各级机构经营管理水平的高低来确定专项或常规稽核检查的频率；在稽核方式上是采取专项稽核和全面审计，常规稽核和风险稽核，事前、事中、事后稽核方式的有效结合。

● 加强法制、法规教育，增强银行员工风险意识。银行应经常组织职工学习金融法规，加强对中间业务人员的岗位培训，进行业务知识和风险防范教育，唤醒职工的金融风险意识和责任意识，从根本上控制操作风险和犯罪风险，真正做到警钟长鸣，防患于未然。

商业银行开展投资银行业务专题研究

一、商业银行投资银行业务的基本范畴

（一）投资银行业务概述

投资银行业务是与传统商业银行存贷汇业务相对应的一个概念，主要包括商人银行业务、传统投资银行业务和现代投资银行业务。商人银行业务主要指财务顾问及融资安

排服务，如项目融资、银团贷款等。传统投资银行业务主要指与证券发行和交易有关的业务，如证券发行承销、证券经纪服务等。现代投资银行业务主要指并购重组顾问以及与资产管理和风险管理有关的业务，如基金、信托、资产证券化和金融衍生工具等。

根据我国现行"分业经营"管理制度，股票发行承销、证券经纪业务等传统投资银行业务，属于证券公司的专属业务，商业银行没有业务资格。现代投资银行业务属于商业银行和投资银行机构共有的业务。

对商业银行而言，通过与投资银行的合作，乃至直接开办部分投资银行业务，可以弥补其在产品功能上的不足，在为客户提供一站式服务的同时，获取一部分收益。

（二）投资银行业务种类

1. 财务顾问及融资安排

● 政府财务顾问。为政府招商引资、投资环境改善、公用设施建设投融资等经济活动提供顾问服务。

● 项目融资财务顾问，包括为客户设计结构化的整体融资方案、协助客户落实融资安排、为大型项目建设融资活动提供 BOT 等结构化融资方案咨询服务，并协助客户安排融资。

● 企业理财顾问。为企业提供财务制度、红利政策、融资结构、税收方案、营运资本管理（包括应收账款管理、流动资产理财、现金预算和短期融资管理等）、外汇理财、财务比率分析以及财务战略制定等服务，帮助企业提高财务管理能力、降低融资成本、合理避税。

● 资产重组顾问。协助企业购买、出售、置换存量或增量资产（包括无形资产和有形资产）。

● 债务重组财务顾问。包括：

▲ 解决债务人财务困难的债务重组。为经营管理不善或受外部不利因素影响致使盈利能力下降、经营发生亏损、资金暂时性紧缺、难以按期偿还债务的企业提供债务重组顾问服务，协助企业与债权人达成和解，争取减少债务本金、债务利息或修改其他债务条件，协助企业避免进入破产程序，解决财务危机并尽早恢复正常经营管理。

▲ 降低债务人融资成本的债务重组。在分析企业融资结构（包括期限结构、利率结构以及币种结构等）和融资成本的前提下，运用多种形式的融资工具设计新的结构化融资方案，替换原有成本过高、结构不合理的债务，协助企业合理调整融资结构，降低融资成本。

● 企业改制顾问与上市推荐服务。为企业的公司化改造、股份制改造、企业性质变更、管理层和员工持股激励以及股权私募等经济活动提供顾问服务。通过与国内外证券公司的合作为企业提供国内主板首发上市推荐以及借壳上市服务。

● 并购顾问。为客户引进战略投资、寻找并购目标提供顾问和融资安排服务，协助其实现扩大市场份额、扩张企业规模、投资多元化、有效利用财务资源、产权和资源的优化整合等战略目标。

2. 银团贷款

包括传统银团贷款和银团证券化。

3. 证券发行与交易服务

● 证券公开发行与承销服务。包括企业普通股、优先股、可转换公司债、公司债等证券的发行与承销业务，以及证券上市推荐服务。按照我国现行制度，这类业务专属证券公司。

● 证券交易经纪服务。目前在我国，形式上只有证券公司能够利用自己在交易所的席位，为投资者提供顾问和经纪服务。实际上，银行通过"银证通"业务，也充当了证券交易的渠道，虽不能取得佣金，但可以获得客户保证金资金沉淀。

● 过桥贷款等融资业务。包括发行前的过桥贷款，公司债担保。在国外还有票据发行便利和证券包销便利。票据发行便利是银行为企业发行商业票据提供的一种备用授信额度。证券包销便利是银行向证券发行承销机构提供的一种授信安排。

4. 资产证券化

资产证券化是指通过"特殊目的载体"和"信用增级"等技术手段，按照"真实出售"和"破产隔离"原则，创设结构性"资产支持证券"，实现投资人对"基础资产未来现金流及相关权益"排他性占有的业务。资产证券化业务能够将缺乏流动性的资产转换为在金融市场上可以出售的证券。

在西方发达国家，资产证券化是一种重要的固定收益或债务投资工具，种类繁多，包括住房贷款证券化、信贷资产证券化等。

资产证券化业务创造了商业银行的直接金融中介功能，实现了商业银行直接金融与间接金融的良性互动，提高了商业银行相对于投资银行机构的竞争能力，对金融市场产生了深远影响。

5. 资产管理业务

包括共同基金、房地产投资信托基金、风险投资基金等。

6. 咨询业务

● 经济信息咨询服务。包括行业市场信息、行业分析报告、金融财经信息、投融资政策与法规等信息服务。

● 资信咨询服务。为客户提供商品交易对方的资金信用状况或供货能力的一种征信业务。

● 评估咨询服务。主要分为企业信用等级评估和固定资产投资项目评估。

二、商业银行开展投资银行业务的必要性与可行性

（一）必要性

1. 开展投资银行业务是商业银行合理突破资本监管等政策限制，加快业务发展的需要

自从银监会 2004 年颁布实施《商业银行资本充足率管理办法》以来，商业银行面临强大的资本压力，不得不实行严格的风险资产总额控制政策，贷款业务受到了极大制约，资本占用、资金来源和贷款资产业务已成为商业银行业务发展的瓶颈因素。另外，为争取上市，商业银行对中长期贷款业务实行了较严格的限制政策，也影响了商业银行业务的发展。

而作为直接金融工具的资产证券化业务，是传统存贷款业务的重要替代业务模式，

能够帮助商业银行突破"资本占用和资金来源两大瓶颈因素"以及"单一客户和中长期贷款比例限制"对商业银行业务发展的制约。

2. 开展投资银行业务是商业银行适应市场发展趋势的需要

随着我国金融市场的发展，资金供求双方业务需求正在发生深刻变化：一方面，优质企业希望通过企业债等直接金融工具，降低融资成本；另一方面，社会公众、企业和机构投资者等资金提供者不再满足于存款利息水平，希望投资于收益较高且安全性和流动性较高的金融工具。

这种变化在对商业银行传统存贷款业务模式提出挑战的同时，也为商业银行开展资产证券化业务提供了历史性机遇。目前，我国金融市场存在严重的结构失衡问题：直接金融规模太小、间接金融规模太大；股权市场规模太大、债券市场规模太小。政府的政策导向和金融机构的竞争创新，将会导致直接金融，特别是债券工具的快速发展。

商业银行应该抓住这个债券市场大发展的历史性机遇，大力开展资产证券化业务，创造商业银行直接金融功能，满足优质企业降低融资成本和投资人提高收益的需求。通过资产证券化业务，加快债券工具或固定收益类金融工具的创新，突破贷款和存款利率管制，提高商业银行的广义资产和负债业务能力。

3. 开展投资银行业务是商业银行适应国际银行业发展趋势的需要

从发达国家银行业发展来看，随着金融创新的深入，商业银行业务与投资银行的界限日趋模糊，综合化经营已成为全球银行业的发展趋势。目前，国外发达国家商业银行大都已发展成为集商业银行业务及投资银行业务于一身的综合商业银行，是名副其实的"金融百货公司"。

随着金融业的发展，从金融中介功能看，商业银行是间接金融中介，而投资银行是直接金融中介，但随着资产证券化业务的发展，商业银行创造了自身的直接金融中介功能。

4. 开展投资银行业务是商业银行参与国内市场竞争的需要

虽然受"分业经营"政策的约束，我国商业银行目前大都以传统银行业务为主，但随着我国加入WTO，随着外资银行的进入，以及金融市场竞争的逐步加剧，各商业银行都在力图突破传统经营模式，开发新的业务品种，开辟新的利润增长点。投行业务所具有的强化市场形象、分散风险以增加流动性、培育优质客户群体、化解不良资产、增加收入来源渠道等方面的作用也渐渐被挖掘。在这种背景下，近年来商业银行业务发展和创新速度不断加快，各商业银行纷纷把目光投向收益较高、潜力巨大的投资银行业务市场，商业银行业务与投资银行业务交叉融合发展已成为我国银行业的一个发展趋势。

目前，工行、建行、中行等国有商业银行分别成立了投资银行部，负责全行投资银行业务的规划和协调，集中力量进入投资银行业务市场。其中，建行和工行正在积极筹办住房贷款证券化业务。

股份制商业银行中，招商银行、中信实业、深发展等均已成立了投资银行部，全力推进投资银行业务。

5. 开展投资银行业务是商业银行营销高端客户、深度开发现实客户的需要

与四大国有商业银行相比，中小商业银行网点规模有限，必须走"精品银行"之路，以批发金融业务为主。这个战略目标需要商业银行加强对高端客户的营销。而营销高端客户的重要手段就是满足其投资银行业务需求。因此开展投资银行业务是商业银行营销高端客户的重要手段。

对于一些重点优质客户，单纯依靠商业银行业务已很难成功维系，只有通过投行业务与商行业务的综合提供，才能满足客户综合性金融需求，商业银行也能获得更多收益，达到密切双方关系、建立长期合作的目的。

（二）可行性

1. 金融监管政策的变化为商业银行开展投资银行业务提供了政策前提

长期以来，由于我国金融业实行"分业经营，分业管理"的监管体制，导致投资银行业务与传统的商业银行业务相互分割、独立运作，这在很大程度上制约了商业银行的金融创新和投行业务发展。

近年来，为提高中资银行竞争能力，提高金融服务水平，金融监管当局对相关政策进行了适当调整，使商业银行开展投资银行业务有了政策依据。如《商业银行中间业务暂行规定》明确规定商业银行经批准后，可办理证券业务、金融衍生业务、投资基金托管、信息咨询、财务顾问等投资银行业务。

2. 广泛的客户关系及其投行业务需求是商业银行开展投行业务的优势和基础

首先，客户的投资银行业务现实需求得不到满足，存在许多市场空白。目前，我国的证券业还不是真正意义上的投资银行业，券商无法满足客户的多样化投资银行业务需求。

其次，商业银行可以利用在长期经营过程中形成的客户资源、资金实力、机构网络等优势，利用与企业的天然联系，结合企业的经营管理状况，为企业的并购重组等资本运作，提供整体方案和全面策划，并辅以合适的融资安排。

再次，企业改制重组和城市化进程为商业银行提供了巨大的投行业务机会。目前，我国正处于城市化快速发展阶段，城市公用设施建设和房地产行业融资需求旺盛。而商业银行分支机构多位于大中城市。这种网点地理分布特征，要求商业银行必须关注城市化进程中的投资银行业务机会。

最后，商业银行在信贷资产转让、银团贷款、担保债券发行等投行业务领域进行了尝试，有些业务领域如银团贷款已在中小银行中处于领先地位。

三、商业银行开展投资银行业务的基本设想

（一）基本原则

1. 谨慎原则

切实把握好政策界限，严格在法律和政策规定的框架内开办投行业务。

2. 循序渐进原则

投行业务具体品种很多，商业银行缺乏投行业务经验，不可能一下子全部展开，要选好切入点。

3. 集中管理原则

投行业务由总行统一规划与管理，并组织推动。

4. 突出特色原则

投行业务与其他业务一道形成银行的品牌，在业务推出之初就要统筹规划，选准定位。

（二）总体思路

1. 重视投行业务队伍建设

投行业务属于"融智型"业务，需要高素质人来开拓，必须始终将队伍建设放在重要地位。

2. 采取营销团队方式开展投行业务

投行业务设计面广，面对客户的综合需求，必须采取团队方式推进业务。

3. 借用外力

建立一支能对商业银行开展投行业务提供支持的专家团队，包括产业专家、技术专家、金融专家、政策专家、法律专家等。

4. 将投行业务与其他业务有机结合

商业银行开展投行业务有利于丰富自己的服务内容，是营销客户、深化服务、密切关系的重要手段。

5. 在重点区域进行重点突破

将长三角、珠三角、京津等经济发达地区作为投行业务的重点展业地区。

6. 突出重点产品

将资产证券化、财务顾问、银团贷款作为重点产品来发展。

（三）发展目标

1. 理想目标

● 建立总行统一集中管理、相关部门和各分支行全面营销的投行业务管理模式。

● 通过4~5年投行业务实践，投行业务收入占商业银行全部业务收入的比重达到5%。

● 树立在中小商业银行中投行业务开展的领导者地位，获得广泛的客户认知度和市场影响力。

● 建立具有特色的投行业务产品体系，并有若干在市场上叫得响的投行产品。

2. 近期目标

健全投行业务组织机构，配备相应专业人员，拟定投行业务发展规划，确定重点目标客户并实施营销，尽快使商业银行投行业务进入实质性操作。

（四）具体措施

1. 设立机构，明确职责

建议在总行成立专门的投行业务拓展部门，组织全行开展以上投资银行业务，使投行业务成为商业银行新的利润来源，实现商业银行经营模式的战略转变。初期在公司业务部设立投资银行处或明确投资银行业务岗位，条件成熟后设立投资银行部。重点区域分行成立专门的投行业务岗位或部门，配备固定人员，专职负责所在区域的投行业务的开发、营销和管理。

投资银行业务拓展部门的职责主要是：

● 研究投行业务产品体系、操作要求、管理模式及最新发展趋势，提出商业银行发展投行业务的战略与策略。

● 引进国内外同业投行产品，开展投行业务产品创新、论证与推广，为全行开展投行业务提供产品支持。

● 负责组织协调制定商业银行投行业务发展、业务考核政策并组织实施。

● 负责全行投行业务的组织协调与管理，负责对全行相关人员进行投行业务培训。

● 负责投行业务重点客户的营销拓展与关系维护。

● 协调行内有关部门进行投行业务产品的技术开发、系统建设、核算支持等工作。

2. 做好客户定位与产品定位

对投行业务有需求的客户主要有两类：一类是规模较大、创新意识较强的集团客户；另一类是发展动力强劲、处于业务上升阶段的中小企业。商业银行在进行投行业务定位时，必须结合商业银行特点及市场地位，选择可匹配客户进行营销。对于可开展投行业务的集团客户，可重点在商业银行现有信贷客户中进行筛选，把投行业务作为密切银企关系的重要手段。重视中小企业、民营企业客户的拓展，重点向这些客户推介财务顾问服务，逐步打造商业银行财务顾问业务的客户定位特色。

● 以优质大型企业集团和住宅房地产行业为目标客户和目标行业，联合信托公司，大力开展资产证券化业务。利用资产证券化，替代传统存贷款业务模式，突破贷款和存款利率管制，为优质客户特别是大型集团企业提供低成本"准企业债"融资安排服务，为广大投资人提供"安全性和流动性较高，且收益性较高"的固定收益类投资工具，满足优质企业降低融资成本和投资人提高收益的需求，提高商业银行的广义资产和广义负债业务能力。以住宅房地产行业为目标行业，利用资产证券化，开展房地产投资信托业务和个人住房贷款证券化业务。

● 为城市公用设施项目建设提供项目融资顾问及融资安排服务。目前，我国城市公用设施建设步入快速发展阶段，其中蕴藏着巨大的投资银行需求。

● 充当外部有关投行机构的营销渠道，通过交叉销售，向商业银行客户提供股票、企业债券、可转换公司债发行承销服务。如针对民营企业的上市融资需求，商业银行可借助证券、资产管理公司的力量，为客户境内外发行上市提供财务顾问及融资安排服务。

● 联合管理咨询公司、风险投资公司、信托投资公司等合作伙伴，为客户改制、战略重组等经济活动提供管理咨询、风险投资顾问、并购顾问等多种顾问服务及融资安排。

● 搞好"银证通"业务，取得交易所特别席位，建立和发挥商业银行证券交易渠道功能。

申请开立深沪证券交易所，大连、郑州商品交易所，上海有色金属和燃料油交易所特别席位，并对席位实行集中管理，在法律法规许可范围内为客户提供投资结算服务及质押贷款融资服务，丰富和完善商业银行交易渠道功能。

● 针对中小企业、民营企业提供上市融资财务顾问（借助证券公司力量为其进行海内外证券市场上市融资）和理财顾问（增加客户收益，加强客户现金管理）。财务顾问是提高业务含量和产品附加值、进行业务创新的突破点，国内银行业尤其大银行已经进行了成功的尝试，并已产生了广泛的市场响应。商业银行开办此业务，属于市场跟进。

3. 配置资源，保证业务开展

● 人力资源。为总行公司业务部核定投资银行岗位编制数量，要求总行和上海、深圳分行必须配备2～3名投行业务人员。人员以从证券公司、基金公司等机构招聘投行人员为主，培养行内现有人员为主。逐步增加投行人员比重。

● 为开展投行业务，提供必要的办公条件、费用、考核和培训支持。投行产品开发费用与客户营销费用专项列支。以投行产品的市场影响力、商业银行实际业务收入为考核导向，收入适当向投行人员倾斜。加强业务培训，增强全行投行业务意识，在全行普及投行业务理念、营造氛围。

● 宣传。在投行业务开展初期，真正的经济收益比较有限，关键是能提升市场形象。加大市场推广活动更有助于这一目标的实现。

● 市场化定价机制。与标准化银行产品不同，投行产品属于融智型金融服务，主要靠供需双方协商定价。在与商行业务搭配销售时，要算综合账，只要商业银行综合收益高于成本就可成交。

● 领导重视，将投行业务提升到商业银行的战略高度来抓。重点区域分行如北京、广州、上海、杭州等分行领导尤其要重视，要明确专人、设置专岗来推动投行业务开展。

● 建立投行业务与商行业务的风险分隔机制，增强从业人员的风险意识。商行业务与投行业务可以综合向客户提高，但两者的风险隔离机制必须建立。

4. 明确规划，确保投行业务稳步推进

银行的总行公司业务部门着手开展投行业务的开发工作，明确业务发展重点，制定业务发展规划。

● 正式成立投资银行业务处，明确职责定位，人员及时到位，正式投入运行，开始项目库建设、操作规程制定等工作。对商业银行现有产品进行清理归类，需要完善的（如信贷资产转让、银团贷款等）抓紧完善，尚未开展的着手进行研发。

● 制定分品种的投行业务操作规程、管理办法、会计核算手续、科技系统支持等业务开办前的所有准备工作。对重点区域分行的客户经理开展一次投行业务培训，组织其到其他银行进行考察学习。寻找并确定适宜开展投行业务的客户。

● 同时，将投行业务资料整理成适合宣传推介的材料挂在商业银行网站上，并通过客户见面会、产品推介会、新闻媒体等方式进行宣传，营造商业银行已启动投行业务的声势。

七、工作建议

（一）产品研发建议

客户经理在拓展客户时，有时会提一些业务需求，而自身所服务的银行当时还没有产品能满足这些需求。从更好地服务客户、增强银行收益的角度看，客户经理应积极开发新产品来满足这些需求。而开发新产品、向市场推出新产品都需要得到银行的认可才

行（一些产品还需银行动用很多资源进行多部门、多人员的联合开发），因此，客户经理应学会写些关于新产品开发的工作建议，以便银行能接受自己的想法。

我行关于申请开办离岸银行业务的建议

围绕离岸银行业务对监管部门及金融同业进行了广泛调研，在此基础上形成如下专题报告，并提出一些建议，请审阅。

一、我国对离岸银行业务的主要监管规定

我国监管部门对离岸银行业务的监管依据主要是原中国人民银行 1997 年 10 月发布的《离岸银行业务管理办法》和国家外汇管理局 1998 年 5 月发布的《离岸银行业务管理办法实施细则》。《离岸银行业务管理办法》及其《离岸银行业务管理办法实施细则》明确了离岸银行业务的定义、开办申请及业务管理。

离岸银行业务是指经国家外汇管理局批准经营外汇业务的中资银行及其分支行吸收非居民资金，服务于非居民的金融活动。经营币种仅限于可自由兑换货币；非居民是指在境外（含港澳台地区）的自然人、法人（含在境外注册的中国境外投资企业）等，包括中资金融机构的海外分支机构。

银行经营离岸银行业务，应当向国家外汇管理局提出申请。经国家外汇管理局批准，可在批准的业务范围内经营。未经批准，银行不得擅自经营或者超范围经营离岸银行业务。银行可以申请经营下列部分或全部离岸业务：外汇存贷款、国际结算、同业外汇拆借、发行大额可转让存款证、外汇担保、外汇买卖、咨询见证业务以及国家外汇管理局批准的其他业务。银行总行申请经营离岸银行业务，由国家外汇管理局审批；银行分行申请经营离岸银行业务，由当地外汇局初审后，报国家外汇管理局审批。经批准经营离岸的银行自批准之日起 6 个月内不开办业务的，视同自动终止离岸银行业务，国家外汇管理局有权取消其经营离岸银行业务的资格。

国家外汇管理局对离岸银行业务主要采取如下管理：银行对离岸银行业务应当与在岸银行业务实行分离型管理，设立独立的离岸银行业务部门，配备专职业务人员，设立单独的离岸银行业务账户，并使用离岸银行业务专用凭证和业务专用章。银行对离岸银行业务风险按以下比例进行单独监测：离岸流动资产与流动负债比例不低于 60%，与离岸总资产比例不低于 30%，对单个客户的离岸贷款和担保（按担保余额的 50% 折算）之和不得超过该行自有外汇资金的 30%，离岸外币有价证券（蓝筹证券和政府债券除外）占款不得超过该行离岸总资产的 20% 等，离岸银行发行大额可转让存款证的余额不得超过上年离岸负债月平均余额的 40% 等。

二、我国银行离岸银行业务的开办情况

离岸银行业务与在岸银行业务的主要区别在于两个规避：规避税收和规避监管。从国际趋势看，随着 20 世纪 90 年代以来金融自由化的深入及各国政府竞相放松对金融市场的管制使得离岸市场的原来优势有所淡化乃至消失，在岸与离岸的界限趋于模糊。从我国看，早在《离岸银行业务管理办法》发布前的 1989 年 6 月，招商银行就在全国率先获准试办离岸银行业务，鼎盛时期，存款、贷款、结算和利润曾分别占到全行的

21.8%、35.5%、34.8%和19.6%。随后，有关部门又相继批准中国工商银行深圳市分行、中国农业银行深圳市分行、深圳发展银行、广东发展银行深圳分行等四家银行办理此项业务。在离岸银行业务实行"内外分离，两头在外"的经营管理原则下，当时深圳各商业银行离岸业务的发展主要采取"内外分离型"的经营模式，即各行设立离岸业务部，专门经营离岸业务；离岸业务与在岸业务实行分账管理、独立核算、行内并表；离岸账户与在岸账户严格区分。在地域分布上，各行离岸客户群主要分布在港澳地区，即以香港等地的境外中资企业以及国内外商投资企业境外股东为主要服务对象，90%为香港客户。而在业务种类上，也是以传统的存、贷、结算等业务为主。

1999年初，因亚洲金融危机的爆发使离岸银行业务风险凸显，一些商业银行在经营管理上也不规范，央行为防止资本外逃和保护本国金融体系，遂下令暂停该业务。1998年8月广国投倒闭，债权银行对所有中资企业进行惩罚，使不少属内地政府窗口公司的客户陷入困境。央行的"急刹车"政策和债权银行的"惩罚"政策导致我国银行离岸业务形成很多不良资产，开办此项业务的五家银行"损失惨重"。以招商银行为例，1999年末离岸贷款余额折合人民币83.51亿元，其中不良贷款55.85亿元，占离岸贷款的66.89%，占全行贷款的6.74%，离岸贷款呆账准备金20.10亿元。经过几年清收，到2001年末，离岸贷款余额折合人民币为40.82亿元，其中不良贷款高达38.09亿元，占全部离岸贷款的93.31%、占全行不良贷款的2.72%，离岸贷款呆账准备金达11.5亿元。

随着国内经济金融运行的日益稳定和银行经营管理的日益规范，中国人民银行于2002年6月又决定对离岸业务"松绑"，批准招商银行、深圳发展银行、上海浦东发展银行和交通银行开展离岸业务，开办范围是其总行所在地深圳和上海。比起1999年离岸业务叫停之前的做法，央行此次重新启动上海和深圳四家银行离岸银行业务，附带了更加严格的政策控制，除了先前呼声很高的税收优惠政策至今尚未出台外，还取消了原先允许"离岸资金头寸与在岸资金头寸可以在上年离岸总资产的月平均量的10%范围内相互抵补"的规定，严格杜绝内外市场的相互渗透。此外，央行还明确规定在岸资金不得为离岸资金作担保。

三、我国开办离岸银行业务的主要经验教训

从国内银行开办离岸业务的历史及现状来看，典型特点有二：

（1）离岸资产业务问题较多，不良资产严重，出现亏损现象。据了解，有的银行离岸部不良资产高达46%，远远高于国内在岸银行的不良资产比例标准。近期，由于中航油的濒临破产清算，使得招商银行（1900万美元）、上海浦东发展银行（1282.5万美元）、交通银行（1045万美元）不良离岸贷款比例再度升高。

（2）2002年监管部门开禁离岸业务以来，鉴于以前离岸业务遭遇的风险和新监管规定，各家银行另辟蹊径，寻求离岸银行业务的发展点。离岸负债业务、离岸国际结算和贸易融资业务、离岸网银服务成为现阶段离岸银行业务的新亮点。例如，深圳发展银行解决离岸客户授信问题的D/A押汇产品、为解决在岸客户转移信用到离岸客户的背对背信用证产品等国际结算产品，并上线离岸网上银行，为离岸客户提供全天候24小时服务。2004年上半年，深发展国际结算量相当于2003年全年的国际结算量，增幅为

180.8%，由此带来的离岸存款增幅为72.2%，从而使得深发展离岸业务整体经营状况已位居国内4家持有离岸业务牌照银行的首位。

造成国内银行离岸资产业务质量不佳的原因主要有如下几个方面：

第一，客户选择不当，客户群质量不佳。离岸业务的经营对象是港、澳地区和境外客户，作为国内银行对其境外客户的资信状况了解有限。加之目前离岸客户多为规模较小的贸易公司，这些境外公司将离岸银行作为其融资渠道，将自身资金风险转嫁给离岸银行，造成银行贷款质量不高。

1）一些境外中资公司通过离岸银行融资并以此作为外商投资企业外方投资资本金，达到享受境内外商投资企业优惠政策的目的，将本应由其自身承担的股东投资风险转嫁给银行。例如，某境外公司在离岸银行申请贷款，贷款用途为流动资金。在获得贷款的当日，该境外公司便将1000万美元的贷款额划入境内某公司的资本金账户，作为境内外商投资企业的注册资本金。

2）一些离岸企业利用离岸外汇质押、境内客户申请在岸人民币贷款的途径，将国外游资结汇转换为合法人民币进入境内流通渠道、将境外短期资本流入境内投资，从而逃避资本项目管理，这也是2004年大量游资涌入我国的一条渠道。

第二，从事离岸业务的银行未严格按外汇管理规定办理在岸客户与离岸客户的资金往来，一定程度上造成客户离岸资金与在岸资金的交叉混用；同时，其自身资金和业务的渗透，容易形成隐性外债和资金风险的转移。

1）银行缺乏自律，一定程度上为不法资金转移创造便利。外汇法规明确规定，离岸账户和境内居民账户发生资金往来，银行须视同境外和境内发生资金往来，按照外汇管理规定办理业务。然而，有时银行从自身利益出发，不能严格把握离岸资金和在岸资金的隔离带，造成客户离岸资金与在岸资金的交叉混用，使在岸资金流入境外逃避外汇监管，国际游资流入境内进行套汇、套利投机。这是监管当局严格禁止的，尽管银行可能得一时之利，却承担着较大的政策风险。

2）银行利用离岸与在岸业务的联动作用，将离岸资产风险转换为在岸资产风险。例如，某银行离岸部为其境外客户办理贴现业务，后由于开证行出现信用危机，不能如期支付已承兑的汇票款项。该在岸分行便发放等值的人民币贷款给开证申请人，以进口货物的名义购汇冲销了离岸部的贴现不良款。然而就银行而言，其资产风险总量没有改变。

第三，从事离岸业务的银行抗风险能力较差。由于离岸银行业务经营的是境外自由兑换货币，并且不受资本管制，离岸银行业务的外汇存款、外汇贷款较易受国际金融市场及国际游资套汇、套利投机活动的冲击。各银行防范及控制风险能力不强，离岸资产规模较小，资金来源途径单一，经常出现离岸存款依赖于少数几个客户支撑的局面。因此，抗风险能力较差。亚洲金融风暴及广信事件对各行离岸银行业务在境外的拓展，特别是对负债业务的开展造成巨大的冲击，甚至一度影响个别银行对外支付。

第四，国内银行在人才、资金、技术等方面与离岸业务的开办要求有相当差距。离岸银行业务要求按国际惯例操作，对目前银行的经营管理有着很高的要求。

四、对我行开办离岸银行业务的建议

对国内银行来讲，离岸业务是一柄"双刃剑"。一方面，离岸业务尤其是离岸资产

业务蕴涵着巨大的风险；另一方面，离岸银行业务毕竟能够丰富银行的业务品种，为银行多了一条利润渠道和竞争优势，并且与在岸业务相比，还具有非居民资金汇往离岸账户和离岸账户资金汇往境外账户以及离岸账户之间的资金可以自由进出，以及吸收离岸存款不必交纳存款准备金等优势。只要能有效控制风险，在科学界定目标客户和业务品种的基础上，离岸银行业务能够为银行带来一定的收益。此外，开展离岸负债业务，又有各类出口议付、托收、划汇、结汇等国际结算手续费收入。

近年来，国内企业尤其是发达地区的企业对离岸银行业务具有较大的市场需求。以浙江省为例，2004 年浙江外贸顺差达 310.9 亿美元，成为全国首个贸易顺差超过 300 亿美元的省市，一般贸易居全国第一位。在浙江，民营企业已成为外贸主力军，出口占全省出口比重达 41%。高度发达的民营中小外贸企业具有自身的运行特点：为了方便贷款、佣金等对外支付，出口收汇习惯于先收到各国内银行的离岸账户，当需要资金时，再把离岸账户的资金划入国内银行的在岸账户。在浙江宁波，有深发展、中信、招商、浦发、宁波国际银行、浙江商业银行六家银行开展离岸银行业务。我行由于无法开展离岸业务，在实际操作中，往往需要客户把资金从他行的离岸账户划到我行的在岸账户，即浪费客户的划汇时间（需两天左右），又使客户产生了划汇费用，直接导致了原有客户业务量的流失及新客户开拓的困难。

有鉴于此，结合我行目前风险控制较弱以及资本充足率较低等特点，对我行开办离岸银行业务提出如下建议：

（一）向国家外汇管理局提交开办离岸银行业务的申请，尽早取得监管部门颁发的业务牌照

（二）认真吸取国内银行开办离岸业务的经验教训，组织力量着手进行离岸银行业务的开办规划工作，明确开办重点

1. 客户定位方面

（1）以熟悉的国内客户设立的境外企业为主。

（2）在资源有限条件下，以能促进在岸业务发展的客户为重点。

（3）在满足国内客户境外投资的融资需求时，尽量避免融资过于集中，单笔金额过大，侧重支持已取得中国出口信用保险公司投保信用保险的客户。

2. 区域定位方面

重点在长江三角洲地区的分行开展离岸银行业务。

3. 业务定位方面

我行可以开展离岸银行业务，应充分考虑各阶段的国内国际经贸发展和金融市场变化，结合我行特点，有选择有侧重地开展离岸银行业务，不能一蹴而就、一哄而上。

（1）中间业务为发展方向，国际结算业务是发展重点。因为此类业务比较切合离岸金融市场客户国际贸易量大的需求，风险相对较低可以预测、掌控，并且较容易带来离岸存款。

（2）离岸资产业务为补充。鉴于我行目前资本充足率较低，风险资本属稀缺资源，应更多向相对风险易控、会计制度和法律都较熟悉、能带来较多派生业务的在岸业务倾斜；离岸资产业务仅作为一项补充，在预计取得较高的综合风险收益前提下，可以占用

一定的风险资本来开展业务。实际上，我行已经在做离岸贷款业务，如一直在做的境外银团贷款。因为根据外管局有关外汇贷款的规定，银行外汇贷款业务包括境内外汇贷款和境外外汇贷款，监管部门对国内中资银行承做境外银团贷款业务是不反对的。对于境外银团贷款，应避免两种极端偏见：一是认为银团贷款业务品种天生无风险，二是由于我行中航油银团贷款的预期损失、天津华桑银团贷款的不顺利（欧亚农业银团贷款由于在提款前该企业丑闻爆出而终止）就认为银团贷款触碰不得。银团贷款比一般双边贷款更为复杂，对专业水准要求更高，既有风险共担的特点，更需要参加行做出自己的独立分析判断，并据此提出有理有利的谈判条件，而非依赖他行。在开展离岸贷款业务时，不应以是银团贷款还是双边贷款为判断或偏废，风险调整收益的高低才是公正的取舍标准。

4. 注重电子化建设

电子化技术将使离岸银行业务如虎添翼，成为银行提高自身竞争力不可或缺的要素。

（二）对重大问题所提的建议

除产品开发建议外，客户经理还可结合银行发展需要，就一些关键问题提出自己的想法。这对银行和自身都有好处。对银行来讲，可以听到对自己发展有利的建议；对客户经理来讲，可以让领导了解自己的工作能力，如建议被采纳，自己也会有较大的成就感。当然，建议可长可短，但一定要有针对性、要有说服力。

关于××银行对公客户市场定位的建议

一、商业银行对公客户的市场定位及其启示

（一）商业银行的市场定位

1. ××银行的定位

该银行只是在信贷政策上略有侧重，采取的是能赚谁钱就赚谁钱的原则。

2. ××银行的定位

该银行提出以公司业务、个人业务、房地产金融业务、中间业务为四大支柱业务的市场定位，以及"重点行业、重点产品、重点区域和重点客户"的"四重"营销策略，实际上就是这个战略的延续。现在其总行重点客户高达到1000多家。

3. ××银行的定位

该银行定位于服务中小企业，但从其信贷投向看，实际上也在向大企业倾斜，并没有全心全意支持中小企业。

4. ××银行的定位

该银行过去的客户主要是专业外贸公司，现在专业外贸公司客户在整个客户群体中只占有较小的比重。目前提出了"大公司、大零售"的战略定位，以公司业务和零售业务为主线，组织全行资源服务于这两大业务对象。

5. ××外资银行的定位

当前由于受政策限制，该银行在国内的服务对象选择范围还不是很大，主要是三资企业及外商独资企业。

（二）启示

明确提出一家银行只服务哪个市场可能是不明智的，况且现在市场已呈现多元化状态，出于分散风险及拓展业务的需要，银行的市场定位应该是网络结构，即：以能否创造效益为中心，围绕这个中心决定客户的市场定位，只要能给银行带来效益的就是好客户，就是银行的服务对象。当然，列出一段时期内客户工作的重点也是应该的，即重点向哪些行业、哪些客户倾斜，但这只是导向性的要求。

二、关于我行对公客户的市场定位问题

（一）我行对公客户市场定位的出发点

1. 体现我行的可比较竞争优势

我行与其他银行相比，既有优势，也有不足，应根据我行的相对优势进行客户定位。在客户定位时，既应借鉴其他银行的定位内容，更应突出我行的差别优势，力争有特色的定位，并将此定位作为我行特色对外进行宣传。比如我行有××、××等特色产品，但也有网点较少等不足，故在结算、贷款等方面应侧重于跨区域性、集团性客户，在存款方面应采取遍揽客户的原则。

2. 保持客户工作的连续性、动态性

应与我行过去的客户工作相衔接，做好劣质客户的平稳淘汰和绩优客户的平稳进入，避免对业务产生较大的冲击。要结合经济发展的新情况、新形势，将一些新出现的、生命力强的、对我行业务发展有益的新型客户（如外资银行、基金公司）纳入我行的营销范围。

3. 适应经营管理模式的需要

"大总行、小分行"模式是市场经济国家较多采用的一种以集权化管理、集约化经营为核心内容的新型的经营管理模式，是我行今后在经营管理方面进行改革的目标模式。因此，客户定位应体现这个原则。比如，随着部分业务权限的上收，在我行经营中大客户应比小客户占据更重要的地位。

（二）具体定位

1. 对公客户的基本分类

从我行实际情况出发，可对我行对公客户进行如下分类：

（1）按服务品种类型可分为存款客户、贷款客户和业务综合类客户。

（2）按规模可分为大型客户、中型客户和小型客户。

（3）按行业可分为能源、交通、通信、城市公用设施、石油化工、纺织、建材等。

（4）按性质可分为工商企业类客户、机关团体类客户和金融同业类客户。

此外，还可按与我行的合作程度、是否上市等标准进行划分。

2. 市场定位

我行对公客户的工作目标是随着我行按客户核算和产品核算机制的不断完善，通过全行上下强有力的营销与服务，形成一大批对我行利润贡献度大的优质客户、重点客户群体。我行客户的分布范围应在适当集中（如行业、地区、规模）的基础上，尽量扩大一些，客户选择的核心不仅仅是规模、行业和性质，关键是要看客户能对我行产生多大的贡献率。

从目前来看，按客户对我行的贡献率来进行定位尚有一定困难，需要逐步过渡。因此，当前要从宏观经济形势和我行发展的现实需要出发，按照我行客户定位的出发点和基本原则进行对公客户的市场定位工作。具体来说，近一个时期我行应从以下范围内选择我行的对公客户：

（1）信贷业务方面，要继续采取大客户战略，同时积极拓展成长性强、发展潜力大、市场前景好、还贷能力强、信誉良好，并占有较高市场份额的中型企业；存款业务方面，在积极营销机关团体、金融同业等客户的同时，继续采取广结善缘，遍揽客户的方式，最大限度地扩大我行存款客户的范围，进一步优化存款结构；同时，利用我行传统的业务产品并结合现有的××、××、××等特色产品努力拓展一批业务综合类客户。

（2）对有市场、有效益、信用好、有发展前途、合作良好的老客户要继续稳固，对那些效益差、信用不良及发展前途不好的客户要敢于淘汰，建立劣质客户的退出机制；积极培育新客户，大力开发能源、交通、通信、城市公用设施、医药生物制品、石化加工、汽车制造等行业的大型绩优客户，同时支持以下几类企业：符合国家产业政策的出口创汇型、技术创新型、专业配套型、环保型企业；管理规范、实力雄厚、市场前景良好的绩优上市公司；实力雄厚的大型国有企业和三资企业；已形成规模、技术成熟且前景良好的高新技术企业。

（3）在积极拓展能源、交通、通信、城市公用设施等工商企业类客户的同时，积极拓展机关团体类客户和金融同业类客户，尤其是金融同业类客户。要重视对党政机关、军队、事业单位、社会团体、医院学校等机关团体类客户和银行（含中资银行和外资银行）、证券、保险、基金等金融同业客户的开拓。

三、其他业务建议

（1）应将客户定位工作制度化。我行应建立完整的市场定位机制，以提高定位的科学性。通过加强对宏观经济、行业、地区及金融同业的分析工作，明确哪些行业应该介入，介入程度达多深，最终再落实到客户定位方面。

（2）客户定位应该有强有力的支持系统做保证。产品服务、风险管理、制度保障、管理信息系统等工作都要跟上，否则客户定位无法落到实处。

（3）关于区域定位。除沿海、沿江T字形经济发达城市外，建议对西部地区经济发达城市也给予关注，如西安、成都、乌鲁木齐等。

（4）缓解对公业务与对私业务不平衡问题。不平衡问题对中小银行来讲非常严重，这在一定程度上是由中小银行的特点造成的。对公业务与对私业务在近期内能全面发展当然是追求的理想目标，但事实上很难做到。对私业务的发展主要靠网点和业务产品。在网点上，我行与中、农、工、建等大银行相比不具备优势，且大规模铺设网点也不符合成本—收益原则，因此只能在代客理财等业务品种创新方面吸引私人客户（且是中高收入阶层）。另外，对中小银行来讲，存款稳定性差，同对公业务与对私业务失衡直接相关，又同对公业务内部结构不尽合理相关联。

综上所述，对公业务与对私业务的协调发展是我行的追求目标，但近期仍要有所侧重，具体建议：进一步发展对私业务，但在网点铺设等方面要量力而行，重点在对私业务的产品创新上有所突破；重点加大对公业务工作力度，但特别要注意对公业务的结构问题，集中度应保持在合理水平上（即前几位客户的占比不能太高，如存、贷款均不能过分集中）。

八、其他报告

除上述各报告外，客户经理应撰写的报告还包括业务开发工作日志和合作项目运作情况总结。前一种是客户经理将客户培育进程中的主要工作、每天的工作进展以日志的形式进行简明记载，此日志作为业务拓展的基础材料归入客户档案进行保存。后一种是同客户的合作关系建立后银行向客户提供具体服务情况的总结，是客户经理进行客户关系维护工作的结果。工作日志是每天必记，而情况总结一般是每月或每季进行一次。

第四节　工作通知撰写技能

一、一般性工作通知的撰写

作为管理部门的客户经理（如总、分行公司业务部门的客户经理）需要对下级行的营销工作提出要求、进行指导。这往往需要以工作通知的形式进行。不同的银行对撰写工作通知有不同的行文要求，但也有一些内容是共性的，如一些通知不要试图解决所有问题，应集中解决一个问题；文字要简洁，不能长篇大论；要提出可操作的明确要求等。

关于做好钢企上游焦炭供应商融资业务的通知（样本）

为进一步提升我行钢铁行业金融业务在同业中的竞争优势，增强行业间的联动营销，提升营销效果，总行就依托核心钢铁企业向上游焦炭供应商进行延伸营销工作提出如下要求：

一、焦炭行业的基本情况

焦炭在钢铁初级冶炼过程中占原材料的比例为 20%～30%，钢铁行业用焦则占焦炭消费总量的 80% 以上。两行业高度关联，一方面，焦炭对钢铁生产的影响并不亚于铁矿石；另一方面，钢铁则是焦炭的需求大户，钢铁行业需求量增长对焦炭产品需求起着决定性作用。

在经历了 2008 年焦炭产品价格大幅下滑的情况后，2009 年焦炭市场继续延续总体萎缩的趋势，但随着钢铁产业的复苏及焦炭行业集中度的提升，种种利好因素对焦炭市场起到有利支撑,焦炭产能过剩的局面会继续得到缓解。因此可以说,我国焦炭市场虽仍面临较为严峻的形势,但行业整合和修复性上涨渐渐成为市场运行主基调。依托整个钢铁行业发展的大趋势,焦炭行业中的优质企业是各家银行积极争夺的对象。

二、焦炭供应商营销产品解决方案

科学评价钢铁冶炼企业的市场地位及焦炭企业与其关系的稳固程度,是我行向焦炭企业提供个性化营销服务的切入点。

(一)针对焦炭供应商的不同特点确定不同的服务重点

1. 对于向钢铁行业龙头企业供应焦炭的供货商

市场地位突出、竞争优势明显的钢铁企业一般具有较强的话语权,一般不愿为焦炭供应商的融资提供风险缓释责任。对于向该类钢铁企业提供焦炭的供应商,如果争取不到钢铁企业对焦炭供应商融资的担保答复或付款承诺,我行可依据供应商与钢铁企业签署的焦炭供应合同及与上游焦煤销售企业签署的焦煤供应合同提供订单融资服务。该项融资专项用于焦炭供应商为向钢铁企业供应焦炭所进行的焦煤采购及生产活动。

2. 对于钢铁企业愿意提供连带担保责任或确定付款承诺的供应商

出于稳定焦炭供应的考虑,一些钢铁企业愿意为焦炭企业的融资提供连带责任担保或确定付款承诺。对于愿意提供连带责任担保的,我行可按一般担保融资业务进行操作,与钢铁企业签订担保协议。对于后种情况,我行要取得钢铁企业出具的、合法有效的承诺函。

3. 对于与钢铁企业仅有松散供应关系的供应商

鉴于焦炭是钢铁企业生产的重要原材料,对于一些市场竞争力较强、交易持续稳定的焦炭供应商,我行在寻求不到担保单位的情况下,可把焦炭供应商所拥有的焦炭作为质押品开展货押业务。为防范风险,我行可在焦炭被装运上火车后凭借铁路部门出具的运输单据进行监控,直至焦炭被钢铁企业验收入库。此类服务模式可参考我行关于货押融资的相关规定。

4. 对于已向钢铁企业提供焦炭且已形成应收账款的供应商

焦炭供应商可将与钢铁企业基础交易项下所产生的应收账款/应收票据转让或质押给我行,由我行对焦炭供应商提供融资。

5. 对于能寻找到有实力的第三方企业或专业担保公司愿意提供担保的供应商

如果焦炭供应商能寻找到有实力的第三方企业或专业担保公司提供担保,我行可比照钢铁企业愿意提供担保的方式进行业务处理。为此,各分行可积极寻找有实力的第三方或担保公司作为业务开展平台来开展焦炭供应商融资服务。

6. 对于向国外客户直接出口提供焦炭的供应商

对于获得国家商务部出口配额、以延期付款方式出口焦炭的企业,我行可提供出口信用证项下的打包贷款、出口押汇、出口贴现及福费廷,出口托收项下的出口托收押汇、汇入汇款及押汇,有、无追索权出口保理,货押项下的开立银承,出口信保项下的融资、银关系列以及预付款项下的结构性融资产品等一系列服务。

7. 对于通过贸易公司向国内外钢铁客户销售焦炭的供应商

出于专业化考虑,一些焦炭企业通过贸易公司代理销售焦炭。我行可采取与焦炭企业、代理公司签署三方协议的方式，锁定资金流向，确保销售资金回流到在我行开立的账户上。

（二）向焦炭供应商提供的融资品种

我行坚持效益最大化与满足客户需求相结合的原则向客户提供产品。一方面，积极满足客户需求，解决客户在焦煤采购与焦炭生产中的资金需求问题；另一方面，则尽可能地交叉销售，实现存款派生、贷款收益及中间业务的同步增长。

在具体操作时，我行可向焦炭供应商提供法人账户透支、银票承兑（指我行对出票人是焦炭供应商、收款人是焦煤销售者的银票进行承兑）、商票贴现（指对钢铁企业作为付款人、焦炭供应商作为收款人的商业承兑汇票进行贴现）、银票贴现、普通流贷等产品中的某一种或某几种。

三、对焦炭供应商提供金融服务中的风险控制

相对于钢铁企业，大部分焦炭供应商规模相对较小、布局较为分散、市场风险相对较大，我行提供融资服务时的风险也相对较高。因此，分行在客户选择、金融方案设计、业务操作及贷后管理中应特别做好风险控制工作。

（1）选择焦炭供应商时首先要评估作为其销售对象的钢铁企业的财务实力和行业地位，以及它对焦炭供应商的管控程度。对于焦炭供应商的评价重点在于其对核心企业的重要性以及以往的供货情况，优先选择拥有充足焦煤供应、产销量较大、符合环保要求和产业准入标准、行业排名靠前的焦炭供应商。

（2）各经营机构应加强对焦炭供应商上下游相关企业的实地考察，以确保贸易背景的真实性。应重点通过钢铁企业对票据、发票、合同或付款的确认以及第三方担保等方式，借助钢铁企业（或第三方担保）的信用来控制融资的还款来源，防范焦炭供应商对资金的挪用。

（3）鉴于焦炭市场价格波动性强（如2008年钢材价格一路上涨时，焦炭价格快速上升至3000多元/吨，但随着钢材价格的一路下滑，焦炭价格又快速跌至1200多元/吨），分行在确定具体融资金额时，可在充分考虑焦炭市场价格波动的情况下，根据基础交易的实际风险状况和合同本身核定一定的融资比例，并解决对焦炭供应商资金流、物资流的封闭控制以进一步防范我行业务风险。

四、对焦炭供应商提供金融服务中的营销管理

各分行应对焦炭供应商的营销给予高度重视，分行公司业务管理部要统一协调、加强规划，在充分摸底的基础上，加强对本地焦炭供应商的组织营销活动，并将营销过程中遇到的问题尽快向总行反映，以快速响应市场，取得营销成效。

（1）对焦炭供应商的营销采取"两路夹击"的方式，即：①钢铁企业所在地主办经营机构要积极与钢铁企业联系，获取其上游焦炭供应商的相关信息，并负责将所负责钢铁企业的焦炭供应商名单报送总行，由总行统一协调安排营销。②焦炭企业所在地经营机构则积极从相关中介机构手中或通过自身的市场调研，加强对当地焦炭行业龙头企业的营销。

（2）强化对钢铁企业的深度开发，鼓励分行围绕钢铁企业搭建1+N供应商网络。对于同时向多家钢铁企业平行供货的焦炭供应商，鼓励搭建N+N供应商网络。同时，

对于市场竞争优势明显的焦炭行业龙头企业，我行可积极进行独立授信。

（3）焦炭供应商融资营销纳入钢铁行业的金色链业务管理，总行公司业务部钢铁金融中心负责对全国范围内焦炭供应商融资业务的营销和拓展进行管理与协调。总行鼓励分行根据焦炭供应商的不同需求提供个性化的服务方案，总行将及时将优秀方案向分行推广。今后，各经营机构在营销钢铁行业客户时，要有意识地贯彻"上中下游一体化全产业链营销"的理念，除做好核心钢企的深度营销和下游钢铁经销商的延展营销外，要有意识地向钢铁企业的上游客户拓展。对于对焦炭供应商和钢材经销商的营销成果，将在对分行的季度考核中予以充分体现。

特此通知。

××银行

××年×月×日

二、重大事项类通知的撰写

一般性工作通知所针对的问题比较具体、细致，如果涉及的事项比较宏大，且带有导向、引导性质，则易采取"指导意见"的方式。

大力发展收费类公司业务的实施指导意见（样本）

为深入贯彻落实我行市场发展战略，全面优化我行收益构成，培育新的效益增长点，大幅度提升非利息收入在全部业务收入中的比重，确立我行特色鲜明、主业突出的相对竞争优势，获得合理的市场回报，制定本实施指导意见。

一、收费类公司业务的含义及现实意义

（一）收费类公司业务的含义

收费类公司业务是指阶段性占用经济资本、较少占用经济资本乃至不占用经济资本情况下，银行为企业提供的融资、融信、融智、交易服务及其组合，从而使银行所投入的信用、资金、人力、技术、渠道等综合资源能够获得合理价值回报的一种业务操作模式。在此业务模式下，银行的收益除传统的利差收入外，主要以费用形式反映。

收费类公司业务主要包括以下四种类型：

1. 信用支持型

指我行通过银行信用而非资金的投入，促进客户完成市场交易行为，节约客户财务及交易成本，提升客户市场地位，增强客户市场谈判能力。主要是以银行承兑汇票和商业承兑汇票为载体的各类票据服务及其衍生服务。

2. 渠道服务型

指我行利用自己的结算清算渠道、网上银行系统为客户便利收付款、节约财务成本而提供的支付结算、账户管理及整体性现金管理服务方案。或与海关、商检、保险、担保、税务等业务合作伙伴一道，为客户的市场行为提供运行通道，使客户从便利操作中增加价值。

3. 结构安排型

我行利用掌握的银行资源（主要是信贷资源），通过恰当的结构安排，比如期限结构、品种结构、贷款与非贷款结构等，使我行及客户实现的价值最大化。我行由于承担了信用风险，又增加了结构安排等智力服务，应该收取相应费用。

4. 财务顾问型

指我行运用高素质人才的金融智慧，为客户提供资金管理、财务咨询、业务方案设计、理财、并购策划、债券发行等智力支持，解决客户综合和专项问题，帮助客户发现和建立核心资源优势，提升客户核心竞争能力。

（二）收费类公司业务对我行的现实意义

对我行来讲，加快发展收费类公司业务具有紧迫的现实意义。

1. 收费类公司业务可以有效促进我行市场战略的实现

中小客户是我行重要的目标客户群体。在商务合作中，我行占据一定的优势地位，而这类客户价格承受能力较强，对银行融资融信需求迫切，客户会配合银行收取一定的融资外费用。通过发展收费类公司业务，可以切实提高中小客户群体对我行的利润贡献，实现此类客户贡献度在我行综合收入比重稳步上升的战略意图。对既有客户来讲，还可起到交叉销售、深入挖潜、增加合作深度和提高客户利润贡献度的作用。

2. 收费类公司业务是我行转变业务增长模式和资源配置方式的需要

分行拓展信贷业务热情较高，而我行资本资源有限，面临上市、提高资本回报等迫切需要，我行的持续经营必须建立在对稀缺而昂贵的资本资源的有序开发和合理配置的基础之上，并实现其效用与功能的最大化和最优化。发展收费类公司业务有着外在市场需求和内在资源约束的双重需要。同样，为了使我行的资本资源与风险更加匹配，必须建立和完善科学的资本约束机制，提高资本资源的利用效率。落实到业务层面上，就是大力节约资本使用的各类业务，或者在资本资源一定的前提下做尽可能多的业务，增加尽可能多的收益。

3. 收费类公司业务是实现低风险状态拓展客户、增加中间业务收入的重要手段

收费类公司业务大多是阶段性投入信贷资源，或以较少信贷资源切入而带动其他相关业务，相对于传统的单纯信贷业务而言，有助于我行在低风险状态下拓展客户，实现业务的快速增长，获得合理的业务收益，提升我行非利息收入贡献度，优化我行公司业务利润贡献结构，一定程度改善我行长期以来贷款利息收入占全部业务收入比重过高的现状。

二、我行收费类公司业务的发展愿景

从今年起，利用 3～5 年的时间，我行收费类公司业务要实现以下愿景：

（1）初步具备鲜明的品牌特色、清晰的市场地位、成功的运作理念、良好的运作机制等特征。在部分地区、分行确立了本行在本地的优势品牌地位。

（2）收益贡献度占我行全部业务收益的比重持续提升，每年增幅达到 200% 以上，至 2015 年，占全部业务收益的比重要达到 15%。其中，中小客户集中的长三角、珠三角地区的分行实现更高的增长速度，占比要达到 30%，实现优势地区超常规发展。

（3）逐年丰富业务品种，每年新投入市场的业务品种或业务模式不少于 20 个，最

终形成相对完备的收费类公司业务品种体系。每家分行必须根据本地的企业需求，区域经济特点，年均开发 2~3 个具有本地经济特点的收费类公司业务。

（4）在汽车、机械、有色、煤炭、钢铁、家电、石化等行业和银团贷款、信贷资产转让、票据、供应链融资等领域形成一批忠诚度高、收益贡献大的优质客户群体。

三、收费类公司业务实施策略

（一）创新经营思维，拓宽服务渠道，不断推出新的服务产品，尽快完善我行收费类公司业务产品体系

收费类公司业务不同于传统的信贷业务和一般的中间业务，传统的信贷服务仅收取利息。而收费类公司业务是改变传统业务思维方式的结果，它是融资、融信、融智和交易服务相结合的创新性业务，需要银行在高素质人才和高效率机制方面予以配合。

在创新方式上，必须摒弃"寻找客户—了解授信需求—贷款满足需求"的传统思维方式，以满足客户个性化、全方位、多功能、突发性需求为出发点，重点围绕我行与客户双方共赢、力求多在我行业务收费方面下工夫，多从各业务交叉地带进行思考与实践，用发散性思维、系统性思维开辟新的收费业务品种。

在创新主体上，实施全员创新，本着"从客户中来，到客户中去"的创新理念，以一线客户经理为主要创新主体，发挥广大客户经理的创新积极性与能动性。同时，做好总分行公司条线业务人员的互动与配合，发挥各自所长，共同推动众多业务品种与业务模式的形成。

在创新路径上，坚持前瞻性研发设计与学习借鉴同业相结合。大力发展资本节约型业务、努力提高中间业务收入占比是各家银行的共识，并且都在努力实践，且形成很多可资借鉴的经验与模式。要发挥我行的人力资源优势，建立牢固的外围专家群体，充分借鉴同业的创新智慧与成果。

（二）以行业为主线，认真研究客户需求，围绕细分后的客户需求，提供量体裁衣式的个性化组合服务

客户需求是我行设计收费类公司业务的出发点与归属。从大的方面讲，客户需求无非是资金、智力、信用、渠道以及四者的不同组合。这四者之间也可相互转化。但从每个客户的具体需求来讲，情况又千差万别。我行对公司业务在细分基础上进行收费，要从大的方面思考，但又要符合客户具体需要，有助于客户实现其市场目标。

收费类公司业务在不同行业有不同表现，同一个收费类公司业务品种也可应用到众多行业中。我行要以行业为主线，以行业经理为主体，认真研究、细化不同行业内不同客户的具体需求，形成各种特色的产品服务模式，做到"从一个行业中来，应用到多个行业中去"。

在对不同行业客户提供收费类公司业务时，要注重不同收费类公司业务以及收费类公司业务与其他相关业务品种的组合提供，要用组合的理念，通过系列化的产品组合捆绑销售，满足企业多方位的需求，使客户的忠诚度稳步得以提高。

（三）科学确定服务收费标准，以产品的精细化、高附加值化和服务范围的不断扩充来提升我行中间业务收入水平

我行创新并向客户提供收费类公司业务，落脚点要放在收费上。为此，总行初步拟

定收费类公司业务的收费标准，使我行的收费实现规范化、标准化和可操作化，使产品能够带来真正的效益。

1. 确定收费的基本原则

（1）投入与产出相匹配的原则。结合客户的可接受程度，在基本标准范围内与客户确定具体的收费金额与范围。

（2）单一品种收费与综合收益孰高的原则。坚持综合收益最高的业务办理要求，对组合服务中某一具体品种的收费可适当减免。

（3）风险防范第一的原则。业务收费的前提是风险可控，不能为收费而置风险防范于不顾。

（4）具体客户具体对待的原则。根据客户特点与我行议价能力，确定具体客户的收费水平。对总行级重点客户、市场优质强势客户，我行可减免收费。

（5）合法合规收费的原则。在监管机构相应管理办法规定范围内，可自主决定收费标准与具体金额。对把握不准或无明确规定的收费项目，按先请示后办理或先备案后办理的原则进行。

2. 收费的基本标准（见附表）

附表　收费基本标准一览表

类型	具体品种	收费形式	收费标准	备注
信用支持型	商业汇票贴现	风险承担费（贴现利息之外）	银票按贴现利率的5%～15%收取	应重新认识现有业务的基本实质，对现有业务的价值潜力进行深入挖潜，提高风险承担价值回报
			商票按贴现利率的10%～20%收取	
	银行承兑汇票承兑	风险承担费	按敞口部分金额的1%～3%收取	
	商业承兑汇票保贴	风险承诺费	按票面金额的0.5%～2%收取	
	票据包买	风险承担费	按金额的0.1%～2%收取	
	集团客户集中贴现	安排费	按贴现总金额的0.1%～2%收取	
	代理票据查询查复及票据鉴别真伪服务	手续费	每笔不低于20元	
	票据质押开票、质押贷款、票易票以及单纯的票据保管服务	票据保管费	按票面金额的0.1%～0.5%收取	
	票据综合服务方案设计	手续费	按实际业务金额的0.5%～1%收取	
	信托计划担保服务	担保费	按计划发行额度的0.1%～1%收取	
渠道服务型	单纯依靠我行渠道进行支付结算业务	手续费	监管部门及我行相关规定收取	根据特定交易机构承担的具体工作量，议价能力，承担的具体风险度，合理确定分成比例
	银财（代理支付与收缴）、银关（银关通、银关贷、银关保）、银税（银税通、银税保）项下各类业务	手续费	按结算金额/担保金额的0.1%～1%收取（我行有具体规定的按具体规定收取）	
	政府转贷款及代理各种资金拨付、工资发放、信托计划代理收付等	手续费	按政府规定或双方商定的手续费标准收取	

续表

类型	具体品种		收费形式	收费标准	备注
渠道服务型	现金管理项下各类服务（账户管理\资金归集\理财投资）		理财服务费	按管理金额的 0.1%～0.5% 收取	根据特定交易机构承担的具体工作量，议价能力，承担的具体风险度，合理确定分成比例
	各类代理支付结算服务		手续费、邮电费	按人民银行的规定收取	
	网上银行开户		手续费	每户 20 元	
	资信证明、信贷证明		手续费	0.1% 或按当地规定执行	
	保险、担保、仓储等中介机构参与项下的业务		咨询服务费	按保险费、担保费、仓储保管费收入的 10%～30% 收取	
结构安排型	已授信客户的未启用授信		风险承诺费	按未启用金额的 0.1%～0.5% 收取	根据业务特点、同业的价格水平、银行惯例、我行谈判地位等，合理确定收费价格
	我行牵头的银团贷款		安排费	按银团贷款金额的 0.5%～2% 收取	
	项目贷款		项目评审费	按项目贷款金额的 0.1%～1.5% 收取	
	法人账户透支		风险承诺费	按透支金额 0.1%～3% 的比例收取	
	我行信贷资产项目转让		手续费	按转让金额 0.1%～1% 的比例收取	
	我行贷款项目支持的理财服务		手续费	按理财金额的 0.1%～2% 收取	
财务顾问型	较为复杂的服务结构设计	以核心客户为责任主体的金色链融资	财务顾问费	按融资金额的 0.1%～1% 收取	我行承担较大业务风险，应收取费用，但注意要向客户提供方案、报告等服务成果
			财务顾问费	对配套企业按融资金额（或使用额度）0.1%～0.3% 收取	
		以上下游客户为责任主体的金色链融资	财务顾问费	对上下游客户按融资金额（或使用额度）的 0.3%～1% 收取	
		买方信贷、信誉保证金监管融资、大型设备购买定向融资	财务顾问费	按融资金额（或使用额度）的 0.1%～0.3% 收取	
	仅靠智力投入的服务品种		财务顾问费	按服务所创造价值的 1%～5% 考虑	

3. 业务收费的实施策略

加快业务周转，提高银行单位资源运用效率。比如，针对银行承兑汇票业务，在占用风险资产余额不变情况下，缩短单笔票据期限，提高开票频次，既能在真实交易过程中跟踪控制风险，又可提升授信额度的总体价值回报。

收费必须价格合理、操作合规。分行确定本行收费具体方案的时候，必须严格依据中国人民银行及其派出机构、中国银监会及其派出机构及总行的规定，要合理收费，避免合规风险。

针对融资票据化的市场发展态势，在不降低综合回报的前提下，有意识引导客户将贷款转化为商业承兑汇票业务，通过不同票据产品的科学组合提供增加中间业务收益，制造关联营销机会。

努力增加派生收益，争取综合收益最大化。如信用支持型业务，应努力增加贴现利息收入和保证金存款沉淀。在提供其他品种时，也要考虑存款的沉淀量和融资收益的增加。

进行交叉销售、组合提供。如财务顾问型业务，应通过智力服务提供，使客户在我行办理融资业务。对信用支持型业务，可提供财务顾问型业务，以获取顾问费用收入。

讲明客户利益，循序渐进，逐步深入。我行要对客户讲明每笔收费的标准与来源，尤其是要让客户明了此笔服务所能带来的业务收益。并且，我行要以高质量的服务使客户觉得物有所值，使客户持续在我行办理业务。

四、我行发展收费类公司业务的管理要求

（一）总行统筹规划，统一部署，积极推进产品研发及相关平台建设，为全行开展收费类公司业务提供支援

收费类公司业务是我行今后增加中间业务收入、改善业务收入结构的重要手段，也是我行实现市场战略的重要途径。全行上下务必高度重视此类业务的创新与市场拓展。要着手建立总、分行两级收费类公司业务创新的信息收集、筛选、完善、审批及市场推广的管理体系，建设并逐步完善我行收费类资本节约型产品种类。

从总行层面上看，各相关部门务必各司其职，密切配合，共同促进该项业务的开展。

（1）总行产品创新委员会把收费类公司业务作为今年及今后相当长时间内公司业务创新的重点，在发展规划、资源配置、费用投入、推广实施及政策倾斜等方面予以支持。委员会最终负责审批决定：某项创新产品的推出与否；单项创新产品的具体收费标准；单项创新产品是否需要向监管部门报批或者备案。

（2）总行公司业务部在产品创新委员会的指导下，主导收费类公司业务市场营销。对分行请示的产品协助进行补充、完善及审批。负责定期编制新产品开发与推广动态，作为沟通总分行之间收费类公司业务创新工作的桥梁，集中汇总反映总分行及其他银行的动态、重点、方向及经验。

（3）总行风险管理部负责对公司业务部规范定型后的收费类公司业务从风险管理方面提出专业意见，确保产品不存在法律、流程、操作等方面的风险隐患。

（4）总行计划财务部负责建立科学成本—效益核算机制，并初步确定收费类公司业务的收费标准与要求，加强成本—收益测算与分析，对某项产品收费标准的合理性作出判断，作为产品委员会决策的重要参考依据。对超出业务部门权限之外的收费项目，由总行计划财务部负责审批。

（5）总行结算清算中心负责对收费类公司业务所涉及的收费类别（如风险承诺费、风险承担费、银团安排费、服务咨询费、财务顾问费、项目评审费、理财服务费、保费、手续费、票据保管费等）进行会计确认，使业务成果能以最快速度得到反映并进行精确统计。

（二）各分行认真学习、充分领会，发挥主观能动性与创造性，制定并贯彻符合区域特点的实施策略

各分行要充分认识我行大力发展收费类公司业务的现实意义与紧迫性，要从业务规划、资源投入、人员配备、考核奖惩等方面切实将本分行大力发展收费类公司业务的要求真正落实。

（1）制定本分行发展收费类公司业务的年度实施方案并报总行备案。实施计划要

充分考虑分行区域特点和本分行发展实际，选定目标行业与目标客户，确定具体重点发展品种和年度拟实现的经营目标，使实施计划具有高度的区域吻合度、可操作性与针对性。

（2）鼓励分行向收费类公司业务倾斜配置资源，包括风险资产、人员、绩效奖励、平衡计分卡等，充分调动分行产品经理、风险经理及客户经理创新产品、营销产品的积极性。在公司业务发展计划和资源配置方案中，分行要专门辟出一定比重用于支持收费类公司业务的发展。对于成效突出的机构与人员，在确定下年度资源分配时进行重点倾斜。

（3）分行发展收费类公司业务的重点要放在收集产品创意与实现经营成果上，一方面要发挥广大客户经理的智慧，形成创新产品的初步设想，对需要总行完善或总行决策的，应及时报总行完善或审批；另一方面要将总行审批通过或决定进行市场推广的产品在本区域内向客户积极营销，使产品变成我行的效益。分行可以根据本指导意见的基本规定，细化本行开展收费类公司业务的具体收费标准，根据每笔业务的具体特点，确定收费的标准，超过规定的必须报经总行批准。

（三）正向激励为主，调动公司条线开展收费类公司业务产品创新与业务开展的积极性，营造良好展业氛围

（1）强化业务培训与学习。收费类公司业务创新要求高，对人的素质（谈判素质、业务素质等）提出了很高的要求，为此，总分行两级都要为客户经理、产品经理和风险经理提升水平提供良好的条件与严格的要求。要督促每个从业者制订严格的学习计划并落实。对产品创新成果多、营销效果好的客户经理，所在单位将提供单独培训与学习的机会。总行将加强针对收费类公司业务的专门培训，组织进行分行间的交叉学习与经验交流。

（2）建立适合收费类公司业务特点的专门考核标准。在年度业务预算及平衡计分卡考核中，对收费类公司业务有单独要求。总行在对分行进行季度考评时，要将收费类公司业务作为重要的得分因素单独考虑。对创新成效突出的单位和个人，总分行将进行单项奖励。

第五节　产品研发与市场推广技能

银行产品是银行拓展客户的工具。没有银行产品，客户拓展工作就无从谈起。银行只有依靠不断的产品研发，才能在竞争中占据竞争优势。作为银行的一员，客户经理虽然是利用产品来营销客户的，但由于客户经理离客户最近，最易摸清客户的需求，因而在产品研发中负有责无旁贷的义务，应该站在产品研发的前沿，积极参与研发。研发出来的产品经过标准化处理之后积极进行市场推广，直到被客户所接受，才能实现最初的研发目标并给银行带来效益。从银行业的实践看，客户经理越来越成为银行产品研发的

主力军。

一、银行产品研发的基本方法

（一）借鉴法

借鉴法是直接、有效、简便，因而被广泛采用的一种研发方法。金融活动本身就是一种经济活动，同其他经济活动有许多相似之处。银行完全可以从其他银行以及社会其他经济活动、经济领域的业务品种、操作方法、服务方式上取得借鉴，并结合银行自身的特点实现产品研发。由于我国银行业的发展要相对落后于发达国家，借鉴国外同行业的做法对我国银行的业务品种研发来说是很重要的。

（二）组合法

商业银行的业务包括资产业务、负债业务和介于两者之间的中间业务，将这三大类业务进行适当的组合可以实现金融业务品种的研发，通过资产业务和负债业务本身内在要素的有机组合也可实现金融业务品种的研发。如将资产业务和负债业务有机结合的活存透支业务，这一业务品种的操作前提是银行对客户进行了有效的资信评估及授信；将负债业务本身要素适当组合的协定存款业务，这一业务品种的要点是银行与客户之间就一系列事项有过事先约定，银行根据客户的委托为客户专门设立一个存款账户，将日常结算账户中客户认定的限额以上的资金存入该账户，并在结算账户资金不足限额时及时进行逆向操作，以存款账户中存款的相对稳定性取得高于活期存款的利息，但与活期存款具有同等的流动性。还有储蓄存款中的存本转息二合一储蓄业务，特点是受客户委托，将客户存本取息存款的利息定期转入客户事先开立的零存整取储蓄存款账户。再比如将资产业务与中间业务（顾问业务）一同向客户提供，这也是一种典型的研发业务，在我国有很大的发展前景。

（三）延伸法

金融业务品种的研发往往要经过一个由低级到高级、由简单化到系统化的连续发展过程，并通过这种内在的延伸实现金融业务品种的进一步研发。如以信用卡业务的研发为起点，依托日新月异的信息化、网络化技术出现的自助银行、网上银行等。这是空间上的延伸。还有时间上的延伸及时间空间结合在一起的延伸。

（四）独创法

在社会经济发展的一定阶段，完全基于金融业自身的条件，借助社会发展、经济变革和技术进步也可以实现金融业务品种的研发，如信用卡业务、货币电子化等，都是银行以社会需求为出发点，在技术革命的推动下实现的金融研发。

二、银行产品研发的源泉、路径与银行产品的标准化

银行产品研发是一个推陈出新的过程，有着各种各样的原因，有为规避金融管制而研发的，有为应对市场竞争而研发的，有为适应不利的经济发展环境而研发的，也有以上各种因素综合促成银行产品研发的，而无论哪种原因，银行研发产品的目标都是在保证安全性和流动性的前提下追求盈利性，最终实现与其他银行相比较而言具有竞争优势。从类别上看，银行产品研发主要表现在价格风险转移研发、信用风险转移研发、增

强流动性研发、信用创造研发和股权创造研发等方面。

客户经理研发银行产品的源泉主要有以下几个方面：出乎意料的事件，无法协调的矛盾，业务流程中的难点，产业和市场的变迁。客户经理通过审视以上几个方面，很容易发现一些需要研发的地方。

银行产品具有极强的易复制特点。一家银行推出一种产品后，另外一家银行往往会在很短的时间内推出性质大致相同的产品。因此，对客户经理来讲，除潜心研究金融形势、客户需求以求得全新的银行产品外，一条比较便捷的研发途径就是追踪同业，从中发现研发迹象并加以改造从而形成本银行的研发产品。客户经理研发银行产品的另一个重要途径是将本银行当前提供的产品与客户未被满足的需求相比较，再将现有产品进行改造或再设计满足客户需求的全新产品。为完成一个银行产品的研发工作，客户经理除积极构思之外，还要做一些案头工作，如管理办法、操作流程的制定，协调并取得技术部门、会计部门的支持等，对一些研发产品还要按照监管部门的要求进行报批。

新的产品被开发出来后不应仓促推向客户，而应先进行产品的标准化工作，即将拟推出的产品与银行现有的形象识别系统一致起来。因为产品的本质仅是满足客户的需求，只有将"满足需求"的东西包装起来形成本银行的特色且易为客户所接受，才能算是一个合格的产品研发。一般而言，产品经过标准化后应包括以下内容：名称、式样、外形、色彩、识别暗记、产品提供者的名称和有关合法印章、签字、背书等。当然并不是所有经过标准化的银行产品都包括这些内容，最能引起顾客兴趣的是产品的名称及其所能满足的需求，产品的标准化应围绕这两点来进行。

标准化后，客户经理要考虑的就是什么时候以什么方式向客户推介产品。在推介前，宣传材料的编写、印制以及幻灯文本的制作都是必需的。在推介后，还应重视产品信息的反馈，以更进一步改进产品。有鉴于客户对产品的反馈信息都是通过客户经理传递给银行的，因此，银行应当鼓励客户经理进行产品信息的传递活动。客户经理拥有大量竞争者产品、市场发展态势和市场需求的信息，但由于信息往往是零碎的，收集、整理这些信息将耗费大量的时间与精力。要抓住市场机会，在客户经理与专家之间建立开发的信息交换渠道就显得十分必要。但无论通过何种渠道收集有关的产品信息，对客户经理而言，不仅可以丰富自己的客户拓展经验，而且有助于完善自己所推销的产品。

三、银行产品研发的基本程序

一般说来，研发产品的市场吸引力较大，但由于开发新产品需要较长时间，动用大量的人力、物力与财力，要冒一定的风险，因而研发产品是高机会和高风险的组合。也正因为如此，在产品研发中银行应严格遵循如下步骤：

（一）形成新产品构想

真正好的创意来源于灵感、努力和技术，来源于客户在使用银行产品的过程中提出来的意见与要求；对竞争者的产品进行分析研究，吸取其优点去掉其不足，从而推出产品研发方案；受国外产品的启发而进行改进等。从方法上来讲，主要有：

（1）产品属性列举法。将现有某种产品属性一一列举，然后设想研发每一种属性以获得各种新的产品。

（2）强行关系法。即列举若干不同属性然后考虑每一属性与其他属性之间的关系从而产生创意。

（3）顾客问题分析法。即向客户调查对银行产品的希望与要求。

（4）开好创意会。即召集少数专家与相关人员开讨论会，以产生创意。

（5）群辩法。即挑选若干性格、专长各异的人员来讨论，无拘束地交流意见，以产生创意。

（6）新技术跟踪法。即追踪国内外技术发展的最新成果，以产生新的构思。

（二）筛选

对许多新产品创意进行筛选，基本标准是：这个新产品设想是否具有足够现实性与合理性以保证更加详细的分析？创意与银行的资源、目标是否一致？是否具有现实性？首先是要使新产品开发与银行目标相吻合，否则不予考虑；其次是考虑银行自身供给能力。

（三）市场分析（可行性研究）

这是新产品设想的更加详细的评价阶段。在这一阶段要按需要的资金投入、期望收益、产品价格等进行评价与预测，还必须审定现实的竞争及潜在的竞争。现有竞争对手的市场地位越稳固，新产品设想进入市场的可能性越小。一般来讲，市场分析不宜由那些提出新产品设想或主张采纳这种设想的客户经理进行分析，以避免分析中的主观色彩。对新产品的市场分析不能采取过分乐观的态度。

（四）开发

包括管理办法、操作流程、会计核算办法的制定以及相关电脑程序的开发等。在市场经济社会，技术人员在新产品开发中占据的地位越来越重要。

（五）试验

试验是新产品开发过程中接受市场检验的过程。一般来说，如果市场实现高试用率与高重复使用率，则产品可以继续发展下去；如果是高试用率和低再使用率，则产品应重新设计或放弃；如果是低试用率和高再使用率，则应加强营销；如果是低试用率和低再使用率，则应该立即放弃。在进行研发产品的市场试验中，应特别注意不要把产品秘密透露给竞争对手，以防止竞争者模仿该研发产品。

（六）市场化

这是研发产品的最后阶段，应明确回答何时推出新产品和何地推出新产品。在回答第一个问题时，要考虑两个方面：一方面要符合新产品自身的时间特点，另一方面要考虑被新产品替代的老产品的出路。在回答第二个问题时，主要是细分市场，找出最有吸引力的差别市场。

四、银行产品研发的指导思想

（一）盯紧重点目标行业和重点目标客户，以满足客户需要为产品研发的出发点

新产品创意来自客户需求，并且最终要被客户来检验。产品的功能内涵、形象策划、宣传包装等方面必须满足客户的需要与偏好。由于目标重点行业、重点客户是商业银行现实与未来利润的主要贡献者，因而应将新产品开发定位于服务这些客户身上，投

入全行的资源满足这些客户的需要。

基于对我国经济成长周期的基本判断，现阶段乃至未来相当长一段时间内客户的金融需求主要集中体现在资金融通、现金管理和理财增值三个方面。为此，客户经理的产品设计研发和市场推广工作应该围绕客户这三个核心需求来展开。

（二）突出对重点行业的整体解决方案，争取"通吃"整个产业链

银行产品的研发必须以满足客户的个性化需求为前提，但对银行来讲，尚需通过行业整体服务方案的设计来带动对整个行业的营销，做到设计满足客户个性化金融需求的单一产品与设计针对整个行业的解决方案两项工作的结合。以重点核心企业为目标，强调通过整体服务方案的设计与推广，最大化挖掘核心企业的价值。

（三）在产品研发设计与市场推广中始终兼顾三个方面

满足客户需要（这是产品研发的出发点）、有效规避风险（这是产品能够推向市场的前提）和满足银行自身经营偏好（银行的产品研发必须能给银行带来效益）。同时，强调资源与产品的协同。产品必须依托于银行的现有资源、现有优势，对看准的重点产品，要配之以足够的资源予以支持。

（四）产品研发与市场推广、后续评价相结合

新产品在具有特定功能的前提下，必须通过包装、宣传推广和造势才能被客户所接受，才能提升产品的市场价值。要重视产品的后续评价、开发，重视产品贡献度分析，产品投放市场后，要根据市场反应，不断改良。

（五）体现银行产品总体发展趋势，加强对现有产品的整合包装

为客户提供整体解决方案而非单一的功能产品是银行产品发展的总体趋势，相应地银行收益是来自所服务客户的总体收益，而非单个产品所带来的收益。研发的新产品要容易被客户经理推介，容易被产品经理操作，容易被客户所接受。

（六）速度第一，持续研发

银行竞争实质是速度的竞争，新产品推出速度快的银行能在市场竞争中赢得先机；由于银行产品的易模仿性，一项新产品往往在较短时间就被竞争对手使用，因而必须保持较强的持续研发能力，不断推出新产品。

（七）强化集中领导和协调

凡一家银行系统内依法统一对外推出的金融产品，应妥善落实银行内部的集中领导和协调，以实现银行内部各机构、部门间的有机联动和资源共享，做到综合评价该项金融产品的投入与产出，实现相关利益在各机构、部门间分配的合理化，保证局部利益服从全行利益。在这方面，我国的银行卡、银行计算机网络开发建设等方面存在着一定的重复与浪费。

（八）力求满足不同层次的市场需要

商业银行的业务市场是个庞大的特色市场，而且它有很大的地区差异和需求上的层次性。客户经理若只盯住眼前利益去盲目开发自己的产品和服务市场，或同时开发某种产品，那就很容易产生供求扭曲、恶性竞争的倾向，而且这也有违价值法则。因此，在产品开发上，应树立大市场理念，正确认识自己作为市场一主体与市场的内在联系，从自己实际及客户需要出发，坚持"有所为有所不为"的方针，多推出特色产品。

（九）不断增加高新技术含量

近年来，高新技术的迅速发展，特别是新的计算机与电信技术的飞跃对商业银行产品与服务的社会化发展具有深远意义。商业银行只有依靠高科技转化应用新技术、新成果，才能增强自身在市场中的竞争力。这里所称的增加高新技术含量有两层含义。一是加速对传统银行产品与服务的技术改造和加大对技术含量高、使用性强、效益明显的新产品、新服务项目的开发与研发。二是在推出新产品时注意用高新技术的思想去包装该产品，使该产品具备与高新技术一致的外在形象，这样能引起潜在客户的兴趣，唤醒潜在客户的需求，对市场产生有效冲击。

（十）拓展数量规模与提高质量效率并重

近年来，我国商业银行推出的包括网上银行、电子商务在内的存款、贷款、中间业务方面的新产品、新服务层出不穷，但是在推出时某些银行很仓促，重数量、规模，轻质量、效益倾向明显，跟进管理、跟进服务的力度不足，供给资源过剩而相应需求又得不到满足的矛盾仍随处可见。因此，商业银行应合理配置内部的人力、物力资源，健全产品开发的设计、评估、实验、应用和管理体制与机制，从而逐步实现银行产品与服务开发管理的科学化、现代化，提高开发的成功率。

（十一）科学处理盈利性、安全性和流动性三者的关系

银行产品只有不断的研发，才可能满足不断变化的需求，才能维持银行的长期存续。银行产品的研发应坚持盈利性、安全性和流动性相结合的原则。一般而言，盈利性目标要求银行开发高风险性产品，而这样的产品往往流动性不强、安全系数不高。反过来有较强流动性、安全性的产品往往又不是高盈利产品。所以，银行产品总是这三种目标兼顾的统一体，是三者有机的结合。

（十二）重视产品的标准化工作

银行产品的研发可通过扩大现有产品的服务功能和服务范围、开发与竞争对手有差异但更有竞争优势的银行产品等途径来进行。但不管通过何种途径研发产生的产品，在推向市场前都必须进行标准化工作。标准化后的银行产品一般应包括以下内容：银行产品的名称、式样、外形、色彩、识别暗记、银行产品提供者的名称和有关合法印章、签字、背书等。在将标准化产品推向市场时，应该同银行职员的个体行为及银行自身的视觉现象一同使用。银行职员的个体行为包括服务态度、应接技巧、服务水平、作业精神、行为礼仪、语言表达、业务技术等，银行自身的视觉形象则包括银行名称、标准字识、银行徽标、基准色调、广告语以及办公设备、建筑物、制服、交通工具、旗帜、招牌及广告制作等。

五、银行产品研发的战略选择

银行产品研发的战略选择可概括为研究银行应该发展哪些新产品和改进、淘汰哪些老产品。这实质上是两个相互关联的步骤：

（1）银行对产品的选择，即银行产品的选择战略，它要回答：在现有老产品中，哪些应该放弃、哪些应该维持、哪些应该渗透发展？是否应该开发一种新产品？

（2）银行在确定了产品后如何进一步制定开发规划，即银行的产品发展战略。其

中最重要的是对已选择的产品进行市场细分和目标营销市场的定位。上述两个步骤实际上蕴涵着产品选择的三种战略：产品差异战略、产品选择战略和产品发展战略。

（一）产品差异战略

差异化银行产品是指某家银行独自提供的，在产品功能、操作便利性上优于其他银行，与大众化有所不同的银行产品，它可以形成独自的市场。一般情况下，即使同类产品在市场上饱和，也不会出现威胁性的竞争对手。

银行将标准产品差异化应结合产品的特性进行。银行产品有五种层次：核心利益、形式产品、期望产品、延伸产品和潜在产品。银行产品的核心部分是客户实际需要的部分；形式产品是银行产品的有形部分和外在表现形式，是使客户利益和需要得以满足的方式，是核心利益的载体；期望产品是附属于核心利益的条件和属性；延伸产品则是在满足客户基本需要的基础上，能够体现不同银行形象和特色的一些附加条件。依据银行产品的上述五种层次，将银行产品差异化主要有以下方法：

（1）通过广告宣传和"美化装潢"。银行产品具有很大的同质性，虽然有些差异，但并不是很大。然而，其中某些产品由于包装或产品宣传力度不同，可能带来客户使用量的大幅提高。

（2）转变销售方式和加强售后服务。如对使用本银行产品的客户进行追踪服务，对其中个别地方根据客户需要加以完善，从而形成差异产品。

（3）增加银行产品的附加价值和特殊规格，以区别于其他银行的不同产品。

（二）产品选择战略

选择某项产品向客户提供的前提是对产品作出恰当的评价。评价方法主要有产品生命周期法、产品获利能力评价法、产品系列平衡法、四象限评价法等，这些方法的实质在于确定：在银行的所有资产中，哪些是最有希望盈利的，哪些是不赚钱乃至赔本的。

产品选择战略还涉及老产品整顿，包括老产品的改进与保留、老产品的淘汰和现有产品的组合。

1. 老产品的改进与保留

有些老产品正处于成熟期，产品已被客户广泛接受，市场处于鼎盛状态，但销售增长率减缓，为应付竞争对手，市场营销费用相应增加，产品利润稳定或下降。对此类银行产品应该采取保留与改进的策略，具体途径有三：

（1）改进产品，即银行通过增强产品稳定性、增加一些功能、扩大使用范围等途径以吸引新客户或使现有客户增加使用量。

（2）改进市场，即银行千方百计寻找新的客户和使现有客户多使用本银行的产品，以尽量维持市场占有率及抢占新的市场。

（3）改进服务，即尽量加强产品服务，改进服务质量。

2. 老产品的淘汰

任何一个产品都有其生命周期，都可能由银行的"摇钱树"变成"赔钱货"，原因有：客户爱好及习俗的变化；竞争产品大量涌入；出现更好的替代产品；产品改进后收效甚微；需求稳定，很难刺激新的需求；其他原因，如决策失误等。疲软产品既然不能为银行带来利润，继续维持下去就会成为银行沉重的包袱，严重影响银行的信誉。为此，应予以淘汰，策略有：

（1）立即放弃。若银行已准备好了新的接替品，或者该产品市场售价、销售量急剧下降导致亏损太大，或者该产品的继续存在将危害其他有发展前途的产品等，就应采取立即放弃战略。

（2）逐步放弃。为避免使客户和银行自身产生巨大"震荡"，亦可逐渐减少老产品供应量，增加新产品供应量，将投资从疲软产品逐渐转移到新产品上。

（3）自然淘汰。即银行不主动淘汰某些产品，而是让其自生自灭，完全遵循产品生命周期规律。自然淘汰策略具体又分为：纯粹的自然淘汰；将促销活动集中在最好的渠道和市场上，对维持市场销售量做最后的努力；暂不停止供应产品，一旦竞争对手退出则重新进入。

淘汰疲软产品要坚决，但切忌仅依据一个银行产品微利或亏损的现象就作出淘汰的决定。具体来说，它要求决策层回答以下问题：某一产品是不是在所有市场上都是疲软的？疲软产品是不是使银行损失最大？如果不是就应放弃淘汰战略，采取产品差异型或产品组合型产品战略。

3. 现有产品的组合

任何银行都同时拥有很多产品，包括新产品和老产品，这些产品具有不同的市场吸引力和利润率等。如果不及时调整产品结构，寻求较好的产品组合，则对银行收益有相当大的影响。所以，银行应该善于在新老产品之间、新产品之间和老产品之间保持一种合理的平衡。要保持这种平衡，实质上就是在近期利益与长远利益、降低成本与业务增长、高风险高利润与薄利多销等相互矛盾的目标之间得到平衡。当一种产品的风险发生时，能够从其他银行产品的收益中得到补偿。

（三）产品发展战略

产品发展战略是产品选择战略的继续，但它回答的是更深一层次、更细致的选择问题：即在确定产品后，如何发展这种产品？这又涉及两个问题：一个是银行的细分市场战略，另一个是银行产品的目标定位战略。

对银行细分市场战略来讲，主要是在四种方式中进行选择：银行的一种产品只对应一个客户群体；银行的一种产品对应多个客户群体；银行的多种产品对应一个客户群体；银行的多种产品对应多个客户群体。而对银行产品的目标定位战略来讲，主要是确定与竞争对手的产品相比，本银行的产品处于何种地位。

六、银行产品研发后的市场推广

银行产品营销推广的核心是以何种价格、何种方式向目标客户推介产品。

（一）银行产品定价

对任何产品，定价都是一个重要环节。产品定价是影响利润和销售量目标的主要因素，市场力量、成本结构及推广均影响价格水平。定价的最终任务是弥补成本支出，吸引足够的销售量，取得预定的利润与销量目标。在对银行产品定价时，主要考虑以下因素：客户需求迫切程度；与其他营销策略共同使用，以达到互补作用；产品的自动化程度以及提供服务的成本；银行希望达到的形象与专营程度的目标；产品的生命周期；政策和同业竞争等外部因素；市场存在类似产品时，考虑新产品价格对现有产品销量的影响、客户转向新产品的程度，以及满足需求的营销能力和组织能力。

对银行来说，产品定价主要表现为利率和费率两种类型。利率和费率的确定有三个限制条件：按监管部门规定的上下限来确定；尽可能实现较高的利润；符合客户的承受能力与预期。因此，确定银行产品的价格时，可采取如下策略：

（1）高价策略。主要在新产品推出初期使用。适用于有特别需要而又愿出高价的客户。

（2）渗透性定价。定出较低的价格以争取初始市场占有率，主要用于价格敏感和可薄利多销的市场，以及防止竞争者占据较多的市场。

（3）竞争性价格。当银行打算在某种服务或某一市场获得一定的经营经验时可采用此策略。

（4）追随型价格。跟随市场竞争者定价，而不考虑本身的成本和收入目标，以维持现有的市场占有率。

（5）亏损价格。用低价吸引客户的同时，可向客户推销其他更盈利的业务。

（6）差别价格，即对特殊市场制定特殊价格。

（7）价值定价。一种服务附加的好处越多，客户就感到价值越高，定价也可相应提高。

（8）关系定价。取决于客户对银行的全面关系而非某种单一业务关系，目的在于获得更高的综合收益。

（9）策略定价。旨在刺激需求和增加业务量，主要用在短期业务推广期间。

（10）成本定价。银行根据对可吸引最低业务量的估计确定一个价格，使银行可以取得规模经济效益，减少每笔业务的实际成本。

上述定价政策需根据产品生命周期的不同阶段和不同的市场条件使用。虽然银行需要保持价格政策基本稳定，但是也需要随着市场条件变化和产品生命周期的发展而不定期地审查价格政策。

（二）银行产品销售

1. 销售前的准备

在进行销售之前，客户经理可参阅下面的问题来确定是否拥有他所营销的产品的足够多的知识：产品是什么，它如何运作？产品如何针对客户的需求或状况？产品的基本特征和利润怎样？如何测定客户对此产品的适应程度？使用该产品的客户是哪些人？针对该产品，客户的决策者是谁？应该向客户问哪些问题来发现客户的需求，并引起客户对该产品的兴趣？客户会提出哪些异议？如何应付？会谈结束时应采取何种行动？在此领域内，主要竞争对手是谁？以前相关的案例怎样？该产品定价结构如何？该产品的相关专家是谁，或者说在银行内部向谁索取有关此产品的详尽信息？合同签订后多长时间启动该产品？协议签订前后的运作程序如何？最易获得的有关资料、手册和数据有哪些？

需要说明的是，客户经理在开展销售前所准备的产品知识必须与客户需求相吻合。只有了解客户需求目标、预算约束、存在问题和银行产品或服务相关的优越性等后，客户经理才能向客户推荐他们的产品和满足客户的需求。如果不能了解客户，客户经理就不能满足客户的需求，因此，在进行销售之前，还必须掌握尽可能多的客户的信息。有关客户的有价值的信息主要来源于银行的市场调查部门、公司年报、财务方面的资料、贸易方面的资料、其他客户提供的资料和客户自己提供的资料等。

在销售前，客户经理需注意的另外一个问题是，要做到全面部署，心中有数，对如何推广该产品有一个全面的计划。在计划中应详尽列出：该产品销售给谁？以什么方式销售？预算是多少？能带来多少收益？

2. 克服销售的阻力

虽然销售使客户经理有机会成为客户的指导和顾问，但并不是所有的客户经理都认同这种销售观念。对许多客户经理来说，销售的做法偏离了其原先选定的职业。以前，银行的客户经理在销售中所起的作用是不积极的，他们起的是"坐商"的作用，在等客上门。但在今天激烈的竞争环境之下，银行在全国范围内的经营管理赋予客户经理的角色以新的意义，将积极推销产品的活动当做公关管理的一部分，包含在基本的业务范围之内。这种由被动销售到主动销售的转变，是积极的营销方式激励的结果，而积极的营销之所以产生，根源在于银行业内部、外部的变化，包括非银行金融机构的竞争、国外银行的冲击、新技术的推动、客户日益复杂的现金管理方式和不断变化着的信贷环境等。

激烈的竞争环境使区域性银行和全国性银行转向重视非信用产品和与信用相关的产品的销售，在其营销计划中这是作为发展银行业务、扩大银行规模和维护客户关系的一种手段。那些原先把银行业务当做"与销售无关的职业"的客户经理们正在经历着这种转变。许多客户经理，包括从业多年和新进入本行业的，都深感要使这一日益表面化的职业上的矛盾得到调和是很困难的。对于银行产品的销售，很多人从根本上就抵触而不能接受，因为他们认为，销售就是倾力推销。既然把销售与倾力推销的策略联系在一起，自然就会将它视为与银行业务不相干或对银行业务没有价值。对客户经理来讲，这些阻力必须加以消除，尤其是思想的阻力（不认同市场经济条件下对客户经理职能的认识）必须加以克服。

（三）银行产品促销

客户拓展活动不仅要求客户经理开发满足客户需求的银行产品，制定适当的价格，使目标客户易于取得他们需要的银行产品，而且要求客户经理善于与目标客户沟通，开展促销活动，通过广告、人员推销、公共关系和营业推广等促销手段的综合运用向目标客户介绍产品的优点，说服和吸引客户接受产品，前来"购买"。

由于银行产品是无形的，不能很好地客观表现，因此，银行促销不仅要能反映银行产品与服务本身，而且要展现使用这些金融产品与服务给客户带来的实际利益。通过促销手段的适当组合与运用赢得客户信任，树立银行及客户经理的良好形象。银行产品的促销一般通过两个层次进行：

（1）通过总行的业务推广部门，负责广告预算，决定为达到银行目标所需要的支出，银行的公开宣传和公共关系活动一般也由总行控制。

（2）通过银行的分支机构进行，即通过直接邮寄宣传材料、分行展示和客户经理个人上门推销等形式推广。

1. 沟通

要推广业务，就需要加强与雇员、客户及潜在客户的沟通，内部与外部的沟通不足会影响销售量。要使沟通有效，必须具有以下特征：有趣味，足以引起注意；信息简单明确，可留下深刻印象；可信度强；刺激客户的消费欲。与此同时，也需要注意沟通对象（Who）、沟通内容（What）、沟通时间（When）、沟通地点（Where）和沟通方式（How）。

银行沟通可通过下列一种或多种渠道进行：全国性或地区性的报纸、专业杂志、刊物和银行年报、电视和广播、展览和室外张贴、公共关系、公开宣传和赞助活动。此外，也需要与在分支行层次进行的散发宣传小册子、个人销售、直接邮寄和地区性展览等活动相配合。

2. 广告宣传

广告宣传实质上是一种沟通渠道，它可以起通知、劝说、引起客户注意的作用，因而有助于产品销售。过去的广告宣传着重树立银行形象，当前则着重宣传本银行与其他银行的差别，同时也着重某项或一揽子金融产品的推销。例如，通知性的广告常用于产品生命周期的初级阶段，告知客户新产品或现有产品的新特征，有助于树立产品形象；劝说性广告用于竞争环境，直接与竞争对手的产品相比较，引导客户的偏好，以吸引客户转向；而对于已家喻户晓的产品，广告可提醒客户注意某些优点，以保持或增加市场占有率。

广告宣传需要与其他营销策略相配合。例如，有限时期的利率降低可能在短期内比广告宣传更能吸引客户，在大学内设置分支机构有助于与未来的专业人士保持长期联系。要在竞争中取胜，广告宣传必须可信，有含义，符合接受者的品味。不仅产品的特征和优点要符合目标客户的需要，所选择的宣传媒介也要符合目标客户的习惯。

广告宣传还要考虑经济效益，以最小的成本取得最大的盈利或销量。如果目标客户较少，电视广告就不太适合；如果产品的预期盈利性不高，也不宜选择昂贵的广告媒介。电视对于宣传大众化产品或传递公众形象信息较为有效。媒介选择也受所传递信息性质的影响；如果广告的内容复杂，或需不断重复，则电视广告太昂贵，而报纸广告则较适合。

制定广告宣传费用预算可采取四种方法：

（1）成本限制法，即限定成本支出的绝对额。

（2）预期销售比例法，即根据过去的经验，确定达到一定销售水平所需要的广告支出水平。在产品处于生命周期的饱和与下降阶段，这一方法则不适用。

（3）竞争匹配法，即简单追求与竞争者一致的广告，而未考虑其他营销策略的配合及其他广告宣传媒介的配合。

（4）客观评估法。分析广告宣传的目标，各种宣传媒介的配合及其各种选择的成本制定预算。

3. 公共关系

公共关系是指有意识、有计划、持续地建立和保持本机构与公众之间的相互了解。

从这一定义反映出建立公共关系的长期性、政策性和战略性，是一个主动塑造形象的过程。广告宣传是试图直接操纵购买者的意见，而公共关系则着重给出信息，确保本机构的经营活动被人理解。

良好的公共关系具有一些基本而重要的特征：公共关系沟通应该真诚，使公众产生信任；发布有价值的新闻以促进了解和产生影响。对银行来讲，公共关系应该支持银行的经营目标。例如，支持社会项目和有价值的教育活动，以及帮助与银行的重要客户直接或间接联系的组织。当通过公共关系部门反对某种反面宣传时，应谨慎行事，并采取负面影响最小的对策。

4. 宣传与赞助

可通过发表文章、通讯、评论、新闻，举行记者招待会和赞助活动进行宣传，树立银行形象，达到促销目的。采取这种方式的可信度较高，相当于免费广告宣传，特别是对那些对广告宣传反感的客户能产生积极影响。还可通过主动的新闻发布塑造良好的形象，以及抵消一些不利宣传的影响。此外，赞助活动也应该有良好的商业原因，可支持银行的营销活动，起到好的宣传效果，以及有助于提高银行的声望。

第六节 客户服务方案设计技能

客户服务方案是要递交给客户并希望获得认可的，为此方案应简洁明了，切忌长篇大论，不得要领，只要能解决以下三个问题即可：你是哪家银行，你要给客户提供什么产品；你能给客户带来什么收益。为追求视觉效果，增强方案对客户的吸引力，应将方案外观制作得尽可能美观，比如采取PPT。本节介绍两类建议书：一类是给工商企业的金融服务方案，该企业是政府部门采取资产划拨方式由多家发电企业及相关资产合并而成的大型发电集团。一类是给地方政府的金融服务方案，该政府为一家沿海开放城市的市政府。

石津煤电集团金融服务建议书

一、银行简介（略，本部分主要介绍银行的经营特色，不宜泛泛而谈）

二、对石津煤电集团金融需求的理解

（一）石津煤电集团

（1）我国新组建的独立发电企业集团之一，注册资本为120亿元，总资产达700亿元。

（2）拥有多家上市公司、流域水电公司及一批火力、水电企业，计23个内部核算企业和全资企业、45个控股企业、56个参股企业。

（3）在全部发电资产中，水电约为10%，火电约为90%。

（4）与其他电力集团之间在燃料、输配电方面为市场竞争关系。

（二）石津煤电集团发展的核心目标

资产划拨到位仅是石津煤电集团组建的第一步。资产整合及按照国际规范建立起完善的内部组织体系、投融资体系、管理架构，塑造有特色的企业文化，形成有比较优势的市场核心竞争力乃是当前及今后相当长一段时间紧迫的任务。

（三）实现集团发展目标的要点

（1）根据发电集团的行业特点，借鉴国外同类企业的先进经验，必要时借助专业化的外脑（咨询机构），进行集团架构的整体性规划设计。

（2）构建强有力的规划执行机构，推进规划方案在石津煤电集团内部的贯彻落实。

（3）理顺与新形势下电力监管部门的关系，适应新的监管环境。

（4）以市场化发展道路为方向，加强对旗下企业及其资产的整合能力。

（四）集团发展中的金融需求

1. 融资需求

（1）直接融资：

股权融资：

——通过旗下的上市公司，采取增发、配股等手段从资本市场上继续筹措资金。

——引入战略投资者，完善集团及下属企业的治理结构。

——通过股权的出让与受让，调整集团的资产结构，实现集团整体收益的最大化。

——组建新的主体，在境内外上市，进行股权融资。

债权融资：

——发行企业债券，包括人民币债券和外币债券。

——随着我国资本市场的发展，积极推行资产证券化工作。

（2）间接融资：

项目建设融资：

——电站建设需要银行融资。

——另外，电站建设的配套工程需要银行融资。

临时性融资：

——采购发电所需煤炭等原材料时需要银行融资。

设备采购融资：

——在工程建设期间的设备采购，可考虑使用境内银行贷款。

过桥性融资：

——在进行股权扩展、从事收购过程中，可向银行申请过桥性融资。

2. 资金管理

（1）集团总部与所属企业之间资金往来频繁，借助银行能够实现资金的收付清算。

（2）通过银行的理财服务，提高自身的资金收益水平。

（3）借助银行，逐步实现资金的集中统一管理，通过资金管理权限的逐步上收，实现成员单位的资金能够由集团统一监管和控制，从而实现集团内部资金的有效调剂和融通，提高财务集约化程度，加快资金周转，提高资金使用效率，降低财务运营风险，合理安排各币种头寸，降低利率和汇率风险，提高集团的整个资金管理水平，有效进行集团的资产负债管理。

3. 增值链服务

（1）为石津煤电集团提供配套服务的上下游企业众多，包括煤炭、建材、机械、施工及下游各用电客户，这些企业的直接需求也是石津煤电集团的间接需求。

（2）上下游企业存在着贷款、招投标保函、履约保函、保理等金融服务需求。若能为这些上下游企业提供专门的金融服务，也将是对石津煤电集团的有力支持。

（3）石津煤电集团所属职员个人存在着广泛的金融需求，集团若能在这方面为职工提供服务，将获得职工的积极响应，增强集团的凝聚力。

4. 顾问咨询

（1）石津煤电集团金融服务需求品种众多，所需资金构成复杂，需要专业人才提供咨询服务。

（2）为加强财务管理工作和提高员工工作水平，需要加强对财务人员的培训工作。

（3）组建集团的过程千头万绪，需要借鉴其他成功企业的先进经验，而银行由于与多类型众多企业业务往来频繁，可提供其他企业在此方面的成功做法，尤其是资金集中统一管理方面的经验。

三、金融服务方案

服务方案的主要内容：

1. 优质高效的本外币融资

（1）人民币中长期贷款。根据集团电站项目建设的需求，我行愿意提供中长期贷款，以支持项目建设，扩大集团规模。同时可为配套工程再提供贷款。

（2）集中统一授信。

——我行为解决集团临时性资金需求，可向集团提供一定的授信额度，授信品种包括短期贷款、信用证、保函、担保、承兑汇票等。

——授信额度由集团总部掌握，可由集团自身使用，也可授权下属成员单位使用。

——我行实行总分行联动服务模式，从组织上能保障授信额度在集团全国各地成员单位的使用，实现集团对银行授信的统一安排。

（3）外币贷款。对项目建设中国外设备的采购，我行可提供外币融资支持。

（4）过桥贷款。我行支持贵集团扩大生产能力，增加装机容量。在对外进行收购兼并时，我行可提供一揽子金融服务。

（5）银团贷款。我行可参加旨在向集团提供融资的银团贷款。可作为牵头行、管理行或代理行。目前，我行在国内银团贷款市场上拥有比较大的市场份额。

2. 专业化的资金管理服务

（1）支付结算服务。利用我行领先国内同业的对公结算产品，向集团及成员单位提供实时支付服务。通过该产品，在我行系统内的资金划拨，可实现瞬间到账、实时抵用，且安全可靠。

（2）集团资金集中统一管理。我行可协助集团搭建资金集中统一管理系统。在该系统中，由集团作为控制中心，集团成员作为被控制单位，依托我行网络，实现集团总部对成员单位资金的集中统一管理，包括对成员单位的资金收支进行控制。我行保证协调系统内分支机构实现对集团成员单位的服务。

（3）现金管理服务。

——人民币资金保值增值产品：协定利率存款、通知存款。

——外币资金保值增值产品：除提供外汇买卖、利率掉期等产品外，我行重点向集团提供结构性存款服务。

3. 延伸性的增值链服务

（1）为建设施工企业提供招投标保函、保理等在内的一揽子银行服务。

（2）为用电企业提供包括贷款、承兑、保理等在内的全线银行产品。

（3）为集团员工提供代发工资、个人消费信贷、个人理财、代收费用等个人金融业务。

4. 个性化的顾问咨询服务

（1）我行拥有一批高素质、从业经验丰富的员工队伍，利用他们的专业技能，可为贵集团提供个性化的财务、资金管理等方面的专业培训，也可为贵集团构建现代化的资金结算体系提供建设性意见。

（2）在贵集团资本经营战略研究、核心产业链构建、战略扩展等方面提供战略顾问服务。

（3）担当兼并收购顾问、筹融资顾问、财务与风险控制系统设计等专项财务顾问。

（4）借助证券、保险公司，可向贵集团提供全方位的金融服务，如利用证券公司，可向贵集团提供资本市场业务，而保险公司可向贵集团提供保险服务。

5. 特色金融服务——买方付息票据贴现与结构性存款

我行为贵集团量身定做买方付息票据贴现与结构性存款两项业务品种。

——买方付息票据贴现。从市场运行主体角度考虑，节约成本开支、走集约化经营道路必将取代计划经济时代发电企业重视成本管理不够的粗放式发展道路。

买方付息票据贴现业务能更大限度地降低企业运行成本。该项业务是指石津煤电集团所属发电企业与煤炭销售企业签订完毕买卖合同后，发电企业签发银行承兑汇票或商业承兑汇票，并承诺支付贴现利息，煤炭销售企业持未到期的汇票转让给银行，银行审核无误后，将票面金额全额支付给煤炭销售企业，并向发电企业来收取贴现利息。

——结构性存款。该项产品主要考虑到客户外币资金充裕、需要专业理财的需要。它是根据客户对收益的预期及对风险的承受能力，而为客户设计推荐具体的理财方案并由我行资金交易专业人员进行操作。在此业务项下，能保证客户在不损失本金的前提下，根据风险收益水平获得尽可能高的收益。

四、金融服务保障机制

1. 组织结构

（1）我行推行总分行密切配合的联动服务模式，从总行到相关分支机构均针对贵集团成立专门的服务小组，配置相关资源，在服务人员、金融产品、融资方案等方面给予充分保障。

（2）在总行成立石津煤电集团服务领导小组，由行领导挂帅，统一协调全行调配系统资源，保障实现对集团的优质、全面服务。

（3）由我行开源路支行作为主办行，具体负责对贵集团的日常服务，以感受我行服务之便利。

（4）集团成员单位所在地的我行相关机构成立专门的服务小组，负责对当地成员单位的金融服务。

（5）我行将保证以最优秀的人力资源为贵集团提供高效、快捷、便利的银行服务。

2. 金融服务小组特点

（1）具有卓越领导才能的我行总行高层及中层领导亲自参加，可保证向贵集团提供高效、有序的银行服务。

（2）集合了我行多个部门（会计结算部、公司业务部、信息科技部）及多家分支行的业务精英参加，可保证向贵集团提供全方位的金融服务。

（3）秉承"诚心、敬业、周到、创新"的专业服务精神。

（4）小组成员具备金融、财会、法律及银行业务的全面知识背景，在统一授信、银团贷款等领域有着丰富的从业经验，大多具有硕士及以上学位或高级技术职称。

（5）已成功为一批国内知名公司提供了个性化金融服务，获得企业好评。

××人民政府战略合作与金融服务建议书

一、前进中的××银行

（1）××银行的发展历史

（2）××银行的主要特色

（3）××银行的机构网络

（4）××银行已成为支持地方经济发展的重要力量

（5）××银行正在按照×××董事长的战略部署，为实现战略愿景而锐意改革，积极进取

二、××银行在××市

（一）××市作为中国改革开放政策和现代化建设先行先试的地区，创造了世界工业化、城市化、现代化史上的奇迹

××市是世界第四大集装箱港口、中国第四大航空港、中国第四大旅游城市，是中国第一个、世界第六个，也是发展中国家第一个被联合国教科文组织"设计之都"称号的城市。

高交会、文博会每年在××市举行，极大地提升了城市形象，推动了经济社会发展。第××届××运动会将于今年举办，××市成为该运动会史上最年轻的举办城市。

作为全国重要的证券资本市场中心，××市拥有两家证券交易所，银行、证券、保险业机构密度、外资金融机构数量以及从业人员比例均居全国前列。

中国政府发布的《××地区改革发展规划纲要》将××市定位为建设"国家综合配套改革试验区"、"全国经济中心城市"、"国家创新型城市"、"中国特色社会主义示范市"和"国际化城市"。

（二）××银行始终重视在××市的发展，为××市的经济发展已做出一定的贡献

已在××市建立起比较完善的机构网络，设有×家支行，为本系统内设置分支机构较多的分行之一。

以重点项目为切入点，大力支持事关××市经济社会发展的大企业、大项目，包括：市地铁集团有限公司、市能源集团等。

××银行对××市经济发展的支持力度在不断提升。正在为××市1万多家企事业单位和10万多名私人客户提供众多高端金融服务；在钢材贸易、机械加工、电池制造、建筑安装、建材批发等中小企业占主导地位的领域，也闪现着××银行的身影。

三、战略合作与金融服务建议

××银行愿意同××市政府建立战略合作关系，将××市作为重要战略合作城市和业务发展的重点支持区域，愿意继续在高新技术产业、现代物流业、金融服务业、创意文化产业等领域为××市进一步发展提供全方位的金融服务。

（一）加大对××市重大项目、重点工程和重点企业的金融服务力度，支持××市加快建设"全国经济中心城市"的步伐

对事关××市经济发展的重大项目和重点工程，××银行将优先提供信贷资金、结算、财务顾问等金融服务，并在信贷政策、信贷规模、业务运作效率和资源配置上给予优先支持。

针对××市重点企业的综合性金融需求，××银行将集合优秀团队，专门设计全方位的金融服务方案，并提供一揽子、一站式金融服务。

组织集团化、规模大型化、资金集中化、布局网络化是企业发展的重要特征。××银行将优先支持××市企业在这方面的金融需求。

产业整合与并购重组是企业做大、做强的重要途径。××银行在这方面也积累了丰富的经验，愿意为××市企业分享经验并直接提供金融服务。

（二）加大对深圳高新区入区企业及××市高科技企业的金融支持力度，促进××市高新技术产业的发展

××银行将采取信用、企业互保、第三方担保、货押、供应链融资等方式加强对××市高科技企业的信贷资金支持力度，采取辅导上市、财务顾问和资产管理等方式加强对××市高科技企业的融资支持力度。

针对高新企业具体特点，分别向重大科技项目、科技中小企业、科技园区、创业投资基金提供差异化、综合性金融服务。加大直接投资高新技术产业和其他技术创新企业的力度，积极参与企业孵化器的建设，积极参与设立创业投资基金或产业投资基金，促进本地企业的发展壮大。

搭建××银行与××市高科技企业对接服务平台，通过××银行的具体服务，支持××市高新技术园区基础设施建设和企业项目建设，积极探索多种融资模式，为进入园区建设企业和入园企业解决融资难问题。

（三）加大对××市机场、港口等交通基础设施及其配套企业的金融支持力度，做××市发展现代物流产业的有力促进者

××银行将继续加强对××市港口、铁路、集装箱中心站、航空港设施项目的支持

力度，推动珠三角区域经济一体化，发挥××市的龙头作用。

××银行将加大对船舶交易、船舶管理、航运经纪、航运咨询、船舶技术等各类航运服务企业的金融支持力度。

××银行将加大对仓储、物流等服务企业以及交通设施建设企业的支持力度，并积极整合系统内力量，为这些企业提供全方位的金融服务。

××银行将充分发挥综合业务优势，借助自己在国内外市场上的影响力与运作经验，为××市的物流企业参与市场竞争提供帮助，包括市场信息提供、业务商机介绍、海外上市辅导、产品出口融资、海外代理行等服务。

（四）把××市作为金融产品创新的实验地和创新金融产品的试用地，大力支持××市发展金融服务业

××银行将重点、有序开发跨机构、跨市场、跨产品的金融业务，加强与××市在项目收益债券、金融衍生产品、期货保税交割、外币债券、境外企业发行人民币股票、非上市公众公司股份转让、港深证券产品合作、银行间债市和交易所债市互联互通等创新领域的合作。

××银行将在并购贷款、离岸金融、融资融券、股指期货、国际融资、资产证券化、银行结算、企业重组、企业年金、个人金融、信托租赁、汽车金融等领域加大创新力度，并将这些创新产品率先在××市试用。

××银行将把旗下资产管理和直接投资板块的业务重点向深圳倾斜，积极参与××市的风险投资、产业基金设立等事业。

（五）积极探索支持创意文化产业的金融新途径，促进××市创意文化产业的发展

××银行积极丰富融资品种，创新融资质押方式（尝试以知识产权、企业无形资产和电影（电视、动漫）制作权的质押方式），逐步解决创意文化企业的融资问题。

××银行积极统驭旗下信托、资产管理等相关机构，为文化创意企业提供资金结算、机构理财、供应链融资、并购贷款、上市融资、私募集股权基金投资等综合性金融服务。

××银行积极与××市相关机构搭建合作平台，为创意文化企业提供批量化服务，并利用自身的金融专业力量，扩大××市创意文化产业及部分重点企业的知名度和品牌影响力。

（六）加大对××市环保、新能源项目的投入与支持力度，做××市发展低碳经济、循环经济的践行者

以项目的融资、建设、运营为依托，积极支持××市发展生物质能发电、太阳能发电、污水处理、垃圾焚烧发电等项目。

协调相关力量，加大对××市环保高科技企业的直接投资与辅导上市服务。

（七）加强与××市政府的全面金融合作，做××市发展高端金融产业的坚定支持者

××银行将重视从自身层面支持××市引进高端金融人才的工作，在年度人员招聘指标上优先倾斜。

××银行愿意协调系统内不同金融机构，与××市属金融企业结成合作伙伴，共同

发展。

××银行将集合系统内金融板块力量，加强对××市地方经济与金融的研究，为××市发展金融经济发展提供专业咨询建议。

××银行将加大对××市设立的各个政府平台公司的合作，支持这些企业在并购重组、产业整合、土地收储、业务扩张等领域的发展。

（八）关注民生、支持民生，为××市人民群众提供丰富、适用的全线金融产品

××银行将协调集团内对私业务板块，积极为××市人民群众提供包括理财、基金、保险、资本市场等金融产品。

××银行将针对深圳的经济特点与民众习惯，设计并提供有针对性的各种金融新产品。

××银行将加大对居民个人文化、物质消费领域的支持力度，提升民众生活水准。

××银行充分发挥自身优势，统领旗下涵盖整个金融领域的众多分、子公司，以更便捷、更优质的金融服务更多地融入××市人民群众的生活之中。

四、服务安排

（一）建立双方高层磋商机制，不断完善××银行服务××市经济金融发展的运作平台

××银行与××市政府签署战略合作协议，明确××银行对××市进行金融支持的范围、方式、手段等内容。

××银行与××市政府高层建立定期互访与沟通机制，交流信息与需求，谋求共同发展。

双方建立日常联系沟通机制，互相通报工作动态和重要信息，协调重大事项与相关业务，探求业务合作机会并具体落实相关合作事宜。

××市向××银行提供重点工程、项目及企业名单及相关信息，××银行则优先对名单内的重点工程、项目及企业提供金融支持。

（二）××银行将建立针对××市的金融服务保障机制，确保对××市金融服务的及时、到位

××银行推行总部与旗下各企业密切配合的联动服务模式，从总部到相关企业均针对贵市成立专门的服务小组，在服务人员、金融产品、融资方案等方面给予充分保障。

由××银行总部统一协调旗下各企业，调配系统内资源，保障实现对××市客户的优质、全面服务。

××银行××部作为日常联系机构，具体负责规划、部署系统内企业开展对××市公私客户的日常服务。

××银行将与下属各企业建立定期信息沟通机制，及时了解我银行在服务中存在的问题并予以改进。

五、结语

××银行愿意与××市紧密战略合作，实现共同发展！

第七节　财务报表分析技能

企业财务分析与评价的第一步是要读懂财务报表。

一、关于财务报表的 50 个判断

（1）财务报表与会计准则不是技术性的，其实质是利益的博弈，这在大型企业那里最能体现。TCL、建设银行等大型企业的整体上市催生财政部尽快制订并购准则。

（2）财务报表出了问题，就说明整个公司的方方面面都出现了问题。财务报表有欺诈，没有被披露并不等于人们心里不知道，因为一些人在共谋。精确并不代表正确，财务数据写到毫，却可能是财务欺诈。

（3）财务报表的每一项都可能导致整个报表生辉或失色——每一项都值得认真分析。

（4）审计承担法律责任，审阅则不承担，因而对财务预测应审慎看待。

（5）持续的是核心利润，偶然的是非正常损益。业绩不够，补贴来凑——光看利润数是不行的，应看主营利润。

（6）经营导致的是业绩，凡与经营无关的都不是业绩，非经营结果称为利得。瘟疫暴发时药品收入为利得，因为明年就没有了。

（7）代销不能算收入，只有风险与报酬均转移才能确认为收入。

（8）收入项是最易被操纵的，应重点关注。存货跌价减值准备回转是操纵利润的重要手段。

（9）能带来经济利益、为企业所拥有或控制、因交易或事项而形成、能以货币计量的就是资产，即能带来现金流入或能偿债能力的才是资产。如存货、应收账款不一定必然是资产，应先进行适当扣除。还要先区分核心资产与非核心资产。

（10）到期不能偿还债务就是破产，资不抵债并不必然破产，因而关键是看现金流量而非利润——现金为王。

（11）固定资产加速折旧有利于少缴税（因利润减少），但国内公司很少采用此法，因为它不关心多交多少税，只关心业绩。

（12）隐形负债干扰着人们对企业实力的判断力，如融资租赁在表外反映，企业负债率低是不可信的。里程奖励计划是航空公司的隐形负债，却不在资产负债表反映，如同时进行，则航空公司只有现金流出而无流入，因里程奖励计划破产的例子是有的。

（13）财务分析的基本理念：不要只看财务报表。分析的基本流程是战略—会计—财务—前景。

（14）不能孤立地看盈利的绝对数值，而是应画出曲线（波动程度）看盈利的成长性。广告促销与产品研发是两项重要的收入和利润调节项。

（15）固定资产过高会引起退出成本过高且对销售收入的敏感性强（销售收入一下

降就可能亏损）。

（16）企业现金流量为王（现金流至关重要）。只有自由现金流量才能用来归还银行贷款。所谓自由现金流，是指在为此正常经营之外可支配的现金流量。

（17）在分析报表之前，需先进行会计报表的信息甄别：谁编的（单位的考核机制如何）和怎么编的（权责发生制或其他）？有无造假的动机和机会？

（18）造血靠经营现金流，放血是投资现金流，输血是筹资现金流。

（19）流动资产小于流动负债的财务解释是短借长用。

（20）如果短期借款大于货币资金与下年的经营现金流入之和，则意味着企业存在资金缺口。

（21）人数、规模、销售收入、现金流量同项相差很大/市值反差很大的两家公司哪家优哪家劣，哪家强哪家弱？无法准确判断，尚需结合利润、资产结构等详细信息综合判断。

（22）业绩如何评价？从股东角度，看投入产出；从社会角度，看就业、所得税（员工多的企业个人所得税交得多）、养活的供应商/销售商数量。

（23）净资产收益率（净利润/净资产）是影响企业的重要投入产出指标。净资产乘以银行利率就约等于资本成本。经济增加值等于净利润减去资本成本（资金成本率乘以投资资本）。企业的投资收益只有大于资金成本才有可能盈利。

（24）经营现金流量大于净利润表明利润质量非常可靠。

（25）客户欠款（分关联方欠款和非关联方欠款）集中会凸显风险，在一年内巨额冲销会导致巨亏。这样做意味着前几年的盈利可能是假的——随意计提巨额坏账的公司值得关注。

（26）资产的持有利得是指与入账价值相比超出的溢价部分。资产要从产出角度考虑（能给企业带来经济利益），而不能单从控制角度出发。我国会计制度不反映溢价，而国际潮流是反映溢价的。

（27）报表最可能造假的一块就是如何反映资产减值。如果每股市价低于每股净资产，一般认为是低估了股票价值，但实质上这很可能是资产没有得到正确反映。

（28）减值导致利润减少，而计算税收时要把减值加上，因而企业没有减值的动力。加速折旧会使企业利润减少，如果税务按折旧后的利润征收，则会使企业可用资金增多，从而促进企业发展。

（29）客户经理应认真分析资产的质量而非数量，要能给企业资产科学地打折。资产确认存在两大难题。一是所有权难以确定。有些客户故意将一些资产放到表外反映。例如，企业当年利润任务未完成，可与友好客户签发一个将存货卖出的协议（之后转回，存货并未移库）即可。二是难以计量。例如，品牌、商誉很难精确计量，固定资产折旧年限、方法不一致，导致的结果也不一致。

（30）长期资产（发展的基础）、获利能力和经营现金流是最需要关注的三个方面。相应的三个指标是资产负债率、净资产报酬率、经营现金流/净资产。

（31）收益是资产的增值。两年净资产相减即为资产创利能力。

（32）"黑钱"和营业外收入转入主营业务收入会使毛利率突然增加，因而需要对毛利率突然增加进行详尽分析。

（33）高质量收益具有如下特征：不因会计政策变更而致利润大幅下降；销售能快速转化为现金；债务水平适当；主营业务收入占比高；收益创造过程中固定资产使用完好。

（34）一般而言，经营活动现金流量应大于净利润，如小于，则可能是一次性支出很多，如广告支出。广告、商誉摊销会减少当期利润。

（35）销售收入增加而管理成本下降，可能是企业故意隐藏成本摊销至以后而使当前利润增加。此时，可对企业长期利益是否受到威胁提出质疑。

（36）毛利率下降是企业最可怕的事情之一。此外，如下事项也需关注：应收款与销售收入不成比例的增长、应付款或期限的增加、无形资产额非正常上升、依赖于非核心业务、过去计提的准备金转回、对未来损失计提不足、借款异常增加、年末现金和易变现证券金额低、存货周转率低。

（37）经营现金流量为负值，如果流出用于季节性材料储备，则负值并无不妥；经营现金流量为正值，如果是主营业务带来的，则评价较好。投资现金流为正不符合企业发展规律，应仔细分析。

（38）企业原先采取加速折旧法，如突然变为直线折旧法，则往往意味着企业业绩下滑，用折旧来弥补盈利缺口。

（39）从财务报表项目的结构上，如流动资产与固定资产的比例，可以看出企业的财务偏好。报表反映的是结果，而结果是靠不住的，应重点关注过程，如资金/流动资产的周转速度。

（40）货币资金、应收票据、短期投资比较容易变现，一般被列为季节性流动资产。流动负债一般应用季节性流动资产来偿还。流动负债大于季节性流动资产的部分成为资金缺口，如果经常性流动资产不能及时变现，则借款到期就无法归还。

（41）只有具备银企关系良好（前提是企业好）、社会经济环境稳定（无关于公司的负面消息、无禽流感）、企业造血机制等三个必备条件，才能有适当资金缺口，否则企业会很难持续运行下去。

（42）现金为王。企业应该要现金而非利润。

（43）资产利润率小于贷款利率的项目是不能做的。收入与利润增长并不能证明该企业优良，还要看资本成本（债务成本和股权成本），要看是由多少资本造成的。

（44）企业价值等于未来收益的贴现。企业价值的增大取决于持续的盈利，而持续的盈利又取决于企业在产品市场和金融市场两方面都能成功。

（45）企业最终财务崩溃并不是因银行收贷导致资金链断裂，实际是由于企业自身财务不稳健造成的，是企业自己搞垮自己的，如德隆、中航油。

（46）会计用特有语言反映经济活动，是对过去交易成果的反映，会计收益不等于经济收益。此外，不同会计准则下的会计结果是不可比的。投资要考虑未来，应分析趋势。

（47）无形资产的本质是费用，是实力不够的表现；如果企业财务实力强，是不需要无形资产的。

（48）营运资本为流动资产减去流动负债，如营运资本为负值，则意味着公司大量借短期债务且用于长期项目。

（49）销售收入或净利润持续增长、经营现金流量持续下降，即增长曲线呈喇叭口形状的企业是比较危险的，一般很难坚持很久。

（50）经营杠杆与固定资产投资决策相关——在固定成本小的情况下，业务量的小变化能撬动大的营业利润，随着固定成本的增大，业务量的变化越来越难撬动营业利润的增加；财务杠杆与筹资决策（利息水平）相关。

二、资产负债表的解读

资产负债表反映的是公司在某一个特定时点，通常是某日（如年末、半年末、季度末、月末等）的全部资产、负债和所有者权益的状况，从而反映公司的投资的资产价值情况（资产方）和投资回报的索取权价值（负债和所有者权益方）。由于"资产＝负债＋所有者权益"，所以资产负债表的基本目标实际上是报告股东某时点在公司的净投资的账面价值或会计价值。资产负债表上的股东权益是账面价值，其一般与市场价值有差距。这种差距是因为投资者根据企业未来发展预期的判断所引起的。

评价企业最关键的是要看资产负债表的左边即资产（质量），看企业的造血功能，对银行尤其如此。资产负债表左边反映的是钱怎么花，越往下流动性越差；右边反映的是钱怎么来，越往下期限越长。

（一）解读资产负债表的注意事项

（1）资产负债表提供的是企业在某一特定时点财务状况的资料，表明企业在某一时点所能控制或拥有的经济资源、承担的义务和所有者对净资产的求偿权。它分左右两方，左方为资产方，右方为负债和所有者权益方，左右方列示金额相等。

（2）根据资产负债表可了解企业的短期及长期偿债能力。短期偿债能力取决于企业在短期内可以变现的资产数量是否不少于同期需要偿还的债务数量，因此可用流动资产减去流动负债后的差额大致衡量；长期偿债能力取决于债务在企业资金整体来源中所占的比例，以及企业的盈利状况，故负债所占的比例越高，长期偿债能力就越没保障。

（3）注意企业债务的期间匹配问题。短期负债一般只用于满足短期的资金需要，而长期负债既可以用于满足长期的资金需要，也可以用于短期资金中的固定部分（指不随生产规模变化而变化的资金需要，如工人工资、动力耗费等）。如靠短期负债解决长期资金需要或以短期债务满足短期资金需要，一旦遭遇到资金紧张的情况，就会使企业出现麻烦。

（4）对会计准则没有要求出现在资产负债表上但可能是很重要的项目也应予以特别关注。如经营性租赁的租赁费不要求作为一项负债在资产负债表上反映，但经营性租赁与融资租赁的界限比较模糊，为防止企业通过合约的安排使一项融资租赁看起来是经营租赁，从而影响对其偿债能力的判断，客户经理必须详细了解租赁的性质及租赁费的支出等情况。另外，由于会计制度的制定必然滞后于实践的发展，对一些新的融资工具尚没规定必须在资产负债表上反映。故需对企业的融资结构和方式作更深入的了解。

（5）关注表中各项目的确认基础。资产负债表通常按历史成本计量，但随着金融衍生工具的发展，会计准则允许对部分资产和负债按市场价值或成本价与市价孰低法计量，如股份公司的短期投资，这样就使同一张报表不同项目有了不同的确认基础。对于按同一原则进行计量的，也应关注其结构，如存货就需关注存货的种类及每类的期限等情况。

（二）资产负债表主要科目分析要点

（1）短期投资。短期投资的种类有哪些？这些投资是否做过质押？这些投资的实际价值（而不是购买价）是多少？

（2）应收账款。收回的比例有多大？账龄结构如何？应收账款是否集中于某几个客户或个别地区？坏账损失有多大？坏账准备金能否弥补坏账损失？

（3）存货。存货的构成（原材料还是产成品）如何？采取何种计价方法？存货是否购买了保险，是否作了抵押？存货的市场价格大致有多少？了解存货明细。

（4）长期投资。流动性如何？变现后的价值如何？采用何种计价方法？一般来讲，无实际控制权的长期投资，采取成本法核算；有实际控制权的长期投资，采取权益法核算。

（5）固定资产。各类固定资产的价值是多少？是否作了抵押？采取哪种折旧方法？实际价值多大？

（6）无形资产和递延资产。这类资产的价值是如何确定的？

（7）应付账款、应付票据。应付账款是否按合同规定金额付出？有多少应付票据，应付给谁？应付票据是如何产生的？关注期限、利率和到期日。

（8）或有负债。有多少或有负债？或有负债的债权人是谁？变为真实负债的可能性有多大？这些或有负债是否做过担保，以什么资产做担保？

（9）其他应收款。"其他应收款"是企业的"垃圾桶"，多为关联占款，如金额较大则比较麻烦。

（10）所有者权益。了解其中是否存在虚假成分。

三、损益表的解读

损益表反映公司在一段时期内，通常是一年、半年、一季度或一个月期间内，使用资产从事经营活动所产生的净利润或净亏损。由于公司编制损益表的依据是："销售收入－销售成本－经营费用－管理费用－财务费用－利息－所得税＝税后利润"，所以，净利润增加了投资者的价值，而净亏损减少了投资者的价值。由于损益表的编制依据"权责会计制"，因此，利润不等于现金。假定其他因素不变，如果"应收账款"太多，盈利的企业可能没有现金；如果"应付账款"增加，亏损的企业不一定没有现金。

损益表能够解释一部分资产、负债和所有者权益变化的原因。该表的逻辑基础是"收入减去费用等于利润"，但收入、费用的确认依据是权责发生制，而不是现金的流入与流出。因此，净利润高并不一定表示企业盈利状况好，也并不一定等于企业当年增加的现金，即高利润并不意味着高偿债能力，也不意味着企业有充足的现金。对企业偿债能力的分析，必须结合现金流量表进行。

实际工作中有些企业在人为地操纵损益表，借以给监管者及银行造成企业效益很好的假象。客户经理对此必须能够识别。企业操纵损益表的方式不外乎两种：时间上的操纵，即通过改变对经济活动的确认时间，影响损益数字在不同会计期间的分配；分类上的操纵，即通过选择不同的会计方法，改变经济活动在财务报表上的分类，如将资本项目作为当期损益直接进入费用、将经常项目列为非经常项目，或者反过来。具体来说有以下五种方式：

（1）对好消息和坏消息区别对待。如对盈利项目尽量作为主营业务反映，对亏损项目则尽量列入营业外收支或其他非经常项目中。

（2）熨平收益，以使别人产生经营风险小的印象。在收益比较低的年份将收益做高，或相反。方式有二：延迟或提前对收入和费用的确认时间；调整对经济活动的分类。如一家房地产公司年底时卖掉一栋楼，盈利 50 万元，它就可以通过安排收款时间来延迟或提前对收入和费用的确认时间来熨平收益，还可以把楼房作为存货出售以将收益计入主营业务利润（为经常项目），也可以把楼房作为自己使用的办公楼房（属于固定资产）出售以将收益计入营业外收入（为非经常项目）。

（3）一次性确认，即把今后可能的损失在当前一次性列出来，以使今后的收益状况比较好看。面临摘牌的上市公司如第一年亏损，第二年就可能把前几年难以回收的委托代销商品、盘亏报废的存货以及难以收回的货款、代垫款一并作为当年的管理费用列支，做成巨额亏损，但第三年就可能因负担减轻而实现账面或实际盈利，从而避免被摘牌的命运。

（4）会计方法的变更。如主管部门同意调整折旧政策而可能使净利润增加。这时，前后年份的报表具有不可比性，应加以调整。

（5）改变成本核算方法。典型的做法是不通过增加销售量而使净利润增加。具体方法是：将更多的动力、管理人员工资等制造费用分配给流动缓慢的项目，就会使更多的制造费用附着在存货中，形成资产的一部分，而不是很快进入产品销售成本成为当期损益的一部分，结果就会使当年的净利润被夸大。

四、利润分配表的解读

利润分配表作为损益表的附表，反映企业在一定期间对实现利润的分配情况。提取法定公益金、盈余公积金和任意盈余公积金只是对当期利润分配的一种限制，并不是对资金的实际占用，也不是将这部分资金单独从企业的资金周转中抽出，它们的具体存在形式既可能是现金，也可能是存货或固定资产。

未分配利润作为所有者权益的一个组成部分在资产负债表上列示。未分配利润与损益表末项"净利润"的关系是：

（1）净利润＋年初未分配利润＋盈余公积转入＝可供分配的利润

（2）可供分配的利润－提取法定盈余公积－提取法定公益金＝可供股东分配的利润

（3）可供股东分配的利润－应付优先股股利－提取任意盈余公积－应付普通股股利－转作资本的普通股股利＝未分配利润

五、财务报表的舞弊技术及其识别

谁有动机做舞弊报表？利益相关者都可能有动机。作弊手段多样且具有创造性，查处舞弊可从会计、经营、客户交往等方面的预警信号开始。单纯的财务报表分析无法得出科学的结论，必须借助于报表附注及相关的会计政策解读。账表是否相符是确定报表是否真实的基本方法，但实际中很难操作，因为客户不会给你账本。

（一）典型的财务报表舞弊技术及其识别

无论什么企业、在什么时候、以什么方式、用何种方式编制虚假财务报表，总是在资产、负债、所有者权益、收入、成本、费用、投资收益、税金、利润以及财务报表附注等财务数据与非财务数据等方面做文章，如虚增资产、隐匿负债、增加收入等。对客户经理而言，要做的事情包括：提高和掌握预防、识别、检查财务舞弊的知识与技能；深入了解客户经营管理状况，发现各种舞弊征兆；加强财务报表分析，看报表的主要项目金额前后各期是否发生异常、非经常性损益占利润总额的比重是否过大、会计利润与应税所得额差距是否过大、报表是否经过审计；保持应有的职业谨慎，不要轻易相信客户的口头保证；深入现场做好调研，同时利用会计师事务所的专家力量。

以下是典型的财务报表造假手段：

1. 资产项目虚假

（1）改变资产确认的条件，将不是企业拥有或控制的、不能给企业带来经济利益流入的、不能可靠地计量的资产确认为企业的资产入账；故意将资产提前或推迟确认时间，虚列或漏列资产价值。

（2）修改资产计量的标准，以计划成本、预计成本代替实际成本，少摊或多摊资产的使用损耗价值，以高估或低估资产的入账价值。

（3）虚构交易事项，同时虚增资产、负债和所有者权益，扩大资产总额。

（4）不按规定计提各种资产减值准备，不按公允价值反映资产的账面价值。

（5）对已确定的资产损失不予转销而挂账，导致账面价值大于实际价值。

2. 负债项目虚假

（1）改变负债的确认条件，对已经发生的应当履行的现时义务不列为负债；将不属于企业的债务列入负债，将债务作为接受投资，或者将接受的投资作为债务入账；将负债提前或推迟入账。

（2）变更负债计量的标准，不按实际发生的应付金额入账。

（3）通过关联方交易，滥用债务重组政策，冲销负债。

3. 所有者权益项目虚假

（1）实收资本虚假。比如，非现金资产投入资本以没有经过评估的价值入账。

（2）资本公积虚假。比如，通过虚增应收债权、无形资产及存货或虚假债务豁免而虚增资本公积，或者通过虚假评估增值和虚增受赠资产价值而扩大资本公积。

（3）盈余公积虚假。比如，已经发生盈余公积的支出或减少不列账冲销，或者用盈余公积弥补亏损不作转销。

4. 收入项目虚假

（1）和同行或者过去比，销售收入太高，销售退回或折扣过低，坏账准备明显不足。

（2）对外报告的收入中已经收回的现金明显偏低。

（3）根据收入测算的经营规模不断扩大，而存货急剧下降。

（4）应收账款的增幅明显高于销售收入增幅。

（5）当期确认坏账占过去几年收入比重明显偏高，或本期发生的退货占前期销售比重明显偏高。

（6）销售收入和经营活动现金流呈背离趋势。

（7）和收入相关的相关交易没有完整记录。

（8）最后时刻的收入调整极大改善当期经营业绩。

（9）不能提供证明收入的原始凭证。

（10）改变收入的确认条件，虚列收入或隐瞒收入。

（11）不按实际交易发生的金额确认销售收入。

（12）虚构交易或事项，或将预收账款作为收入。

5. 成本费用项目虚假

（1）和同行或者过去比，销售成本过低，降幅太大，销售退回或折扣过高。

（2）期末存货余额太高或增幅太大。

（3）存货和销售成本的相关交易没有完整和及时记录。

（4）期末的存货和销售成本调整对当期损益影响大。

（5）不能提供存货和销售成本的原始凭证。

（6）存货记录和盘点数字不符合。

（7）成本计算方法突然变动。

（8）将收益性支出作为资本性支出，不把当期费用留待以后分摊；人为调节成本费用，少计或多计当期费用。

（9）不以实际发生的成本费用入账；不按规定的年限、折旧率和原值计提固定资产折旧；对已经发生但尚未支付的费用不预提；待摊费用不按规定期限摊销。

（10）不按规定的成本对象归集和分配成本费用，随意改变成本计算方法、成本对象和存货成本的摊销及结转方法，少摊或多摊成本费用。

（11）应当在当期列支或摊销的费用不列支、期末不结转；应当于当期预提的支出、费用、税金不予计提或不予提足；把费用直接冲抵收入；随意压低或提高产品或商品销售成本。

（12）利用母子公司进行费用分担与费用转嫁，如母公司承担本应由子公司承担的各种费用。

6. 投资收益、利润等项目直接造假

（1）对于盈利的被投资企业，年末合并会计报表时，采用权益法核算，而对于亏损的被投资企业采取成本法核算。

（2）利用资产重组调节或转移利润。

（3）假借托管，以托管费用的高低人为调节利润。

（4）依靠收取资金占用费来冲减当期财务费用并进而逃避亏损。

（5）利用母子公司之间的不正常业务往来及其他非市场行为来调节利润。

（6）经营活动现金净流量增幅大于销售收入增幅，意味着企业将收益藏匿，一般放在递延收入中。

（二）上市公司财务报表的舞弊技术及其识别

上市公司是一类特殊的银行客户，分析其财务报表除按对一般企业进行财务分析的方法进行外，还应特别注意一些上市公司特有的"陷阱"。客户经理应该能够识别这些"陷阱"。

1. 上市公司财务报表的主要"陷阱"

（1）将产品销售给控股股东和非控股子公司。此类销售活动实际并未实现最终销售，然而对上市公司而言，却的确增加了销售收入。

（2）不同控股程度子公司间的销售安排。上市公司的不同控股程度的子公司如果经营同一业务，则上市公司可在不同子公司之间分配订单以达到调节利润的目的。比如，上市公司想增加利润，就可将全部订单交由控股程度高的子公司进行生产。

（3）上市公司溢价采购控股子公司产品或劳务，子公司的销售得以实现，该收益可确认为当期合并报表利润。对上市公司而言，可造成利润增加。

（4）对跨年度实现的销售，上市公司可通过在年度间分配利润来左右当年实现的利润。

（5）调整成本费用的不同项目，以达到调整费用比率进而提高利润水平的目的。比如有的上市公司将销售折扣列入销售费用，有的上市公司却单列为一项。

（6）对使用控股股东品牌的上市公司而言，上市公司按品牌产品销售额的一定比例向控股股东支付商标使用费。比例的高低就能影响到上市公司的利润水平。

（7）有些控股股东大量占用上市公司的资金，上市公司收取的利息是高是低也能影响到上市公司的利润水平。

（8）对于返还的所得税，有的上市公司按权责发生制入账，有的上市公司却按收付实现制入账。确认时间不同，上市公司的收益也不相同。

（9）对于实行垂直一体化的上市公司而言，如果不同环节所交增值税有所不同，则可通过内部转移价格来规避增值税，从而影响成本，进而影响利润。

（10）通过溢价向控股股东转让应收账款、存货等不良资产或用不良资产与控股股东成立合资公司，借以提高上市公司的当期收益。

（11）调节股权投资比率。根据企业会计准则规定，上市公司对于持股比例在20%以上的子公司采取权益法核算，20%以下则按成本法核算。有的上市公司利用这一规定，将连年亏损的子公司的持股比率减至20%以下，而将盈利的子公司的持股比率提高到20%以上。

（12）固定资产折旧占销售收入比重大的上市公司通过确定一个折旧比率的区间，可调节所提取的折旧金额。

（13）利用各类资产减值准备的提取与冲回具有回旋余地大的特点，做成不影响当期利润的结果。

2."陷阱"的识别

（1）对上市公司的控股股东及子公司作详细了解，并对其间的关联交易作深入分析。

（2）对各项新出台的会计政策及税收政策进行追踪，分析其对上市公司的影响。

（3）详细阅读上市公司披露的财务报告，尤其是会计报表附注。

六、财务指标的计算公式及说明

财务分析的常用方法是通过有关财务指标的计算，了解客户的财务状况。常用的计算公式，如表4-1所示。

表4-1 财务指标的计算公式及说明

指标	计算公式	说　明
盈利能力指标		
销售利润率	销售利润÷销售收入净额×100%	销售利润=销售收入净额-销售成本-销售费用-销售税金及附加。用来评价企业产品销售收入净额的盈利能力，表示每元销售收入所带来的净利润。指标越高，销售收入的盈利能力越强。
营业利润率	营业利润÷销售收入净额×100%	营业利润=销售利润-管理费用-财务费用。为息税前利润占销售收入的比重，表示每元销售收入所带来的利息、所得税和净利润。指标越高，销售收入的盈利能力越强。该比率越高，说明企业盈利水平越高。对企业连续几年的营业利润率加以比较分析，可以对其盈利能力的变动趋势作出评价。
总资产利润率	净利润÷总资产×100%	净利润与总资产的比例关系，表示每元总资产所带来的净利润。指标越高，总资产的盈利能力越强。
权益资本利润率（ROE）	净利润÷平均权益资本×100%	净利润与权益资本的比例关系，表示股东投入每元权益资本所带来的净利润。指标越高，股东权益资本的盈利能力越强。
净利润率	净利润÷销售收入净额×100%	该比率直接关系到企业未来偿还债务的能力和水平。
成本费用利润率	利润总额÷成本费用总额×100%	成本费用总额=销售成本+销售费用+财务费用+管理费用
在分析企业的盈利能力时，应将上述各个指标结合起来，综合评价企业盈利能力的高低及变动情况，引起变动的原因及其对企业将来的盈利能力可能造成的影响。		
营运能力指标		
总资产周转率	销售收入净额÷资产平均净额×100%	销售收入与资产的比例关系。表明总资产的使用效率，即每元资产所能带来的销售收入。指标越大，说明企业利用其全部资产进行经营的效率越高。反之越低。资产平均总额=（期初余额+期末余额）÷2。
固定资产周转次数	销售收入净额÷固定资产平均净值×100%	销售收入与固定资产的比例关系。表明固定资产的使用效率，即每元固定资产所能带来的销售收入。指标越大，固定资产使用效率越高；反之越低。固定资产平均净值=（期初余额+期末余额）÷2。

指标	计算公式	说　明
应收账款周转率	赊销收入净额÷应收账款平均余额×100%	应收账款平均余额＝（期初应收账款余额＋期末应收账款余额）÷2。通常来说，一定时期内应收账款周转次数越多，说明企业收回赊销账款的能力越强，应收账款的变现能力和流动性越强，管理工作的效率越高。
存货周转率	销货成本÷平均存货余额×100%	平均存货余额＝（期初存货余额＋期末存货余额）÷2。存货周转率越高，说明企业存货从资金投入到销售收回的时间越短。在营业利润率相同的情况下，存货周转率越高，获取的利润就越多。
资产报酬率	税前净利润÷资产平均总额×100%	该比率越高，说明企业资产的利用效率越高。
权益报酬率	利润总额÷有形净资产×100%	该比率越高，说明所有者投资的收益水平越高，营运能力越强，盈利能力也越强。

营运能力实际上是一种效率指标。

负债与长期偿债能力指标		
资产负债率	负债总额÷资产总额×100%	该指标表示企业资产对债权人权益的保障程度。比率越低，表明债权的保障程度越高，风险也越小。
负债与所有者权益比率	负债总额÷所有者权益×100%	该指标表示企业所有者权益对债权人权益的保障程度。比率越低，表明企业的长期偿债能力越强。但比率过低则意味着企业不能充分发挥财务杠杆作用。
负债与有形净资产比率	负债总额÷有形净资产×100%	有形净资产＝所有者权益－无形资产－递延资产。该指标表示有形净资产对债权人权益的保障程度。考虑的是企业清算时的情况。
权益乘数	平均总资产÷平均权益资本×100%	权益资本与总资产的比例关系。表示每元权益资本所支撑的总资产。指标越大，说明负债比例越高，反之越低。
权益负债比	平均权益资本÷平均长期负债×100%	权益资本与长期负债的比例关系。表示每元长期负债所对应的权益资本。指标越大，说明长期负债的程度越低，反之越高。
利息保障倍数	（税前利润＋利息费用）÷利息费用×100%	该比率越高，表明企业支付利息费的能力越高。其中，利息费用包括流动负债利息费用、长期负债中进入损益的利息费用和进入固定资产原价的利息费用，以及长期租赁费用等。
权益资产比	平均权益资本÷平均总资产×100%	股东权益资本占总资产的比重。指标越大，说明权益资本所占比重越高，负债比例越低。

除上述指标外，尚有一些因素对企业的长期偿债能力发生影响，如企业的现金流量、较长时期的经营租赁业务、或有负债、子公司状况等，需结合起来一同分析。

短期偿债能力指标		
流动比率	流动资产÷流动负债×100%	流动资产与流动负债的比例关系。表示每元流动负债有多少元流动资产做"抵押"。一方面反映企业流动负债的清偿能力，另一方面反映企业流动资产的流动性或变现能力。该比率高，不仅反映企业拥有的营运资金多，可用以抵偿短期债务，而且表明企业可以变现的资产数额大，债权人遭受损失的风险小。但比率过高，会影响到资产的使用效率和盈利能力。

指标	计算公式	说　明
速动比率	速动资产÷流动负债×100%	除了存货之外的流动资产与流动负债的比例关系。速动资产＝流动资产－存货－预付账款－待摊费用。表示每元流动负债有多少元更具变现性的流动资产做"抵押"。一方面反映企业流动负债的清偿能力，另一方面反映企业除存货外流动资产的变现能力。可用作流动比率的辅助指标。
现金比率	现金类资产÷流动负债×100%	现金类资产是速动资产扣除应收账款后的余额，包括货币资金和易于变现的有价证券，最能反映企业直接偿付流动负债的能力。
营运资金	流动资产－流动负债	负值说明企业是用流动负债支持部分长期资产。在分析时，要结合销售额、总资产才更有意义。
营运资本需求量比率	营运资金÷平均总资产×100%	营运资本需求量占总资产的比重，具有双重含义：一方面反映企业流动资产的变现能力，指标越大，变现能力越强；另一方面反映企业多出的流动资产占用资金的情况，指标越大，资金占用越多，特别是当流动资产中变现能力差的存货、应收款、预付款增加。
营运资本比率	平均非付息流动资产÷平均非付息流动负债×100%	企业经营性流动资产（无息的流动资产）与经营性流动负债（无息的流动负债）之间的比例关系。该指标越小，说明企业运用无息的流动负债来经营的能力越强，企业的资本成本越低，营运资本管理水平越高；反之，说明企业运用无息流动负债来经营的能力越弱，企业的资本成本越高，营运资本管理水平越低。
现金创造能力指标		
现金销售比	经营性净现金或销售获得的现金收入÷销售收入×100%	表示每元销售收入所含的经营性净现金或现金收入。指标越大，销售收入的经营性净现金含量或现金收入含量越高，反之越低。
净利润的现金含量	经营性净现金÷净利润的比例关系×100%	表明每元净利润所含的经营性净现金。指标越大，净利润的经营性净现金含量越高，反之越低。
总资产获现率	经营性净现金÷总资产×100%	表示每元总资产获取的经营性净现金。指标越大，总资产的"获现能力"越高，反之越低。
投入资本获现率	经营性净现金÷投入资本×100%	表示每元投入资本（权益资本和付息债务资本）获取的经营性净现金。指标越大，投入资本的"获现能力"越高，反之越低。
权益资本获现率	经营性净现金÷平均权益资本×100%	表示每元权益资本获取的经营性净现金。指标越大，权益资本的"获现能力"越高，反之越低。
增长指标		
净销售收入增长率	（当期销售收入－上期销售收入）÷上期净销售收入×100%	分别反映净销售收入、净利润、总资产、总负债和资产净值的增长速度。可将多个年份的增长速度对比分析，以了解其趋势变化情况。
净利润增长率	（当期净利润－上期净利润）÷上期净利润×100%	
总资产增长率	（当期总资产－上期总资产）÷上期总资产×100%	

续表

指标	计算公式	说　　明
总负债增长率	（当期总负债－上期负债）÷上期总负债×100%	
资产净值增长率	（当期资产净值－上期资产净值）÷上期资产净值×100%	
财富增值能力指标		
经济增加值（EVA）		在支付利息和股东合适报酬之后的"超额收益"或"剩余收益"。当指标为正，表示股东财富增值；反之损值；指标越大，表示企业的股东财富增值越多，反之越少。
市值面值比	股票价格÷股票面值×100%	当股票交易价格超过账面价值，说明投资者愿意支付比股票账面价值更高的价格来买卖股票，股票增值；反之，股票贬值。可见，该指标从资本市场投资的角度反映了企业是否为股东创造或增加价值。
投入资本效率（创值率）	经济增加值÷平均投入资本×100%	表示每元投入资本所产生的经济增加值。指标越大，投入资本创造价值的能力越强，反之越弱。
权益资本创值率	经济增加值÷平均权益资本×100%	表示每元权益资本所产生的经济增加值。指标越大，权益资本创造价值的能力越强，反之越弱。
资本市场表现指标		
每股利润	期末净利润÷发行在外的股份数×100%	表示一股所拥有的净利润。指标越高，说明每股的盈利能力越强，反之越低。
每股净资产	期末净资产÷期末股份数×100%	表示一股所拥有的净资产。指标越高，说明每股的净资产账面价值越高，反之越低。
每股现金流	税后经营性净现金÷发行在外的股份数×100%	表示一股所拥有的经营性净现金。指标越高，说明每股的"获现能力"越强，反之越弱。
每股分红	$\dfrac{净利润（1-留存收益比例）}{发行在外的股份数}$	现金分红与股份数之比。表示一股所分配到的净利润。指标越高，说明每股的盈利能力越强，反之越低。此外，DPS/EPS反映企业利润的分配比例——利润分红和利润留存的比例关系。
市盈率	每股价格÷每股净利润×100%	股价与每股净利润之间的倍数关系，表示每一元净利润支撑多少元的股票价格，或投资者愿意以多少元的股票价格来购买企业每一元的净利润。指标高低均具有正负面含义，比较复杂，需谨慎解读。一般而言，指标高可能说明企业前景好，低可能说明前景不好。但指标高也可能说明股价被高估，低可能说明股价被低估。
股价资产比	每股价格÷每股净资产×100%	股价与每股净资产之间的倍数关系，表示每一元净资产支撑多少元的股票价格，或投资者愿意以多少元的股票价格来购买企业每一元的净资产。一般而言，指标高可能说明股价高估，低可能说明股价低估。但指标高也可能说明企业前景好，低可能说明前景不好。
股价与现金比	每股价格÷每股经营性净现金×100%	股价与每股经营性净现金之间的倍数关系，表示每一元经营性净现金支撑多少元的股价，或投资者愿意以多少元的股票价格来购买企业每一元的经营性净现金。一般而言，指标高可能说明股价被高估，低可能说明股价被低估。但指标高也可能说明企业前景好，低可能说明前景不好。

第八节　现金流量表编制技能

现金流量表反映公司在一段时期内从事经营活动、投资活动和筹资活动所产生的现金流量。因此，该报表分别报告公司"来自经营活动的现金流量"（如净利润、折旧、摊销、递延所得税、流动资产与流动负债之差，等等）、"来自投资活动的现金流量"（如资本性支出、并购支出、出售资产、投资回收，等等）和"来自筹资活动的现金流量"（长短期负债增减、配股、增发新股、利息和股利支出，等等）。三类现金均有："流入"、"流出"、"净流入"之分：现金流入 - 现金流出 = 现金净流入

来自经营性活动的现金净流入量简称"净营业现金流"，它是由企业正常的经营活动产生的，与企业"出售资产"、"银行借款"、"发行股票"或"发行债券"无关。因此，净营业现金流是企业现金流量表的最重要组成部分，其信息的含义对企业高层经理、投资者、银行和政府主管机关，都具有重要的政策启示。

一、现金流量表的编制步骤

现金流量表的编制依据是会计恒等式及其变形，可分未进行利润分配和进行利润分配两种情况分别进行编制。

（一）在未进行利润分配情况下的编制步骤

该种情况的编制前提是净利润全额结转到盈余公积和未分配利润科目，资产负债表盈余公积和未分配利润科目的本年增加数等于损益表的本年度净利润数。具体编制步骤为：

（1）检查并调整资产负债表和损益表，保证资产负债表真实、准确和完整，保证损益表有关栏目准确地结转至资产负债表。

（2）计算资产负债表各项目的本年增加数。本年增加数等于期末数减去期初数。

（3）验证下列公式是否成立：净利润 = △盈余公积 + △未分配利润。若上述公式不成立，则可能是以下原因所致：企业可能进行过利润分配，按"利润分配情况下的编制步骤"操作；损益表净利润科目的结转有错误，或企业提供的是假报表。调整资产负债表，直至上述等式成立；若经过上述调整仍无法使等式成立，则下列的差额按利润分配处理，按"利润分配情况下的编制步骤"操作：利润分配 = 本年净利润 - △（盈余公积 + 未分配利润）。

（4）将资产负债表各项目的本年增加数和损益表的各项目填入现金流量表，并按表格的提示计算现金净流量。

（二）利润分配情况下的编制步骤

在进行利润分配的情况下，结转到资产负债表的为利润分配表最末一项"未分配利润"。但由于企业的利润分配表通常难以得到，故在损益表的净利润结转时，需作技术处理。编制步骤如下：'

（1）检查并调整资产负债表和损益表，保证资产负债表真实、准确和完整，保证损益表有关栏目准确地结转至资产负债表。

（2）计算资产负债表各项目的本年增加数。本年增加数等于期末数减去期初数。

（3）计算利润分配数。利润分配 = 净利润 − △（盈余公积 + 未分配利润）。

（4）将资产负债表各项目的本年增加数和损益表的各项目填入现金流量表，将计算得到的"利润分配"填入现金流量表，按表中提示计算净现金流量。

二、计算填表所需的现金流量数据的简单方法

现金流量表中所列现金净流量等于经营活动的现金净流量、投资活动的现金净流量与融资活动的现金净流量之和，也等于现金流入量减去现金流出量。

表 4 − 2　计算填表所需的现金流量数据的简单方法

	现金流入	现金流出
经营活动的现金流量	销货现金收入	购货现金支出
	利息与股息收入	营业费用现金支出
	增值税销项税款和出口退税	支付利息
	其他业务现金收入	交纳所得税
		其他业务现金支出
投资活动的现金流量	出售证券（不包括现金等价物）	购买有价证券
	出售固定资产	购置固定资产
	收回对外投资本金	
融资活动的现金流量	取得短期与长期贷款	偿还借款本金
	发行股票和债券	分配现金股利

三、现金流量表的具体编制

现金流量表中列示各项与资产负债表、损益表中列示各项存在对应关系，故根据资产负债表和损益表可计算出现金流量表中各项数据，即可根据资产负债表、损益表编制现金流量表。

表 4 − 3　资产负债表

编制单位：　　　　　　　　　　　　　　　　　　　　　　　　　　　　单位：万元

资产	行次	期初	期末	负债及所有者权益	行次	期初	期末
流动资产：				流动负债：			
货币资金	1			短期借款	42		
短期投资	2			应付票据	43		
减：投资跌价准备	3			应付账款	44		

续表

资产	行次	期初	期末	负债及所有者权益	行次	期初	期末
短期投资净额	4			预收账款	45		
应收票据	5			代销商品款	46		
应收股利	6			应付工资	47		
应收利息	7			应付福利费	48		
应收账款	8			应付股利	49		
减：坏账准备	9			应交税金	50		
应收账款净额	10			其他应交款	51		
预付账款	11			其他应付款	52		
应收补贴款	12			预提费用	53		
其他应收款	13			一年期长期负债	54		
存货	14			其他流动负债	55		
减：存货跌价准备	15						
存货净额	16						
待摊费用	17						
待处理流动资产净损失	18			流动负债合计	56		
一年期长期债权投资	19			长期负债：			
其他流动资产	20			长期借款	57		
流动资产合计	21			应付债券	58		
长期投资：				长期应付款	59		
长期股权投资	22			住房周转金	60		
长期债权投资	23			其他长期负债	61		
长期投资合计	24						
减：长投减值准备	25						
长期投资净额	26			长期负债合计	62		
固定资产：				递延税项：			
固定资产原价	27			递延税项贷项	63		
减：累计折旧	28						
固定资产净值	29			负债合计	64		
工程物资	30			股东权益			
在建工程	31			股本	65		
固定资产清理	32			资本公积	66		
待处理固定资产净损失	33			盈余公积	67		
固定资产合计	34			其中：公益金	68		
无形资产及其他资产				未分配利润	69		
无形资产	35						

续表

资产	行次	期初	期末	负债及所有者权益	行次	期初	期末
开办费	36						
长期待摊费用	37						
其他长期资产	38						
无形及其他资产合计	39						
递延税项：							
递延税项借项	40			股东权益合计	70		
资产总计	41			负债和股东权益总计	71		

表 4 - 4 损益表

编制单位： 　　　　　　　　　　　　　　　　　　　　　　　　　单位：万元

项目	行次	金额
一、主营业务收入	1	
减：折扣与折让	2	
主营业务收入净额	3	
减：主营业务成本	4	
主营业务税金及附加	5	
二、主营业务利润	6	
加：其他业务利润	7	
减：存货跌价损失	8	
营业费用	9	
管理费用	10	
财务费用	11	
三、营业利润	12	
加：投资收益	13	
补贴收入	14	
营业外收入	15	
减：营业外支出	16	
加：以前年度损益调整	17	
四、利润总额	18	
减：所得税	19	
五、净利润	20	

表4-5　现金流量表

编制单位（人）：　　　　　　　　　　　　　　　　　　　　　　单位：万元

项目	行次	金额
一、经营活动的现金流量		
1. 销售所得现金	1	
销售收入净额（损益3）	2	
减：应收票据本年增加数（5）	3	
应收账款净额本年增加数（10）	4	
销售所得现金	5	
2. 购货所付现金	6	
产品销售成本（损益4）	7	
加：销售税金及附加（损益5）	8	
存货净额本年增加数（16）	9	
存货跌价损失（损益8）	10	
减：应付票据本年增加数（43）	11	
应付账款本年增加数（44）	12	
购货所付现金	13	
3. 其他业务所得现金	14	
其他业务利润（损益7）	15	
加：补贴收入（损益14）	16	
营业外收入（损益15）	17	
以前年度损益调整（损益17）	18	
预收账款本年增加数（45）	19	
代销商品款本年增加数（46）	20	
其他应交款本年增加数（51）	21	
其他应付款本年增加数（52）	22	
其他流动负债本年增加数（55）	23	
长期应付款本年增加数（59）	24	
其他长期负债本年增加数（61）	25	
递延税项贷项本年增加数（63）	26	
减：营业外支出（损益16）	27	
预付账款本年增加数（11）	28	
应收补贴款本年增加数（12）	29	
其他应收款本年增加数（13）	30	
待处理流动资产净损失本年增加数（18）	31	
其他流动资产本年增加数（20）	32	
递延税项借项本年增加数（40）	33	

项目	行次	金额
其他业务所得现金	34	
4. 管理费用现金支出	35	
管理费用（损益10）	36	
加：待摊费用本年增加数（17）	37	
减：应付工资本年增加数（47）	38	
应付福利费本年增加数（48）	39	
预提费用本年增加数（53）	40	
住房周转金本年增加数（60）	41	
管理费用现金支出	42	
5. 营业费用现金支出	43	
营业费用（损益9）	44	
6. 交纳所得税	45	
所得税（损益19）	46	
减：应交税金本年增加数（50）	47	
交纳所得税现金支出	48	
经营活动的现金净流量	49	
二、投资活动的现金流量		
1. 投资活动现金流入	50	
投资收益（损益13）	51	
2. 固定资产投资现金支出	52	
固定资产现金净值本年增加数（29）	53	
加：工程物资本年增加数（30）	54	
在建工程本年增加数（31）	55	
固定资产清理本年增加数（32）	56	
待处理固定资产净损失本年增加数（33）	57	
固定资产投资现金支出	58	
3. 投资支付的现金	59	
短期投资净额本年增加数（4）	60	
应收股利本年增加数（6）	61	
应收利息本年增加数（4）	62	
一年期长期债权投资本年增加数（19）	63	
长期投资净额本年增加数（26）	64	
无形资产本年增加数（35）	65	
开办费本年增加数（36）	66	

续表

项目	行次	金额
长期待摊费用本年增加数（37）	67	
其他长期资产本年增加数（38）	68	
投资支付的现金	69	
投资活动的现金净流量	70	
三、融资活动的现金净流量		
应付利息本年增加数	71	
减：财务费用（损益11）	72	
加：短期借款本年增加数（42）	73	
一年期长期负债本年增加数（54）	74	
长期借款本年增加数（57）	75	
应付债券本年增加数（58）	76	
股本本年增加数（65）	77	
资本公积本年增加数（66）	78	
应付股利本年增加数（49）	79	
减：利润分配	80	
融资活动的现金净流量	81	
四、现金流量净增加额	82	

注：括号内有"损"字的为损益表内有关行次；无"损"字的为资产负债表内有关行次。

表4-6 现金流量表内各行次的关系

项目	经营活动	投资活动	融资活动	现金净流量
关系	$49 = 5 - 13 + 34 - 42 - 44 - 48$	$70 = 51 - 58 - 69$	81	$82 = 49 + 70 + 81$

第五章

通晓规则

人人都应遵守规则。客户经理在营销活动中也需遵守一些规则，此即所谓"无规矩不成方圆"。规则有两类，一类是必须遵守的强制性规则，主要由法律、法规和制度组成。一类是鼓励遵守的自律性规则（实际上也是应该遵守的），主要由行业协会制定的相关规则组成。"以法为鉴可以晓规则"，本章主要介绍一些强制性和自律性规则。

第一节　强制性规则

强制性规则是指由国家、监管部门及银行自己颁布的要求客户经理必须遵守的规则。遵纪守法是对客户经理开展客户营销活动的基本要求。客户经理首先应在法律法规和规章制度规定的范围内开展活动。《商业银行法》、《金融违法行为处罚办法》等法律法规和规章制度对客户经理的营销活动提出了规范性要求。除本节所节录的相关规定外，监管部门对银行的具体业务也有一些相应的管理办法与要求，客户经理可找原文来学习。此外，每家银行内部也都有相关的制度规定，有些银行还制定有《员工违反规章制度处理办法》。对这些内部文件，客户经理都应认真学习并严格遵守。

一、《金融违法行为处罚办法》的有关规定

金融机构不得出具与事实不符的信用证、保函、票据、存单、资信证明等金融票证。对违反票据法规定的票据，不得承兑、贴现、付款或者保证。

办理存款业务，不得有下列行为：擅自提高利率或者变相提高利率，吸收存款；明知或者应知是单位资金，而允许以个人名义开立账户存储；擅自开办新的存款业务种类；吸收存款不符合中国人民银行规定的客户范围、期限和最低限额；违反规定为客户多头开立账户；违反中国人民银行规定的其他存款行为。

办理贷款业务，不得有下列行为：向关系人发放信用贷款；向关系人发放担保贷款的条件优于其他借款人同类贷款的条件；违反规定提高或者降低利率以及采用其他不正当手段发放贷款；违反中国人民银行规定的其他贷款行为。

从事拆借活动，不得有下列行为：拆借资金超过最高限额；拆借资金超过最长期限；不具有同业拆借业务资格而从事同业拆借业务；在全国统一同业拆借网络之外从事同业拆借业务；违反中国人民银行规定的其他拆借行为。

不得违反国家规定从事证券、期货或者其他衍生金融工具交易，不得为证券、期货或者其他衍生金融工具交易提供信贷资金或者担保，不得违反国家规定从事非自用不动产、股权、实业等投资活动。不得占压财政存款或者资金。不得为证券、期货交易资金清算透支或者为新股申购透支。不得允许单位或者个人超限额提取现金。

经营外汇业务的金融机构，不得有下列行为：对大额购汇、频繁购汇、存取大额外币现钞等异常情况不及时报告；未按照规定办理国际收支申报。

二、《中华人民共和国银行业监督管理法》的有关规定

银行业金融机构有下列情形之一，由国务院银行业监督管理机构责令改正，有违法所得的，没收违法所得，违法所得 50 万元以上的，并处违法所得 1 倍以上 5 倍以下罚款；没有违法所得或者违法所得不足 50 万元的，处 50 万元以上 200 万元以下罚款；情节特别严重或者逾期不改正的，可以责令停业整顿或者吊销其经营许可证；构成犯罪的，依法追究刑事责任：未经批准设立分支机构的；未经批准变更、终止的；违反规定从事未经批准或者未备案的业务活动的；违反规定提高或者降低存款利率、贷款利率的。

三、《中华人民共和国商业银行法》的有关规定

商业银行有下列情形之一，对存款人或者其他客户造成财产损害的，应当承担支付迟延履行的利息以及其他民事责任：无故拖延、拒绝支付存款本金和利息的；违反票据承兑等结算业务规定，不予兑现，不予收付入账，压单、压票或者违反规定退票的；非法查询、冻结、扣划个人储蓄存款或者单位存款的；违反本法规定对存款人或者其他客户造成损害的其他行为。

商业银行有下列情形之一，由国务院银行业监督管理机构责令改正，有违法所得的，没收违法所得，违法所得 50 万元以上的，并处违法所得 1 倍以上 5 倍以下罚款；没有违法所得或者违法所得不足 50 万元的，处 50 万元以上 200 万元以下罚款；情节特别严重或者逾期不改正的，可以责令停业整顿或者吊销其经营许可证；构成犯罪的，依法追究刑事责任：未经批准设立分支机构的；未经批准分立、合并或者违反规定对变更事项不报批的；违反规定提高或者降低利率以及采用其他不正当手段，吸收存款，发放贷款的；出租、出借经营许可证的；未经批准买卖、代理买卖外汇的；未经批准买卖政府债券或者发行、买卖金融债券的；违反国家规定从事信托投资和证券经营业务、向非自用不动产投资或者向非银行金融机构和企业投资的；向关系人发放信用贷款或者发放担保贷款的条件优于其他借款人同类贷款的条件的。

商业银行有下列情形之一，由中国人民银行责令改正，有违法所得的，没收违法所得，违法所得 50 万元以上的，并处违法所得 1 倍以上 5 倍以下罚款；没有违法所得或者违法所得不足 50 万元的，处 50 万元以上 200 万元以下罚款；情节特别严重或者逾期不改正的，中国人民银行可以建议国务院银行业监督管理机构责令停业整顿或者吊销其经营许可证；构成犯罪的，依法追究刑事责任：未经批准办理结汇、售汇的；未经批准在银行间债券市场发行、买卖金融债券或者到境外借款的；违反规定同业拆借的。

未经国务院银行业监督管理机构批准，擅自设立商业银行，或者非法吸收公众存

款、变相吸收公众存款，构成犯罪的，依法追究刑事责任；并由国务院银行业监督管理机构予以取缔。

商业银行工作人员利用职务上的便利，索取、收受贿赂或者违反国家规定收受各种名义的回扣、手续费，构成犯罪的，依法追究刑事责任；尚不构成犯罪的，应当给予纪律处分。有前款行为，发放贷款或者提供担保造成损失的，应当承担全部或者部分赔偿责任。

商业银行工作人员利用职务上的便利，贪污、挪用、侵占本行或者客户资金，构成犯罪的，依法追究刑事责任；尚不构成犯罪的，应当给予纪律处分。

商业银行工作人员违反本法规定玩忽职守造成损失的，应当给予纪律处分；构成犯罪的，依法追究刑事责任。违反规定徇私向亲属、朋友发放贷款或者提供担保造成损失的，应当承担全部或者部分赔偿责任。

单位或者个人强令商业银行发放贷款或者提供担保的，应当对直接负责的主管人员和其他直接责任人员或者个人给予纪律处分；造成损失的，应当承担全部或者部分赔偿责任。商业银行的工作人员对单位或者个人强令其发放贷款或者提供担保未予拒绝的，应当给予纪律处分；造成损失的，应当承担相应的赔偿责任。

四、《商业银行集团客户授信业务风险管理指引》的有关规定

商业银行对集团客户授信应当遵循以下原则：

（1）统一原则。商业银行对集团客户授信实行统一管理，集中对集团客户授信进行风险控制。

（2）适度原则。商业银行应当根据授信客体风险大小和自身风险承担能力，合理确定对集团客户的总体授信额度，防止过度集中风险。

（3）预警原则。商业银行应当建立风险预警机制，及时防范和化解集团客户授信风险。

商业银行对集团客户授信，应当由集团客户总部（或核心企业）所在地的分支机构或总行指定机构为主管机构。主管机构应当负责集团客户统一授信的限额设定和调整或提出相应方案，按规定程序批准后执行，同时应当负责集团客户经营管理信息的跟踪收集和风险预警通报等工作。

一家商业银行对单一集团客户授信余额不得超过该商业银行资本净额的15%。否则将视为超过其风险承受能力。当一个集团客户授信需求超过一家银行风险的承受能力时，商业银行应当采取组织银团贷款、联合贷款和贷款转让等措施分散风险。计算授信余额时，可扣除客户提供的保证金存款及质押的银行存单和国债金额。

商业银行在给集团客户授信时，应当进行充分的资信尽职调查，要对照授信对象提供的资料，对重点内容或存在疑问的内容进行实地核查，并在授信调查报告中反映出来。调查人员应当对调查报告的真实性负责。

商业银行对跨国集团客户在境内机构授信时，除了要对其境内机构进行调查外，还要关注其境外公司的背景、信用评级、经营和财务、担保和重大诉讼等情况，并在调查报告中记录相关情况。

商业银行在给集团客户授信时，应当注意防范集团客户内部关联方之间互相担保的风险。对于集团客户内部直接控股或间接控股关联方之间互相担保，商业银行应当严格审核其资信情况，并严格控制。

商业银行在对集团客户授信时，应当在授信协议中约定，要求集团客户及时报告被授信人净资产10%以上关联交易的情况，包括但不限于：

（1）交易各方的关联关系；

（2）交易项目和交易性质；

（3）交易的金额或相应的比例；

（4）定价政策（包括没有金额或只有象征性金额的交易）。

商业银行给集团客户贷款时，应当在贷款合同中约定，贷款对象有下列情形之一的，贷款人有权单方决定停止支付借款人尚未使用的贷款，并提前收回部分或全部贷款本息，并依法采取其他措施：

（1）提供虚假材料或隐瞒重要经营财务事实的；

（2）未经贷款人同意擅自改变贷款原定用途，挪用贷款或用银行贷款从事非法、违规交易的；

（3）利用与关联方之间的虚假合同，以无真实贸易背景的应收票据、应收账款等债权到银行贴现或质押，套取银行资金或授信的；

（4）拒绝接受贷款人对其信贷资金使用情况和有关经营财务活动进行监督和检查的；

（5）出现重大兼并、收购重组等情况，贷款人认为可能影响到贷款安全的；

（6）通过关联交易，有意逃废银行债权的；

（7）商业银行认定的其他重大违约行为。

商业银行应当加强对集团客户授信后的风险管理，定期或不定期开展针对整个集团客户的联合调查，掌握其整体经营和财务变化情况，并把重大变化的情况登录到全行的信贷管理信息系统中。

集团客户授信风险暴露后，商业银行在对授信对象采取清收措施的同时，应当特别关注集团客户内部关联方之间的关联交易。有多家商业银行贷款的，商业银行之间可采取行动联合清收，必要时可组织联合清收小组，统一清收贷款。

商业银行在给集团客户授信前，应当通过查询贷款卡信息及其他合法途径，充分掌握集团客户的负债信息、关联方信息、对外对内担保信息和诉讼情况等重大事项，防止对集团客户过度授信。

商业银行给集团客户授信后，应当及时将授信总额、期限和被授信人的法定代表人、关联方等信息登录到银行业监督管理机构或其他相关部门的信贷登记系统，同时应做好集团客户授信后信息收集与整理工作，集团客户贷款的变化、经营财务状况的异常变化、关键管理人员的变动以及集团客户的违规经营、被起诉、欠息、逃废债、提供虚假资料等重大事项必须及时登录到本行信贷信息管理系统。

商业银行应当根据集团客户所处的行业和经营能力，对集团客户的授信总额、资产负债指标、盈利指标、流动性指标、贷款本息偿还情况和关键管理人员的信用状况等，设置授信风险预警线。

五、《流动资金贷款管理暂行办法》的相关规定

贷款人应合理测算借款人营运资金需求，审慎确定借款人的流动资金授信总额及具体贷款的额度，不得超过借款人的实际需求发放流动资金贷款。贷款人应根据借款人生产经营的规模和周期特点，合理设定流动资金贷款的业务品种和期限，以满足借款人生产经营的资金需求，实现对贷款资金回笼的有效控制。

贷款人应将流动资金贷款纳入对借款人及其所在集团客户的统一授信管理，并按区域、行业、贷款品种等维度建立风险限额管理制度。

贷款人应根据经济运行状况、行业发展规律和借款人的有效信贷需求等，合理确定内部绩效考核指标，不得制订不合理的贷款规模指标，不得恶性竞争和突击放贷。

贷款人应与借款人约定明确、合法的贷款用途。流动资金贷款不得用于固定资产、股权等投资，不得用于国家禁止生产、经营的领域和用途。流动资金贷款不得挪用，贷款人应按照合同约定检查、监督流动资金贷款的使用情况。

贷款人有下列情形之一的，中国银行业监督管理委员会可采取《中华人民共和国银行业监督管理法》规定的监管措施：

（1）流动资金贷款业务流程有缺陷的；

（2）未将贷款管理各环节的责任落实到具体部门和岗位的；

（3）贷款调查、风险评价、贷后管理未尽职的；

（4）对借款人违反合同约定的行为应发现而未发现，或虽发现但未及时采取有效措施的。

贷款人有下列情形之一的，中国银行业监督管理委员会除按采取必要的监管措施外，还可根据《中华人民共和国银行业监督管理法》对其进行处罚。

（1）以降低信贷条件或超过借款人实际资金需求发放贷款的；

（2）未按本办法规定签订借款合同的；

（3）与借款人串通违规发放贷款的；

（4）放任借款人将流动资金贷款用于固定资产投资、股权投资以及国家禁止生产、经营的领域和用途的；

（5）超越或变相超越权限审批贷款的；

（6）未按本办法规定进行贷款资金支付管理与控制的。

六、《固定资产贷款管理暂行办法》的相关规定

贷款人应将固定资产贷款纳入对借款人及借款人所在集团客户的统一授信额度管理，并按区域、行业、贷款品种等维度建立固定资产贷款的风险限额管理制度。贷款人应与借款人约定明确、合法的贷款用途，并按照约定检查、监督贷款的使用情况，防止贷款被挪用。

贷款人有下列情形之一的，银行业监督管理机构可根据《中华人民共和国银行业监督管理法》采取监管措施：

（1）固定资产贷款业务流程有缺陷的；

（2）未将贷款管理各环节的责任落实到具体部门和岗位的；

（3）贷款调查、风险评价未尽职的；

（4）未按本办法规定对借款人和项目的经营情况进行持续有效监控的；

（5）对借款人违反合同约定的行为未及时采取有效措施的。

贷款人有下列情形之一的，银行业监督管理机构除按本办法第三十八条规定采取监管措施外，还可根据《中华人民共和国银行业监督管理法》规定对其进行处罚：

（1）受理不符合条件的固定资产贷款申请并发放贷款的；

（2）与借款人串通，违法违规发放固定资产贷款的；

（3）超越、变相超越权限或不按规定流程审批贷款的；

（4）未按本办法规定签订贷款协议的；

（5）与贷款同比例的项目资本金到位前发放贷款的；

（6）未按本办法规定进行贷款资金支付管理与控制的；等等。

七、《项目融资业务指引》的相关规定

贷款人从事项目融资业务，应当充分识别和评估融资项目中存在的建设期风险和经营期风险，包括政策风险、筹资风险、完工风险、产品市场风险、超支风险、原材料风险、营运风险、汇率风险、环保风险和其他相关风险。

贷款人从事项目融资业务，应当以偿债能力分析为核心，重点从项目技术可行性、财务可行性和还款来源可靠性等方面评估项目风险，充分考虑政策变化、市场波动等不确定因素对项目的影响，审慎预测项目的未来收益和现金流。

贷款人应当按照国家关于固定资产投资项目资本金制度的有关规定，综合考虑项目风险水平和自身风险承受能力等因素，合理确定贷款金额。

贷款人应当根据项目预测现金流和投资回收期等因素，合理确定贷款期限和还款计划。

贷款人应当按照中国人民银行关于利率管理的有关规定，根据风险收益匹配原则，综合考虑项目风险、风险缓释措施等因素，合理确定贷款利率。贷款人可以根据项目融资在不同阶段的风险特征和水平，采用不同的贷款利率。

贷款人应当要求将符合抵、质押条件的项目资产和/或项目预期收益等权利为贷款设定担保，并可以根据需要，将项目发起人持有的项目公司股权为贷款设定质押担保。贷款人应当要求成为项目所投保商业保险的第一顺位保险金请求权人，或采取其他措施有效控制保险赔款权益。

贷款人应当采取措施有效降低和分散融资项目在建设期和经营期的各类风险。

贷款人应当以要求借款人或者通过借款人要求项目相关方签订总承包合同、投保商业保险、建立完工保证金、提供完工担保和履约保函等方式，最大限度降低建设期风险。

贷款人可以以要求借款人签订长期供销合同、使用金融衍生工具或者发起人提供资金缺口担保等方式，有效分散经营期风险。

贷款人可以通过为项目提供财务顾问服务，为项目设计综合金融服务方案，组合运

用各种融资工具，拓宽项目资金来源渠道，有效分散风险。

贷款人应恰当设计账户管理、贷款资金支付、借款人承诺、财务指标控制、重大违约事项等项目融资合同条款，促进项目正常建设和运营，有效控制项目融资风险。

贷款人应当根据项目的实际进度和资金需求，按照合同约定的条件发放贷款资金。贷款发放前，贷款人应当确认与拟发放贷款同比例的项目资本金足额到位，并与贷款配套使用。

贷款人应当对贷款资金的支付实施管理和控制，必要时可以与借款人在借款合同中约定专门的贷款发放账户。

采用贷款人受托支付方式的，贷款人在必要时可以要求借款人、独立中介机构和承包商等共同检查设备建造或者工程建设进度，并根据出具的、符合合同约定条件的共同签证单，进行贷款支付。

贷款人应当与借款人约定专门的项目收入账户，并要求所有项目收入进入约定账户，并按照事先约定的条件和方式对外支付。

贷款人应当对项目收入账户进行动态监测，当账户资金流动出现异常时，应当及时查明原因并采取相应措施。

在贷款存续期间，贷款人应当持续监测项目的建设和经营情况，根据贷款担保、市场环境、宏观经济变动等因素，定期对项目风险进行评价，并建立贷款质量监控制度和风险预警体系。出现可能影响贷款安全情形的，应当及时采取相应措施。

八、《商业银行并购贷款风险管理指引》的相关规定

商业银行应在全面分析战略风险、法律与合规风险、整合风险、经营风险以及财务风险等与并购有关的各项风险的基础上评估并购贷款的风险。商业银行并购贷款涉及跨境交易的，还应分析国别风险、汇率风险和资金过境风险等。

商业银行全部并购贷款余额占同期本行核心资本净额的比例不应超过50%。商业银行对同一借款人的并购贷款余额占同期本行核心资本净额的比例不应超过5%。并购的资金来源中并购贷款所占比例不应高于50%。并购贷款期限一般不超过五年。

商业银行应要求借款人提供充足的能够覆盖并购贷款风险的担保，包括但不限于资产抵押、股权质押、第三方保证，以及符合法律规定的其他形式的担保。

原则上，商业银行对并购贷款所要求的担保条件应高于其他贷款种类。以目标企业股权质押时，商业银行应采用更为审慎的方法评估其股权价值和确定质押率。

商业银行应根据并购贷款风险评估结果，审慎确定借款合同中贷款金额、期限、利率、分期还款计划、担保方式等基本条款的内容。

九、《商业银行内部控制指引》的相关规定

商业银行设立新的机构或开办新的业务，应当事先制定有关的政策、制度和程序，对潜在的风险进行计量和评估，并提出风险防范措施。

商业银行的业务部门应当对各项业务经营状况进行经常性检查，及时发现内部控制存在的问题，并迅速予以纠正。

　　商业银行各级机构应当防止授信风险的过度集中，通过实行授信组合管理，制定在不同期限、不同行业、不同地区的授信分散化目标，及时监测和控制授信组合风险，确保总体授信风险控制在合理的范围内。

　　商业银行应当对单一客户的贷款、贸易融资、票据承兑和贴现、透支、保理、担保、贷款承诺、开立信用证等各类表内外授信实行一揽子管理，确定总体授信额度。

　　商业银行对集团客户授信应当遵循统一、适度和预警的原则。对集团客户应当实行统一授信管理，合理确定对集团客户的总体授信额度，防止多头授信、过度授信和不适当分配授信额度。商业银行应当建立风险预警机制，对集团客户授信集中风险实行有效监控，防止集团客户通过多头开户、多头借款、多头互保等形式套取银行资金。

　　商业银行应当建立统一的授信操作规范，明确贷前调查、贷时审查、贷后检查各个环节的工作标准和尽职要求：

　　（1）贷前调查应当做到实地查看，如实报告授信调查掌握的情况，不回避风险点，不因任何人的主观意志而改变调查结论。

　　（2）贷时审查应当做到独立审贷，客观公正，充分、准确地揭示业务风险，提出降低风险的对策。

　　（3）贷后检查应当做到实地查看，如实记录，及时将检查中发现的问题报告有关人员，不得隐瞒或掩饰问题。

　　商业银行对关联方的授信，应当按照商业原则，以不优于对非关联方同类交易的条件进行。在对关联方的授信调查和审批过程中，商业银行内部相关人员应当回避。

　　商业银行应当严格审查和监控贷款用途，防止借款人通过贷款、贴现、办理银行承兑汇票等方式套取信贷资金，改变借款用途。

　　商业银行应当严格审查借款人资格合法性、融资背景以及申请材料的真实性和借款合同的完备性，防止借款人骗取贷款，或以其他方式从事金融诈骗活动。

　　商业银行应当建立授信风险责任制，明确规定各个部门、岗位的风险责任：

　　（1）调查人员应当承担调查失误和评估失准的责任。

　　（2）审查和审批人员应当承担审查、审批失误的责任，并对本人签署的意见负责。

　　（3）贷后管理人员应当承担检查失误、清收不力的责任。

　　（4）放款操作人员应当对操作性风险负责。

　　（5）高级管理层应当对重大贷款损失承担相应的责任。

　　商业银行应当对违法、违规造成的授信风险和损失逐笔进行责任认定，并按规定对有关责任人进行处理。

　　商业银行应当建立完善的客户管理信息系统，全面和集中掌握客户的资信水平、经营财务状况、偿债能力和非财务因素等信息，对客户进行分类管理，对资信不良的借款人实施授信禁入。

十、《商业银行金融创新指引》的相关规定

　　商业银行推出金融创新产品和服务，应做到制度先行，制定与每一类业务相适应的操作规程、内部管理制度和客户风险提示内容，条件成熟的应制定产品手册。

商业银行应遵守法律法规的要求及与客户的约定，履行必要的保密义务。

商业银行开展金融创新活动，应为客户提供专业、客观和公平的意见，要按相应法律要求，特别重视并忠实履行对客户的义务和责任。

商业银行应能识别并妥善处理好金融创新引发的各类利益冲突，公平地处理银行与客户之间、银行与第三方服务提供者之间的利益冲突。

商业银行应严格界定和区分银行资产和客户资产，进行有效的风险隔离管理，对客户的资产进行充分保护。

商业银行应建立适合创新服务需要的客户资料档案，做好客户对于创新产品和服务的适合度评估，引导客户理性投资与消费。

十一、《商业银行授信工作尽职指引》的相关规定

商业银行应关注和搜集集团客户及关联客户的有关信息，有效识别授信集中风险及关联客户授信风险。

商业银行应对客户提供的身份证明、授信主体资格、财务状况等资料的合法性、真实性和有效性进行认真核实，并将核实过程和结果以书面形式记载。

商业银行对客户调查和客户资料的验证应以实地调查为主，间接调查为辅。必要时，可通过外部征信机构对客户资料的真实性进行核实。

商业银行应酌情、主动向政府有关部门及社会中介机构索取相关资料，以验证客户提供材料的真实性，并作备案。

客户资料如有变动，商业银行应要求客户提供书面报告，进一步核实后在档案中重新记载。

对客户资料补充或变更时，授信工作人员之间应主动进行沟通，确保各方均能够及时得到相关信息。授信业务部门授信工作人员和授信管理部门授信工作人员任何一方需对客户资料进行补充时，须通知另外一方，但原则上须由业务部门授信工作人员办理。

商业银行应了解和掌握客户的经营管理状况，督促客户不断提高经营管理效益，保证授信安全。

当客户发生突发事件时，商业银行应立即派员实地调查，并依法及时做出是否更改原授信资料的意见。必要时，授信管理部门应及时会同授信业务部门派员实地调查。

商业银行应督促授信管理部门与其他商业银行之间就客户调查资料的完整性、真实性建立相互沟通机制。对从其他商业银行获得的授信信息，授信工作人员应注意保密，不得用于不正当业务竞争。

商业银行应根据不同授信品种的特点，对客户申请的授信业务进行分析评价，重点关注可能影响授信安全的因素，有效识别各类风险。主要授信品种的风险提示参见《附录》中的"主要授信品种风险分析提示"。

商业银行应认真评估客户的财务报表，对影响客户财务状况的各项因素进行分析评价，预测客户未来的财务和经营情况。必要时应进行利率、汇率等敏感度的分析。

商业银行应对客户的非财务因素进行分析评价，对客户公司治理、管理层素质、履

约记录、生产装备和技术能力、产品和市场、行业特点以及宏观经济环境等方面的风险进行识别。

商业银行应对客户的信用等级进行评定并予以记载。必要时可委托独立的、资质和信誉较高的外部评级机构完成。

商业银行授信实施后，应对所有可能影响还款的因素进行持续监测，并形成书面监测报告。重点监测以下内容：

（1）客户是否按约定用途使用授信，是否诚实地全面履行合同；

（2）授信项目是否正常进行；

（3）客户的法律地位是否发生变化；

（4）客户的财务状况是否发生变化；

（5）授信的偿还情况；

（6）抵押品可获得情况和质量、价值等情况。

第二节　自律性规则

自律性规则是指行业协会或其他中介组织确定的要求客户经理应该遵守的规则。这些规则虽然没有强制性，但客户经理也应严格遵循。此外，"潜规则"一词颇为流行。对客户经理来讲，也有一些"潜规则"应该遵循。

一、中国银行业协会关于从业人员的相关规定

中国银行业协会在银行自律性管理方面做了大量工作，制定并颁布了很多自律性规定，包括《中国银行业文明规范服务工作指引》、《中国银行业反商业贿赂承诺》、《中国银行业从业人员道德行为公约》、《中国银行业反不正当竞争公约》、《中国银行业从业人员流动公约》、《中国银行业自律公约》、《中国银行业维权公约》、《中国银行业文明服务公约》、《银行业从业人员职业操守》等。其中，《银行业从业人员职业操守》对银行从业人员如何正确处理与客户、同事、所在机构、同业、监管者的关系等，都做了原则性规定。这些规定既然适合所有银行从业人员遵守，当然也适合客户经理遵守。特别是其中关于如何正确处理与客户的关系一节，尤其适合客户经理。本书就主要对"职业操守"进行介绍。

（一）基本操守

"职业操守"认为银行从业人员应当坚持诚实信用、守法合规、专业胜任、勤勉尽职、保护商业秘密与客户隐私、公平竞争等规则。具体说就是：应当以高标准职业道德规范行事，品行正直，恪守诚实信用；应当遵守法律法规、行业自律规范以及所在机构的规章制度；应当具备岗位所需的专业知识、资格与能力；应当勤勉谨慎，对所在机构负有诚实信用义务，切实履行岗位职责，维护所在机构商业信誉；应当保守所在机构的商业秘密，保护客户信息和隐私；应当尊重同业人员，公平竞争，禁止商业贿赂。

（二）处理客户关系时应该坚持的操守

"职业操守"对此共规定了十七条。主要内容是：

（1）要熟知业务，尤其要熟知向客户推荐的金融产品的特性、收益、风险、法律关系、业务处理流程及风险控制框架。

（2）在业务活动中，不向客户明示或暗示诱导客户规避金融、外汇监管规定。

（3）遵守业务操作指引，遵循银行岗位职责划分和风险隔离的操作规程，确保客户交易安全。

（4）妥善保存客户资料及其交易信息档案。在受雇期间及离职后，均不违反关于客户隐私保护的相关规定，不透露任何客户资料和交易信息。

（5）坚持诚实守信、公平合理、客户利益至上的原则，正确处理业务开拓与客户利益保护之间的关系，科学处理潜在利益冲突。

（6）在业务活动中不将内幕信息以明示或暗示的形式告知法律和所在机构允许范围以外的人员，不利用内幕信息获取个人利益，也不基于内幕信息为他人提供理财或投资方面的建议。

（7）履行对客户尽职调查的义务，了解客户账户开立、资金调拨的用途以及账户是否会被第三方控制使用等情况。同时，根据风险控制要求，了解客户的财务状况、业务状况、业务单据及客户的风险承受能力。

（8）遵守反洗钱有关规定，在严守客户隐私的同时，及时按照所在机构的要求，报告大额和可疑交易。

（9）在接洽业务过程中，应当衣着得体、态度稳重、礼貌周到。对客户提出的合理要求尽量满足，对暂时无法满足或明显不合理的要求，应当耐心说明情况。

（10）公平对待所有客户，不因客户的国籍、肤色、民族、性别、年龄、宗教信仰、健康或残障及业务的繁简程度和金额大小等方面的差异而歧视客户。

（11）对向客户所推荐的产品及服务涉及的法律风险、政策风险以及市场风险等进行充分的提示，对客户提出的问题应当本着诚实信用的原则给予答复。

（12）明确区分其所在机构代理销售的产品和由其所在机构自担风险的产品，对代销产品必须以明确的、足以让客户注意的方式向其提示被代理人的相关信息。

（13）对客户所在区域的信用环境、所处行业情况以及财务、经营、担保物、信用记录等情况进行尽职调查、审查和授信后管理。

（14）熟知"依法协助执行"的义务，在严格保守客户隐私的同时，按法定程序积极协助执法机关的执法活动，不泄漏执法活动信息，不协助客户隐匿、转移资产。

（15）收、送礼物，应当确保在政策法律及商业习惯允许范围内，且其价值不超过法规和所在机构规定允许的范围，不得是现金、贵金属、消费卡、有价证券等违反商业习惯的礼物，不因礼物的收、送而对业务办理产生影响。

（16）邀请客户或应客户邀请进行娱乐活动或提供交通工具、旅行等其他方面便利应符合政策法规规定并且属于行业惯例，不会让接受人因此产生对交易的义务感，这些活动一旦被公开也不至于影响所在机构的声誉。

（17）耐心、礼貌、认真处理客户的投诉。

（三）处理与同事关系时应该坚持的操守

"职业操守"对此共规定了三条，强调了要尊重同事、团结合作和互相监督，尤其是要尊重同事，不因同事的国籍、肤色、民族、年龄、性别、宗教信仰、婚姻状况或身体健康或残障而进行任何形式的骚扰和侵害，禁止带有任何歧视性的语言和行为，不得擅自向他人透露工作中接触到的同事的个人隐私，不以任何方式予以贬低、攻击、诋毁、不当引用、剽窃同事的工作成果。

（四）处理与所在机构关系时应该坚持的操守

"职业操守"对此共规定了九条，主要内容包括：

（1）忠于职守，遵纪守法，保护所在机构的商业秘密、知识产权和专有技术，自觉维护所在机构的形象和声誉。

（2）对所在机构的纪律处分有异议时，应当按照正常渠道反映和申诉。

（3）离职时，应当按照规定妥善交接工作，不得擅自带走所在机构的财物、工作资料和客户资源。离职后，仍保守原所在机构的商业秘密和客户隐私。

（4）遵守有关兼职的政策规定。在允许的兼职范围内，妥善处理兼职岗位与本职工作之间的关系，不得利用兼职岗位为本人、本职机构或利用本职为本人、兼职机构谋取不当利益。

（5）爱护机构财产，不将公共财产用于个人用途，不以任何方式损害、浪费、侵占、挪用、滥用所在机构的财产。

（6）外出工作时应当节俭支出并诚实记录，不得向所在机构申报不实费用。

（7）安全使用电子设备。

（8）遵守关于接受媒体采访的规定，不擅自代表所在机构接受新闻媒体采访，或擅自代表所在机构对外发布信息。

（9）对所在机构违反法律法规、行业公约的行为，有责任予以揭露，同时有权利、义务向上级机构或所在机构的监督管理部门直至国家司法机关举报。

（五）处理与同业人员关系时应该坚持的操守

"职业操守"对此共规定了四条，主要内容包括：

（1）互相尊重，不发表贬低、诋毁、损害同业人员及同业人员所在机构声誉的言论，不捏造、传播有关同业人员及同业人员所在机构的谣言，或对同业人员进行侮辱、恐吓和诽谤。

（2）通过日常信息交流、参加学术研讨会、召开专题协调会、参加同业联席会议以及银行业自律组织等多种途径和方式，促进行业内信息交流与合作。

（3）坚持同业间公平、有序竞争原则，在业务宣传、办理业务过程中，不得使用不正当竞争手段。

（4）不泄露本机构客户信息和本机构尚未公开的财务数据、重大战略决策以及新的产品研发等重大内部信息或商业秘密，也不得使用不正当手段刺探、窃取同业人员所在机构尚未公开的财务数据、重大战略决策和产品研发等重大内部信息或商业秘密、知识产权和专有技术。

（六）处理与监管者关系时应该坚持的操守

"职业操守"对此共规定了四条，主要内容包括：

（1）严格遵守法律法规，对监管机构坦诚和诚实，与监管部门建立并保持良好的关系，接受银行业监管部门的监管。

（2）积极配合监管人员的现场检查工作，及时、如实、全面地提供资料信息，不得拒绝或无故推诿，不得转移、隐匿或者毁损有关证明材料。

（3）按监管部门要求的报送方式、报送内容、报送频率和保密级别报送非现场监管需要的数据和非数据信息，并建立重大事项报告制度。

（4）不向监管人员行贿或介绍贿赂，不以任何方式向监管人员提供或许诺提供任何不当利益、便利或优惠。

二、银行客户经理应该遵循的"潜规则"

按照创造"潜规则"这一概念的吴思先生说的：所谓"潜规则"，便是"隐藏在正式规则之下、却在实际上支配着中国社会运行的规矩"。可见，"潜规则"是相对于"元规则"、"明规则"而言的，是指看不见的、明文没有规定的、约定成俗的、却又是广泛认同、实际起作用的、人们必须"遵循"的一种规则。对银行从业人员来说，也要在严格遵守法律法规制度等强制性规则和自律性规则的同时，遵循一些"潜规则"。只有这样，客户经理工作起来才能游刃有余。

（1）利益均沾。客户经理不要指望通吃所有客户，也不要指望通吃一个客户的所有业务。客户也是存在于社会这张大网中，也要照顾方方面面的关系。对客户来讲，为保持自己业务的稳定性、防范集中风险等角度考虑，客户也不会把所有业务交给一家银行来做。对银行来讲，也要处理好和其他银行的关系。极端地讲，一家银行通吃了所有的客户和一个客户的所有业务，那其他银行还活不活？况且监管从反垄断角度讲也不允许一家银行这样做。所以，做营销也要尊奉"中庸"，既要努力开拓市场，也要考虑其他银行的感受，做到和其他银行共同发展。

（2）以人为本。银行与企业之间的营销归根到底是客户经理对企业相关人员的营销，是人与人之间的营销。客户经理在营销时，不能只见企业不见人，要切切实实地以"企业中的关键人物"为本。考虑这些关键人物的需要，就是考虑企业的需要；满足这些人物的需要，也就是满足企业的需要。所以，要时刻围绕着企业中的关键人物转。

（3）抓住重点。以客户为中心，实质上是以重要客户为中心，而不是以所有客户为中心。对那些能给银行带来较多价值的客户，客户经理要重点营销、重点维护；对那些只能给银行带来较少价值的客户，客户经理应一般维护；对那些不能给银行带来价值的客户，客户经理可选择放弃。更具体一点讲，客户经理要学会"看人下菜"，不能对所有客户一视同仁。

（4）"功夫在诗外"。表面上是搞营销，实际上是处理关系。与相关人员处理好关系、帮企业里面的关键人员办些非业务方面的事情、邀请客户参加一些非业务活动等，这些看似与营销不相关，其实都是在做营销，都是围绕营销在做。

（5）利益至上。客户经理营销时切忌站在自己角度上考虑问题。有些客户经理向客户介绍自己银行情况和产品时，从光辉历程讲起，细到产品如何操作。其实大可不必，客户才不关心你说的这些事呢。客户只关心能贷到多少款（这是能给客户带来的实际利益）和银行员工收入有多少（客户会认为收入高的银行才有竞争力）。所以，客户经理要围绕两点介绍：自己很强，也能给客户带来很强的利益。

第六章
熟悉产品

就像枪炮对于战士的重要性一样，产品是客户经理开展营销活动的武器。客户经理虽然不必像产品经理那样需要熟悉产品的每一个操作细节，但至少也要对本银行的产品有个大概了解。当前，银行的交叉销售日渐重要，客户经理不仅需要粗略知晓公司业务产品，出于交叉销售以获取综合效益的需要，还需对银行的零售产品也应有所了解。此外，开展营销活动，难免要与其他银行的客户经理直接竞争某一重要客户，因此，适当了解其他银行的产品也实属必要。

第一节　公司业务品种简介

商业银行公司业务是指银行向公司客户所提供产品的总称。公司客户包括工商企业客户、金融同业客户、政府机关客户等所有类型的法人客户。从公司客户类型的复杂性也可看出银行公司业务品种的复杂性。本节把客户经理需了解的公司业务列成一表，以便快速了解，如表6-1所示。

表6-1　主要公司业务品种一览表

类别	名　称	含　义
普通融资	流动资金贷款	期限在三年以内的本外币贷款。该贷款主要满足客户生产经营过程中临时性、季节性资金需求。执行人民银行规定的基准利率，可上下浮动，特别适合机关、团体、部队、企事业单位。
	仓单质押贷款	以仓单为质押品而发放的一种短期融资。分标准仓单质押贷款和非标准仓单质押贷款。该产品适用范围较广，只要是大宗易变现、易保管、价值稳定的商品都可以作为质押物。
	出口退税账户质押融资	客户将出口退税专用账户托管给银行并承诺以该账户中的退税款作为还款保证。该产品能满足出口企业的临时性资金需求。有利于企业缓解国家出口退税款未能及时到账而产生的资金压力。品种包括短期贷款、银票承兑以及开证授信、进口押汇、出口押汇、出口贴现等。
	单位定期存单质押贷款	客户以单位定期存单为质押品，银行据此发放的贷款。单位定期存单是指客户为办理质押贷款而书面委托银行依据开户证实书向接受存款的金融机构（即存款行）申请开具的人民币定期存款权利凭证。单位定期存单只能为质押贷款的目的而开立和使用。

续表

类别	名称	含义
普通融资	凭证式国债质押贷款	客户以未到期的凭证式国债为质押品，银行据此发放的贷款。凭证式国债是指由财政部发行，各承销银行以"中华人民共和国凭证式国债收款凭证"方式销售的国债。
	住房开发贷款	采用封闭或非封闭形式向房地产开发商发放的用于开发建造向市场销售的商品住宅项目的人民币贷款。
	资产支持融资	以客户自有、已建成并投入运营的优质经营性固定资产未来经营所产生的持续稳定现金流（如收费收入、租金收入、运营收入等）作为第一还款来源，为满足客户在生产经营中多样化用途的融资需求而发放的贷款。
	土地储备贷款	向负责土地一级开发的机构发放的用于土地收购及土地前期开发、整理的专项贷款。分土地储备短期贷款和中期贷款。
	集团客户统一授信	银行对属于同一集团各成员公司的授信统筹考虑，统一核定授信额度，集团每个成员的授信不超过其自身的风险承担能力，所有集团成员的授信总和不超过该集团授信总额度。该产品可使大型集团客户迅速得到银行全辖机构标准一致的整体服务，也可帮助集团公司强化对成员企业整体负债的管理力度，形成授信额度决定权由总公司掌控、子公司仅有授信使用权的松紧适度的集团授信管理机制。
	商业汇票质押贷款	以商业汇票作质押品而提供的可以满足客户临时资金需求的人民币流动资金贷款。分银票质押贷款和商票质押贷款。
	经营性物业抵押贷款	向具有合法承贷主体资格的经营型物业所有权人发放的，以其所拥有的物业作抵押，并以该物业的经营收入进行还本付息的贷款。
	银团贷款	由两家或两家以上获准经营贷款业务的银行业金融机构基于相同贷款条件、依据同一贷款合同、按约定时间和比例、通过代理行向借款人提供的贷款。
商业汇票	银行承兑汇票承兑	由在银行开立存款账户的客户出票，向开户银行申请并经银行审查同意承兑，保证在指定日期无条件支付确定的金额给收款人或持票人的一种表外业务。银行对客户签发的商业汇票进行承兑，意味着一旦商业汇票到期后购货方无力支付货款，银行必须无条件替客户垫付资金。
	全额保证金银票承兑	根据客户保证金额度开具与保证金本金同等金额银行承兑汇票的一种银票承兑形式。对出票人而言，与现金付款相比，可以增加保证金利息收益。
	准全额保证金银票承兑	根据客户保证金额度开具不大于保证金及其孳息之和的一种银票承兑业务。该产品的突出优势在于可适度放大企业可使用票据金额。
	电子商业汇票承兑	付款人承诺在票据到期日支付电子商业汇票金额的票据业务。电子商业汇票业务支持签发电子商业承兑汇票和电子银行承兑汇票。
	卖方付息票据贴现	商业汇票持票人将未到期的商业汇票转让给银行，银行按票面金额扣除贴现利息后将余额付给持票人的一种票据贴现业务。也就是人们常说的贴现业务。
	买方付息票据贴现	商业汇票的持有人（卖方）将未到期的商业汇票转让给银行，银行在向买方收取贴付利息后，按票面金额将全款支付给持票人的一种票据贴现业务。该业务除付息人不一样外，其他同卖方付息票据贴现业务完全一样。优势在于其效果同现金付款一样，可以获得较好的商业折扣，卖方在持票后，可以非常迅速、便捷地在银行办理贴现，获得票面全款。同时，可以有效降低买方的融资成本，相对于贷款融资，买方筹资成本要低得多。

续表

类别	名　称	含　义
商业汇票	协议付息票据贴现	卖方企业（收款人）在销售商品后，持买方企业（付款人）交付的未到期商业汇票到银行办理贴现，并根据买卖双方协商，分担支付票据贴现利息的一种票据贴现业务。
	集团统一贴现	集团客户集中系统内票据，统一申请贴现，即集团成员单位将票据全部背书转让给集团的结算中心，由集团结算中心统一向银行申请贴现，银行将贴现后余款划付结算中心。集团客户可获得批发贴现优惠，降低贴现成本。同时，便利集团客户对成员单位全口径资金的集约管理。
	代理出票人贴现	商业汇票的贴现申请人通过与其代理人、贴现银行签订三方协议，委托其代理人在贴现银行代为办理票据贴现手续，贴现银行审核无误后，直接将贴现款项划付给贴现申请人的一种票据贴现业务。该业务降低了票据异地传送费用，防止了可能的丢失。
	无追索权买入票据	商业汇票持有人将商业汇票卖断给银行，即银行无追索权地买入商业汇票持有人持有的商业汇票。可有效降低票据贴现申请人的融资成本，并且将未来的收款风险转移给银行。分商业承兑汇票包买和银行承兑汇票包买。
	商业承兑汇票保贴	对符合银行授信条件的企业，以书函形式（或在票据上记载银行承诺）承诺为其签发或持有的商业承兑汇票办理贴现，即给予保贴额度。申请保贴额度的企业既可以是商业承兑汇票的承兑人，也可以是商业承兑汇票的持票人。分商业承兑汇票承兑人保贴和商业承兑汇票持票人保贴。
	票据池	企业在银行帮助下建立票据池，客户可根据自身资金状况，随时向银行提出汇票贴现、质押开票等需求。当客户无贴现需求时，银行可提供商业汇票查询和代为保管服务。该产品把客户从票据的日常管理工作中解脱出来。
	票据理财组合业务	客户以持有符合贴现规定的商业汇票作质押，银行为客户新签发的银行承兑汇票办理承兑，并根据客户在银行的资金沉淀情况，向客户提供一定的理财服务。优点在于：客户把大量的票据鉴别、管理工作外包给银行，节省人力，可集中精力于主业；可根据票据在银行的资金沉淀，灵活安排存款品种，避免了传统质押操作模式下客户仅获得活期存款利息的不足。
投资银行	债务融资工具承销	包括短期融资券承销、中期票据承销和金融债承销等。短期融资券是指具有法人资格的非金融企业在银行间债券市场发行、约定在 1 年内还本付息的债务融资工具。中期票据是指具有法人资格的非金融企业在银行间债券市场按照计划分期发行、约定在一定期限还本付息的债务融资工具。期限在 1 年以上。金融债券是指在境内设立的金融机构法人（包括政策性银行、商业银行、企业集团财务公司及其他金融机构）在全国银行间债券市场发行、按约定还本付息的有价证券。
	股权融资顾问	包括但不限于：股权私募融资顾问、IPO 融资顾问和定向发行融资顾问。
	并购贷款	并购是指并购方通过其专门设立的无其他业务经营活动的全资或控股子公司，通过受让现有股权、认购新增股权，或收购资产、承接债务等方式以实现合并或实际控制已设立并持续经营的目标企业。商业银行向并购方或其子公司发放的、用于支付并购交易价款的贷款称为并购贷款。
	结构化融资顾问	在企业投资和项目融资过程中，银行通过股权融资工具、债券融资工具、金融衍生工具和其他创新金融工具的组合安排，为客户提供结构化融资方案。

续表

类别	名　称	含　义
投资银行	财务顾问	包括常年财务顾问和专项财务顾问。可根据客户需要分开提供或共同提供一揽子金融产品服务和融资方案。
	房地产信托投资基金承销	房地产企业将其旗下部分或全部商业物业资产（如办公楼、购物中心、公寓、产权酒店甚至仓库等不动产）打包，向投资者发行信托单位、债券或股票，汇集特定投资者的资金，由专业投资机构进行房地产投资经营管理，并以物业资产的租金等投资综合收益为来源定期按比例向投资者派发红利。银行可为这种信托基金提供承销服务。
对公理财	企业资产负债管理	为配合客户在银行所做贷款业务，银行利用市场上的金融工具，帮助客户对账户余额进行适当投资，提高收益。包括小额和大额两类。小额管理采取定期发布，按期募集，主要针对金额较小的企业客户；大额管理主要是期限在一年以上、为金额较大客户量身定做的外币投资即外币结构性产品服务。
	债券结算代理	作为债券结算代理人，银行为银行间债券市场的其他参与者办理债券结算等业务。包括：以委托人名义为委托人在中央国债登记结算有限责任公司办理债券托管账户开户、转户、销户等手续；与金融类委托人进行债券交易，与非金融类委托人进行债券买卖和回购；根据委托人指令代理操作委托人的债券托管账户，为其办理有关结算手续；在债券利息支付和本金兑付中，为委托人办理相关事宜；为客户提供业务培训、业务查询、市场分析等。
	远期结售汇	客户与银行签订远期结售汇协议，约定未来结汇或售汇的外汇币种、金额、期限与汇率，到期时按照该协议订明的币种、金额、汇率办理结售汇。该产品可使客户于当前锁定未来汇率，即锁定未来成本或收益，起到保值避险的作用。
	外币对人民币掉期	客户与银行签订掉期协议，分别约定即期外汇买卖汇率和起息日、远期外汇买卖汇率和起息日，客户按约定的即期汇率和起息日与银行进行人民币和外汇的转换，并按约定的远期汇率和起息日与商业银行进行反方向转换。该业务是外汇掉期业务的一种，实质是外币对人民币即期交易与远期交易的结合。
	利率互换	若客户持有浮动利率负债，可以通过叙做一笔付固定、收浮动的利率互换交易，使浮动利率贷款转化为固定利率负债；若客户持有浮动利率资产，可以通过叙做一笔付浮动、收固定的利率互换交易，使浮动利率资产转化为固定利率资产。客户使用利率互换，可在不改变原有资产或负债的情况下调整资产或负债的利率特征。
	利率上限期权/下限期权互换	上限期权的买方购买一个对利率高于约定水平的"保护"，而利率下限期权的买方则购买一个对利率低于约定水平的"保护"，相应地，买方应当支付卖方一笔期权费。在利率上限期权中，双方约定，如果利率指数在指定日期时高于事先约定的水平，则上限期权卖方应向买方支付超出部分的利息。在利率下限期权中，双方约定，如果利率指数在指定日期时低于事先约定的水平，则下限期权卖方应向买方支付不足超出部分的利息。

类别	名 称	含 义
对公理财	外币汇率期权	客户可以使用外汇看涨期权或看跌期权来防范汇率向不利方向变动带来的风险。作为获得这种保护的交换，客户需要支付期权费。在期权被执行时，双方将产生原生资产的实际交割。看涨期权赋予其购买人在未来某一时间、以指定的执行价格、以一种外币购买一定数量的另一种外币的权利。看涨期权到期时，若即期汇率高于执行价格，期权买方的盈利空间是无限的；若即期汇率低于执行价格，期权买方的损失数额锁定为期权费。看跌期权赋予其购买人在未来某一时间，以指定的执行价格，卖出一定数量的一种外币的权利。看跌期权到期时，若即期汇率低于执行价格，期权买方的盈利空间是无限的；若即期汇率高于执行价格，期权买方的损失数额锁定为期权费。
企业养老金	企业养老金	企业养老金是一种补充养老保险制度，它与基本养老、个人储蓄养老保险一起构成养老保障体系的三大支柱。根据依法制定的企业年金计划筹集的企业缴费、个人缴费及其投资运营形成的收益形成企业养老金基金。企业养老金基金采取个人账户方式进行管理，职工退休后可以领取其个人账户里积累的资金作为退休后的养老金。
	基本养老保险个人账户基金	个人账户基金是指按照国家规定、中央财政补助之外的做实个人基金及其收益，采取类似企业年金基金的运作机制运营。个人账户累计缴费及投资收益积累额退休时领取，可转移和继承。该产品的服务对象为省级财政厅、劳动厅以及账户管理权限或个人账户基金不上收到省里的市、县级财政局和劳动局。银行可协助进行账户管理系统开发、从事基金托管以及和投资管理人合作开发、提供投资新产品。
	职业年金	为配合事业单位改革而拟为事业单位人员（公职人员）建立补充养老保险。这是继企业年金之后我国推出的又一项养老金制度改革措施。
	弹性福利计划	与传统意义的福利制度相比，弹性福利不要求企业固化给予员工的福利内容和水平，而是提供给员工一定的自主选择空间；同时，弹性福利并非一个全新的福利计划，而更多的是对企业现有福利制度的灵活安排，强调福利计划有的放矢，使企业的福利投入事半功倍。因该计划可同时满足员工个性需求、企业福利成本管理以及福利体系整合优化等需要，因而也被形象地称为"自助餐"或"菜单式"福利。
	信托福利计划	建立员工福利计划的企业、事业单位和社会组织作为委托人，将员工福利类信托财产委托给受托人，受托人将信托财产全部投资于低风险、稳健收益的投资产品，以实现员工福利类信托财产的长期稳定增值。商业银行作为账户管理人和保管人，负责清晰记录和妥善管理委托人和个人的账户信息，确保计划资产运作的安全性。
供应链与中小企业融资	商票保贴封闭融资项下供应商融资	以核心厂商为风险控制依托，以核心厂商与其上游供应商签订真实原材料供应合同为基础，核心厂商提供商业承兑汇票，银行为供应商办理贴现并监控供应商按照约定用途使用资金。
	确定购买供应商融资	根据核心厂商与其上游供应商签订的真实原材料供应合同，以核心厂商确定购买付款承诺为风险控制基础，银行为上游供应商提供融资。

类别	名　称	含　义
供应链与中小企业融资	鉴证贷款	银行根据企业间销售合同及购货方出具的付款承诺（指购货企业依据购销合同承诺：当销货方销售货物后，购货方保证按照合同确定的时间、金额付款），对借款人（销货方）提供流动资金贷款。
	未来货权质押融资	以中小贸易商与核心客户签订的物资供应合同项下未来的货物作为质押，以销售回款作为第一还款来源，银行为客户提供融资。
	保兑仓	买方以银行承兑汇票为结算支付工具，由银行控制货权，卖方（或仓储方）受托保管货物并对承兑汇票保证金以外敞口金额部分由卖方以货物回购或退款承诺作为担保措施，买方随缴保证金、随提货。
	现货质押融资	银行以企业法人自有货权为质押向企业提供融资，包括贸易融资、一般流动资金贷款、银行承兑、商票保贴等。可满足企业物流或生产领域的配套流动资金需求。
	订单融资	授信申请人收到买方有效订单或贸易合同、协议后，由银行对其提供融资，用于订单项下原材料采购、商品生产及储运等生产经营周转。该融资以销售回笼款项作为还款来源。
	应收账款质押融资	客户把因销售或提供服务而产生的应收账款权利质押给银行，由银行向出质人提供授信。所谓应收账款，是指权利人因提供一定的货物、服务或设施而获得的要求义务人付款的权利，包括现有的和未来的金钱债权及其产生收益，但不包括因票据或其他有价证券而产生的付款请求权。
	应收账款池融资	供应商以其现在或将来产生的基于其与买方（优质大型客户）订立的国内销售合同所产生一系列应收账款作质押，并且在受让应收账款能够保持稳定余额情况下，银行结合供应商自身经营情况、抗风险能力和应收账款质量等因素，以应收账款的回款作为风险保障措施，根据应收账款余额，向优质大型客户供应商提供一定比例、连续的短期融资。
	买方融资	银行根据买卖双方的采购合同为买方已购买商品/服务项下应付款项（含预付款）提供融资，该支付款项直接付至卖方账户。包括应付账款融资、预付款/定金融资、出口买方信贷、其他买方融资等品种。
	卖方融资	银行根据买卖双方的采购合同，为卖方定向向其上游采购原材料项下的应付款项（含预付款）提供融资，该支付款项直接付至上游供应商账户。包括订单融资、应收账款融资、出口卖方信贷、其他卖方融资等品种。
	保理池融资	在银行受让的应收账款保持稳定余额的情况下，以应收账款的回款为风险保障措施，根据稳定的应收账款余额（最低时点余额），银行向卖方提供一定比例的融资。实际融资期限可长于应收账款池项下单笔应收账款的付款期限/单笔发票期限。
	租赁保理	在租赁机构（即出租人）与承租人形成租赁关系的前提下，租赁机构将租赁合同项下应收租金债权转让给银行，银行作为债权人通过一定方式分期向承租人收取租金，并由银行向租赁机构提供包括应收租金融资、应收租金管理、账款收取以及坏账担保等在内的综合性金融服务。该业务是将租赁业务与银行保理业务结合起来的一种综合性金融产品。

类别	名 称	含 义
供应链与中小企业融资	政府采购过桥贷款	客户在取得政府采购中标通知书后，将其在当地财政局的付款账户托管给银行，并以该账户中的财政付款为主要还款来源，银行向该客户发放专项流动资金贷款。适用于纳入政府采购体系的生产商或供应商。
	电子仓单质押贷款	客户以其持有的电子仓单出质，并由电子交易市场负责监控企业交易资金流和仓储物流，银行向客户提供短期融资。
	知识产权质押融资	客户以其拥有的合法知识产权作质押，银行向其提供短期融资。当借款人不能履行债务时，银行有权依照法定程序将该知识产权折价或转让、拍卖，所得价款优先清偿债务。
	物资采购供应商融资	以供应商与核心企业之间稳定的销售关系为基础，以核心企业的支付信用及支付能力为授信还款来源，以资金封闭运行为风险控制手段，为核心企业的供应商提供融资。
	专业市场融资	银行选择国内知名专业化市场或产业集聚特征明显的园区，与市场/园区管理机构、担保公司等单位合作，通过集中监控货物价格、采用担保公司担保/货押/企业联保等方式控制授信风险，批量开发专业市场内优质中小企业客户。
	电子交易市场融资	银行选择国内大型专业化电子交易市场，在电子交易市场提供监管服务的前提下，向网上交易市场内的会员单位提供融资。
	选择权质押融资	银行与国家级高新技术产业园区合作，为区内企业发放认股权贷款，由指定PE或VC在一定条件下行使认股权，并由园区提供认股权贷款风险补偿。
现金管理	现金管理	针对客户在账户管理、收付款管理、流动性管理、投融资管理和风险管理等方面的需求，银行所推出的以资金管理为核心的综合性金融服务。
	法人账户透支	在核定客户账户透支额度基础上，银行允许客户在其结算账户存款不足以支付已经发出的付款指令时，向银行透支取得资金满足正常结算需要。该产品将短期融资和结算便利合一，在合同有效期内透支额度可循环使用，随用随借、随存随还，能方便客户灵活安排使用账户资金及时结算。
	企业网上银行	对公客户只要注册为网上银行用户，就可获得银行提供的查询、转账、理财、现金管理等多项金融服务。
	协议存款	为中资保险公司、全国社会保障基金理事会、邮政储蓄等特定机构办理的3年或5年期以上、有最低起存金额限制的人民币存款品种。存款利率、存款期限、结息和付息方式、违约处罚标准均可由协议存款双方协商确定。
	本外币活期存款	分为基本存款账户和一般存款账户。均能办理日常资金结算和现金存入业务，但后者不能提取现金。外币活期存款分外商投资企业外汇存款账户和中资企业外汇结算账户两种。
	本外币定期存款	存款人将符合规定的、本单位所拥有的暂时闲置本外币资金，按约定期限存入银行，在存款到期支取时，银行按存入日约定利率计付利息。属于整存整取存款。到期后可按原期限为客户办理自动转存。

续表

类别	名 称	含 义
现金管理	人民币协定存款	协定存款账户有结算和协定存款双重功能。客户只需与银行提前约定存款额度，银行就可将协定存款账户中超过该额度的部分按协定存款利率单独计息。只要协定存款账户在合同期内保持账户最低余额不低于合同约定的基本存款额，协定存款账户内的存款就享受两种利率计息，即基本额度内的存款按活期利率计息，超过基本额度部分按协定存款利率计息。
	本外币通知存款	在存入款项时不约定存期，仅约定支取时提前1天或7天通知取款，取款前约定支取存款的日期和金额。通知存款账户只能用于办理通知存款存取业务，不能办理结算等其他业务。
	定期存款自动转存	客户在银行存入本外币定期存款，到期后银行可按原期限办理自动转存，可解决客户往来银行之苦，帮助客户实现理财目标。
托管	证券投资基金托管	银行作为托管人，依据法律法规和托管合同规定，安全保管基金资产、办理基金资产名下资金清算和证券交收、监督基金管理人投资运作。
	证券公司集合资产管理计划托管	银行按照中国证监会的有关规定和集合资产管理合同的约定，履行安全保管集合计划资产、办理资金收付和会计核算事项、监督证券公司投资行为等职责。
	保险资金托管	银行作为托管人，与保险公司签署保险资金托管协议，依据法律法规和合同的要求，安全保管保险资产、办理保险资产名下资金清算和证券交收、监督保险公司或经保险公司授权的投资管理人的投资运作、进行保险资产风险分析和绩效评价。
	企业年金基金托管	银行作为托管人受企业年金基金受托人委托，根据法律法规和托管合同规定，安全保管企业年金基金资产，办理年金基金资金清算交收、会计核算、资产估值、投资监督等。
	信托资产托管	银行作为托管银行受信托公司委托，安全保管信托财产，并提供资金清算、资产估值、会计核算、交易监督、信息披露等相关服务。根据投资范围的不同，分证券类信托计划托管和非证券类信托计划托管。
	股权投资基金托管	银行作为托管人，对以非公开方式募集、专项用于对企业股权进行直接投资的股权基金履行托管职责，安全保管基金资金，并提供资金清算、投资监督、信息报告等相关服务。
	代客境外理财资金托管（QDII）	银行通过选择境外托管代理人，对银行代客境外理财资金履行安全保管、资金清算、投资监督和信息披露等托管责任，并负责国外外汇收支申报和其他合规报告工作。
	产业投资基金托管	银行为托管人，为产业投资基金提供资金保管、资金清算、投资监督、股权登记和变更、会计复核、信息披露等服务。
	证券公司定向资产管理资金托管	银行作为托管人，依据法律法规和托管协议规定，履行资产保管、资金清算、会计核算、投资监督等。
	银行理财计划托管	银行作为托管人，履行安全保管银行理财计划资产、办理银行理财计划资产名下资金清算、监督投资管理人投资运作等职责。
	交易类资金托管	银行作为独立第三方，接受交易双方委托，代为监督交易资金收付，当交易双方履行交易合同、实现约定的条件后，依据约定的授权文件，协助办理交易资金解付。

类别	名　称	含　义
托管	基金公司特定资产管理业务托管	银行作为托管人，安全保管委托资产，并向委托资产提供资金清算、投资监督等服务。分为基金公司单一客户特定资产托管和基金公司多客户特定资产托管。
	合格境外机构投资者（QFII）投资资金托管	银行根据与 QFII（合格境外机构投资者）签订的《托管协议》，负责安全保管 QFII 投资境内证券市场的资产，为 QFII 提供资格申请、资产保管、交易结算、会计核算、监督与报告、货币兑换等服务。
	企业债偿债账户、投资账户监管	银行接受发债企业委托，作为企业债偿债资金监管人、投资账户监管人，按照监管合同约定，为企业开立偿债资金专用账户或投资专用账户，安全保管企业债资金，办理企业债资金监管、发债资金投资监督、核对资金往来明细、办理本息支付等工作，是维护企业债投资人权益的一项中间业务。同时也可作为企业债债权代理人，对发债企业的还款资金进行监督和催收。
保函	付款保函	银行为保证客户履行因购买商品、技术、专利或劳务合同项下的付款责任而出具保函。付款保函金额即为合同金额，有效期按合同规定为付清价款日期再加半个月。
	关税保函	银行应进出口商或在境外从事承包工程、举办展览、展销等活动的企业的申请，而向海关出具的、保证其履行缴纳关税义务的书面文件。保函金额为海关规定的关税金额。
	投标保函	投标人在参加投标阶段，根据标书要求通过其往来银行向招标人出具担保，用以保证投标人在投标有效期内不撤标，不更改原报价条件，并且在一旦中标后，于规定时间内与招标人签订合同并提交履约保函。对投标人而言，该产品可减少缴纳投标保证金引起的资金占用，获得资金收益，使有限资金得到优化配置；对招标人而言，可良好地维护自身利益，避免收取、退回保证金程序的烦琐，提高工作效率。
	履约保函	中标人与招标人签订供应货物或承包工程合同时，由银行提供担保，担保中标人诚信、善意、及时地履行合约。对承包方或供货方而言，该产品可减少由于缴纳现金保证金引起的长时间资金占压，优化资金配置。对业主或买方而言，可合理制约承包人或供货方行为，维护自身利益。
	预付款保函	供货方/劳务方/承包方通过其银行对预付款的归还，向买方/业主保证其在收到预付款后履约，否则担保银行将把预付款退还给买方/业主。对业主或买方而言，该产品保障了预付款的顺利收回，加强了对供货方/劳务方/承包方按规定履行合同的制约；对供货方/劳务方/承包方而言，该产品便利了预付款资金的及时到位，有利于加快工程建设或备货等环节的资金周转。
贸易融资	国内保理	银行作为保理商与卖方签署保理协议，根据该协议，卖方将其现在或将来的基于其与买方订立的国内货物销售/服务合同所产生的应收账款转让给银行，银行则向其提供如下融资、账户管理、账款收取和坏账担保等服务。
	进口保理	银行应国外出口保理商申请，为某一特定进口商核定信用额度，并提供账款收取、坏账担保等综合性金融服务。

类别	名　称	含　义
贸易融资	出口托收押汇	银行接受客户申请，对客户提交的托收单据进行审核，在未收妥国外银行付款前向客户发放短期融资。
	出口信用证押汇	银行接受客户申请，对客户提交的不可撤销信用证及其项下单据进行审核，在未收妥国外银行付款前给客户发放短期融资。
	出口保理	出口商在采用信用方式如赊销（O/A）、承兑交单（D/A）等方式向进口商销售货物时，将未到期的应收账款转让给银行，由银行提供集贸易融资、坏账担保、销售分户账管理和账款收取于一体的综合性金融服务。
	出口信用证贴现	银行对于开证行或保兑行已承诺付款的信用证项下远期票据或债权，在其到期前有追索权地买入。出口贴现金额为汇票承兑或承诺付款金额扣除银行议付手续费和贴现利息后的余额。
	打包贷款	银行向收到境外进口商开来的信用证的国内出口企业提供用于原材料采购、生产加工、出运对应信用证项下货物的融资。
	福费廷	银行从出口商那里无追索权地买断由开证行承兑的远期汇票或由进口商所在地银行担保的远期汇票或本票。
	汇出汇款押汇	为履行以汇出汇款为结算方式的进口贸易合同项下的付款义务，进口商向银行申请融资便利，由银行代为对外支付部分/全部款项。
	进口代收押汇	银行在收到进口代收项下单据时，应进口商要求向其提供短期资金融通。
	汇入汇款押汇	在客户与境外进口商签订的贸易合同（订单）中约定采取赊销作为出口结算方式的条件下，当客户发运货物并出具以进口商为抬头的商业发票后，在收到进口商的全额货款以前，银行提供一定比例的融资。
	国内信用证	银行依照申请人申请开出的、凭符合信用证条款的单据支付的付款承诺。
	进口信用证押汇	银行作为开证行在收到信用证项下单据后，根据与进口商签订的贸易融资协议，先行对外付款并放单给进口商。实质是开证行对进口商的一种短期融资。
	国内信用证买方押汇	开证行在收到信用证项下单据后，根据与买方签订的《国内信用证买方押汇合同》，先行对外付款并放单给买方。实质是开证行对买方的一种短期融资。
	国内信用证卖方押汇	应客户申请，对客户提交的不可撤销国内即期信用证及其项下单据进行审核并确定符合押汇条件后，银行在未收妥开证行支付的款项前向卖方提供融资。银行保留追索权。
	国内信用证议付	银行作为议付行，在单证相符、单单相符情况下扣除议付利息后向受益人给付对价。
同业金融	风险缓释业务组合	通过与金融同业机构合作以连接担保方式实现转移或降低信用风险。可实现同业机构间存量信用风险定价和转移，提升客户闲置资源的利用效率，增加同业存款，同时缓释银行存量信贷资产风险，提高资产使用效率、增强银行整体盈利能力。
	信贷资产转让	根据协议约定，银行与信托公司相互转让信贷资产。包括：买断信贷资产、卖断信贷资产、受让信贷资产（回购）。其中，买断信贷资产系银行根据协议约定向对方划付资金，买进对方自营的、尚未到期的正常信贷资产，借款人向银行偿还贷款本息。卖断信贷资产是银行向对方卖出银行自营的未到期贷款，对方向银行划付相应资金，借款人向对方偿还贷款本息。受让信贷资产（回购）指银行受让对方的自营、尚未到期的正常类信贷资产，银行向对方融出相应资金，对方承诺在转让到期后无条件回购该信贷资产。

续表

类别	名 称	含 义
同业金融	证券资金清算代理	利用银行的结算系统为证券公司总部及其营业部提供与上海、深圳证券交易所之间的资金清算。银行根据证券公司的付款指令和上海、深圳证券交易所的收款指令，通过电子汇兑系统将结算款项及时划付至指令指定的收款方。
	资金拆借	合作银行之间相互融通短期资金。
	债券回购	交易双方以债券为权利质押进行短期资金融通。资金融入方（正回购方）在将债券卖给资金融出方（逆回购方）以融入资金的同时，双方约定在将来某一日期由正回购方按约定回购利率计算的金额向逆回购方买回相等数量的同品种债券。
	货币互存	合作双方在明确各方权利义务前提下，以双方商定的金额、汇率、比例、期限，将两种不同币种的货币交换存放对方。
	债券买卖	交易双方以约定价格买卖一定金额的债券并在规定的清算时间内办理券款交割。
	票据转贴现	金融机构将未到期的已贴现票据再以贴现方式向另一金融机构转让，是金融机构之间进行短期资金融通的一种方式。
	人民币债券结算代理	银行接受客户委托，代理其在银行间债券市场进行现券买卖和债券回购交易，协助客户完成债券投资计划，实现理财目的。
	资金信托计划代理收付	银行接受信托公司或委托人委托，代理资金信托计划推介以及代理资金信托资金收付。其中，代理收款是指资金信托计划的委托人按照约定份额将资金委托给信托公司时，银行按照与信托公司或委托人签署的代理协议的约定代信托公司或委托人收取此类资金，并按协议划入信托专户。代理支付是指银行根据信托公司指令，代将规定的信托资金从信托专户支付给信托资金受益人，包括信托计划清退款、收益返还款代付。
	第三方存管	证券公司将客户证券交易结算资金交由银行等独立第三方存管。实施客户证券交易结算资金第三方存管制度的证券公司，将不再接触客户的证券交易结算资金，客户资金存取只能通过银行进行。
	证券公司股票质押贷款	证券公司以其自营股票和持有的封闭式证券投资基金券作质押，从银行获得资金。
	清算代理	甲银行利用相对完善的机构网络、网上银行和系统内资金实时汇划系统，向同业客户提供跨行、跨地区的人民币资金清算服务，包括内部资金清算和代理对外兑付。

第二节 零售业务品种简介

商业银行零售业务是指银行向个人客户所提供产品的总称。个人客户的分类更为繁杂，如儿童、中年人、老人；男人、女人；中国人、外国人等。从银行角度而言，其实仅包括两种人：富人和并不富裕的人。向富人主要提供贷款、理财等高端个人服务；而对并不富裕的个人，则主要提供存款服务。本节把客户经理需了解的零售业务列成一表，以便客户经理快速了解，如表 6-2 所示。

表 6-2 主要零售业务品种一览表

类别	名 称	含 义
个人信贷	个人一手房屋贷款	银行向在中国大陆境内购买首次进入流通领域进行交易的一手住房或一手商业用房、年满 18 周岁且具有完全民事行为能力的自然人发放的人民币贷款。
	个人二手房屋贷款	银行向在中国大陆境内购买二手住房或二手商业用房的自然人发放的人民币贷款。所谓二手房屋，指已取得房地产行政管理部门颁发的房屋所有权属证明，可在房屋二级市场上进行交易的各类型房屋。
	个人二手住房电子化预审批及交易资金托管	银行与特定中介机构合作为个人二手住房买卖提供二手住房贷款、电子化预审批、交易资金托管、在线审批等零售综合金融服务。
	个人循环贷款	银行授予个人房屋贷款的借款人一定的授信额度，在其所购房屋设定最高额抵押后，在额度及有效期内循环使用贷款。
	个人综合消费贷款	银行向年满 18 周岁且具有完全民事行为能力的自然人发放的用于个人消费的贷款。可用于汽车等大额耐用消费品购置，旅游、装修等大额消费等。
	个人质押贷款	银行向以个人有价单证及实物黄金作为质押物的借款人发放的人民币贷款。
	个人汽车消费贷款	银行向申请购买一手乘用车作为日常消费的借款人发放的人民币贷款。一手车指在交通管理部门首次办理登记注册的机动车辆，由机动车生产厂家或厂家指定经销商直接销售。
	个人机械设备贷款	银行向申请购买机械设备的借款人（自然人及法人）发放的人民币贷款。机械设备指不需上牌照、用于非流动作业，为施工/生产服务所装备的各种机械设备。
	个人营运车贷款	银行向客户（自然人及法人）发放的用于购买营运车辆的专项人民币贷款。营运车辆指可上牌照、用于流动作业、带汽车底盘、用于营运的车辆或上国家汽车目录公告的特殊工程车辆。
	个人出国金融贷款	银行向借款人发放贷款，用于满足借款人或其近亲属出国留学、境外旅游、移民或其他因消费而产生的境外资金需求。该贷款可以开具存款证明或贷款证明等相关证明，用于证明拟出国人员本人或其近亲属在银行获得贷款。
	个人助业贷款	银行向自然人发放贷款，用于经营活动所需周转资金。
个人储蓄存款	人民币活期储蓄存款	该存款不规定存期，客户可随时凭存折、借记卡存取，存取金额不限。特点是随时存取，灵活方便，适应性强。
	人民币定期整存整取储蓄存款	该存款约定存期、整笔存入，到期一次性支取本息，具有产品金额较大、存期较长、利率较高、稳定性较强、可同城通存通兑、可部分或全部提前支取等特点。
	人民币定期零存整取储蓄存款	该存款约定存期、每月固定存额，集零成整，可积小钱办大事，到期一次支付本息。适合那些有固定收入但结余不多的储户。
	人民币定期整存零取储蓄存款	该存款事先约定存期，一次存入整数金额，分期平均支取本金，到期支取利息。

类别	名称	含义
个人储蓄存款	人民币定期存本取息储蓄存款	该存款约定存期，整笔存入，分次取息，到期还本。该存款产品金额较大，余额较为稳定。
	人民币个人通知存款	该存款不约定存期，支取时必须提前通知银行，约定支取存款日期和金额（最低起存、支取金额）方能支取。该产品存款利率高于活期储蓄利率，存期灵活、支取方便，客户能获得较高收益。
	人民币定活两便储蓄存款	该存款不确定存期，可随时到银行提取，存期利息按实际存期同档次定期存款利率打一定折扣计算。既有定期之利，又有活期之便。
	人民币定期教育储蓄存款	居民个人为其子女接受非义务教育（指九年义务教育之外的全日制高中、大中专、大学本科、硕士和博士研究生）积蓄资金，特开立教育储蓄。利率按开户日同期同档次定期整存整取储蓄存款（6 年存期按 5 年整存整取）利率计息，同时所得利息免征储蓄存款利息所得税。
	外币活期储蓄存款	客户可随时凭存款凭证存取，分现汇账户和现钞账户。现汇账户指由港、澳、台或者境外汇入外汇或携入的外汇票据转存款账户；现钞账户指居民个人持有的外币现钞开立的现钞存款账户。境内居民个人不得将其外币现钞存储变为现汇存储，但本人境内同一性质外汇账户（含外币现钞账户）之间的资金可以划转。
	外币定期储蓄存款	该存款约定存期、规定最低起存金额、整笔存入外币，到期一次支取本息。分记名式外币整存整取存单和本外币定期储蓄一本通。外币定期储蓄存款申请个人质押贷款时，须以定期存单作为质押物。
	本外币定期一本通储蓄存款	该存款集人民币、外币等不同币种和不同档次存期的定期储蓄存款于一本存折，规定最低起存金额。特点：在一个存折上可办理多个币种和多种存期的定期储蓄存款，方便保管，到期自动转存，确保利息收入，一次开户即可多次反复使用，不需另开账户。
银行卡		银行为客户签发的集储蓄存款、购物转账、消费结算、联网交易、自动理财、购买国债、质押贷款、炒股炒汇、电子商务、个人融资等功能为一体的磁条卡。有借记卡和信用卡等类别。可在开通受理银联网络的国家、地区使用。不同的银行，对自己发行的银行卡都起有不同的名称。
个人理财		按照与投资者约定的投资管理原则，将投资者委托的资金在境内外相关市场上进行各类型金融工具的组合投资操作，实现委托资金投资效益最大化，帮助投资者获取最大化收益。
个人中间业务	个人实物黄金代理	接受个人客户委托，代其在上海黄金交易所系统进行个人实物黄金买卖、资金清算和实物交割。
	预约开立外国银行账户	与外国银行合作，推出的帮助留学生提前办理在外国银行开户申请等服务。通过该产品，留学生可以在出国前把在国外学习、生活等所需的资金汇入到已开好的外国银行账户中，从而避免携带大量资金等诸多不便。
	外币兑换	根据当期汇率，将一种货币换成另一种货币。
	留学贷款及贷款证明	为准备出国留学人员提供留学贷款，并以银行信用开立贷款证明，提高签证成功率。

续表

类别	名　称	含　义
个人中间业务	个人结汇	经国家外汇管理局批准，某些银行可提供个人结汇业务，即把外汇换成人民币。
	个人购汇	为出国留学、出境旅游、朝觐、探亲会亲、境外就医、商务考察、移民、境外培训、缴纳境外国际组织会费、境外邮购、被聘工作、涉外咨询等有用汇需要的客户提供的将人民币换成外汇的服务。
	存款证明	为存款在本行的个人储蓄存款（活期存款、定期存款等）或购买的凭证式储蓄国债出具证明文件，使客户能够借助银行信用提高个人资信水平。
	出境旅游资金托管	出境个人把出境旅游保证金存入银行，银行能对该保证金进行止付处理。托管期间，托管账户按照对应存款期限计息。通过该产品，客户无须将该保证金递交旅行社，保证资金安全。
	个人贵金属延期代理	也称黄金、白银延期交收。采取保证金的形式进行交易，同时引入延期补偿费机制来平抑供求矛盾。具有投资成本小、市场流动性高等优势，可为投资者提供可买多卖空的双向交易机制。
	代理储蓄国债（电子式）	储蓄国债（电子式）是指财政部在境内发行、通过银行面向个人投资者销售、以电子方式记录债权的不可流通人民币债券。
	代理凭证式国债	凭证式国债是指面向城乡居民和社会各类投资者发行，以"中华人民共和国凭证式国债收款凭证"记录债权的国债。凭证式国债可提前兑取，可办理质押贷款，但不可流通转让。

第三节　供应链融资产品概览

供应链融资产品主要向中小型公司客户提供。由于大客户市场竞争的日益激烈，很多银行开始转向中小客户市场，因此带来供应链融资业务的繁荣。本节把部分银行的供应链融资产品整理成表，供大家参考，如表6-3所示。

表6-3　部分银行供应链融资类业务一览表（根据相关银行网站内容整理）

银行名称	名称	定义或产品组合	
中国工商银行	国内贸易融资	国内打包放款、国内信用证项下买方融资、国内信用证项下卖方融资、出口发票融资、国内保理	
	财智国际	服务超市	国际结算业务	进口开证、全球快汇、信用证、旅行支票、买方远期信用证、信用证通知、出口信用证项下寄单、进口代收、出口跟单托收、汇出汇款等。
			贸易融资业务	出口双保理、进口押汇、信用证代付、提货担保、提单背书、信用证保兑、打包贷款、出口信用证押汇/贴现、出口托收押汇/贴现、福费廷、进口T/T融资、进口T/T代付、进口保理、银行承兑汇票、信保融资等。

银行名称	名称			定义或产品组合
中国工商银行	财智国际	服务超市	国际融资业务	出口买方/卖方信贷、外国政府/国际金融组织/国际商业贷款转贷款、境外发债、内保外贷等。
			外汇担保业务	付款保函、延期付款保函、预付款保函、投标保函、履约保函、质量/维修保函、保函通知、税款保付保函等。
		商务套餐	票财通	以出口发票融资为中心，整合了即期结汇、人民币理财和全球快汇产品的产品组合。
			出口捷益通	为出口商提供的包括信用证通知、出口信用证项下寄单、出口押汇等在内的一揽子服务。
			贸财通	把银行承兑汇票与出口信用证业务对接，为出口商提供内外贸、本外币多层次的产品组合服务。
			全程贸易通	以出口收汇为保障的办理进口结算项下的服务。
			付汇理财	以人民币存单质押办理外币融资进行即期对外付款，以远期售汇交割归还贷款的金融服务。
			进口捷益通	包括进口开证、进口押汇/代付、应付款汇率风险管理（包括即远期购汇）在内的金融服务。
			保汇通	为以赊销方式结算的进口商提供的包括付款保函、汇款、进口TT融资和远期购汇在内的服务。
			环球工程通	为在境外承办工程的客户提供的担保、结算和融资服务。
			跨境通	为拟在境外上市或在境外设立贸易窗口公司/工程承包公司或收购境外公司的国内企业提供的服务。
			外资通	为正处于筹建阶段的外商投资企业提供的包括政策咨询、开户、计算、融资在内的服务。
	中小企业融资	采购环节		流动资金贷款、贸易融资、票据融资
		营运环节		（生产环节）商用房抵押贷款、商品融资
		销售环节	贸易融资	国内应收账款融资、出口押汇/贴现、福费廷、出口发票融资、出口保理、短期出口信用保险项下融资、出口退税账户托管贷款等。
			票据融资	银票贴现等票据贴现产品。
		投标环节		信贷证明及各种保函
		区域特色金融产品	上海地区	供应链融资（向大型企业的供应商提供/以其应收账款作标的）、商用房租赁改造贷款、钢贸通（向钢材现货交易市场内客户提供）、车辆通（以工程机械及营运车辆作抵押）、油贸通（向石油交易中心注册的贸易客户提供）。
			深圳地区	沃尔玛供应链融资（向拥有沃尔玛订单或应收账款的供应商提供）、黄金保（向黄金珠宝生产加工企业提供，黄金珠宝专业担保公司提供担保）。

续表

银行名称	名称		定义或产品组合
中国银行	融资业务	贸易融资	票据贴现、出口押汇、打包贷款、出口贴现、福费廷、进口押汇、提货担保。
		特色融资	出口卖方/买方信贷、应收账款收购、一路通（向跨国公司或国内集团客户的国内经销网络提供）等。
	国际结算	出口全益达（出口贸易融资综合解决方案）	为结构性贸易综合服务方案，满足出口企业在应收账款变现、风险防范以及财务报表优化管理等方面的需求。
		进口汇利达（进口付汇解决方案）	由进口贸易融资、人民币定期存款和远期售汇三项业务组合而成，有利于进口企业化解汇率风险。业务原理是：进口贸易项下需对外支付时，可由人民币定期存款存单作质押，提供进口融资并代为对外支付，同时办理一笔期限相同的远期售汇交易。融资到期时，释放到期存单，并用于远期售汇交割以归还进口融资款项。
		通益达	以开证银行或其指定银行已承付的国际/国内信用证项下应收账款作为质押，为企业提供的开立国际/国内信用证及办理后续进口押汇或国内信用证买方押汇业务。
		融信达	凭借已投保信用保险的有关凭证、出口/国内贸易单据、赔款转让协议等而提供的融资。
		信用证（进口开证、出口信用证、信用证保兑）、保函、保理、出口押汇、出口贴现、打包贷款、福费廷、提货担保、汇出汇款项下融资等其他贸易融资服务。	
中国建设银行	供应链融资		应收账款融资、未来提货权融资、国内保理、法人账户透支、动产质押融资、订单融资、电子商务融资（e贷通）、仓单融资、保兑仓融资、保单融资。
	买方信贷		法人汽车消费贷款；通信设备买方信贷（满足电信或广电运营企业与设备供应商在运营设备及安装调试合同项下的资金需求）；工程机械担保贷款（凭借所购指定品牌的挖掘机、装载机、压路机、推土机、吊车向银行设定抵押，保险单第一受益人为银行）。
	中小企业业务	购船抵押贷款	以自己或第三方拥有的船舶作为抵押担保或附有其他担保条件，以船舶运营收入作为还款来源而发放的船舶购置贷款。
		"成长之路"	为小企业提供的全线融资产品。
		"速贷通"	该产品不设准入门槛、不强调评级和客户授信，是在提供足额有效担保及与企业业务或主要股东信用联结基础上发放的贷款。
中国农业银行	融资服务		未将供应链融资或中心企业融资单列。类似业务如应收账款融资、单位活期存款账户透支、出口退税账户托管贷款、仓单质押短期授信等均在融资服务项下列示。
深圳发展银行	贸易融资解决方案	未来货权质押开证	指进口商采用信用证结算方式进口时，以未来货权为质押，免除银行授信担保抵押的限制向银行申请开立国际信用证。
		离岸网银	跨境汇款网上银行解决方案，提供信息传递、数据查询、交易申请及支付等服务。通过网银办理境内外资金划转。

银行名称	名称	定义或产品组合	
深圳发展银行	贸易融资解决方案	应收账款池融资解决方案	国内应收账款池融资
			出口应收账款池融资：出口应收账款种类包括以赊销（O/A）、托收（D/P和D/A）、信用证（L/C）为结算方式的商品交易下产生的应收账款，融资的使用方式为流动资金贷款、开立银行承兑汇票、开立信用证或保函等。
		银货通	为基于货权的融资解决方案，包括动产质押融资、先票/款后货、未来提货权质押融资、未来货权质押开证等产品。服务领域涉及钢铁、汽车、有色金属等十几个行业。
		CPS	为基于票据的短期融资解决方案，包括商业承兑汇票保证、贴现代理贴现等产品。
	贸易融资产品	公司金卫士	通过手机短信为企业提供账户余额变动通知、扣款余额不足通知等服务。
		出口退税池融资	仅凭国税局盖章确认的"出口退税申报证明单据"原件计算出的应退未退税累计余额向出口企业提供，而不再审核企业单笔出口发票、增值税专用发票等单据。
		进口全程货权质押授信业务	向进口企业提供的、以进口贸易中的货权为质押的融资服务，包括未来货权质押开证、进口代付项下货权质押授信和进口现货质押授信等产品。
		出口应收账款池融资	指企业将其向国外销售商品所形成的应收账款转让给银行，并且在应收账款保持较为稳定余额情况下提供的短期出口融资，可批量或分次支取贷款。
		动产质押融资	企业将合法拥有的货物交银行认可的仓储监管公司监管，不转移所有权。企业需要销售时，可以采取交纳保证金赎货或货易货方式。
		先票款后货	指在取得实物之前，凭采购合同提供的融资，包括开立银票、商票保贴和贷款等内容。
		未来提货权质押融资	指企业采购货物时，凭采购合同向银行融资以支付货款，并凭银行签发的提货单向买方提取货物的业务。
		未来货权质押开证	指企业采用信用证结算方式进口货物，在交纳一定比例保证金后，对保证金之外部分以信用证项下未来货权作质押而开立信用证。
		商票保贴、国内保理、担保提货、进出口押汇、打包放款、福费廷、出口贴现等其他贸易融资产品。	
浦发银行（浦发创富）	企业供应链融资解决方案	在线账款管理方案	国际保理（出口保理、进口保理、出口商业发票贴现）、国内保理（国内综合保理、商业发票贴现等）。
		供应商支持方案	从与上游供应商的角度出发提供各项银行服务和融资便利。
		采购商支持方案	从与下游采购商的角度出发提供各项银行服务和融资便利。
		区内企业贸易融资方案	特别为国内保税区和出口加工区企业度身定制的业务方案，包括银行承兑汇票、票据贴现、商票保贴、汇票协议付息、动产质押、保函、国内/国际信用证、国内/国际保理、信用证议付/押汇/打包、福费廷等国内、国际贸易融资组合产品。

续表

银行名称	名称		定义或产品组合
浦发银行（浦发创富）	企业供应链融资解决方案	船舶出口服务方案	为船舶生产型企业、代理船舶出口的贸易类客户量身定制的整体服务方案。
		工程承包信用支持方案	在客户进行国内、国际投标或竞标，以及在新项目资格预审工作时提供的资质及实力证明和整体信用支持方案。
	中小客户服务		提供成长型企业金融服务方案，包括企业生产经营过程的金融服务方案、企业扩大再生产过程的金融服务方案和企业经营升级过程的金融服务方案。
中国民生银行	贸易金融	结算类产品	包括信用证、托收和汇款。
		融资类产品　传统产品	包括减免保证金、进口押汇、进口票据买断、进口代付、进口一票通、出口一票通、物流融资等。
		融资类产品　创新产品	包括信保押汇、国际保理、订单融资。
		增值类产品	包括网上开证、全球互联网托收服务和银关税费通。
华夏银行	中小企业产品服务方案	易贷宝	包括仓单质押贷款、保兑仓、有追索权国内保理、法人账户透支、私营业主贷款、个体工商户贷款和华夏卡自助贷款。
		网络宝	包括银关通、集中付款和 B2B 网上支付。
		速汇宝	包括外汇即时达系列产品、收款直达、付款同步两岸汇划直通车、亚洲地区当日起息、多币种汇款等产品。
		贸易宝	包括出口押汇、出口贴现、福费廷、信保融资。
		生钱宝	包括稳盈现金增利计划、人民币增盈系列产品、企业财务顾问等产品。
交通银行（蕴通财富）	蕴通供应链		为交通银行供应链金融的服务子品牌。与物流公司、保险公司共同搭建质押监管平台、信用保险平台，围绕产业链中的核心生产商，为销售渠道中的贸易及物流客户提供综合性金融服务方案。
	融资快线		为国际贸易服务解决方案，包括九大贸易融资类产品和十五项贸易结算类产品
招商银行（点金公司金融）	贸易融资		包括国际保理、福费廷、银行保函、信保融资、汇款融资、中港贷款直通车（内保外贷——内地企业通过招商银行内地分行开出以香港分行为受益人的备用信用证或担保函，使境外分公司向香港分行取得贷款或其他融资；外保内贷——香港企业通过香港分行向内地分行开出备用信用证或担保函，使内地附属公司向境内分行取得贷款或其他融资）、中港贸易融资直通车、船舶出口预付款保函业务方案等产品。
	中小企业金融(点金成长计划)	创业之道	包括开立验资账户、财税银咨询、创业贷款网上开立商城业务及业主个人金融服务。
		经营之道	包括国内采购金融特色产品（票据融资、票据托管及置换、国内信用证。订单贷款、提货权融资）；国内销售金融特色产品（异地快速收款、应收账款融资和到账信息通知）；项目承建金融服务（投标配套金融、建设配套金融）；汽车销售金融服务（汽车经销商融资、汽车消费贷款、法人汽车按揭贷款）；透支贷款随借随还（网上银行自助贷款）；多样化融资（设备抵押按揭融资、仓单质押融资、担保融资等）；网上银行提升财务能力（即时账务查询、移动办公、批量支付、电子对账、锁定付款对象等）。

银行名称	名称	定义或产品组合	
招商银行（点金公司金融）	中小企业金融（点金成长计划）	进取之道	包括国际结算及资信调查（国际汇款路径设计、代理货运险、网上国际业务等）；关税服务（银关通及电子保函）；国际贸易融资（打包放款、进出口押汇、保理等）；避险工具（远期结售汇、衍生产品交易、即期外汇买卖、远期外汇买卖）；扩大生产（固定资产贷款）；特别项目安排（买方信贷、卖方信贷及政府转贷）。
		成熟之道	包括集团现金管理方案设计（集团资金余额管理、集团本外币现金池、集团资金管理平台）；理财增值（银债通、银基通和外汇资金理财）；财务管理信息化（银企直连）；离岸金融。
		卓越之道	包括员工福利计划、债券融资及结构性融资和财务顾问。
广东发展银行	贷款业务	包括动产质押贷款、品牌质押贷款、法人账户透支、卖方信贷、买方信贷等。	
	进出口融资	包括进出口银行、打包贷款、出口保理、出口退税账户托管贷款、外汇质押人民币贷款、福费廷等（另在国际业务项下有各种进出口贸易融资业务品种）。	
	票据业务	包括厂商银、厂厂银、厂商银四方协议、票据贴现等。	
汇丰银行	贸易服务	进口服务	包括进口信用证、进口贷款和提货担保。
		出口服务	包括出口信用证、跟单托收、出口融资、保理等。
		电子贸易服务	包括电子信用证通知、贸易文件追踪器、汇丰财智网贸易服务、网上贸易服务。
北京银行（财富＋）	"小巨人"	"小巨人"为中小企业融资业务品牌。另外，北京银行拟订九大行业解决方案，其中贸易型金融解决方案包括国内贸易产品组合和国际贸易产品组合。	
	供应链融资	包括商票保贴、国内保理、回购型保理、买断型保理、买方信贷、票易票、保兑仓、质押贷款等。	
上海银行	国际贸易融资	分为进口贸易融资和出口贸易融资。	
	中小企业成长金规划	便捷贷	包括房产抵押贷款、法人房产按揭贷款、中投保政策性担保贷款、担保中心担保贷款。
		商易通	包括动产质押融资、应收账款融资、票据融资、保单项下贸易融资、国际贸易融资。
		"小巨人"	支持具有良好成长性的小企业，包括为主体企业配套的制造类企业、经营大宗基础物资的商贸类企业、持续创新能力的科技型企业、市场份额较高的都市型企业。
		创智贷	向科技型小企业提供，包括委托贷款、专项担保贷款。
		金赢家	包括银税联网、大通关、现金管理、外汇理财、网银等。

中　篇
客户营销的流程与技巧

　　规范的客户拓展流程是客户经理开展业务中一致遵循和使用的程序，但它仅是对客户培育与维护实践的一般性概括和总结，并不能妨碍客户经理在工作中的创造性。在实际工作中，客户经理有时可跃过流程的某一环节，有时又必须重复某个环节。一般而言，客户培育与维护的业务流程主要由以下环节构成：确定客户拓展战略；搜寻和选定目标客户；拜访客户；围绕目标客户调研；识别客户风险；评价客户价值；同客户建立合作关系；合作关系的维护。

第七章

确定客户发展战略

战略，简单地说就是把银行能够做什么（银行的优势与劣势）与可能做什么（环境的机遇与威胁）画上等号。对银行的客户发展战略而言，可理解为是着眼于长远、适应银行内外形势而做的关于客户营销工作的指导性发展规划，它指明在竞争环境中客户拓展工作的生存态势、营销方针和发展方向，进而决定了银行及其客户经理最重要的工作内容与竞争方式。在银行竞争已达白热化的今天，大凡能够取得成功的公司，在事关银行客户拓展方向的综合决策方面，总有着相对一贯而又适应变化的战略规划。

第一节　竞争环境与内部条件分析

一、竞争环境分析

（一）竞争环境的一般分析

商业银行的竞争环境是指影响商业银行发展的各种外部因素，根据不同标准可进行不同的分类。根据影响程度，可分为强环境和弱环境；根据存在的空间状态，可分为近环境和远环境；根据表现形态，可以分为潜在环境和显在环境；根据与银行经营的紧密程度，可以分为直接环境和间接环境。

一般而言，影响银行客户拓展战略制定的环境因素主要包括：

1. 经济形势

宏观经济形势、区域经济形势和行业经济形势是银行经营的主要外部环境。经济处于快速发展时期，银行的扩展欲望也非常强烈；经济处于调整时期，一般也是银行信贷紧缩的时期。对银行来讲，其主要客户所在区域、行业的竞争状况、发展水平、结构特点对其战略的制定更为重要。

2. 政府管制

在我国，银行业是政府管制相对较多的行业，且处在金融分业监管的大框架下，因此，银行的客户拓展战略必须置于这一大环境的约束之下。具体到一家银行，受资本充足率高低的影响，其业务开展范围、能够准入的市场领域都会受到不同程度的影响。

3. 市场经济发展水平

市场经济发展程度高，也要求银行必须以市场的手段来解决市场中遇到的问题；而在市场经济处于初步发展阶段时，银行客户战略的制定往往要考虑更多的非市场因素。

4. 金融市场发育状况

银行活动的重要领域包括产业市场和金融市场。金融市场的成熟程度与波动程度决定了银行在这个市场中生存的难易程度。如果金融市场上交易工具完备、运行机制完善、交易规则科学、交易行为透明，则银行在其中运行的能动性与效果就会显著增强。

（二）竞争对手分析

银行的竞争对手有直接和间接以及显在和潜在之分。就直接竞争对手来讲，主要是其他银行，尤其是那些在资产规模、客户范围、产品门类等方面大致相当的银行；就间接竞争对手来讲，主要是指那些有可能从银行手中分流客户的竞争对手，如证券公司推出一项理财产品往往会分流走一部分银行资金，有新股上市往往也会暂时分流一部分银行资金。就竞争对手来讲，主要指那些现实中业已存在、对本银行市场行为产生直接威胁的竞争对手；就潜在竞争对手来讲，主要指那些目前对本银行尚未构成直接威胁，但未来有可能产生影响的竞争对手，如一家实力明显不如本银行的银行在被某家大银行兼并后会实力大增，某家区域性银行在获得监管部门同意后可在全国范围内扩张。

对竞争对手进行分析的目的在于做到"知己知彼"，借以判断本银行推出某项市场举措后竞争对手可能作出的反应及反应的方式、激烈程度、应对举措。分析可主要从对竞争对手的未来目标、对市场的认识、经营历史、现行战略与竞争能力等方面进行。

1. 竞争对手的未来目标

分析竞争对手的目标有助于了解竞争对手对其目前地位和财务状况是否满意从而推测该竞争对手是否将采取措施以寻求改变，有助于本银行选择一个既相对有利又不至于引起竞争对手激烈反应的战略。对竞争对手目前和未来目标的分析内容包括：

（1）竞争对手的财务目标是什么？如何权衡长期业绩与短期业绩、利润与收入增长的关系？

（2）竞争对手对风险持何种态度？其核心价值观是什么？是否企图在市场中成为领导者或行业代言人？

（3）竞争对手的法人治理结构和内部控制机制是否健全？组织结构中是否设有独立的信贷审查部门、风险管理部门、市场拓展部门和产品研发部门？现有的激励约束系统是如何运作的？管理人员与员工的收入差距有多大？业绩如何考评？

（4）竞争对手的领导班子及市场人员由哪些人构成？他们的背景与经历如何？他们显著强调的是什么？在招聘新员工时，他们最关注什么？

（5）竞争对手总部的目标与具体业务单位的目标是否一致？如果不一致，是如何协调的？

2. 竞争对手对市场的认识

竞争对手对产品、成本、技术先进性、人力资源、市场态势、决策能力等方面的认识指导着其行为方式和对外界的反应方式。比如，竞争对手如果认为老人对银行与证券相结合所形成的产品将有快速增长的需求，那么他将会花大力气研发并尽快向市场推出它。

3. 竞争对手的经营历史

了解竞争对手的经营历史有助于把握其经营目标的形成过程。客户经理在对竞争对手的经营历史进行了解时，可主要关注以下问题：

（1）与过去相比，竞争对手的财务状况、市场占有量、产品创新速度、人才招聘计划、广告投放力度是否发生变化？其最值得吸取的教训及最值得学习的经验是什么？最能影响竞争对手发展道路的事件是什么？

（2）竞争对手在哪些方面表现出众？在过去对本银行采取的行动是如何作出反应的？其危机处理能力如何？对突发事件采取何种反应模式？

（3）竞争对手高级领导层的职业背景如何？在这些高级领导人的生活早期，发生过哪些影响其思维方式、发展道路的重大事件？他们发表或出版过哪些重要言论、文章或书籍？

4. 竞争对手的现行战略

分析竞争对手现行战略的有效方法是把竞争对手的战略看成业务中各职能领域的关键性经营方针的汇总。在实际运行中，有的竞争对手可能有非常明确的战略，长期以来孜孜不倦地追求既定战略的实施效果，但的确也有竞争对手并无清晰的战略，多年来在市场中摇摆不定。

5. 竞争对手的能力

竞争对手的目标、认识、经营历史和现行战略会影响其对本银行市场行动反击的可能性、时间、性质及强烈程度，而其强项和弱项将决定其发起或反击的能力。分析竞争对手的强项和弱项可从以下四个方面进行：

（1）产品。包括产品的市场领先程度、在客户心目中的地位以及产品系列的深度和广度。

（2）网点覆盖程度、实力及中后台部门为一线部门服务的能力。

（3）客户经理在营销组合诸方面的技能水平、研究创新能力。

（4）成本控制水平、财务实力、综合管理能力与面向客户时的协调配合能力。

在对竞争对手能力的分析中，尚需了解其核心竞争能力是什么？成长能力、快速反应能力、适应变化的能力如何？在现金储备、流动性管理、投资组合等方面支撑市场压力的能力如何？

（三）竞争环境的机会与威胁分析

竞争环境既可能给银行的客户拓展工作带来市场机会，也可能带来环境威胁。消除威胁、利用机会应是客户经理本能的市场反应。对竞争环境的机会—威胁分析一般可采用"矩阵图"方法进行。矩阵的纵向表明机会水平的高低，横向表明威胁水平的高低，那么在矩阵内部就可根据机会、威胁水平不同划分出不同的区间。典型的区间有四个：

（1）理想的区间，即机会大、威胁低的区间；

（2）风险的区间，即机会和威胁都较高的区间；

（3）成熟的区间，即机会和威胁都较低的区间；

（4）处于困境的区间，即机会低、威胁高的区间。对上述四区间，还可做进一步的细分。

在大多数情况下，威胁与机会总是互为因果的：如果找到了其中一个，那么另一个肯定就隐藏在附近。对市场经验丰富的银行客户经理来讲，往往把威胁看成机会，即通过避开威胁的方法来找寻机会。威胁的信号主要有：存款市场份额下降、客户基础减少、贷款缺乏市场渗透力、客户认知度下降、不良资产增加、业务宣传不充分、与客户出现摩擦、客户不满增加、广告促销效果不明显、贷款审查程序拖延、银行声誉不佳等。当上述信号出现后，客户经理应该进行更详尽的分析，以便把实际的威胁与相关的现象分清楚。例如，市场份额下降的信号或许只是实际威胁的现象，真正的威胁则可能是银行广告宣传不够，或者实际的威胁是服务不好、产品缺乏竞争力，抑或是几种因素的混合作用。对客户经理来讲，机会还可从以下因素中产生：更新或修改现行的行业规则、客户利益、客户行为方式与服务需求的改变、科技成果的应用、较竞争对手为佳的地理位置、有竞争力的产品、相比较的竞争优势等。

二、内部条件分析

对竞争环境进行分析是制定客户拓展战略的重要内容，对内部条件进行分析则是银行在确定客户拓展战略时必须考虑的另一方面。考虑因素包括：

（1）技术应用水平。哪家银行新技术采用得快，哪家银行就易在竞争中领先。在市场中有很大竞争优势的银行往往是那些采用新技术多、快的银行。

（2）人才结构。银行的竞争说到底是人才的竞争，拥有良好人才结构的银行在银行发展、客户拓展、产品创新等各方面往往有超人之举，各银行经常招聘复合型客户经理即是证明。

（3）客户经理制度的建设情况。客户拓展需要靠客户经理的工作来完成，而客户经理工作成效如何，关键看客户经理制度建设水平如何。

（4）市场敏锐程度。在市场经济条件下，竞争的法则已由"大的胜过小的"变成"快的胜过慢的"。市场感觉敏锐的银行比行动迟缓的银行具有竞争优势。

（5）核心竞争能力。一个银行要成功，必须将其核心业务流程转变成一种其他银行难以模仿的战略能力，使其在客户心目中独树一帜，其他银行无法与之相比。这种其他银行难以模仿的战略能力就是核心竞争能力。没有核心竞争能力，就意味着银行在市场竞争中不具备战胜竞争对手的法宝。找不到自身核心竞争力的银行在市场竞争中往往表现得无所适从。核心竞争力取决于三种基本市场力量的相互作用：需求（银行是否能满足客户的需求，是否具有竞争优势）、稀缺性（能否轻易被模仿或替代，是否持久）以及专用性（谁掌握利润）。

（6）扁平化的管理架构。管理层级过多、管理链条过长、信息传递失真等情况是国内银行存在的通病。扁平化改革是国内银行改革的基本方向。改革成效如何直接影响其市场竞争能力。

（7）组织结构。银行内部组织结构是否合理、各部门职责是否清晰、面向市场时各部门能否快速有效配合、各功能块是否健全等决定银行组织结构的先进与否。

（8）银行自身所掌握的资源及特点。在一家银行中，各类资产、技能、知识和能力等资源涵盖了从高度专业化的一端到非常普通的一端的整个谱系。银行在这个资源谱系中所处的位置决定了它应该参与哪些业务的竞争，也决定了它对客户范围与服务对象的选择。

第二节　客户拓展战略及其制定

一、银行与竞争环境的平衡

在客户拓展活动中，银行的行为受到竞争环境和内部条件的影响和制约。银行与竞争环境的关系实际上是一个信息输入—输出—再输入—再输出的关系，即系统内外的信息转换关系。根据系统论的观点，搞好系统内外关系的平衡是很重要的，因为这是保证系统正常运转的先决条件。具体到银行来讲，搞好与竞争环境的平衡非常重要。

在处理银行与竞争环境的关系时，需坚持如下原则：

（1）内部服从外部的原则。由于竞争环境具有不可控性，银行与竞争环境是一种依存关系，外部环境的性质、状况决定了银行客户拓展活动的性质、方向、方式和规模，银行必须服从竞争环境。

（2）动态平衡的原则。竞争环境是经常发生变化的，银行应与竞争环境保持一种最佳的适应状态。如果不能经常保持良好的适应状态，银行客户拓展活动就会趋于保守和退化。因此，银行需要根据变化的环境及时调整自身客户拓展的目标，并修订具体的拓展战略，使银行与竞争环境经常保持一种动态的平衡。

银行要保持与竞争环境的最佳动态平衡，应重点掌握以下几点：

（1）加强调研，准确地预测竞争环境未来变化发展的大致方向。银行的客户拓展活动必须建立在对环境的准确判断与预测上，而要想准确地预测环境，除选用科学的预测方法外，还必须使预测的基础牢靠，为此，必须加强调研工作，使获得的信息资料完整可靠。对一个成熟的银行经营者来讲，市场直觉也非常重要，因为市场直觉常常是工作经验在当前状况下的最直接反映，依靠严谨的数学模型推导出的预测结果往往不是很精确。

（2）制定竞争环境评价分析表。制定此表的目的在于发现竞争环境中的有利和不利因素，利用有利因素来寻求市场机会，避开或改善不利因素，消除环境威胁，使银行的客户拓展活动能趋利避害地发展。具体的评价分析方法就是按照竞争状况、市场潜力、客户数量等标准对竞争环境的不同情况进行划分，借以判断哪些是竞争环境的有利因素，哪些是竞争环境的不利因素，从而对外部环境有个总体评价。

（3）建立信息反馈系统，使银行客户拓展信息的输入输出过程能通畅不断地进行。有关竞争环境的信息及时输入进来，能指导银行更好地开展客户拓展活动。无疑，这也是增强银行与竞争环境协调关系的一条途径。当前与银行经营有关的外部信息非常充裕，以至于银行从业者无所适从。可供选择的方式是建立自己的通道，比如选择几份信息量大的财经报纸进行阅读、经常上几个财经网站进行浏览。

（4）搞好公共关系，做好危机管理，争取使竞争环境朝着有利于银行的方向发展。危机时刻存在，且潜在破坏性越来越大，但危机并非不可战胜。危机本身既包含导致失败的根源，也孕育着成功的种子。在银行与竞争环境发生冲突的情况下，银行应善于运用公共关系及时解决冲突，发现、培育以便收获蕴涵在危机之中的潜在成功机会，使银行与竞争环境保持一种良好的协调关系。银行平时应做好危机处理预案，以应对随时可以出现的危机，一旦危机来到时则能以最快速度启动预案，确保将危机带来的负面影响降至最低。

二、客户拓展战略及其种类

客户拓展战略是银行为创造、建立和保持与目标市场彼此有利的交换关系所做的长远谋划，就其实质来讲，是对客户需求的管理。客户拓展问题总是与银行产品相关联，任何客户拓展战略都可以说是产品的市场战略。从类型上看，客户拓展战略均可分为两个层次：一个是市场选择战略，即决定在哪些行业（地域）及某一行业（地域）的哪些客户身上开展营销；另一个是市场发展战略，即怎样开发已选择的市场。

（一）市场选择战略

市场选择战略主要是从市场吸引力和银行自身营销能力两个方面来确定。确定市场吸引力要分析两个问题：市场规模有多大和处于何种发展阶段。银行的营销能力反映了市场份额、影响范围与信誉。依据市场吸引力和银行营销能力的大小，可将市场选择战略分为三种：退出型战略、维持现状战略和发展型战略。

（1）退出型战略。当市场已处于衰退期，或自己的经营能力不足，或两者兼而有之时，应放弃该市场，方式有三：直接退出市场；尽量榨取利润，不再增加新的投资；将不想继续经营的部分直接出售，收回投资。

（2）维持现状战略。当市场处于成熟期或银行经营能力一般，或两者兼而有之时，可以维持现状，方式有二：盯住市场占有率，继续保持现有份额；权衡得失，放弃一部分，巩固一部分。

（3）发展型战略。当市场需求旺盛，或银行经营能力强，或两者兼而有之时，一般采取发展型战略。途径包括：选择发展速度较快的行业（地域）作为目标行业（地域）；利用银行内部扩充、联合等方式来提高竞争力。

（二）市场发展战略

市场发展有两重含义，即横向发展（新市场的开拓）和纵向发展（现有市场的挖潜开发）。具体来说有以下几种形式：

（1）市场渗透。即不改变银行现有产品与市场，以现有银行产品去扩大现有市场，它至少又包括：让现有客户更多地使用本银行的产品；把竞争者手中的客户争夺过来；把银行产品营销给新客户。

（2）市场开发。即用现有产品去开辟新的市场，包括：扩大市场半径，在更广泛的市场范围内营销客户；在原有市场上挖掘老客户的新需求，主要是在客户新需求的基础上对现有产品增加新的性能与用途。

（3）市场创新。即在传统市场上，改进产品，增加品种，以新产品代替老产品。

途径有：自己研发全新产品，排挤竞争对手；模仿竞争者产品，改进自身产品；借鉴竞争者的思路开发本银行产品。

（4）混合型。即用新产品开拓新市场，包括前向一体化、后向一体化、水平一体化和多样化发展。

（5）"紧张"战略，即银行有意识地使自己传统产品市场保持"供应紧张"的局面，再将新产品投放到一个"销路不佳"的新市场去做"开发性"工作。这种战略适合于以追求高市场占有率为目标的银行，既能使银行的产品在传统市场上保持着优势，又能不断顽强地开拓新市场。

（6）逆向型战略。基本原则是逆市场潮流，"后发制人"，以求得出乎意料的成效，适合于中小银行以及实力较弱的银行。

三、在银行与竞争环境的平衡中确定客户拓展战略

确定客户战略的前提是确定战略目标，而战略目标的确定必须结合银行的价值观和经营使命来进行。一种观点是，战略无法事前制定，即不能先制定战略，再依据此战略去拓展市场，认为战略是在客户拓展过程中形成的。这种认识不无道理，但在一定的目标指引下去拓展市场也同样十分必要。为此，银行应认真分析影响战略选择的每一要素，通过对目前经营战略的分析测定下一步要采取的战略举措：确定关键的经营方针，如目标客户、资产收益、市场份额、贷款投向、存款组合等；确定银行具体的业务方向；考察银行目前的业务环境和对银行现行战略有利或不利的条件；对现行的银行战略进行检讨。

确定客户拓展战略应经过一定的程序，当然程序的有些阶段可以同时完成，也可做次序上的调整，关键在于每一步都要在最终战略方案选定之前完成。一个典型的战略确定程序包括：确定指导思想；明确经营任务；确定经营目标；进行时机分析；形成客户拓展战略；评估客户拓展战略并贯彻。

在客户拓展战略的确定过程中，确定指导思想与评估现有战略两步骤非常重要。前者关系到客户拓展战略制定的方向与目标，后者关系到客户拓展战略制定的基础与条件。下面分别予以简述。

（一）战略制定思想的确定

一般而言，在制定客户拓展战略前，银行应把握住三项原则：

（1）远见。客户拓展战略事关银行的长远发展和长期行为，应高瞻远瞩，从长计议，制定出富有远见卓识的战略规划。这样，才能经得起时间的检验，保证银行的稳步发展。有些银行的战略规划是一年一制定，探索不出一条长远的发展思路，结果只能使银行的发展没有特色。

（2）科学。包括两重含义，其一，客户拓展战略的制定一定要从客观环境与银行内部条件的实际出发，必须务实，切忌好高骛远，在银行内不顾条件搞"大跃进"运动；其二，战略的制定要运用科学方法和科学手段，经过反复论证才能使战略切实可行。几个研究人员在办公室内闭门造车式的战略制定方法只会使得制定的战略越来越不可行。

（3）求新。客户拓展战略是一个包含时间因素的概念。在战略实施的初期，战略目标具有强烈的促进、鼓舞作用，但当战略目标即将实现之际，它便失去了应有的作用。为此，为了保持银行的经营活力，在制定战略时必须注意求新，即不断寻求新的业务领域、经营优势、发展道路等。

（二）客户拓展战略的评估

对客户拓展战略的评估应围绕三个问题进行：战略是否合理、可行，是否前后一致？银行及客户经理是否具备必要的能力来执行该战略？有无清晰、可执行的战略实施的具体规划与措施？当然，战略评估还涉及其他一些相关问题，如客户经理对自己所面临的竞争形势的了解程度如何？战略是否具有极强的针对性？我们是否选择了正确的战略？等等。关于执行能力，主要涉及：现有客户经理能否胜任此项战略？是否需要聘用新的客户经理来执行战略？银行的成本结构是否允许本银行在保证利润的情况下与对手竞争？关于战略是否具有极强的针对性，主要涉及：战略计划是否过于宏伟？怎样设定各项工作的先后顺序？市场空间是否进入过多？关于是否选择了正确的战略，主要涉及：选定的战略是否适合本银行的情况？战略是否与目前的市场现实情况一致？银行是否有足够的条件来执行被选定的战略？这项方案能否给银行带来利润、市场份额的增长以及市场影响的扩大？等等。

在回答上述问题的过程中，银行可对战略方案进行补充与完善，并得到银行内部管理层的认可。对客户拓展战略达成共识后，客户经理就需通过自己的客户拓展行动来展开战略行动。

第八章
搜寻和选定目标客户

银行客户战略确定后，关键是要得到有效执行。战略本身制定得再好，如果不能得到有效执行，那也只是纸上谈兵。战略的执行要落实在行动上，那就是客户经理要走出办公室，按照战略确定的重点和客户范围去寻找客户、营销客户。

第一节　银行客户的分类

银行客户按性质不同可分为三大类，即工商企业类客户、机关团体类客户及金融同业类客户。工商企业类客户主要指产业内各行业的工商企业等盈利性客户，这是银行客户的主体，是银行产品的主要提供对象；机关团体类客户主要指社会团体、学校、政府机构、医院、军队等非企业组织形式的客户，这是银行目前积极争取的一类客户，尤其是其中的政府机构类客户，因其巨大的资金流向且无信贷需求而成为各家商业银行竞相争取的黄金客户；金融同业类客户是一类较特殊的企业类客户，主要指信托、证券、保险、基金及与本银行有代理行等合作关系的其他银行，这是随着我国金融市场日益完善而新兴起的一类客户。

从对银行产品需求的特点看，银行客户可分为：

（1）贸易链融资类客户。贸易链融资与日常所讲的国际业务中的贸易融资产品有所不同。这里所说的贸易链融资是指连接客户上下游的所有融资类产品，包括国际业务中的贸易融资以及承兑汇票、保兑仓等传统的银行产品。凡是使用贸易链融资产品的客户均可称为贸易链融资客户。

（2）渠道合作类客户。这类客户的典型特点是只提供存款而无资金需求，它对银行的需求主要是资金划拨与收缴。

（3）投行业务类客户。指适合银行提供短期融资券、财务顾问、银团贷款等投资银行业务的客户。

（4）理财增值类客户。指有大量闲置资金、需要通过银行理财而进行增值的客户。

从不同角度可对银行做不同的分类。对客户经理来讲，需对上述各类客户作进一步的细分，将具有类似需求的客户归为一类，从中选择自己拟开发的目标客户，并运用银行所拥有的资源满足目标客户的不同需求。

一、工商企业类客户

（一）按所有制划分的工商企业类客户

（1）国有或国有控股企业。国有企业是我国国民经济的重要力量，也是银行应该特别关注的客户群体。分为纯粹的国有企业和国有控股企业。目前大部分是国有控股企业。中央直管的大型企业效益都比较不错，在各自领域基本都是排头兵，它们是各家银行积极争取的对象。遇到困难的国有企业则为银行开展并购重组、战略咨询等顾问服务提供了可能。大中型国有企业对银行产品的需求是多方面、综合性的，这需要银行与其建立的是长期稳定、不断扩展的战略合作关系。

（2）民营企业。民营企业有两类，一类是纯粹的民营企业，从成立之初就是民间投资；另一类是从原来的乡镇企业基础上改制而成的。过去这些企业的主要合作伙伴是城乡信用社。随着规模扩大，这类客户对银行业务的需求急剧增长。民营企业一般规模较小，经营灵活，但融资渠道十分有限，迫切需要银行提供金融服务。由于民营企业主要实行家族式管理，客户经理在与其建立业务关系之前应重点考察其管理水平及可能存在的风险。

（3）外商投资企业。外商投资企业在企业制度、经营管理、市场营销、生产管理等方面具有一定的优势，在银行中的信誉较高，是银行希望得到的业务伙伴。它们对银行服务的要求也较高，需要具有较高造诣的客户经理前往接洽。

（4）混合所有制企业。混合所有制企业因投资主体多元化，基本上是规范的现代股份制企业。这类客户一般规模较大，集团化发展趋势明显，经营业绩良好，也是银行积极争取的对象。

（二）按行业划分的工商企业类客户

（1）商贸服务企业。包括商场、配送中心、超市、仓储中心、饭店、旅游及其他服务类企业。商业企业的特点是流动资金需求量大，资金周转速度快，但自有资金较少。那些进货渠道通畅、地理位置优越、在消费者心目中信誉高的商业企业是银行积极争取的对象。在与商场、配送中心、超市和仓储中心发展业务时，应注意它们的地理位置、进货渠道、存货水平、应付账款及与供货商的关系；在与饭店发展业务时，应注意它们的地理位置、客房满率、服务水平及饭店的星级；在与旅行社发展业务时，应注意它们的业务覆盖范围、服务水平、业务规模等情况。

（2）制造业。这里所讲的制造业主要指传统的工业生产类企业，如机械、汽车、电子、电力设备制造、轻工、纺织、建材、医药、石油化工、有色、黄金、煤炭开采等。这类企业专业性强，银行需会同各类专家对其生产、市场、管理、行业等方面进行会诊。

（3）公用事业类企业。包括城市道路、城市供水、机场、铁路等。这类企业一般盈利水平低，但资金沉淀量大，且背后往往有政府支持，是银行积极争取的对象。

（4）外贸类企业、建筑安装类企业、房地产类企业和投资管理类企业。

（5）综合类企业。指的是主营业务跨行业较多的集团公司及业务类型难以归入上述几类企业的企业。客户经理在与此类企业打交道时，一定要关注其主业情况。

（三）按规模划分的工商企业类客户

（1）小型企业。经营产品单一，市场份额有限，经营风险较大，但经营灵活，常能在市场缝隙中求得生存与发展。这类企业融资渠道有限。客户经理可为其中有发展前景的企业开展顾问服务，帮助企业搞好市场定位，选准发展战略。

（2）大中型企业。按经营范围又可分为多元化经营的大中型企业和集中于某一专门领域经营的大中型企业两种模式。前种模式抵御经济波动的能力较强，但其每一经营领域往往缺乏足够的竞争力；后种模式的优缺点正好相反。两种模式的大中型企业对银行产品的需求量都很大。这类企业融资渠道较多，客户经理应采取有差异化的特色服务来吸引它们。

表 8 - 1　大中小型企业划分标准

行业名称	指标名称	计算单位	大型	中型	小型
工业企业	从业人员数 销售额 资产总额	人 万元 万元	2000 及以上 30000 及以上 40000 及以上	300～2000 以下 3000～30000 以下 4000～40000 以下	300 以下 3000 以下 4000 以下
建筑业企业	从业人员数 销售额 资产总额	人 万元 万元	3000 及以上 30000 及以上 40000 及以上	600～3000 以下 3000～30000 以下 4000～40000 以下	600 以下 3000 以下 4000 以下
批发业企业	从业人员数 销售额	人 万元	200 及以上 30000 及以上	100～200 以下 3000～30000 以下	100 以下 3000 以下
零售业企业	从业人员数 销售额	人 万元	500 及以上 15000 及以上	100～500 以下 1000～15000 以下	100 以下 1000 以下
交通运输业企业	从业人员数 销售额	人 万元	3000 及以上 30000 及以上	500～3000 以下 3000～30000 以下	500 以下 3000 以下
邮政业企业	从业人员数 销售额	人 万元	1000 及以上 30000 及以上	400～1000 以下 3000～30000 以下	400 以下 3000 以下
住宿和餐饮业企业	从业人员数 销售额	人 万元	800 及以上 15000 及以上	400～800 以下 3000～15000 以下	400 以下 3000 以下

说明：1. 表中的"工业企业"包括采矿业、制造业、电力、燃气及水的生产和供应业三个行业的企业。

2. 工业企业的销售额以现行统计制度中的年产品销售收入代替；建筑业企业的销售额以现行统计制度中的年工程结算收入代替；批发和零售业的销售额以现行报表制度中的年销售额代替；交通运输和邮政业、住宿和餐饮业企业的销售额以现行统计制度中的年营业收入代替；资产总额以现行统计制度中的资产合计代替。

3. 大型和中型企业须同时满足所列各项条件的下限指标，否则下划一档。

4. 本划分办法为国家统计局 2003 年制定，适用于统计上对工业（采矿业、制造业、电力、燃气及水的生产和供应业）、建筑业、交通运输、仓储和邮政业、批发和零售业、住宿和餐饮业的企业划分规模。

（3）企业集团。是具有共同利益，以产品或资产等为纽带联结在一起的企业群体，常常是跨行业、跨地区，经营多种产品。它对银行业务的需求是全方位、多侧面的。对银行来讲，是具有很大吸引力的目标客户。对有财务公司的企业集团来讲，客户经理应注重同这种"企业内部银行"的合作。

（四）按效益状况划分的工商企业类客户

（1）景气企业。指在市场占有率、技术创新水平等方面处于上升阶段的新兴企业，或各方面都处于进一步发展阶段的企业。这类企业是客户经理积极争夺的对象，但应注意企业潜在的风险。

（2）一般企业。指经过一定时期的发展，企业及其所在行业已进入相对成熟阶段。这类企业对银行产品的需求量大，但由于其利润率水平已经下降，客户经理应重点关注其信用水平及未来发展前景。

（3）亏损企业。这类企业急需银行的支持，但由于效益状况恶化，会给银行带来巨大风险。由于亏损，这类企业中的部分企业往往会通过做手脚来骗取银行贷款，故客户经理应对其做深入调研。对这类企业中暂时出现困难但仍具有发展前景或具有重组价值的企业，客户经理仍可与其进行合作洽谈。

（五）按与银行合作关系的程度划分

1. 重点客户

重点客户是指具有资源型垄断特征，能够为银行带来较大经济效益，与银行有稳定的业务关系，成长性好、资信等级高、经济实力强的各类经济实体。客户经理应逐步把本银行培育成这类客户的主办银行，使本银行提供的产品占该客户使用银行产品总数的绝大部分。重点客户的确定原则是以市场为导向，兼顾客户的经营状况、财务状况、发展趋势与信用状况，突出重点、好中选优、动态管理。一般需具备如下条件：

（1）企业所处的行业、产业符合国家产业政策鼓励、扶植或优先发展的范围，如高新技术开发及产品制造业（现代信息设备生产企业、新材料生产企业、新能源开发企业、新药品开发及生产企业等）；有良好经济效益的基础设施行业（如交通运输、仓储设施、城市电力、煤气及水的生产与供应、石油和天然气开采等）；传播与文化产业；具有较强综合开发经营能力的建筑及房地产业等。

（2）生产开发的产品符合国家技术进步或产品更新换代的序列；从事的生产经营活动符合国家法律法规并属于经济金融政策支持的内容。

（3）主导产品在国内或本地区内与同类产品相比具有市场前景好、竞争力强、产销率高以及在国际市场上创汇能力强等特点。

（4）具备科学严密的经营决策、生产组织、技术开发、财务核算、市场营销的组织管理体系和规章制度；工艺合理、设备先进、能耗及污染指标符合环保要求；具备完备的法人治理结构，已建立起现代企业制度。

（5）规模适当且具有良好的发展基础，资产负债率低、抗风险能力强、经营业绩和经济效益良好、销售收入和利润连续三年保持正增长、主要产品的产销率在90%以上、信用等级在AA或以上。

（6）企业领导层具备良好的经营管理素质，主要领导人具备丰富的企业管理和市场营销经验。

（7）在本银行已开立基本结算账户或一般结算账户并办理了本外币存贷款、结算及其他业务，业务合作已有比较长的时间且保持了相当的业务量。

（8）管理规范、实力雄厚、市场前景良好的绩优上市公司；实力雄厚、效益良好的大型国有企业和三资企业；已形成规模、技术成熟且前景良好的高新技术企业。

2. 一般客户

一般客户指不具备重点客户条件但与本银行仍有一定业务往来的企业。客户经理应有意识地把其中发展势头猛、竞争能力强的企业培育成重点客户。对一般客户，客户经理在服务上也不应有所懈怠，这类客户在银行整个客户群体中的占比一般在70%左右，是银行收益的重要来源。

3. 目标客户

目标客户指尚未成为本银行现实客户的潜在客户，仅为拟开发的对象。客户经理的工作就是把目标客户培育成现实客户，并逐步培育成现实的重点客户。

二、机关团体类客户

机关团体类客户虽主要不进行生产经营活动，但有相当的资金沉淀量，是银行开展代收代付、代发工资等中间业务及吸收存款的理想对象。对其中公益性质较强的机构，如效益好的学校、医院等发放贷款，往往更加安全。

机关团体类客户主要有：

1. 协会、学会、研究所、设计院

此类客户有工业经济联合会、国际经济关系学会、机械工业协会、商业文化研究会、企业管理协会、银行业协会、粮食研究所、无线电研究所、建筑设计院、中科院、社科院、农科院、林科院等。

2. 医院

此类客户有社区医院、校办医院（对外营业的，如北京大学附属医院；只对学校师生开放的，如校内医院）、卫生部门直属医院、民办医院，以及养老院、保健院。在我国根据医疗质量综合考评标准，将医院从高到低划分为三级九等，即三甲、三乙、三丙；二甲、二乙、二丙；一甲、一乙、一丙。三级甲等为级别最高的医院。

3. 学校

此类客户有公立学校、民办学校；大学、职业教育学校、中小学；培训学校。就大学而言，有全国排名前列的清华大学、北京大学、浙江大学、南京大学，也有排名稍稍靠后但名气依然不小的其余"211院校"，还有普通的地方高等院校。带有职业培训性质的学校最近几年也有一些，如国家会计学院、国家检察官学院等。

4. 事务所

此类客户有会计师事务所、律师事务所等。这类组织一般采取合伙人制、实行企业化经营。

5. 政府及附属部门

此类客户有国家发展改革委员会、国资委、财政部、铁道部、农业部、烟草专卖

局、工商行政管理局、海关总署等政府部门；人大立法部门；司法、检察；街道办事处；军队。中央政府的资金管理体系目前已基本完成改革，实行财政资金直接和授权支付。在这种情况下，中央预算单位必须在具有办理代理支付业务资格的银行进行开户。各银行可以利用这一契机，对各政府机构进行深入营销，扩大服务范围。此外，各地政府机构的资金管理体制也正在按中央改革精神进行改革，为银行提供了较大的业务拓展空间。

6. 新闻出版单位

此类客户有出版社、杂志社、编辑部、报业集团等。对其服务除代发工资外，可开展代发稿费服务。当前除人民出版社外，其他出版社均已改制实行企业化经营。在市场竞争中，很多出版社脱颖而出，其销售额突破亿元，有的甚至达到几十亿元，是非常优质的银行客户。媒体的集团化发展非常迅速，报业集团发展就是明证。一个报业集团下面一般有晚报、早报、日报等。

7. 中介机构

此类客户有职业介绍所、婚姻介绍所、房屋中介等。

三、金融同业类客户

1. 银行

银行又称存款类金融机构。此类客户有中国银行、中国农业银行、中国工商银行、中国建设银行、交通银行、国家开发银行、华夏银行、中国光大银行、中信实业银行、中国民生银行、深圳发展银行、浦发银行、广东发展银行、兴业银行、浙商银行、渤海银行、邮政储蓄银行等全国性商业银行；北京市商业银行、上海银行、徽商银行等城市商业银行（区域性商业银行）；中国农业发展银行、中国进出口银行等政策性银行；北京市农村商业银行等农村商业银行，以及上述各银行的分支机构；汇丰银行、花旗银行、大通银行等外资银行在华分支机构。

2. 信托公司

信托公司的要义在于"受人之托，代人理财"，发行信托计划是其经营的重要内容。

3. 基金管理公司

目前已成立的基金管理公司有华安、华夏、大成、嘉实、富国、博时、长盛（以上注册地在北京）、国泰（注册地在上海）、南方、鹏华（以上两家注册地在深圳）等多家。其旗下管理着多只基金。

4. 证券公司

近几年证券公司经历了重新洗牌，很多证券公司被关闭，也有很多全国知名的证券公司被重组。

5. 保险公司及保险中介公司

保险公司目前主要有中国人寿保险、太平洋保险、平安保险、泰康保险、新华人寿保险、中国再保险公司等保险公司，上述保险公司的分支机构及外国保险公司在华分支机构。

保险中介公司目前也有很多家，如江泰保险经纪有限公司（注册地在北京）、北京合盟保险代理有限公司等。

6. 资产管理公司

目前的资产管理公司除早先成立的华融、信达、长城、东方等四家资产管理公司外（这些原以处理银行不良资产为主业的公司已开始转向金融控股集团方向发展），还有很多以私募股权基金为主业的资产管理公司。

7. 其他非银行金融机构

城乡信用社、企业集团的财务公司、金融租赁公司、汽车金融公司、典当行等非银行金融机构也是商业银行可积极争取的客户。

四、银行客户的细分

对工商企业类客户、机关团体类客户及金融同业类客户均可同时按两个甚至多个标准进行细分，以便找到更具体的目标客户。这时常采取矩阵表方法。下面按多个标准对工商企业类客户作进一步的细分。

表 8 - 2　工商企业类客户分类矩阵表

分类	企业规模	景气程度			所属行业							
		景气	一般	亏损	商业	工业	外贸	建筑安装	公用事业	房地产	投资管理	综合类
国有企业	小型企业 中型企业 大型企业 企业集团											
集体企业	小型企业 中型企业 大型企业 企业集团											
民营企业	小型企业 中型企业 大型企业 企业集团											
外商独资	小型企业 中型企业 大型企业 企业集团											
混合所有	小型企业 中型企业 大型企业 企业集团											

第二节 搜寻目标客户的方法

客户经理必须根据自己银行所提供产品的内容及特点去寻找恰当的目标客户，最好的出发点是那些已经消费了银行产品的现有客户。当然，从客户培育角度出发，新客户对客户经理来讲更为重要。客户经理不能瞎跑乱撞，只有采取一定的方法才能发现那些可能成为银行目标客户的潜在客户。

一、逐户确定法

客户经理在任务范围内和特定区域内，用逐户登门拜访的方式对预定的可能成为客户的企业或个人无一遗漏地进行寻找，并以此确定有合作价值目标客户的方法。这种方法可使客户经理在寻访客户的同时，了解市场、客户和社会，锻炼和提高自己，但比较费时费力，带有一定的盲目性。应事先计划好拟走访的区域，对区域内的各家公司也要事先摸底，要多方了解对方情况，以减少盲目性。由于是初次造访，客户可能没做准备，拜访时间不宜过长。做好自我介绍，有一个好的开场白，尤其是斟酌好第一句话的说法与第一个动作的表现方法，以减少被拒之门外的可能性。为消除客户的戒心，应主动拿出能证实自己身份的证件，并说明来意。

二、客户自我推介法

自我推介的客户一般都急需银行提供服务。对这部分客户：
（1）客户经理应靠便捷、高效的服务来吸引。
（2）对这部分客户中提出风险性服务要求的客户作资信方面的估价。
（3）通过参加交流会、互联网或利用其他媒体等多渠道收集目标客户的信息。
（4）对这部分客户要热情、周到，主动介绍银行产品。即使初次合作不成功，也要争取使其成为回头客。

三、资料查阅法

客户经理通过查阅现有资料来寻找客户。可供查阅的资料主要有：工商企业名录、企业法人录、产品目录、电话黄页、公告、统计年鉴、专业性团体的名册、广告（媒体广告、路牌、灯箱、车身广告等）、政府及其他部门可供查阅的资料、大众传播媒体公布的信息、企业团体的通信录、同乡录等。应注重互联网的运用。在运用此法时，应注意判断资料与信息的可靠性及时效性，有些网站几年前发布的信息迄今也未更新。

四、连锁寻找法

即把服务与开发结合起来，围绕现有客户向其上、下游延伸。比如，客户经理与某石油化工企业业务往来频繁，可通过其介绍向上游油料供应企业、开采企业、勘探企业和下游销售公司、加油站、化工材料使用企业延伸营销。再如，客户经理与某发电企业业务往来频繁，可通过其向上游煤炭销售企业、煤炭开采企业、煤炭勘探企业、洗煤企业与下游电网公司、城市供电企业延伸营销。

连锁寻找法的另一层含义是指充分利用现有关系网络，请业内人士介绍客户，其模式是：甲介绍乙，乙介绍丙，依此类推，无限延伸，使客户经理顺藤摸瓜，寻找到更多客户。如果介绍人担任着重要职务或市场影响力较大，则能帮助客户经理介绍很多客户。当然，前提是客户经理能说服他提供帮助。

运用此法时，需注意如下事项：

（1）取信于现有客户或介绍人。只有赢得他们的信任、尊敬与配合，他们才有可能为客户经理介绍新客户。

（2）对现有客户或介绍人表示感谢，甚至给以物质或者精神的奖励。在拜访新的客户后，应及时向现有客户或介绍人汇报进展情况，并对其表示感谢。

（3）对现有客户或介绍人介绍的新客户，客户经理要像对待全新客户一样做好研究和拜访前的各项准备工作。

（4）尽可能多地从现有客户或介绍人那里了解新客户的情况。

五、中介介绍法

客户经理通过中介介绍有可能需要银行服务的客户。需要中介提供名称及简单情况。这种方法有助于减少盲目性，增加被介绍客户的信任。

（一）常见的中介类型

（1）政府部门。如政府财政部门通过招标选择好财政资金的代理支付或税费资金的代理收缴银行后，相应的政府机构就要在银行开立账户，以备资金划拨。又如海关、税务局选择好代理收缴银行后，各纳税企业就必须与银行建立业务往来。

（2）社会团体。就像某种牙膏经过全国性专业机构认可并通过其向社会发布后获得消费者认可一样，银行的某项服务如能获得社会团体的认可并向社会公布，也可增加客户对银行的信任感。

（3）银行的现有客户。现有客户是银行口碑、服务的最好的宣传者。通过现有客户来传播银行的某项服务，会使信息接受者感到可信、放心。

（4）客户经理选定的信息提供者。这些人一旦发现潜在客户就会立即告知客户经理。为激发信息提供者的积极性，客户经理应通过适当方式给以激励。

（5）父母、祖父母、兄弟姐妹、姨、姑、婶、伯母、舅妈、舅、叔、伯父、姨父、姑父等家庭成员或亲戚。血缘关系在中国胜过一切，这些亲戚是客户经理展业最坚定的支持者和最大贡献者。

（6）同事、自己的朋友、孩子的老师或自己的老师、配偶的朋友、孩子朋友的家长、社团的其他成员、邻居、您所购商品的供应商或其他有商业联系的人。其中，原先单位的同事、先前一同上学的朋友往往关系较为密切。对新加入一家银行的客户经理来讲，找这些人支持一些业务往往比较可行。

（二）运用中介介绍法的注意事项

（1）对"中介"负责，应多为其着想，这样才能获得"中介"的长期支持。通过诚恳的服务态度、热情的服务精神及独特的服务内容取得现有客户的信服及工作上的支持。客户经理求助于人，人品是第一位的，必须对人讲诚信，这样才能交上能够互相帮助的朋友。

（2）扩大社会活动圈子，多交朋友。在社会上朋友越多，也就意味着可资利用的资源越多。交朋友具有倍数放大的效应，有社会学家曾经做过统计，如果你想找个人，则通过朋友不会转手六次即可找到。

（3）判断"中介"对潜在客户的影响力，尽可能选择影响力大的"中介"作介绍。市场上中介公司有很多，但鱼龙混杂，有些公司资质不好，对潜在客户谈不上任何影响力。客户经理经过观察，应能固定若干个好的中介为自己提供服务。

（4）尽可能多地从"中介"身上了解新客户的情况。同时，将同新客户接触的情况及时、有选择地向"中介"进行通报，即表示感谢、尊重，也有利于继续争取"中介"的合作与支持。

（5）除被动接受"中介"的介绍外，客户经理还应主动委托"中介"进行寻找，这就要求客户经理建立自己的"信息员"渠道。

（6）将自己的关系资源列成清单，放在自己随手可以取到的地方。清单应包括名称、性别、关系、特长、联系方式等，就像《红楼梦》里四大家族的关系图一样，在使用时能够一目了然。

六、群体介绍法

客户经理争取某个团体或主管部门的同意，由他们向其所属单位推介银行的产品与服务。通过这种方法，可提高银行的权威性和营销工作的效率。

第三节　目标客户的确定

客户的需求呈现出多样化、综合化、立体化、个性化等特征，而客户经理自身资源及精力有限，不可能满足整个市场的所有需求，因此客户经理必须从所有的客户对象中选择目标客户作为主攻对象。一般是客户经理先对所有潜在客户进行初步分类，再从中选择那些最有希望、最可能使用银行产品的客户作为目标客户。

在确定目标客户时，客户经理不应按规模大小来搞"门当户对"，即客户经理不应选择那些规模同自己所在银行规模相当的对象作为目标客户。选择的依据不仅仅是规模和"成分"，而是通过对银行外部环境和自身条件的综合分析，根据客户经理自己所掌握的资源的种类、性质、程度以及所服务客户的类型综合来进行选择。

一、选择目标客户的原则

（1）安全、效益原则。目标客户应既能给银行带来收益，又不至于给银行带来很大风险。银行的风险并不是在审批环节通过授信审查后才出现，从选定客户那一时刻起实际上就决定了这个客户的风险大小。

（2）实事求是、因地制宜原则。以增加获胜把握为出发点，充分考虑自己负责的客户群、行业的熟悉程度、所在区域环境、银行的产品特色和资源优势。对于一个与客户经理自身实力和银行能力不相匹配的客户来讲，客户经理营销成功的可能性较小。对这样的客户，客户经理必须注意营销不成功所带来的风险。

（3）适时调整原则。根据银行经营战略、外部环境及自身定位等因素适时调整目标客户的选择方向。目标客户不可能始终一致，在客户结构需要调整时，应及时根据需要选择新的目标客户并进行营销。

（4）精选客户原则。客户经理目标客户的确定，应符合集约经营的要求，所选定的优秀客户群或优秀项目，应该是在一个地区的诸多企业或若干个项目中，存款的余额或合作的潜力较大，贷款投入或需求量较大，可开展较多的中间业务，经济效益较佳的精品企业或项目。

二、选择目标客户的策略

（1）跟随型。即选择与竞争对手相同或类似的客户群体。跟随型策略有利于降低成本，但无法突出自己的特色。

（2）求异型。即选择与竞争对手不同的客户群体。一般而言，银行应选择求异型定位策略，这样有利于创品牌。

三、选择目标客户应该考虑的问题

（1）是全国性客户还是地方性客户？

（2）是大客户还是中小客户？

（3）是工业领域的客户还是其他领域的客户？

（4）是国有性质的客户还是非国有性质的客户？

（5）是城市中的客户还是乡村中的客户？

（6）是国内客户还是国外客户？

（7）是处于成长期客户，还是处于衰退期客户？

四、目标客户应该具备的基本条件

银行的公司类目标客户应该在具备以下全部或部分特征的企业中产生：

（1）国家重点支持或鼓励发展。

（2）与同类型企业相比，有一定的竞争优势。

（3）有良好的市场信誉，信用等级较高。

（4）已经发行股票并公开上市。

（5）产品技术含量高、产品销路广，现金回流快。

（6）财务结构合理，成长性好。

（7）机制灵活、管理科学、治理结构合理。

（8）属高科技行业。

（9）与银行的服务能力相匹配。

（10）有未被满足的现实或潜在的金融需求（且该需求为银行有能力满足的需求），且能为银行带来一定的经济效益。

（11）目前的经营状况良好。

（12）负责人年轻，有思路，能积极经营；或是有优势的继承人；或是具备一定的社会背景。

（13）地域条件具有发展性。

（14）拥有有力的供应商和客户群。

（15）重视员工教育，有一定的社会知名度。

（16）有消费银行服务的需要和能力，且能提供一定的业务量。

五、目标客户选择的"机会—威胁"法

客户经理选择目标客户可采用"机会—威胁"分析法进行，即先确定机会因素和威胁因素，再通过分析来选择低威胁、高机会的客户作为目标客户。

（一）常见的机会因素

（1）技术水平进步带给客户经理的机会。

（2）银行专业技术方面的优势。

（3）客户经理能给客户带来的利益。

（4）客户行为方式的改变。

（5）客户服务需求的改变。

（6）银行的地理位置及带给客户的便利程度。

（7）客户经理的素质、水平。

（8）良好的银行形象及声誉。

（9）与竞争银行相比，在服务产品、营业网点、资产规模、企业文化、经营机制、社会形象、营销策略等方面具有相对竞争优势。

（二）常见的威胁因素

（1）银行产品缺乏市场渗透力。

（2）银行存款的减少影响到自身在市场上的信誉。

（3）银行贷款客户减少及不良资产增加。

（4）客户对客户经理的认知度下降。

（5）银行及客户经理对外宣传不充分或宣传效果降低。

（6）客户对银行服务的不满增加。

（7）银行工作程序相互冲突、贷款审批程序过长。

（8）其他银行的竞争压力。

（9）银行可利用的资金有限。

（10）客户对客户经理态度冷淡或表示不满。

（11）银行的市场影响力下降。

（12）银行产品和服务的局限性。

（三）目标客户的"机会—威胁"确定法

对一个潜在客户列出所有的机会因素和威胁因素，经过分析总会出现下面四种情况中的一种：

（1）机会大、威胁低的客户。

（2）机会和威胁都较高的客户。

（3）机会低、威胁高的客户。

（4）机会和威胁都较低的客户。

上述四种情况中，第一种情况是最为理想的，可列为目标客户。

六、收集目标客户基本信息并进行初步的价值评价

这里收集的信息只是基本的、初步的，目的在于加深对目标客户的了解，为制定开发计划准备基本的素材。

（一）需了解的基本信息

（1）目标客户主要决策管理人员的情况，包括姓名、性别、年龄、文化程度、家庭情况、个人偏好、联系途径等。

（2）目标客户生产经营情况、市场占有情况、资金运作情况、企业发展历史、目前遇到的问题。

（3）目标客户及关联企业的基本情况。

（4）目标客户与金融机构的业务开展情况。

（5）与客户所在行业有关的知识及该行业的历史与现状。

（6）与其他金融机构的合作情况及下一步对银行可能的业务需求。

（二）客户信息的获得渠道

（1）目标企业的宣传材料。

（2）政府主管部门。

（3）行业协会或学会。

（4）传播媒介或公开出版物。

（5）中介机构。

（6）与目标客户关系密切的其他客户。

（7）找熟悉客户内部情况的人，尤其是客户主要决策人的"智囊"。

（8）目标客户的供应商或客户。

（三）对目标客户进行价值判断

客户经理根据获得的目标客户的基本信息，对客户进行初步的价值判断，以决定该客户是否具有开发价值。价值判断主要包括主要风险与收益匡算。

表 8－3 目标客户开发价值初步评价表

评价内容	正（＋）		负（－）	
客户资产规模	大	☐	小	☐
客户原料供应/产品销售区域	全省或全国范围	☐	本地	☐
市场占有量/市场影响	大/是知名品牌	☐	小/为一般产品	☐
资金流量	大	☐	小	☐
其他银行的争夺态势	激烈	☐	不感兴趣	☐
是否为上市公司（或列入 211 工程的高等院校、资金流量大的其他单位）	是	☐	不是	☐
行业情况	发展中或成熟的行业	☐	萌芽或衰退行业	☐
目前对银行产品的需求	金融意识强，急欲获得银行支持；或自身发展快，没意识到对银行产品的需求	☐	遇到困难时需要银行支持	☐
评价说明：按上述评价内容，如有两项以上得正分，则表明该客户具有开发价值。				

七、整理目标客户名单，制定客户开发计划

目标客户确定后，客户经理应将确定的目标客户及其背景资料记录下来，最好列成表格的形式，这样便于查找。客户信息记录要做到及时、连续、准确、详细，尤其是不可记录错误信息。运用错误的信息与客户联系还不如不联系，比如称呼姓李的先生为"王小姐"，则有些不伦不类。

对目标客户的相关信息进行分析，然后全面制定客户培育计划、培育方案及拜访的具体步骤。客户经理应按照客户培育计划进行客户培育活动。在客户培育过程中，客户经理可根据实际情况对培育计划进行适当调整。

表 8－4 目标客户名单表

目标客户名称	主要业务范围	通信地址	联系方式	成为现实客户的可能性	拟投入的开发资源

注：上表中的"资源"包括时间、人员、财力等各种有形和无形的东西。

表 8 - 5　客户开发计划表

时间/月份	工作安排		工作进度	
	工作目标	具体策略	计划进度	实际进度
1				
2				
3				
4				
5				
6				
7				
8				
9				
10				
11				
12				

第九章

拜访客户

拜访客户的目的是向目标客户介绍银行的情况、收集客户的信息、了解客户的需求，以便能达成双方合作的意向。拜访前要做好一些必要的准备工作，以便对目标客户的拜访更有针对性和计划性，确保拜访能达到预期效果。

第一节 拜访客户前的准备工作

一、制定拜访计划

根据对目标客户进行初步价值评价的结果，确定具有开发价值的目标客户。对这些目标客户，客户经理需进一步决定如何寻找切入点、拟投入何种开发资源，并据其确定拜访的方式，制定相应的拜访计划。

表 9 - 1　拜访计划表

客户名称	拜访时间	拜访地点	成行方式	拜访级别
		□客户会谈室 □其他场所	□飞机　□火车　□客车 □自备交通工具	□高层访问　□中层访问 □一般访问
客户的基本情况				
客户的长处与短处	长处			
	短处			
竞争对手的有关情况	竞争对手一的情况			
	竞争对手二的情况			
此次拜访准备达到的目标		□建立联系　□增进感情　□达成初步合作意向　□合作取得明显进展 □收集信息　□了解客户需求　□商讨产品合作		
会谈主题				
客户可能需要的服务				
银行准备提供的产品				
拟向目标客户介绍哪些情况及提供哪些宣传材料				

续表

需进一步了解的问题		
拜访开始的策略		
客户可能会提出哪些问题及如何解答	可能提出的问题	回答
可能出现的异议及处理办法	可能出现的异议	处理办法
客户合作态度不明确时的策略		
客户拒绝时的策略		
如果是联合拜访，应该再关注以下问题：		
带队客户经理姓名	负责介绍的客户经理	
小组成员及职务		
集体讨论时可能遇到的问题及解决办法		

二、做好拜访预约

与直闯式拜访相比，事先约见的拜访更有利于节约时间，可避免出现吃闭门羹的尴尬局面，因而有助于提高拜访效率。作为面谈的前奏，约见的内容取决于面谈的需要及客户的具体情况。一般的洽谈至少需要提前三天预约，切忌明天准备拜访客户今天才开始预约。如果要拜访的人或事情特别重要，应提前一个月左右时间预约。

（一）预约的主要内容

1. 确定客户出来洽谈的人员

（1）注意约见有决策地位的人，最起码也应该是对决策人有影响力的人，避免在无权人或无关人身上花费过多的时间和精力。与无权人或无关人谈论 10 天，不如有权人点一下头。解决问题就是要抓住主要矛盾或矛盾的主要方面。

（2）尊重客户方相关人员，包括秘书、助手、前台接待人员及接待部门经理、负责联络的人员、客户的主要关系人等。为了能顺利地约见到主要人物，尊重相关人员是必要的，他们有时甚至是能否约见到决策者的关键。做过客户经理的人都有体会：前台服务员的一句"我们老板不在"或"我们老板要开一天的会"就使得客户经理这一趟白跑了。

（3）确认对方参加人员。这一点不必过分强求客户告知。如果客户告知了，就要进一步问清对方几人参加、每人的职务与所在部门是什么。这一方面有助于客户经理确定自己这方面的人员配置，也有利于客户经理确定需要携带礼品和宣传品的数量与等级。

2. 阐明拜访的事由和目的

（1）虽然每次拜访的基本目的都是推销银行的服务，但应视每次的具体情况确定不同的重点。如果与客户很熟悉就可直接探讨实质问题，比如可以说"我们银行最近针对重点客户推出一种理财产品，希望您能抽出时间倾听我们的介绍"；如果与客户不是很熟悉就只能先联络感情，比如可以说"听说你们企业今年市场拓展速度非常快，我们银行领导非常希望能向你们学习，以便于我们把握好为你们服务的机会"。

（2）每次拜访的事由不宜过多，以免冲淡会谈主题。事由如果很多，会让客户把握不住重点，还会给客户留下一种"客户经理把握事情的水平很低"的感觉。如果与客户已有一定的联系，则可以多确定几个会谈的题目，当然此时需认真筛选确定己方需要参加的人员，避免在会谈时出现己方会谈人员专业水准不高的情况。

3. 确定拜访的时间

（1）尽量为客户着想，最好由客户来确定或由客户主动安排时间，但尽量不要说"您看我什么时候来拜访"这样的话，因为如果客户说"我最近很忙"就等于把客户经理的后路给堵死了。应该说"您看我能否本周五下午2点去拜访"这样的话。如客户说周五没时间，则应该再说出比周五更近而不是更远的日期。

（2）根据客户的特点确定拜访时间，避免在客户最忙的时候前去拜访。对习惯于加班加点工作的客户来讲，在加班时间去拜访会使客户感觉到客户经理很敬业，在心中产生"该客户经理与我是一类人"的感觉从而拉近双方的心理距离，便于双方更进一步的会谈。对同业客户来讲，一般不宜在月末、季末和年末这段时间去拜访，因为这些时间正是同业需要上业务的时候，对方会很忙，可直接在电话中谈业务即可。应该注意客户的上下班时间、日常活动规律及近一时期业务繁忙程度。

（3）根据不同的拜访目的决定会谈时间。如正式商谈合作事宜，则上班时间为益；如目的在于联络感情，则临近中午吃饭时间或者下班之后要更好一些。周一一般不要约上午会谈，因为各单位一般在周一上午开会以布置本周的工作；周五一般不要约下午会谈，因为周五下午各单位一般要对本周工作进行总结，即使不进行总结，好多人员也着急准备外出度周末，此时去会谈公务会给对方留下"不知趣"的印象。确定会谈时间的另一层含义是"会谈时间的长短"，应根据会谈内容的复杂程度及客户的时间宽松程度确定会谈时间的长短，并将拟会谈的时间长短事前告知客户，便于客户在这段时间内不要再安排其他活动。

（4）见面的时间应充分考虑交通、地点、天气等因素。如果遇到刮风、下雨等恶劣天气或交通非常拥堵，客户经理应充分考虑在途时间，不能在约定的时间到达前到不了客户那里。按时到达则可表现客户经理诚信守约、敬业爱岗的职业道德，有利于接近客户、感动客户。

（5）当客户确定的时间与客户经理的时间安排有矛盾时，应尽量迁就与尊重客户的意图，并应将"我本来有非常重要的事，因为去见你这个客户而把其他重要事情给推掉了"这层意思委婉地告知客户。如客户经理与另一客户有约在先，应选择一个合适的理由诚恳地向客户说清楚，至于客户经理去拜访哪个客户，应根据客户的重要程度和营销成功的可能性大小综合考虑进行决定。此时尚需注意不能因营销一个客户而得罪另一个客户，要学会在两个目标客户身上"踩钢丝"。

（6）在真正拜访前一天对时间再次确认。如果出现客户真有别的事情而无法践约的情况，客户经理应坦率地告诉客户你感到很遗憾但你充分理解客户的难处，并希望客户尽快安排下次见面的时间。

（7）下面是几种最适合客户经理登门拜访的时间：当客户有新的业务需求，或客户刚开张营业，或新生产线开始生产产品，正需要银行提供服务的时候；客户遇到喜事吉庆的时候，如领导受到表彰、大楼奠基、工程竣工、新产品投放市场的时候及公司纪念日；客户遇到暂时困难，急需要帮助的时候；客户对其他银行的现有服务不满意、准备另换一家合作银行的时候，客户经理可实行"钻空子"策略；下雨、下雪、酷暑、严寒等天气不太好的时候，这时候去拜访客户，往往会感动客户，当然不能给客户以"假"的感觉；当客户发生重大体制变革时，如客户机构的合并或分离、资产或负债的重组、管理体制变革、领导班子变换等都可能意味着合作机会；当客户经营管理方式发生重大变化时，如集团性公司对子公司的销售资金实行集中管理，就为客户经理提供了展业机会；客户主动相约的时间。

4. 确定洽谈地点

应根据客户的要求或者习惯，本着方便客户的基本原则确定洽谈地点。最经常使用也是最主要的洽谈地点是客户的办公地点。其他地点如餐厅、饭店、展览会、酒吧、咖啡馆、网球场或高尔夫球场等公共场所也可作为洽谈地点。有些事情在办公室里往往谈不出最佳效果。在客户"尽兴"或者双方出现非常融洽的气氛时，洽谈效果往往最好。

（二）预约的方法

1. 面约

面约是指客户经理与客户当面谈定下次见面的地点、时间、方式等。在面约时，客户经理无论语气还是用词，都必须坦率诚挚，中肯动听，避免与客户大声争辩，必要时要配以生动的表情与手势。如果准备面约客户的高层领导，而客户只派一个中层干部来负责接洽，客户经理就应该着重强调与其上司面谈的必要性，同时强调"我们领导本来是要亲自来的，因被更高领导临时叫住而抽不开身，他很快就会打个电话来表示歉意"。

2. 托约

客户经理委托第二者代为约见客户，如留函代转、信件转递、他人代约等。这种方法一般在代约人与客户很熟悉或客户经理很难直接约见到客户时采用。运用连锁法寻找客户时就经常使用托约，因为客户经理如果与某个客户很熟悉，就可委托他约见其他客户。

3. 广约

客户经理利用大众传播媒介或标准化的邀请函把约见的目的、内容、时间、地点等广而告之，届时客户经理在预定时间地点同客户见面。一般适用于差别不太大的银行产品的营销，如某种新的银行存款品种。客户经理组织召开新产品推介会一般采取这种方式。

4. 函约

客户经理利用信函约见客户。信函通常有个人书信、会议通知、请柬、广告等，其中采用个人函件的形式约见客户的效果最好。在进行函件约见时，客户经理应注意信函的格式、长短、语气等。具体来讲，要注意以下几个问题：

（1）文辞要恳切，要以希望的口气和等待的语句请求对方而不能用生硬的上级对下级下达命令式的方式，并对打扰对方工作、占用对方时间表示歉意。

（2）简单明了。只要将预约的时间、地点和理由向对方说清楚即可，切忌长篇大论，更不可加进一些不着边际的空泛言辞。

（3）投其所好，供其所需，以增加客户的利益为主线劝说客户接受约见要求。

（4）留下联系方式，便于客户来电联系。常有粗心的客户经理忽略这点，以致客户拿到信函后不知找谁联系。

（5）在信函的最后一定要亲笔署上邀请者的姓名，如果邀请者是领导，也可以用签名章，但切忌用电脑打印姓名。

（6）选择合适的寄信时间，如果在客户工资发放日、生日等喜庆日子里让客户收到约见函，则效果一定会很好。

下面是常见的一种约见客户的信件（客户经理约见的是同业客户）。

关于拜访××银行票据业务部的函

××（客户名称）：

为促进我行与××（客户名称）的业务交流与沟通，学习贵行在票据业务风险管理、产品创新与市场拓展等方面的成功经验与做法，我行希望能于本周三（5 月 10 日）下午 3 点到贵部拜访，请予接洽。现将有关情况说明如下：

（一）我行拜访人员名单

甲	部门	职务	性别
乙	部门	职务	性别
丙	部门	职务	性别

……

（二）希望了解的内容

希望就贵部的运作管理作一全面介绍，包括组织架构、规章制度建设、风险管理举措、人力资源配置、市场拓展手段、内部处室设置与职能定位、产品创新机制、与贵行相关部门的关系等。

（三）我行联系人名单及联系方式

姓名　　　职务　　　联系电话

致谢！

××××银行

（签名）

年　月　日

5. 电约

客户经理利用各种现代化通信工具约见客户。如电传、电报、电话、E - mail 等。在电约诸方法中，最常用的是电话约见。目前，很多企业就采用这种方式，它们要求销售人员每天打若干电话给目标客户以征询有无购买本企业产品的意向。电话约见客户前，旁边应放置好纸和笔，以便能随时做好记录。

（1）电话预约的会谈内容。在进行电话预约时，客户经理应注意不要在电话上推销产品。在打电话前，检查一下自己是否处于最佳状态，用一个干净利落的开头给客户留下良好的印象。约见电话只能限制在以下内容内：

● 寒暄问候。一般是说："早上/中午/晚上好，我找某某先生。"这样就比光说"您好"更容易引起对方的注意。

● 介绍自己和自己所服务的银行。要让客户清楚地记下自己是哪个银行的，叫什么名字。同时简单介绍一下自己的业务，注意一定要简短，千万不要在这个问题上花太多时间。

● 感谢客户。认识到客户的时间宝贵并对客户听你谈话表示感谢，这会让客户知道你把他当成重要人物来看待，有利于约见的成功。可以这样说："很感谢您抽出几分钟时间听我讲电话，我一定尽量简明。"

● 告诉对方打电话的目的及双方利益的共同点。要让客户知道你为什么打电话，要说明会见可能给客户带来的利益，使客户对约见产生兴趣。

● 要求见面，告诉客户你将花费多少时间去拜访，比如说"我希望本周三下午能耽搁你半小时左右的时间，让我给你介绍一下我们××××银行最新推出的产品，你看我周三下午两点整到你那儿是否合适？"。拜访时间应尽量缩短，这样客户也乐于接受拜访。如果时间太长可能会使客户产生畏惧心理。

● 商讨见面的日期、时间、地点。最好不要说"我们准备周二上午 10 点去拜访您"这样的话，应说"我们准备在周二上午 10 点 20 分去拜访您，您看怎么样"，时间精确到分钟，可以使客户经理同其他竞争对手区别开来。

● 最终确认日期、地点。如果客户地址比较偏僻，就一定要问仔细，以免到时候找不到地址。如果客户很重要，客户经理就应该事前开车踩一下点，熟悉一下路线，以免到时候因交通阻塞或不熟悉路线而迟到。

● 在电话预约即将结束时，重复银行及客户经理的名字并表示感谢。比如说"非常感谢您抽这么长的时间接听我的电话，希望很快能和您进行当面交流"。

● 如果客户拒绝接见，客户经理应重复见面可能给对方带来的利益，以谋求客户对会见的兴趣。同时，向对方征求下一次打电话约见的时间，至少"交易不成友情在"。

● 如果目前离约定见面还有一段时间，客户经理应发一封书面信函表示感谢，信函中除感谢信外，还可夹带一些银行的宣传资料。

（2）提高电话约见成功率的做法。

● 打电话前，将要说的要点写下来，反复练习，避免在沟通过程中偏离主题。

● 假设是在与亲朋好友讲话。

● 通过第三方推荐的方式进行。

● 借助能将银行与客户联系起来的东西开始谈话。

● 打电话前先写一封信，告知客户不久将会打电话问些问题，并写出打电话的日期和具体时间，打电话时就以此信为引子开始交谈。

● 讲话速度不易过快，注意讲话的音质。

● 要注意礼貌，尤其是对刚刚接触的客户；如果可能的话，可先与对方决策层中的成员接触。

● 请客户允许自己提供更多信息并保持联系。

● 注意音量、语速、语调，讲话要清晰、缓慢。

● 保持良好的、积极的工作激情，让客户被你所感染。

● 不必抱着必须成功的心态去打电话，成功和失败各占 50%，以避免自己大受伤害。

● 在打电话过程中，不能喝茶、吃零食，要专注于同目标客户交谈，时刻抱有"客户在看着我"的想法。

● 遭到客户拒绝，既不能恼羞成怒，也不能一而再、再而三地要求对方。应该有礼貌地先说对对方造成打扰表示歉意，然后表示希望早日能够见面会谈。

● 如果客户婉辞拒绝："最近我很忙，以后再说吧。"客户经理也不应立即放弃，可尝试着说："您担任着重要职务，忙是肯定的，我完全理解，但我不会占用您太多的时间，最多半小时，还是请您定个时间接见一下吧。"

● 如果客户一口回绝："我们不需要这种产品，你不必来。"客户经理也不应气馁，可以继续争取一下："我请求见您，不仅仅是介绍我们银行的产品，还有一些问题要向您请教，再说多了解一些银行产品最新的发展趋势、交流一些有用的信息也不错呀。"

● 在客户挂断电话之后你再挂断电话，切忌先于客户挂断电话。

● 挂断电话之前需要将电话要点复述一遍，并且放电话声音要轻。

● 电话联络的时间不宜过长，要记住"时间对客户很重要"。

第二节　实地拜访客户

拜访一般是通过电话预约进行的，但也可采取不速拜访方式。对于邻近银行办公地点或在同一栋办公大楼内的公司的业务商谈就可以采用不速拜访方式，但此法最消极的一个方面是极高的拒访率。与电话拜访一样，客户经理也不要试图在进行不速拜访时推销银行的服务，而是要充分利用与客户见面的时间，去发现事实、收集人名及年报等资料、确定可能的需求、暗示可能带来的利益、约定商谈时间、确定联络人。如果这次不能进行深谈，客户经理应当留下自己的名片、送出一封追踪信、打一个追踪电话或者发一封电子邮件给客户，还可以利用这次未实现的拜访作为下次交谈的话题。

拜访前要做好这样的心理准备：能与客户确定合作框架是客户经理的福气，即使访问没有达到目的也很正常，应有失败及做持久战的准备。拜访时应树立这样的工作原则：投其所好，攻其要害，动其心弦。拜访前、拜访中乃至拜访后都应注意的是：营销客户的第一步实际上是营销你自己，包括你的人品（热情、勤奋、自信、毅力、同情心、谦虚、诚信、乐于助人、诚实等）和形象，营销的重点是银行的服务能给客户带来什么利益，而不是过多地介绍银行及其产品的具体技术特征。一切从客户需求出发，而不能离开客户而盲目谈论银行产品。

一、正式洽谈前的工作

拜访客户是一项很严肃的工作，客户经理事先应通盘考虑，不漏过任何一个可能影响拜访效果的细节。做好整个拜访计划、把握整个拜访节奏，使拜访能从一开始就向着有利于自己的方向发展。

（一）出发前需做的工作

（1）穿统一制服，注重保持良好的精神状态；如果没有制服，而且穿着又与客户不太相同，客户经理就应在见面的头几分钟努力协调同客户的距离。但去拜访客户也不是绝对要穿统一制服，如果客户经理事前已经知道客户穿着很随便，就不必穿得很严肃，因为反差太大反倒不易拉近距离。客户经理在出发前，应有意识地收集客户的爱好、习惯、年龄、性别等信息。

（2）携带好名片、笔记本、笔、包。这样就可给客户一个"银行已为这次拜访做了精心准备"的感觉，而不是"随意来拜访"的感觉。

（3）如果该客户是第三方推荐的，则需带好介绍函及第三方让转交的物品。

（4）携带好宣传材料、产品说明、已展开合作的客户名单及简况、专门针对被拜访客户所设计的金融服务方案及其他必备材料。

（5）告诉客户可能到达的时间。如果随同领导一起去拜访客户，这点尤为重要。因为客户可能要安排迎接等事宜。

（6）如果此行主要是介绍产品或介绍服务方案，应事前制作好 PPT，并询问客户能否准备好投影仪，如果客户没有投影仪，则客户经理可携带上。

（7）根据客户一方参加会谈人数的多少准备相应的礼品，礼品不必贵重，但必须实用、有纪念意义、与自己所在银行有关联，尤其是要保证品质。

（二）到达后的注意事项

（1）提前几分钟到达，千万不能迟到；由于特殊情况而迟到，要提前打电话告知客户（到达后还要表示歉意，并再次解释迟到的原因）。到达后，应先整理一下服装仪容，并酝酿一下情绪，保持微笑、开朗、向上的表情，力求自然，以助日后客户会议时，唤起好印象。

（2）拜访从到达客户服务台时就已开始，要给服务台人员留下良好的印象。面带微笑，但不要过分。离去时向服务台人员表示感谢。

（3）树立坚定的信念，确认访问一定成功，相信自己的到来能给客户带来有益的东西，因而会很受欢迎，切忌以失败者的形象出现。

（4）在客户引领人员的引领下到达会议室（洽谈室）后，向引领人员表示感谢。进入会议室后，尽量坐在靠近门口的位置上，以便客户进来时能够马上起身进行寒暄。

（5）在会议室中注意不要交头接耳，更不能大声喧哗，应耐心地等待，即使等候时间较长也不能露出不耐烦的神情，不要老是询问"怎么还没来呀"。最好不要在会议室抽烟，客户到来后如果不抽烟，客户经理最好也不要问"我能不能抽烟"之类的话，因为客户即使不愿意也不好意思拒绝，答应后心理也会产生对客户经理不满意的感觉。

（6）对会议室的摆设进行观察，尽量从会议室布置中归纳出这个客户的特点。因此，客户经理平时应注重观察能力的培养。在等待时，还可利用这段时间拟定腹稿、筹谋对策。

（7）有时客户会把他们的宣传材料放置在会议桌子上，客户经理应利用等待时间尽快阅读。

（8）将随身携带的礼品放在自己座位旁边，拿出笔记本和笔放在桌子上。

二、拜访的基本程序

拜访客户的基本目的在于说服客户接受银行的服务，以下技巧可以帮助客户经理成功地说服客户：在客户面前通过丰富的专门知识和良好的人际关系建立自己的可信度；确定与客户的共同范围或共同利益所在；利用生动的语言和引人注目的论据来实现自己的主张；与客户建立感情上的联系。而以下方式则会导致说服的失败：试图用强求的方式来阐述自己的主张；将妥协看做是投降而永不进行适当的妥协；以为说服的诀窍在于提出伟大的论点；把说服看成一种一次性的努力，一旦一次失败就轻易放弃。

（一）拜访的启动阶段

1. 通过寒暄与介绍，营造有利于业务开展的气氛

应在确认对方的身份后再寒暄。双方寒暄与介绍的正式程度和时间长短应根据双方关系的性质而定。寒暄时不能含糊其词，应力求幽默。力求在见面的头几分钟就给客户建立起良好的第一印象。调查显示，具有较好声音、散发着自信气息的客户经理最容易被客户所接受。常用的寒暄语言有：

"近来工作忙吗，身体怎样？"

"饭吃过了吗？"

"您好啊！"

"你气色不错！"

"你这件衣服真漂亮！"

"我听过你的演讲，棒极了，今天终于见面了！"

"我好像在哪儿见过您！"

寒暄本身并不表达特定的意思，这种交谈只不过是一种礼节上或感情上的互相沟通而已，但这种沟通又是任何拜访场所必不可少的。在拜访过程中，寒暄能使单调的气氛活跃起来，尤其是初次拜访时，能使与你不相识的人尽快接受你。为建立起良好的第一印象，客户经理应该：

（1）开心诚恳地微笑。

（2）注视对方的眼睛，但不必过分盯着对方。

（3）亲切地说出"您好"或其他问候语。

（4）充满自信地与客户握手，短暂而有力，但不能太紧。双腿立正，上身略为前倾，伸出右手（对方主动伸出手时，应两手接握），四指并拢，拇指张开与对方相握，上下稍微晃动三四次，随后松开手来，恢复原状。为避免和那些不愿握手的人出现尴尬局面，客户经理可保持右臂曲放在体侧姿势，这样可做到伸缩自如。

（5）寒暄虽然没有特定的内容，但不能与环境及对象的特点不相称，应该"到什么山上唱什么歌"。

（6）互道姓名。客户经理应正式地介绍自己和同事，同时要记住对方的名字。

2. 交换名片

（1）名片制作要新颖别致，一般用银行统一印制的名片即可。切忌印很多头衔在上面。

（2）名片事前要准备妥当，以便随时从名片夹中取出，切忌直接从衣袋中掏出来递给对方。

（3）名片要放在身上易于掏出的位置。

（4）不能将弄脏、卷角的名片交给客户。

（5）取出名片时先郑重地握在手中，然后态度虔诚、恭敬、从容、自然、亲切地送到对方手上。

（6）双手递送名片，以示尊重，且名片的文字要正向对方，以便对方观看，并说出"请多关照"等字眼。

（7）接名片要恭敬，应用双手接受，并说声"谢谢"；接到手后应马上细看，不可只瞟一眼；看完后应立即说"您就是××啊！"，以示过去就非常崇拜他。

（8）与多人交换名片时，要依此进行，或由近而远，或由尊而卑。

（9）遇到名字中不认识的字时要请教对方，对方会认为你很尊重他。

（10）初次见面接到多张名片时，可按对方座位的顺序依次摆好名片，以免记混。

（11）把名片放在座上，不可压在笔记本下或放进口袋（会谈结束时，要谨慎地把名片收起、装好）。

（12）如你想得到对方的名片而对方没有给你，可积极索要，并主动把自己的名片递过去。

（13）接受别人的名片就要递送自己的名片，否则就是无理拒绝、修养不高的表现。

（14）如果不想给对方名片，不宜直接拒绝，可以说"对不起，我忘带名片了"或"抱歉，我的名片用完了"。

3. 介绍的内容与形式取决于对当时情况的判断

（1）初次见面要注意称呼：对新客户，如对方只讲姓氏而未提供名字，则应采取正式的称呼，如"某先生"、"某小姐"、"某女士"；如对方提供名字，则意味着对方有意向与您接近，但此时称呼对方时仍要称呼其职务。

（2）在社交场合，一般称呼对方的职务（"王总"）、职称（"刘工"）、学衔（"张博士"）、职业（"陈律师"）等。如果对方是副总经理，可把"副"字省略；如果对方是总经理，则不可把"总"字省略，而只称呼"经理"。

（3）与客户关系混得很熟且地位与对方相当时，可直呼其名以示亲切。但无论关系多熟悉，在正式场合都要称呼职务；称呼对方时不能一带而过，在称呼对方后要暂停一下，以引起对方的注意。

（4）如客户对银行或客户经理不太熟悉，应简单介绍一下银行的情况、客户经理的职位及银行的业务。

（5）称呼客户避免吐出"哎"、"喂"等字眼。

4. 拉近同客户的距离

（1）通过谈论一些与此次拜访无关的话题来与客户套近乎。话题应该是客户感兴趣的，可根据对方从事的专业、工作等方面引出对方可能感兴趣的话题，不能对爱好体育的客户谈艺术。客户经理平时应锻炼自己在这方面的判断能力，也可事前了解一下该客户的爱好、习惯，以关心客户的方式入题。话题一般有社会问题、家庭问题、孩子教育问题等。当然在谈论上述问题时，客户经理不要探询客户的隐私，除非客户在先，也不必随意发表评论或建议。

（2）套近乎的内容要简练，时间不宜过长。过长会给客户一种虚伪的感觉。

（3）套近乎可通过赞美对方、求教对方、谈论对方熟知的人、谈论办公室的摆设等方式进行。

（4）客户经理与客户套近乎时，一定要显出虔诚、很认真的样子，语言要幽默。

（5）开门见山把能给客户带来的利益说清楚，或者以新奇的银行产品引起客户的好奇心。

（6）间接消息接近："我是谁谁介绍来的，我想他一定打电话给您了吧。"或者"上次某某客户买了我们银行的理财产品，现在收益已到3000万元了。"

（7）实际问题接近："听说最近您这儿要进口一批设备，可能缺些资金。"

（8）故意说错话，待对方批评指正时再借题发挥。

（9）通过地域感与亲情感来拉近距离。

5. 简要说明成行的原因

介绍成行原因的目的在于引入拜访的最重要部分——对客户介绍银行产品。成行的原因可以是：第三者的介绍、报纸上宣传客户的文章、拜访前的约定、银行最近推出新产品特来专门告知等。

6. 陈述此行的目的

（1）目的可以是直接而具体的，如就贷款事宜进行具体商谈；也可以是一般的，如泛泛介绍银行的服务，从中发现可以进一步合作的空间。

（2）陈述的出发点是给客户可能带来的利益。只有客户意识到能给他们带来利益时，才有可能进行下一步的商谈。

（3）在谈到可能给客户带来的利益时，应注意锁定客户的利益期望水平，做到既能唤起客户的兴趣，又不能引发客户产生过高的期望值。利益最好能够量化，可将新产品与传统产品进行比较，算一笔账，看看新产品相对于传统产品来讲，可以给客户节约多少成本或增加多少收益。

（4）注意客户对所陈述目的的反应，如对方认可，则进入通过提问来了解客户需求阶段。

（5）通过客户可能感兴趣的话题来衬托对拜访目的的阐述。客户可能感兴趣的话题主要有：能改善客户生产经营状况及市场形象；有利于客户采用的新技术；能帮助客户解决现存的问题；提供给客户避免风险和损失的机会；对客户有益的信息。

（6）如果对方显然想回避某个话题，即使你认为这个话题是他的专长，你也最好不要追根究底，勉为其难。对方不感兴趣的话题，你即使很感兴趣也不能自顾自地畅谈不休。当对方对某个话题失去进一步畅谈的兴趣时，你要适时地转移话题；当自己对对方的谈话失去兴趣时，你可通过提出一个富有启发性的问题，或抓住对方的某一句话，自然地转移到另一个双方都感兴趣的话题上，这样双方的自尊和谈兴都能不受损害。

7. 通过过渡性问题进入正式洽谈阶段

（1）从寒暄到进入正式会谈需要做些铺垫，铺垫通过过渡性问题来进行。

（2）过渡性问题的选择应同拜访的目的相联系，如推销贷款，则从讨论客户的资金需求开始；如推销银行的顾问业务，则可从客户需借助外来智力谋求发展谈起。

（二）进入拜访主题阶段

1. 认清客户需求，了解客户动机

在此阶段，应注意把握客户显露出来的需求、兴趣，目的在于帮助客户确定或解决他们的问题，以便为讨论银行产品打下基础。客户经理主动通过提出问题，鼓励客户谈论他的业务、存在的问题、所关心的东西、经营状况、目前的业务关系、内部的管理问题、今后的打算等，从中梳理出客户的需求。当客户对目前的产品或服务不满意时，意味着客户经理的机会来了。客户经理应告诉客户你能提供更具价值的产品或服务。

此阶段需要提问、观察、倾听和综合技能，同时也需要耐心和自制力，它意味着提出问题后要拿出 5~15 分钟或更多时间来倾听客户回答，并从中挑选出关键问题加以分析。要了解以下问题：客户已有什么，还需要什么；在已得到的服务中客户最喜欢什么；客户想对目前得到的服务做何改进等。

2. 阶段性确认

客户经理可通过检测客户认可、理解的情况，并深入研究客户的反映，评估将银行产品与客户需求联系起来的成功程度，来确定下一步的行动：是否继续重复某一问题的讨论；是否继续进行问题调查；对拜访作出总结还是开始启动产品销售等。如果客户在某些领域存在不满意、不理解、缺少兴趣或尚未意识到可能带来的利益，客户经理应当场作进一步的解释与引导，以消除客户的疑虑。

此阶段的目的在于：

（1）确定客户对所传递信息的认可及接受程度。

（2）提高客户经理与客户在业务洽谈过程中思考的同步性。

（3）增强客户经理调整销售方法、产品重点、内容、节奏的灵活性。

（4）使客户经理处于主动地位，以便推动产品启动。

（5）发掘问题，找出双方产生分歧的原因，并提供解决问题的机会。

（6）维持对话的进行。

（7）在提出产品启动时减少客户反对的可能性。

3. 正式启动产品销售

有时产品销售的启动需要通过多次拜访才能开始。当每次拜访达不到产品启动的目标时，客户经理应对每次拜访都作出总结，以便尽快进入产品启动阶段。不同产品的启动程序是不同的，客户经理应明确理解每一项银行产品的启动步骤，并向客户做介绍。如果客户反对产品启动，客户经理可有礼貌地询问客户反对接受银行产品的原因，或通过其他方式努力找出客户反对产品启动的原因。

产品销售启动后，客户经理应该进一步收集目标客户的资料及其他相关资料，建立目标客户的信息档案。

（三）拜访结束阶段

1. 决定结束拜访

以下情况意味着客户经理应该适时结束拜访：客户通过明示或暗示等途径表示已无意继续洽谈；事前约定的会谈时间已到而客户又有其他已安排好的事情（客户同意继续洽谈的情况除外）；达到了洽谈目的，已决定进入下一步工作阶段。

拜访结束时通常有三种结果：最好的结果是达成了一致意见，双方都满意；其次的结果是部分有成效，剩下的问题下次再谈；再次的结果是没能达成任何共识。无论是何种情况，客户经理都要以积极和专业的方式面对拜访结束，都应为下次会谈留下余地。切忌草草收场，不了了之，或者拖泥带水，含糊其词。对不同类型的客户，创造再访机会的方法也有所不同：

（1）对优柔寡断型客户可明示再访日期和时间，"我下周12点左右再来进行更详细的会谈"，如客户没直接反对就表示默认了；如果客户说"不行，下星期我没时间"，你就应该说"那么，我下下星期再来"。对此类客户不能这样问："您看我下次什么时候来比较方便。"

（2）对自主果断型客户要由他决定，可试探性地相约，以免客户的自主权被侵害，如："我下星期再来作一次说明，您看是否可以？"

（3）如果客户明确表示不需要再进行约谈了，客户经理也不要信以为真，应留下有机会再来拜访的暗示。

2. 向客户索要有关资料

尽管客户资料的收集一般在会谈结束后通过调研工作专门进行，客户经理还是应该在此时尽可能地多获得一些资料，如果当时时间紧迫，也应使客户高层决策者明确一下谁负责提供资料这件事，以便拜访结束后找到此联络人进行资料收集工作。

3. 向客户告辞

即使本次会谈没能取得成效，客户经理也应表示感谢。告辞前客户经理应将带来的礼品交给客户，如果客户经理是陪领导来的，则客户经理应将礼品先交给领导，再由领导交给客户。告辞时要和来时同样有礼貌。在离开门口时，应倒退着到门口并再一次表示礼貌的态度。尤其要注意关门的动作应温文尔雅，不可粗暴地"砰"声关上，争取给客户留下"难忘的背影"。

三、拜访总结

客户经理在拜访结束后，应填制拜访总结表（表9－2），对拜访过程进行总结，以积累客户开发经验，同时对于重要客户的拜访应尽快撰写拜访报告，就目标客户的基本情况和应该采取的相应对策提出建议。拜访报告的组成要素主要有：拜访的对象、参加人员、会谈地点、会谈要达到的目标、为会谈而做的各项准备工作；会谈的主要情况，包括内容、方式、达成的共识；下一步的工作重点、工作方式等。

拜访报告主要提交给上一级客户经理做参考，或为上一级客户经理做考核客户经理工作之用。拜访报告也可采取会谈纪要的方式撰写。但无论何种方式，都应力求简洁。

表9－2 拜访总结表

编号：

被拜访客户名称		我方参加人员	
本次拜访是第几次拜访		对方接见人员	
拟达到的拜访目标		拜访时间	
实际达到的目标			
如未达到拜访目标，请分析主要原因			
拜访启动阶段主要收获与经验			
进入拜访主题阶段主要收获与经验			
拜访结束阶段主要收获与经验			
最后总结			
收集到的资料清单			
散发了哪些资料，有何效果			
操作、批评与修正			
下一步工作打算			

拜访总结人员及参与人员签字：

年 月 日

注：1. 导致拜访失败的原因主要有：银行的资源难以满足客户需求；银行在规模、体制、机制、经营理念和兴奋点等方面与客户不对等；双方合作存在法律政策障碍；客户有兴趣，但碍于目前与其他金融机构的关系，难以与本银行建立合作关系等。

2. "最后总结"栏含对客户的初步整体评价、开发此客户的难点与机会、本银行已宣传推介的服务产品、拜访达成的主要结果等内容。

第三节　提高拜访的效果

如何拜访客户是一门艺术。拜访客户有很多技巧，客户经理如能掌握拜访技巧，就能提高拜访的成功率，达到事半功倍的效果。掌握拜访技巧的途径一靠日常揣摩，二靠经常使用。

一、客户经理应该克服的访谈禁忌

中国有句俗话，叫"礼多人不怪"，讲究访谈礼仪的客户经理没有不受客户欢迎的。从访谈开始到结束，客户经理都应注意自己是否注意了访谈礼仪。下面列出的是客户经理在拜访过程中不该出现的几种情况。

（1）交换名片或寒暄问候时漫不经心。

（2）与熟悉客户不太注重礼仪，或会谈时采取敷衍态度。

（3）不使用敬语，只使用一般的用语说话。

（4）对客户的举动感到反感时直接表现出来。

（5）洽谈过程中自己表现的太随意。

（6）忘了带够资料也不表示歉意。

（7）试图以自己的喜好来说服客户。

（8）利用客户的一时疏忽做有利于己方的洽谈。

（9）对主要决策人尊重有加，而对其他人却态度随便。

（10）出现食言，推翻先前的承诺，无法取信于客户。

（11）只凭自己的感觉来回答客户的问题。

（12）没信心回答客户问题时采取逃避态度。

（13）以为考虑客户利益就会使己方利益受损。

（14）随意打断别人的谈话。

（15）抓住客户的一点过失，攻击客户，以显示自己有水平。

（16）说话太多，信口开河，不注意说话的分寸。

（17）过于急躁，给客户留下不稳重的感觉。

（18）不注意言谈举止：语言粗俗、说话不冷不热；挖苦、吹牛、撒谎、油腔滑调或沉默寡言；太随便、挖耳搔头、耸肩、吐舌、咬指甲、添嘴唇；不停地看表、皮笑肉不笑；东张西望、慌慌张张等。

二、进行语言交流

与客户洽谈，关键是要同客户的主要决策人进行洽谈（当然也不能忽视其他人员，尤其是能影响客户主要决策人进行决策的人），因为只有主要决策人才能决定是否同银行进行合作。一般来说，客户的法人代表、总经理、常务副总经理、财务总监、总会计师（及以上人员的秘书、贴身人员、家属等）都可能是实际决策者。

客户类型不同、性格特征不同，与之交往的方式也不相同，客户经理应根据客户的不同特征选择不同的应对技巧、采取不同的谈话方式。基本原则是：根据对象的年龄、性别、性格、兴趣、爱好等特点决定语言交流的方式，使对方便于接受；以诚立言，给对方以信赖感；切合时间、场合、上下文及前言后语等语境，灵活应对；简洁、明快、得体，注意修饰语的使用，多使用委婉商量的语气；有时运用模糊语言或"善意的谎言"。

（一）察言观色，对客户作出判断

如果一个人经常谈论自己的经历、看法、态度与感情，则说明他比较外向，感情比较强烈，主观色彩较浓、爱慕虚荣、炫耀自己；如果一个人很少谈论自己的经历、看法、态度与感情，则说明他性格比较内向，主观色彩不浓，不太注重自我表现，也可能有点自卑。

如果一个人在集体场合讲话主动，则往往性格外向，是富有自信心的表现；如果一个人在集体场合经常处于被动地位，不爱讲话，则一般性格内向，也可能自信心不足，或比较沉着，善于倾听别人的意见。

如果一个人用词高雅、精确，讲话干净利落，说明他有较好的文化修养，办事比较干练果断；如果一个人讲话词不达意，抓不住重点，则说明他办事拖拉迟疑，文化修养不高；如果一个人用词夸张、粗俗，讲话不慎重，则说明其办事不负责任。

如果一个人不太愿意评价别人，则此人可能较为正直；如果一个人喜欢品头论足，则此人可能比较虚伪。

如果一个人谈论生活琐事过多，则此人可能属于安乐型，比较关注生活的安排；如果一个人见面就谈工作，则可能是个对工作非常负责任的人；如果一个人喜欢谈论国家大事或喜欢畅谈未来，则此人可能是个事业型的人，喜爱对未来制定规划。

如果一个人注重事情的结果而不关系事情的过程，则此人可能比较关心宏观的全局性的话题，具有支配别人的欲望；如果一个人喜欢谈论具体事宜，注重事情过程，则此人可能比较关心微观的局部性的问题，支配别人欲望不强，顺从性比较明显。

如果一个人讲话快而急，往往脾气急躁，具有粗枝大叶的毛病；如果一个人讲话缓慢，则说明他生性比较沉着，考虑问题周到；如果一个人讲话快而不急，则可能办事果断，轻易不会改变自己的主张。

（二）应对不同类型的客户

（1）沉默寡言型。这种客户对客户经理的劝说之词虽然认真倾听，但反应冷淡，不轻易谈出自己的看法，其内心感受和评价如何，外人很难推测。一般来说，这类客户比较理智，感情不易激动，但一旦认可了客户经理的介绍，往往易成为银行的忠实客户。对此类客户，客户经理应该有多少就说多少，不必费很多口舌，但需注意所说的话应落地有声，不能食言，争取给客户以信任感。

（2）喜欢炫耀型。这类客户爱听恭维、称赞的话，喜欢自我夸张，虚荣心很强，爱把"我如何如何"挂在嘴上，不肯接受他人的劝告。对此类客户，客户经理听得越充分（要用耐心去听对方的自我吹嘘），称赞得越充分（要多称赞对方），得到的回报就会越多。

（3）讨价还价型。这类客户往往为自己的讨价还价能力而自鸣得意。客户经理有必要满足一下他的自尊心，在口头上做一点适当的妥协："就按您说的好了"。对此类客户，客户经理要让客户知道客户的讨价还价技能很高，让他觉得自己重要并独特，如果认为可以对他的服务提供优惠，客户经理就该与产品经理磋商。当然，客户经理也不必牺牲银行的利益来满足此类客户的额外需求。有时，客户经理可以仅仅是一封感谢信或一些感谢电话，让客户感到自己很重要就行了。

（4）不急不躁型。对此类客户，客户经理不能急躁、焦虑或直接向其施加压力，应该努力配合他的步调，脚踏实地地去证明、引导，慢慢就会水到渠成。

（5）脾气急躁型。这类客户善于感情用事，反复无常，在面谈中常常打断客户经理的宣传解释，妄下断言，而且对自己的原有主张和承诺，都可能因一时冲动而推翻。对这类客户，客户经理要精神饱满，清楚、准确、不拖泥带水地回答对方的提问。应注意话语的简洁、抓住要点，不扯闲话、废话，不给对方留下冲动的机会和变化的理由。

（6）善变型。如果此类客户已与其他银行合作，客户经理仍有机会说服他与自己合作。但合作开始后，应注意用有效手段锁定他。

（7）多疑型。这类客户对客户经理的每一个行动都持怀疑态度。但他一旦认可了客户经理的能力及银行的服务水平，就极易对客户经理产生高度的忠诚。客户经理应对此类客户的反对意见表示欢迎，甚至可赞扬他如此聪明以至能提出如此有水平的问题。此外，客户经理要让客户了解您的诚意或让他感到您对他的提问很重视，比如："您的问题真是切中要害，我也有这种想法，不过要很好地解决这个问题，我们还得多交换意见"。

（8）大方型。这类客户会说话，城府深，善做表面文章，易接近，但难对付。应对策略是：自始至终保持冷静机智，适时运用幽默技巧旁敲侧击，点到为止；要多拜访，找准突破口，以真诚之心打动他。

（9）令人讨厌型。这种人希望得到肯定的愿望尤其强烈。客户经理不能表现出反感、不满，应在保持自己尊严的基础上给对方以适度的肯定。除非这个客户很重要，否则客户经理不必花很大代价去接洽此类客户。为了减少对此类客户造成的负面影响，客户经理可以在他午餐前几分钟或者马上下班的时间打电话，这样他就不会唠叨很久；如果他在其他时间打电话来占用你宝贵的时间，客户经理应礼貌地打断他。比如可以这样说："很高兴您能打电话给我，可我有个会议，正要出去。这之前的五分钟您看我能为您做些什么？"

（10）优柔寡断型。这类客户外表温和，内心却总是瞻前顾后、举棋不定，其一般表现是：对是否接受银行服务犹豫不决，即使决定接受，也会对银行产品的价格及提供方式等内容反复比较，难以取舍。对这类客户，客户经理要牢牢掌握主动权，充满自信地运用公关语言，不断地向其提出积极的建议，多运用肯定性语言，以消除客户的犹豫心理。

（11）知识渊博型。客户经理应该多聆听对方讲话（这样可以吸收有用的知识与资料），同时给对方以自然真诚的赞许。这种客户往往宽宏、明智，在说服他们时，只要抓住要点，并不需要费太多的口舌与心思。

（12）信仰依赖型。这类客户一旦相信了客户经理的能力，就会非常乐意与客户经理打交道，并且会重复消费银行的产品。但一旦对客户经理的能力产生怀疑，这类客户就会离客户经理而远去。对此类客户，客户经理应靠卓越的产品和优质的服务来满足他。

（13）理性消费型。这类客户属于与人保持适度距离，重视事实，具有高度责任感的那种人。在与客户经理打交道时，他们不让个人情绪介入，不易为外界事物和广告宣传所影响，喜欢公事公办。对此类客户，客户经理必须以专业的方式提供服务，要让他知道您理解他工作的重要性及挑战性。并且最好以书面的方式处理每个细节，准备每份文件。在会面前，最好把准备会谈的内容先传真给他。客户经理不必尽力与此类客户变得太熟悉。

（14）集权型。这类客户具有坚强的意志，希望在公司中谋求更有权力的职位，控制别人的欲望特别强烈，他希望每件事情都向他汇报。对此类客户，应着重赞扬他的重要性，指出他的能力对公司的价值，并且注意礼貌，在会谈前做好充分准备。

（15）外热内热型。这类客户对客户经理非常热情、关心和热心，能办的事情能够果断应允，即使他本人办理有困难，也会尽量帮助你，为你出主意、想办法指点迷津。对这类客户，客户经理要以多种形式给予恰当的回报和回应。

（16）外冷内冷型。这类客户面色阴沉，口无好言，对客户经理没有丝毫的热情，事情能推就推，能拖就拖。对这类客户，客户经理要分析其外冷内冷的原因，是心理受过创伤，还是仕途不顺，抑或性格内向、浅薄无知、目中无人。分析清楚原因后，客户经理可对症下药，或者更换营销对象，或者更换会谈时间，或者干脆换一个客户经理前去营销。

（17）外热内冷型。这类客户对人热情、礼数到位，但对沟通的实质问题（购买银行产品）却显得非常谨慎，不轻易答应，或者办理拖拉。潜在的原因可能是此人有职无权或无职无权、心有余而力不足；也可能是工作谨慎，气魄不大；也可能是典型的双重人格，习惯于逢场作戏，根本就没把客户经理的到访当回事。客户经理应充分利用客户经理"热"的一面，多了解一些信息，将"冷"转化为"热"。

（18）外冷内热型。这类客户对客户经理的接待一般，甚至偏冷，但如果客户经理各方面表现上佳、工作得法，其办事还是比较热心、实在的。导致客户外冷内热的原因可能是多年来形成的待人接物的习惯，也可能是恰巧当时事情较多。客户经理不应过分在乎客户的态度，要通过观察和简短的交谈，迅速判断冷淡的原因，从而找出共鸣点和共同点。

（三）主动倾听的技巧

主动倾听，给客户足够的时间谈看法、打算。客户经理应该积极地、有意识地集中听取客户的讲话，即使客户的叙述有些啰唆重复，令人厌烦。客户经理不应滔滔不绝地向客户倾吐自己的见识和经历，而应通过倾听让客户感到自己对客户经理很重要，因为倾听是通向合作的阶梯。

（1）讲求"三心"，即耐心、虚心和会心。

耐心。出于对客户的尊重，客户经理应该保持耐心，不要带着偏见去听别人的谈话，当别人谈话时，尤其是客户谈兴正浓的时候，不要做其他事情或显出不耐烦的样子。

虚心。持虚心聆听的态度，从不打断或尽量少打断客户的讲话，直到客户讲完；客户一旦要讲话时，客户经理要适时停止自己的讲话，避免自己滔滔不绝地讲很久。不要抢着说话，也不要使自己陷入争论。

会心。听客户讲话，并不是被动地接受，还应主动地反馈，这就需要作出会心的呼应。在对方说话时，客户经理可不时发出听懂或赞同的声音，或有意识地重复某句你认为很重要的话。还可用适当的插话和提问暗示你对他的话特别感兴趣，以支持倾听。

（2）讲求"六到"，即耳到、眼到、脑到、心到、口到和手到。

耳到，即仔细聆听对方所讲的话，品味其中是否有隐含的其他含义。

眼到，即观察对方身体语言，判断其是否加强所要表达的信息；与对方目光接触，观察对方为敌意或好意。

脑到，即及时对对方所讲的话进行归纳，思考对方说话的内容，以决定下一步行动。

心到，即以同情心感受对方的立场。

口到，即正确响应，通过询问探寻对方的真实意图。

手到，即做好记录，事后加以分析以唤起记忆。

（3）排除干扰，专心倾听，以免对方问出某个问题而你却不知所云。如果你还在思考其他问题，应把问题抓紧记下来，然后回过头来全神贯注于接下来的谈话。尽量不要接电话或左右张望，以免给对方留下不重视他谈话的印象。

（4）把桌子上的东西有条理地摆放好，在谈话人与你之间无任何东西，这样便于集中注意力。

（5）在椅子上坐直，头部略微前倾，不要交叉胳膊和双腿，时刻保持清醒的头脑，眼睛不时地盯住对方，对客户谈话中能认同的部分，客户经理应该及时颔首点头，以示赞同。

（6）既要注意听取客户的言辞，更要注意客户谈话时的重点词句或隐含的要点。可能意味着合作机会的语句有："某人或某单位曾提出过一个建议"、"我们需要更大的灵活性"、"我们需要更大的支持"、"我们的董事会"、"关于某件事的抱怨"以及"太复杂了"等一些模棱两可的话。当出现这些话语时，客户经理可主动插话，确认并抓住可能的机会，但应注意插话的语气，应先征得客户的同意。

（7）记笔记。记笔记既能表示对客户意见的重视及尊重客户，也有利于提高精神的集中程度和抓住客户谈话中的要点。如果笔记记得很好，在访谈结束后可整理一份备忘录递交给对方，这样可引起客户对您的特别注意。

（8）依据客户谈话时出现的重点词句，在心中建立一个要点目录。与客户谈话时，参阅心中的要点目录，以使自己的谈话能引起客户的共鸣。回答客户的提问时应把客户提到的要点都涵盖在内。

（9）客户经理的讲话应从同意对方的讲话开始（"我同意您就某个问题的看法"），

以把客户的心境引入到乐于讨论的气氛中来，不能出现"我不同意"、"不能这样"之类口气生硬的词句。

（10）主动对客户的话进行反馈。或者不时发出表示倾听或赞同的声音，或者以面部表情及动作向对方示意，或者有意识地重复某句你认为很重要的话。如果没听清客户的话，客户经理要有礼貌地提问，以弄清客户的话语。从另一方面看，这也显示出客户经理对客户的讲话很关切。

（四）主动发问的技巧

客户经理不光要学会主动倾听，还需学会主动发问。向客户提问意味着你对客户和客户的需求感兴趣，会让客户意识到自己的意见对客户经理很重要，同时客户经理通过提问还可以发现客户感兴趣的领域或激发客户对某领域的兴趣。你会发现，好的提问是刺激、引导交流的一个神奇的工具。当你发现说话者所说的并不是你所需要的信息或你无法完全理解说话者的本意时，你就需要提出问题了。通常提问要确定三点：提问内容、提问方式和提问时机。客户经理应通过精心构想的问题及答案控制同客户的洽谈话题。

1. 封闭式发问方法

封闭式提问一般用"是"或"否"来作答。回答这种提问一般不需要花太多时间进行思考，但这种提问含有相当程度的威胁性，往往容易引起被提问者的不快，故要谨慎使用这种提问方式。这种发问方法又有以下几种情况：

（1）选择式发问。是以提供两种可选择的建议来实施的，通常用于预约及时间等关于日程确定的情形。比如："我们是周四上午见面，还是下午见面更好些？""我们是周一上午9点到贵公司洽谈好呢，还是周二上午9点到贵公司洽谈更好呢？"

（2）澄清式发问。这是针对对方答复重新让其证实或补充的一种问话方式，如："听说你们证券公司准备选择一家证券交易结算资金存管银行，决定了没有？"这种提问在于让对方对自己说过的话作进一步的明确。

（3）暗示式发问。这种发问方式本身已强烈地暗示出预期答案，如"只要我们精诚合作就一定能实现双赢，你说对不对？"这类提问实际上已包含了答案，无非是敦促对方表态而已。

（4）参照式发问。把第三者意见作为参照系来提出问题，如"某人认为我们之间应该建立战略合作关系，你以为如何？"如果第三方是客户所熟知的人，则效果会更好。

（5）约束式发问。要义在于把客户的注意力约束在客户经理所提的问题中，使客户作出肯定的答复。具体做法是，在陈述完某一事情后，通过各种形式、各种时态的反问来得到客户的认同。常用的反问语句有："……难道不是这样吗？""……难道您不这样认为吗？""……这样做不是很好吗？"

2. 开放式发问方法

开放式发问指在广泛的领域内带出广泛答复的提问方式，通常无法用"是"或"否"等简单的措辞作出答复。如："您对贵公司当前的经营情况有何看法？""贵公司对明年的工作有何打算？"等。这类提问因为不限定答复的范围，能使对方畅所欲言，自己也能获得更多的信息，因此，客户经理可多采用这种提问方式。这种提问方式又有以下几种情况：

（1）探索式发问。是针对对方答复内容，继续进行引申提问的一种方式。如"您刚才说对某银行的服务不太满意，能不能告诉我你们对哪些方面不太满意？"这类提问不但可以挖掘比较充分的信息，而且可以显示出对对方所谈问题的兴趣和重视。

（2）启发式发问。这是启发对方谈看法和意见的一种发问方式。如"现在接近年中了，能不能谈谈您对贵公司上半年工作的评价？""我们准备推出国内保理这种新的银行产品，您对此有什么看法？"这类发问主要启发对方谈出自己的看法，以便吸收新的意见和建议。

3. 向客户发问的技巧

客户经理应紧跟说话者的思路，以便能及时发现并提出问题。应先取得对方许可再发问："我可以提个问题吗？"不能重复提问一个问题；如果对方的回答不能令你十分满意，你也没有必要继续追问；不能提过多的问题，以免引起别人的讨厌。发问的时间可选在：听完前一个问题的答案之后，使用一些过渡性语句引出下一个问题；或注意对方的情绪变化，在他适宜答复的时间发问；对一个中心问题，以前一问题的答复作为提问的引子。在提出问题前，应拟好计划，将问题构造为能足以获得肯定答复的形态。但不必事前准备得过分详细，只需拟定好发问的形式、范围与主要内容就行了。将问题一字不差地背诵出来只会使对方听起来不太自然。

客户经理的每一个问题都必须有目的性，要么得到某些事实，要么得到某个观点，切忌无目的地乱提问，尽量少提或者不提无关紧要的问题。在提问题时，应先提一般性问题，再提比较明确的问题。或者说，先泛泛提问再具体到某一问题进行提问。这样做可避免出错，从而得到更多的有用信息。无论什么问题，都应简单明了，对方应能完全理解你所提出的问题。

客户经理发问时，应注意发问的速度。太快易使人认为你不耐烦或持审问态度；太慢则易使人感到沉闷。提问后应留给对方足够的答复时间，不能催促或打断客户。避免使用威胁性、讽刺性或盘问式的问句。

为了得到比较客观的信息，最好不要提出带有引导性的问题，如："难道您不这样认为吗？""人人都觉得这样很好，您呢？"等。但如果你希望将对方引入你所希望的情形，或在拜访即将结束时，你可提出带有引导性的问题。多提无确定答案的问题，以引发对方提供一些信息。不应提问"您喜欢这个金融产品吗？"这样的问题，而应提问"您喜欢这个金融产品的哪些方面？"

客户经理应重视"再问一遍"策略的使用。在别人回答你的问题之前或者清楚地知道你的问题不会被回答时，你应该停下来沉默一段时间。在沉默过程中，大多数人会觉得不自在，这时就可能有人出来迫不及待地作出解答；首次提出某个问题后没有马上得到解答，如果你知道还有机会得到这个信息，那么可等待一段时间再重新发问。当对方不回答你的问题时，你不妨开个小小的玩笑，调节一下气氛。当然，如果对方也以开玩笑的语气回答，你就必须严肃起来了。

此外，尚需注意以下问题：

（1）对敏感问题的提问应附以发问理由，根据问题的具体类型选择恰当的问句形式。

（2）不能同时向客户提出多个问题，一次最好提一个问题，因为提很多问题客户可能会漏掉其中的某一个。

（3）提出的问题应该是经过充分准备的，且提问时应当有充分的信心，不能犹豫不决。

（4）提问题的时间不能太长，提问应当简洁，不能变成长篇陈述。

（5）不能自己回答自己提出的问题，不能把自己搞得像在进行演讲。

（6）不能向客户提无法回答、回答不了或不必回答的问题，因为客户经理不仅要让客户感到自己很重要，而且要让客户感到自己很聪明。

（7）如果对方不想回答或不能回答你的问题，而这个问题的答案对你又很重要，那么你必须重复提问，不要接受对方的推拖。

（8）向客户提问最好不要太直截了当，可利用适当的悬念以勾起客户的好奇心。

（9）不要使用刺耳的语句。

（10）恰当使用转折语句和语气。

（11）善于引导客户按照你的方法看问题，并且善于把一个复杂的问题分解成若干小问题，然后以提问的方式提出。

（五）回答客户提问的技巧

对于客户的提问，尤其是对客户所提的较难回答的问题，客户经理应给予得体的回答。回答同发问一样，也要讲求技巧。

1. 回答的类型

（1）按应答问题的方式，分正面回答和侧面回答两种。

● 正面回答。对方问什么，就回答什么，有问必有答。一般比较直截了当，不拖泥带水，这种回答方式有利于双方的相互沟通。

● 侧面回答。对有些难以一时回答的问题，可采用此种方式。如："让我考虑考虑再说。""让我们研究研究再说。"这种回答虽然表明上没有回答，但实际上已作出了回答。

（2）按应答问题的性质，分肯定性回答、否定性回答、模棱两可的回答和无效回答四种。

● 肯定性回答。这种回答按肯定的程度又可分为完全肯定的回答、加以补充的肯定回答和附加条件的肯定回答三种具体情况。

● 否定性回答。采取这种回答方式时，要讲求方式，注意不要生硬地顶回去，使对方下不了台，应该委婉曲折地把否定的意思说清楚，让对方完全理解。

● 模棱两可的回答。既不表示同意，也不表示不同意，似乎是同意，似乎又是不同意。这种方式不可多用，否则会给人以不诚实的感觉。

● 无效回答。无效回答的最大特点在于说了跟没说一个样，但又可维持双方的轻松关系与氛围，不伤和气。

2. 回答问题的技巧

● 回答客户提问前，给自己留一些思考时间，考虑成熟后再回答。可借助点香烟、喝水、翻笔记本等动作来延缓回答时间，但考虑对方问题的时间不宜过长。判断清楚对方用意或动机后再回答对方，不应按常规回答，否则会反受其害。

• 对有的问题只作局部的回答。如果某个问题包括几个方面，可选择其中若干方面予以回答，一时难以说清楚的，就不必勉强去说。

• 对某些问题可答非所问，讲一些既有关又无关的问题。

• 面对毫无准备的提问，可采取推卸责任的回答："对于这个问题，我虽没调查过，但我曾经听说过，只是具体情况不太清楚。"

• 对有些复杂问题可采取安慰式答复，即先肯定和赞扬对方提问的重要性、正确性和适时性，然后再合情合理地强调问题的复杂性及马上回答的困难程度，答应以后再专门讨论这个问题。

• 请其他客户经理在节骨眼上来打岔，以赢得自己思考一时难以回答而又必须回答的棘手问题。

• 洽谈中答复的艺术在于知道该说什么和不该说什么，而并非回答正确就是最好的答复。

三、运用身体语言

访谈中，客户的形体信号传达着重要的信息，客户经理应该运用自己的判断力，结合语言对这些形体信号作出评估。有时它们是支持了语言，有时则是与语言相反。客户经理除通过身体语言判断客户的反应外，也可以利用自己的身体语言去影响客户。

（一）各种形体信号及可能的含义

表9-3只列出了一些常见的身体信号及可能的含义。在实际洽谈中，某一身体信号也可能不是表中右边所列出的含义。许多动作和手势的含义可能因环境和人而有所差异。客户经理需经常检查、核对自己是否真正理解了对方身体信号的含义，只有这样才能发现某种形体信号的真实含义，避免接受错误的信息。

表9-3　客户的身体信号及可能的含义

身体信号	可能的含义
脑后交叉双手，双肘上翻	精神松弛，不想继续会谈
带上眼镜、抬起头部	对拟谈的内容感兴趣
瞳孔突然放大或目光接触频繁	对拟谈的内容很感兴趣
摘下眼镜	对所谈话语持否定意见
搓鼻子	消极反应
弹指头	不耐烦，不安
漫不经心地在纸上乱涂	不感兴趣，话题与其需求不太相关
眼睛迅速向下扫视一下	开始对话题感兴趣，或发现了要发言的人
合上笔、记事本或移动资料	对会谈已经不耐烦，想早点结束会谈
双掌合并成塔尖状	高傲、专横，但有时也意味着在注意倾听

续表

身体信号	可能的含义
两腿交叉，伸向对方	积极接近
两腿收回来交叉	有点不对劲，或许想改变想法
把座椅向后拉	消极退避
把座椅向前靠	感兴趣，投入，态度积极
身体前倾	身心投入，对话题感兴趣
身体后靠或目光旁移	若无其事和轻慢；退避，出现了头疼的事情
盯着对方眼睛	注意力集中
胸前紧抱胳膊	警觉、消极、恐惧、反对
不时用手抚摸领口、衣服	可能别有他事，希望尽早离开
双臂下垂	心绪不好，疲倦，失望，冷漠
双臂平直，颈部和背部保持直线状态	自尊心很强，或对生活充满信心
肌肉紧张，双手握拳	异常兴奋，情绪高昂
紧闭嘴唇，并避免接触别人目光	心中藏有秘密
开放式姿势	意味着接受
用笔轻敲桌子或嗓门突然变大	表示强调
紧闭嘴唇，嘴角向下倾斜	轻视，鄙夷，瞧不起
双眉上扬，双目大张	惊奇，惊讶
客户自己找位子坐	坦诚、合作，但有时也意味着随意、搪塞、不积极

（二）客户经理对形体语言的运用

客户经理想强调所说的话语时，可恰当地用身体语言予以支持，但要协调好身体语言和口头语言。客户经理在利用身体语言传达某个信息时，这个信息必须与所说的话保持一致，即身体语言是用来支持所谈话语的。此外，尚需注意以下几点：

（1）身体语言并不能代替口头语言的交流。

（2）身体语言应能充分展示你的自信。因为缺乏自信往往导致紧张，给对方以可乘之机。表示自信的身体语言主要有双手交叉成塔顶形，坐得笔直，眼睛直视对方，如果可能的话可以比对方坐得高一些。

（3）要注意研究对方形体信号的真正含义，以备在下次见面时有的放矢。

（4）形体语言的发布效果与双方座位间的距离有很大关系，客户经理根据与对方关系的亲疏远近确定座位距离的长短。

（5）首次与对方见面时，恰当的身体接触不失为增进关系的一种好方式，如伸出手，平视对方，然后有力而不失礼貌地握一下对方的手。但身体接触必须在双方都可接受的范围内进行，不能引起另一方的反感。

（6）在拜访结束时，也应用形体语言表示感谢、兴奋等情绪，并配之以目光的交流。

四、分发资料

向客户分发自己所带的资料，能扩大客户经理及所在银行的影响。至于分发什么资料，则取决于拜访的目的及会谈需要。客户经理应站在客户的角度、利益或价值上制作资料；拜访前带足需分发的资料，以免到时候不够用。

（一）分发资料需注意的事项

（1）对拟分发的资料要十分熟悉，随时准备回答客户的咨询。

（2）按使用顺序放置资料。

（3）只有在即将使用时才分发，而不要在事前分发，以避免分散客户的注意力。

（4）介绍宣传材料的内容。

（5）解释为什么分发它们。

（6）注意不要因分发资料而浪费过多的时间。

（7）将部分资料用于会谈后分发，或作为追踪拜访的工具。

（二）可用于分发的资料种类

（1）银行产品手册。手册应该具有专业性及吸引力。产品手册不能从银行角度过分强调产品的运作原理，而应从客户的角度出发来制作，同时需注重外表的包装。

（2）产品说明书。主要介绍产品的操作方法，是比产品手册更为具体化的宣传材料。产品说明书应该经过产品专家审核。

（3）年度或季度报告。适合拜访结束后分发。对那些初次接触的客户分发年度或季度报告十分重要，这样能让客户很快了解客户经理所服务的银行。

（4）其他为本次拜访而特别制作的材料。

五、了解客户需求

在拜访过程中应注意了解客户对银行产品的需求，包括需求目标与需求内容，这可通过发放客户需求调查表的方式进行。

（一）采取"望、闻、问、切"法了解客户需求

（1）望，即观色。

（2）闻，即察言。

（3）问，即善于发问。

（4）切，即切入场内商谈和场外商谈之中全面了解客户需求。

（二）客户需求调查表

表 9 – 4　客户需求调查表

客户名称		联系人	
客户地址		联系方式	
您拟需要下列哪些银行产品		具体要求（时限、手续、价格等）	
□开户　□人民币结算　□国际贸易结算　□特殊服务			

□票据承兑 □票据贴现 □票据代保管 □转贴现		
□代收代付等中间业务 □为职工代办信用卡		
□外汇买卖 □现金管理		
□流动资金贷款 □固定资产贷款 □中长期项目贷款 □银团贷款 □信用证 □综合授信		
□担保 □保理		
□出口打包贷款 □进口押汇 □出口押汇 □保函业务 □进口信用证 □其他业务		
□发展战略研究 □财务顾问 □筹融资顾问 □咨询服务 □其他顾问服务		
□其他业务（请注明：）		
备注：		

六、处理客户异议

在拜访期间，客户提出异议是再正常不过的。突破异议是客户经理成功营销的关键。客户经理应该分析客户出现异议的原因，并尽可能当场解决客户的异议。应尽量避免与客户发生争论，更不能冒犯客户。异议中往往包含着机会的信息，客户经理应善于发现隐含在异议中的机会。有时，你可以忽视客户的异议；有时客户的异议其实是一种购买条件。

（一）客户提出异议的可能原因

（1）为试探客户经理的诚意、能力或所在银行的竞争力，故意提出一些相反的意见或刁难的问题。

（2）害怕做决定或担心作出错误的决定，逃避决策的责任。

（3）缺少相关的技术知识而又不愿承认这种现实，善于自我表现的客户易提出此种异议。

（4）客户的既有经验或成见，如客户经理的讲话与之不符，客户就会据此提出异议。

（5）少数客户为谋求私利而故意设置障碍。

（6）诚恳的异议，的确是由于不了解才提出异议。

（7）不同意银行产品在价格、程序等方面的做法而提出自己的意见。

（8）其他因素。如客户一时情绪变坏、客户方面人际关系复杂、客户因偏见而与客户经理发生对立情绪、客户缺少银行产品专业知识、客户喜欢炫耀等。

（二）客户异议的基本类型

（1）可转化异议与不可转化异议。"你们银行的产品与其他银行的产品差别不大"属于前者；"我们刚从其他银行处获得贷款"就属于后者。只要还没有确定客户提出的异议是不可转化的，客户经理就应该将洽谈进行下去。

（2）真实异议与虚假异议。真实异议表达了客户是否愿意成交及关心的问题，而虚假异议则多为拒绝的借口。真实异议和虚假异议都可以转化成"一致意见"，但比较难以判断。

（3）需求异议、产品异议、时间异议、价格异议等。

（三）处理客户异议的基本步骤

（1）仔细聆听，尊重客户异议。客户经理要摆正对客户异议的态度，对客户提出异议首先要表现出欢迎的姿态，对客户提出的大大小小的异议表示尊重，不要急于回应客户说的每句话，应给客户时间，不打断客户，鼓励客户说出整个异议及异议产生的背景。

（2）认真、准确地分析客户异议。客户经理应借助于自己的知识与经验，对客户提出的异议进行认真分析和深入考察，找出隐藏在异议背后的真正根源。如果客户经理对客户的异议不能完全把握，就应通过重复他的异议来寻求更多的信息，直至确定客户真正所关心的问题。

（3）选择最佳时机处理客户异议，一般要在做好处理准备的基础上答复客户的异议。一般来说，着手处理异议的最佳时机是在客户提出异议之后，但在某些特殊场合和特殊情况下，在客户尚未提出异议之前，或者在客户提出异议之后一段时间再作解答也不失为最佳时机。无论什么时候解答，客户经理都应充满自信。答复结束后，客户经理应重复强调一次："问题解决了，是不是？"

（四）处理客户异议的基本策略

处理客户异议的最佳方法是预防异议的出现，最好也是由客户经理自己主动提出异议，避免由客户提出。如果客户提出了异议，则客户经理应想方设法予以处理。

1. 反驳处理策略

反驳处理策略指根据较明显的事实和理由直接否定客户异议。可给客户一个简单明了不容置疑的解答，增强洽谈的说服力量，提高客户使用银行产品的信心，并节省解答异议的时间。但如果运用不当，极易引起客户经理与客户的正面冲突而导致洽谈失败。

此策略只适用于处理客户的无知、误解及成见而引起的异议，不适用于自我表现欲望强烈或较敏感的客户的异议。客户经理进行反驳时，要有理有据，要摆事实，讲道理；要注意措词，用词要委婉，语气要诚恳，应始终保持友好的态度，不能破坏良好的洽谈气氛；随时注意客户对反驳的态度，不能激怒客户；在反驳客户异议过程中应给客户传递新的有用信息，帮助客户更新信息。

2. 转折处理策略

对客户提出的某些异议，客户经理从正面解答效果可能不佳，这时可根据有关事实和理由间接否定客户异议。这种策略增加了客户经理思考分析的时间，使客户感到被理解、被尊重。但会削弱客户经理的说服力量，还有可能使客户产生并提出更多的异议。此策略不适用于敏感的、死板的、自我个性强的、疑问类型的客户，只适用于比较武断及接受暗示类型的客户。运用此策略时，客户经理首先应对客户提出异议表示同情和理解，使客户产生心理上的平衡，然后再通过转折词把话锋一转开始反驳处理客户的异议；不能直接否定客户的异议，更不能直接反驳客户异议；转折词应避免生硬，尽量少用"但是"，可多用"不过"、"然而"、"诚然"等。

3. 利用处理策略

这种策略是将计就计，利用客户异议中正确的、积极的因素去克服客户异议中错误的、消极的因素，变障碍为机会。这种策略在肯定客户异议的基础上建议转化，并不回避异议，故易取得客户合作，但对敏感型的客户易使其产生被愚弄的感觉。此策略的核心是以子之矛攻子之盾。客户的异议是利用的基础，应热情、真诚、尽力地肯定与赞美客户异议中正确的和积极的因素。当然，不能不加分析地肯定和赞美；也不能不负责任地向客户传递错误的信息，所传信息应该是经过分析的、合理的。例如：如果客户可能认为贷款利率较高，客户经理这时就应该说今后利率还可能上调，现在贷款才是最合算的。这里所说的利率上调应该是经过对经济发展、金融调控政策等方面进行综合分析后得出的结果。

4. 询问处理策略

这种策略通过对客户的异议提出问题来解决异议。通过提问可以了解更多的客户信息，给客户经理腾出一个思考下一步工作思路的时间，且提问带有请教的意思，易获得客户的好感。但有的客户不喜欢别人追问，还有可能引发新的异议。

客户经理应该及时询问，了解客户产生异议的真实原因；只对那些与洽谈及合作有关的异议进行询问，以提高洽谈效率。不要在非关键异议上纠缠不休；注意观察客户的心理活动，追问适可而止，并注意尊重客户；注意追问的姿态、手势、语气，避免客户反感；不用严厉的口气追问客户。

5. 补偿处理策略

任何产品都不是十全十美的，客户经理也没有必要刻意掩盖自己银行产品和服务的不足，客户经理可利用客户异议之外的因素来补偿客户的可能损失。这种策略通过客观地摆明银行的长处与不足，给客户以诚实的感觉，反而易增加合作成功的可能。不足在于这种策略对客户的异议并没有及时解决。适用于银行多种产品的组合营销。只有客户提出的异议是真实的且银行目前无法解决时，才适用此策略。对补偿的方式、内容应在客户提出异议后及时给予答复。应注意淡化客户的异议，减轻客户对异议的重视程度，并着重对异议的主要动机进行补偿，以增加客户获得更多利益的感觉。

6. 沉默处理策略

客户经理可对客户的无关、无效、虚假、不太重要的异议不予理睬，这就避免了与客户在一些无关紧要的问题上发生争执和冲突，有利于客户经理集中精力去处理有关、有效、重点的异议。缺点是客户可能会因为自己提出的异议不被理睬而感到受了冷落，产生不满。不管是否已经打定主意对客户的异议采取不理睬态度，客户经理都应认真听完客户的异议。

客户经理只对确实无关紧要的、不必理睬的客户异议才采取此策略。在采用此策略时，关键在于不进行无所谓的争论。常引起争论的原由主要是：各不相让；以强凌弱；挑字眼儿；兴师问罪；从不买账；借题发泄；忍无可忍；争长论短；反驳回敬；斗嘴解闷等。

在进行沉默处理时，客户经理应微笑着保持沉默，试着改善双方洽谈的气氛，给对方沏一杯茶，递一支烟；对扰乱客户要争论的打算表示歉意；转身做另外一件事，以消除紧张气氛。

7. 预防处理策略

为防止客户提出异议，客户经理抢先就客户可能提出的异议主动进行处理。事先做好准备，可节约洽谈时间，提高洽谈效率。主动提出还可使客户经理处于主动地位。不足之处在于可能准备的不够恰当。这种策略不适用于狂妄自大、自以为是、爱唱对台戏的客户，也不适用于处理无关或无效异议。

客户经理必须在拜访前对客户可能提出的异议进行研究，做好充分的准备。在自己提出异议时，客户经理绝不能强化此异议，而只能淡化处理。应注意用词及语气，不能说："您可能会提出"之类的话语。

8. 更换处理策略

这种策略指换派其他客户经理来处理客户异议。不到万不得已的时候不用此策略。在气质、兴趣、爱好等方面与客户不投机，或客户经理礼仪不当等原因引起客户异议，而客户经理自身又不能解决时，可采取此策略。这给了客户一个面子和下台阶的机会。不足之处是对客户经理及银行的形象十分不利。需注意新的客户经理在气质等方面应与前任客户经理有巨大差异；新的客户经理应该尽量为前任客户经理补台，注意重塑银行形象。

9. 定制处理策略

客户经理根据客户异议内容重新为客户提供其他的银行产品与服务。这可以更好地满足客户需求，体现客户经理的服务精神，促进银行新业务拓展。但需客户经理全面更改已有的作业计划。

10. 推迟处理策略

推迟处理策略是指暂不处理客户异议，过段时间后再进行处理的一种策略。这种策略使客户有了自我消化的时间，也避免了客户经理的匆忙决策。但易给竞争对手造成可乘之机，使前段时间的努力付诸东流。

应给客户留下充足的资料，使客户有依据作出恰当的决策。客户经理对其他的异议应及时给予明确的解释。如此次会谈不能解决该异议，应商定下次见面的时间。

（五）常见的客户异议及处理办法

1. 价格异议

表现："贷款利率太高了。"

处理陷阱："我们也必须实现利润啊！""您说得不错，但我们银行就是这个价格。""我无能为力呀！成本使我们无可选择。""我们可以降一降。""我无权改变这个价格啊！""其他银行也是这个价格啊！"

正确的处理办法：

（1）客户经理不应仓促地为价格辩护，指责银行、市场、客户、竞争对手，或仓促地改变价格，而是应该倾听并了解客户的价格异议，同客户一同研究它、评估它。

（2）找出客户认为价格过高的参照所在，然后将本银行的产品与参照的产品作比较，找出并帮助客户认识到本银行产品的比较价值。

（3）比较一般从产品特性、执行保障、专门技术、创新性、未来潜力等方面进行。

（4）客户经理应对本银行产品的价值和优势及其满足客户需求的能力充满信心，在提出价格时要使用自信的语气。

（5）花时间和精力研究竞争者的产品，如果本银行产品的竞争力的确比较弱，就应注重改进。

2. 创伤异议

表现："两年前，我们找到你们……，我们不会再同你们打交道了。"

处理陷阱："我们可以重新开始合作啊！"或知难而退。

正确的处理办法：

（1）客户经理应当表现出理解、关心，并对客户这段经历的具体情况进行了解，以便确定需要付出多少努力才能补救这种情况。

（2）比较得体的回答是："听您这么讲，我感到很抱歉，能告诉我具体情况吗？""我完全可以理解您的这种心情，对于发生的事情我深表遗憾。当时，我们……，今天，我们的管理层已认识到这一点。这次我的具体任务就是来……，或许我可以……，您认为……，怎么样？"

3."万一怎样"异议

客户提出此异议的目的在于获得更多信心。

处理陷阱："不可能发生那种情况。"

正确的处理办法：客户经理用已经做成的案例和曾经发生过的事例来证明自己的承诺。这对新开发的客户或潜在客户尤显重要。

4. 不愿改变现状

表现：对现状比较满意而反对客户经理的提议。

处理陷阱：贸然说可以给客户带来更多利益，或比竞争对手做得更好。

正确的处理办法：先了解客户的现状，再将自己的产品和竞争者的产品进行比较，然后指出能给客户带来更多的利益。

5. 烟幕弹异议

表现："让我们考虑一下吧！"这是一个最古老的烟幕弹。

处理陷阱：等着让客户考虑。

正确的处理办法：以顾问咨询的方式多问几个"为什么"以了解客户真实的异议。可以这样回答："这对贵公司来讲的确是一件重要的事情，请问您打算考虑哪一方面的产品呢？或许我可以提供一些更详细的信息。"

6. 含混不清的异议

表现：异议过于一般或宽泛。

处理陷阱：草率地给予回答。

正确的处理办法：多问几个"为什么"以获取更充分的信息。

7. 银行形象异议

表现："你们银行规模太小、位置太偏、效益太差。"

处理陷阱：同意客户的异议。

正确的处理办法：介绍银行的定位，描述自己银行的长处，向增强客户信心的方向努力。

8. 压力异议

表现："我们要清户"、"我们有多家合作银行"、"我们有别的机会"。

处理陷阱：唐突地顶撞或退却。

正确的处理办法：通过了解更多的信息，检测客户异议中的水分。

9. 不能立即回答的异议

表现：客户经理不知如何回答，或者回答可能过早。

处理陷阱：硬充知识渊博，贸然回答。

正确的处理办法：承认对有关细节缺乏了解，并向客户表示要研究有关信息后再对客户作出回答。注意推迟答复并不是不答复。

10. 无法克服的异议

表现：银行目前的确无法提供客户需要的服务。

处理陷阱：继续就此异议进行洽谈。

正确的处理办法：果断结束此话题，既节约了时间，也树立了银行实事求是的信誉，有利于提高今后合作的机会。

七、应对客户拒绝

客户不仅常常提出异议，一些客户还往往会直接说"不"。对这些更不好打交道的客户，客户经理应学会如何战胜客户的拒绝。

（一）分析客户拒绝的真正含义

客户提出拒绝，并不代表客户将不与客户经理进行合作，只是表明某些顾虑、不安或不满。要明确其说"不"的原因，再对症下药，消除客户的疑虑或难题，使客户满意。一般而言，客户拒绝的类型有以下几种：防卫型拒绝；不信任型拒绝，应明确是对客户经理不信任而拒绝，还是对银行（或其产品）不了解而拒绝；无需求型拒绝；不急需型拒绝；感到未受重视而拒绝。

（二）处理拒绝问题的态度

（1）战胜自我，挑战拒绝，要有被拒绝的心理准备。

（2）培养刚毅性格，不怕被拒绝，要有永不服输的信念和必胜的信心。

（3）不能愚勇（"我们银行实力雄厚，客户肯定会与我们合作"），也不能怯懦（"我们银行竞争力不高，恐怕客户不会与我们合作"）。

（4）切忌不要因客户激烈的言辞或无理的挑剔而失去对情绪的控制，应保持极度的忍耐及理解之态度。

（5）无论形势多么不利，客户经理都必须保持热诚，并始终保持诚实和谦虚，给客户以推心置腹感。

（6）不能与客户进行争论，不能直接反驳客户，或者盛气凌人地对待客户，要圆滑地应付客户的拒绝。

（7）准备撤退，保留后路。客户提出拒绝，可能时机尚未成熟，此时客户经理应适时礼貌地撤退，再伺机约谈。

（8）不断学习新的专业知识和营销技巧，并在更广泛的相关领域内充实自己，不致使客户因自己无知而放弃合作。

（9）把被拒绝当做一种学习的经历，对被拒绝的原因进行总结。要知道，被拒绝只表明你发现了一种达不到目标的途径。

（10）把被拒绝当做获取反面信息的机会，有利于调整工作方向。

（三）处理拒绝问题的技巧

（1）使客户说不出拒绝的借口，或不给客户说拒绝的机会。

（2）利用客户的人际关系，使其不好意思拒绝朋友、亲戚介绍来的人。

（3）认可客户的喜好，取悦客户。

（4）利用客户急于谋求发展的心态，强调拒绝可能带来的损失。

（5）继续拜访说拒绝的客户，精诚所至，金石为开。

（6）处理客户异议的一些策略和方法也可用于处理拒绝，如冷处理法、转移话题法、先认同再否定法（或表面赞同而实质反对）。

（7）把整个过程回想一遍，看看对方有无可以突破的弱点。

（8）经过多次努力仍不能说服客户时，客户经理应扪心自问：是否是自己的原因才使客户拒绝，从失败中吸取教训。

八、拒绝提供某项服务的技巧

客户经理虽然想极力满足客户的所有需求，但有时会发现自己不得不拒绝提供某种服务，这可能是因为银行目前还未开发出此项服务或提供此服务给银行带来的风险太大。

拒绝的最理想方式是让客户自己说出来，但应以不影响双方的关系为前提，要注意保全客户的面子。必须为以后的合作留有余地。客户经理决定谢绝后，应以一种明确的方式表达出来，不应迟迟不提出谢绝。在谢绝时，客户经理仍应对交易表现出高投入姿态，让客户感觉到拒绝是不得已而为之的做法。要让客户意识到谢绝的是交易本身而不是针对个人，要让客户明了谢绝的原因，要让客户个人感情上不致过分失落。如果有可能的话，客户经理应建议客户实施新的方案。

九、面对商谈僵局的处理技巧

在访谈过程中，会出现一些阻碍访谈继续健康进行的因素，甚至出现僵局。客户经理应能及时识别并加以排除。当然也有可能出现有利于洽谈进行的征兆，对此客户经理也应及时识别并有效把握。

（一）阻碍访谈继续健康进行的征兆

（1）洽谈中已达成共识的事项要被推翻。

（2）客户已流露出不想继续会谈的态度。

（3）洽谈中间主要人员离席而只留下不太主要的人员。

（4）洽谈的内容越来越没有针对性，越来越一般化。

（5）洽谈中听到越来越多的赞成其他银行的言论。

（6）当提出合作的关键问题时，客户以各种理由进行回避。

（7）感觉到对方对合作没有信心，在决策上存在迟疑与不安。

（8）谈论过多的与访谈无关的话题。

（9）以尚在考虑来作答，但谈到具体期限时对方又会巧妙地避开话题。

（二）有利访谈继续健康进行的征兆

（1）告诉客户经理他最关心的事情、遇到的困难。

（2）借着洽谈的空闲时间告诉客户经理他们的工作方针、工作打算。

（3）以材料中的特定部分为中心提出具体问题。

（4）对某一问题突然表现出浓厚的兴趣。

（5）多次提出某一问题。

（6）在交谈中无意间透露出其他重要信息。

（7）客户感兴趣，但不愿被认为能够轻易被说服。

（8）客户很感兴趣，但对你的讲解表示不太明白。

（三）处理商谈僵局的技巧

（1）在双方都犹豫不决或沉默不语时，客户经理最好能主动跨出一步，主动给对方一个下台阶的机会：主动提出改变商谈重心或话题；主动寻找一个中间调停人；主动改变协议的有关条款等。

（2）变换一种商谈方式，比如由正式会谈改为非正式沟通、变集体商谈为个人之间的私下交流、变中层接触为高层接触或相反等。

（3）改变商谈时间表，推迟双方暂时无法达成共识的议题。

（4）将洽谈重点由互相较劲的局面，改变为能共同解决问题的合作态度。

十、同时与多个客户进行洽谈和联合拜访的技巧

（一）同时与多个客户进行洽谈的技巧

有时客户经理面对的不仅仅是一个客户，而是同时与多个客户进行洽谈。同时与多个客户进行洽谈有一些事项需要特别注意。

（1）不同的客户有着不同的目标和需求，客户经理应准备认识和满足这些多方面的需求。

（2）由于人数增多，单独对话的机会相对较少，可考虑独家演讲方式。

（3）所有资料都要每人一份，通过眼睛对视等方式使每一位客户都觉得自己受到了重视。

（4）保持每位客户参与讨论的积极性和兴趣。

（5）由于会谈期间从客户那里获取信息的机会减少，客户经理应研究客户的构成，以便能够了解每位客户的思路和目标。

（6）正式会谈前尽可能对每位客户进行单独拜访。

（7）恰当地安排每位客户的座位，不能让任何一位客户感到受了冷落，客户经理应该坐在客户中间而不是坐在首位。

（二）联合拜访的技巧

联合拜访有利于增强拜访的专门性，体现银行对客户的重视，也有利于同客户进行多层次的接触，并借此对银行的新手进行培训。

（1）不要直接反驳同事，如果其内容至关重要，可寻求一种非直接的方式与该同事交流您的不同意见。

（2）选择可以与同事交换眼色或形体信号的位置入座。

（3）客户或同事在谈话时专心倾听。

（4）用评论或形体语言支持小组成员的意见。

（5）记住联合拜访要求集体协作，不能呈个人英雄主义，更不能拆同事的台。

十一、拜访过程中的现场讲解

能向客户现场讲解想法、观念、产品和服务，表明客户经理已在众多竞争者中脱颖而出。客户经理应充分认识现场讲解的重要性，通过讲解，让客户对客户经理及银行产品产生深刻印象。客户经理应为每次现场讲解与示范付出 200% 的努力。

现场讲解既可以很简单，只要递上材料，讲两句话就完，也可以很复杂，就像进行一场商业演出。讲解的复杂程度取决于产品的内容及客户的价值。在进行复杂讲解时，客户经理可将要演讲的内容做成 PPT 来进行，把要讲解的内容变成可视的。幻灯中应大量使用图表、模型等形式。如果在讲解中需使用电脑、投影仪等设备，应事先确保其都能正常工作，到达客户提供的讲解地点后，应先找到电源。通常电源都在不太显眼的地方。

讲解时切忌泛泛而谈，应重点突出产品、服务或想法能带给客户的利益，并且讲解材料要尽可能顾客化，站在客户的角度、立场上组织的材料，更容易被客户所接受。只要客户能明确您所讲的内容就算达到了讲解的基本目的。此外，应注意把握说话行事的节奏，能从客户的肢体动作中判断客户的思想动态。

在开始现场讲解时，要对客户表示感谢，并与在座的每一个人做一下目光交流。要通过每个人所坐的位置判断出哪一个人才是最关键的决策人。找到后，在讲解时就要有所侧重，多用目光征询主要决策人的意见。

在讲解结束时，如果过多地占用了客户的时间，就应向客户表示歉意，并感谢客户能花这么长的时间来听讲解。如果在讲解过程中间进行了休息，那么在休息结束后开始继续讲解时，就要先回顾一下休息前所讲的内容。

产品讲解是现场讲解的重要内容。在进行产品讲解时，应注意把握以下几点：产品的名称是什么；是不是最新产品；与过去提供的产品有何不同；产品的技术含量及先进程度；产品价格；产品的运作程序；产品能给客户带来的利益；与竞争对手相比的优势。

十二、拜访过程中需注意的其他事项

拜访过程中除上述需注意的内容外，还有一些其他事项需要注意。

（1）选择与客户成直角的位置或坐在您想去说服的人的旁边，应尽量避免与客户面对面而坐，因为这样实际上使客户经理处在下属的位置。

（2）对拜访情况不断进行总结。客户经理可以检测客户的认同、理解情况，并深入研究客户的反应，评估自己的工作成效，确定下一步的行动。

（3）当拜访被电话、问事、办事、简短的磋商、不速的来访等情况打断时，客户经理应该表现出耐心和理解，而不应当表现出不快和义愤。如果这种打扰不能停止，客户经理应意识到这次拜访选择得不是好时间，应该建议再另行约定一个对客户更便利、更有利于充分讨论问题的时间。

（4）第一次的拜访时间不能太长，如果时间不够，客户经理应当收集一些基本的信息，并利用这次机会培养下次充分讨论的兴趣。

（5）多用时间倾听客户的情况和了解客户的需求。讲话太多的客户经理不一定能成为最成功的客户经理。

（6）不要轻易许诺，也不要轻易拒绝。即使当场作出决策，也要明确许诺的是什么，拒绝的是什么，不能让客户误解你拒绝或承诺的内容。

（7）不要向目标客户透露其他客户的商业秘密，这样会引发客户的联想："我讲的事情会不会也被他泄露出去？"

（8）关闭通信工具或将通信工具置于静音状态。置于震动或响铃状态，既会干扰客户经理的注意力，也会使客户觉得厌烦。当然，会谈结束后，客户经理应该马上给打电话的人回电，并说明不接电话的原因。

（9）注意拜访节奏，控制拜访时间。在恰到好处时结束拜访，会给客户一种意犹未尽的感觉，有利于下次的再见面。

（10）在适当时间保持恰到好处的沉默。

（11）不要指望初次拜访就能达成合作，应抱着相互了解，建立桥梁，给对方留下良好印象的心态，为再次拜访及今后的合作打下基础。

（12）注意说话的语速，尽量放慢，且吐字清晰。

（13）走路的时候步子大一些，频率小一些，给人铿锵有力、掷地有声的感觉。

（14）说话时不要用"应该"或"不应该"，尽量用"如果"、"假设"、"可不可以这样"等商量性话语。

（15）称呼客户要称呼其职务，至少要称呼其名字（不要带姓）。

（16）对客户要专心、投入：向对方微微倾斜、持续的目光接触和正确恰当的形体语言。

（17）投客户所好，尽量表现出你跟客户之间的感情和看法一致。

（18）尊重客户，让客户尽量多说，自己少说，做到少而精，抓住要害。

（19）对自己的职权不作过高、过多的评价，不必老炫耀自己"辉煌的过去"或成绩。

（20）在适当的时机手拿一支钢笔或小棒来吸引客户的注意力。

（21）使用摊开手的手势和目光交流，以表明你无所隐瞒。

（22）记住每一个人的姓名与职务，像对待一位要人那样对待在座的每一个人，不要让任何一个人感到自己受了冷落。

（23）不要让客户的外表影响到你对他的态度。有些成功人士其貌不扬，客户经理如若露出轻视的表情，就可能造成不必要的损失。

（24）对客户引以为自豪的谈话内容经常给予肯定。

（25）注意每一个细节，确保每一个环节都万无一失。

十三、同客户就餐时的注意事项

拜访结束后，如正赶上就餐时间，应主动向客户发出邀请。在与客户共同进餐时需注意若干事项。这些注意事项也适用于与客户进餐时的其他情况。

（1）应在考虑客户需求及立场的前提下发出邀请。首次向客户发出邀请时，最好不要直接向对方负责人发出邀请，以免对方尴尬，可先同其下属私下交换一下意见。

（2）具体掌握对方共有哪些人出席。如客户方有上级人员参加，应重新考虑与其相称的招待场所与形式。

（3）不能只招待特定的对象，应把对工作目标有影响的所有人都列为邀请对象。如果只以与自己个性符不符合为标准，或只注意向主要负责人公关而冷落其他人，效果往往不好。

（4）应在发出邀请前落实好就餐地点。就餐地点要根据客户喜好来确定。

（5）出发时要带足经费。客户到来时要热情、大方，不可斤斤计较，点菜时要照顾客户喜好，不要太小气。

（6）对重要客户要上门去迎接，以示重视。

（7）己方应根据就餐场合、就餐氛围确定喝酒多少，但无论什么时候己方都不能过量喝酒，至少在酒桌上不能表露你已经醉了。

（8）注意礼节，不能作出让客户不悦的举动。

（9）除特殊情况外，就餐地点及其后的娱乐活动应选择在离客户住所较近的地方，便于接送客户。

（10）就餐之后的洽谈，不能再提上次招待对方的事情。

（11）将客户安全送回家。

第十章

围绕客户进行调研

客户调研工作可在拜访客户的同时进行。但由于调研工作比较复杂，而拜访的目的主要在于沟通感情、推销银行服务或就专门话题进行会谈，故一般不适合进行大规模的客户调研工作。客户调研可在经过初步拜访达成合作意向后进行。

第一节　客户调研的原则与内容

一、客户调研的方法论原则

调研阶段的直接目的是为了对目标客户作出全面的分析评价而收集尽可能全面的资料，因此就不能仅仅局限于对目标客户的调研，而应围绕目标客户（以目标客户为中心），把目标客户放在一个大背景下综合考察。即需要调研目标客户的"中心"、"中心的围绕者"及"前"、"后"、"左"、"右"、"上"、"下"。"中心"指目标客户的现状；"中心的围绕者"指目标客户的竞争者；"前"指目标客户的过去；"后"指目标客户的将来；"左"指目标客户的原材料供应商；"右"指目标客户的客户；"上"指目标客户的出资者、主管部门；"下"指目标客户的投资项目、子公司。

二、客户调研计划的制定

调研活动应力求在尽可能短的时间内完成，因为这样既避免了长时间的打扰客户，还能给客户一个工作效率高的好感，有利于下一步合作关系的建立。为提高调研效率，在调研前制定调研计划是很重要的。

表 10 – 1　调研计划表

调研对象名称		调研时间安排	
调研对象地址		联系方式	
调研范围	□客户本身调查　□所在行业调查　□所在区域调查		
被调研方接待人员	□客户主要决策者（董事长、总经理、财务总监等） □中层干部（部门负责人） □一般干部		
我方调研人员及分工	1.	2.	3.
	4.	5.	6.

续表

调研要达到的目标			
调研的方式	□实地调查　□与主要人员谈话　□收集财务报表、规章制度等书面资料 □问卷调查　□电话调查　□其他		
调研的主要内容	□基础调查　□客户竞争力调查　□市场状况调查 □项目调查　□行业状况调查　□关联方调查		
调研结果的整理与分析	整理与分析责任人	反映形式	大致完成时间

三、确定调研内容

在调研计划中，调研内容的确定直接关系到调研能否达到调研目标，能否为银行决策提供正确的参考意见。调研内容取决于调研要达到的目标及调研对象的具体特征，一般有客户本身调查、客户外部环境调查、客户竞争对手调查、银行竞争对手调查等。

（一）工商企业类客户调研的主要内容

1. 基础资料

（1）企业设立的协议、合同、验资报告、批准文件及营业执照（复印件）。

（2）公司出资人状况及出资方式、到位情况。出资人状况含所在行业、规模、产品、财务及资信等方面的情况。

（3）法定代表人资格认定书、企业代码证书、贷款卡（复印件）、公司章程、董事会成员名单。

2. 市场竞争状况资料

（1）市场供求状况。包括：企业近3~5年销售量、销售额及价格变动趋势；市场总体销售额、销售量及价格变化趋势；影响需求量的因素及这些因素的发展方向、发展程度；行业内是否有新增生产能力，如有，是多大；替代品是否存在，若存在，其销售趋势；供应商数量及生产能力。

（2）对客户依赖程度。包括：近3~5年对主要客户的销售量及占其总销售量的比重；若存在依赖性，了解此依赖性产生的原因；近3年主要客户构成是否发生变化，重要客户是否发生过变更；客户的集中程度。

（3）销售收款方式。包括：各类付款方式占总销售的比重，如现金、30天赊销、60天赊销、预付款等占比。判断企业是否存在欠款，如有欠款，欠款是多少，结构如何。

（4）竞争范围及种类。包括：产品销售的地理分布，是国内、国外还是省内；行业内主要竞争企业数目及名称；同行业不同企业的产品在质量、价格、服务方面是否有明显差别；是否存在地方保护主义；竞争的方式；行业进入难易程度，据此判断市场扩大的可能性。

（5）供应商（若原材料占总生产成本50%以上需考虑此项）。包括：近3~5年主要原材料费用；近3~5年主要供应商提供的原材料占总生产成本的比重；主要原材料供应商的情况，包括业务来往的年限、过去合作中供应商的表现、目前合同中是否有保证供应的条款等；原材料购买付款方式。

3. 客户竞争力资料

（1）生产力利用率。指企业年销售量及年正常生产能力。

（2）设备状况。指主要设备生产年份及近期设备改进情况。设备更新、开发费用应与其折旧额接近。

（3）财务控制情况。指财务部门直接负责人在企业内的地位、与其他部门的关系；生产、销售计划制定是否有财务总监的参与，参与程度如何；财会部门人员构成、工作经历，是否能承担监控职能、财务管理职能及会计统计职能；与哪些银行有账户关系，合作是否密切，各银行对客户的评级。

（4）内部管理情况。包括发展规划、计划执行情况、组织机构责任匹配、制度及计划具体执行措施、招聘升职及培训情况。

（5）管理人员情况。包括学历、工作经历、工作职位及年限、各职位主要职责、过去参与项目经验及具体职责、是否有相关行业工作经历。

（6）账户活动。主要指在其他银行的贷款活动。

（7）技术先进性。市场份额及变化趋势；资产负债表、损益表等财务报表所列各项。

4. 项目资料

（1）项目建设复杂程度。包括设计院报告、可行性研究报告；执行工程相关人员的项目、技术经验；原料、能源、交通等方面的准备情况；资本金来源及到位情况；供应商及供应能力。

（2）建设风险转移措施；项目建设合同。

5. 其他资料

（1）审计单位。包括审计单位的名称、等级、往来年限、主要负责人、主要客户。

（2）表外负债。包括担保、变相借款、职工退休金。

（3）其他。如债权债务纠纷清单；各种法律文件复印件；客户财务效益分析资料；主要销售客户清单；市场和行业分析报告；客户经营管理及人财物资源配置说明；资质等级；发展规划；存在问题分析；近 3 年财务报表及分析资料、审计报告；企业营销战略及实施计划；企业组织机构图及企业高级管理人员简介；企业管理制度汇编等。

（二）机关团体类客户调研的主要内容

机关团体类客户涵盖的范围较广，下面介绍的是对高等院校进行调研的主要内容。

1. 基础资料

（1）事业法人证书、法人代码证、办学证、贷款证、收费文件、营业执照、借款人资质证明。

（2）客户的隶属关系、组织形式、产权构成、历史沿革、业务范围和规模、基本账户，近 3 年招生计划及实施情况，其他重大事项介绍。

（3）客户的资产、负债、净资产、基金等财务情况、现金流入与流出情况。

（4）客户的办学条件、办学特色、办学规模与办学方针；专业设置；社会知名度；法定代表人和领导班子的经历、业绩、信誉和能力；教师的构成、教学科研成果以及教学水平。

2. 项目资料

（1）项目的立项批复文件、可行性研究报告、咨询机构的论证材料。

（2）项目的资金来源计划、筹资证明、项目资本金占比。

（三）金融同业类客户调研的主要内容

（1）营业执照副本复印件；最新年报；最近三年资产负债表、利润表、现金流量表及报表附注；人民银行批准其进入同业拆借市场的证明（适用于非银行金融机构）；主承销商资格证明（适用于证券公司）；证明实力和业绩的其他材料，如国内或国际评级公司对其进行的资信评级、国际或国内排名等。

（2）总资产；成立时间；客户性质；高级管理层的资历和素质；股东背景与组织架构；与本银行建立关系时间以及主要往来情况。

（3）客户发展规划、市场地位、行业竞争情况。

（四）向客户传递调研内容清单

调研前应将拟调研的大概内容告知客户，以便客户在调研前能做好相应的准备。一般通过传真方式将调研内容传至客户，再辅之以必要的电话说明。如果只通过电话进行，恐怕不易说清楚，因没有书面的东西还易使客户忘记。

传真给客户的调研内容要力求简洁，能便于客户准备，调研内容太多易使客户产生畏惧心理。一般通过传真调查清单而不必将所有调查内容均传真过去的方式进行。下面所列是对客户财务方面进行调研的资料清单。

调研内容清单

××××公司：

按×月×日拜访贵公司时与贵公司达成的意见，我们拟于×月×日对贵公司的财务方面进行专题调研，望大力支持。我们的调研拟从以下几个方面展开：

（1）公司财务制度、会计核算制度的有关资料；

（2）近3年的财务决算报告及说明材料；

（3）公司销售收入结构、应收应付账款结构、应收账款账龄及坏账情况；

（4）公司实行的投、融资政策及管理制度的资料；

（5）公司现金流量表的编制情况；

（6）利润分配方式，含盈余公积金、公益金的提取率，股利分配等；

（7）财务报表，包括：资产负债表，损益表，财务状况变动表，应交增值税明细表，利润分配表，主营业务收支明细表（生产成本、期间费用及营业外收支表），主要产品生产成本明细表，制造费用明细表，财务费用、销售费用明细表，产品销售利润明细表，辅助生产单位成本明细表，管理费用明细表，主要产品辅助材料消耗明细表，主要经济指标完成情况表等。

感谢贵公司的大力支持！

　　　　　　　　　　　　　　　　　　　　××银行××部门（签章）

　　　　　　　　　　　　　　　　　　　　×××（客户经理签字）

　　　　　　　　　　　　　　　　　　　　××年×月×日

（五）调研资料的获取渠道

为尽可能收集全面的资料，除对目标客户进行直接调查外，还应通过其他渠道来收集有关资料。客户资料的来源渠道主要有：客户内部；行业研究部门，如证券公司的行业研究部门、经济管理部门的研究机构等；客户的供应商及客户的竞争对手；其他银行；公开出版物，如统计年鉴；期刊和书籍；专业咨询机构；互联网、电视、电台、报纸等媒体；银行内部档案材料；专业研讨会及交流会；人际关系网络。

第二节 客户调查表格的设计与使用

发放调查表请客户填写是获取客户有关资料的好方式，客户经理应首先学会设计调查表，并运用调查表去进行调查。

一、设计调查表应注意的事项

客户经理在设计调查表时，应注意以下事项：

（1）调查表应根据调研对象和调研目的进行设计。

（2）必须经过测试、调整、试用后才可大规模使用。

（3）调查表中所列问题是应该能够回答的问题，而不是不能回答、不愿回答或不需回答的问题。

（4）多设计些回答不受限制的问题，以获得更多的信息。

（5）多使用简洁、直接、不带偏见的词语。

（6）问题的排列应符合逻辑顺序，先排布能引起兴趣的问题，不易回答的问题放在后面。

二、常用的客户调查表格

（一）工商企业类客户常用调查表

表 10 - 2 企业概况调查表

企业名称		地　　址		经营范围	
所属行业	□工业　　□商业　　□外贸　　□建筑安装　　□公用事业　　□房地产开发 □投资管理　　□综合				
法人代表		联系电话		成立日期	
所获认证资格	□资质等级　　□质量认证　　□技术成果奖励　　□专利 □荣誉（知名公众机构进行的排名） □进出口经营权或其他国家特许经营权				
营业执照号码			企业法人代码		
财务报表审查机构			是否为新客户	□是　　□不是	
贷款卡号			是否为本银行股东	□是　　□不是	
是否为上市公司	□是　　□不是		主营业务		
资产状况	总资产：　　　净资产：　　　注册资本：				

股东情况					
股东名称	股东性质	出资比例	出资方式	资金到位时间	

资产类别	原有名称	原有价值	评估价值	登记机构	评估方法
实物资产					
无形资产					

企业结构及人员状况						
子公司及参股公司	名称	控股比例	注册资本	经营范围	职工情况	人数总计 其中：管理人员数量
						每年新招职工人数
						职工年均收入
						职工每年受培训天数
						大学学历职工占比

主要合作银行					
银行名称	合作内容	贷款金额	贷款期限	贷款用途	信用记录

对外担保情况			
被担保人名称	担保性质	金额	期限

企业管理系统					
决策层情况		姓名	任职时间	学历及专业资格	主要经历
	董事长				
	总经理				
	财务主管				
管理部门	部门名称	部门职能			

企业重大事件记录			
近3年发生的重大事件		重大债务及税务纠纷	

续表

应收账款大户名单及收回可能性
简述企业发展历程：
简述企业发展规划，包括经营发展战略、发展目标、生产经营规划、市场发展规划、投资计划、创新计划、融资计划及重要改革措施：
简述行业近期发展情况：

注：表中"近3年发生的重大事件"含分立、重组、资产剥离、收购、股东变更和公司名称变更等。

表 10 - 3　企业生产状况调查表

企业所属工厂情况					
分厂名称	建立时间		生产主管姓名及专业背景		主要产品
生产车间占地面积			生产车间能使用期限		生产车间已使用年限
交通便利情况					
主要建筑物					
主要生产设备					
名称	生产厂家	购进价格	技术先进程度	用途	已使用年限

续表

目前生产能力		最高生产能力	
简述主要产品工序与品质控制程序			
简述生产管理制度建设情况			
简述企业提高生产效率的可能性及方法			

表 10 - 4　企业竞争能力调查表

企业的主要客户			
名称	类型	占总销售额的比重	试说明企业与此客户保持关系之能力

企业的主要供应商			
名称	类型	占总供应量的比重	试说明与此供应商保持关系之能力

企业的主要竞争者			
名称	类型	与之相比的竞争优势	拟采取的竞争对策

简述客户的付款方式及原因：

表 10 - 5 企业产品状况调查表

	企业产品目录		
	产品一	产品二	产品三
研制时间			
推向市场时间			
批量生产时间			
产品质量及质量稳定性评价			
产品技术含量评价			
过去 3 年产品年销售增长率			
明年产品销量预测			
主要原材料			
主要原材料供应商			
进口原材料占总原材料的比重			
近 3 年主要原材料价格变化			
原材料占成本比重			
原材料采购过程描述			
以往有无采购不到原材料的情况？简述原因：			
存货政策及管理流程			
原材料供应商要求的付款方式			
近 3 年的原材料采购量			
近 3 年的产品销售量			

表 10 - 6 企业产品市场调查表

国内市场占有率		国际市场占有率	
年出口创汇额		年进口支汇额	
外汇结算方式		主要汇率风险	
产品出口鼓励政策			
企业市场销售计划及实施细则：			
销售网络分布地区		销售人员数量	
请列出手头现有之定单			
请预测国内市场前景及预测之依据：			

表 10－7 企业科研开发能力调查表

研究人员数量		科研开发费用占净利润之比重	
产品独特性评价		产品改良计划	
产品开发受哪些因素影响？请预测产品市场寿命：			
近 3 年企业开发的新产品介绍			
新产品市场销售额		近 3 年新开发产品销售额占总销售额的比重	
已开发但尚未投入市场的新产品介绍			
新产品市场前景预测及预测依据：			
请介绍企业当前科研开发重点及进展情况：			
产品专利情况	名称		专利号
产品获奖情况介绍：			

表 10－8 企业合资意向调查表

拟合资项目名称		选址		
合资项目产品				
合作规模		企业出资比重		
合资企业职工人数		合资企业占地面积		
合资企业管理机构介绍：				
拟合资项目近 3 年销售及利润情况				
年份	总收入	出口收入	净利润	市场占有率
				国内 / 国际

续表

引进资金用途：
合资企业是否具有完全独立的销售与采购能力：

注："引进资金用途"栏主要填写由何处引进何种技术及原因；是否为提高产品质量而购买机械设备；是否通过具体市场调查来支持此方案等内容。

表 10 – 9　企业资本运营状况调查表

是否有上市打算？如有，拟聘请哪家券商担任财务顾问？
目前为上市做了哪些准备工作？有何效果？处于哪个阶段？
是否有过并购行为？如有，是如何进行的？
并购活动产生了什么效果？有哪些经验教训？

（二）机关团体类客户常用调查表

表 10 – 10　机关团体类客户基本情况调查表

客户名称		主要负责人		联系电话	
业务范围		社会影响力、知名度			
职员数量		资产总额			
经费来源		主管部门			

资金流量分析					
目前合作银行及从该银行获得的服务					
发展前景展望					

（三）金融同业类客户常用调查表

表 10 – 11　金融同业类客户调查表

客户名称		地址		主要负责人	
联系电话			注册资本		
业务范围			主要产品		
总资产			财务报表审计机构		
是否上市		网点数量		职工人数	
净利润			市场占有率		
电子化应用水平					

主要股东情况	股东名称	股东性质	出资比例	出资方式

主要下属企业	企业名称	净资产	控股比例	主要经营范围

主要债权人	债权人名称	金额	期限及到期日	主要用途

	被担保人名称	担保金额	期限及到期日	成为负债的可能性
或有负债				
发展战略与改革措施描述				

三、调研资料的整理

调研结束后，应将收集到的资料粗略归类，看看拟收集到的资料是否全部收集齐全，如没有收集齐全，应进行补充收集。如收集齐全，应尽快将有关资料录入客户基本信息表中，便于客户经理对该客户有一个大致的了解。表 10 – 12 与表 10 – 13 反映的是对工商企业类客户调研资料的整理情况。

表 10 – 12　资料收集情况比照表

拟收集资料		实际收集资料
	基础资料	
□	企业设立的协议、合同	□
□	验资报告	□
□	批准文件及营业执照（复印件）	□
□	公司出资人状况（行业、规模、产品、财务及资信等）资料	□
□	出资方式、到位情况资料	□
□	法定代表人资格认定书	□
□	企业代码证书	□
□	公司章程	□
□	董事会成员名单	□
□	贷款卡（复印件）	□
	市场竞争状况资料	
□	市场供求状况资料	□
□	对客户依赖程度资料	□
□	销售收款方式	□
□	竞争范围及种类	□
□	供应商资料	□

续表

拟收集资料		实际收集资料
	客户竞争力资料	
☐	生产力利用率	☐
☐	设备状况	☐
☐	财务控制	☐
☐	内部管理人员	☐
☐	与银行往来情况	☐
	项目资料	
☐	设计院报告、可行性研究报告	☐
☐	执行工程相关人员的项目、技术经验	☐
☐	建设准备情况，包括原料、能源、交通等方面的情况	☐
☐	资本金来源及到位情况	☐
☐	项目建设合同	☐
☐	供应商及供应能力	☐
	其他资料	
☐	表外负债	☐
☐	债权债务纠纷清单	☐
☐	各种法律文件复印件	☐
☐	客户财务效益分析资料	☐
☐	主要销售客户清单	☐
☐	市场和行业分析报告	☐
☐	客户经营管理及人财物资源配置说明	☐
☐	资质等级	☐
☐	发展规划	☐
☐	存在问题分析	☐
☐	近3年财务报表、分析资料及审计报告	☐
☐	企业营销战略及实施计划	☐
☐	企业组织机构图及企业高级管理人员简介	☐
☐	企业管理制度汇编	☐
☐	需收集的其他资料	☐

客户经理签字：

年　　月　　日

表 10 - 13 客户基本信息表

客户名称: 　　客户地址: 　　联系电话: 　　填制时间:

成立时间: 　　客户性质: 　　注册资本: 　　所属行业:

客户重大节日提示

	董事长	总经理	财务主管	其他关键人物及与客户关系	外围关键人物及与客户关系	联络人
姓名						
住址						
联系方式						
出生年月						
性格、品行						
爱好、忌讳						
基本经历						
管理风格						

客户分支机构名称	地址	联系方式	业务开展情况

	主要经营品种	生产设计能力	目前生产能力	市场范围	产品特色	市场表现
经营品种及特色						

	原料品种	供应商名称	价格及与同业比较	去年应付材料款	各项材料占比	对供应商依赖程度
采购情况						

	主要客户	销售区域	销售策略	去年销售额	销售额占比	存在问题
销售情况						

客户业务发展前景及发展战略概述:

	财务报表是否经过审计		□经过　□没经过	审计单位		审计结论	
财务状况	基本情况		偿债能力	盈利能力及运营能力		现金流量	
	资产总额		资产负债率	销售利润率		投资活动	
	固定资产净值		利息保障倍数	净利润率		融资活动	
	销售收入		速动比率	成本费用利润率		经营活动	
	净利润		营运资金	应收账款周转率		净流入	
	说明:			存货周转率		净流出	

续表

信用记录	金融机构信用记录	金融机构	评级	不良贷款金额及时间	处理办法	在同业的口碑	备注
	往来企业信用记录	企业名称	评价	拖欠款金额及时间	处理办法	在同业的口碑	备注

行业情况	竞争程度	行业特征	主要竞争者	客户竞争优势及市场地位	行业发展前景	有关行业政策	相关行业简况

客户经理签字：
　　　　年　　月　　日

第十一章
识别客户风险

风险与收益是永远相伴随的。客户经理要想获得客户这个"收益",就必须承担一定的风险。但风险并不是无法预测、无法避免的,它可以被化解、被转移、被减小。客户经理应加强对所拓展客户风险的监控与管理,目的在于以最小的风险代价获得最大的客户收益。

风险就其实质来讲是指一种遭受损失的可能性,它具有偶发性、破坏性、连带性、不对称性、周期性和可控性等特点。损失是相对于收益而言的。对客户经理来讲,不能从客户那里获得收益或者获取的收益较小,都可以说是面临着风险。由于市场经济的多变性和客户预期的不确定性,风险在客户经理的客户拓展中无处不在,客户经理应能够及时地对风险加以识别、化解。

客户经理拓展过程中的风险包括两类,一类是客户经理自身及银行所造成的风险,另一类则是客户自身的风险所给客户经理及银行带来的风险。鉴于客户经理自身及银行的风险将通过银行的规章制度加以防范,客户经理拓展客户过程中的风险大都体现在客户自身风险上,因此本章重点剖析客户自身的风险。

第一节　客户风险的类型

从客户角度看,风险可大致划分为内部风险和外部风险两大部分。外部风险,即外部环境因素的变动导致的客户风险,包括宏观风险和行业风险;内部风险是客户自身因素引起的风险,包括客户的经营风险和管理风险。

一、外部风险

(一) 宏观风险
造成客户宏观风险的因素主要有政治法律因素、经济因素和国际因素。

(1) 政治法律因素。政治与法律对客户的经营活动及其效果有重要影响。对客户经营构成风险的政治法律因素主要表现在政府部门改革及领导人更换是否频繁、政府部门对经济的干预是否大、政府官员工作效率与作风、法制规章健全程度等。

(2) 经济因素。经济增长率、经济波动周期、物价水平、市场结构、产业政策、就业状况、市场结构、经济发展程度、市场前景等因素都可能造成客户的风险,其中,政府政策变动、物价上涨和经济发展的周期性波动均可能直接给客户带来风险。

（3）国际因素。来自国际方面的因素同样可能对客户的经营状况构成威胁，主要表现在汇率变动、国际资本流动、国际技术竞争、对外资政策等。对一些从事国际贸易与技术交流的客户来讲，国际因素的影响极为重要。

（二）行业风险

行业结构、发展状况、未来发展趋势、竞争格局、替代性、依赖性和周期性等因素都会直接影响到客户的经营状况，都可能成为客户承受风险的重要原因。

（1）竞争风险。指行业内部企业间的相互竞争给客户带来的风险。产品与服务的可替代性是形成行业的前提，行业市场空间的有限性决定了客户之间必然为抢夺市场而形成竞争，由此必然有的客户要退出行业，同时又有其他客户进入行业。竞争使行业内部各企业之间的势力对比总是处在变动之中，加剧了行业市场的不确定性。除少数垄断性行业外，任何一个客户在求得自身生存和发展时，都不得不承受这种竞争风险。

价格竞争是行业竞争的重要表现形式，而客户竞争力的大小主要得益于其对市场的影响力。在激烈的行业竞争面前，那些规模较大、服务对象相对集中、技术优势明显、销售体系完善的客户往往具有更大的话语权。话语权大、市场影响力强的客户抵抗风险的能力也就更大。

（2）管制风险。出于经济结构调整等方面的需要，政府会从法律或政策上对某些行业作出一些限制性规定，而这些限制性规定就可能意味着某些风险的产生。除现有的行业限制之外，政府出台的一些新的限制性法规，也同样可能引起风险。因此，在分析管制风险时，应从长远的角度来考察客户所在行业是否具有良好的法律环境，特别是一些新兴的、尚缺乏统一的行业约束标准、正处于上升发展时期的行业。对那些政策敏感性强的行业，如房地产、外贸等也应特别注意政策的变化及其所带来的影响。

（3）替代性风险。指在另外一些生产替代品的行业发展较快而对本行业产生冲击时，使本行业企业的发展受影响而产生的风险。生产替代产品的行业可称为本行业的替代行业，替代行业的产品与本行业的产品具有相同的功能或满足相同的需求。替代行业的发展会扩大替代产品的使用范围，培养消费者倾向于替代产品的消费观念，改变同类产品的市场结构，使本行业的消费群变小，市场规模萎缩，从而使本行业的客户面临风险。

（4）依赖性风险。指本行业所依赖的关联行业发生变动影响本行业的发展，从而使本行业客户受影响而产生的风险。本行业与关联行业在原材料供应、产品销售、技术交流等方面具有很深的联系，因此，关联行业出现问题会波及本行业，给本行业企业带来风险。企业所在行业生产的单一性越大，对关联行业的依赖程度越高，客户的风险就越大。客户所在行业集中地依赖于一个或两个关联行业，依赖范围越小，客户的风险就越大。

（5）周期性风险。指客户受所在行业自身发展周期性波动的影响而面临的风险。行业的周期性波动幅度越大，客户的风险就越大，反之就越小。行业的周期性波动与宏观经济的周期性紧密相关，有些行业是随国民经济的繁荣而繁荣，随国民经济的萧条而萧条，有的行业则滞后于国民经济的发展。

（6）阶段性风险。几乎每一个行业都有一个从无到有、从小到大的发展变化过程，这一过程由不同性质的发展阶段组成：上升阶段、成熟阶段和下降阶段。一定时期内，某一行业总是要处在一定的发展阶段。有的行业是新兴行业，正处于上升时期；有的行业是衰退行业，正处于下降阶段。行业的不同发展阶段，客户面临的风险也有所不同。在上升阶段，客户面临的风险主要有技术上的不成熟、成本波动较大、缺乏行业标准、缺乏市场开拓经验、市场需求相对不稳定等；在成熟阶段，客户面临的风险主要有抢夺市场份额的竞争十分激烈、整个行业的利润率下降、资金需求量增大、消费者行为日趋成熟等；在下降阶段，客户面临的风险主要有行业利润率下降、生存变得日趋艰难、成本增加、技术难度加大等。

二、内部风险

客户内部风险是指由客户内部存在的各种不确定性因素而带来的风险。每个客户都有自身独特的特点，从规模到产品、从组织结构到经营策略，都可能存在潜在的风险因素，都可能给客户的经营带来风险和损失。对客户来说，自身风险较为直观，但其成因又较为复杂；对银行的客户经理来说，不可能对客户的每一项经营决策与实施都参与，这就增加了对客户风险监控的难度。

（一）经营风险

经营风险是指客户在生产经营过程中可能遇到的风险。客户的生产规模、发展阶段、经营策略、产品性质与特点、原材料采购、产品的生产与销售等环节构成了客户经营的全部内容，这些环节的任何一点出现问题都会给客户的经营带来风险。

（1）客户总体特征隐含的风险。客户的规模、发展阶段和经营策略等构成客户的总体特征，客户的总体特征是客户经营的基础，分析这些特征是分析客户经营风险成因的起点。

（2）客户规模带来的风险。一个客户的规模合理与否并不仅仅从绝对数量上去衡量，而是必须结合本身的产品情况、发展阶段以及所在行业的发展状况与同行业的其他企业相比才能得出结论。在合理的经营策略之下，规模越大，市场份额也就越大，对市场的影响力或控制力也就越强，客户发展也就越稳定。

（3）客户的不同发展阶段所带来的风险。一般来说，新兴客户发展速度快，不稳定因素较多，经营前景较难预测，面临的风险也较高；成熟客户发展平稳，对市场的理解和把握有较丰富的经验，但技术更新的要求和市场需求的转变与升级同样使客户面临风险。

（4）产品多样化程度带来的风险。多角化经营的主要目的在于寻求品种效益和分散市场风险，多样化程度体现着客户的经营实力和成熟程度。产品单一的客户，目标消费群较为单一和集中，市场需求变化与客户总体绩效的关联程度高，因而客户面临的风险较为集中；产品多样化程度较高的客户，在分散市场风险的同时，也同时面临着多市场经营的风险，如果处理不好可能使客户总体经营面临风险。

（5）经营策略的风险。客户大多都会为自己制定明确的近期、中期和远期经营目标，客户经营目标合理与否及执行情况如何，直接关系着客户的经营前景。如果制定的经营目标脱离了实际或者在执行中偏离了方向，都可能给客户带来风险与损失。

（6）产品风险。产品性质和与之相关的社会消费特征也会给客户带来经营风险。客户的产品分为生产性产品和消费性产品。生产和销售生产性产品的客户受国际经济形势和社会投资需求的影响很大；生产和销售消费性产品的客户面临着激烈的市场竞争，如果不具备很强的市场竞争力，客户就面临着较大的经营风险。

（7）购买风险。指客户在采购环节出现问题而使客户面临的风险。客户的购买风险主要包括原材料价格风险、购货渠道风险、购买量风险。如果客户能很好地影响供应商的销售价格、有很多的进货渠道并能根据生产进度确定恰当的进货量，则表明其面临的风险较小。

（8）生产风险。客户在生产环节出现的风险主要包括：①连续性风险。在生产过程复杂、生产环节繁多时，从原材料的供应到产品的生产再到产品的销售，构成了客户经营的整个流程，每一环节出现滞留不畅，都会造成生产的中断，给客户经营带来风险。②技术更新风险。在技术和产品升级的压力下，客户如果不能及时采用新技术，提高生产效率，增加产品品种，就可能失去现有的客户而面临经营风险。③灾难风险。客户经营过程中遇到的无法预测的灾难性、突发性事件，如洪水、地震、水灾等，会对客户尤其是实力较低的客户带来灾难性影响。④环境保护风险。是指客户的生产可能给自然环境造成污染，直接影响社会整体利益，引起政策或法律的干预和管制，因被迫停产、交纳罚金或增加附加的环保配套设施等造成损失的风险。

（9）销售风险。客户在销售环节出现的风险主要包括：①销售区域风险。客户根据自己的经营能力选择相应的销售区域，销售区域分布和区域性质选择的合理程度直接关系销售的成效。如果销售区域过于集中，就意味着区域市场的变化与客户销售业绩的关联度高，客户的销售风险就过于集中；如果客户进行新销售区域开发，对陌生市场区域的消费习惯、消费群结构等因素掌握的相对欠缺也使客户面临着新的风险。②分销渠道风险和销售环节风险。分销渠道的完备程度体现着客户产品分销的效率。如果客户未能建立起有效的多渠道分销网络，或者对现有的网络缺乏足够的控制力量，不能随时全面调动使用其销售功能，在包装、装载、运输、卸货、出售等任何一个环节发生运转不灵，客户就无法及时向其顾客提供及时的产品与服务，从而影响其声誉，造成营业损失。

（10）财务风险。客户收支状况恶化、财务账面异常、资金周转出现困难等都会导致财务风险。客户的财务风险主要包括借贷风险、货款周转风险、利率风险和汇率风险等。借贷风险的发生有两种情况：客户是借出者（如以委托贷款方式通过银行向其他企业借出资金）和客户是借入者（如从银行贷款）。客户对借出的资金不能按期收回或对借入的资金不能按期归还，都会影响客户资金周转计划的实现，使客户面临财务风险。货款周转风险则是指客户购买和销售过程中因应收应付款项出现异常而使客户资金周转计划无法按期实现所带来的财务风险。利率风险是指因为利率的上升直接造成客户财务账面损失而使客户面临的财务风险；汇率风险则主要是针对外向型客户，或者有对外业务的客户而言的。

（二）管理风险

客户管理体系的许多重要环节如果出现问题，都可能直接影响客户的总体效益，使客户面临管理风险。

（1）组织形式的风险。指客户组织形式的不合理以及组织形式的变动而使客户的盈利能力受影响所带来的风险。由于不同客户的基础条件不同，每个客户应当根据自身条件设计自己的管理体系与组织架构。如果组织形式本身具有缺陷，那么必然会影响客户资源的调配和使用，使客户承担风险和损失。此外，组织结构的变动、增资扩股、股权分拆、兼并、联营、重组等行为如果操作不当，也会对客户的现金流量、盈利能力产生不利影响。

（2）管理层的风险。指由管理层的素质、经验、经营思想和作风、人员的稳定性等给客户带来的风险。管理层的文化程度、年龄结构、行业管理经验及熟悉程度、知识水平与能力、经营思想与作风等都影响着客户的发展，尤其是管理人员离任、死亡或更换、管理层内部不团结、经营思想不统一、人事变动频繁等会使客户面临较高的风险。

（3）员工的风险。员工的年龄结构、文化程度、专业技术等员工素质方面的因素以及和劳资关系的融洽程度等方面的因素都可能给客户带来风险。

（4）管理机制的风险。客户内部管理机制是否健全、是否建有科学的决策程序、人事管理政策、质量管理与成本控制、年度计划及战略性远景规划、管理信息系统、财务管理政策与水平等，都在很大程度上影响客户的正常运作和经营成果。

（5）关联企业的风险。关联企业是指客户的母公司或子公司以及主要供应商、经销商、零售商等构成生产与销售上、下游的关联性很强的企业群。关联企业在股权、资金、产品等方面与客户有着密切的连锁关系，其经营状况的变化将间接影响客户的生存与发展。

（6）外部纠纷风险。是指客户在经营过程中遇到的一些与外部的法律纠纷所给客户带来的风险。如客户与环保、工商等政府机构产生法律纠纷，可能会给客户带来处罚等后果。

第二节 客户风险的识别与评估

一、客户风险的识别

客户经理必须善于发现、预见、捕捉客户在经营过程中面临的各种可能出现的风险。这是一项非常困难的工作，在诸多的风险因素中，有些容易被发现，有些则不那么容易被发现，直到造成损失才被认识。因此，风险识别需要客户经理协同客户的经营者对客户的经营环境、经营业务有充分的了解，需要丰富的经济知识和实践经验、完备的信息处理能力、深刻敏锐的洞察力和预见力。风险识别可以从客户产品分析、客户经营策略分析、客户市场环境分析、相关行业分析、竞争者分析、财务报表分析、国际经济因素分析等方面着手，以自身所从事的业务和营销的产品为中心，全面发现、捕捉各种可能出现的风险。

　　客户经理识别客户风险的方法主要有两种：主观风险测定法和客观风险测定法。主观和客观是相对的，这种方法的有效性是依赖主观因素多一些，还是依赖客观因素多一些。在客户风险的实际测定中，一般将这两种方法综合使用。

（一）主观风险测定法

　　主观风险测定法主要依赖于风险管理者的主观努力和个人经验及判断能力。亦即客户经理如果经验丰富、个人判断能力较强，那么他的主观风险识别能力就强。这种方法主要包括以下几种类型：

　　（1）财务报表透视法。一般来说，经验丰富的财会工作者、企业领导者和银行管理者都可通过观察财务报表上的有关科目透视出客户面临的风险程度。例如，一个客户的财务状况如果与一个已经破产的企业的财务状况相类似，那么这个客户就处于高风险状态了。

　　（2）直接观察法，即根据客户所表现出来的种种表象而判断客户处于何种风险程度的方法。经验丰富者从客户的一些活动中及客户领导者的言谈举止中对客户的风险状况有所察觉。

　　（3）连锁推测法，即根据客户身上已经发生的典型事件来推测客户风险程度的方法。例如，一个客户的领导人频繁更换或有市场传闻其出现了问题，就应该对该客户的风险高度关注。

　　（4）证券市场追踪法。上市客户的上市表现很能说明客户的风险程度。比如，在某段时间证券报刊上大肆吹捧某家客户，则有可能意味着客户出现了问题而不得不靠舆论来抬高自己。

（二）客观风险测定法

　　客观风险测定法是指以反映客户经营活动的实际数据为测定基础的测定方法。过去这一方法主要是利用财务分析指标来分析客户的财务状况，进而判断客户风险。现在，人们已认识到单靠某一分析指标已不能满足需要，为此，人们在进行单个指标的基础上建立了多种综合评价体系，试图进行客户风险的综合判断。

二、客户风险的评估

　　风险评估是指在发现、预见可能存在的风险的基础上进行风险分析。风险分析是指详细地分析造成风险的各种原因，并估计这种风险发生的可能性大小以及造成损失或收益的大小，从而为决策者进行风险决策提供依据。风险分析要求全面、具体、翔实，应区别不同风险，把导致风险的各种直接因素和间接因素都考虑在内，要为风险评估提供可靠的依据，风险评估应尽量图示、量化、细致、客观，以便科学地反映银行的受险程度。

　　客户风险给银行带来许多直接或间接的危害，在测量方面存在着很大的难度。但为了有效地预防或控制客户风险，或在客户风险产生后，采取措施减少危害的程度，就必须对客户风险可能造成的危害作出测量。客户风险测量有定性描述和定量计算两种形式，两者各有优点，应相互配合使用。对风险进行量化是现代风险管理的发展趋势，越来越多的量化工具被应用到风险测量之中。

三、客户风险中机会的把握

风险中蕴涵着机会，机会和风险从来就是一对"孪生兄弟"。本节虽然主要分析的是风险，但客户经理也应意识到，风险在一定意义上就是机会，应在风险分析中把握客户拓展的机会。需要说明的是，一方面，机会有很多，客户经理不应也无须选择任何机会，应根据自身实力与需要、拓展目标与方向、银行的战略意图等因素来对机会加以优化选择利用，否则将可能陷入力不从心、进退两难的风险境地。另一方面，相对于众多的客户经理来说某类机会又是有限的，有限的机会只属于那些善于应变、不失时机捕捉机会的客户经理，客户经理应以实力和策略在同竞争对手的较量中捕捉有利于自己的机会。要领有二：抢时间，当信息获取到80％而不是100％的时候就迅速决策，以免机会走失；打破常规，创新求异。

第十二章

评估客户价值

寻求风险较小而价值最大的客户是客户经理拓展工作的重要内容。客户经理在做好风险分析的同时,应做好客户价值的评估工作。鉴于机关团体类客户一般不与银行发生风险业务往来,故对其评价也较为简单。重点是如何评价工商企业类客户和金融同业类客户的价值以及客户需要项目贷款服务时的项目价值。价值评价与信贷评价不同,价值评价的关键在于发现客户的培育与维护价值。

第一节 工商企业类客户的价值评价

工商企业类客户的价值评价主要从财务因素和非财务因素两方面采取量化打分的方法进行。非财务因素主要指资信、经营管理等法人基本情况和市场状况两方面。

一、法人评价的主要内容

(一) 基本情况评价

评价内容包括产权构成是否清晰、属何种类型、主营业务是否突出、产品多样化程度、营业地址是否符合业务要求(如商业企业是否在闹市区或居民区)、企业规模大小、有无知名品牌、所处发展阶段。

(二) 资信状况评价

评价内容包括客户在开户银行及其他银行的信用状况,有无违约记录;履约情况及潜在的负债情况。有无经济纠纷和经济处罚等其他重大事项。

(三) 经营管理评价

(1) 领导班子素质和经验评价。评价内容包括现任领导班子的品德素质、智力素质和能力素质等,具体包括知识结构、工作经历、道德品质、敬业精神、法制观念、开拓创新能力、团结协作能力、组织能力和科学决策水平等因素。

(2) 过去经营业绩分析。包括近几年是否出现较大的经营或投资失误;是否有还债意愿;经营业绩在行业中的水平。

(3) 质量管理体系评价。从质量管理水平、质量管理措施、通过的质量管理认证、质量管理制度完善程度等方面进行分析。

(4) 生产经营水平评价。包括采购环节注意原材料价格、购货渠道、购买量、能否控制原料供给等；生产环节注意生产的连续性及新技术应用水平；销售环节注意销售范围、促销能力及应变能力等。在整个过程中，注意企业的成本控制水平。

（5）管理制度和管理结构的合理性。从客户组织结构、内部经营管理模式、各项基础管理制度、激励约束机制、信息反馈机制、人力资源配置等方面进行分析。

（6）经营机制评价。有无明确的发展战略，采取何种经营管理体制、与相关企业的关系。

（7）其他方面。包括管理层是否稳定团结、员工素质如何、经营思想与工作作风、企业组织形式是否发生变更等。

二、市场评价的基本内容

（一）市场状况及前景评价

市场供求状况评价。包括近 3~5 年内本企业产品的市场总体供应量和需求量的关系，及该产品的市场销售增长率。

（二）产品竞争力评价

（1）产品的成本结构、竞争范围、价格水平、技术应用水平、销售渠道及服务网络、产品所处周期。

（2）生产能力利用率。指目前企业实际生产能力与设计生产能力之比，反映企业生产能力的利用程度。

（3）市场占有量。

（三）相关因素评价

（1）国家政策影响、对客户的依赖程度。

（2）科技进步的影响。主要指科技进步是否会对产品的需求和价格造成较大的负面影响。

三、财务评价

对企业财务评价的主要基础资料是企业经专业机构审计通过的近 3 年财务报表、财务报表附注、财务状况说明书、审计报告以及同类型企业相关资料等。财务评价即主要是对上述基础资料进行分析，以得出企业财务状况是好还是坏的结论。

（一）财务评价的主要方法

1. 财务比率分析法

本法是通过建立一系列财务指标，全面描述企业的盈利能力、资产流动性、资产使用效率和负债能力、价值创造、盈利和市场表现和现金能力，并将这些财务指标与企业历史上的财务指标、与行业的平均数和行业的先进企业的相关指标进行对比，最后综合判断企业的经营业绩、存在问题和财务健康状况。

财务比率分析应注意：一是结合实际情况，如行业特点、季节性趋势和通货膨胀，等等。二是结合财务报表后的"附注"或"注释"部分，以防止企业的"盈利操纵"。

2. 历史对比、横向对比和结构对比分析——三维分析

该法是先计算某一时期各年"三表"中各项账目的比例，然后与本企业历史财务指标、行业的平均数或先进企业的指标或相关比例进行对比，综合判断企业的经营业

绩、存在问题和财务健康状况。

3. 因素分解分析法

该法是通过分解影响企业盈利能力、财务风险和经营风险、自我可持续增长率等关键指标的影响因素，从而综合判断企业的经营业绩、存在问题和财务健康状况。

4. 小结

财务报表分析的"三阶段九步骤"：

第一阶段：初步分析阶段。

步骤一：阅读企业近三年来的财务报表和主要财务指标，同时阅读同行业领导者或竞争者的财务指标；

步骤二：回顾和找出企业过去一年中发生的重要事件和采取的重要决策或行动；

步骤三：初步归纳和判断企业本年度的财务状况、主要特点和异常现象。

第二阶段：技术分析阶段。

步骤四：应用系统的财务指标体系，计算有关财务比率，包括盈利能力、资产使用效率、流动性、负债能力、现金流量状况、市场表现和股东回报等。

步骤五：进行财务指标体系的"三维分析"：历史比较分析、行业比较分析和构成比较分析。

步骤六：全面、系统地描述企业的财务状况，刻画其财务特征，找寻其存在或潜在的问题；

步骤七：进行盈利能力、自我可持续增长能力、风险敏感、经营杠杆和财务杠杆程度、价值创造等分析。

第三阶段：作出结论阶段。

步骤八：深入分析企业财务状况及其特征的影响因素；

步骤九：作出财务评价。

（二）财务评价的主要内容

（1）评价企业财务结构的合理性、稳定性及变动趋势。

（2）评价企业盈利能力、偿债能力及发展趋势。

（3）评价现金流量状况及变动趋势。

（4）过去几年对长期负债、短期负债的偿付情况。

（5）分析新增债务对企业生产经营的影响。

（6）重点是判断企业偿还债务的能力，包括偿债资金的来源、数量、可靠性等。

（7）根据以上分析，对企业的财务状况作出一个总体评价。

（8）对新组建的企业法人，应按上述评价内容对其股东进行分析。

（三）资产负债与损益分析

在对资产负债表和损益表进行分析时，应特别注意指标的可比性，剔除非正常的、不可比的因素，并将货币的时间价值观念有机地融入分析过程，并对企业进行必要的实地考察，尽可能多地了解财务报表内不能看到的情况。

评价方法主要有结构分析、比较分析、趋势分析和比率分析方法，一般是将上述四种方法综合使用，通过填写评价参考表的方式来进行评价。

表 12 - 1　企业财务评价参考表——资产负债表评价

项目 ＼ 年份	同业水平 %	年 金额	年 %	年 金额	年 %	年 金额	年 %
流动资产							
现金							
应收账款净额							
存货							
流动资产合计							
长期投资							
长期投资合计							
固定资产							
固定资产净值							
在建工程							
固定资产合计							
无形及递延资产							
无形及递延资产合计							
资产总计							
流动负债							
短期借款							
应付账款							
流动负债合计							
长期负债							
长期借款							
长期负债合计							
负债合计							
所有者权益							
实收资本							
所有者权益合计							
负债及所有者权益总计			100		100		100

表 12 - 2　不同行业资产负债表结构分析参考指标

项目 ＼ 行业	生产销售行业（％） 制造业	批发业	零售业	服务行业（％） 资本密集	劳动密集
现金占总资产比重	5 ~ 8	5 ~ 8	5 ~ 8	5 ~ 8	5 ~ 20
应收账款占总资产比重	20 ~ 25	25 ~ 35	0 ~ 10	0 ~ 20	20 ~ 60
存货占总资产比重	25 ~ 35	35 ~ 50	50 ~ 60	0 ~ 10	0 ~ 10
固定资产占总资产比重	30 ~ 40	10 ~ 20	10 ~ 20	50 ~ 70	10 ~ 30
上述各项之外的资产项占比	5 ~ 10				
流动负债占负债权益比重	30 ~ 40	40 ~ 55	50 ~ 60	20 ~ 30	40 ~ 50
长期负债占负债权益比重	15 ~ 25	15 ~ 20	10 ~ 20	20 ~ 30	0 ~ 10
所有者权益占负债权益比重	35 ~ 50	30 ~ 40	25 ~ 35	35 ~ 50	35 ~ 50

表 12 - 3 **企业财务评价参考表——损益表评价**

项目 \ 年份	同业水平 %	年 金额	%	年 金额	%	年 金额	%
一、产品销售收入							
减：产品销售成本							
产品销售费用							
产品销售税金及附加							
二、产品销售利润							
加：其他业务利润							
减：管理费用							
财务费用							
三、营业利润							
加：投资收益							
营业外收入							
减：营业外支出							
加：以前年度损益调整							
四、利润总额							
减：所得税							
五、净利润			100		100		100

表 12 - 4 **企业财务评价参考表——财务比率评价**

项目 \ 年度	序号	同业水平	年	年	年
一、盈利能力比率					
销售利润率	1				
营业利润率	2				
净利润率	3				
成本费用利润率	4				
二、营运能力比率					
总资产周转率	5				
固定资产周转率	6				
应收账款周转率	7				
存货周转率	8				
资产报酬率	9				
权益报酬率	10				
三、偿债能力比率					
资产负债率	11				

项目＼年度	序号	同业水平	年	年	年
负债与所有者权益比率	12				
负债与有形净资产比率	13				
利息保障倍数	14				
流动比率	15				
速动比率	16				
现金比率	17				
四、增长比率					
净销售收入增长率	18				
净利润增长率	19				
总资产增长率	20				
总负债增长率	21				
资产净值增长率	22				

（四）现金流量评价

企业在生产经营过程中，既产生现金流入，也产生现金支出，其净现金流量决定着企业是否有足够的现金用来归还银行贷款，因此现金流量应成为对客户的重点分析内容。但鉴于现金流量表并不是企业按法律规定必须编制的，很多企业并没有编制此表，需要客户经理根据资产负债表和损益表来自己编制。

现金包括库存现金、活期存款、其他货币性资金以及3个月以内的有价证券。现金净流量由经营活动、投资活动和融资活动这三种活动产生的净流量之和组成。其中，经营活动现金流在评价企业未来获取现金的能力时最为关键，通常用经营活动现金流占全部现金流的比重来考察企业支付能力的稳定程度。对投资和融资活动现金流的分析，亦需要结合经营活动现金流同时进行。

经营活动现金流之所以成为现金流量表的分析重点，原因在于企业虽然可通过变卖资产或借债来维持或补充现金的不足，但这只是暂时的，从长远来看，企业必须能通过自身经营产生现金，否则越来越多的债务负担会使企业的财务状况形成恶性循环，且经营活动永远是企业经济活动的主体，即使在资本运营时代，生产经营活动也是基础。

表 12 - 5　现金流量分析表

指标		当期	年	年	年
经营活动现金流量	流入小计				
	流出小计				
	净流量				

续表

指标		当期	年	年	年
投资活动现金流量	流入小计				
	流出小计				
	净流量				
融资活动现金流量	流入小计				
	流出小计				
	净流量				

对当期现金流量进行分析，并对未来现金流量进行预测：

表 12 – 6　现金流量表的综合分析

经营现金流	投资现金流	融资现金流	分　析
+	+	+	经营和投资收益状况较好，这时仍可进行融资，通过找寻新的投资机会，避免资金的闲置性浪费。
	+	−	经营和投资活动良性循环，融资活动虽进入偿还期，但财务状况仍比较安全，有足够的偿债能力。
	−	+	经营状况良好，在内部经营稳定进行的前提下，通过筹集资金进行投资，往往是处于扩展时期，应着重分析投资项目的盈利能力。
	−	−	经营状况良好。一方面在偿还以前债务，另一方面又要继续投资，应关注经营状况的变化，防止经营状况恶化导致整个财务状况恶化。
−	+	+	靠借债维持生产经营的需要。财务状况可能恶化，应着重分析投资活动现金流是来自投资收益还是收回投资。如果是后者，则形势严峻。
	+	−	经营活动已发出危险信号。如果投资活动现金流入主要来自收回投资，则已经处于破产边缘，应高度警惕。
	−	+	靠借债维持日常经营和生产规模的扩大，财务状况很不稳定。假如是处于投入期的企业，一旦渡过难关，还可能有发展；如果是成长期或稳定期的企业，则非常危险。
	−	−	财务状况非常危机。这种情况往往发生在高速扩展时期，由于市场变化导致经营状况恶化，加上扩展时投入了大量资金，使企业陷入困境。

　　在不考虑所得税的情况下，现金流的总量虽然不会因会计处理方法的不同而不同，但各项现金流所占的比重仍会受其影响。如前所述，现金流的结构对于客户经理分析企业未来获取现金的能力很重要。故客户经理在进行现金流量分析时，对影响现金流分类的因素尚需作进一步的分析。这些因素主要包括：

（1）现金流的分类标准。购买固定资产和存货（如原材料）同是为经营活动服务，但购买固定资产被作为投资活动处理，购买存货则被作为经营活动处理。这种分类标准的不一致，为正确评价企业未来获现能力带来一定困难。

（2）投资活动的分类。投资活动有两种，一种是为维持和扩大生产规模而进行的，另一种是为闲置资金寻找投资机会或为开拓新的业务领域而进行的。这两种活动产生的现金流都在投资活动现金流中反映。而实际上，第一种投资活动现金流在本质上说是属于经营活动。将这种支出作为投资活动现金流，就使经营现金流中没有考虑企业为维持现有生产能力而需要的支出。因此，经营现金流即使大于零也不表示企业的经营活动可以由自己产生的现金流入维持。如果忽视这个因素，就有可能高估企业产生现金的能力。

（3）会计准则。比如，经营性租赁的租金属经营现金流，而购买固定资产的支出属投资现金流，假设两家企业的差别仅限于此，仍会使现金流不相同。这就可能使客户经理认为，购买固定资产的企业其现金流状况要比较好，从而造成对该企业产生现金流能力的高估。

（4）非现金交易。比如，上市公司的法人股东以固定资产折价购买股票，对于接受投资的上市公司来讲，实质上是同时发生了一项投资活动（用募股资金购买该固定资产）和一项融资活动（发行股票）。但这种交易一般只在财务报表附注中列示，客户经理可能会因阅读疏忽而对其现金流分析产生失误。

（5）会计处理方法。比如，在会计实践中很难区分一项租赁是经营性租赁还是融资性租赁，这就为管理层操纵现金流提供了方便。

（6）不同行业或处于不同发展阶段的企业其现金流特点不同。比如，在开发新产品或引进新生产线时，其经营、投资活动现金流肯定为负；而当产品上市后，净现金流量可能增加。

（7）根据现金流量判断客户能否归还银行贷款及还款来源。现金流量为正时，能够归还贷款。但应进一步分析：是用正常生产经营活动产生的现金还款，还是通过出售证券投资来还款？是向其他银行借款还款，还是出售无形资产、设备还款？

现金流量为负时，不一定表明客户不能归还银行贷款。此时应从结构和现金流出顺序来判断能否还款及还款来源：经营活动产生的现金流入首先要满足其支付贷款、购买存货、支付工资、支付利息、交税等方面的现金流出，而不能用于还款。如果净利润为正数，借款人经营活动剩余的现金还要给股东分配股利，之后，才能用来归还贷款。

（五）财务评价小结

经过以上对企业财务状况的分析，客户经理至少能回答出以下问题：

（1）评价指标中有哪些指标低于正常水准，原因是什么？

（2）财务状况是否异常，原因是什么？

（3）现金流量变化的原因是什么？未来现金流量如何？请阐述得出此结论的依据。

（4）资产负债率高或者低的原因。

（5）偿债能力、盈利能力及资产变现能力如何？

（6）应收应付账款的数额、成因及账龄情况如何？

（7）存货的实际价值有多大？

如果被评价客户对银行来讲很重要，客户经理就应专门写出财务状况评价报告，得出该客户财务状况的整体性结论。

四、企业价值的综合评价

（一）综合评价的基本步骤

（1）选择若干个指标，分别给定每个指标在总评价中的比重，各项指标的权重总和为100%，各小类指标权重之和等于大类指标的权重。

（2）确定标准比率，并与实际比率相比较，根据实际比率与标准比率的差异程度评出每项指标的得分。"分值"栏列出了五个档次，运用该表时可先看客户的实际情况符合或接近哪个分值栏的标准，就可判定客户该项指标应得多少分。

（3）采取加权算数平均法计算总得分，即将表中各行"档次"与"权重"栏之积相加。这样就可从总得分的多少来判断企业的优质程度。得分越高，表明客户价值越大。

（二）综合评价的注意事项

（1）本办法只是提供了一个综合判断框架，如表中某项重要指标得分极低，也可只根据这一指标判定该客户价值极低。如某个客户信誉极低，那么该客户即使财务状况很好，客户经理也得慎重对待。

（2）不同行业、不同地区的企业其得分有所不同，高成长行业或发达地区的企业得分可能要高一些，原因在于不同行业、不同地区的企业的"指标"水平不同。比如电信企业近几年的销售收入增长率超过20%是经常的事，而一般制造业企业维持在10%就很不错了。因此对客户进行价值评价，还应结合行业评价、地区评价进行。

（3）从对企业的价值评价中概括出客户的核心竞争力，作为同该客户是否发生风险业务及发生多大量风险业务的最终标准。

表 12 - 7　客户价值评价标准值参考表

因素大类	因素小类	选用指标	分值					权重（%）
			0	25	50	75	100	
法人因素（30%）	基本情况	产权构成、主业占比、规模、品牌等方面	无主业、产权结构混乱	有主业但不清晰	有主业，但无知名品牌	有知名品牌	有多个知名品牌	5
	资信状况	违约记录	2次或以上	1次	无	获得资信证明书	获得级别较高的资信证书	6
		经济纠纷	2起或以上	1起	无	在同业中口碑较好	公认的资信优良单位	4
	经营管理	领导班子素质和经验	素质低，经验欠缺	素质不高，经验少	素质、经验一般	素质较高，经验较丰富	素质高，经验丰富	4
		经营机制	僵化、落后	不适应市场，较落后	一般	较灵活	灵活，市场反映能力强	6
		管理体系	制度不健全、管理混乱	不太合理	一般	较合理	合理、先进	5

续表

因素大类	因素小类	选用指标	分　值					权重(%)
			0	25	50	75	100	
市场因素(40%)	市场供求及前景	供求关系	严重过剩,行业设备利用率不足70%	行业设备利用率在 70% ~ 80%,市场过剩	行业设备利用率、产销率均在80% ~ 90%	行业设备利用率、产销率均在 90% 以上,但新上能力较多	行业设备利用率、产销率均在 90% 以上,并且没有新上能力	5
		市场前景	近 3 年销售增长率低于 GDP 增长率 5 个百分点及以下	低于全国 0 ~ 5个百分点	高于全国 0 ~ 5个百分点	高于全国 5 ~ 10 个百分点	高于全国 10个百分点及以上	7
	产品竞争力	竞争范围、价格水平、技术应用、销售渠道、产品所处生命周期等	国际竞争、国内高价且价格波动幅度在100% 以上,技术水平一般,无销售网络,产品处于衰退期	部分国际竞争、高于国内平均价格10%以上,价格波动幅度在60% ~ 100%	国内竞争,价格 在 国 内-10% ~ 10%,波动幅度为30% ~ 60%,处于国内较先进水平,产品处于成熟期	地域竞争,价格低于全国平均 10% 以下,波动幅度为0 ~ 30%,处于国际平均水平,在国内有较大销售网络	地区竞争,国内外最低价格且波动幅度较小,国际先进水平,在国内外有销售网络,产品处于成长期	8
		生产能力利用率	50%以下	50% ~ 60%	60% ~ 75%	75% ~ 90%	90%以上	7
		市场份额	3%以下	3% ~ 5%	5% ~ 10%	10% ~ 20%	20%以上	8
	相关因素	国家政策、客户依赖程度	无政策支持或有限制措施,第一位客户的销售量占其总销售额的比重在20%以上	第一位客户销量占比在15% ~ 20%	政策规定将淘汰替代产品,第一位客户销量的占比在10% ~ 15%	第一位客户的销量占比在5% ~ 10%	有扶植政策,第一位客户销量占比在5%以下	5
财务因素(30%)	盈利能力	净资产收益率	≤0.7%	>0.7%	>1.4%	>2.8%	≥5.5%	3
		销售利润率	≤7%	>7%	>8%	>9%	≥10%	2
	营运能力	应收账款周转率	≤5%	>5%	>6.5%	>10%	≥15%	3
		存货周转率	≤5%	>5%	>6.5%	>7.5%	≥8.5%	3
	偿债能力	资产负债率	≥85%	<85%	<70%	<60%	<45%	2
		速动比率	≤60%	>60%	>90%	>150%	>200%	3
		利息保障倍数	≤1	>1	>1.5	>2.5	>3	2
	增长能力	销售收入增长率	≤8%	>8%	>12%	>15%	>20%	3
	现金流	净现金流量	行业平均水平	行业平均水平 + 5 个百分点	行业平均水平 + 10 个百分点	行业平均水平 + 15 个百分点	高于行业平均水平 20 个百分点或以上	9

表 12 - 8　企业价值评价计分卡

指标	权重（%）	取值	得分
一、法人因素	30		
基本情况	5		
违约记录	6		
经济纠纷	4		
领导班子素质与经验	4		
经营机制	6		
管理体系	5		
二、市场因素	40		
供求关系	5		
市场前景	7		
竞争范围等产品竞争力因素	8		
生产能力利用率	7		
市场份额	8		
相关因素	5		
三、财务因素	30		
净资产收益率	3		
销售利润率	2		
应收账款周转率	3		
存货周转率	3		
资产负债率	2		
速动比率	3		
利息保障倍数	2		
销售收入增长率	3		
净现金流量	9		
合计得分			

五、地区评价与行业评价

对企业价值的评价在绝大多数情况下应结合地区评价和行业评价进行。地区评价结果相对比较稳定，一般只有在经济发展发生重大逆转时才予以调整或重新评价。行业评价一般结合具体的企业评价进行，可在有关专业研究部门所做研究的基础上进行。

（一）地区评价的主要内容

1. 经济因素

（1）人均 GDP 及 GDP 增长率。该指标反映地区经济发展水平。

（2）财政收支情况。该指标间接反映经济发展水平。

（3）科技进步水平。从科技基础条件、科技投入、科技产出、科技促进社会经济发展等方面评价地方科技实力。

（4）可持续发展能力。从地区资源禀赋、资源转化效率、发展成本与质量、居民消费水平等方面反映可持续发展能力。

（5）资本形成速度与规模。用投资率来反映地区吸引投资的水平。

2. 社会环境状况

（1）地方政府对市场经济的适应能力。从地方政府的机构设置、机构职能、管理经济的方式与效果、市场意识等方面考察。

（2）地方政府协调能力。指地方政府运用经济手段、政策法规等手段对经济主体的调控能力。

（3）地区产业结构的合理性。包括第一、二、三产业的比例，反映地区产业结构及各产业的发展水平。

（4）地区金融环境。包括各金融机构的竞争情况、资产质量等情况。

（5）地方法规及投资政策。

3. 在本银行的资产质量及信用状况

（1）本银行在该地区的贷款损失率。

（2）本银行在该地区累计合约违约率。这里的违约是指因客户原因而造成的违约。

（3）不良资产的变化趋势。

4. 上述三种因素中没列出但可能对地区评价产生影响的因素

表 12 – 9   地区评价计分标准参考表

因素	选用指标	分值					权重（%）
		0	25	50	75	100	
经济因素（30%）	人均GDP	0.4万元以下	0.4 万 ~ 0.5 万元	0.5 万 ~ 0.8 万元	0.8 万 ~ 1.2 万元	1.2万元以上	6
	近3年GDP增长率	6%以下	6% ~ 7%	7% ~ 8%	9% ~ 10%	10%以上	6
	近3年财政收入增长率	9%以下	9% ~ 11%	11% ~ 14%	14% ~ 17%	17%以上	4
	近3年财政收支状况	支出超过收入25%以上	支出超过收入10% ~ 25%	基本平衡（±10%）	地方盈余占总支出的10% ~ 25%	地方盈余大于25%	4
	科技进步水平与可持续发展能力	在全国处于最后几位	低于全国平均水平	全国平均水平	高于全国平均水平	全国前几位	6
	近3年平均资本形成率	40%以下	40% ~ 45%	45% ~ 55%	55% ~ 60%	60%以上	4

因素	选用指标	分值					权重（%）
		0	25	50	75	100	
社会环境因素（30%）	地方政府对市场经济的适应能力及管理经济的能力	弱	较弱	一般	较强	强	10
	产业结构的合理性	二、三产业比重在75%以下	75%～80%	在80%以上，第三产业比重在30%～40%	在80%以上，第三产业比重在40%～45%	在80%以上，第三产业比重在45%以上	7
	地区金融环境	差	较差	一般	较好	好	7
	政策	不完善，阻碍经济发展	有一定负面影响	一般	较完善	完善	6
在本银行资产及信用状况（30%）	贷款损失率	>0.4%	0.3%～0.4%	0.2%～0.3%	0.1%～0.2%	0～0.1%	10
	合约违约率	>30%	20%～30%	15%～20%	10%～15%	<10%	9
	不良资产的变化趋势	上升2%以上	上升2%以内	下降2%以内	下降2%～5%	下降5%以上，或近期出现不良资产的可能性较小	11
其他因素（10%）							10

表 12 - 10　地区评价计分卡

指标	权重（%）	取值	得分
一、经济因素	30		
人均 GDP	6		
近 3 年 GDP 增长率	6		
近 3 年财政收入增长率	4		
近 3 年财政收支状况	4		
科技进步水平与可持续发展能力	6		

续表

指标	权重（%）	取值	得分
近 3 年平均资本形成率	4		
二、社会环境因素	30		
地方政府对市场经济的适应能力及管理经济的能力	10		
产业结构的合理性	7		
地区金融环境	7		
政策	6		
三、在本银行资产质量及信用状况	30		
贷款损失率	10		
合约违约率	9		
不良资产的变化趋势	11		
四、其他	10		
合计得分			

（二）行业评价的主要内容

1. 需求状况

（1）未来 5 年行业所处的生命周期。根据行业发展历史与现状，考察行业增长状况、市场供求和行业内竞争状况等方面的阶段性特征和总体发展变化趋势。

（2）行业发展与国民经济周期性的相关程度。根据相关程度判断行业对宏观经济及相关行业的敏感程度，并根据敏感程度，判断在现阶段经济发展状态下介入该行业是否适宜。

（3）行业销售增长分析。包括分析以往 3 年行业销售收入增长情况和预测未来 5 年行业销售增长情况。

（4）行业在国民经济中的地位及变化趋势。结合行业发展历史、行业现状和行业规划等资料，考察行业产值占 GDP 比例的演变趋势，分析行业对国民经济发展的重要程度。

（5）行业主要产品进口分析。包括进口额占比及变化趋势。预测时不但要考虑总量，还应考虑进口产品的结构是否合理，未来会有何变化。

2. 供给状况

（1）行业对国民经济发展的适应性。包括是否为先行行业、领头行业，其景气状态和内部结构是否能满足国民经济发展的需要；行业是否存在可持续发展的障碍；目前行业结构调整状况如何。

（2）当期生产能力利用率。考察行业现有生产能力的总量和结构状况以及主要产品的库存状况，评估行业整体生产能力利用率。

（3）未来 5 年生产能力利用率。在评估当期生产能力利用率的基础上，结合未来 5 年行业供求状况和计划新增生产能力的分析，预测未来 5 年行业生产能力利用率。

（4）行业主要产品出口情况。包括出口量变化及出口量占比。预测时不但要考虑总量，而且要考虑结构，今后有何变化。

3. 供求状况

供求状况分析主要指供求是否平衡，供求缺口有多大。

4. 行业竞争环境

（1）竞争范围与行业发展的关系。竞争范围是地区性、全国性还是国际性的，这种竞争范围是否有利于行业发展。

（2）竞争类型与行业发展的关系。竞争类型属垄断、寡头还是自由竞争，这种竞争类型是否有利于行业发展。

（3）行业进入难易程度。分析行业进入条件，有哪些进入壁垒。

（4）行业运行机制和运作水平。分析行业的监管和运行机制是否适应行业发展的需要，是否正在向有利于行业发展的方向演变，或者是否由于机制不合理而阻碍了行业发展，以及在现行机制下行业的运作水平。

5. 市场开放情况

（1）加入 WTO 的时间框架对行业发展的影响。分析这种时间安排对行业发展的影响。

（2）行业主要产品与国际水平相比较的质量水平。考察行业主要产品所采取的质量标准和质量控制手段，并与国际质量水平相比较。

（3）行业主要产品与国际水平相比较的价格水平、成本费用水平。分析行业在产品价格、成本费用方面的竞争力。

6. 科技进步情况

考察行业的总体技术和装备水平、行业是否具备有效的创新机制，评价行业的技术创新能力。

7. 政策法规影响

（1）宏观政策。产业政策、投资政策、税收政策、环保政策等政策对行业发展的影响及这些政策未来可能调整的方向。

（2）法律法规。包括国家法律和行业法规，分析其对行业发展的影响。

8. 与本银行关系

（1）信贷资产质量。包括贷款损失率及不良资产的变化趋势。

（2）信用状况。分析合约违约率。

表 12 – 11　行业评价计分标准参考表

因素	选用指标	分值					权重(%)
		0	25	50	75	100	
供求状况	未来5年行业所处生命周期	导入期或衰退期	成熟后期	成熟期	成熟前期	成长期	6
	行业发展与国民经济周期的关系	不利影响		无明显影响		有利影响	4
	以往3年行业销售收入平均增长率	5%以下	5%~10%	10%~14%	14%~17%	17%以上	6
	行业地位及变化趋势	占GDP的比例下降明显	缓慢下降	起伏不定,但幅度不大	比例稳定	比例上升	6
	主要产品进口	很不合理	不合理	可接受	比较合理	合理	5
	行业适应性	一般行业				先行行业	3
	当期生产能力利用率	<65%	65%~70%	70%~75%	75%~85%	>85%	6
	主要产品出口	差	较差	一般	较好	好	4
	供求关系	供给严重大于需求	供给大于需求	基本平衡	需求大于供给	很供不应求	
行业竞争力	竞争范围与竞争类型	不利	比较不利	一般	比较有利	有利	5
	进入壁垒	容易	比较容易	一般	不容易	很不容易	8
	运行机制与运行水平	差	较差	一般	较好	好	4
	市场开放时间	短时间内即有不利影响	2~3年内有不利影响	3年后有不利影响	无不利影响	有有利影响	8
	质量、价格及成本水平	差	较差	一般	较好	好	5
	科技创新及应用	差	较差	一般	较好	好	5
政策法规	宏观政策	5年内有负面影响		5年后有负面影响		无负面影响	5
	法律法规	5年内有负面影响		5年后有负面影响		无负面影响	5
与本银行关系	贷款损失率	0.4%以上	0.3%~0.4%	0.2%~0.3%	0.1%~0.2%	0~0.1%	6
	合同违约率	>30%	20%~30%	15%~20%	10%~15%	<10%	4
	不良资产变化趋势	上升2%以上	上升2%以内	下降2%以内	下降2%~5%	下降5%以上,或近期出现不良资产的可能性较小	5

表 12 - 12　行业评价计分卡

指标	权重（%）	取值	得分
一、供求状况	40		
未来 5 年行业所处生命周期	6		
行业发展与国民经济周期的关系	4		
以往 3 年行业销售收入平均增长率	6		
行业地位及变化趋势	6		
主要产品进口	5		
行业适应性	3		
当期生产能力利用率	6		
主要产品出口	4		
二、行业竞争力	35		
竞争范围与竞争类型	5		
进入壁垒	8		
运行机制与运行水平	4		
市场开放时间	8		
质量、价格及成本水平	5		
科技创新及应用	5		
三、政策法规	10		
宏观政策	5		
法律法规	5		
四、与本银行关系	15		
贷款损失率	6		
合同违约率	4		
不良资产变化趋势	5		

第二节　金融同业类客户的价值评价

对金融同业客户的价值评价主要从股东结构、资产状况、经营业绩、盈利能力、偿债能力、风险监控水平、在同业中的信誉形象等方面进行。选取定性和定量两种指标，分别对银行和非银行金融机构进行价值评价。

表 12-13 银行价值评价计分标准参考表

指标大类	大类指标及最高得分	具体指标	该项指标满分	该项指标标准值	该项指标实际值	实际得分	评分标准
定量指标（60分）	资本资产实力（30分）	资本充足率	10分	8%			达到标准值及以上满分，比标准值每下降1个百分点扣3分，最低得分为0
		所有者权益	10分	80亿			实际值与标准值之比：>2，得10分；1~2，得8分；0.5~1，得8分；<0.5，得6分
		总资产	10分	800亿			同"所有者权益"评分标准
	资产质量（10分）	不良贷款率	10分	10%			标准值以下得满分，每上升一个百分点，扣2分，扣完为止
	盈利能力（10分）	资产利润率	5分	0.7%			达到标准值及以上得满分，比标准值每下降0.1个百分点，扣1分，扣完为止
		年利润增长率	5分	3%			达到标准值及以上得满分，比标准值每下降0.5个百分点，扣1分，扣完为止
定性指标（40分）	在所有者权益结构中，国有股的比重（10分）		10分				国有独资商业银行和政策性银行得10分；国有控股的股份制商业银行可得7~10分，外资银行、中外合资银行可得6~8分，城市商业银行可得4~7分，城乡信用社可得1~5分
	内控制度与管理水平（10分）	开展业务年限	3分				经营历史10年以上，得3分；每减少2年，扣0.5分。成立不足3年的，不予考虑
		主要规章制度	3分				非常完备，得满分；比较齐全，得1分；有缺陷，得0分
		应对事件能力	4分				能迅速反应并有应对方案，得4分；能较迅速进行处理，得2分；不能作出反应，得0分
	与本银行往来情况（15分）	资金往来情况	4分				资金拆借累计金额在50亿以上的，得4分。每减少5亿，降低1分
		往来记录	7分				无不良记录，得7分；有一笔不良记录，得1分；有两笔或以上不良记录，得0分
		合作前景	4分				合作意愿强，能带来较多相关业务，得满分；合作态度较积极，得2分。最低得0分
	同业间资信状况（5分）		5分				信誉卓越，记录良好，得10分；资信较佳，记录较好，得3分；有一笔不良记录，得0分

表 12 – 14 非银行金融机构价值评价计分标准参考表

指标大类	大类指标及最高得分	具体指标	该项指标满分	该项指标标准值	该项指标实际值	实际得分	评分标准
定量指标（60分）	资本资产实力（15分）	所有者权益	8分	30亿元			实际值与标准值之比：>1，得8分；0.5~1，得6分；<0.5，得3分
		总资产	7分	120亿元			实际值与标准值之比：>1，得7分；0.5~1，得5分；<0.5，得2分
	资产质量（15分）	不良资产率（非券商指标）	15分	13%			标准值以下得满分；比标准值每超过1个百分点，扣2分，扣完为止
	经营水平（15分，券商指标）	一级市场参与比例	7分	2%			达到标准值及以上得满分；比标准值每低0.5个百分点，扣1分
		二级市场成交占市场份额	8分	2%			同"一级市场参与比例"评分标准
	盈利能力（15分）	资产利润率	7分	4%			达到标准值及以上得满分；比标准值每低0.5个百分点，扣1分，扣完为止
		利润增长率	8分	12%			达到标准值及以上得满分；比标准值每低1个百分点，扣1分，扣完为止
	流动性（15分）	资产流动比	15分	80%			达到标准值及以上得满分；比标准值每低5个百分点，扣1分，扣完为止
定性指标（40分）	在所有者权益结构中，国有股的比重（10分）		10分				国有及有财政参股的全国性非银行金融机构，得8~10分；地方财政参股的区域性非银行金融机构，得5~8分；其他非银行金融机构，得2~6分
	内控制度及管理水平（10分）	管理架构	3分				组织健全、管理者素质高，得3分；否则在0~2分中选择
		营业年限	4分				营业年限10年以上，得4分；每减少1年，扣0.5分
		制度建设	3分				非常完备，得3分；否则在0~2分中选择
	与本银行往来情况（12分）	往来记录	8分				无不良记录，得8分；有一次不良记录，得1分；有一次以上不良记录，得0分
		合作潜力	4分				视合作潜力大小，分别选择0~4分
	同业间资信状况（8分）		8分				信誉卓越，无不良记录，得8分；有一次不良记录，得2分；有一次以上不良记录，得0分

第三节　项目价值评价

企业有时要求银行提供项目贷款服务，这时客户经理除需对企业进行价值评价外，尚需对项目进行单独评价。与客户价值评价所依据的基础资料大都与企业现实的资料不同，项目价值评价所依据的资料大都是"虚拟"的：项目需要银行服务时还没有投产，没有产品出售，也没有因产品销售等经营活动而产生的现金流，因此对项目未来财务效益、偿债能力等情况的判断是在对项目未来状况作出理性假定基础上进行的，这就需要为进行评价确定一些基础的参数，并以这些参数为基准，估算项目未来的资产负债、损益及现金流量等情况。然后根据评价标准参考表计算得分，分数越高，表明项目价值越高。

一、项目价值评价的主要内容

（一）项目概况

项目概况的评价主要是评价项目建设的必要性、合理性及外部条件的落实情况。必要性评价主要包括是否符合国家经济政策，是否属于国家政策明令禁止、限制的项目，项目前期批准文件是否完备。合理性评价主要指项目技术设备是否符合国家技术发展政策和技术进步装备政策，项目工艺是否具有技术先进性和经济合理性。外部条件评价主要包括项目建设及生产用地和原材料、燃料、动力来源是否可靠，项目建设的相关基础设施、配套工程及环保方案是否落实。

（二）总投资评价

项目总投资是指贷款项目的建设投资与流动资金之和。建设投资又包括建筑安装工程费用、设备购置费用（含工器具购置费用）、基本预备费用、投资方向调节税、工程建设其他费用等静态投资部分和建设期利息、汇率变动部分和价差预备费等动态投资两部分。流动资金为项目建成后正常经营所需要的营运资金，可依据行业的具体情况采用"分项详细估算法"和"扩大指标估算法"进行估算。前种方法一般对存货、现金、应收应付账款等流动资金的主要构成要素进行估算；后种方法一般参照同类生产企业流动资金占销售收入、经营成本或固定资产投资比例等进行估算，也可根据单位产量占用的流动资金估算。流动资金的30%部分为铺底流动资金。

项目总投资应符合以下要求：投资估算依据符合有关规定；工程建设内容齐全，无任意扩大规模或提高建设标准，无重复项或漏项；投资估算及投资构成合理；取费标准规范合理；当客户提供的总投资金额与客户经理计算的总投资金额有较大出入时，应要求客户重新核报。

（三）资金筹措评价

资金筹措评价主要是分析项目资本金和其他资金来源的落实情况及融资结构的合理性。分析时，应要求客户提供有关落实建设资金及流动资金的证明文件、各投资方出具的出资承诺函及资金来源与需求平衡表。评价内容则主要体现在三个方面：

表 12 – 15 项目总投资评价表

序号	项目名称	上报总投资			评价总投资			增减（＋／－）	调整依据
		静态	动态	合计	静态	动态	合计		
	合计								

（1）根据项目的情况和客户的偿债能力确定合理的项目资本金比例，参考比例见表 12 – 16。

表 12 – 16 项目资本金比例参考数值

项目类型	资本金比例（％）
农业项目	不得低于 35
交通运输、煤炭、科技成果产业化项目	不得低于 40
城市基础设施项目	不得低于 60
钢铁、邮电、化肥项目	不得低于 30
电力、电网、有色、化工、建材及其他制造类项目	不得低于 25

（2）对客户提供的资金筹措方案进行分析，确定是否合理。分析见表 12 – 17。

表 12 – 17 项目资金筹措方案评价表

序号	项目名称	总投资	资本金			银行贷款			资本金比例	说明
			来源一	来源二	合计	银行一贷款	银行二贷款	合计		
		合计								

（3）根据各项资金来源分析落实的可靠性。中央及地方预算内专项资金应有国家计委下达的投资计划；中央部委出资应有正式有效文件并对其可靠性进行分析；地方政府出资应有政府或财政承诺，还应根据近几年其资金的来源与运用情况分析可靠性，特别注意分析其承诺的其他项目资本金到位情况；行政事业收费应提供有权部门的收费批文，判断其合法性及收费期限，测算收费额度并分析可靠性，如已征收，要分析征收的实际情况，测算实收率；外资应有有权部门的批准文件；其他银行贷款应有银行书面的意向承诺；企业出资应分析企业财务状况及出资的可靠性，其中：

第一，以货币方式出资的，应根据出资人近 3 年的生产经营和财务状况，分析其资金来源与运用的平衡情况及落实程度。

第二，以实物、工业产权、非专利技术、土地使用权等方式出资的，应分析是否列入项目总投资、其所有权是否归出资人所有、估价是否合理、投资比例是否符合国家规定等。

第三，通过发行股票或债券筹资的，应要求其提供国家有权部门批复文件及年度审批计划。

（四）产品市场评价

产品市场评价主要是分析产品国内外市场的供求现状及发展趋势。项目产品产销量应依据市场预测结果确定。垄断行业、国家定价产品以及市场价格难以预测的产品（如高科技产品），其销售价格应根据产品成本费用、税金、合理利润水平及债务清偿要求等综合测算确定；竞争性行业产品应采用市场价格预测。产品产销量和价格均应分析其实现的可能性。销售税金及附加按项目产品适用的税种、税目、税率和征收办法分别计算。

（五）财务效益评价

1. 盈利能力评价

盈利能力评价主要是在编制损益表及现金流量表（即财务状况预计表）的基础上测算项目的财务内部收益率、财务净现值和投资回收期，并分析项目的盈利能力对贷款偿还的保障程度。财务内部收益率是指项目在计算期内各年净现金流量现值累计等于零时的折现率。表达式为：$\sum$（现金流入 − 现金流出）$_t$（1 + 财务内部收益率）$^{-t}$ = 0。财务内部收益率不得低于项目综合平均资金成本率，加工工业不得低于同期银行贷款利率。财务净现值是指按规定的折现率，将项目计算期内各年的净现金流量折现到项目实施初年（基准年）的现值之和。表达式为：财务净现值 = $\sum$（现金流入 − 现金流出）$_t$（1 + 折现率）$^{-t}$。财务净现值不能小于零。投资回收期是指项目从建设到投产的时间。投产后可用收回的资金偿还借款。

2. 偿债能力评价

偿债能力评价主要是通过编制借款还本付息表，结合对盈利能力的评价，测算依靠项目自身效益的偿债覆盖率和借款偿还期。项目偿债覆盖率是将贷款期限、利率、宽限期、每年应还本金等项目贷款条件作为约束条件下，可还款资金与应还本金的比率，其计算公式是：项目偿债覆盖率 = 项目自身当年可用于偿还贷款的资金 ÷ 当年应偿还贷款本金 × 100%。其中，项目自身当年可用于偿还贷款的资金为当年折旧、摊销费、未分配资金及其他可用于还贷的资金之和。在贷款偿还期内，应分年测算偿债覆盖率，并以当年还款额占总还本付息额的比率为权重加权计算平均偿债覆盖率。偿债覆盖率一般不得低于 130%，加工项目不得低于 200%。借款偿还期是指在设定偿债覆盖率的条件下，从借款开始到全部贷款清偿完毕所需要的时间。计算公式为：借款偿还期 =（借款偿还后开始出现盈余年份 − 开始借款年份）+（当年应还本金/当年可用还款资金）。

二、项目价值评价的主要参数

表 12 – 18 项目总投资评价参数

基本预备费		
项目类别	可研阶段（％）	初设阶段（％）
火电项目	10	6
水电项目	10 ~ 14	6 ~ 10
煤炭项目	13	10
石油、化肥、矿山项目	12	8
水利项目	10	5 ~ 10
机电轻工纺织项目	8	5
铁道项目	10	5
公路项目	9	5
港口项目	7	5
流通项目	5 ~ 6	5
城市基础设施项目	10	5
其他项目	8 ~ 12	5 ~ 8

价差预备费按 4% 计算；铺低流动资金按项目所需全部流动资金的 30% 计算；材料费及其他费用按项目所在地区或行业有关定额取费标准计算；利率采取项目申请银行服务时人民银行规定的利率。在利率放开管制的情况下，由银行与项目单位协商；汇率按当期汇率计算。

表 12 – 19 项目财务评价参数

以下行业按固定资产原值（不含建设期利息）计算：	
项目类别	大修理费
火电项目	1% ~ 1.5%
水电水利项目	0.5% ~ 1%
煤炭项目	2.5% ~ 5%
机场项目	1% ~ 2%
流通项目	1% ~ 1.5%
化肥项目	3% ~ 5%
其他项目	4% ~ 6%
以下行业按折旧费计算：	
石油项目	50%
林业项目	20% ~ 40%
机电轻工纺织项目	30% ~ 50%

基准折现率按银行 5 年以上贷款利率加 2% 的风险系数折算；固定资产折旧及各项税费按国家有关规定计算；法定公积金按税后利润的 10% 计算；公益金按税后利润的 5% 计算；福利费按不大于工资总额的 14% 计算。计算期按不同行业区别对待：基础产业、基础设施一般为 20 ~ 25 年；加工工业一般为 10 ~ 15 年。还款资金中：折旧及摊销除有特殊情况外，一律按 100% 用于偿还贷款计算；可分配利润除公司章程另有规定或有其他协议按规定计算外，一律按 100% 用于偿还贷款计算；以土地出让收益偿还贷款的，其出让收益按最高不超过 50% 用于偿还贷款计算。

三、测算主要指标的未来数值

表 12 – 20　借款还本付息表　　　　　单位：万元

序号	类项	年	年	年	年	年
1	借款及还本付息					
1.1	年初借款本息累计					
1.2	本年借款					
1.3	本年应计利息					
1.4	本年偿还本金					
	其中：偿还本行本金					
1.5	本年支付利息					
	其中：偿还本行利息					
2	偿还本息资金来源					
2.1	利润					
2.2	折旧费					
2.3	摊销费					
2.4	其他					

表 12 – 21　资产负债测算表　　　　　单位：万元

序号	类项	年	年	年	年	年
1	资产					
1.1	流动资产总额					
1.1.1	应收账款					
⋮	……					
2	负债及所有者权益					
⋮	……					

表 12 – 22　损益及利润分配测算表　　　　　单位：万元

序号	类项	年	年	年	年	年
	生产负荷（%）					
1	产品销售收入					
2	增值税及附加					
3	资源税					
4	总成本费用					
5	利润总额					
6	弥补以前年度亏损					

续表

序号	类项	年	年	年	年	年
7	应纳税所得额					
8	所得税					
9	税后利润					
10	特种基金					
11	可分配利润					
12	盈余公积金及公益金					
13	累计盈余公积金及公益金					
14	未分配利润					
15	累计未分配利润					

表 12 – 23　现金流量测算表　　　　　　单位：万元

序号	类项	建设期		投产期		正常生产经营期		合计
		1	2	3	4	5	…	
	生产负荷（%）							
1	现金流入							
1.1	产品销售（营业）收入							
1.2	回收固定资产余值							
1.3	回收流动资金							
2	现金流出							
2.1	建设投资							
2.2	固定资产投资方向调节税							
2.3	流动资金							
2.4	经营成本							
2.5	销售税金及附加							
2.6	所得税							
3	净现金流量							
4	净现金流量累计							
5	净现金流量现值							
6	净现金流量现值累计							

四、项目价值的综合评价

在依据预设的评价参数按照项目价值评价内容的要求进行有关测算的基础上，可以对项目本身做一个大致的评价。评价采取打分的方式进行，步骤同企业价值评价、行业评价、地区评价的步骤一样。

表 12 - 24　项目价值评价计分标准参考表

因素	选用指标	分值					权重(%)
		0	25	50	75	100	
项目概况	国家政策	政策限制	暂不支持	地方支持	国际支持	国家重点支持	5
	技术成熟及规范程度	处于实验期,不成熟	初步产业化阶段	一般,示范线	较成熟,技术水平国内领先	成熟、规模生产,国际技术水平	5
	工期进度	预计控制在150%以上	预计控制在120%以上	基本可以控制	可以控制在90%以内	可以控制在80%以内	4
	外部建设条件	不落实	部分条件落实	主要条件落实	基本落实	全部落实	6
资金筹措	总投资控制	可控制在可研投资130%以上	120%~130%	110%~120%	100%~110%	可控制在可研投资以内	5
	资本金比例及落实	低于规定30%以上,不落实	低于规定15%以上,少部分落实	比例符合规定,基本落实	高于规定10%以上,基本落实	高于规定15%以上,完全落实	9
	其他融资落实	不落实	少部分落实	主要部分落实	基本落实	完全落实	6
产品市场(兵器等特殊项目可不考虑)	市场供求	严重过剩、缓慢增长	过剩,低速增长	一般,平均增长	不足,快速增长	严重不足,高速增长	12
	产品竞争性	弱	较弱	一般	较强	强	8
	产品周期性	衰退期	成熟晚期	成熟期	投入期	成长期	10
财务效益	内部收益率	3%以下	3%~4%	4%~6%	6%~8%	8%以上	14
	偿债覆盖率	100%以下	100%~110%	110%~120%	120%~130%	130%以上	16

表 12 - 25　项目价值评价计分卡

指标	权重（%）	取值	得分
一、项目概况	20		
国家政策	5		
技术成熟及规范程度	5		
工期进度	4		
外部建设条件	6		
二、资金筹措	20		
总投资控制	5		
资本金比例及落实	9		
其他融资落实	6		
三、产品市场	30		
市场供求	12		
产品竞争性	8		
产品周期性	10		
四、财务效益	30		
内部收益率	14		
偿债覆盖率	16		

　　经过以上对客户的全面分析与评价，客户经理心目中已经有了一个客户的基本轮廓和结论。客户是好还是不好，是重点支持还是一般支持或仅仅是关注等问题都有了一个初步的答案。但评价工作到此并未结束，客户经理还应撰写客户价值评价报告。

第十三章

与客户建立合作关系

能与客户建立合作关系，是客户经理营销活动取得成功的重要标志，也是客户营销活动的重要阶段。在这一过程中，要围绕与客户建立合作关系这一核心工作，做好协议起草、商务谈判、产品提供等工作。

第一节 谈判前的准备工作

一、明确合作领域

对目标客户作出科学合理的价值评价后，如果此客户有发展成合作伙伴的可能，则客户经理应进一步同其加强接触，在不断的接触中摸清客户的详细需求。在摸清客户的详细需求及客户有服务要求的情况下，客户经理应向客户提出双方能就哪些具体领域进行合作。

（一）确定合作领域的基本原则

（1）客户的规模大小。规模小的客户其需求往往比较单一，要么是贷款需求，要么是结算需求。但规模小的客户也为客户经理向其提供发展战略策划服务提供了契机。这种服务的要义在于发现客户是否具备成长价值，根据成长价值的大小决定能否帮助客户把规模做大。规模大的客户其需求往往比较综合，客户经理可向其推介包括信贷、结算、资本运作、顾问服务在内的一揽子服务。

（2）所属行业。以国内市场为主要服务对象的企业对国内结算、人民币存贷款的需求比较迫切，而外经外贸行业更需要银行提供外汇贷款、贸易融资、国际结算、外汇交易、风险管理等方面的产品与服务。

（3）客户特性。国有企业主要需要银行的常规性金融产品，上市公司更需要银行提供创新性金融产品。

（4）客户发展阶段。客户在不同的发展阶段，对银行产品的需求重点也不一样。在发展初期，对银行产品的需求主要集中在项目基本建设贷款、项目流动资金贷款、相关结算业务及投融资顾问方面；在发展期和成熟期，对银行产品的需求主要是项目贷款、技改贷款、结算服务、周转资金贷款、战略咨询、管理顾问、财务顾问等方面；在衰退期或死亡期，对传统银行产品的需求处于萎缩状态（此时贷款需求虽很迫切，但往往不会被满足），对资产重组、兼并收购等资本运作服务的需求日趋迫切。

（5）客户对本银行服务的急迫程度。银行先满足客户最紧迫的服务需求，解决了客户的燃眉之急，往往能使该客户成为银行的忠诚客户。当然，这种满足应建立在对风险和收益综合评价的基础之上。

（6）银行自身的服务品种及服务能力。考虑银行能提供哪些服务、每种产品的服务能力如何、与同业相比所处的竞争位置等因素，做到对客户的服务量体裁衣。

（二）需明确的若干问题

（1）要建立什么样的合作关系。是长期合作关系，还是短期或临时合作关系？

（2）从哪些方面进行合作。是全方位合作（即从开立基本账户到发展各种风险业务和非风险业务），还是单项合作（如存款或结算业务）？

（3）用什么方式进行合作。是让客户来银行办理业务还是利用计算机网络等技术手段将柜台前移至客户来主动提供服务？

（4）从什么时候开始合作？

二、向客户推介合作领域

客户经理应针对客户的具体情况和需求对金融产品和金融技术进行有机、有效的组合设计，并将这种组合以恰当的方式递交给客户，获得客户的认可。

（一）向客户提交合作领域时需注意的问题

（1）采取什么形式提交给客户。客户经理一般采取合作建议书或业务合作方案的形式将拟合作的领域内容传递给客户。

（2）向什么人提交方案。客户经理要将合作建议书或业务合作方案提交给客户的最高决策层或管理班子。

（3）选择什么时机提交。要在双方经过实质性的接触之后，并且客户经理已经对客户进行了比较深入全面的调查之后一段时间提交。时间适当推后再提交，意味着这是客户经理深思熟虑的结果。

（二）合作建议书的结构和内容

1. 名称

一般采取"向某公司提供的服务产品清单"或"与某公司合作建议书"等名称，客户经理应将该名称放于具体建议的顶部。

2. 缘起

从回顾双方的接触入手，对客户作出基本判断与评价，引出提此合作领域的必要性。

3. 银行基本情况介绍

介绍银行时，不应泛泛而谈，应主要侧重于产品与服务优势，写出银行的特色。

4. 详细介绍拟提供的金融产品和服务

对一家银行来讲，按成熟程度可将其产品分为标准化产品、创新产品和银行尚不能提供的产品和服务三种类型。

（1）标准化产品，即名称、式样、外形、色彩、识别标记等内容都经过标准化设计的金融产品。对于一些需求单一，或者对创新产品没有需求的客户，主要提供此类产品。标准化产品往往比较成熟，不存在缺陷和风险，也不存在太多的争议。

（2）创新产品，即满足客户独特需求的个性化金融产品，此类产品可以为客户提供额外的利益。创新产品设计往往需要产品部门、会计部门、风险控制部门、技术部门和营销部门协同完成。创新产品设计至少要完成的工作包括产品的管理办法、操作流程、会计核算办法、计算机系统和市场营销方案等。银行产品的创新可通过扩大现有产品的服务功能和服务范围、开发与竞争对手有差异但更有竞争优势的银行产品等途径来进行。但不管通过何种途径创新产生的产品，在推向市场前都必须进行标准化工作。作为创新产品，组合产品在银行新产品中占有重要的地位。组合产品是将标准化产品进行不同组合后得到的新产品。根据客户的不同需求在各种产品品目和产品线当中进行搭配就构成了组合产品。组合产品相对于全新产品来讲，推出的成本要低得多。

（3）银行尚不能提供的产品和服务。对于客户有需求，而银行目前又不能提供的产品，客户经理可采取外购和外协的方式，通过银行的外部战略合作机构来提供。但是这些外购和外协产品也是通过客户经理的设计和组织协调来进行运作的。

5. 展望合作前景

要突出阐述银行提供的金融产品和服务可以对客户持续发展起到什么样的推动作用并展望双方合作的良好前景。

（三）合作建议书范例

1. 合作建议书（一）

（1）提交背景。拟服务的公司为一家在深圳证券交易所挂牌的上市公司。该公司通过上市及配股募集到大量的资金，但苦于找不到合适的项目，大量资金得不到最佳使用，其发展也处于转折关头，本省内许多同类型企业纷纷发展起来，对其构成一定威胁。此时，客户经理捕捉到这一信息，通过调研分析与研究，并征求了行业专家及资本运营专家的意见，提出了如下合作建议书。

（2）合作建议书的内容。

尊敬的××公司：

过去一段时间我们与贵公司进行了友好的接触，我们非常愿意与贵公司建立全面性的战略合作关系，以实现彼此的共同发展。根据我们对贵公司的了解，我们拟定了以下合作内容，希望我们的服务能为贵公司带来更大的发展。对合作内容有何意见或更正之处，望告知。

一、战略顾问

战略顾问服务是指我行为企业确定长期发展战略、实现战略规划而向企业提供的中介性服务工作。我行可向贵公司提供的战略顾问服务主要包括：

（1）贵公司资本经营战略研究。

——贵公司从事资本经营的实践经验总结及已有成效评价

——资本市场发展、金融体制改革等带给贵公司的机遇

——贵公司资本运营的基本思路

—贵公司资本运营的目标及达到目标的策略选择

—贵公司资本运营的基本步骤

（2）贵公司资本经营核心产业链构造。

—贵公司核心优势的挖掘

—贵公司核心优势的技术经济评价

—贵公司核心优势的成长趋势分析

—在现有核心优势的基础上如何构造核心产业链：目标、思路及策略

（3）如何加快贵公司战略扩张，参与并推进行业重组、改造和发展。

—贵公司战略扩张的总体谋划及基本思路

—贵公司在战略扩张中怎样与行业重组实现有效对接

—战略扩张过程中贵公司内部资源的最佳配置

（4）贵公司发展道路评价及建议。

—贵公司成长道路的总结：经验与教训

—贵公司今后发展的对策性建议

二、财务顾问

财务顾问服务是指，我行为企业长期投资、收购兼并、多角化经营等活动而向企业提供的中介性金融服务。我行为贵公司提供的财务顾问服务主要包括：

（1）并购顾问：担当贵公司收购、兼并业务的金融顾问。

（2）项目筹融资顾问：贵公司有关并购项目或改扩建项目的一揽子筹融资方案设计。

—如何选择筹融资工具

—筹融资总体方案的设计及方案的可行性论证

—协助贵公司组织实施

（3）配股的财务顾问：会同企业与券商分工协作，共同做好今后贵公司的配股工作。

—配合企业选择券商

—配股方案的评价与论证

—对配股进行有效宣传

—其他相关的专业化服务

（4）为贵公司设计财务与风险控制系统。

—贵公司发展过程中的风险点识别

—如何选择风险防范工具

—风险防范的具体举措

—贵公司风险防范系统的改进

（5）投资项目评估：在贵公司进行长期投资、收购兼并、多角化经营等活动时，我行可提供投资项目评估服务。

—投资项目的可行性分析

—投资方案论证

——为项目投资提供可操作性建议

三、本、外币经常项目下的结算服务

（1）国内结算服务。

（2）现金结算服务。

（3）结售汇与代客外汇买卖。

（4）国际结算服务，包括汇出汇入款项、进口与出口托收、对外开立进口信用证、来证通知、旅行支票服务等。

四、杠杆融资、过桥贷款

贵公司在配股或其他资本运营活动中如出现暂时性资金短缺，我行可在分析论证的基础上为您提供周转性贷款，或充分利用自身掌握的金融工具为您提供资金融通服务。在向上市企业提供杠杆融资及过桥贷款方面，我行积累了较为成熟的经验。

五、综合授信服务

我行向贵公司提供的综合授信服务是指信贷资金及可为企业利用的其他信用服务，主要包括：

（1）我行信用保证服务：担保服务、见索即付保函服务、信用证服务、我行承兑汇票服务等。

（2）短期贷款：周转贷款、临时贷款、票据贴现、出口押汇等。

（3）中长期贷款：建设项目贷款、投资项目贷款等。

银行部门名称及签章

年　月　日

2. 合作建议书（二）

（1）提交背景。拟服务的公司为一家股份公司，发展速度很快，在业界有一定影响。银行在向其提供结算等传统银行服务的过程上，发现该公司管理层对公司今后的发展思路不是很清晰。为了不错过一个发展潜力大的好客户，客户经理认为银行应该同该公司加强在纵深两方面的合作，故向该公司提交了合作建议书。

（2）合作建议书的主要内容。

尊敬的××公司：

自 1999 年年底至今，我行与贵公司建立了良好的合作关系。我行为贵公司以及下属公司提供了累计 2 亿元的短期和中长期贷款。在业务开展中，我们双方形成了非常融洽、相互理解、相互信任的合作关系，为进一步加深合作创造了有利条件。

（以上主要是对过去的合作进行回顾）

通过前一阶段的合作，我们认识到贵公司在通信产品方面拥有先进的技术、大量的人才、丰富的经验和完善的销售渠道，其他产品也具有很高的知名度和市场占有率。贵公司围绕主营业务与世界一流企业建立了一系列技术先进、成长性好和运作规范的合资公司，在资本运作和企业经营管理方面积累了丰富的成功经验，为主营利润的提高和今

后的资本运作提供了广阔空间。同时贵公司经营业绩较好，股本适中，有较好的股本扩张能力和良好的筹融资能力。

（以上主要是挖掘客户的价值）

基于这种基本判断，我们认为贵公司符合我行核心客户的要求，但目前我们对贵公司的金融服务仍然停留在一般客户的层次上，我们希望把与贵公司已有的良好合作关系进一步推向深入，通过建立一种长期战略合作关系，充分发挥双方的优势资源，通过稳健的生产经营和资本经营手段，使贵公司发展成为具有高技术含量、产品先进、高成长性的一流上市公司，以优良的业绩为股东提供长期持续增长的回报，树立良好的公司形象和市场形象。

（以上主要提出合作的目标）

我们对贵公司的现状和未来发展进行初步判断后认为，贵公司要达到这种发展战略目标，仍面临一些障碍。短期来看，贵公司目前面临一些现实竞争压力，手机产品市场竞争激烈，价格存在下滑趋势，利润增长难以跟上股本扩张速度。长远来看，贵公司还需进一步巩固和发展主业和进行适度的多元化经营，以获得较强的盈利能力和分散主业风险。对此，我们感到可以采取的对策有：

（1）通过增加新的投资，扩大主营产品的生产规模，降低成本，提高产品市场竞争力和市场占有份额。

（2）进一步加强营销网络建设，加大新产品营销力度。

（3）通过产品链的延伸扩张，降低成本，增加产品附加值。

（4）通过资本经营寻找和确立新的业务增长点，获得更加持续稳定的利润增长。

（以上主要向客户提出发展建议）

以上对策均需有清晰合理的发展战略、及时足量的资金支持和高超的生产经营管理和资本经营技术的支撑。这些单靠企业单方面的资源和力量是难以达到的，如能获得一家专业银行的资源配合，将会在质上和量上均取得一个飞跃。

同时，随着银行业竞争激烈程度的加剧，我们也逐渐感到需要培育一批长期稳定的优质客户群，促进银企共同长远发展。为此我们明确提出以市场为导向、以核心客户为中心、全面为企业配置资金、资本和银行专业顾问服务的战略定位。根据这种战略构想，从1996年底开始，我行逐步转换和调整经营思路，先后与国内一些著名企业建立了长期战略合作关系，利用自身资金、网络、人才等方面的优势，有力地推动了这些企业的发展，在为企业配置生产经营过程中所需资本和资金以及提供资本运作方面的专业顾问服务等方面积累了丰富经验。通过数年的努力，我们在这方面确立了牢固的市场品牌和地位，这是我们对与贵公司今后成功合作拥有足够信心的根本保障。

（以上主要介绍银行的优势）

根据对贵公司的了解，我们初步设想为贵公司提供以下特别定制的服务：

（1）综合授信项下的资金支持。对贵公司日常的生产经营活动和有价值的投资项目予以及时足量的资金支持，包括为满足日常生产经营活动提供融资便利（常规的公开授信额度）以及项目投资和资本运作方面所需的融资安排（专项备用授信额度），适时把握商机，赢得市场竞争的效率。

（2）长期战略咨询。与贵公司一同制定解决目前面临困难及未来长远发展所需的战略方案，总体部署及阶段性行动步骤。

（3）专业金融顾问。利用我行在财务顾问和资产重组实践方面所积累的丰富经验，在企业的兼并收购、资产置换等资本经营活动中，发挥专业金融顾问的作用，并进行最合理的资金安排，为贵公司的投资项目的选择、评估和筹融资方案设计等方面提供全面的专业服务；连续不断地搜索和发现符合贵公司发展战略目标的优质资产，实现资产购买和股权收购，促使贵公司资本低成本快速扩张，并同时保持满意的盈利能力。

（以上主要介绍银行的产品方案，为本合作建议书的核心内容。）

收到我行的建议书后，敬请贵公司慎重考虑这种合作的内容和方式，并敬请给予正式回函。

（结语）

三、搞好拟推介产品的定价与综合收益测算工作

在大致确定了拟提供的产品和服务之后，客户经理就要考虑每种产品和服务的价格，并依据确定的价格范围进行各项业务的收益测算，最后得出为客户提供银行服务能够为银行带来的综合业务收益，以此确定银行服务该客户是否能够获得经济上的收益。

1. 银行产品和服务的价格既包括一项产品的利率水平，也包括一项服务的收费水平

利率按照人民银行规定的上下限来确定，费率的确定则应考虑如下因素：

（1）尽可能实现较高的销售目标及利润。费率定得过高，客户可能无法接受；费率定得过低，银行就没有收益。客户经理应该把费率定得适当高一些，这样既可体现银行服务的高层次，又满足了客户希望获得高质量服务的心理。

（2）能够符合银行客户的承受能力。如果客户正处于发展阶段，费用支出控制过严，客户经理应从长远着眼，费率可定得适当低一点。如果客户财大气粗，根本不在乎顾问服务支出，客户经理就可将费率定得适当高一些。

（3）要考虑市场需求与同业竞争因素。客户对银行服务的需求如果比较急迫，客户经理就可根据市场原则把价格定得高一些。当然如果同业给予了较低的价格，客户经理也应把价格定得低一些，以使自己银行的产品富有竞争力。

（4）与其他营销策略共同使用。价格并不是能否赢得客户的唯一因素，产品的质量、服务的方式都可能影响到客户对银行的感受。客户经理应该把适当的价格、高质量的服务等要素一揽子提供给客户。只有这样，才能获得客户的高度认可。

（5）所提供产品自动化的程度，以及提供产品的成本和费用。所提供产品如果科技含量高，就理应将价格定得高一些，但也必须考虑开发此产品所投入的各项成本，使产品的收益维持在一个合理的水平上。

（6）银行希望达到的形象和专营程度。如果银行推出的产品和服务是其他银行所无法提供的，客户经理就可采取心理定价策略，以造就自己银行高品质的市场形象。较高的定价，也可暂时起到抬高门槛、阻止竞争者进入的作用。

（7）产品的生命周期。如在饱和阶段，就不能定得太高。在此阶段，工作重点是

如何扩大销售量。

2. 进行具体的收益测算

在确定了各个产品和服务的价格之后，客户经理就可以进行收益的具体测算了。客户经理测算的收益往往是一种虚拟的收益，在这种情况下，客户经理必须以全行的平均资金成本和平均资金收益率来作为计算收益的参照。基本的测算思路就是预计收益减去预计成本。

四、设计作业方案

如果客户对客户经理提交的服务清单有异议，客户经理则需与其作进一步的沟通，直至没有异议。当没有异议时，客户经理需根据客户的不同需求着手设计不同的作业方案。在作业方案中，应该特别注重对作业风险防范和作业流程的设计。方案是客户经理向客户提供服务的总的纲领，必须做细、做深、做透。此方案经领导或上一级客户经理审核同意后，客户经理就应该严格执行。

客户的单项需求一般较易满足，一个客户经理就能胜任。客户的综合性服务需求则较复杂，需成立由多个客户经理参加的专门的作业小组。在小组内部，应做好分工。

（一）作业方案的构成要素

（1）基本情况介绍，包括客户名称、性质、主营业务、市场与财务状况、经营管理情况等。

（2）做此项目的成本收益分析，即为什么要做这个项目。

（3）做此项目的主要风险及风险控制措施。

（4）费用的收取标准及使用。

（5）如果不成立项目作业小组，接下来就是项目进程安排与需要的外部支持；如果成立项目作业小组，接下来就应包括项目小组的人员组成及管理、项目小组的工作原则、项目小组的工作分工、项目小组的工作进程安排等内容。

（二）作业方案示例

本示例所介绍的项目比较复杂，需要成立一个作业小组来进行工作。下面所示作业方案正文前面的抬头是为便于领导提修改意见而设计的。

表 13 - 1

部门对此方案的意见：同意□	不同意□	基本同意但有建议□	
行长对此方案的意见：同意□	不同意□	基本同意但有建议□	
部门对此方案的修改建议：			
行领导对此方案的修改建议：			

黄河建材集团金融服务作业方案

一、项目简介

位于辽宁省的黄河建材集团联合其控股上市公司深圳建材股份有限公司（简称建材股份）全面收购中大公司所持某水泥公司90%股份。我行拟向其发放过桥贷款3亿元人民币，期限为1年，借款人为建材股份，担保人为黄河建材集团公司，还款来源为建材股份配股资金。同时，我行担任本次收购和今后集团资本运作的财务顾问。

二、总体策划

1. 成立作业小组，全面负责此项目的运作

作业小组由总行公司业务部门、深圳分行、沈阳分行和外聘机构、专家组成，总行相关部门配合。

2. 作业小组成员的职责分工

（1）公司业务部门：项目牵头人，总体方案设计和策划，总体组织、协调和管理，总体风险控制，负责保持总行、沈阳分行、深圳分行之间的充分沟通和高度统一。遇重大情况随时向行领导汇报。保密工作，负责项目档案（信贷档案由分行负责但总行需备份）。

（2）深圳分行：建材股份的账户开设，与券商的联络，起草法律文本，担当配股收款行，办好信贷手续。抽2~3名骨干参加作业小组。对建材股份全面把握，专项情况每月汇报一次，重大事项随时汇报。

（3）沈阳分行：黄河建材集团的账户开设、吸存工作，与地方政府有关部门的沟通，对黄河建材集团的监控。要求：搞好与黄河建材集团的关系；监测黄河建材集团的生产经营情况；收集集团公司的重大信息和举动。

（4）总行相关部门：计划资金部负责核拨资金、项目单独考核，法规部门对法律文本最后把关。

（5）外聘建材规划院、发展研究中心、会计师事务所、律师事务所、投资顾问有限公司等单位参与项目作业。

3. 作业小组的工作原则

为确保项目运作成功，作业小组将坚持以下工作原则：

（1）合规合法理性经营。

（2）严格控制信贷风险。

（3）银行整体利益最大化。

（4）作业小组严格管理、规范运作。

（5）总分行、行内外联合运作。

（6）每周定期沟通一次。

（7）在项目运作过程中，要强调团队精神的培养，注意加强行内外作业人员的相互配合。

（8）要保证有关项目作业档案的完整，做到有备可查。

（9）要加强风险锁定工作，特别是要学会通过法律协议的方式锁定风险。

（10）要学会利用外力为我服务。

（11）项目作业与人才培养相结合。

三、收益成本分析

通过此项目运作，深圳分行可作为建材股份的主办行，可以成为配股资金的收款行；深阳分行可以得到黄河建材集团及其关联企业在沈阳的结算业务，并吸收与此次收购有关的存款1亿元以上。此外，我行一旦承诺放款，还可按照惯例和总行规定收取承诺费。可见，我行可取得如下收益：贷款利差、存款收益、结算手续费、顾问费（含专项财务顾问费）等。为获此收益，我行需向企业提供3亿元过桥贷款，并向企业出具具有专业水准的顾问报告。

此项目的意义在于：

（1）这个项目是我行传统业务和创新业务相结合，向企业提供全面金融服务的一次有益尝试。

（2）与大型企业集团联合开拓资本市场，有利于分享资本市场上的收益，有利于将企业集团和上市公司等国企中坚培育成自己的基本客户或重点客户。

（3）拓展了我行的业务空间，通过这次作业，我行不仅向企业提供了传统的信贷服务和结算服务，还向企业提供了由信贷业务而派生出来的财务顾问服务，为我行创造了追加收益。

四、费用收取及分配

贷款利率按人民银行规定收取。顾问费按实际到位的收购资金的1.5%收取。经商，顾问费的内部分配为深圳分行70%，沈阳分行30%。顾问费的支用范围为：正常的顾问活动费用支出、外聘机构和专家费用。

五、项目风险点揭示及防范举措

（1）配股风险：配股能否成功及配股资金能否及时到位关系到我行信贷资金的安全。作业小组认为，配股失败的可能性几乎没有，不能确定的只是配股价格的高低、配股比例的大小及配股时间的早晚。对策是积极参与企业配股工作，监测企业配股进程。

（2）信贷风险：借款人建材股份的现金流量正常、财务及偿债能力良好，信贷风险较小。

（3）政府行为风险：政府干预企业的行为可能造成企业并购活动的失败。对策是通过适当渠道向地方政府提出建议。

（4）我行控制能力风险：对策是沈阳分行加强对企业的监控，定期拜会企业，谋求地方政府对此项目的支持。

六、作业日程安排

工作采取倒计时安排。

法律文本起草：深圳分行×月×日前起草完毕后交总行法规部门审核。

其他基础工作：深圳分行×月×日前做好配股收款行的技术准备工作。

信贷业务日程安排：深圳分行确保×月×日前信贷资金到位。资金到位后负责监控资金的使用，并负责贷款回收工作。

顾问服务日程安排：

（1）×月×日前同外聘机构及专家签署委托协议。

（2）×月×日前外聘机构及专家提交被委托事项的服务报告。

（3）×月×日前编撰完黄河建材集团顾问服务报告，提交给企业。

（三）作业方案的讨论与修订

客户经理起草完作业方案后，还需向相关部门征询意见，并在此基础上对方案作进一步的完善。

（1）营销部门内部讨论和统一。客户经理设计的作业方案必须经过一个讨论和统一的过程，这种讨论一般都是在营销部门内部进行。如果是一个一般性客户，方案本身又不是十分复杂，那么这种讨论一般是在几个客户经理的参与下进行就可以了。如果是一个价值比较大，或者是方案本身比较复杂的客户，这种讨论就要在部门内组织讨论，有时候可能还要邀请其他部门的一些人员参加。讨论的目的是论证客户经理设计的方案。参与讨论的人提出各自的修改和补充意见，客户经理在综合大家意见的基础上对方案进行进一步的修改。

（2）与客户进行沟通，得到客户的认可。在银行营销部门内部取得一致意见后，客户经理还应把服务内容、进度安排、人员分工等内容及时和客户进行沟通，得到客户的认可。这种沟通可以是非正式的口头形式，也可以是比较正式的打印件或传真稿，在书面材料上必须注明是征求意见用，以免引起客户的误会。

（3）提交银行风险控制部门审查。经过内部讨论及与客户沟通之后修改的方案就可以正式提交到银行的风险控制部门了。如果在方案当中涉及对客户进行授信的业务，还要提交整套的授信审批申请材料。提交的材料中还应包括下面即将介绍起草的法律文本，当然在提交上述材料之前就应和有关风险控制部门、产品部门进行沟通，以免到时候这些部门还不知道是怎么回事。

第二节　与客户进行商务谈判

在客户营销过程中，客户经理往往需要同客户就产品品种、产品价格、附加利益等事项进行谈判。只有通过谈判就上述事项达成一致意见后，双方才能以协议形式把合作内容固定下来。

一、为谈判做准备

有些客户经理并没有完全认识到多花时间和力气对谈判进行充分准备工作的价值，他们认为准备工作是一项单调乏味的工作。其实，准备工作对谈判来讲至关重要，有备则赢，无备则败。即使谈判经验再丰富的老手，也应该郑重其事地牺牲一定的时间来进行谈判前的准备工作。准备内容包括：

（1）制定谈判目标。谈判的目标不应过于抽象，应尽可能用数量表示，要尽可能避免模棱两可。目标的制定应坚持挑战性及可及性原则。

（2）收集关于客户的第一手资料并进行研究，做到知己知彼。

（3）回忆上一次谈判的情况，记住不要再犯上次已经犯过的错误。

（4）解决价格难题，确定银行能接受的最低价格标准。最低价格标准是客户经理同客户进行谈判的底线。客户经理可通过咨询信贷部门、计划资金部门及查阅相关规章来确定服务价格。

（5）确定谈判人选，明确首席代表和一般代表，审核嘉宾名单，并安排好本方的记录人员。有时候客户经理可独自与客户进行谈判，有时候则需邀请一些嘉宾共同与客户进行谈判。在确定嘉宾名单时，可注意如下事项：不必要的人士不必邀请；女性主帅比男性主帅更易受到谈判对手的包容。在某些情况下，客户经理还可以选择谈判对手。

（6）列出谈判内容清单，安排谈判议程。能制定谈判议程，表明客户经理已经占据了谈判的优势，这是因为客户经理已经掌握了谈判内容的主动权。在安排谈判议程时，客户经理应注意：制定书面的而非口头的谈判议程；删去你想谈、想知道但不摸底细的内容；删去你不想讨论或还没有准备的话题；按谈判顺序列出拟谈判的具体内容；多印几份谈判议程，除参会者人手一份外，还应为那些想参加谈判但不能参加或不准备参加谈判的人士准备几份。

（7）了解谈判对手，包括谈判对手的性别、职务、资历、权限、性格、特长、偏好等。

（8）安排谈判场所。如果在客户经理自家地盘上谈判，这样客户经理可占有一定的心理优势；但有时客户经理需到客户安排的地点进行谈判。无论在哪个地方谈判，客户经理都应注意座位位次的安排。客户经理应注意以下几点：尽量坐在能迅速进行私下请教的人身旁；坐在对方主谈判手对面；不要坐在靠窗或靠门的位置，避免阳光照射使人耀眼和烦躁；坐在能使对手听清楚的位置上。

（9）制定谈判方案，拟定谈判议程，做好文字、财务、安全、保密、接待、服务等方面的准备工作。在正式谈判前，进行模拟谈判。

（10）为了达到最佳谈判状态，客户经理要休息好。

（11）在出发前，要注意穿衣打扮。谈判一般要着正装。

（12）无论多么疲惫、多么心烦、多么沮丧，只要一迈进谈判大厅，客户经理就应提起精神，显示出朝气蓬勃和自信的样子。

（13）在开始谈判前，要去一趟洗手间，整理一下仪容，并对镜子进行微笑练习。

（14）在准备与外国人进行谈判时，注意研究其所在国的文化习俗，确保说起话来符合其习惯、偏好。有时，为使双方能无障碍地进行交流，还需雇用专业翻译。翻译有同声翻译和迟滞翻译两种。客户经理最好雇用同声翻译，这样会使客户对您刮目相看。此外，还需注意：在谈判开始之前，要留出一定的时间与对手做简单的交流、问候；注意译员比你更需要休息；不要嘲笑译员的言词；不用土语方言；说短话，用简单词汇。

二、谈判的基本过程

（1）导入阶段。谈判伊始，要力争创造合适的谈判氛围，使谈判双方在幽雅的环境和友好的气氛中相互介绍，彼此相识。此阶段时间不宜过长。

（2）概说阶段。各自介绍谈判意图和目标，确定谈判的议题、日程、时间。这一阶段属于投石问路阶段，不宜将自己的真实意图全盘托出。应倾听对方的发言，从中找出差距所在。

（3）明示阶段。各方就分歧问题表明立场与态度。此时，谈判进入实质性问题阶段。各方应及早确认自己可能获得的利益、让步的范围、条件等，并判断对方的所求、底线。

（4）交锋阶段。各方据理力争，处于对立和竞争状态。这是谈判最紧张、困难和关键的阶段。应本着合作的精神，摆事实，讲道理，发挥谈判技巧与能力，坚定信心，尽量说服对方。

（5）妥协阶段。本着真诚求实、求同存异、依法办事的精神，根据自己的谈判目标，在基本利益需求得到满足的情况下，寻求达成协议的途径，使得谈判得以继续进行。

（6）协议阶段。各方达成共识、握手言和。在达成一致意见或协议签署后，谈判即告结束。

三、谈判过程中的注意事项

拜访客户过程中的倾听、提问、拒绝等技巧在谈判过程中同样适用，但谈判毕竟不同于一般的洽谈，故还有一些事项需要特别注意。

（1）使用"暂停"策略。当出现以下情况时，客户经理应要求谈判暂停：客户经理准备让步或谈判对手胁迫客户经理让步以及客户经理感到心烦意乱的时候；谈判时间过长而没有实质性进展，谈判人员已精疲力竭；谈判进入交锋阶段，面临破裂的可能性；对方出其不意，提出一个新的方案，使己方措手不及；谈判各方分歧意见较大，一时难以磋商；到达吃饭或休息时间。途径有："我可以去趟盥洗间吗？""我需要和领导商量一下。""等等，我得考虑考虑。"等等。

（2）使用"让步"策略。运用此策略需把握如下原则：不要做无谓的让步，力争每次让步都能得到恰当的回报；让步要恰到好处，在对方的让步已经明朗化的情况下己方也应让步；不要做同幅度、对等的让步；在重要问题上力求对方先让步；让步速度不宜过快，要"三思而后行"；避免追溯性让步。

（3）使用"出其不意"策略。通过出其不意地提出某种方案，以测试对方反应，探测对方谈判底线。但不能盲目使用该策略，以免使谈判陷入紧张局面。

（4）表现出激情与热心。客户经理应克服一切畏惧和气馁情绪，应坚定而自信地进行谈判；坚决不要因为取得了一些小胜利就溢于言表，或遇到一点小挫折就灰心丧气。清楚地表达自己的意思，恰当地控制谈判局面。

（5）通过营造和谐融洽的谈判氛围、从客观上描述问题的轮廓、引用可利用的资料等方法可使表达变得更为流畅；尽量使用短句、简单的词，避免使用学术用语，句子要完整、精确；每段话应紧扣一个中心；整个谈话要有开头、发展和结束语。

（6）在谈判过程中不该说的话坚决不说。有些话在谈判中千万不能说，以免引起对方误解或造成不良印象，比如"相信我"、"我会对你以诚相待"、"愿不愿意随你"、"我对此不太有把握"、"我有点想……"、"我们大概确实应该……"、"你大概需要……"、"看起来的确是个不错的想法"以及任何诋毁对方或第三方的话。应尽量避免出现不得不向对方道歉的局面，也不要过分地谦虚，在谈判过程中要控制好自己的情绪，不应宣泄个人情感。

（7）在心理上坚持能够成功，平时多看一些有助于谈判成功的书籍，并在日常生活中多做练习。

（8）当对方难以听懂你的话时，你可试着放低声音、减慢语速、利用手势、要有耐心。

（9）控制情绪，学会忍耐，以缓制急、以静制动，保持冷静，审时度势，不要过早地同意谈判条件，要使客户确信他占了很大的便宜。

（10）在达成交易时不要得意忘形，不要流露出轻松的表情，不要放松对客户的戒心。

（11）避免犯一些谈判中常犯的错误，比如，没进行充分准备就仓促上阵；不接受合适的建议，钻牛角尖；谈判时感到力不从心，害怕失去对谈判的控制；游离了谈判目标而不知觉；总是苛求完美的表达；为别人的失误而自责等。

（12）在谈判中，寻找适当的时机注入个人情感，注意情感的表露。

（13）不要让谈判陷入僵局。当陷入僵局时，可以先谈一些次要问题，通过转移客户的注意力来促使客户对主要问题的关注。

（14）谈判过程中如果对方咄咄逼人，客户经理可采取以柔克刚策略，以静制动，以逸待劳，挫其锐气。

（15）善于采取迂回战术，但要坚持自己的立场，不能在对方的强烈攻击下有所动摇。

（16）在谈判过程中始终保持轻松、有信心、友好的微笑。

（17）恰当利用"缺席"策略，有意安排一位领导人物缺席，以使己方能在谈判中有回旋余地。但应用此策略，应注意：把缺席安排得天衣无缝；把缺席位置安排在显眼的位置；安排的缺席人员不能超过2人；在处于不利时，要恰当地利用缺席。

（18）谈判即将结束之际，客户经理更应少安毋躁，还须审时度势，用自己的风度、诚意与智慧充满激情地追求自己的目标，切忌草草收场。达到双赢，才是谈判应当达到的目标。

（19）谈判结束后，如果双方都很满意，就应该庆祝一下。庆祝的方式视对方的需要而定。此外，谈判结束后，客户经理应该进行自我反省，总结出谈判成功的经验或失败的教训。

（20）排除谈判中遇到的障碍。谈判过程中经常遇到障碍，客户经理应该会予以排除。排除方法有：暂时停止谈判，让脑子休息一下；检查谈判技能的运用情况；找出问题的症结所在；站在对方的角度，考虑一下对方的建议。对那些不"友好"的人，客户经理也应采取策略予以应对。

第一，对付难缠的人的策略：

● 不要驳斥对方的言论，相反要证实它们，通过不直接的反击使对方难堪。

● 对那些含有事实成分但易使人受伤害的言词，客户经理应予以接受，比如对方指责你粗心大意，你就应该表示歉意。

● 对方言辞过激，客户经理可将大家的注意力引向他，使他暴露在众目睽睽之下。

第二，对付专横跋扈的人的策略：

● 站在第三者的立场上陈述对发言人的意见要求。

● 询问大家的反应，引导大家来反对他。

● 以客观性的阐述参与争执，让众人知道道理在你这一边。

第三，对付说话不着边际的人的策略：

● 牢记谈判的中心议题。当对方说的话已游离主题时，你应及时将话题拉回。

● 重申时间限定的紧迫性，让对方明确不应该在无关问题上浪费太多的时间。

● 向其他与会人员发问并将人们的注意力拉回正题。

第四，对付故意唱反调的人的策略：

● 让他们将意见或想法说给大家听。

● 停顿一下并直视唱反调的人。

● 重申谈判主题的重要性与严肃性。

第五，对付爱争辩的人的策略：

● 事先向这种人打招呼，用解释的方法表示出你对他的话是如何理解的。

● 重申谈判已达成的一致，将讨论拉回正题。

第三节　协议文本的起草与签署

在设计作业方案的同时，客户经理应就合作的具体方式、费用的收取标准等情况同客户进行洽谈。洽谈应该本着互利、平等的原则进行。如果双方就洽谈达成了一致意见，则需用协议的方式确定下来。此时，应及时向客户发出签订协议的建议与要求。像贷款协议、理财协议等都有标准化的文本；对战略性协议或个性化产品服务协议则需要银行进行专门起草。一般而言，对有专项服务的客户来讲，需签订专项服务协议；对有综合性服务需求的客户来讲，还需要在总的合作协议项下签订一系列的专项合作协议。

一、协议文本的基本构成要素

一个完整的协议一般由下列要素构成：协议名称（标题）；协议签订者名称、地址和法人代表姓名；签订协议的出发点（依据和目的）；合作的基本内容；各方的权利与义务；经济责任和违约责任；争议的解决方法；协议的有效期限；协议的份数与保存；履约地点与方式；未尽事宜或附件条款；协议的签章，日期。

二、起草协议文本的注意事项

（1）语言要规范、准确、严谨、具体，违约责任中对各种可能出现的情况都要预料到。

（2）起草协议时应保持同客户的经常沟通，避免一方独揽，在内容设计上要体现公平互利和诚实信用原则，要遵循法令法规，既体现原则性又体现灵活性。

（3）如果对某些具体内容有异议，那么就先将共识写入协议，其余未达成共识的事项待协商一致后再补进协议。

（4）非银行总行标准格式的协议文本在签署前应经行内法律部门或专业人员进行法律性审查，并签署书面意见。报有权签字人签字并加盖公章后方可同客户签署。其他任何同客户签署的协议最好也要征求专业律师的法律意见。

（5）对协议进行认真审核，包括：

①合法性审核，即审核协议约定的事项是否为合法行为，有关手续是否完备。②有效性审核，即审核双方代表是否有签署协议的权利，协议内容有无违法或前后矛盾之处。③一致性审核，即审核协议与双方商谈的内容是否一致。④文字性审核，切忌使用模棱两可的文字，重点审核关键语句、金额等。

（6）签约之前需注意保密，尤其是要对竞争者保密。

（7）起草完协议之后应尝试着回答：这个协议达到目标了吗？对方能不能认可这个协议？协议中所列的各项义务己方能不折不扣地执行吗？对方的履约能力能达到你的期望值吗？对方能真正执行协议中的有关条款吗？

（8）在总协议框架下有时尚需根据业务开展的具体需要起草专项协议，如结算服务协议、进行战略研究协议、聘请法律顾问协议、顾问服务协议、成立联合工作机构协议及其他专项产品服务协议。

三、协议文本示例

某客户对银行产品的需求是综合性的，且与某银行已有了一定的合作关系。双方均希望能将合作向纵深推进，因此客户经理起草了《战略合作协议书》及相关专项合作协议。

（一）战略合作协议书示例（略）

（二）专项服务协议示例

某银行河北省分行向星达公司提供顾问服务的协议

依据某银行河北省分行（以下简称"甲方"）与星达公司（以下简称"乙方"）达成的《某银行河北省分行与星达公司战略合作协议书》的要求，现就某银行河北省分行向星达公司提供顾问服务的有关事宜达成如下协议：

一、顾问服务的主要内容

1. 甲方为乙方提供顾问服务是基于乙方对甲方专业能力的认同和乙方对甲方所提供的全面顾问服务的需要。

2. 甲方为乙方提供的顾问服务主要包括管理顾问、投融资顾问及资本运作顾问。管理顾问服务主要是指甲方为帮助乙方改进企业财务管理、计划资金管理、经营管理、战略规划等内部管理问题而向乙方提供的服务性工作。投融资顾问和资本运作顾问主要是指甲方为帮助乙方进行不断扩展等发展要求而进行的服务性工作。上述顾问服务的主要内容包括：

（1）协助乙方建立科学的决策与控制体系。

（2）协助乙方进行市场调查、营销诊断与信息收集，提出改进乙方营销工作的建议。

（3）通过调查与分析，提出改进乙方财务与资金管理状况的建议。

（4）帮助乙方制订资金使用计划、设计融资工具和进行财务安排。

（5）帮助乙方完善市场形象。

（6）为乙方提供政策信息、经济信息服务。

（7）其他改进乙方日常生产经营状况的建议。

（8）协助乙方制定长远发展规划并提供相关市场投资技术、管理等支持性条件的论证报告。

（9）对客户以扩大产能或调整产品结构为目的的建设性项目进行论证。

（10）对乙方在资本市场上进行收购兼并等投资性活动进行论证、评价、方案策划并组织实施。

（11）推荐（或帮助选择）乙方的投资合作伙伴，物色投资目标。

（12）协助编制投资项目的商业谈判方案，参与或代理投资项目的商业谈判。

（13）帮助起草有关投资项目的建议报告、法律文件，提供管理建议并组织实施。

（14）目标项目重组方案的策划、制作及实施。

（15）对乙方其他投资性活动进行论证与协助调查。

（16）乙方委托甲方从事的其他顾问工作。

二、提供顾问服务的方式

1. 提供管理顾问服务的方式。

（1）通过在乙方内部建立联合工作机构，由甲方派出人员协助工作，帮助乙方建立内部决策与控制系统。

（2）利用甲方在信息收集方面的优势，为乙方提供多方面的市场信息与政策信息。

（3）利用甲方在金融、财务、计划等方面的人才优势，为乙方提供财务管理与资金管理咨询服务。

2. 提供投融资及资本运作顾问服务的方式。

（1）利用甲方在信贷、投资、项目评估等方面的人才优势，为乙方提供投资性项目的论证与策划。

（2）利用甲方多渠道的人力资源与信息资源，为乙方提供战略规划服务。

3. 管理顾问服务分有偿服务和无偿服务两种。一般企业内部调查与建议为无偿服务，需借助甲方外部力量进行的服务为有偿服务。投融资顾问与资本运作顾问服务均为有偿服务。

4. 所有有偿服务均应由甲方向乙方提出书面报告，并在实施前以协议形式加以确定。

5. 双方同意，由双方或双方的联合工作机构提出具体工作内容，经双方协调机构报各自领导书面认可后，由甲方牵头组织专门的班子进行实施。

三、顾问服务的取费标准与支付方式

（1）双方同意，本协议中乙方承诺向甲方支付的顾问服务费，按下列标准由乙方支付给甲方：

①乙方的建设项目和投资（收购）项目论证，按每个单项投资总额的 0.5% 支付。

②本协议履行过程中，双方均认为必要的其他独立的专项顾问咨询项目的费用，由双方另行签订协议加以确定。

（2）双方同意，乙方按下列方式向甲方支付顾问服务费：

①乙方的建设项目和投资（收购）项目论证的顾问咨询服务费自双方正式确认执行项目的协议签字生效后的 15 日内由乙方按应支付总额的 60% 支付给甲方，其余的 ×% 在项目论证报告完成 10 日内由乙方支付给甲方。

②其他专项顾问服务费，按双方正式确认执行项目的协议签订后 20 日内，由乙方按应付额的 50% 支付给甲方。其余的 50% 在调查报告、研究报告或策划方案经双方确认完成并签字后的 15 日内支付给甲方。

四、责任与知识产权

1. 甲方承诺尽最大努力，组织有关专业人士进行审慎的调查、研究、组织、公关，提出专业水准的意见及报告。

2. 甲方提出的上述意见或报告，乙方有权决定是否采纳。

3. 甲方提出的意见或报告，只要甲方进行工作时不存在恶意损害乙方利益的事实，则甲方对乙方采纳该意见及报告后所造成的后果不承担任何责任。

4. 意见和报告的知识产权归甲方所有，乙方不得向任何第三方披露该意见或报告，不得通过向第三方披露该意见或报告谋取利益。

五、其他

本协议作为双方签订的主协议的附件，随主协议的生效而生效，随主协议的终止而终止。

在本协议执行过程中，双方同意就顾问服务的具体品种另行签订协议以明确有关内容。此协议具有相对独立性。

甲方： 乙方：
法人代表或授权代表人： 法人代表或授权代表人：
签订时间： 签订时间：
签订地点：

某银行河北省分行与星达公司建立联合工作机构的协议

依据某银行河北省分行（以下简称"甲方"）与星达公司（以下简称"乙方"）达成的《某银行河北省分行与星达公司战略合作协议书》的要求，现就某银行河北省分行与星达公司建立联合工作机构的有关事宜达成如下协议：

一、人员构成

1. 甲方选派4人；

2. 乙方选派4人；

3. 部门管理人员甲乙双方各指定1人，正职由甲方人员担任。

二、机构职能

联合工作机构是对甲方行长和乙方总经理负责的乙方内部常设机构，同时为甲乙双方的联络机构。职责主要是：

（1）对乙方的战略发展规划提出策划意见及推动方案。

（2）提交乙方资金及资本运作方案。

（3）对乙方各管理系统提出预警报告。

（4）帮助建立和完善乙方内部系统。

（5）提交工作报告。

三、权利范围

1. 具有收集乙方资料的权利。

2. 具有向乙方总经理提出工作改进意见的权利。

3. 具有内外调研的权利。

4. 具有参加乙方高层管理者会议及生产调度会议的权利。

5. 对乙方重大战略决策有提出建议的权利。

6. 具有对乙方提供综合授信的建议权利。

四、目标责任与工作方法

自联合工作机构成立之日起10日内，由该机构提出目标责任与工作方法，经甲方行长和乙方总经理讨论同意后执行，并作为对该机构及工作人员考核的依据。

五、双方的利益保证

1. 人事管理权。双方对各自派入此机构的工作人员有调整权，并对对方的派入人员有调整建议权。

2. 财务管理权。除甲方派入人员的工资与福利费用由甲方承担外，其他的费用均由乙方承担，并按乙方有关管理制度执行。

六、其他

该联合机构经甲乙双方共同认可后方可正式撤销。撤销后，双方的日常联络工作由双方指派专人负责。

甲方：　　　　　　　　　　　　　　乙方：

法人代表或授权代表人：　　　　　　法人代表或授权代表人：

签订时间：　　　　　　　　　　　　签订时间：

签订地点：

四、签署金融合作协议

起草完有关法律文本后，客户经理应与客户就协议的具体条款进行详细的沟通，并报本银行法规部门审核。审核批准后，客户经理应同客户就协议签署的有关事宜进行洽谈。一般来讲，客户经理为签订合作协议需做好如下准备工作：

（1）协议上的任何文字以终稿为准，协议文本不得涂改，确需变动时，须经双方同意，改动的地方要加盖公章。协议需用钢笔或毛笔签订。

（2）订立协议的当事人必须具备完全的缔约能力和合法资格，必要时应对协议的签署进行公证。

（3）与拟签约客户进行联系。①确认客户方关于签约事项的联络人。②商讨签约时间、地点。③确认客户方签约人员姓名、性别、职务。如签约人不是法人代表，应出具法人代表的授权书。④确认客户方参加签约人员名单及各自的性别、职务。

（4）确认己方签约人员姓名、性别、职务，确认己方参加签约人员名单及各自的性别、职务。

（5）联系签约地点。一般在本银行办公地点或某个宾馆进行签约活动，如在宾馆进行签约，应与其就费用、会议室的使用、摄像、礼仪人员、条幅制作等问题进行协商。

（6）联系新闻单位，协助新闻单位起草新闻稿。

（7）起草领导讲话稿。

（8）准备好赠送给客户的礼物并届时由参会领导进行交换。

（9）确定是否邀请非签约双方的第三方人士参加。

（10）确定所有参会人员的成行方式及成行时间。

（11）确定主持人，安排签字仪式程序。

（12）如在宾馆签约且需要住宿，需预订好房间。

（13）在签约前1～2天到签约地点进行实地考察，确定签约参加人员的座位位次（制定座位牌并摆放好）、条幅的悬挂等会场布置事宜。

（14）协助礼仪小姐引领领导入座及签字后退席。

（15）安排好来宾携带的文件包及其他物品。

（16）根据财务标准安排宴席，确定参会者的座次（届时应有专人引领）。

（17）安排好参加人员的接站、到达时车位的引领及接待工作。

（18）如在外地签约，应为参加人员预订好往返车票或机票。

第四节 合作事项的具体运作

签订协议意味着双方合作的正式开始，签订的协议内容就变成了具有法律意义的事实，签订双方也就具有了相应的权利与义务。客户经理应以高度的责任感与事业感牵头组织作业小组及产品部门投入对客户的服务工作，保证对客户服务的高质量、高效率。如聘请了外部机构或专家参与对客户的服务工作，还应督促外聘单位按协议抓紧作业，全面推进金融顾问服务工作，保证按时完成对客户的服务工作。

一、客户经理协调银行内部部门组织实施方案

（1）通过协调，让银行内部各个部门认可客户经理的方案，并按照经过审批的方案内容为客户提供产品和服务。

（2）在方案运作过程中，客户经理需要协调如下银行内部部门：

①部门内部或客户经理小组内部的协调。主要是确定任务分工与各自职责。②与业务审批和风险控制部门的协调。包括与计划财务部门协调资金规模问题；与信用审查部门协调客户的评级和授信问题，客户调查资料和信用审查资料的整理和传递问题；以及对业务审批和风险控制部门提出的问题做出进一步的调查和答复。③与产品部门的协调。协调营业部门、信贷部门、国际业务部门、资金交易部门按照方案的内容和银行内部管理及风险控制的要求为客户提供具体的金融服务和产品。④与后勤支持部门的协调。按照对客户的许诺，向客户提供上门服务、远程终端、网上银行、电话银行等服务内容，及时配备车辆、现金押送人员、计算机硬件和软件、电话等设备和人员。有的时候还要组织同客户的联谊活动，也需要后勤支持部门的大力协助。

二、客户经理协调银行外部机构组织实施方案

如果在方案当中包含了银行所能提供产品以外的产品，客户经理还要组织和协调外部机构来一同运作，共同为客户提供产品和服务。主要的任务有：

（1）聘请和邀请外部专家和机构。在一个复杂的方案当中，往往需要聘请一些专家或专业机构，比如律师、会计师、行业专家等。有的产品需要通过外部机构来提供，比如公司的上市推荐和股票承销。这时，就需要客户经理提出拟聘请的专家和拟邀请的合作机构的名单，并负责与这些专家或机构进行接触和洽谈业务合作。

（2）按照协议和客户的要求，组织、协调外部专家和机构，为客户提供产品和服务。

（3）负责沟通外部专家、机构和客户之间的信息，及时解决工作过程中遇到的问题。

三、向客户索取开展业务必需的有关材料

不同的银行产品需要客户提供不同的资料，为提高服务效率，客户经理可采取卡片的形式向客户索取有关资料。

表 13－2　　××产品需提交资料（卡片式）

尊敬的客户朋友：
为了尽快帮您办理业务，请您在办理业务前认真阅读下列内容并将下列资料尽快提交我行，以提高我们为您服务的效率。真诚感谢您的惠顾！ 　　您应提供的资料　　　　资料名称（可根据产品手册所列业务品种填写）　　　　您实际提交的资料 　　□　　　　　　　　　　　　　　　　　　　　　　　　　　　　　　　□ 　　□　　　　　　　　　　　　　　　　　　　　　　　　　　　　　　　□ 　　□　　　　　　　　　　　　　　　　　　　　　　　　　　　　　　　□ 　　□　　　　　　　　　　　　　　　　　　　　　　　　　　　　　　　□ 　　□　　　　　　　　　　　　　　　　　　　　　　　　　　　　　　　□ 　　□　　　　　　　　　　　　　　　　　　　　　　　　　　　　　　　□ 　　□　　　　　　　　　　　　　　　　　　　　　　　　　　　　　　　□ 　　□　　　　　　　　　　　　　　　　　　　　　　　　　　　　　　　□
客户签字：　　　　　　　　　　　　　　客户经理签字： 　　交付资料时间：　年　月　日　　　　　接受资料时间：　年　月　日
有关收费标准： 　　我们将按　　　　标准收取费用。
我行承诺： 　　您如果能向我行及时提供符合要求的资料，我们将在××天之内办理完上述业务。
产品经理意见：   　　　　　　　　　　　　　　　　　　　　　　　产品经理签字： 　　　　　　　　　　　　　　　　　　　　　　　　　年　月　日

四、提高产品服务效率

客户经理需联合银行产品部门共同向客户提供产品服务，为提高服务的效率，客户经理应加强计划性，可采取制作计划进度表的方式进行。其中，表 13－3 为客户经理自己掌握服务进度所用，表 13－4 为客户经理上报自己的工作计划供上一级领导掌握所用。

表 13 - 3　客户经理业务开展进度表

服务品种		预定完成时间	实际完成时间	责任人	拟采取对策
品种一	第一阶段				
	第二阶段				
	第三阶段				
品种二	第一阶段				
	第二阶段				
	第三阶段				
品种三	第一阶段				
	第二阶段				
	第三阶段				

表 13 - 4　客户经理提供产品服务工作表

客户名称：		客户联系电话：		客户方联系人：	
产品名称	计划时间安排	协作部门	协作人员	实际完成时间	

产品服务说明：

客户经理签字：
年　月　日

工作效率评价：

上一级经理签字：
年　月　日

五、向客户提交服务成果

　　对信贷、结算等传统的银行服务，客户经理是在牵头组织产品部门向客户提供服务的过程中完成的。对顾问服务，客户经理最终需提交专业的服务报告。服务报告的终稿需经专家及上一级客户经理审核后才可向客户提交。一般来讲，不同的服务报告具备不同的内容，应采取不同的形式。

（一）客户发展建议书

　　光明工贸公司是一家上市公司，客户经理在对其进行诊断的基础上，提出了专业化的顾问建议。

对光明工贸公司发展的建议

尊敬的××公司：

为促进贵公司的进一步发展，我们本着忠于客户、服务客户的原则，提出如下发展建议，请参考。

一、为确保贵公司的长期成长性，应研究企业发展战略

（1）搞好市场研究。包括国际国内市场上公司产品（含相关产品）的供需现状、未来走势；原材料的供需现状、未来走势；国内外同类企业的成功道路；产品价格分析；影响行业发展的因素分析；产业政策剖析；行业发展走势预测；行业主要企业情况分析。

（2）制定经营与发展战略。包括企业基本情况剖析；企业主要经济技术指标及与同类型企业比较；企业在同行业中的竞争地位剖析；企业存在的问题及解决方案；以核心优势为根本的扩张之路；企业发展战略目标、规划及其可行性；企业发展前景预测；企业持续发展的战略规划。

（3）抓住发展机遇。包括行业的整体发展态势；行业的市场结构及资源配置状况；市场空隙剖析；行业重组、技术创新等对贵公司的影响；贵公司对机遇的把握。

（4）注重风险控制。包括企业财务风险监控体系的创建；市场风险与防范；政策风险与防范；行业风险与防范；扩张风险与控制等。

二、考虑利用企业的核心优势，走资本经营之路，搞好战略扩张

（1）利用金融杠杆和资本市场工具，实现核心业务的规模化扩张。

（2）在巩固核心业务的同时，考虑核心产业链的延展，寻求新的效益增长点。

（3）利用国家对基础产业的倾斜政策，加大科技开发投入，作出高科技概念。

（4）利用上市公司在品牌、信用等方面的优势，走向借助资本市场成长之路。

三、创新思路，在同类型上市公司中独树一帜

（1）通过与我行展开全面合作，在同类型上市公司及公众中树立起银企全面合作的旗帜。

（2）获得我行全面的金融服务，借助金融杠杆和手段进行扩张。

（3）通过与我行展开全面合作，实现企业与我行的优势互补，树立良好的产业与金融间“强强联合”型上市公司新形象。

（二）重组方案和筹融资方案

客户经理向客户提供重组顾问服务，最终要向客户提供重组方案；向客户提供筹融资顾问服务，最终就要向客户提供筹融资方案。

一般来讲，重组方案应包括如下内容：介绍重组背景；介绍重组的目标；介绍公司重组的国内经验；公司重组的模式分析，包括每种模式的优缺点及适用条件；设计具体的重组方案，一般是提出若干备选方案；对各个备选方案进行评价，并选出最佳方案；介绍选择该重组方案的依据；介绍该重组方案的操作依据与步骤。

筹融资方案则包括如下内容：介绍项目背景；介绍项目特征及市场运作要求；分析项目存在的问题，主要分析现有筹融资工具与渠道存在的问题；筹融资方案的具体设计，包括设计原则与思路、筹融资的具体途径及分析、项目债务承受能力分析、项目资金使用安排建议及其他注意事项；对新的筹融资渠道进行效益分析，包括项目效益预测、借款偿还计划、项目现金流量预测、经济指标分析等内容；介绍筹融资方案的具体实施措施及保证措施。

下面以一份电信业重组方案为例加以介绍。

中国电信业重组方案（纲要）

第一章 电信行业的发展趋势

一、全球电信业的发展趋势

（一）电信业正在成为全球第一大产业

（二）产业的增长模式和竞争格局发生巨大变化

（1）技术进步和竞争将进一步降低产业的进入壁垒，成为驱动产业发展的核心动力。

（2）各国对电信市场准入的管制将进一步放松。

（3）电信公司间的竞争在多层次上展开。

（三）传统的大型电信公司需要变革以充分适应新的产业竞争环境

（1）国有电信运营机构正全面加速公司化和民营化以提高竞争力。

（2）有效的规模经济对于保持低成本的竞争优势变得越来越重要。

（3）拥有网络和融资渠道对于保持竞争优势至关重要。

二、中国电信公司化的背景

1. 中国电信在政企合一、缺乏竞争的旧有的增长模式下仍取得了惊人的增长。

2. 在技术进步和投资的拉动下，中国电信市场已成为全球最具发展潜力的电信市场，但中国电信公司在公司化和竞争性等方面远落后于世界主要国家的电信公司。

3. 转变产业增长模式是中国电信业面临的最大挑战。

4. 当前是中国电信业进行公司化重组的最好时机。

第二章 中国电信的重组分析

（一）中国电信的重组目标

中国电信重组的目标在于通过在国内电信市场引入有效竞争和推进中国电信的公司化以形成中国电信产业以竞争为驱动力的新的产业增长模式。

（二）中国电信重组的目标结构选择

1. 中国电信重组的目标模式。

选择一：中国电信整体重组，同时大力加强中国联通作为第二电信公司的竞争地位。

选择二：将中国电信按专业分解为寻呼、移动、固网等专业公司，并由固网公司控股其他专业上市公司。

选择三：将中国电信按专业分解为寻呼、移动、固网等专业公司，各专业公司上设立一个统一的"电信控股公司"，并由该控股公司重组中国联通，形成该控股公司控股中国联通和若干专业公司的结构。

选择四：将中国电信按专业分解为寻呼、移动、固网等专业公司，各专业公司上设立一个统一控股的"中国电信集团公司"，形成与中国联通竞争的格局。

选择五：将中国电信按专业分解为寻呼、移动、固网等专业公司，形成中国联通与各专业公司并列的竞争格局。

2. 中国电信重组目标模式选择的关键因素。

（1）目标模式选择的关键在于如何尽快在国内电信市场引入有效的竞争。

（2）目标模式的选择应与对外开放电信市场的政策设想相一致，应与未来电信技术的发展相吻合，应具有较强的可操作性，且能为资本市场所接受，使资本市场融资规模最大化。

（3）中国电信重组目标模式的比较与选择（略）。

（三）中国电信的公司化

中国电信整体重组是未来参与国际竞争的一个有效手段。整体重组与下属业务公司专业化并不矛盾。具有自然垄断性质的固网也应该尽可能加速公司化和上市的进程。

（四）资本市场

资本市场对于中国电信的重组和发展至关重要，拥有融资渠道已成为新兴电信公司向传统大型电信公司挑战的关键。必须搞好资本市场定位与估价。

（五）中国电信重组应考虑的其他因素

（1）联通及有线电视网的竞争问题。

（2）人员精减问题。

（3）资费调整问题。

（三）客户诊断书

当客户要求客户经理对客户当前的存在状态或某一单一问题进行诊断时，客户经理应向客户提交诊断书。在诊断书中，主要应明确客户当前存在的问题及应该采取的对策。下面以客户经理提交给旺威医疗器材销售公司的营销诊断书为例介绍客户诊断书的写法。

旺威医疗器材销售公司营销诊断书

营销诊断涉及企业经营管理活动的方方面面，包括营销环境分析、企业内部状况分析、营销策略和计划反省、销售队伍建设等多项内容。本诊断书没有面面俱到，只对企业的营销组合进行了诊断并提出若干专业建议。

一、产品诊断

（一）纠正业务只顾卖老产品，不愿卖新产品的习惯和行为，大力发展新品牌。具体对策是：

（1）努力寻找价格较低的新品牌，以争取经济实力不大和斤斤计较型的客户，扩大公司的市场占有率。

（2）大力引进新产品，包括目前国内或大区市场上还没有的产品以及经过改造的老产品。

（3）对业务员进行新产品知识的培训，让业务员了解新产品，掌握销售新产品的技巧与重点。培训师资主要由产品生产厂家安排。

（4）调动业务员推销公司产品的积极性，定期宣布公司的重点销售产品，将该产品的销售业绩列入对业务员的考核内容中。

（二）运用市场细分策略，开发家庭用医疗器材，并开拓家用医电市场。

二、价格诊断

（一）本公司市场占有量较高，但面临着其他公司低价竞争的威胁。对策是：

（1）抢先引进某种新产品，以高价开拓市场，获得垄断利润。等到许多竞争对手跟进时，则以降价打击竞争对手，以巩固该产品的现有市场。

（2）采用副品牌策略，形成品牌系列。

（二）以分期付款和租赁的方式来开发中小型规模医院。

（三）加强非价格竞争策略。

（1）邀请国内外权威学者举办学术演讲会，并通过媒体对演讲会进行深入报道。

（2）针对医院实际，举办关于医疗设备购置、使用的有关知识和操作技巧的研讨会。

（3）售前服务。推荐适用产品，提供使用机会。

（4）按时送货，并提供认真的培训，保证用户能熟练使用该产品。

（5）售后服务。维修队伍阵容强大，维修手段先进，且维修速度很快。

三、销售渠道诊断

（一）本公司应积极开发中小型医院。理由是：

（1）符合本公司的经营理念。

（2）由于市场容量大，有利于销售业绩的提高。

（3）由于时代的进步和人民生活水平的提高，中小型医院也需要现代化的医疗设备。

（二）开发中小型医院的方法：

（1）除本公司现有的地区经销商外，不再寻求新的地区经销商，完全由本公司直营。这样可避免受制于人。

（2）先在销售基础较好的地区试销，取得成功经验后再向其他地区推广。

（3）将试销期间表现良好的业务员分派至各地区担任销售主管。

（4）有计划地招聘、培训新的业务员。

（三）建立详细的客户基本资料档案。

四、推广诊断

（一）对用户应采取的对策：

（1）举办新产品发布会、学术报告会、操作技术交流会等活动。

（2）会上举办聚餐抽奖等活动，以联络感情、活跃气氛。

（3）进行服务承诺。

（4）以优惠价向老客户供应新产品。

（二）对业务员应采取的策略：

本公司业务员的缺点主要是不够积极，拓展市场的冲劲不足；对老客户的维护不到位；工作计划不明确等。采取的对策是：

（1）由专业营销顾问公司负责对业务员进行培训。

（2）制定业务员的业绩考核办法。考核结果将影响到业务员的加薪、年终奖金与升迁。

（3）定期召开销售工作会议，对过去的工作进行总结，并安排下一步的工作。

（三）本公司应采取的广告和公关方式：

（1）编印设备使用手册，邮寄或当面递交给中小型医院。

（2）运用新闻报道、学术会议、向贫困地区医院捐献等方式强化本公司的市场形象。

（3）在主要专业杂志上刊登广告或相关的学术、科普文章。

（四）创业建议书：

如果客户正处于创业阶段，客户经理可通过顾问服务提出创业建议。创业计划书可以有不同的格式，但一般应包括如下内容：

（1）公司摘要。这一部分主要介绍公司的主营产业、产品和服务，公司的竞争优势以及成立地点、时间，所处阶段等基本情况。

（2）公司业务描述。这一部分介绍公司的宗旨和目标、公司的发展规划和策略。

（3）产品或服务。介绍公司的产品或服务，描述产品和服务的用途及优点、有关的专利、著作权、政府批文等。

（4）收入。介绍公司的收入来源，预测收入的增长。

（5）竞争情况及市场营销。分析现有和将来的竞争对手、他们的优势和劣势，以及相应的本公司的优势和战胜竞争对手的方法。对目标市场作出营销计划。

（6）管理团队。对公司的重要人物进行介绍，包括他们的职务、工作经验、受教育程度等。公司的全职员工、兼职员工人数，哪些职务空缺。

（7）财务预测。公司目前的财务报表，未来五年的财务预测报表。投资的退出方式，应明确是选择公开上市、股票回购、出售、兼并或合并中的哪一种。

（8）资本结构。公司目前及未来资金筹集和使用情况、公司融资方式、融资前后的资本结构表。

（9）附录。支持上述信息的资料，包括管理层简历、销售手册、产品图纸以及其他需要介绍的地方。

（四）专项咨询报告

机关团体是银行的重要客户之一。银行凭借自身的金融实力，可承担这些客户委托的咨询课题。下面介绍两份咨询报告，第一份咨询报告是银行向某地方政府部门提交的，第二份咨询报告是银行向某城市商业银行提交的。

国外金融界支持中小企业发展的咨询报告

中小企业因具有推动经济增长、增加就业机会、促进市场繁荣、保持经济发展等优点而倍受重视，同时也因具有势单力薄、资源利用率较低等劣势而需要各方面的支持。本报告拟对国外金融界支持中小企业发展的经验进行介绍。

一、国外对中小企业进行金融支持的经验

美、日、英、法、意、加等国的中小企业都很发达，它们为促进中小企业的发展而纷纷在财税、信息、法律、技术、金融等方面给予扶持。它们在金融立法、政策与监管上采取的措施主要有：

（一）创立较为健全的金融法规。

日本自20世纪50年代以来先后制定了约30余个中小企业的专门法律，涉及金融方面的主要有《中小企业现代化资金助成法》、《中小企业金融公库法》、《中小企业信用保险公库法》、《国民金融公库法等》。

美国也制定了一系列的中小企业法规，涉及金融方面的主要有《中小企业技术革新促进法》、《机会均等法》、《小企业经济政策法》、《小企业开发中心法》、《扩大小企业商品出口法》、《小企业投资奖励法》、《小企业资本形成法》等。

德国为提高中小企业的竞争能力、规范政府对中小企业的行为，也制定了反限制竞争法、关于保持稳定和经济增长法令、中小企业促进法等。

素有"中小企业王国"之称的意大利从20世纪50年代到90年代通过了多项法律，其中《扶持中小企业创新与发展法》详细地阐述了有关中小企业的各项扶植政策。

（二）建立专门的金融服务机构。

日本建立了政策性的"中小企业金融公库"，在市一级的政府，还普遍设有政策性的"小规模事业金融公社"，专门帮助中小企业借款，扶持其发展。日本的政府和行业协会还设立了一些特殊的金融机构，如中小企业金融公库、国民金融公库、工商会中央公库、国民金融公库、环境卫生金融公库，专门从事对中小企业、个人和大公司的关联企业的新技术开发，提供小额贷款。此外，日本还在地方各级政府增设"防止企业倒闭特别顾问室"，其职能有：帮助中小企业制订经营稳定对策；帮助中小企业从"中小企业金融公库"获得资金支持；根据《中小企业信用保险法》，帮助中小企业从"国民金融公库"获得低息周转资金，防止因一时的资金周转困难而倒闭。

德国在20世纪50年代初先后设立了复兴和平衡银行两个国有独资政策性银行。前者旨在推动中小企业国外业务开拓，后者重在援助原东德难民经济的恢复与发展，两银行的主要贷款对象都是中小企业。两银行每年仅自有资金专项扶持中小企业发展的放贷规模就在500亿~600亿马克以上，其中230亿马克来自"欧洲复兴计划援助基金"，余者由银行向资金市场融通获得。

英国为解决中小企业筹措长期资金的困难，曾于1934年成立"产业金融公司"，于1945年成立"工商业金融公司"。

法国为便利中小企业融资专门成立了"中小企业装备信贷局"，法国的大众信贷集团、互助信贷集团和农业信贷集团则是专门面向中小企业和农村非农产业的金融机构。

美国小企业管理局的主要职责之一就是向那些符合条件的小企业提供信贷帮助，为小企业向银行和私营贷款者提供贷款担保。

（三）在金融政策上给中小企业以扶持。

日本根据"中小企业现代化资金助成法"专门制定了"中小企业设备现代化资金贷款制度"和"设备租赁制度"，为中小企业提供长期、无息贷款。日本还根据"中小企业创造活动促进法"制定了对中小企业技术开发的支援政策。

美国在20世纪50年代就建立了中小企业资金援助制度。美国的小企业管理局也有权向小企业发放贷款，方式主要有直接贷款、协调贷款（由中小企业局与银行共同对中小企业进行贷款）、保证贷款（即由银行给予全部贷款，但中小企业管理局给予90%的担保）。

法国将金融政策作为扶植中小企业的首要政策，20世纪80年代采取了扩大贷款额、提高中小企业贷款比重、设立国家保险基金为中小企业贷款进行担保等重大措施支持中小企业。

德国采取的金融政策主要有：①创业型自有资金援助贷款。凡个人或团体创办中小企业，在自有资金达投资总额10%的基础上，即可向平衡银行申请创业援助资金30%，余下60%由创业者自筹。创业援助贷款一般为10~20年期，年息3.55%（一般贷款年息为4%~5%），第一、二年可不付息，前10年可不还本金。②一般性贷款。此类贷款需企业提供财产抵押，放贷风险由商业银行和政策性银行按比例分担，但政策性银行的最高风险比例不超过损失的50%。③特殊专项贷款。专门用于扶持欠发达或发展迟缓地区（或行业）以及高科技型中小企业。④设立持股公司收购急需资金支持或将倒闭的中小企业，使其获得所需资金。当中小企业达到规模效益或恢复正常经营后，该持股公司即置换出股权再行周转。

此外，还十分注重优惠贷款措施的制定，包括贷款利率、借款额度等方面。如日本中小企业可以按最低利率在国家专业银行或金融公司获得贷款，可以多借贷款，也可以延长还款期限，对小型企业还实行无抵押贷款。又如意大利对中小企业实行利率补助制度和所需资金补助制度，具体做法是对中小企业发放贷款的利率与市场通行利率间的差额，由国家负责补给。

（四）建立信用担保制度。

包括日、美、法在内的一些国家在金融政策上扶植中小企业时，往往注重信贷辅助制度的制定，主要是建立担保基金。目前设立担保基金的国家和地区有50多个。如：

德国建有专门为中小企业提供担保的机构。担保机构一般按贷款总额的80%提供担保，担保机构按担保总额的0.8%收取保费。

日本通过中小企业信用保险金库（政府全额出资成立）和民间信用担保协会对中小企业贷款提供担保，日本信用担保协会每年提供的担保已占全国中小企业贷款总额的7.5%。

美国中小企业局也把预算拨款从无偿援助转为信用担保，近几年已先后为500多万户企业提供担保，使它们获得了 10 亿多美元的贷款。

英国在工业部专设小企业局，对小企业在银行贷款的 80% 提供担保。

我国台湾地区在 1974 年 6 月设立了规模为 4.5 亿元新台币的担保基金，1998 年，基金每月担保项目达 8000 多件，贷款余额达到 160 亿元新台币。

此外，欧洲的德、意、法和亚洲的韩国、马来西亚、新加坡等国也设置了形式多样的担保机构。

（五）拓宽中小企业的融资渠道。

一些国家除采取优惠贷款、政府拨款、贴息等措施外，还采取成立中小企业高技术风险投资基金、设立第二股票（创业板）市场等措施为中小企业融资提供方便。

美国的风险投资机制运行得很成功。在 1995 年美国国会通过的 200 多个与发展高新技术有关的法案中，有相当部分涉及对中小企业的风险投资。有人认为，利用社会上的资金支持创办小型风险企业以开发新产品，已成为美国经济发展的核心。风险企业已成为新产业的摇篮。

日本受美国和西欧的影响，在 20 世纪 80 年代后期出现了民间性质的私营风险投资公司，1987 年这类公司达到 100 家，被提供资金的企业有约 1800 家（大多属小型企业）。

英国在 1981 年由英国企业局和国家研究开发公司合并而创立了英国最有影响的国有风险投资公司"英国技术集团"（BTG）。成立至今，已先后向 430 多家中小企业进行风险投资，总金额达到 2.26 亿英镑。英国民间也有许多股份制的或合作制的风险投资公司。到 1987 年底为止，英国全国（不包括殖民地），已有 105 家风险投资公司，并建立了"英国风险资本协会"（BVCA），BVCA 的成员在 80 年代就已向 1500 多家风险企业进行投资。

法国的风险投资业在 80 年代以后也发展起来。到 1986 年底，已有 120 多家风险投资机构，资本超过 1 亿法郎的就有 20 家。法国政府通过将"国家科研成果推广署"用于技术创新的资金变成风险资本、通过财政拨款 10 亿法郎作为"法国风险投资保险公司"（SOFARIS）的保险基金、对民间风险投资采取减免税等措施，推动了法国风险投资事业的发展。法国的民间风险投资公司于 1990 年成立了法国风险投资者协会，以协调风险投资行业的行动，并采用合理的"联合投资"（几家投资公司投于一个项目）和"组合投资"（一个投资公司投于多个项目）的方式以分散风险。

在设立创业板市场方面，各国也有一些成功的做法。如美国在温哥华股票交易所、纳斯达克证券市场、美国场外电子柜台交易市场都设有创业板市场。

二、若干启示（略）

城市商业银行体制机制建设的咨询报告

通过翻阅贵行相关资料、与干部员工座谈等方式，我们对贵行体制机制建设情况已有初步了解。现运用我们掌握的专业知识，借鉴国内外先进商业银行的成功经验，对贵行提出如下建议。

一、加强对总行机关干部的价值观教育

相对于几十家支行来讲，总行是管理机关，是整个银行的"大脑"。支行在业务发展中往往有"求"于总行，因而总行干部员工易滋生"高高在上"的心态。对一些没有基层工作经验的总行员工来讲，更是如此。因此，对总行干部员工加强价值观教育实属必要。通过多种形式的教育，让总行干部员工认识到，基层才是银行效益的真正来源，如果说客户是银行的衣食父母，那么支行就是总行的衣食父母。总行要以基层为中心。总行干部员工要树立忧患意识、企业意识、服务意识、责任意识、全局意识。当然，价值观教育活动不能靠单纯说教，要采取适合新形势特点的新形式。

此外，要教育总行干部员工"慎重出政策"。总行颁布的政策是全行的行动指南。如果指的方向是"北"，那就南辕北辙了。政策一定要来自基层，用之基层。在出台政策前，一定要多征求基层意见，看适合不适合、满足不满足基层的需要。比如，为防止临柜人员不安心工作，总行出台政策要求临柜人员必须工作两年以上才能调离。这个政策出发点是好的，但颁布后却引起基层行的极大反对。因为一些基层行招聘大学毕业生做客户经理，如果放在柜台岗位上，就得工作两年才能转岗；如果直接使用，又无法使用。试想一个连结算、记账都不熟悉的员工能干好客户经理的工作吗？

二、总行规模不宜太大

银行总行的规模取决于银行总体业务规模和科技支撑实力。总的来说，作为"大脑"，总行是越精干越好，指挥员应远远少于战斗人员。这样才能提高效率、提高战斗力。前些年在国内银行界曾有一种"大总行、小支行"的思潮，且一些银行也实践过。大致做法是在总分行层面增加专业营销力量，支行网点转型做零售业务，业务权限上收，业务处理集中。这是一种"条条"为主的管理方式，是对过去国内银行以"块块"为主进行管理的一种"修正"。西方商业银行较多地采取"条条"为主的做法，其基础是庞大的后援中心和灵活的决策体制。很难说"条条""块块"孰优孰劣，关键是看适不适合自己。从国内银行经验看，"条条"的做法有些水土不服，很多银行在采取这种做法一年后又逐渐"回潮"。我想因为主要在于，中国的国情是支行人员（尤其是支行行长）握有客户资源。如果什么事都由"条条"（总行部门）来做决策，无疑会束缚支行行长这一"地方大员"的手脚，使其无法、无力放手开展工作。支行网点不做公司业务，既是浪费，也造成总行机构臃肿。

三、总行机构设置不宜太多

银行总行如果设立过多的管理部门，将引发严重的低效现象。本来一个部门就可解决的事，现在则需要多个部门进行协调，人为增加了管理成本。"千条线一根针"，总行所有职能部门的任务最后都会通过支行那几个有限的部门来完成。造成的结果是，总行认为支行效率太低、不重视自己交代的工作，支行又抱怨总行文件过多、政出多门。长此以往，总行与支行离心离德，且恶性循环。

总行行使管理职能的部门数量应尽可能少，以经营职能为主的部门要避免与基层争利，总行的在编人员总量要控制。只有对大机构来讲，管理才会产生生产力。对中等规模的银行来讲，管理必须让位于经营，甚至并不存在完整意义上的管理，至少管理是寓于经营之中的。"一把手"是最大的客户经理。应全员营销。争取做到管理人员尽量减

少，运营保障人员满足需要，营销人员多多益善。

银行整体规模较小时，对一些战略性较强的职能，或一些暂时尚不急需发挥的职能，可通过设置一个或数个岗位来行使，不必动辄成立新的部门。

四、总行部门间职责要清晰

总行部门如果职责不清晰，就会产生一些事有很多部门在同时管，而有些事又找不到人管的现象。部门间经常"打仗"是必然的。"出了成绩是自己的，失误则是别人的"；遇到成绩，争夺头功；产生失误，相互推诿。甚至一些可有可无的部门，为了体现业绩，还要找些事情管、做，结果"无事生非"。所以，对每个部门的职责要详加明确。对一些必不可少的交叉事项，可通过临时性的非正式组织方式来办理。

总行可设置客户营销（公司金融、零售金融、信用卡等）、风险管理（法律合规、信贷审批、资产保全等）、运营保障（会计核算、财务管理等）、后勤服务（党政工团等）四类部门。在明晰各部门职责的同时，银行还应倡导一种"打破银行内部部门樊篱"的文化，促进部门间人员就相关事项开展无障碍交流，以避免出现"鸡犬之声相闻，老死不相往来"的现象。

五、科学设置风控审批架构

风控架构是相对于营销架构而言的。两者相互独立，但又密切联系，最佳选择是"你中有我，我中有你"。过分分开，比如有些银行规定风险经理不能与客户见面，只能靠看授信报告来批项目，这显然不科学，也不可取。过分密切，比如对任何一个项目，客户经理与风险经理都平行作业，则不利风险防范，也有违监管要求。

为加强风控管理，政策制定和项目审批应该分开，项目审批和市场营销也应该分开。同一个部门不能既当裁判员，又当运动员。风险政策制定职能由法律合规部门负责，项目审批工作则由审批部门负责，客户营销则由公司金融部门负责。很多银行为了增加总行公司金融部门对分支行的控制力而赋予其一定的审批权限。但事实证明，这只是多了一道手续，增加了一个环节，效率反而降低了，风险也没能真正控制住，以至于基层单位怨声载道。

可采取委员会方式来集体审议具体项目。公司金融部门的"声音"可通过让其人员加入委员会的方式来体现。审批部门的专职审批人员要在项目上会前提出初审意见。如初审意见不同，则该项目不能上会。委员会可分两个层级：大会和小会。前者负责审批某一金额以上的项目，可由总行分管信贷的副行长任主任，审批部门、法律合规部门和公司金融部门/零售金融部门的负责人为委员。后者负责审批某一金额以下的项目，可由审批部门负责人任主任，审批部门的行业风险经理、法律合规部门的处长/精通政策人员、公司金融部门/零售金融部门的行业客户经理为委员。限额以上的项目也先由小会审批，通过后在报大会审批。制定大会和小会的议事规则，比如超过半数的委员同意，项目才能通过；委员会主任可一票否决一个项目，但不能一人就同意某个项目。在小会委员的构成上，应以审批部门人为主。大会、小会的日常办事机构（项目材料接受、会议组织等）均设在审批部门。

要建设良好的信贷文化，而信贷文化本质上是一种责任文化、一种信任文化。在风控体制建设上，要防止出现项目审批部门不愿担风险的情况。如果项目审批人员都本着

"宁可错杀一千，也不放过一个"的思想来工作，则有违风控体制建设的初衷。在问责上，要防止出现"只打苍蝇，不打老虎"的情况，不能只处理基层审查人员，不能"刑不上大夫"。为了调动项目审查人员的积极性，可给予一定的容错率：在容错率内，只要不是因道德风险而导致的项目损失，都可对相关人员予以免责。

六、公司金融部门要做"实"

总行公司金融部门不再单独行使审批职权，转而承担营销职责。营销是公司金融部门的核心职责。营销有直接营销、牵头营销和组织营销之分。对总行公司金融部门来讲，除极少数客户外，大多是要组织全行力量进行营销。组织营销体现在发布营销指引、提供营销信息、带领多家支行协调营销等方面。总行的公司金融营销部门应发挥营销领头羊、排头兵作用。

要使公司金融部门真正发挥作用，就应赋予其职权。比如赋予其公司条线的财务、人事资源调配权和管理权。也就是，"人财物相统一，责权利相匹配"。当然，每年公司条线匹配多少费用、进多少人，这些大问题仍都由计划财务部门提出并报党委会审定。党委会审定后，公司条线内每个支行该核多少费用、可进多少人，就应由公司金融部门决定。这涉及整个计划财务体系的变革，是个系统工程。但要打造流程银行，这个改革是必须要做的。

七、加强行业经理队伍建设

分工产生效率，但分工过细也会降低效率。近年来，行业分工日益精细，在银行总行层面兴起建设行业经理队伍的趋势，包括行业客户经理和行业风险经理。行业经理队伍建设非常必要，但不应过细、过专。对中等规模的银行来讲，一个行业经理可负责2~4个行业。如果只负责一个，则对行业经理个人发展不利（其知识面和技能会越练越窄），对银行来讲也不经济。应加强对总行行业客户经理的考核，将其收入与所负责行业的营销情况、绩效情况挂钩。对总行行业风险经理的考核，应将其收入与所负责行业的项目审批通过率、不良贷款指标等挂钩。特别是要防止风险经理没造成一笔不良但也没审批通过一个项目的情况。

八、处理好"关系"

中国是个关系社会。关系处理好了、理顺了，也是一种生产力。总分行关系、总行部门间关系（营销部门与风险部门等）、支行间关系、银行与外部（监管者、政府、股东、客户等）关系等都非常重要，都要处理好。这可借鉴儒家的思想。我国的"五四"运动是从打倒"孔家店"开始的，但最近在北京国家博物馆北侧立起了孔子像，与天安门上挂的毛主席像斜角相对。我个人想，这真是对共和国缔造者莫大的讽刺。但仔细一想，也就释然了。就像汉代贾谊在《过秦论》中说的"攻守之势异也"。我党夺取全国政权前，要的是打碎既有秩序；改革开放后，要的是维持既有秩序。重新抬出孔子，虽以继承传统文化为借口，但恐怕更看重孔子学说中的"秩序"：君君臣臣、父父子子、三纲五常、各安其位。我们处理上面所说的各种关系，也就是让每个部门、每个人处于合适的位置上，既认清自己的位置，也尊重别人的位置。我们现在讲和谐，处理好关系就是和谐。什么是和谐？人人皆能畅言（谐，即皆言），人人皆能足食（和，即谓禾入口，引喻为吃饭）。换句话说，只要精神愉悦，财富充盈，就能和谐。

九、走出网点建设的"怪圈"

走出本地，做一家区域性乃至全国性银行，是很多城商行的战略选择。出发点无非是扩大规模、扩大影响、增加效益来源。我们看到，中等规模的银行再增加网点也不会赶上工、农、中、建。很多新网点都没摆脱"第一年发展迅速、第二年速度停滞、第三年归于平淡"的三年规律。原因就在于银行网点建设的模式存在问题。成立一家新机构，其负责人无非来源于以下两种方式：由当地监管部门推荐，或从当地其他银行"挖"有资源的人。因本行不熟悉当地环境，因而很少采取直接派人的方式。当地来的有资源的人，在用尽资源后，业务也就发展不下去了。因此，在新网点建设上，应追求一种内涵式的增长道路，要靠品牌、业务来实现持续增长。当然，对新网点来讲，生存是第一要务。在起步之初，仍要靠有资源的人。但这个有资源的人，不能仅有资源，还要有"想法"。能在生存问题解决后，带领网点向前发展。

十、进行人员交流

"屁股指挥脑袋"。一个人在某个位置上干久了，会丧失激情，对个人成长也不利。即使从保护干部角度考虑，也应加强交流工作。交流应成为一项制度，也应有相应的制度来规范、做保障。可在总行与支行、支行与支行、总行不同部门岗位、支行不同部门岗位之间进行交流。执行时，要保证被交流人员有职有权，避免交流人员工作行为的短期化倾向。把岗位交流与人才发现、人才培养结合起来。总行机关人员，一定要强调基层工作经验。只有这样，他们才能知道基层同志赚钱不容易，才能知道基层工作的辛苦。没有基层经验的刚毕业的学生，要到基层工作一段时间。

十一、构建外部网络

客户需求是综合性的。对一些金融控股集团或大金融企业来讲，满足客户的综合性、全方位、多角度的需求是不成问题的。但对城商行来讲，由于缺少信托、金融租赁、直接投资、资产管理、保险等金融服务功能，在与大银行的竞争中往往处于劣势。新建类似的机构，要么不符合监管要求，要么因自身实力有限而一时半会儿建不起来。对城商行来讲，现实的做法是按照利益共享、相互优先的原则，选择一些机构建立战略合作伙伴关系，充分利用外力来拓展并维系自己的核心客户群体。

十二、加强品牌建设，提升社会影响

很多演员演技不怎么样，但由于经常在电视上露脸，观众就以为其是名演员。对银行来讲，道理是一样的。国内银行就功能来讲都差不多，无非是提供融资（各类贷款）、融信（票据、保函、信用证等）和融智（理财、现金管理等）三类服务，但有些银行社会影响很大，有些却默默无闻。何也？这与重视不重视品牌建设有关。比如包商银行，本是偏居一隅的小银行，但通过在畅销书中加广告页等方式扩大了影响。又如泰隆信用社，通过召集研讨会方式并在《金融时报》上发专版等方式造势。银行应通过恰当的造势，增强自己的"软实力"。当然，在互联网时代，一个硬币有两面，负面消息传播得也更快。对银行来讲，打造深厚的"内功"是基础。同时，做好危机管理也非常必要。

十三、重视经验，尊重员工

毛主席曾说过，"我们共产党人是靠经验吃饭的"。可见经验之重要。对银行来讲，不宜妄自菲薄，要重视自身在长期发展中积累起来的经验，尤其是来自基层的经验。国内很多机构动辄聘请国际知名的咨询公司，花了很多冤枉钱，成效却不大。当然，听取外部人士的意见是必须的，想通过外部咨询公司来说出自己不便说的话也是应该的。但一定要记住，"世上从来没有救世主，也不靠神仙皇帝"，要靠我们自己。此外，我们常说银行要"以客户为中心"。其实，对外这样宣传可以，但我们一定要知道，我们需要的是"要让客户以银行为中心"。只有具有让客户围着银行转的能力，银行才能赚钱。试想，处处围绕客户转的银行能提高与客户的议价能力吗？银行应该以员工为中心。员工得到尊重，心情自然就会舒畅，自然就会积极服务客户。可见，以员工为中心是工作的出发点，以客户为中心只是结果。在工作中，应忌本末倒置、缘木求鱼。

十四、重视战略谋划

"不谋一世者，不足谋一时"。银行应构建自己的战略愿景，并为实现战略愿景勾画出清晰的路线图。我们目前在哪里？（新员工还应知道：我们从哪里来？）我们要往哪里去？我们怎样才能到达我们要去的地方？这些问题是任何一个组织都应能够清晰回答的。没有希望，就无法产生动力；没有目标，就没有必要组成团队（组织、企业等）。毛主席在《为人民服务》中讲过"我们都是来自五湖四海，为了一个共同的革命目标，走到一起来了。"现在，对在一个企业中工作的全体干部员工来讲，也应该是为着一个共同的愿景走到一起来，并为实现这个愿景共同努力工作。领导者的任务就是告诉员工这个愿景是什么，并带领大家实现这个愿景。

（五）投资价值分析报告

风华化肥公司是一家集团控股的上市公司，目前已经与银行建立了初步的合作关系。银行接受化肥公司的委托，为其进行投资价值研究，供广大投资者参考。下面是银行提交的投资价值分析报告的摘要。

中国化工业的先锋　民族化工业的骄傲
——风华化肥股份有限公司投资价值分析报告

第一部分　辉煌的成长历程

第二部分　独特的行业优势

（一）化肥在农业生产中具有重要作用

（二）成长性高

（三）政策支持力度强

（四）包括化肥在内的整个石化产业是国民经济发展的重要推动力量

第三部分　丰富的内在价值

（一）实力雄厚的集团背景

（二）　集团精华的凝聚

（三）　产品优势

（四）　经济和技术优势

（五）　原料优势

（六）　管理优势

第四部分　优质的财务状况

（一）　资产与股东权益情况

（二）　盈利能力分析

（三）　偿债能力分析

（四）　营运能力分析

第五部分　广阔的发展前景

（一）　积极进取的发展战略

（二）　市场拓展战略

（三）　产业发展战略

（四）　资本扩张战略

（五）　生产经营战略

（六）　投资项目投资省、见效快、经济效益显著

（七）　独居特色的核心产业链

第六部分　骄人的市场表现

（一）　资产重组题材

（二）　配股题材

（三）　主业突出，高成长概念

（四）　支柱产业和政策扶植概念

（五）　高科技产品概念

（六）　金融概念

（七）　同类绩优概念

第七部分　成熟的投资对象——风险与对策

（一）　原材料供应风险及其防范

（二）　产品销售风险及其防范

（三）　市场风险及其防范

（四）　其他风险及防范

第八部分　结论

作为中国化肥行业的骨干生产经营企业，该公司发展潜力巨大。凭借着集资产重组题材、配股题材、支柱产业和政策扶植概念、高科技产品概念、金融概念、同业绩优股概念于一身的优质形象，伴随着自身不断的发展扩张和国家新一轮经济增长周期的启动，其经营实力和盈利能力必将稳步提高，也必将会给广大投资者带来满意的回报，值得投资者予以关注及做中长线投资。

（六）综合顾问服务报告

如果向客户提供的是全面的顾问服务，客户经理就应向客户提供一揽子顾问服务报告。提交时最好装订成册，并加盖银行公章。综合顾问服务报告的内容应该尽可能翔实，下面列出的是一份综合顾问服务报告的目录。

1. 客户背景

东禾化肥集团位于河北省，拟通过收购千岛乙烯公司组成新东禾集团，并与万发化肥集团联合组建华成集团。石油化工行业属于战略产业，对其进行资本运营需获得政府部门的大力支持。在提供服务过程中，银行除同企业密切接触、收集相关材料外，还同政府部门进行了接触。最终向东禾化肥集团提供了综合顾问服务报告，并将报告转呈给了当地政府。

2. 综合顾问服务报告示例（目录）

东禾化肥集团顾问服务报告（目录）

卷一　《东禾化肥集团发展战略》研究报告

总报告

1. 研究目的及东禾概况
2. 新东禾集团竞争优劣势分析
（1）企业状况
（2）新东禾集团组建的协同效应
（3）收购千岛乙烯的价格及财务影响
（4）新东禾集团的竞争优劣势分析
3. 新东禾集团未来市场定位
4. 新东禾集团达到目标的方案选择
5. 方案实施后的效果预期及竞争对手的可能反映
6. 保证方案成功实施的举措与策略
7. 新东禾集团及华成集团对化学工业行业的影响及建议

报告一　化肥和乙烯行业研究

一、化肥行业研究

1. 国际市场
（1）国际化肥生产消费现状及趋势
（2）世界化肥市场需求预测
（3）国际化肥价格
（4）进口化肥竞争力分析
（5）国际化肥企业成功的经验
2. 国内市场
（1）国内化肥生产及消费现状
（2）国内化肥需求预测

（3）国内化肥价格

（4）主要化肥生产企业的竞争能力分析

（5）国家有关肥工业的发展原则和政策措施

（6）主要原材料的需求和市场趋势

3. 影响我国化肥工业发展的因素

（1）化肥超量进口因素

（2）加入 WTO 因素

4. 化肥工业发展趋势分析及判断

二、乙烯行业研究

1. 世界乙烯工业的现状及发展趋势

（1）世界乙烯的生产及消费现状

（2）乙烯工业及衍生产品的消费及市场走势

（3）世界乙烯工业发展趋势

（4）乙烯主要原料结构及市场走势

（5）主要竞争对手分析及扩建计划

2. 中国乙烯工业

（1）中国乙烯工业现状分析

（2）中国乙烯及乙烯衍生物市场走势分析

（3）主要原料的需求结构及市场走势

（4）乙烯工业发展规划

（5）影响我国乙烯企业市场竞争力的因素分析

（6）中国乙烯工业未来 20 年发展与判断

报告二　东禾集团经营及发展研究

1. 东禾集团基本情况

（1）概述

（2）产品结构和生产能力

（3）产品市场

（4）原料

（5）技术水平

（6）财务状况：主要指标完成情况

（7）发展潜力

2. 经营的技术经济评价

（1）资产结构和效益分析

（2）产品成本构成及分析

（3）竞争状况

3. 存在问题及解决方案

（1）装置节气、节能、增产改造

（2）化肥品种的结构调整

（3）衍生品的深加工改造

4. 构建企业可持续发展的核心优势的方案

（1）核心优势及成长性分析

（2）经济可行性

（3）对竞争优势的影响

5. 东禾集团未来 20 年发展规划

（1）规划目标及项目进展情况

（2）发展规划

6. 实施发展规划的措施

（1）资金筹措措施

（2）技术保证措施

报告三　千岛乙烯经营及发展研究

1. 千岛乙烯现状分析

（1）基本情况

（2）生产经营情况

（3）财务情况

（4）原材料供应情况

2. 千岛乙烯主要产品市场环境及前景分析

（1）市场现状

（2）目标市场分析

（3）价格走势

（4）市场竞争力分析

3. 千岛乙烯经营情况评价

（1）乙烯技术经济比较

（2）国内同业主要财务指标分析

（3）乙烯成本构成分析

（4）产品售价与国内外价格比较

（5）库存量变化及影响因素

4. 千岛乙烯在中国乙烯工业中的地位及竞争力分析

（1）千岛乙烯在中国乙烯工业中的地位

（2）竞争优势与劣势

（3）可持续发展条件

（4）达到规划目标的竞争手段

5. 千岛乙烯存在的问题及解决方案

6. 千岛乙烯发展战略目标及发展规划

（1）发展规划的指导思想和原则

（2）战略目标、发展规划及实施计划

（3）规划实施效果预期

报告四　对东禾化肥集团收购千岛乙烯公司的分析评价及发展前景分析

　　1. "收购"的分析与评价

　　（1）"收购"综述

　　（2）"收购"的动因与效果分析

　　2. 新东禾集团发展前景分析

　　（1）新东禾发展规划设想

　　（2）新东禾核心产业分析

报告五　华成集团简要评价

　　1. 华成集团组建动因分析

　　（1）华成集团的组建过程

　　（2）华成集团组建的必要性和意义

　　2. 华成集团的组织结构和管理体制

　　3. 华成集团组建的协同效应

　　（1）华成集团组建对新东禾集团的关联影响

　　（2）集团所属企业的特点分析

　　（3）集团所属企业的产品结构现状

　　（4）组建华成集团的目标

　　4. 华成集团核心产业链的构造与发展规划设想

　　（1）华成集团主导产业的形成

　　（2）华成集团的规划设想

　　（3）华成集团的发展框架

　　5. 华成集团组建对河北省石化工业的影响

报告六　河北省化学工业重组发展以及新东禾的机遇

　　1. 河北省化学工业概况

　　（1）化学工业在河北省工业中的地位

　　（2）河北省化工产业结构现状

　　（3）近几年河北省化工国企改革、重组情况

　　2. 河北省化工行业市场概况及资源配置

　　（1）化肥的生产量及消费量

　　（2）河北省化工资源配置现状

　　3. 河北省化工国有企业改革和产业重组设想及其影响

　　4. 结论概要

报告七　公司财务状况及经济效益分析评价

　　1. 东禾集团

　　（1）现状分析

　　（2）国内同业主要指标分析

　　（3）规划方案经济效益分析

　　（4）财务状况与经济效益预测

2. 千岛乙烯

（1）现状分析

（2）国内同业主要指标分析

（3）规划方案经济效益分析

（4）财务状况与经济效益预测

附录：东禾集团和千岛乙烯财务分析报告

报告八　东禾集团资本经营战略研究

卷二　建议与方案

建议与方案一　河北省石油化工行业发展建议报告

1. 石油化工国内外发展情况及在河北省的地位

2. 河北省进行石油化工产业重组的做法、成效及经验

3. 意见与建议

建议与方案二　东禾集团项目重组方案

建议与方案三　千岛乙烯 36 万吨改扩建项目筹融资方案

建议与方案四　千岛乙烯扩能方案比较

建议与方案五　千岛乙烯外债风险管理方案

1. 公司现有外债结构及余额

2. 公司外债所面临的风险

3. 当前外汇市场走势分析

4. 市场上可选择的避险工具

5. 初步建议

六、正式建立合作关系

银行与客户是否真正建立了合作关系，关键要看是否具备了合作关系必备的条件。条件主要包括：双方签署了合作协议书及其他相关合同文本；客户经理（及银行的有关领导）与目标客户的法人代表（或有关负责人）建立了良好的个人感情关系；客户在本银行开立了基本账户或专用账户；银行与客户建立了全方位、基于科技手段的互相依存关系；客户大量、连续、持久地使用本银行金融产品及服务，银行既能满足目标客户的现实金融需求，又能引导目标客户的潜在需求，即建立了忠诚客户关系。

七、合作关系的定期评价

与客户通过产品提供建立合作关系后，客户经理应定期对客户进行价值评价，以确定下一步的营销方向，尽可能多地从该客户身上获取收益。如果该客户价值基本丧失，客户经理应考虑在适当时候退出，对自身所掌握的客户进行结构调整。

表 13-5 客户价值分析表

客户名称： 日期：

社会效益				
第一年与本行合作情况	业务品种	金额	占所有银行业务的比重	情况分析
	存款			
	贷款			
	客户信用评级			
	授信额度			
	人民币结算量			
	国际结算量			
	利差收入			
	中间业务收入			
	累计净收入			
	交叉销售1：			
	交叉销售2：			
	客户业务紧密度	产品数量		
第二年与本行合作情况	存款			
	贷款			
	客户信用评级			
	授信额度			
	人民币结算量			
	国际结算量			
	利差收入			
	中间业务收入			
	累计净收入			
	交叉销售1：			
	交叉销售2：			
	客户业务紧密度	产品数量		
与本行合作历史简要回顾				
客户自身发展趋势分析	行业状况		区域情况	
	财务状况		管理情况	
	经营情况		简单总结	
在本行发展战略中的地位				

注：对于与本行尚无业务往来的客户，可不填写"前年、去年与本行合作情况"部分。

表 13－6 客户年度合作评价表

客户名称：　　　　　　　　　　　　　　　　　　　日期：

客户级别		与本行合作年限		客户信用评级		
与本行合作情况	业务品种	金额	比上一年度增加（或减少）	本行在客户与银行合作业务总额中的占比		原因分析
	存款					
	贷款					
	承兑汇票					
	贴现					
	其他 1					
	其他 2					
	其他 3					
	交叉销售 1					
	交叉销售 2					
客户对本行贡献度（单位：百万元）	利差收入		中间业务收入		累计净收入	
	简要评析					
合作总体评价	对本行产品是否满意			对本行服务是否满意		
	对本行提出了哪些新的产品需求			综述：		
	存在主动营销/交叉销售哪些产品的机会					
下一年与该客户合作的计划与建议	今年对客户拜访频率			明年计划对客户拜访频率		
	为扩大业务合作需要银行提供的资源					
	明年拟采取的营销措施					

第十四章

客户关系的维护

能向客户提供服务意味着双方合作关系的正式建立。如果要想使这种关系持续下去，就必须不断地加以维护，即对客户的决策者、组织机构、业务进展和银行的全部销售努力以及双方的合作进展进行全程监控。另外，现有的客户是最好的广告，能有效地扩大客户经理的客户源。总之，应像培育客户那样重视客户关系的维护。失去一个客户比获得一个客户更容易。

客户关系的维护主要是对核心业务的维护，当然必须附之于附加产品及人际关系的维护。维护的目标在于保持和扩大这种合作关系，并建立对银行和客户都有益的长期稳定的合作关系，获得双方合作基础上的最大利益。由于每位客户经理负责的客户有很多，客户经理不能平均分配精力来维护每一位客户，客户经理应重点维护那些对银行来讲十分重要的客户，包括那些对银行服务很满意的客户、业务量很大的客户、合作期限较长的客户及难以打交道的客户。

第一节　维护客户关系的基本方法

一、追踪制度

追踪工作的目标是保证并提高客户使用银行产品的满意程度，维护银行与客户关系的正常化及其稳定和发展。具体策略有：

（1）向客户提供有用的各种信息，包括客户产品的市场信息、有关的宏观经济信息、新的业务机会及对客户有用的其他信息。

（2）提供产品过程中讲求质量、效率，力求让客户满意。

（3）通过电话、书信等途径与客户保持沟通。

（4）随时将银行业务开展及内部管理方面的最新进展告知客户。

（5）在每次追踪活动结束后尽快更新原有的客户记录。

（6）推动客户经理间关于客户服务的交流活动。

（7）对客户的决策者、财务结构、运行状态进行监测，并及时作出反应。

（8）根据客户的日程安排追踪活动。

（9）让客户得到心理上的满足，客户经理应既会做事，也会做人。

二、电话或邮件维护

电话或邮件维护是最常见和成本最低，同时也是最难将追踪活动转化为值得记忆的体验的一种追踪方式。具体策略有：

（1）在拜访刚刚结束不久就打电话或发邮件给客户，或表示感谢，或询问一些问题。

（2）强调个性化，如提供一条能引起客户注意并激起兴趣的信息，以便给客户留下深刻的印象。

三、温情追踪

每个人都喜欢别人的感谢，客户经理要让客户知道你感谢他们，最常用的方式就是通过打电话或写短信来表示感谢。温情追踪的要义在于让客户意识到你在感谢他。在表示感谢的时候应特别注意用语。

四、产品跟进

客观上不存在永远忠诚的客户，只有依靠高质量的产品服务和必要的感情维系，才能保证客户不丢失。具体策略有：

（1）承诺的服务坚决履行到位，如遇特殊情况导致有的产品服务跟进不上，客户经理必须主动向客户说明情况，取得客户谅解。

（2）不仅向客户提供协议中规定的产品服务，客户经理还应围绕客户的新需求，动用自身及银行所有资源，尽力创造新的金融产品。有时遇到对客户有用的信息或有了一个好的想法，客户经理都应及时通报给客户。

五、扩大销售

扩大销售指的是向现有客户提供另外的银行产品或服务。当银行推出新产品或有新的服务举措时，客户经理应及时通报给现有客户。具体策略有：

（1）通过开发那些提高业务一体化和客户便利程度的产品来扩大同客户的合作范围。

（2）客户经理应当了解每件新产品是如何实施的，了解哪一件新产品适用于该客户。

（3）当某种银行服务获得客户认可后，再适时提出新的服务品种。

六、维护拜访

维护拜访是对现有客户的再拜访。具体策略有：

（1）拜访前应参考过去的拜访报告、客户卷宗、前次拜访的记录以分析和评估与客户的现有关系。

（2）维护访问中应注重发现新的问题，因为新问题往往意味着新的机会。

（3）在访问时，应征询客户对使用银行产品的满意程度及对前一时期双方合作的看法。

（4）访问将近结束时，与客户约定下次见面的时间。

（5）加大拜访的频率。

七、机制维护

通过建立银行与客户间的双向沟通机制来维护双方的关系即为机制维护。具体策略是客户经理在做好自身对客户维护服务的同时，应注意做好本银行高层与客户高层的协调、交流工作，由此建立一个双方关系的维护机制。

八、差别维护

客户经理针对产品服务的性质内容、客户类型等确定维护重点。对重点客户、典型客户进行重点维护，做到急事急办、特事特办、易事快办、难事妥善办。对一般客户、普通客户进行一般维护。在采用此法进行维护时，重点要考虑银行产品服务的特性：存款的维护重点在于安全及收益最大化，顾问服务重点在于能给客户带来启迪与收益，而贷款则讲求资金到账速度等。同时注意为客户提供其他银行目前尚不能提供或虽能提供但本银行仍有差别优势的金融产品。

九、超值维护

超值维护即是向客户提供超出其心理预期的、具有人情味的服务。具体策略有：

（1）让客户体会到银行所提供服务的文化品位，使其感到与众不同。

（2）加重对客户的感情投资，在常规的金融维护之外，关注并随时解决客户日常生活中遇到的问题。

（3）依靠集体的氛围、个人的敬业精神、高超的业务技能、良好的修养与文化素质感召客户。

（4）开展知识维护，提升服务档次，运用新知识、新产品赢得客户尊重。

（5）记清客户的重大节日及主要负责人的生日，到时候应有所表示。

（6）注意同客户的感情维系。

十、招待宴请客户

宴会有正式宴会、便宴、中餐宴会、西餐宴会、欢迎宴会、答谢宴会、饯行宴会等多种形式。客户经理根据需要可组织不同形式的宴会，比如，针对刚接受银行服务的客户，可组织欢迎宴会；针对银行的现有客户，可组织答谢宴会；如果客户负责人高升，则可组织饯行宴会。

客户经理组织宴会，需注意：

（1）确定宴会的目的与形式，并根据目的决定邀请什么人、邀请多少人，并列出多少人，注意主宾对等。

（2）宴请时间不应与客户的工作、生活安排发生冲突，要尽量避开客户的禁忌日。

（3）宴请地点视交通、宴请规格、客户喜好而定。

（4）提前 1～2 周制作请柬，发出邀请。即使是便宴，也要事前几天打电话告知。

（5）宴会规格根据出席者的最高身份、人数、目的等因素确定。确定规格后，选择饭店并与饭店人员共同拟好菜单。

（6）按尊卑位次安排席位。安排多桌宴会时，要确定主桌，并根据离主桌的远近安排尊卑位次。每张桌上的人员安排一般以 10 人为限。

（7）宴请当日，客户经理应在门口迎接，并引领至宴席上。重要人物，还要先引领至会谈室或休息室。

十一、联谊活动

联谊活动包括与客户共同举办联欢会、邀请文艺团体为重要客户举办专场文艺晚会、向重要客户赠送某场晚会门票等。如果是双方共同举办，应确定联欢主题、时间、场地、节目、主持人并在正式活动前进行若干次彩排。

十二、安排客户参观自己所服务的银行

安排客户来参观有利于客户更好地了解自身服务的银行。客户来参观，应重点做好以下准备：准备好宣传用的小册子；放映视听材料；引导客户参观，选择好参观路线；安排好参观过程中的休息事宜；分发纪念品；征求客户的意见。

第二节　强化同客户的合作关系

一、完善制度

（一）建立《客户名册表》，对不同的银行客户实行差别对待

不同客户对银行的意义有所不同，客户经理应根据业务开展情况及客户对银行的重要性来对客户进行重要性排序，并将客户级别记入客户名册表中。

表 14－1　客户名册表

客户名称	客户地址	联系人及联系方式	存款额（万元）	贷款额（万元）	非风险业务开展情况	合作关系评价	业务合作方向	改进合作关系建议	客户重要程度	档案编号

（二）建立客户经理一日工作报告制度

为使维护工作有条不紊地进行，应建立客户经理一日工作报告制度。在每天开始，

客户经理都应做一下时间规划，确认哪些是首要任务，哪些是次要任务，哪些是相对而言不太重要的事务，准备拜访哪几位客户，准备取得什么效果。为保证首要任务能高效地完成，客户经理应根据事务的重要和紧急程度安排处理的时间。在每天工作结束时，客户经理应该扪心自问如下问题：

（1）我今天拜访了几位客户？

（2）我今天达到或超过制定的目标了吗？

（3）我实际投入的时间和计划使用的时间一样多吗？

（4）我浪费了多长时间来处理与工作无关的事情？

（5）明天我将如何改进工作？是再度跟进，还是决定放弃？

二、发现不良征兆

客户经理要善于发现影响客户关系的征兆，并及时加以修补。客户关系产生裂痕的征兆主要有：

（1）客户经理喜欢与客户争辩，而且总想辩赢对方。

（2）客户经理按照自己的价值观去判断客户且付诸实践。

（3）征求客户的意见却又不采纳，并被客户知晓。

（4）多次指出客户的缺点甚至不足，引起客户的反感。

（5）只讨好对自己有帮助的人，对客户方的其他人员不热情。

（6）当对自己有帮助的人已无利用价值时，碰面时也会设法避开。

（7）不喜欢与自己意见不合的客户碰面及交谈问题。

（8）客户经理因为自己有事而变更约定时间却不向客户解释、道歉。

（9）客户有困难，但这些困难只要与自己无关系就设法回避。

（10）为人处世表里不一且为客户发觉。

（11）同客户见面的间隔时间拉长、次数变少，且客户变得不热心。

（12）接到客户的抱怨。

（13）听到客户已开始与其他银行接触的消息。

三、掌握银行同客户的业务往来情况

作为客户关系维护的基础资料，客户经理应能及时掌握银行与客户的业务往来情况。

四、提高客户对银行服务的满意度

维护客户关系的一个重要的方面是提高客户对银行服务的满意度。客户的满意度是与客户对服务的期望值联系在一起的，当客户得到的服务超过他的期望时，就会感到满意，否则就会感到不满意。当客户的不满意逐步增大时，将会威胁到银行同客户的合作关系。客户的不满意有时不会直接提出来，有时则会通过投诉或不再使用银行产品的方式向客户经理提出来。对第一种情况，客户经理可通过定期拜访客户的方式对客户的不满进行了解，即通过向客户询问对某项维护的感觉及为什么满意或为什么不满意来获得答案。由于客户一般不愿谈出真实感受，故应讲求询问的方式方法。对第二种情况，客户经理必须协调银行内部有关部门对投诉尽快作出恰当反馈。

表 14 - 2　银行与客户业务往来情况表

年　月　日　　　　　　　　　　　　编号：

户名： 客户级别：	是否将基本户开在本银行： 客户的其他往来银行：	
往来 账户	账号	
	结算量	万元
	存款量	万元
	贷款量	万元
	本银行账户往来业务量占其整个业务量的比重	％
贴现	累计贴现量	万元
	本银行贴现业务占其贴现业务总量的比重	％
国际 结算	累计国际结算量	万美元
	其中：结汇	万美元
	售汇	万美元
	本银行国际结算量占其国际结算总量的比重	％
信用卡	信用卡平均存款每月余额	万元
	商户 POS 机流水	万元
	本银行信用卡业务占其信用卡业务总量的比重	％
其他	其他业务量	万元
业务量 评价		

客户的满意度分为对客户经理的满意度和对银行业务的满意度两种情况。客户经理对这两种形式应区别对待。对客户经理来讲，要给客户提供超过其期望的产品和服务，取悦和震惊自己的客户。

五、恰当处理客户的抱怨

客户对银行提出抱怨，表明双方的合作关系已经出现明显裂痕。客户经理对此必须予以高度重视。客户的抱怨内容及银行对此的处理结果均应填入专门表格中，作为档案备查，也为了保证今后客户不再出现类似抱怨。

表 14 – 3 客户抱怨及处理记录卡

客户名称：

投诉客户名称		投诉客户联系方式	
投诉受理日期		投诉受理人	
发生时间	年　月　日	解决时间	年　月　日
抱怨内容：		原因与经过：	
对策与结果：		备考：	
		客户经理签字： 年　月　日	

表 14 – 4 客户投诉统计表

投诉		客户名称	投诉内容	责任划分	处理方式	客户反映
编号	日期					

在处理客户抱怨、纠纷的过程中及处理完毕后，客户经理都应遵守一些行事准则，主要有：

（1）应让客户产生这样一种感觉：客户经理在认真对待而不是敷衍客户提出的各种抱怨，并且抓紧对这些抱怨进行事实调查，没有采取不负责任的态度，也未拖延时间。

（2）不对客户说"责任不在我"一类的话，以"客户总是有理的"作为基本原则。给客户以充分的道歉，因为道歉并不意味着客户经理错了，重要的是如何解决问题而不是让问题蔓延。应向客户解释，你已了解了他的问题，并请他是否确认。要善于把客户的抱怨收集起来。

（3）站在客户的立场上看待客户提出的抱怨。让客户发泄，自己闭口不言、仔细聆听，但不要让客户感到是在敷衍。

（4）在未证实客户说的话不真实之前，不要轻易下结论，不责备客户总比责备客户好一些。即使责任出在客户一方，也不可抨击客户及客户方的相关责任者，不能对客户表露出不满，应对客户的抱怨采取宽宏大度的态度。客户有时候会省略掉一些他认为不重要但实际十分重要的信息（当然有些信息客户也可能是故意隐瞒），客户经理应该能够判明：当时的实际情况是什么，客户需要的到底是什么，客户对品质评判的标准是什么等。

（5）要向客户提供各种方便，尽量做到只要客户有意见，就让他当面倾诉出来，同时善于发现客户一时还没有表示出来的意见和不便提出的问题。

（6）不要向客户做一些不能兑现的保证，也不要作出不切实际的许愿，以免在今后的交往中引发更大的纠纷。

（7）当客户正在气头上时，客户经理唯一要做的就是保持冷静，不要再刺激客户以免引发更大的怒气。当客户气消后，要征询客户的意见；如果客户经理提出了解决方案，客户经理应征求客户对该方案的意见。

（8）对帮助解决不满与纠纷的相关者表示感谢。感谢不光表现在口头上，更要落实在行动上，比如送些小礼品、经常打个电话、抽时间上门拜访一次等。

（9）事后不对处理决定提出评判性意见，不同意见应在解决之前提出。

（10）以和过去相同的方式拜访客户，对曾经让自己碰钉子的客户也不要躲避。

（11）绝对不让同样的抱怨、纠纷问题再次发生。

（12）将已发生的客户抱怨、纠纷问题作一总结，避免今后再发生类似的错误。

（13）即使事情过去很久也不可掉以轻心，应时时牢记在心。

（14）加强对客户的主要决策者、组织机构、管理体制、经营状况和财务状况的动态监控。

（15）及时向银行风险控制部门提出产品变更建议，建议可以是扩大销售，也可以是减少或停止产品提供。

六、强化同客户的合作关系

客户经理不光能被动地处理抱怨，更应主动地强化同客户的关系。

表 14 - 5　客户维护访问计划安排

客户级别	客户名称	访问频率安排（次/每年）	拟拜访人员
核心客户			
重点客户			
一般客户			
目标客户			

表 14 - 6　强化客户关系计划卡

客户名称								
客户内部关系人	客户竞争潜力				强化对策			
	推动的影响力	竞争银行	竞争银行关系人及职务	与客户内部关系人的关系	强化负责人	访问频率（次/季度）	强化策略	检查对策
董事长								
副董事长								
总经理								
副总经理								
部长								
副部长								
外围关系人								
其他关系人								

注："与客户内部关系人的关系"指竞争银行的关系人与客户内部起主要推动力的关系人的关系，如亲戚、朋友、有相同爱好、家属等。

七、经常检查自己的行为

为保证客户关系不受损害，同时也为了提高自己维护客户关系的水平，客户经理应对自己的行动经常进行检查。检查内容如下：

（1）是否只是拜访特定的客户，且超过必要的拜访次数？

（2）在客户处停留的时间是否过久，以至于影响到客户的心情乃至工作？

（3）用电话就可解决的事情是否也故意登门拜访？

（4）该拜访的客户，很少拜访；不必经常拜访的客户，却频频拜访？

（5）是否拟订拜访客户的计划，同时努力按计划进行？

（6）对客户拜访前，是否明确了拜访目的？

（7）是否只拜访距离较近或接待态度较好的客户？

（8）和客户主要决策人洽谈的次数占同该客户总洽谈次数的比重？

（9）客户拒绝后是否再拜访过？

（10）会不会觉得拜访客户是很沉重的负担？

（11）本次拜访是否比上次拜访更有成效？

（12）自己负责的客户数量是否减少？

八、维护客户关系的其他技巧

（1）管理不同客户的差异，塑造客户恰当的期望并从细微之处满足客户的期望。

（2）用尊重的态度对待客户，站在客户的角度思考问题，帮助客户解决现实存在的问题。

（3）与客户通过业务联系逐渐发展成朋友关系，不能仅仅停留在业务联系层面上。

（4）用公平而非最低的价格向客户提供银行的产品与服务。

（5）节约客户的时间。

（6）尽早消除客户不好的体验和感受，将客户愉悦的感觉细分，以拉长使客户愉悦的时间；同时将客户不悦的感觉整合，以缩短客户不悦的时间。

（7）追求付出和获得之间的平衡，不能要求客户对银行友好、忠诚以及尊敬的同时，却没有回报给客户相应的友好、忠诚以及尊敬。

（8）产品满意度与生活满意度密不可分，客户经理应该双管齐下，"走进客户的生活"。

第三节　加强客户风险的管理

一、管理客户风险的基本原则

客户风险管理是指通过获得客户预警信号，发现客户存在的潜在或显在的问题，及时采取相应对策，最大限度地维护银行的利益及银行同客户的合作关系。

（1）动态全程而非静态间断。当对目标客户开展营销工作时，风险预警与监控工作也就开始了。客户风险预警与监控工作贯穿客户拓展工作的全过程。尤其在合作关系建立后，客户经理更应密切关注客户出现的各种预警信号，以确保银行资产的安全及客户关系的健康发展。

（2）对客户综合风险进行预警监控，而不是对单一产品风险进行预警监控。客户风险有产品风险、技术风险、竞争风险等多种表现形式。客户经理对客户风险的管理应涵盖各种风险表现形式，而不是对某一种单一风险的管理。

（3）由被动的事后监控变为主动的事先防范和事后监控相结合。

二、客户风险的处理策略

（1）风险预防。是一种积极的风险处理方式，它是通过识别、分析和消除可能导致客户风险发生的各种直接因素和间接因素，达到防患于未然的目的。

（2）分散风险。是将风险分散到彼此独立，关联度较小的不同性质、不同类别的业务上，或不同特点的业务品种上。包括资产种类分散、行业分散、地区分散、资产质量分散等。

（3）消减风险。即采取适当的措施来减少风险的损失，乃至消除风险。例如，针对客户可能面临的利率风险和汇率风险，银行可帮助客户通过期货交易、期权交易、互换交易（货币互换和利率互换）、无期限协议及套期保值等交易方式来消除和减少风险。

（4）摆脱风险。就是与风险有关的各个方面完全摆脱关系，与高风险客户完全脱离关系，不再与高风险客户打交道。

（5）关注风险。在风险爆发之后，加强对风险因素的关注，注意事态向不利方向变化的信号，在风险扩大之前尽早采取预防措施，防止事态进一步恶化。

（6）转移风险。是通过一定的交易方式和业务手段，将风险尽可能转移出去。例如，客户从事证券投资业务时存在市场风险，银行可提醒客户可能存在的风险，并帮助客户通过证券交易将其所持的证券资产转化为货币资产，从而将客户面临的市场风险转移到交易市场内的其他公司。从理论上讲，风险转移的方式有追加担保、保险、转移、期货与期权等。

三、建立客户风险管理机制

（1）建立客户档案。通过接触客户，收集和整理客户信息，建立起完备的客户档案，为银行提供分类研究客户风险的最为直接、可靠的资料，使银行能够在进行售后服务的同时对客户进行连续的动态监控。

（2）把握客户需求的变化。及时把握客户需求的变化，包括客户对新产品需求的变化、对风险规避需求的变化等。在客户提出风险规避需求时，银行有责任帮助客户对面临经营的风险进行诊断分析、确定风险标的，并对风险可能带来的损失进行量化的确定和识别，从规避风险的方案中择优选定出最佳策略。

（3）建立客户风险管理责任制度。根据市场经济的规律和利益驱动的原则，银行内部实行责权明确、合理确定职能的客户风险管理奖惩责任制，使防范与化解客户风险由外在压力的强制要求，变为内在利益驱动追求的目标。

（4）建立信息与风险研究机构。利用银行各方面人才集聚的优势，建立专业化的信息与风险研究机构，针对客户的基本情况，协助客户经理帮助客户分析市场状况、把握行业竞争的总体态势，做客户的市场顾问，帮助客户预见、规避和化解风险。

四、识别客户风险预警信号

（一）外部环境因素预警信号

（1）所在行业或地区出现整体性衰退。

（2）出现重大的技术变革，影响到行业的产品和生产技术的改变。

（3）政府出台限制行业发展的政策。

（4）经济环境发生变化，出现经济增长乏力或地区出现金融动荡。

（5）国家产业、货币、税收及进出口等宏观政策发生变化。

（6）地区投资环境日趋恶化。

（7）自然灾害或社会灾害影响到客户运营。

（8）行业内产品积压日益严重。

（二）财务因素预警信号

（1）不能及时报送财务报表。

（2）应收账款增加过快，或回收速度突然放缓。

（3）长期债务或短期债务大量增加。

（4）成本上升或利润下降。

（5）投资项目出现亏损。

（6）所持证券大幅度贬值。

（7）现金大幅减少，净现金流量出现负数。

（8）所有者权益或销售收入降低 25% 以上。

（9）销售收入连续两年减少，且逐年降幅超过 15%。

（10）与上一年或竞争对手相比，税前利润降低 5%。

（11）资本金没按比例到位，到位率小于 70%。

（12）营运资金大于年销售额的 75%。

（13）贷款担保人财务或其他方面出现问题。

（14）产生金额重大的营业外收支。

（15）应收账款与营业收入的变化比例明显不一致。

（16）以存货做担保品。

（17）关联企业的应收款项占比过大。

（18）过分依赖于少数大客户。

（19）突然改用其他会计政策。

（20）过于频繁的长、短期投资买卖。

（21）不恰当地确认投资损失。

（22）以明显不恰当的对价进行交易。

（23）与关系人的股权买卖过于频繁。

（24）折旧计提方式突然改变，折旧年限或摊销年限不适当。

（25）固定资产的大幅增加或减少。

（26）固定资产的增加与减少和产量的变化不相适应。

（27）无形资产占总资产比例过高。

（28）无形资产的取得成本不合理。

（29）营业收入增长与产业整体变化明显不符。

（30）非主营业务收入占比过大。

（三）经营管理因素预警信号

（1）出现停产、半停产或经营停滞状态。

（2）业务性质、经营目标或习惯做法发生变更。

（3）主要业务数据呈现出不良的变动趋势。

（4）向不熟悉的领域拓展业务，或开始在不熟悉的地区开展业务，贪大求多。

（5）不能适应市场变化或顾客需求的变化，产品积压严重。

（6）产品品种缩减，呈单一化发展态势。

（7）市场份额下降，顾客抱怨增多。

（8）存货突然增加。

（9）对存货、生产和销售的控制能力下降。

（10）对一些客户或供应商过分依赖。

（11）重要客户或供应商破产，其经济效益发生很大变化。

（12）客户主要产品价格比前一年降低 20% 以上。

（13）原材料采购量下降。

（14）生产能力利用率下降或小于60%。

（15）工厂因不正常原因停产1个月。

（16）客户的分支机构发生调整，出现不合理情况。

（17）收购是出于改变财务结构，或只为控制更多资源，不是为巩固核心业务。

（18）出售、买卖主要的生产经营性固定资产。

（19）厂房、设备很久没有更新维修。

（20）项目建设工期延长，或处于停缓状态，或概预算调增。

（21）产品质量或服务水平出现下降。

（22）主要管理人员发生改变。

（23）组织形式发生变化，如租赁、分立、承办、并购、重组、联营等。

（24）管理层对外部环境反应迟缓。

（25）高级管理人员之间出现分歧和争论，或不团结。

（26）最高管理层不讲民主，听不进不同意见。

（27）管理层品行低下，缺乏修养，投机思想严重。

（28）管理层出国考察不断，桃色新闻频出。

（29）管理层注重个人享受、喜欢赌博，或经营资质太差。

（30）进行股份制改造或进行企业再造。

（31）办公室过于豪华，或贸然购建办公大楼。

（32）业务会议剧增。

（33）职工怨言增多。

（34）员工更新过快或缺员严重，中层管理较薄弱。

（35）企业资源与其业务规模不成比例。

（36）缺乏发展战略规划，或虽有规划但没有实施，或无法实施。

（37）管理层结构匹配不合理，如生产管理者多而市场拓展者少。

（38）股东、关联企业或母子公司发生了重大的不利变化。

（39）对银行态度发生变化，即突然变得过分冷淡或过分热情。

（40）突然更换法律顾问、会计师事务所，对当前的注册会计师有不满言行。

（41）向其他银行的服务请求被拒绝。

（42）在银行的存款余额或结算量持续下降。

（43）突然接到多家银行的资信咨询调查。

（44）其他银行对客户信用评级降级，或其他银行对此客户贷款急剧减少。

（45）从非银行金融单位借款显著增加。

（46）在新的银行或其他金融机构开立账户。

（47）突然提出大量资金需求。

（48）开始欠付本息。

（49）发生灾难性事件。

（50）新闻媒介披露其有不良行为。

（51）和某破产企业关系密切。

（四）道德风险预警信号

（1）提供虚假财务报表，隐瞒重大财务变动情况，提供虚假证明材料和资料。

（2）在其他金融机构存有因道德问题的违约记录。

（3）为获取贷款，随意承诺银行贷款条件而不兑现。

（4）借款单位法人代表、财务主管无还贷意识，对银行收贷人员态度恶劣、推诿、躲避、不予配合。

（5）对银行下达的贷款催收通知书不理睬、不回执；还款资金不列入企业年度还款计划。

（6）隐瞒或转移利润，用于投资或其他工程项目，而不归还银行贷款。

（7）企业利润先用于股东分红，而拖欠银行贷款本息。

（8）在财务费用已计入成本，企业又不亏损的情况下，拖欠银行贷款利息。

（9）已计提折旧，但不归还银行贷款本金。

（10）违反财务制度，快速计提折旧，用于其他工程项目，而不归还银行贷款。

（11）在销售收入没有明显增长的情况下，管理费用等成本支出不正常大幅度增长，而不归还银行贷款本息。

（12）违反财务制度，大量计提公益金等各种福利基金，而不归还银行贷款本息。

（13）工资、奖金超过行业、地区平均标准，企业经营中挥霍浪费，而不归还银行贷款本息。

（14）在资产经营活动中，发生产权变动却不按合同约定向银行通报，造成银行债权悬空。

第四节 重视对客户关系的管理

客户关系管理（即 CRM）是一种旨在改善银行与客户之间关系的新型管理机制。它基于以客户为核心的营销理论，通过围绕客户细分、服务流程再造、满足和深入挖掘客户个性化及潜在的业务需求、连接客户上下游等手段，对客户资源和与客户的交互过程实施管理。客户关系管理的核心与关键是做好银行和客户间关系的协调与管理。

客户关系管理的目的有二：一是通过规划、开发和运行客户关系管理系统，实现客户关系管理的 IT 智能化，全面提升银行对客户的服务水平，巩固已有客户，吸引更多的新客户，提升客户对银行的信任程度，增加客户的利润贡献度，增强银行的综合产出能力和整体的市场竞争能力，形成一批稳定的优质、基本客户群体。二是培养客户经理以客户为中心，以风险为基础，交叉销售银行多种产品和服务的能力。

由于全面的客户关系管理系统是建立在银行各种业务基础数据平台上的，涉及行内包括市场营销部门、业务处理部门、专业管理部门及管理层在内的各个方面，实施的广度、深度、难度较大，不可能一蹴而就。考虑到目前国内银行界尚无成功的客户关系管理案例，为顺应变革、加快建设，应本着先简后繁、先易后难、先广度后深度、先人工后智能的原则，分步骤实施银行的客户关系管理战略。首先是通过建立客户关系管理档案，逐步搭建起一体化、面向客户关系与过程管理的公司业务作业平台，实现客户经理对客户的管理，管理人员对客户经理的管理，银行对客户、产品与营销行为的管理，形成分行对支行、总行对分行的全行一体化集约管理。

一、客户关系管理档案内容设计的出发点

（1）按照简单实用的原则设计客户关系档案内容，档案能够提供必要的流程信息，反映相应的管理要求，实施有针对性的差异化客户服务。

（2）从档案记录中能够发现黄金客户和潜力客户，有效管理商机，增加银行收益，避免客户流失；发现、度量、识别客户潜在风险，避免最终风险的形成，并及时退出低价值客户、无价值客户。

（3）为银行产品的营销、整合、创新及市场分析留存系统科学的记录。

（4）利用档案对客户进行系统化管理，保持客户资源的稳定性与营销管理的延续性。

二、客户关系管理档案的种类

客户关系档案是客户经理培育客户的详细记载和历史记录，直接反映着客户经理的工作水平和工作成绩。客户经理应当对客户档案的形成、完整和真实负直接责任，即客户经理及时进行资料整理，负责建档，并按时间先后分门别类加以维护。客户经理还应通过追踪访问等途径及时对客户档案进行更新。

客户经理负责维护的客户档案不仅指文字档案、数据档案，还包括声像档案和电子档案。上一级客户经理或领导可直接调看档案，但均应遵守保密原则。

客户档案包括两个层次：客户个别档案与客户汇总档案。每一位客户的档案都应包括三块内容：客户培育过程档案、客户信息资料档案和产品服务档案。其中产品服务档案主要由产品部门负责，但客户经理应择其主要部分复制后保存。客户汇总档案主要是指客户名册。

（一）客户培育过程档案

（1）年度客户培育计划。

（2）拜访计划与拜访总结。

（3）合作建议书。

（4）作业方案。

（5）强化客户关系的计划。

（6）客户维护访问计划。

（7）客户投诉调查处理资料。

（8）业务开展进度情况。

（9）客户发展建议、筹融资方案、行业发展报告以及客户培育与维护过程中的其他各种有价值的资料。

（二）客户基本信息档案

（1）客户基本信息表及具体调查表。

（2）客户需求资料。

（3）客户财务状况分析资料。

（4）行业与地区评价计分卡。

（5）客户价值评价报告或企业价值评价计分卡。

（6）银行与客户业务往来情况，包括各种交易记录。

（三）产品服务档案

每一种银行产品的档案都有所不同。下面以固定资产贷款为例介绍银行产品档案。固定资产贷款档案主要由借款人材料和担保人材料构成，客户经理可择其主要部分加以复印留存。

1. 借款人资料

（1）固定资产项目立项批文复印件。

（2）《投资许可证》、《建筑许可证》及《开工许可证》的复印件。

（3）国家或各级政府固定资产投资计划复印件。

（4）项目可行性评估报告。

（5）外管局批准借款外债批文复印件。

（6）设备合同或清单复印件。

（7）年检合格的企业法人营业执照复印件。

（8）企业法人代码证书复印件。

（9）法定代表人证明书复印件。

（10）法人授权委托证明书复印件。

（11）法定代表人和委托代理人身份证复印件。

（12）年检合格的贷款证复印件。

（13）近3个会计年度的财务报表和注册会计师审计报告。

（14）企业最新资信等级评估证书复印件。

（15）企业成立批文复印件及企业章程。

（16）借款人决策机构同意贷款的文件复印件。

（17）借款企业变更登记的有关资料。

（18）生产经营许可证和外汇登记证的复印件。

（19）与借款用途相关的购销合同复印件。

（20）进入呆账核销程序的相关资料。

（21）核销贷款损失申请表复印件。

（22）借款人和保证人调查报告。

2. 保证人资料

（1）年检合格的企业法人营业执照复印件。

（2）法定代表人证明书、法人授权委托证明书和企业法人代码证书的复印件。

（3）法定代表人和委托—代理人身份证复印件。

（4）年检合格的贷款证复印件。

（5）近 3 个会计年度的财务报表和注册会计师审计报告。

（6）企业成立批文复印件及企业章程。

（7）董事会或类似决策机构同意担保的决议复印件。

三、客户经理在客户关系档案建立过程中的职责

（1）定期填制、更新档案和及时反映客户需求。客户经理要与客户保持多渠道的充分沟通，在建立和巩固客户关系的过程中需按时填写不同表格。利用档案表格的不同流程模型，尽可能多地记录与客户的各种重要联系，反映客户需求。

（2）及时对档案进行检查、统计分析。客户经理要对客户关系管理档案定期统计分析，进行阶段性总结，对客户关系管理档案中反映出的问题和商机及时响应。对于问题，要马上着手研究解决。对于商机，要调配资源来满足目标客户的需求。如解决不了，要及时向上级反映。客户经理应将后续结果补充记录在档案中。

（3）重视对档案的成果运用。以客户关系管理档案为基础，实现对现有客户资源的合理配置，为不同层次的客户群体提供差别化、特色化服务，使银行对客户的拓展和服务真正实现从所有客户服务的一致性转向重点服务优质客户、高效益客户，逐步优化银行客户的结构，提高银行各项业务的经营效益。

下 篇
学习效果测评

客户经理学习的目的是提高自己的营销实效，而不能为学习而学习，学习从来都是手段而不是目的。本篇从不同侧面给客户经理提供了测评学习效果的方法。在第十五章中，我们为大家提供了98个测试题，供大家巩固自己所掌握的客户经理必备的知识，也可供大家测试自己的知识水平之用。在第十六章中，我们为大家提供了关于票据知识的测试题。我一直认为，票据业务是银行业务中最具活力和创新性的，为此专门整理了票据测试题作为一章。在第十七章中，我提供了若干个企业的资料，客户经理可根据这些资料来编制作业方案。在第十八章中，我们设计了一个"作业效果评估表"，并提供了一个衡量客户经理营销业绩的框架，旨在帮助大家在不断总结自己实践经验的基础上来提高自己的客户拓展技能。

第十五章
基础知识测试

本测试题主要用于考察客户对金融、企业、营销、财会、统计等方面知识与技能的掌握程度。测试题全部为选择题（答案可能有 1 个，也可能有多个）。

第一节　测试题

一、试题范围

本测试题的测试范围包括：①《贷款通则》、《担保法》、《公司法》、《企业破产法》、《商业银行法》、《中央银行法》、《税法》、《城市房地产开发经营管理条例》等法律规章。②企（行）业调查与分析。③企业并购、重组、上市及企业股份制改造知识。④银行信贷风险分类知识。⑤企业管理基础知识。⑥企业集团化发展战略。⑦商业银行经营与管理。⑧中央银行及货币银行学基础知识。⑨算术平均数、调和平均数等统计指标的计算与分析。⑩现代企业制度的内涵及如何组建现代企业制度。⑪企业财务分析及管理知识（主要财务指标计算、筹融资决策等）。⑫新产品构思及产品商业化知识等市场营销知识。⑬市场风险的分类与规避。⑭商业银行的新兴业务。⑮人文社会知识。

二、测试题

1. 下述判断错误的有（　）
(1) 借款人可以用贷款从事股本权益性投资
(2) 借款人可以在一个贷款人同一辖区内的两个或两个以上同级分支机构取得贷款
(3) 借款人争得贷款人同意后，有权向第三人转让债务
(4) 票据贴现不是一种贷款方式
(5) 对借款人的短期贷款申请，贷款人必须在一个月内给予答复

2. 担保方式包括（　）
(1) 保证
(2) 质押
(3) 抵押

（4）留置

（5）定金

3. 可用作抵押的财产有（   ）

（1）抵押人所有的机器、交通运输工具

（2）学校的教育设施

（3）抵押人所有的房屋

（4）依法可以转让的股票、商标专用权

（5）抵押人依法有权处分的国有的土地使用权

4. 在对企业所在行业进行分析时，主要分析（   ）

（1）行业规模结构及其变化趋势

（2）行业技术水平及发展方向

（3）行业产品品种、数量、价格的变化情况

（4）企业的竞争能力

（5）行业在国民经济中的地位

5. 属于反并购措施的有（   ）

（1）提高股价

（2）减少收购行为的财务负担

（3）增加负债

（4）增加股票持有量

（5）出售收购公司拟收购的资产

6. 拟上市公司调小现有股本的方法主要有（   ）

（1）剥离非经营性资产

（2）对资产进行分割

（3）出让部分投资

（4）将资本公积金转增股本

（5）折股处理

7. 收购上市公司并整顿后，再重新挂牌上市。这种上市方式是（   ）

（1）直接上市

（2）买壳上市

（3）借壳上市

（4）分拆上市

（5）间接上市

8. M2 包括（   ）

（1）现金通货＋银行活期存款＋储蓄存款＋单位定期存款

（2）现金通货＋储蓄存款＋短期债券融资＋单位定期存款＋财政金库存款

（3）现金通货＋银行活期存款＋储蓄存款＋商业票据＋财政金库存款

（4）现金通货＋银行活期存款＋储蓄存款＋单位定期存款＋财政金库存款

（5）现金通货＋商业票据＋短期融资债券＋单位定期存款＋储蓄存款

9. 某企业生产一种产品，单价 2 元，单位变动成本 1.20 元，固定成本 1600 元/月，则这种产品的盈亏临界点的销售量为（　　）

(1) 5000 件

(2) 3500 件

(3) 2000 件

(4) 1800 件

(5) 2500 件

10. 某公司 1997 年底销售收入为 3000 万元，销售成本为 2100 万元，年初应收账款余额为 199 万元，年末应收账款余额为 401 万元，则该公司的应收账款周转率为（　　）

(1) 10

(2) 20

(3) 15

(4) 36

(5) 18

11. 借款人如果还款能力出现明显问题，依靠其正常经营收入已无法保证足额偿还本息，那么此贷款至少应划为（　　）

(1) 正常

(2) 关注

(3) 次级

(4) 可疑

(5) 损失

12. 反映借款人长期偿债能力的指标有（　　）

(1) 资产负债率

(2) 负债与所有者权益比率

(3) 利息保障倍数

(4) 流动比率

(5) 存货周转率

13. 以下速动比率计算公式最为精确的是（　　）

(1) 速动资产/流动负债

(2)（流动资产—存货）/流动负债

(3)（流动资产—存货—预付账款—待摊费用）/流动负债

(4)（流动资产—存货—应收账款—待摊费用）/流动负债

(5) 流动负债/（流动资产—存货—预付账款—待摊费用）

14. 按照法约尔的解释，管理活动包含以下含义（　　）

(1) 计划

(2) 指挥

(3) 控制

(4) 协调

（5）组织

15. 我国著名学者李泽厚认为，与西方不同，中国文化的精神是（　），即不谈论、不构想此世间的形上世界（哲学）或天堂地狱（宗教），而呈现为"实用理性"和"情感本体"

（1）罪感文化

（2）耻感文化

（3）乐感文化

16. 有权决定股份有限公司内部管理机构设置的是（　）

（1）总经理

（2）董事长

（3）董事会

（4）监事会

（5）股东大会

17. 在我国，投资银行与商业银行的关系是（　）

（1）受《商业银行法》的限制，商业银行不能从事投资银行业务

（2）商业银行可借助投资银行业务的手段来盘活自身的不良资产

（3）投资银行在开展业务时不需要商业银行介入

（4）投资银行主要从事证券承销、资产证券化、企业并购等业务，商业银行主要从事贷款、存款及结算业务，故两者截然不同

（5）投资银行业务可作为商业银行新的利润增长点

18. 项目负责人在指挥项目小组成员完成某项系统工作时，应该坚持（　）

（1）指明目标的原则

（2）协调目标的原则

（3）统一指挥的原则

（4）激励与约束匹配的原则

（5）不越级指挥工作

19. 对现代股份有限公司总经理可采取的激励手段有（　）

（1）工资

（2）持有公司股票

（3）提供旅游经费

（4）强制性休假

20. 人的需要是分层次的，管理者只有了解被管理者的不同需求，才能调动被管理者的积极性。按照马斯洛的需求层次理论，人的需求按发生的先后次序依次为（　）

（1）生理需要—社交需要—安全需要—尊重需要—自我实现需要

（2）生理需要—安全需要—社交需要—尊重需要—自我实现需要

（3）自我实现需要—尊重需要—社交需要—安全需要—生理需要

（4）生理需要—安全需要—社交需要—尊重需要

21. 为增加权益，发行新普通股票的成本要高于增加未分配利润的成本，原因在

于（　　）

 （1）每股收益可能会摊薄

 （2）承销费用等相关成本大

 （3）现有股东控制权降低

 （4）以上答案全对

22. 对现代商业银行来讲，使用存款人资金比使用股东资金的好处是（　　）

 （1）成本较低，避免交税

 （2）业务风险和财务风险较低

 （3）增加核心存款，使谨慎的管理者满意

 （4）降低偿付风险，提高预期资本收益率

23. 实现资产质量目标最有力的信贷风险管理工具是（　　）

 （1）提高贷款技术

 （2）风险定价

 （3）改善信贷文化

 （4）风险结构最佳化

24. 作为银行流动性管理的两个主要内容，发放短期贷款和增加核心存款属于在（　　）方增强流动性的手段。

 （1）分别为资产方和负债方

 （2）分别为负债方和资产方

 （3）资产方

 （4）负债方

25. 为了实现长期盈利性的目的，银行应该（　　）

 （1）使成本最低

 （2）使收入最高

 （3）通过出售适应市场需求的金融产品和服务进行有效竞争

 （4）采取非市场手段挤垮其他银行

26. 在确定某个职能部门的管理幅度时，应该考虑的因素有（　　）

 （1）上级人员的素质

 （2）上下级在信息沟通方面的方便程度

 （3）下属工作的性质

 （4）每一个上级主管的人员所管理的下级人员的数目在 6~8 人为宜

27. 某机械厂 180 名工人对某种零件的生产情况如下：

日产量（件）　　15　16　17　18　19　20

工人人数　　　　10　20　30　50　40　30

则工人的平均日产量为（　　）

 （1）18 件

 （2）17 件

 （3）17.5 件

（4）18.5 件

28. 设市场上某种素菜早市每斤 0.25 元，中午每斤 0.2 元，晚市每斤 0.1 元，如果早、中、晚各买 1 元，则平均每斤价格是（ ）

（1）0.179

（2）0.189

（3）0.158

（4）0.168

29. 假设某种产品 1993～1997 年的产量分别为：

年份	1993	1994	1995	1996	1997
产量（个）	1104.3	1351.1	1707.0	2215.5	2872.4

则 1996 年与 1993 年相比发展速度和增长速度分别为（ ）

（1）260.1%，160.1%

（2）129.7%，29.4%

（3）200.6%，100.6%

（4）154.6%，126.3%

30. 以下关于企业集团的论述正确的有（ ）

（1）企业集团就其本质是指一个大企业

（2）企业集团是由若干个具有法人资格的企业组成的"企业联合体"

（3）在现代企业集团内部一般在组织形式上采用总公司和分公司制

（4）在现代企业集团内部一般在组织形式上采用母子公司制

31. 企业走集团化发展道路的动因主要有（ ）

（1）为了增强企业在市场中的地位，一般在同其他企业的竞争中占据优势

（2）为的是分散生产经营风险和获取规模经济效益

（3）为的是突破单一行业、单一地区发展所造成的限制，借以实现联合生产、联合经营

（4）为的是节约交易成本，控制更多的可利用资源

32. 在现代企业制度下，董事会与总经理的关系实质上是一种（ ）关系

（1）信任托管关系

（2）委托—代理关系

（3）所有者与经营者的关系

（4）制衡关系

33. 已知某企业只生产 A 产品，单价为 10 元/件，单位变动成本为 6 元/件，固定成本为 40000 元，1998 年生产经营能力为 12500 件，1999 年的目标利润为 12000 元（假设价格与成本同 1997 年相同），则 1999 年该企业实现目标利润的业务量应为（ ）

（1）12500 件

（2）13000 件

（3）13500 件

（4）14000 件

34. 下列类型中，属于可能正确的经济业务有（　　）

（1）资产增加，负债减少，所有者权益减少

（2）资产增加，负债减少，所有者权益增加

（3）资产不变，负债减少，所有者权益减少

（4）资产减少，负债增加，所有者权益增加

35. 企业一切经济业务的变化，其结果对资产和权益的影响可表现在（　　）

（1）资产增加，权益减少

（2）资产和权益同增同减

（3）权益不变，资产类有增有减

（4）资产不变，权益类有增有减

36. 以下费用中能够构成生产成本的有（　　）

（1）直接材料费

（2）直接人工费

（3）劳动保险费

（4）贷款利息

37. 以下各项属于银行处罚行为范围之内的有（　　）

（1）企业向个人收购废旧物资支付 3500 元

（2）企业将部分现金收入不入账而作为账外公款保留

（3）企业将现金暂时借给另一单位使用，未收取利息

（4）企业向装饰公司支付办公室装修费用 896000 元

38. 以下交易可以选用商业汇票结算方式的有（　　）

（1）工业企业出售其产品

（2）会计师事务所提供咨询服务

（3）运输公司提供的货物运输服务

（4）批发企业出售大宗商品

39. 按照企业会计制度规定，关于计提折旧，下列说法正确的是（　　）

（1）月份内减少的固定资产，当月照提折旧

（2）提前报废的固定资产，不再补提折旧

（3）月份内增加的固定资产，当月不提折旧

（4）临时性租入的固定资产，不计提折旧

40. 对工业企业来讲，生产费用中的外购材料包括企业耗用的一切从外部购入的（　　）

（1）原料及主要材料

（2）半成品

（3）辅助材料

（4）燃料

41. 下列费用，可列作待摊费用的有（　　）

（1）固定资产修理费用

（2）出租包装物

（3）预付固定资产租金

（4）预计借款利息

42. 破产财产由下列财产构成 （   ）

（1）宣告破产时破产企业经营管理的全部财产

（2）破产企业在破产宣告后至破产程序终结前所取得的财产

（3）用作担保物的财产

（4）破产企业行使的其他财产权利

43. 股份有限公司发行新股的条件是 （   ）

（1）前一次发行的股份已募足，并间隔 1 年以上

（2）由股东大会做出决定

（3）公司在最近三年内连续盈利，并可向股东支付红利，且财务会计文件无虚假记载

（4）发行新股的预期利润率可达同期银行存款利率

44.《税法》规定税务机关可以采取的强制措施有 （   ）

（1）书面通知纳税人开户银行或者其他金融机构暂停支付纳税人金额相当于应纳税款的存款

（2）书面通知纳税人开户银行或其他金融机构从其存款中扣缴税款

（3）扣押、查封、拍卖纳税人的价值相当于应纳税款的商品、货物或其他财产，以拍卖所得抵缴税款

（4）扣押、查封纳税人的价值相当于应纳税款的商品、货物或其他财产

45. 企业所得税税法规定，在计算应纳税所得额时准予从收入总额中扣除的项目包括 （   ）

（1）纳税人在生产经营期间，向金融机构借款的利息支出

（2）纳税人参加财产保险和运输保险，按规定缴纳的保险费

（3）按财政部规定提取的坏账准备金和商品销价准备金

（4）购买或自行开发无形资产发生的费用

46. 我国著名学者王国维论述过 "治学" 的三种境界，依次是 （   ）（   ）（   ）

（1）昨夜西风凋碧树，独上高楼，望尽天涯路

（2）衣带渐宽终不悔，为伊消得人憔悴

（3）众里寻他千百度，蓦然回首，那人却在灯火阑珊处

47. 以下项目应由 "其他应收款" 账户核算的项目有 （   ）

（1）存出的保证金

（2）应收的罚款

（3）为购货单位代垫的包装费、运杂费等

（4）应向职工个人收取的代垫费

48. 无形资产的摊销年限的确定原则为 （   ）

（1）法律、合同和企业有关申请书规定了法定有效期限和受益年限的，以此两者孰短为摊销年限

（2）无法定有效年限的，按受益年限为准

（3）既无法定有效年限，也无受益年限的，以不短于 10 年的年限确定

（4）既无法定有效年限，也无受益年限的，以不长于 10 年的期限确定

49. 盈余公积转增资本（　　）

（1）减少了所有者权益

（2）改变了所有者权益的内部结构

（3）减少了盈余公积

（4）增加了实收资本

50. 属于管理费用开支的有（　　）

（1）诉讼费

（2）审计费

（3）无形资产摊销

（4）技术转让费

51. 某企业按年利率 12% 从银行借入款项 10 万元，银行要求企业按贷款限额的 10% 保持补偿性余额，则该借款的实际利率为（　　）

（1）12%

（2）13.33%

（3）10.8%

（4）14%

52. 某企业生产一种产品，单位售价 20 元，单位变动成本 15 元，年度固定成本 10 万元，目前年销售量为 3 万件，为使利润提高到 20 万元，可采取（　　）

（1）单价提高 5 元

（2）单价提高 3 元，销量增加 13750 件

（3）单位变动成本降低 2 元，单价提高 3 元

（4）年度固定成本降低 2 万元，单位变动成本降低 4 元

53. 某企业取得 3 年期长期借款 200 万元，年利率 11%，每年付息一次，到期一次还本，筹资费用率 0.5%，企业所得费率 33%，则该项长期借款的资金成本为（　　）

（1）3.3 年

（2）5.3 年

（3）5.4 年

（4）7.4 年

54. 股份有限公司的设立方式有（　　）

（1）发起设立

（2）定向设立

（3）登记设立

（4）募集设立

55. 应收账款周转率低表明（　　）

（1）账龄期限长

（2）短期偿债能力强

（3）资产流动性大

（4）收账费用和坏账损失可能增加

56．当将一种新产品商业化时，一般要作出（　）的决策

（1）何时推出

（2）主要向谁推出

（3）用什么方法推出

（4）在什么地方推出

57．促销的基本手段包括（　）

（1）通过研讨会、新闻发布会、路牌、印发宣传手册、上电视等方式做广告

（2）通过返还利益、建立合理的利益分配工作搞好销售促进

（3）密切同客户、同业及政府部门的关系（公共关系）

（4）上门推销

58．为了了解我国钢铁产品的质量状况，调查人员分别选择了 3 家大型、中型、小型钢铁企业进行调查。这种调查是（　）

（1）非全面调查

（2）全面调查

（3）重点调查

（4）典型调查

59．以下产品属于新产品的有（　）

（1）在汽车上加一种装置以使驾驶员更舒服一些

（2）将定期、活期等各种存折集中在一个本子上，实行"一本通"

（3）在储蓄卡上增加新的功能

（4）在铅笔上装橡皮，制成带橡皮的铅笔

60．在对一个企业的市场形象作出评判前，我们主要应该（　）

（1）向企业及其同业作调查

（2）询问企业领导者的看法

（3）对宏观经济环境作分析

（4）走访企业的重要客户

61．在一个规范的市场下，如果目前比前段时间厂商有所增加，所获利润也在增加，但风险仍较高，则我们可对未来一段时间内的市场情况作出如下判断（　）

（1）厂商数量将减少，可能出现亏损，风险很高

（2）厂商数量将减少，利润较高，风险减少

（3）厂商数量减少，利润减少乃至亏损，风险降低

（4）厂商数量继续增加，利润也增加，风险减少

62．据您估计，我国当前及未来相当长的时间内比较流行的融资工具有（　）

（1）股权融资

（2）可转换债券融资

（3）投资基金

（4）贸易融资

63. 对于在市场经营中遇到的风险，您将采取（　　）方式规避。

（1）将风险降低

（2）将风险转移

（3）将风险分散

（4）将风险集中

64. 以下关于中间业务的论述哪些是正确的（　　）

（1）中间业务是指银行不运用或较少运用自己的资财，以中间人的身份替客户办理收付和其他委托事项，提供各类金融服务并收取手续费的业务

（2）汇兑结算、票据承兑、代客理财都属于中间业务的范围

（3）中间业务可直接在银行的资产负债表上反映出来

（4）我国商业银行从事中间业务应尽可能同服务资本市场结合起来

65. 以下关于资本市场业务的论述正确的是（　　）

（1）所谓商业银行从事资本市场业务，就是指商业银行从事证券投资、发行、包销等与资本市场紧密相连的业务

（2）所谓商业银行从事资本市场业务，就是指商业银行在企业并购、重组、上市等活动中，以独立人的身份向企业提供金融服务

（3）商业银行在开展资本市场业务时，会受到证券公司等专门从事资本市场业务的机构的抵制，因此应该联合会计事务所、律师事务所等机构一道同它们竞争

（4）受《商业银行法》限制，商业银行开展资本市场业务的政策风险很大，不如先积蓄力量，等分业限制减少的时候再大规模开展

66. 您认为以下关于"客户经理制度"的论述正确的有（　　）

（1）客户经理制度实质是银行经营管理体制上的一项变革，它会对银行的人事、劳动报酬、经营理念等产生冲击

（2）客户经理制度将改变信贷人员不熟悉国际业务、国际业务不熟悉资产管理业务的商业银行传统局面。客户经理是个银行知识的"全才"

（3）客户经理就是指那些以客户为中心直接向客户兜售一揽子金融产品的银行专门人才，他们在银行人员中的比重较小

（4）客户经理的收入应该与他给银行创造的收益相匹配，并且客户经理的资格也应因自身业绩的变化而作调整，因此对客户经理的管理应体现动态的观念

67. 某企业 3 月 1 日向银行贷款 18 万元，利率为月息 8 厘，7 月 15 日归还，则到期时的本利和（设银行按单利计算）为（　　）元

（1）244800

（2）186480

（3）198300

（4）187300

68. 企业年初打算存入一笔资金，3 年后一次取出本利和 1000 元，已知年复利率为

6%，则企业现在应存（　　）元（取整数）

(1) 840

(2) 850

(3) 830

(4) 845

69. 如果人民币贬值，那么将会（　　）

(1) 极大地促进我国产品的出口，提高我国产品在国际市场上的竞争力

(2) 打击国外投资者的信心，不利于我国国际收支的长远平衡

(3) 损害人们对人民币的信心，不利于扩大内需目标的实现

(4) 使进口商品的价格上升

70. 以下判断错误的有（　　）

(1) 骗购、非法买卖外汇等行为构成犯罪

(2) 对于违反售付汇管理规定的金融机构，要停止其办理结售汇业务，并对责任人施以行政和纪律处分

(3) 维持经济增长的三大支柱是投资、消费和出口

(4) 职工代表大会是全民企业的权力机构

71. 最佳投资规模是在（　　）条件下出现的

(1) 边际收入等于边际成本

(2) 利润最大化

(3) 加权平均报酬投资率最高

(4) 边际投资报酬率等于必要投资报酬率

72. 对于同一投资方案，下列论述成立的有（　　）

(1) 资金成本越低，净现值越大

(2) 资金成本与内部报酬率相等时，净现值为0

(3) 资金成本高于内部报酬率时，净现值将出现负数

(4) 资金成本越高，净现值越大

73. 某企业1997年税后利润为500万元，利息支出为100万元，所得税为150万元，则该企业已获利息倍数为（　　）

(1) 5

(2) 6

(3) 6.5

(4) 7.5

74. 影响资产净利率高低的因素有（　　）

(1) 产品价格

(2) 产品成本

(3) 资金占用量

(4) 资金占用结构

75. 在国有独资公司中，必须由国家授权投资的机构或者国家授权的部门决定的事

项有 （　　）

 （1）总经理的聘任与解聘

 （2）发行公司债券

 （3）增减资本

 （4）公司年度预算方案、决算方案的制定

76. 税后利润的分配渠道主要有（　　）

 （1）盈余公积补亏

 （2）提取盈余公积

 （3）应付利润

 （4）应交特种基金

77. MBO、CEO、CFO、CIO、CWO、COO 的含义分别是（　　）

 （1）管理层收购、首席执行管、首席财务官、首席信息官、首席网络官、首席运营官

 （2）首席执行官、管理层收购、首席财务官、首席网络官、首席运营官、首席信息官

 （3）首席财务官、管理层收购、首席执行官、首席网络官、首席运营官、首席信息官

78. 杰克·韦尔奇在担任（　　）公司的董事长兼 CEO 时使这家公司的业务得到大幅度提升

 （1）国际商用机器公司（IBM）

 （2）通用电气公司（GE）

 （3）霍尼韦尔国际公司

79. 以下哪些学者在敦煌学的研究上有建树（　　）

 （1）王国维

 （2）陈寅恪

 （3）罗振玉

 （4）季羡林

80. 下面哪句诗词是毛泽东在新中国成立后写的（　　）

 （1）大雨落幽燕，白浪滔天，秦皇岛外打鱼船

 （2）风雨送春归，飞雪迎春到，已是悬崖百丈冰，犹有花枝俏

 （3）北国风光，千里冰封，万里雪飘

 （4）横空出世，莽昆仑，阅尽人间春色

81. 我国金融机构监管的"三驾马车"是（　　）

 （1）银监会、保监会、证监会

 （2）中国人民银行、保监会、证监会

 （3）中国人民银行、中国保险业协会、中国证券业协会

82. 以下属于生产力宏观布局理论模式的有（　　）

 （1）梯度推进理论

 （2）跳跃式理论

 （3）生长极理论

 （4）点轴理论

（5）优区位理论

（6）中心地网络体系理论

83. 如何理解六西格玛（6σ）（　　）

（1）小写希腊字母西格玛（σ）代表标准差，6σ表示质量水平达到了99.9997%

（2）6σ的目的是帮助人们在提供产品和服务方面确定更高的目标，但同时也承认产品和服务总会存在缺陷

（3）6σ一条最基本的原理是：与某项工作关系最密切的员工具有最好的条件去改善此项工作。为此，要调动一线员工进行6σ改革的积极性

（4）6σ带来的不仅仅是客户满意度的提高和股东收益的增加，还有员工满意度的提高和凝聚力的增加

84. 您如何理解"香格里拉"（　　）

（1）香格里拉即世外桃源。作为一种社会理想，它是全人类共同的精神向往

（2）云南丽江纳西大研古镇、玉龙雪山南坡脚下玉湖村的一方水土被人誉为香格里拉

（3）滇西东巴文化及当地秀美的自然风光、天然纯净的乡土气息吸引了美籍奥地利学者约瑟夫·弗兰西斯·洛克博士，一位可敬的人类学者，是他发现了香格里拉

（4）香格里拉本是不存在的地方，但人们却对寻找香格里拉倾注了极大的热情。云南丽江古城的发现使人们找到了自己的精神家园

85. 您如何理解"商业"的含义（　　）

（1）商业是和工业相对的一个行业概念，它不是指从事工业生产而是指从事商品贸易（流通）的行业，属于服务业

（2）任何以谋求效益为目的的生产经营活动均可称为商业活动。生产也是一种商业活动

（3）国内商品流通称为内贸，进出口业务属于外贸，但都属于商业活动

86. 以下哪些经济学家获得过诺贝尔经济学奖（　　）

（1）弗里德曼

（2）莫迪利亚尼

（3）托宾

（4）西蒙

（5）科斯

（6）罗伯特·默顿

87. 你认为以下可行性分析步骤是否合理？（　　）

（1）合理

（2）不合理

明确项目目标，确定研究项目的范围和要求，如产品的品种结构和档次、销售市场（出口还是内销）等。→实地调查研究，包括市场需求、产品价格及竞争情况、资源供应及运输条件等。→拟订方案，根据项目的目标，结合调查的资料进行分析研究，拟订可行性方案，如厂址选择、生产规模的确定、产品结构、工艺设备的选择等。→投资费

用估算及项目财务分析，对项目进行经济评价与论证。→编制可行性研究报告。拟订资金筹措计划。

88. 商业银行不得向关系人发放信用贷款，向关系人发放担保贷款的条件不得优于其他借款人同类贷款的条件。此处的"关系人"是指（　　）

（1）商业银行的董事、监事、管理人员

（2）商业银行的信贷业务人员及其近亲属

（3）上述人员投资或者担任高级管理职务的公司、企业或其他经济组织

89. 以下哪类组织可以作为保证人（　　）

（1）具有代为清偿债务能力的法人、其他组织或者公民

（2）国家机关

（3）学校、幼儿园、医院等以公益为目的的事业单位、社会团体

90. 以下关于信用证的判断正确的是（　　）

（1）信用证只限于转账结算，不得支取现金

（2）信用证与作为其依据的购销合同相互独立，银行在处理信用证业务时，不受购销合同的约束

（3）在信用证结算中，各有关当事人处理的只是单据，而不是与单据有关的货物及劳务

（4）开证行开立信用证，可按规定向申请人收取开证手续费及邮电费

91. 以下关于银行资本金的论述哪些是正确的（　　）

（1）商业银行的资本金由核心资本与附属资本组成

（2）核心资本包括永久性股本金和公开储备，在会计账户上反映为实收资本、资本公积、盈余公积和未分配利润

（3）附属资本包括未公开储备、混合型债务资本工具和长期次级债务，在会计账户上反映为各项准备金和发行的 5 年期以上的金融债券

（4）各项准备金包括贷款呆账准备金、坏账准备金和投资风险准备金

92. 先阅读材料，然后回答问题。

材料：1996 年 3 月，A 公司与 B 公司签订协议，由 A 公司将 100 万元借给 B 公司使用，期限 1 年，利率 20%。双方补签了《质押合同》，B 方以某银行出具的、B 公司为存款人的、金额为 100 万元人民币、期限为 1 年的银行存单作为质押担保。之后，B 公司将该存单交给了 A 公司，A 公司持该存单与签发银行联系，得知该存单确系该行签发，是真实的。这样，A 公司如约发放了借款。存单到期后，B 公司无力偿还本息。A 公司遂持该存单及质押合同到签发银行要求行使质权，兑付存单。签发银行声称 B 公司在开出存单的第三天即持单位证明，声称存单遗失，要求挂失。银行审查合规后办理了挂失手续。7 天后，应 B 公司提前支取的要求，将该存单项下 100 万元转入 B 公司的活期账户。银行遂以该存单项下款项早已不存在为由强行收回了存单。

问题：以下判断正确的有（　　）

（1）两公司签订的《借款合同》及《担保合同》是无效的，A 公司所受的损失不受法律保护

（2）如打官司，两公司均应承担相应的民事责任，银行则承担连带责任

（3）法院的判决结果可能是：B公司返还A公司本金100万元，约定利息则予以收缴

（4）本案例的实际结果只能是A公司自认倒霉，在办理质押时，如果让签发行出具含有"在收到质权人的书面通知前，该存单不得兑付、挂失和提取支取"内容的承诺函，结果可能会好一些

93. 2004年十国集团同意公布的《新巴塞尔资本协议》中所称的三大支柱是指（　　）

（1）最低资本充足率

（2）监管部门的监督检查

（3）市场纪律

（4）信用风险管理

94. 以下哪些关于股权分置及其改革的说法是正确的（　　）

（1）股权分置是指A股市场的上市公司股份按能否在证券交易所上市交易被区分为非流通股和流通股，这是我国经济体制转轨过程中形成的特殊问题

（2）股权分置改革，就是要消除非流通股和流通股的流通制度差异

（3）股权分置改革是为非流通股可上市交易作出的制度安排，并不以通过资本市场减持国有股份为目的

（4）公司股权分置改革动议，原则上应当由全体非流通股股东一致同意提出

95. 下面哪些关于市盈率的说法是正确的（　　）

（1）市盈率又称股份收益比率或本益比，是一个反映股票收益与风险的重要指标，其计算公式是：市盈率＝当前每股市场价格/每股税后利润。由于市盈率把股票市价与盈利能力联系起来，其水平高低更真实地反映了股票价格的高低，可以在一定程度上影响投资者的行为

（2）市盈率的确能从一方面反映股票的投资价值，但单纯根据市盈率决定投资行为是非常不理智的。一般来说，市盈率指标数值越低越小越好，越小说明投资回收期越短，风险越小，投资价值一般就越高；倍数大则意味着翻本期长，风险大

（3）为了反映不同市场或者不同行业股票的价格水平，也可以计算出每个市场的整体市盈率或者不同行业上市公司的平均市盈率。具体计算方法是用全部上市公司的市价总值除以全部上市公司的税后利润总额，即可得出这些上市公司的平均市盈率

（4）影响一个市场整体市盈率水平的因素主要有两个，即该市场所处地区的经济发展潜力和市场利率水平

（5）新兴证券市场的整体市盈率水平会比成熟证券市场的市盈率水平高。欧美等发达国家股市的市盈率一般保持在15～20倍。而亚洲一些发展中国家的股市正常情况下的市盈率在30倍左右

96. 您认为客户经理最为宝贵的财富是什么（　　）

（1）身体健康、心态平和

（2）知识与经验

（3）客户众多

（4）领导认可

97. 鲁迅曾说过"懂得了（　　）就懂得了中国文化的一半"

（1）道家

（2）儒家

（3）法家

（4）佛教

98. 我国道教是由（　　）创办的

（1）张道陵

（2）老子

（3）庄子

（4）张三丰

第二节　参考答案及部分答案解说

1.（1）（2）（4）。

《贷款通则》第 20 条规定：（借款人）不得用贷款从事股本权益性投资；国家另有规定的除外。不得在一个贷款人同一辖区内的两个或两个以上同级分支机构取得贷款。第 18 条规定：在征得贷款人同意后，有权向第三人转让债务。第 23 条规定：短期贷款答复时间不得超过 1 个月，中、长期贷款答复时间不得超过 6 个月。第 9 条规定：票据贴现系指贷款人购买借款人未到期商业票据的方式发放的贷款。

2. 答案为（1）～（5）。

《担保法》第 6 条规定：保证系指保证人与债权人约定，当债务人不履行债务时，保证人按照约定履行债务或承担责任的行为，学校、幼儿园、医院等以公益为目的的事业单位、社会团体不得为保证人。第 33、63 条规定了抵押（财产）、质押（动产或权利）的定义。第 82 条规定：留置系指债权人按照合同约定占有债务人的动产，债务人不按照合同约定的期限履行债务的，债权人有权依照本法规定留置该财产，以该财产折价或者以拍卖、变卖该财产的价款优先受偿。第 84 条规定：因保管合同、运输合同、加工承揽合同发生的债权，债务人不履行债务的，债权人有留置权。第 89 条规定：当事人可以约定一方向对方给付定金作为债权的担保。第 91 条规定：定金的数额由当事人约定，但不得超过主合同标的额的 20%。

3.（1）（3）（5）。

《担保法》第 37 条规定：学校、幼儿园、医院等以公益为目的的事业单位、社会团体的教育设施、医疗卫生设施和其他社会公益设施，土地所有权等不得抵押。股票、商标专用权等权利是可以用来作质押的。

4.（1）（2）（3）（5）。

5. （1）（3）（4）（5）。

6. （1）（2）（3）（5）。

7. （2）（5）。

借壳上市表现为上市公司的控股集团公司借助资产重组逐步实现整体上市；分拆上市指将资产拆开分步上市。

8. （4）。

将货币供给量划分为若干层次的目的在于方便中央银行对与经济变动最密切的货币性资产实施监控。按金融性资产转化为现实的流动手段和支付手段的能力大小（流动性）为划分标准。一元的现金比一元的存款货币所代表的社会购买力要大。

9. （3）。

单一产品的盈亏临界点计算公式为：固定成本/（单价－单位变动成本）＝1600/（2－1.2）＝2000件。

10. （1）。

应收账款周转率＝销售收入/平均应收账款＝3000/0.5（199＋401）＝3000/300＝10；存货周转率＝销售成本/平均存货。应收账款周转天数＝360/应收账款周转率。

11. （3）。

财务状况良好的标准是：借款人经营正常，财务状况稳定，各项财务指标都较好。一般的标准是：财务状况基本稳定，个别指标不太令人满意。合格的标准是：财务状况稳定，但有些财务指标存在明显的缺陷。不佳的标准是：财务状况很不稳定，部分财务问题甚至比较严重。恶化的标准是：财务状况很不稳定，大部分财务指标较差。见《贷款风险分类原理与实务》（中国金融出版社1998年版）第31，32页。

12. （1）（2）（3）。

资产负债率＝负债总额/资产总额；负债与所有者权益比率（衡量所有者权益对债权人权益的保障程度，越低越好）＝负债总额/所有者权益总额；利息保障倍数（衡量借款人偿付利息的能力）＝税息前利润/利息费用＝（税后净收益＋利息费用＋所得税）/利息费用；流动比率（表示每元流动负债有多少流动资产作为偿还的保证，反映短期偿债能力）＝流动资产/流动负债；存货周转率反映营运能力（效率指标）。

13. （3）。

存货在流动资产中变现较慢，要经过产品销售和账款收回两个过程才能变为现金，有些存货可能因为不适销而根本无法变现。待摊费用和预付账款本质上属于费用，同时又具有资产的性质，它们只能减少借款人未来的现金付出，却不能转变为现金。故都应扣除。

14. （1）～（5）。

法约尔，法国人，为管理过程学派的开山鼻祖，研究领域包括采矿工程、地质学、管理学。担任了30年的矿冶公司总经理，著有《工业管理和一般管理》。认为经营和管理是两个不同的概念，经营包括技术（生产、制造和加工）、商业（采购、销售和交换）、财务（资本的筹集和利用）、安全（保护企业财产和人员安全）、会计（财产清点、制作资产负债表、成本考核等）和管理活动。他提出了管理的14条一般原则：劳动分工、权利与责任、纪律、统一指挥、统一领导、个人利益服从总体利益、人员的报酬、集权、等级序列、秩序（合适的工作岗位）、公平、人员的稳定、首创精神、人员的团结。

15.（3）。

这是李泽厚在《论语今读》一书中分析"学而时习之，不亦说乎？有朋自远方来，不亦乐乎？人不知而不愠，不亦君子乎？"一句时所认为的。

16.（3）。

《公司法》第46条规定。董事会还具有以下职权：负责召集股东会，并向股东会报告工作；执行股东会的决议；决定公司的经营计划和投资方案；制定公司的年度财务预算、决算方案；制定公司的利润分配方案和弥补亏损方案；制定公司增加或减少注册资本的方案；拟定公司合并、分立，变更公司形式、解散的方案；聘任或解聘公司经理，根据经理的提名，聘任或解聘公司副经理、财务负责人，决定其报酬事项；制定公司的基本管理制度等。

17.（2）（5）。

18.（1）～（5）。

19.（1）～（4）。

20.（2）。

21.（1）。

22.（1）。

23.（4）。

24.（1）。

25.（3）。

收入最高也可能带来成本上升，从而达不到实现长期盈利性的目标。

26.（1）～（4）。

27.（1）。

平均日产量＝工人人数×日产量/工人总人数。

28.（3）。

29.（3）。

30.（2）（4）。

31.（1）～（4）。

32.（2）。

33.（2）。

计算公式为：［固定成本＋目标利润］/［单价－变动成本］。假设所求数为x，则上述公式可由下式推导得出：利润＝单价×x－单位变动成本×x－固定成本

34.（2）。

35.（2）～（4）。

36.（1）（2）。

37.（2）～（4）。

38.（1）（4）。

39.（1）～（4）。

40.（1）～（3）。

41.（1）～（3）。

42.（1）（2）（4）。

43.（1）（3）（4）。

44.（2）（3）。

45.（1）～（3）。

46.（1）（2）（3）。

47.（1）（2）（4）。

48.（1）～（3）。

49.（2）～（4）。

50.（1）（2）。

51.（2）。

补偿性余额是银行要求借款企业在银行中保持按贷款限额或实际借款额一定百分比计算的最低存款余额。从银行角度讲，补偿性余额可降低贷款风险，补偿遭受的贷款损失。从借款企业来讲，补偿性余额则提高了借款的实际利率。在本题中，10 万元保持10% 的补偿性余额，则企业可用资金最多为 10 ×（1 - 10%）= 9 万元，则 9 × 实际利率 = 10 × 12% ，所以实际利率为 10 × 12% /9 = 13.33% 。

52.（1）（3）。

53.（4）。

长期借款的成本指借款利息和筹资费。由于借款利息计入税前成本费用，可起到抵税的作用，因此长期借款资金成本的计算公式为：长期借款年利息%（1 - 所得税率）/长期借款筹资额或借款本金×（1 - 筹资费用率）或长期借款利率×（1 - 所得税率）/（1 - 筹资费用率）。具体到此题为：200 × 11% ×（1 - 33）/200 ×（1 - 0.5%）。

54.（1）（4）。

根据《公司法》第 74 条规定，股份有限公司可采取发起设立和募集设立方式设立。发起设立是指由发起人认购公司应发行的全部股份而设立公司；募集设立是指由发起人认购公司应发行股份的一部分，其余部分向社会公开募集而设立公司。

55.（1）（4）。

56.（1）～（4）。

57.（1）～（4）。

58.（1）（4）。

59.（1）～（4）。

60.（1）（4）。

61.（1）～（3）。

62.（1）～（3）。

63.（1）（2）（4）。

64.（2）。

65.（1）（2）（4）。

66.（1）～（4）。

67.（2）。

利息 = 借款金额（180000）×利率（千分之八）×期限（4.5 个月）= 6480 元。

68.（1）。

在已知值 p、利率 i 的情况下，n 期后的终值可按下列公式计算：p×（1 + i）。故此题为 1000/（1 + 6%）= 840 元。

69.（2）（3）（4）。

70.（4）。

71.（3）。

72.（1）～（3）。

73.（4）。

74.（1）～（3）。

75.（2）（3）。

76.（2）（3）。

77.（1）。

MBO 意为管理层收购，为英文 Management Buy Out 的缩写。在西方国家，MBO 是企业进行重整或反收购的一种特殊方式。管理层进行 MBO 的目的有四个：帮助上市公司寻求"退市"，降低信息披露成本；帮助多元化企业剥离或推出某些边缘产业；反对其他企业并购本企业的企图；所有者想放弃股权时，由管理者出钱收购，以振奋市场信心。管理层一般需持有目标公司 90% 以上的股份才能达到 MBO 的目的。在我国，由于国有企业难以从整体上借助外部投资者来推动产权制度改革，而内部的管理层和职工却深知企业的价值所在，加之地方政府出于国企扭亏的压力（政府把企业卖给好的经营者，既能套现，又能比较好地激发企业的活力，还能保证经济的活跃与繁荣，因而地方政府的积极性也比较高），MBO 就成为我国国企改革的一种现实选择。

CIO 是企业的技术主管，在企业中不仅负责电脑管理系统及制定长期的信息战略，还要创建并管理企业与供应商和客户之间的电子商业关系网。该职位是随着互联网的产生而出现的。

技术型企业家常常需聘请 COO 来帮助整顿他们没有进入正常秩序的企业。在大多数公司中，COO 被认为是进入高层管理班子的敲门砖，正是由于 COO 的工作，CFO 才得以将精力集中在企业广泛的战略和关系上。但也有一些因素正在降低 COO 的影响：①公司经营着不同的业务，所有这些业务很难都让由一个人来统管。②有能耐的管理人员一般都要求担任一些更受人尊重的职务（如 CFO），否则就不会加盟。已有一些公司取消了 COO 的职位，代之以共同执行公司战略的集体班子，其发挥着 COO 的作用：作出跨业务的开支决策、调整生产、执行战略及日常业务。

78.（1）。

79.（1）～（4）。

这四人在敦煌学研究上均是成就斐然。王国维是著名的国学大师，后投湖自尽；陈寅恪精研语言、历史，特别是东方古文字，最早提出"敦煌学"这一概念，新中国成立后任中山大学教授，是中国知识分子学术风骨的典型代表；罗振玉是较早研究敦煌学的学者之一，但他后来到伪满洲国任职，做了汉奸；季羡林是北京大学著名教授，精通土火罗语，也是一位国宝级大师。对敦煌学的研究，起始于藏经洞的发现，但发现藏经洞，对中国人来讲却是一段伤心的历史。斯坦因、华尔纳等西方人以卑劣的手段从藏经洞盗窃走本应属于中国的大量文物。

80.（1）（2）。

"大雨落幽燕"句为1954年所作，是《浪淘沙·北戴河》中的句子；"风雨送春归"句为1961年所作，是《卜算子·咏梅》中的句子；"北国风光"句为1936年所作，是《沁园春·雪》中的句子；"横空出世"句为1935年所作，是《念奴娇·昆仑》中的句子。

81.（1）。

对商业银行的监管职责本来由中国人民银行承担，银监会成立后即转交过去，中国人民银行变成了专司货币政策的政府机构。对保险公司、证券公司的监管分别由保监会、证监会负责。中国保险业协会和中国证券业协会分别是保险行业、证券行业的自律组织，不承担行业监管职责。

82.（1）～（6）。

梯度推进理论的核心观点是：在承认经济发展水平"梯度差"的基础上首先加强发达地区建设，实施梯度推移战略，带动不发达地区的开发。跳跃式理论的核心观点是：每个时期生产力宏观布局的重点不是依据现有顺序，而是根据经济发展需要和现实可能来确定并超过发达和次发达地区，直接对不发达地区进行开发。生长极理论的核心观点是：不搞平面铺开，而是集中建设一个或几个据点，先把作为区域开发中心的城市经济基础打好，进而去影响和带动周围地区的发展。点轴理论的核心观点是：对主要交通干线、高压输电线、油气管道、供排水和通信设施等尽可能做到配套建设，形成若干条开发轴线，宜重点建设的城市和工业点沿着这些轴线布设。优区位理论的核心观点是：有选择地确定各地带的最优区位，通过各类优区位的开发建设，形成地域经济组织的区位优势。中心地网络体系理论的核心观点是：把各类城市和集镇看成是区域范围内从事开发活动的中心地，同一层次的中心地之间建立协作关系，上一层次带动下一层次中心地，由点到线，由线到网，最终实现共同发展。

83.（1）～（4）。

84.（1）～（4）。

85.（1）～（3）。

商业含义的变迁在一定程度上可反映我国市场经济的发展历程。在我国，商业一词最初的确带有计划经济的色彩，所谓商业，实际上仅仅指商品买卖的行业（且被认为不创造价值），在中央政府部门设置上更是曾经分出过商业部、粮食部、物资部，而这些部实际上负责的都是商品流通的事。之后，随着经济体制改革的深入，人们对商业含义的理解也大大拓宽，认为任何经济活动均可称之为商业活动。今天，人们再也不会将书店里摆放的"商业图书"（一种以经营管理、市场交易、商界人物、经济活动为主要内容的图书类型）仅仅理解为"关于商品流通领域的图书"了。

86.（1）～（6）。

弗里德曼，美国人，1976年诺贝尔经济学奖获得者，在对消费的分析和货币史与货币理论领域取得了成就；莫迪利亚尼，意大利籍美国人，1985年诺贝尔经济学奖获得者，研究了国内储蓄和金融市场的运行方式并提出了莫迪利亚尼—米勒定理；托宾，美国人，1981年诺贝尔经济学奖获得者，分析了金融市场及其与开支、就业、生产和价格的关系；西蒙，美国人，1978年诺贝尔经济学奖获得者，对复杂经济组织内部决策过程进行研究的先驱；科斯，英国人，1991年诺贝尔经济学奖获得者，发现并阐明了交易成本和产权在体制结构和经济运行中的重要性；罗伯特·默顿，美国人，1997年诺贝尔经济学奖获得者，创立了一种确定金融衍生工具的价值的新方法。

87.（1）。

88.（1）～（3）。

89.（1）。

90.（1）～（4）。

91.（1）～（4）。

92.（1）（3）（4）。

93.（1）～（3）。

94.（1）～（4）。

95.（1）～（5）。

96.（1）。

作为一名客户经理，拥有众多的客户无疑非常重要，因为这是客户经理作为职业人士最为成功的象征。拥有丰富的知识与经验，可以有效地与客户经理开拓业务，因而也比较重要。客户经理经过努力工作，取得较大成绩，得到领导的认可，这是客户经理非常得意的事情。但从本源上来看，什么也比不上自己的健康重要，身体健康、心理健康才是人生最为宝贵的财富。如果在金钱、地位、别人的认可等方面让人选择，99%以上的人肯定会选择健康。当客户经理随着人生阅历的增加、年龄的增长，对这一问题的认识将会更加深刻。

97.（1）。

98.（1）道教是由张道陵于东汉末年在今四川大邑县创立的。当时叫五斗米教。道教尊奉道家的创始人老子为先祖，直接从道家学说中汲取营养，但道家并不是道教。

第十六章
票据知识测试

第一节　测试题

一、有关票据的法律规章制度与专著

（一）法律规章制度

1. 《中华人民共和国票据法》，自 1996 年 1 月 1 日起施行。

2. 《中国人民银行关于施行〈中华人民共和国票据法〉有关问题的通知》，1995 年 12 月 7 日发布。

3. 《票据管理实施办法》，1997 年 6 月 23 日发布。

4. 《商业汇票承兑、贴现与再贴现管理暂行办法》，1997 年 5 月 22 日发布。

5. 《支付结算办法》，1997 年 9 月 19 日发布。

6. 《最高人民法院关于审理票据纠纷案件若干问题的规定》，2000 年 11 月 14 日发布。

7. 《最高人民法院关于认真学习、贯彻票据法、担保法的通知》，1995 年 8 月 30 日发布。

8. 最高人民法院研究室对《中华人民共和国票据法》第十七条如何理解和适用问题的复函，2000 年 9 月 29 日。

9. 《中国人民银行关于完善票据业务制度有关问题的通知》，2005 年 9 月 5 日发布。

10. 《中国人民银行关于切实加强商业汇票承兑、贴现和再贴现业务管理的通知》。

（二）相关论著

我国已经出版的关于票据法的书籍非常多，但大都属于围绕票据法进行解释性的教科书类型，偏重于司法理论，对业务实践人员不是非常适用。以下是从大量的票据法书籍中筛选出来的，可供票据从业人员进行参考。

1. 《中国票据法律制度研究》。

王小能主编，北京大学出版社 1999 年版。王小能是北京大学教授、著名票据法专家。该书是国内较为系统性论述票据法律制度的专业书籍，出版后曾多次重印，至今仍

是最受欢迎的票据专业书籍之一。

2.《商业银行票据业务》。

应俊惠主编，中国金融出版社 2006 年版。应俊惠长期担任中国最大票据专营机构——工商银行票据营业部的负责人。该书主要以工商银行票据营业部的业务实践为基础，主要从业务操作角度论述票据业务，为金融出版社所出版的商业银行业务丛书之一，在分析基础上，配以练习题，具有较强的实用性。

3.《商业银行票据经营》。

徐星发编著，中国人民大学出版社 2006 年版。徐星发以自己在工作中的积累为基础，从票据经营生态、经营理念、票据战略与实现保障、业务风险与规避及票据的发行、贴现、转贴现等方面探讨了票据经营问题。书中附有近些年来全国发生的一些票据大案介绍。

4.《票据法新论》。

王开定著，法律出版社 2005 年版。该书以不同于常规票据书籍的体例，从持票人、票据债务人、正当持票人等角度介绍了我国票据法的相关内容，并与国外法律进行了相应比较。本书还收入了大量的司法实践中出现的案例，这些案例均以各级人民法院判决书的形式反映，具有较强的权威性与可参考性。

5.《瑕疵票据手册》。

中国工商银行票据营业部编著，中国金融出版社 2005 年版。该书对业务实践中经常出现的一些票据瑕疵进行了归类分析，包括缺少记载事项、背书用章、背书章出框、骑缝章、印章不清、日期简写或涂改、书写不规范、重复背书、抬背不付等问题。书中对上述各种问题列出具体的瑕疵表现，在发表法律专家、会计专家、资产保全专家、营销专家意见的基础上，进行了综合解析。

6.《票据法教程》。

徐学鹿主编，首都经济贸易大学出版社 2002 年版。本书采取了一般票据法教材所采取的常规体例，按照总论、汇票、支票与本票的分类，对票据法所涉及的基本内容进行了论述，但本书的特点在于汇总各家之所长，具有较强的资料性。书中还分类介绍了大量的票据案例，可供参考。

7.《中国票据市场制度变迁》。

阙方平著，中国金融出版社 2005 年版。这是一本主要从理论角度分析中国票据市场制度变迁的专著，从中可了解我国票据市场的形成历程、发展现状与运行的内在机理。

8.《支付结算制度汇编》。

中国人民银行会计司编，新华出版社 1997 年版。该书是在票据法颁布实施时对相关票据法律制度的汇编，包括"票据法"、"票据管理实施办法"、"支付结算办法"、"支付结算会计核算手续"等。该书可与当时会计司负责人梁英武主编的《中华人民共和国票据法释论》（立信会计出版社出版）配合阅读。《中华人民共和国票据法释论》由票据法起草小组人员，以逐条解析的方式对票据法进行了讲解，具有较强的权威性。

9. 《票据纠纷》。

祝铭山主编，中国法制出版社 2004 年版。该书是"典型案例与法律适用丛书"的一种，收集了人民法院关于票据纠纷的若干审批案例，并进行了点评。该书具有很强的适用性，是票据从业人员通过判例学习业务的好教材。

二、测试题

（一）选择题

1. 下列属于我国票据法规定的票据是 （ ）。

A. 银行承兑汇票 B. 商业承兑汇票 C. 银行本票 D. 银行汇票 E. 转账支票

F. 现金支票 G. 发票 H. 提单 I. 存单 J. 仓单

2. 票据保证可以不记载 （ ）。

A. 保证字样 B. 保证人名称与住所 C. 被保证人名称与住所 D. 保证人签章

3. 汇票的付款人拒绝承兑时，（ ） 为主债务人。

A. 付款人 B. 保证人 C. 出票人 D. 背书人

4. 汇票属于 （ ）。

A. 委付证券 B. 自付证券 C. 信用证券 D. 支付证券 E. 物权证券

5. （ ） 是出票人签发的，委托付款人在见票时或者在指定日期无条件支付确定金额给收款人或持票人的票据。

A. 支票 B. 本票 C. 汇票 D. 提货单 E. 完全票据

6. （ ） 属于银行以外的其他人为出票人的票据。

A. 银行票据 B. 商业票据 C. 银行承兑汇票 D. 商业承兑汇票

E. 银行汇票 F. 银行本票

7. 记名票据和无记名票据是按是否记载 （ ） 来区分的。

A. 收款人名称 B. 付款人名称 C. 持票人名称 D. 承兑人名称 E. 背书人名称

8. 完全票据与不完全票据是按是否将 （ ） 记载完整来区分的。

A. 绝对应记载事项 B. 相对应记载事项 C. 任意记载事项 D. 应记载事项

9. 依票据法理学上的分类，票据可以分为 （ ）。

A. 委付证券和自付证券 B. 信用证券和支付证券

C. 记名票据和无记名票据 D. 完全票据、不完全票据和空白票据

10. 根据付款日期确定方式的不同，汇票可分为 （ ）。

A. 即期汇票和远期汇票 B. 信用证券和支付证券

C. 记名票据和无记名票据 D. 完全票据、不完全票据和空白票据

11. 汇票的出票人、付款人、收款人三种身份分别由不同人担任的，称为 （ ）。

A. 变式汇票 B. 一般汇票 C. 担保汇票 D. 融资汇票

12. 汇票基本当事人的身份由 （ ）。

A. 出票人 B. 付款人 C. 收款人 D. 背书人 E. 承兑人

13. 银行承兑汇票和商业承兑汇票是 （ ）。

A. 按照签发人不同进行的分类 B. 都是商业汇票

C. 按照承兑人不同进行的分类　　　　D. 按照出票人不同进行的分类

E. 分别是银行汇票和商业汇票

14. 依据票据行为的种类可将票据关系分为（　　）。

A. 出票关系或发行关系　　B. 背书关系　　C. 承兑关系　　D. 付款关系　　E. 保证关系

15. 以下（　　）关系是汇票所特有的。

A. 付款关系　　　　　B. 背书关系　　　　　C. 承兑关系　　　　D. 保证关系

16. 票据关系中的当事人主要依据（　　）而称谓。

A. 票据行为　　　　　B. 票据权利　　　　　C. 票据瑕疵　　　　D. 票据救济

17. 出票关系的当事人是（　　）。

A. 出票人和收款人　　B. 付款人和承兑人　　C. 付款人和持票人　　D. 承兑人和收款人

18. 承兑关系的当事人是（　　）。

A. 付款人和收款人　　B. 持票人和承兑人　　C. 付款人和承兑人　　D. 付款人和持票人

19. 保证关系的当事人是（　　）。

A. 保证人和被保证人　　　　　　　　　B. 保证人、被保证人和保证关系债权人

C. 被保证人和保证关系债权人　　　　　D. 保证人和保证关系债权人

20. 票据关系的特点包括（　　）。

A. 是一种独立的债权债务关系　　　　　B. 基于票据行为而产生

C. 是一种无因性法律关系　　　　　　　D. 属于民法关系

21. 付款关系的当事人是（　　）。

A. 付款人　　　　　　B. 持票人　　　　　　C. 背书人　　　　　　D. 票据款项收受人

22. 依据是否享有票据权利和享有的票据权利情形为标准，可将持票人分为三种，包括（　　）。

A. 完整权利持票人　　B. 无权利持票人　　C. 瑕疵权利持票人　　D. 被背书人

23. 清偿完票据债务全部票据关系即归于消灭的债务人，被称为（　　）。

A. 从债务人　　　　　B. 主债务人　　　　　C. 第一序位债务人　　D. 最终债务人

24. 对票据债务承担连带责任的债务人，被称为（　　）。

A. 主债务人　　　　　B. 从债务人　　　　　C. 第二序位债务人　　D. 后序债务人

25. 持票人应先向主债务人行使的票据权利是（　　）。

A. 付款请求权　　　　B. 追索权　　　　　　C. 利益返还请求权　　D. 票据返还请求权

26. 汇票中付款人经过（　　）就成为主债务人，必须承担到期付款的责任。

A. 承兑　　　　　　　B. 出票　　　　　　　C. 背书　　　　　　　D. 保证

27. 我国票据法上的非票据关系包括（　　）。

A. 票据返还关系　　　B. 利益返还关系　　　C. 损害赔偿关系　　　D. 保证与被保证关系

28. 票据基础关系是指票据关系所赖以建立于其上，但却不是基于票据行为，而是作为产生票据行为的基础的法律关系，也称票据的实质关系或民法上的非票据关系，包括（　　）。

A. 票据原因关系　　　B. 票据资金关系　　　C. 票据预约关系　　　D. 票据权利关系

29. 出票是指（　　）。

A. 专指票据的做成　　　　　　　　B. 专指票据的交付

C. 票据的做成与交付　　　　　　　D. 按规定格式填写票据凭证

30. 票据债务人之间承担（　　）。

A. 连带责任　　　　B. 保证责任　　　　C. 一般责任　　　　D. 无责任

31. 在汇票已获得承兑的情况下，主债务人是（　　）。

A. 承兑人　　　　B. 被背书人　　　　C. 付款人　　　　D. 出票人

32. 在汇票未获承兑的情况下，持票人应先向（　　）请求付款。

A. 付款人　　B. 背书人　　C. 保证人　　D. 票据权利人　　E. 出票人

33. 付款人对合法提示付款的持票人应该出具拒绝证明，不予出具的，应赔偿由此给持票人造成的损失，这是（　　）。

A. 民法上的非票据关系　　　　　　B. 票据法上的非票据关系

C. 票据法上的票据关系　　　　　　D. 资金关系

34. 因票据时效或票据记载事项欠缺而丧失票据权利时，持票人与出票人或承兑人之间发生的关系为（　　）。

A. 利益返还关系　　B. 票据返还关系　　C. 损害赔偿关系　　D. 票据原因关系

E. 票据预约关系

35. 对最终持票人而言，票据关系中的票据债务人包括（　　）。

A. 出票人　　B. 承兑人　　C. 背书人　　D. 保证人　　E. 付款人

36. 票据转让的原因包括（　　）。

A. 商品交易　　　　B. 赠与　　　　C. 清偿债务　　　　D. 借贷　　　E. 担保

37. 票据关系与非票据关系的基本区别在于（　　）。

A. 是否基于票据行为而发生　　　　B. 是否产生票据权利义务

C. 依据的法律不同　　　　　　　　D. 是否依据票据法

38. 作为票据发行、转让的原因而发生的法律关系，被称为（　　）。

A. 原因关系　　　　B. 预约关系　　　　C. 基础关系　　　　D. 资金关系

39. 属于无权利持票人的情况是（　　）。

A. 受让出票人禁止转让的票据的持票人　B. 取得无效票据的持票人

C. 偷窃他人票据的持票人　　　　　　D. 因赠与而获得票据的持票人

40. 属于瑕疵权利持票人的情况是（　　）。

A. 受让变造票据的持票人　　　　　　B. 因票据原因关系违法的持票人

C. 因非法借贷而取得票据的持票人　　D. 票据本身未获银行承兑

41. 以下判断正确的是（　　）。

A. 票据原因关系存在欠缺或者被解除或者无效并不影响已经发行或者流通的票据和票据权利的效力

B. 持票人行使票据权利一般仅以持有票据为要件而无须证明自己取得票据的原因

C. 票据债务人不得以原因关系欠缺来对抗完整权利持票人

D. 接受票据的直接当事人之间，可以用原因关系抗辩票据权利请求

E. 无对价取得票据的持票人不得享有优于前手的权利

F. 持票人明知前手的原因存在抗辩事由，但仍然取得票据的，因接受知情抗辩

42. 关于票据关系和票据预约关系的相互关系，以下论述正确的是（　　）。

A. 票据预约关系是否成立或生效或违约，对票据本身的效力发生影响

B. 票据预约关系的消灭对票据关系产生影响

C. 票据预约关系的当事人一旦履行票据预约关系，票据预约关系即消灭

D. 票据预约关系与票据关系不存在联系

43. 票据返还包括（　　）。

A. 无权利持票人的票据返还　　　　　B. 已获付款时票据缴回

C. 已获清偿时票据交付　　　　　　　D. 因商品交易而取得票据

44. 损害赔偿包括（　　）。

A. 怠于通知而产生的损害赔偿，如票据权利人及其前手未在规定期限内向有关票据债务人发出追索通知而造成损失时承担的赔偿，此项赔偿以汇票金额为限

B. 付款人或承兑人拒绝付款或承兑时，因未做成拒绝证明或退票理由书而给持票人造成损失时应承担的赔偿

C. 伪造、变造票据而给他人造成损害时应承担的赔偿

D. 变造票据的票据责任于变造票据而产生的赔偿责任实质上是一回事

45. 以下论述正确的是（　　）。

A. 汇票中的付款人承担必须付款的义务

B. 汇票中的付款人是否承担付款义务，取决于是否作出承兑行为

C. 付款人是否承兑，完全由自己决定

D. 付款人与出票人之间没有资金关系，就不能进行承兑

E. 付款人与出票人之间存在资金关系，就必须进行承兑

46. 票据法上的票据关系与非票据关系的区别在于（　　）。

A. 票据关系中的权利产生于票据行为，非票据关系中的权利直接产生于法律规定

B. 票据关系中的权利为票据权利，权利内容是票据上所记载的票据金额；非票据关系中的权利内容是票据作为物或权利财产的返还或交换利益的返还，以及因违反义务而产生的损害赔偿

C. 票据关系中的权利，是票据上的权利，以持有票据为依据；非票据关系以持有票据以外的原因为依据

D. 两者权利产生的原因、权利的内容以及权利行使的依据均有所不同

47. 以下属于票据资金关系的情形有（　　）。

A. 出票人在付款人处存有资金，约定由付款人以该项资金代为支付票据款项

B. 出票人与付款人订有信用合同，付款人承诺以自有资金为出票人垫付票据金额

C. 付款人欠有出票人债务，约定以支付票据款项作为偿还债务的替代方式

D. 同预约关系、原因关系一样，同属基础关系

48. 狭义的票据行为，仅指能够发生票据债务的法律行为，主要包括（　　）。

A. 出票　　　　　B. 承兑　　　　　C. 保证　　　　　D. 背书　　　　　E. 付款

49. 无民事行为能力人或限制民事行为能力人在票据上签章的，其签章人（　　）票

据责任。

A. 承担　　　　B. 不承担　　　　C. 承担，也可不承担　　D. 视具体情况决定

50. 属于基本票据行为的票据行为是（　　）。

A. 出票　　　B. 承兑　　　C. 保证　　　D. 背书　　　E. 付款

51. 票据行为的实质要件包括（　　）。

A. 票据能力　　B. 意识表示　　C. 记载事项　　D. 记载格式

52. 票据行为的形式要件包括（　　）。

A. 记载事项　　B. 记载格式　　C. 签章　　　D. 交付　　　E. 意识表示

53. 因实质要件欠缺而无效的出票行为主要有（　　）。

A. 无民事行为能力人的出票行为　B. 限制民事行为能力人的出票行为

C. 伪造签章的出票行为　　　　　D. 签章时未用本名的出票行为

54. 票据行为的特性包括（　　）。

A. 要式性　　B. 文义性　　C. 无因性　　D. 独立性　　E. 协同性

55. 票据行为的要式性体现在（　　）。

A. 签章　　　B. 书面　　　C. 款式　　　D. 内容

56. 票据签章是指（　　）。

A. 签名　　B. 盖章　　C. 签名加盖章　　D. 属于绝对必要记载事项　　E. 指印

57. 票据的记载事项可分为（　　）。

A. 绝对必要记载事项　　　　　　B. 相对必要记载事项

C. 任意记载事项　　　　　　　　D. 不得记载事项

E. 不具有票据法效力记载事项

58. 基本票据行为与附属票据行为的关系是（　　）。

A. 基本票据行为如欠缺法定形式要件，则票据无效，且在票据上的全部附属票据行为无效

B. 基本票据行为如欠缺实质要件，则仅基本票据行为本身无效，在票据上进行的附属票据行为仍然独立生效

C. 基本票据行为与附属票据行为互为因果关系

59. 以下关于票据金额记载规定正确的是（　　）。

A. 票据金额为必须记载事项　　　　　　B. 金额必须确定

C. 中文大写与数码必须同时记载，且必须一致　　D. 票据金额不得更改

E. 违反上述规定之一的，票据无效

60. 票据代理的形式要件自有齐备，才能产生票据代理效力。形式要件包括（　　）。

A. 必须显示于票据上　　　　　B. 必须写明被代理人名称

C. 必须由代理人签章　　　　　D. 必须表明代理的意旨

E. 必须由被代理人签字

61. 以下关于越权代理的论述正确的是（　　）。

A. 必须显示于票据上　　　　　B. 越权代理实质上是一种无权代理

C. 常见的越权代理是金额越权　D. 越权代理人仅就其超越权限的部分承担票据责任

E. 必须有代理授权，且超过代理授权

62. 法人超越经营范围所进行的票据行为是（　　）。

A. 无效　　　　　B. 有效　　　　C. 违反票据法的行为　　　　D. 效力视具体情况而定

63. 票据上大小写金额不一致时，票据（　　）。

A. 票据无效　　B. 票据行为无效　　C. 依数额较小者为准　　D. 以数额较大者为准

64. 票据代理人（　　）。

A. 承担票据责任　　　　　　　　B. 承担代理事项的票据责任

C. 与被代理人承担相同的责任　　D. 不承担票据责任

65. 关于票据上记载论述正确的是（　　）。

A. 法律上规定票据上必须记载，如果不记载，票据或票据行为将因此而无效的记载事项是绝对必要记载事项

B. 法律上不强制当事人必须记载，但当事人记载时可以产生票据效力的记载事项为任意记载事项

C. 法律规定不得在票据上记载，一旦记载将使票据或票据行为无效的记载事项为不得记载事项

D. 虽然在票据上记载，但不具有票据效力的记载事项为任意记载事项

66. 有害记载事项是指该事项（　　）。

A. 减少被背书人的票据权利　　　B. 使票据变为无效票据

C. 使票据行为的效力归于无效　　D. 本身不符合法律或道德的要求

67. 不影响票据行为效力的行为包括（　　）。

A. 以合法形式掩盖非法目的　　　B. 违反法律规定及社会公益的民事行为

C. 无民事行为能力人的票据行为　D. 恶意串通损害国家、集体及他人利益的民事行为

68. 在同一张票据上进行的各个票据行为均独立产生效力，具体表现是（　　）。

A. 各个票据行为均单独发生，不因某一票据行为而当然发生其他票据行为

B. 各个票据行为一般只因自身原因而无效，不因其他票据行为的原因而无效

C. 各个票据行为均独立生效，不因其他票据行为的有效而当然生效

D. 在同一张票据上进行的各个票据行为各有自己的基础关系，在实质上是独立进行的

69. 票据行为的文义性体现在（　　）。

A. 票据债权人不得以票据文义没有记载的内容主张票据权利

B. 除直接当事人外，票据债务人不得以票据文义没有记载的内容抗辩票据权利

C. 不得以票据记载以外的其他事实、证据或信息去推断票据行为人的真实意思

D. 不能以票据记载内容以外的信息去任意补充、变更票据行为人的意思

E. 如果文字记载与实际情况不符，仍以文字记载为准

70. 票据行为的无因性体现在（　　）。

A. 票据行为以具有经济内容的法律行为为前提，但票据行为成立后，作为其前提条件的原因关系存在与否、其原因关系是否有效，对票据关系不产生影响

B. 票据行为的效力与其基础关系可以分离

C. 持票人不负给付原因的举证责任

D. 票据债务人不得以原因关系对抗非直接的善意持票人

71. 票据签章的独立性表现在（ ）。

A. 票据上无民事行为能力人或限制民事行为能力人在票据上签章无效，但是不影响其他签章的效力

B. 票据上有伪造签章的，被伪造签章人不承担票据责任，但是不影响票据上其他真实签章的效力

C. 票据上有变造签章的，被变造签章的人应依照变造前的签章效力和记载事项承担票据责任，但是不影响票据上其他真实签章的效力

D. 票据上的签章可以独立于票据上记载的文句而存在

72. 票据无效是指票据因违反形式要件要求而整体上不产生票据效力，致使票据权利自始不存在，所有票据行为人都不承担票据责任，其实质是票据行为违反了强制性的票据外观的要式性要求。票据无效的情形包括（ ）。

A. 因形式欠缺必要记载事项而无效

B. 因更改不可更改事项而无效，如更改金额、出票日期和收款人名称

C. 票据款式违反强制性要求而无效，如大小写金额不一致

D. 记载内容与票据本质特性根本接触而无效，如记载有条件付款

73. 票据权利是指持票人向（ ）请求支付票据金额的权利。

A. 出票人　　　 B. 承兑人　　　 C. 背书人　　　 D. 保证人

E. 付款人　　　 F. 票据债务人

74. 下列论述正确的是（ ）。

A. 票据法上所规定的权利可分为票据权利和票据法上权利

B. 票据权利是指持票人向票据债务人请求支付票据金额的权利

C. 票据法上权利是指根据票据法的特别规定，与票据行为或票据关系有关，但又并非票据权利的权利

D. 票据权利包括付款请求权和追索权

E. 付款人依法足额付款后，全体债务人责任解除

75. 票据权利绝对消灭的情形有（ ）。

A. 清偿追索　　 B. 除权判决　　 C. 善意取得　　 D. 正确付款　　 E. 付款到期

76. 因企业分立而取得票据和从拾得者手里取得票据分别属于（ ）。

A. 属于非票据法上的继受取得，间接恶意

B. 属于票据法上的继受取得，直接恶意

C. 发行取得，善意取得

D. 原始取得，直接恶意

E. 原始、善意取得，间接恶意

77. 明知前手是以非法手段取得票据但以对价取得票据时或者重大过失取得不合乎票据法规定的票据时，该人（ ）。

A. 享有票据权利　　　　　　　B. 享有票据抗辩权

C. 不得享有票据权利　　　　　D. 享有优于前手票据权利

78. 属于重大过失取得票据的情形包括（　　）。

A. 取得出票时绝对应记载事项未记载完全的票据

B. 取得不可更改事项已更改的票据

C. 取得到期后背书转让的票据

D. 取得金额记载不合规则的票据

E. 取得出票人签章不合规则的票据

F. 从无处分权人手中取得票据

G. 取得无效票据

H. 以瑕疵方式取得票据

79. 取得票据但不享有票据权利的方式包括（　　）。

A. 欺诈　　　B. 胁迫　　　C. 偷盗　　　D. 单纯交付　　　E. 拾遗

80. 我国票据法中的"对价"是指（　　）。

A. 客观对价　B. 主观对价　C. 金钱对价　D. 即期对价　E. 实物对价

81. 票据权利的要件包括（　　）。

A. 持有合法票据　　　　　　　B. 向票据债务人行使

C. 请求支付一定金额　　　　　D. 仅能向企业法人行使

82. 票据取得与票据权利取得的关系主要体现在（　　）。

A. 取得票据并享有票据权利，如因发行、背书、单纯交付或债务清偿而取得票据

B. 取得票据但不享有票据权利，如恶意取得票据或重大过失取得票据

C. 虽取得票据但是否享有票据权利要依前手情形而定，如无偿取得票据、依破产分配等法律规定方式取得票据

D. 两者之间不存在关系

83. 因发行而取得票据并享有票据权利一般应具备的要件是（　　）。

A. 票据形式上有效，绝对必要记载事项记载齐全

B. 出票人自愿将票据交付给持票人

C. 除偷盗外，可以以任何方式将票据交付给持票人

D. 票据权利随票据的取得而丧失

84. 善意取得是指当事人从无处分权人手中取得有效票据并享有票据权利，要件包括（　　）。

A. 从无处分权处取得票据

B. 以票据法规定的方法取得

C. 取得的票据为有效票据

D. 以善意取得，并给付了对价

85. 票据权利行使与票据权利保全的关系是（　　）。

A. 两者有一定内容是共同的，权利行使是票据权利人为行使票据权利而进行的行为，权利保全则是票据权利人为防止票据权利丧失而进行的行为

B. 内容包括依期提示票据、依期做成拒绝证明等

C. 持票人对票据债务人行使或保全票据权利，应在票据当事人的营业场所进行，无营业场所的，应当在其住所进行

D. 持票人对票据债务人行使或保全票据权利，应在票据当事人的营业时间内进行

E. 两者没有关系

86. 虽然取得票据，但是否享有票据权利，视前手情形而定的情况有（   ）。

A. 因发行取得票据   B. 无偿取得票据

C. 因欺诈取得票据   D. 因背书取得票据

E. 受捐赠取得票据

87. 票据法规定，（   ）依法足额付款后，全体债务人责任解除。

A. 出票人 B. 承兑人 C. 付款人 D. 被追索人

88. 依票据法原因而致使票据权利消灭的情形包括（   ）。

A. 债务抵消 B. 票据丢失 C. 法律规定 D. 票据时效届满

89. 属于票据行为相关权利的情形包括（   ）。

A. 票据抗辩权 B. 损害赔偿权 C. 空白票据补充权 D. 票据丧失救济权

E. 更改权   F. 涂销权

90. 重大过失取得有效票据的情形包括（   ）。

A. 取得背书人签章不合规则的票据 B. 以空白背书取得票据

C. 取得记载有害背书事项的票据   D. 取得出票人签章不合规则的票据

E. 取得出票人明确记载禁止转让文句，背书人又将其转让的票据

91. 票据时效中断的方法有（   ）。

A. 当事人一方同意履行   B. 依据法律规定进行债权申报

C. 提起诉讼   D. 当事人一方提出要求履行债务

92. 对价依给付的时间为标准，可以分为（   ）。

A. 即期对价 B. 已付对价 C. 远期对价 D. 客观对价 E. 主管对价

93. 下列关于票据权利取得表述正确的包括（   ）。

A. 票据权利的取得是指依合法方式或法定原因而取得有效票据从而享有票据权利

B. 票据权利的原始取得是指持票人不依据前手权利或直接依据法律规定而取得票据

C. 继受取得是指依据前手票据权利而受让票据从而享有票据权利

D. 善意取得是指持票人虽然从无票据权利的手中取得票据，但基于善意并无重大过失，依法仍享有票据权利，为原始取得的一种方式

E. 发行取得是指持票仍基于出票的发行行为而取得票据权利

94. 无权限仍更改票据，属于（   ）。

A. 票据更改 B. 票据变造 C. 伪造   D. 涂销

95. 出票仍划去汇票上记载的付款地并在旁签章，这一行为属于（   ）。

A. 票据更改 B. 票据伪造 C. 票据变造 D. 票据涂销

96. 票据法规定不可更改的事项包括（   ）。

A. 付款人　　　B. 付款地　　　C. 出票地　　　D. 收款人名称　　　E. 出票日期

97. 以下论述正确的包括（　　）。

A. 票据更改是指票据法规定的可以更改的事项在票据上已经记载后，由享有更改权的人依法定款式所进行的变更

B. 票据伪造是指不以自己的真实名称而是假冒他人名义而进行票据的行为

C. 票据变造是指没有更改票据记载事项的人变更票据上除签章以外的其他记载事项

D. 票据涂销是指将票据上已记载事项以涂抹的方式予以消除

98. 以下关于票据更改论述正确的包括（　　）。

A. 票据更改为有权限人所为，否则为票据变造

B. 只能对可以更改的事项进行更改，否则将导致票据无效

C. 因以法定款式进行，否则不能产生可更改效力

D. 有些票据更改属于不合法行为

E. 对可更改的事项进行更改后，应该由原记载人签章证明

99. 关于票据伪造效力论述正确的是（　　）。

A. 伪造人和被伪造人均不承担票据责任

B. 伪造人承担侵权损害赔偿责任或不当得利责任，构成犯罪的则承担刑事责任

C. 伪造的签章不影响票据上其他真实签章的效力

D. 付款人对伪造出票或伪造承兑的票据付款，应属于错误或重大过失付款

E. 付款人对伪造背书但仍显示背书连续的票据付款，则为正确付款

100. 关于票据变造责任论述正确的是（　　）。

A. 票据变造如果对不可更改事项进行变造并显示痕迹的，票据无效

B. 对可更改事项的变造，其票据责任效力为：变造之前签章的人对原记载事项负责，在变造之后签章的人对变造之后的记载事项负责

C. 票据变造人除以票据责任效力承担票据责任外，如果给他人造成损失，还应承担相应的民事或刑事责任

D. 对可更改事项的变造，如不能辨别签章时间的，视同在变造之前签章

101. 关于票据涂销效力论述正确的事（　　）。

A. 有权利人的故意涂销，产生涂销效力，被涂销事项失去票据效力

B. 有权利人的无意涂销，应为无效涂销

C. 无权利人的无意或故意涂销，均为无效涂销

D. 票据涂销均导致票据权利丧失

102. 票据伪造和无权代理、票据变造的关系是（　　）。

A. 票据代理有严格的形式要件要求，而票据伪造在票据上不显示代理关系

B. 代理的结果体现了被代理人利益，而伪造则是为了伪造人的利益

C. 票据伪造主要针对票据上的签章事项，目的在于变更票据责任的内容；票据变造主要针对签章以外其他事项，目的在于变更票据责任内容

D. 票据变造人无更改权，所做行为为违法行为

103. 下列有关票据关系的说法中，正确的是（　　）。

A. 票据关系是一种独立的债权债务关系

B. 票据关系是基于票据行为产生的

C. 票据关系以票据基础关系的存在为前提

D. 票据关系是分离于票据基础关系的无因性法律关系

104. 承兑行为发生于（　　）。

A. 本票关系中　　B. 汇票关系中　　C. 支票关系中　　D. 所有票据关系中

105. 关于票据伪造和变造，下列说法中错误的是（　　）。

A. 票据伪造主要是伪造签章

B. 票据伪造仅指伪造出票

C. 票据伪造是假冒或虚构他人名义为票据行为

D. 票据变造主要是变更签章以外的其他事项

106. 下列可能成为票据利益返还关系中偿还义务人的是（　　）。

A. 承兑人　　　　B. 背书人　　　　C. 收款人　　　　D. 付款人

107. 甲公司向乙公司签发金额为200万元的商业承兑汇票，则（　　）。

A. 甲公司必须事先在银行有200万元的存款

B. 甲公司必须在签发汇票后的10日内向银行提供200万元的付款保证金

C. 汇票到期日时甲公司存款余额不足支付的，该汇票无效

D. 只要在汇票到期时能支付200万元即可

108. 汇票出票人因背书受让票据而成为持票人时，（　　）。

A. 票据权利义务关系消灭　　　　　　　　B. 不得再背书转让汇票

C. 对前手仍可以以被背书人身份享有追索权　　　　D. 对前手无追索权

109. 阳光公司签发一张以太木公司为收款人的银行承兑汇票，不慎将收款人误写成大木公司，则（　　）。

A. 该票据为无效票据，当太木公司提示付款时，银行可以拒绝付款

B. 太木公司可以自行改正后请求银行付款

C. 经阳光公司出具证明后，银行应承认太木公司的票据权利

D. 因票据行为的独立性，如果太木公司背书转让该票据，则被背书人享有票据权利

E. 因出票行为无效导致该汇票无效，并使后续的票据行为无效，因此被背书人不享有票据权利

110. 持票人因无时间亲自到银行提示付款，要乙代替，则（　　）。

A. 乙持票即可行使票据权利

B. 乙在说明与持票人的关系后要求银行付款

C. 持票人应在票据上表明乙为被背书人，并注明"委托收款"字样

D. 银行可以以必须由本人亲自提示付款为由拒绝向乙付款

111. 持票人甲公司将面额200万元的汇票背书转让给乙公司，由丙公司充当保证人，汇票未继续转让。后承兑人丁银行查明该汇票金额被人从20万元改为200万元，

从而拒绝付款。乙公司向丙公司行使追索权时，则（　）。

　　A. 由于主债务因欺诈无效，从债务也消灭，丙公司保证责任自始不成立

　　B. 丙公司仍应承担 220 万元的保证责任

　　C. 丙公司只须承担该汇票真实数额 20 万元的保证责任

　　D. 票据由变造人承担责任，丙公司不需承担责任

　　112. 出票地在越南，背书行为发生在日本，持票人为德国人，付款地在上海，依据我国票据法，决定持票人追索权行使期限的法律是（　）。

　　A. 越南法　　　B. 日本法　　　C. 德国法　　　D. 中国法

　　113. 我国票据法规定，票据上大小写金额不一致时，则（　）。

　　A. 以大写金额为准　　　　　B. 以小写金额为准

　　C. 以两者中金额较大者为准　　D. 票据无效

　　114. 票据权利的保全措施包括（　）。

　　A. 承兑　　　B. 保证　　　C. 提供拒绝证明　　　D. 追索　　　E. 遵期提示

　　115. 关于票据抗辩定义理解正确的是（　）。

　　A. 票据抗辩权是票据债权人享有的权利

　　B. 票据抗辩权是票据债务人享有的权利

　　C. 票据抗辩是票据债务人对票据债权人拒绝履行义务的行为

　　D. 票据抗辩制度的建设，主要目的是在票据法上对票据债权人和债务人的利益进行平衡保护

　　E. 票据抗辩权利可以不分场合地使用

　　F. 可以对票据上的部分金额进行抗辩

　　116. 票据抗辩的成立，将导致（　）。

　　A. 持票人追索权的丧失

　　B. 背书人背书资格的丧失

　　C. 持票人和票据上记载的债务人之间的票据债务债权关系消灭（持票人与其前手、出票人之间的债务债权关系并不必然消灭）

　　D. 票据无效

　　117. 以下哪种情况属于任何票据债务人都可以对任何持票人行使的抗辩。（　）

　　A. 票据上欠缺有关当事人的名称、签章以及出票日期

　　B. 无效票据或票据权利已经失效

　　C. 票据上记载的到期日未到

　　D. 票据上记载的付款地与持票人请求付款的地点不符合

　　E. 票据上记载的债务人为欠缺民事行为能力的人

　　F. 票据上记载的债务人是在变造前签章

　　118. 票据债务人不得以自己与出票人或（　）之间的抗辩事由对抗持票人。

　　A. 持票人的前手　　　　　B. 票面载明的收款人

　　C. 汇票第一手背书人　　　D. 汇票第一手被背书人

　　119. 以下属于票据丧失情况的是（　）。

A. 被撕扯成无法复合的纸屑　　　B. 被火烧成纸灰

C. 不慎丢失或被人偷盗　　　　　D. 锁在保险柜中无法取出

120. 票据丧失的补救方法包括（　　）。

A. 挂失止付　　B. 公示催告　　C. 提示付款　　D. 提起诉讼

121. 关于挂失止付论述正确的是（　　）。

A. 挂失止付是票据丧失后采取的一种临时性救济措施

B. 未记载付款人或者无法确定付款人及代理付款人的票据也可办理挂失止付

C. 没有承兑的商业汇票不能办理挂失止付

D. 付款人收到挂失止付通知后，对已经付款的，要承担相应的责任

122. 关于挂失止付效力论述正确的是（　　）。

A. 挂失止付的有效期间为 12 日

B. 挂失票据尚未止付的，付款人应予以挂失

C. 因公示催告，法院发出止付通知书的，具有接续挂失止付期间的效力

D. 但挂失期间如持票人要求支付，付款人仍应给予支付

123. 公示催告的作用主要有（　　）。

A. 暂时停止支付　　B. 防止善意取得　　C. 查明利害关系人　　D. 恢复票据权利

124. 申请公示催告的票据所应具备的条件包括（　　）。

A. 票据确已丧失　　　　　　B. 所失票据为可背书转让票据

C. 已知所失票据为某人取得　　D. 不知票据被何人持有

125. 公示催告在出现以下（　　）情况时宣告终结。

A. 利害关系人申报权利　　　B. 申请人撤回申请

C. 期限届满　　　　　　　　D. 申请人又取得票据

126. 以下事由属于票据法上物的抗辩的是（　　）。

A. 持票人以欺诈手段取得票据　　B. 票据未到期

C. 持票人的前手不履行约定义务　　D. 票据到期日未到

E. 票据权利已消灭的抗辩

127. 下列属于不可以挂失止付的票据有（　　）。

A. 未记载付款人的票据　　　B. 无法确认付款人的票据

C. 未承兑的商业汇票　　　　D. 未背书的银行承兑汇票

128. 挂失止付后，可能出现的情况是（　　）。

A. 善意取得　　B. 票据金额被冒领　　C. 票据失效　　D. 恢复票据权利

129. 以下不能申请公示催告的情况包括（　　）。

A. 票据被盗　　B. 票据被骗　　　C. 票据遗失　　D. 票据灭失

130. 可以申请公示催告程序的申请人应为可转让背书的（　　）。

A. 票据权利人　　B. 票据占有人　　　C. 最后持有人　　D. 被背书

131. 票据的复权方法包括（　　）。

A. 挂失支付　　B. 公示催告　　　　C. 提示承兑　　D. 提示付款

132. 票据丧失的失票人主要包括（　　）。

A. 委托收款背书的被背书人 　　　　　　　B. 付款人

C. 尚未完成票据交付行为的出票人和背书人 　　D. 空白背书的出票人和背书人

E. 原持有票据并享有票据权利的人

133. 票据丧失后可以挂失止付的失票人包括（　　）。

A. 票据权利人 　　　　　　　　　　　　B. 委托收款背书的被背书人

C. 已作成票据的出票人 　　　　　　　　D. 已完成背书的背书人

E. 空白票据持有人

134. 所失票据不能申请公示催告的有（　　）。

A. 该票据不可背书转让 　　　　　　　　B. 该票据已被付款人支付

C. 该票据时效已结束 　　　　　　　　　D. 该票据持有人已无票据权利

E. 该票据已不存在

135. 失票人进行挂失止付时，应办理的手续主要包括（　　）。

A. 填写挂失止付通知书 　　　　　　　　B. 失票人在挂失止付通知书上签章

C. 到出票人处陈述 　　　　　　　　　　D. 将挂失止付通知书交给付款人或代理付款人

136. 按照抗辩效力和对象的不同，票据抗辩可分为（　　）。

A. 人的抗辩和物的抗辩 　　　　　　　　B. 绝对抗辩和相对抗辩

C. 客观抗辩和主观抗辩 　　　　　　　　D. 对世抗辩和对人抗辩

137. 票据抗辩限制例外的情形包括（　　）。

A. 间接恶意抗辩 　　B. 无对价抗辩 　　C. 人的抗辩 　　　D. 知情抗辩

138. 票据法原理中对票据债务人保护的内容包括（　　）。

A. 票据抗辩限制 　　B. 票据权利 　　　C. 利益返还请求权 　　D. 挂失止付

139. 票据抗辩限制主要是指票据抗辩中的（　　）。

A. 对人抗辩 　　　　B. 对物抗辩 　　　C. 不允许抗辩 　　　D. 有条件的抗辩

140. 下列关于票据抗辩特点论述中正确的是（　　）。

A. 票据抗辩仅是对票据债权人请求权的对抗

B. 票据抗辩不适用抗辩延续原理，而适用对人抗辩的切断原理

C. 票据抗辩仅是否认请求人享有票据权利的抗辩

D. 票据抗辩的不延续原理是为保护债权人利益

141. 一切票据债务人均可以主张的对物的抗辩包括（　　）。

A. 签章不合规则 　　　　　　　　　　　B. 票据金额与请求金额不符

C. 背书不连续 　　　　　　　　　　　　D. 无权代理

E. 到期日未届满

142. 王某以自己为无民事行为人为由，拒绝对持票人张某承担票据责任，王某抗辩属于（　　）。

A. 对人的抗辩 　　　B. 对物的抗辩 　　C. 绝对抗辩 　　　D. 民法上的抗辩

143. 票据债务人不得以自己与出票人或者持票人的前手之间的抗辩事由对抗持票人，这里的前手是指（　　）。

A. 持票人的直接前手 　　　　　　　　　B. 持票人的所有前手

C. 所有票据债务人　　　　　　　　　　D. 出票人以外的所有债务人

144. 属于特定票据债务人可以主张的对人抗辩的情形有（　　）。

A. 原因关系无效　　　　　　　　　　　B. 无对价转让票据

C. 票据是赠送所得　　　　　　　　　　D. 票据尚未交付给相对人

E. 当事人之间不存在资金关系

145. 以下属于对人的抗辩的情形有（　　）。

A. 直接恶意抗辩　　　　　　　　　　　B. 基于原因关系的抗辩

C. 欠缺对价的抗辩　　　　　　　　　　D. 欠缺交付的抗辩

146. 以下关于知情抗辩论述正确的是（　　）。

A. 是指票据债务人得以主张的对持票人明知存在抗辩事由而取得票据的抗辩

B. 属于物的抗辩

C. 属于人的抗辩

D. 知情持票人因知情而继受前手的票据权利瑕疵

147. 以下关于间接恶意抗辩论述正确的是（　　）。

A. 是指以持票人出于恶意取得明知是他人恶意取得的票据作为抗辩事由而进行的抗辩

B. 间接恶意持票人能够享有票据权利

C. 间接恶意持票人不享有票据权利

D. 持票人持有的票据不一定是恶意取得

148. 下列关于票据抗辩论述正确的是（　　）。

A. 票据抗辩的意义在于在保障债权人合法权益的同时，也公平地保障票据债务人的合法权益

B. 票据抗辩不仅是对票据债权人请求权的对抗，而且包含了根本否认请求人享有票据权利的抗辩

C. 票据权利不具有延续性

D. 票据抗辩一般仅限于直接当事人之间

149. 关于民法上的抗辩与票据法上的抗辩两者之间的关系，以下论述正确的是（　　）。

A. 民法上的抗辩并非彻底否认请求权的存在，而票据法上的抗辩则是从根本上否认请求人享有票据权利的抗辩

B. 民法上的抗辩具有延续性，而票据法上的抗辩不具有延续性

C. 民法上的抗辩具有随着债权债务流转次数的增加而产生更多抗辩的特点

D. 两者没有区别

150. 以下说法正确的是（　　）。

A. 甲乙在协议中约定甲以支票向乙付款，则甲乙之间存在票据关系

B. 甲以汇票向乙设定质押，则甲乙之间存在票据关系

C. 甲和银行签订承兑协议，则甲和银行之间存在票据关系

D. 甲签发一张承兑汇票给乙，则乙和付款银行之间存在票据关系

151. 票据的设立，必须遵循诚实信用的原则，具有真实的（ ）关系，票据的取得必须给付对价。

A. 商品交易　　　　B. 物资劳务　　　　C. 债权债务和交易　D. 支付

152. 支付对价善意取得票据的受让人，可以获得优于其（ ）的权利，前手对票据的权利缺陷并不影响受让人的权利。

A. 出票人　　　　B. 后手　　　　C. 前手　　　　D. 承兑人

153. 一年内发生（ ）次以上故意压票、无理拒付，造成重大影响的，中国人民银行将取消其开办商业汇票业务的资格。

A. 三　　　　B. 四　　　　C. 五　　　　D. 六

154. 贴现利率采取在（ ）基础上加百分点的方式生成，加点幅度由人民银行确定，而贴现利率上限按照不超过同期贷款利率生成。

A. 贷款利率　　　　B. 再贴现利率　　　　C. 转贴现利率　　　　D. 承对手续费

155. 追索权是持票人在票据不获承兑或不获付款时，可以向（ ）请求偿还票据金额、利息及有关费用的一种票据权利。

A. 背书人　　　　B. 承兑人　　　　C. 保证人　　　　D. 出票人

156. 办理买方付息票据贴现业务，必须坚持（ ）的原则。

A. 先收妥贴现利息，再划付资金　　　B. 先划付资金，再收妥贴现利息

C. 贴现利息由收款人支付　　　　D. 贴现利息由支付货款的一方承担

157. 在办理转贴现业务时，票据背书应该加盖（ ）。

A. 公章　　　　B. 财务专用章　　　　C. 结算专用章　　　　D. 汇票专用章

158. 对贴现申请人位于商业汇票第（ ）背书人（含）之后，且其名称与出票人名称一致的票据，应调查了解其回头背书的原因，辨别其是否合理，在确保贸易背景真实的前提下才可买入。

A. 一　　　　B. 二　　　　C. 三　　　　D. 四

159. 不同票号的增值税发票之间，其密码区应（ ）。

A. 相同　　　　B. 不同　　　　C. 可能相同，也可能不同　　　　D. 最后两行相同

160. 商业汇票是交易性票据，办理商业汇票业务都必须依法、合理、合规，（ ）签发、承兑、贴现不具有贸易背景的商业汇票。

A. 限制　　　　B. 不准　　　　C. 严禁　　　　D. 原则上不得

161. 四联增值税发票依此为（ ）。

A. 抵扣联、发票联、存根联、记账联　　B. 存根联、发票联、抵扣联、记账联

C. 抵扣联、存根联、发票联、记账联　　D. 记账联、抵扣联、发票联、存根联

162. 未纳入防伪税控系统管理的企业可以使用普通计算机软件开具应税销售额在（ ）元以下的电脑版增值税发票。

A. 10 万　　　　B. 1 万　　　　C. 100 万　　　　D. 1000 万

163. 在商品交易中，商业汇票、交易合同和增值税发票开具的时间顺序为（ ）。

A. 商业汇票—交易合同—增值税发票　　B. 交易合同—商业汇票—增值税发票

C. 增值税发票—商业汇票—交易合同　　D. 商业汇票—增值税发票—交易合同

164. 增值税发票左上方代码为（　　）位，右上方钢印流水号为（　　）位。

A. 10、8　　　　　　　B. 8、10　　　　　　　C. 9、10　　　　　　　D. 10、9

165. 某增值税的发票名称为"山东增值税专用发票"，那么这张发票的（　　）单位应该在山东省。

A. 购货

B. 销货

C. 购货和销货单位

D. 与购销单位所在地无关系

166. 商业汇票要素中（　　）。

A. 日期、金额、付款人不得更改

B. 日期、承兑人、付款人不得更改

C. 日期、账号、付款人不得更改

D. 日期、金额、收款人不得更改

167. 商业汇票更改事项中的"规范更改"是指（　　）。

A. 后手更改所有前手的内容后，后手在规定的地方加盖背书

B. 本手自己更改内容，本手在规定的地方加盖背书

C. 前手更改所有前手的内容后，在规定的地方后手加盖背书

D. 后手更改内容，在规定的地方后手加盖背书

168. 商业承兑汇票的出票日期书写应使用（　　）。

A. 中文大写　　　　B. 罗马数字　　　　C. 阿拉伯数字小写　　D. 随意书写

169. 背书生效后，背书人即成为票据上的（　　），必须承担担保承对和到期付款的责任。

A. 债权人　　　　　　B. 债务人　　　　　　C. 担保人　　　　　　D. 付款人

170. 甲于 2007 年 5 月 10 日签发一张汇票，到期日为 2007 年 11 月 10 日，则此汇票的权利消灭时间开始于（　　）。

A. 2007 年 11 月 11 日

B. 2009 年 11 月 11 日

C. 2009 年 5 月 10 日

D. 2007 年 11 月 21 日

171. 背书转让的汇票，判断背书是否连续的标准是（　　）。

A. 前一手的被背书人是后一手的背书人　　B. 前一手的背书人是后一手的被背书人

C. 前一手的被背书人是后一手的被背书人　D. 前一手的背书人是后一手的背书人

172. 以下关于人的抗辩的论述正确的是（　　）。

A. 对人的抗辩是一切票据债务人或特定票据债务人可以对抗特定债务人的抗辩

B. 对人的抗辩仅能对抗特定的持票人

C. 抗辩主要限于直接当事人之间，对其他抗辩当事人的抗辩效力被切断

D. 抗辩事由一般为票据外事项尤其是票据基础关系中的事项

173. 一切票据债务人可以主张的对人抗辩主要是指（　　）。

A. 直接恶意抗辩　　　B. 对以欺诈、胁迫、偷盗、拾遗而获得票据的人进行的抗辩

C. 欠缺对价的抗辩　　D. 基于原因关系的抗辩

174. 特定票据债务人可以主张的对人抗辩主要有（　　）。

A. 基于原因关系的抗辩

B. 基于资金关系的抗辩

C. 欠缺对价的抗辩

D. 欠缺交付的抗辩

E. 违反特约的抗辩

175. 知情抗辩与间接恶意抗辩的主要区别在于（　　）。

A. 间接恶意抗辩仅适用于知悉恶意取得票据的情形，而知情抗辩适应于其他情形

B. 一切票据债务人均可主张间接恶意抗辩，而知情抗辩由直接当事人主张

C. 间接恶意抗辩的效力为间接恶意持票人不得享有票据权利，知情抗辩的效力为知情持票人继受票据权利瑕疵，但并非不得享有票据权利

D. 两者时效不同

176. 持票人对票据出票人和承兑人的权利自（　　）起两年。

A. 到期日　　　　　B. 出票人　　　　　C. 承兑日　　　　　D. 背书日

177. 我国法律规定的票据时效的起算日主要有（　　）。

A. 出票日　　　　　B. 到期日　　　　　C. 法院认可日　　　　　D. 一定事实发生日

178. 向未开通中国人民银行大额支付系统的城市银行发送查询业务应采取的方式是（　　）。

A. 查询报文　　　B. 自由格式报文　　C. 查复报文　　　D. 自定格式报文

179. 办理同城票据查询时，应由（　　）一同前往承兑行办理。

A. 票据查询人员客户经理和客户　　　　　B. 两名客户经理

C. 客户经理和客户　　　　　D. 客户经理和票据查询人员

180. 票据查询人员收到查复报文后，如发现报文内容不符合要求，查询人员应该（　　）。

A. 立即与查复行联系，问清原因后重新查询

B. 根据报文大致意思与查询行核实后，可继续办理业务

C. 立即与查复行联系，问清原因后继续办理业务

D. 根据报文意思与查复行核实后，先办理业务，同时重新办理查询

181. 委托收款一般采取 EMS 特快专递方式发出。信封收款人必须与委托收款凭证上的（　　）为同一人。

A. 付款人　　　　　B. 承兑人　　　　　C. 收款人　　　　　D. 最后一手背书人

182. 发出托收的票据背书栏应加盖（　　）。

A. 汇票专用章　　B. 结算专用章　　C. 业务用公章　　D. 托收单位部门章

183. 一般在汇票到期前（　　）天发出托收。在发出托收前，由会计部门在汇票背面背书栏加盖结算专用章和授权的经办人名章，注明（　　）字样背书、委托收款银行全称和背书日期。

A. 10 天和委托收款　B. 5 天和委托收款　C. 10 天和代理收款　D. 5 天和代理收款

184. 转贴现卖出计划是在预测资金流量和控制票据融资规模的基础上制定的，其转卖利率区间一般参照（　　）确定，原则上以不低于当期票据买入利率为准。

A. 同业拆借利率　　　　　B. 票据市场交易利率

C. 债券市场交易利率　　　　　D. 系统内资金拆借利率

185. 在（　　）情况下通常可考虑实施票据转卖。

A. 有大量富余资金　　　　　B. 超过票据融资限额

C. 预期出现资金缺口　　　　　D. 出现明显套利机会

186. 进行转贴现卖出时应该（　　）。

A. 双人前往　　　　　　　　　　　　B. 利率不能超授权

C. 金额不能超授权　　　　　　　　　D. 必须在年初制定的转卖计划内

E. 行踪要保密

187. 转贴现卖出后，应注意（　　）。

A. 双人前往　　　　B. 确认收妥款项　　C. 金额不能超授权　　D. 行踪要保密

188. 票据资金来源的途径主要有（　　）。

A. 拆借资金　　　B. 占用在途资金　　　C. 票据转卖及再贴现资金　　　D. 自有资金

189. 进行票据买入需对外划付资金时，审核要点主要有（　　）。

A. 审核划付金额　　　　　　　　　　B. 审核利息支出

C. 审核票据真伪　　　　　　　　　　D. 审核有权审批人签章

190. 会计部门凭以划付资金的依据主要是（　　）。

A. 票据交易合同　　　　　　　　　　B. 资金调拨通知书

C. 业务审批书　　　　　　　　　　　D. 资金申报表

191. 法院专门刊登公示催告票据信息的网站是（　　）。

A. 民商法律网　　　　B. 中国律师网　　　C. 中国法院网　　　　D. 公示催告网

192.《挂失止付通知书》的有效期是（　　），公示催告的期限不得少于（　　）天。

A. 13 天、50 天　　　B. 7 天、45 天　　　C. 12 天、60 天　　　D. 8 天、70 天

193. 票据公示催告期间，利害关系人向法院申报权利的，产生的法律后果是（　　）。

A. 法院裁定驳回原公示催告申请　　　B. 法院开庭审理当事人之间的票据权利争议

C. 法院裁定公示催告期限延长 50 天　　D. 法院裁定公示催告程序终结

194. 票据被拒绝付款时，持票人向前手追索的金额应该是（　　）。

A. 票据本金、票据提示付款日起至实际付款日止的利息、发出通知的费用

B. 票据本金

C. 票据本金、票据到期日起至实际付款日止的利息、发出通知的费用

D. 票据未支付本金的，为剩余部分本金、票据到期日起至实际付款日止的利息、发出通知的费用

195. 票据丧失后，向（　　）人民法院申请公示催告。

A. 承兑人所在地的中级　　　　　　　B. 承兑人所在地的基层

C. 持票人所在地的中级　　　　　　　D. 付款人所在地的基层

196. 申请人应自公告期满（　　）内向法院提交除权判决申请书，由法院作出判决。

A. 2 个月　　　　　　B. 1 个月　　　　　　C. 3 个月　　　　　　D. 40 天

197. 汇票是（　　）签发的，委托（　　）在见票时或者在指定日期无条件支付确定的金额给收款人或者持票人的票据。

A. 出票人、付款人　　B. 出票人、承兑人　　C. 承兑人、付款人　　D. 收款人、付款人

198. 以下关于汇票表述正确的是（　　）。

A. 汇票是一种有价证券　　　　　　　B. 汇票是由签发人支付票据金额的票据

C. 汇票的支付是无条件的　　　　　　D. 汇票是以民法规定发行的票据

199. 以下关于汇票判断正确的是（　　）。

A. 汇票是委托他人无条件支付的票据

B. 汇票的出票人不是汇票的付款人

C. 汇票的付款人是接受出票人委托取得付款资格的人

D. 收款人是从付款人处接受票据、凭此票据享有票据权利的人

200. 汇票关系中的基本当事人是指汇票一经发行就存在的当事人，包括（　　）。

A. 出票人　　　　　B. 承兑人　　　　　C. 付款人　　　　　D. 收款人

201. 汇票是在（　　）无条件支付给持票人一定金额的票据。

A. 指定的到期日　　　　　　　　B. 持票人要求支付汇票金额的日期

C. 签发日 30 天后　　　　　　　D. 任何时间

202. 将商业汇票划分为商业承兑汇票和银行承兑汇票是根据（　　）。

A. 承兑人的不同　　B. 付款人的不同　　C. 签发人的不同　　D. 收款人的不同

203. 商业汇票的付款通过（　　）。

A. 企业　　　　　B. 中央银行　　　　　C. 商业银行　　　　　D. 银联

204. 商业承兑汇票的付款人开户行收到通过委托收款邮寄来的商业承兑汇票，将商业承兑汇票留存，并（　　）。

A. 由银行按票面金额划付资金　　　　B. 及时通知付款人，由付款人决定是否付款

C. 由银行和付款人协商确定是否付款

205. 商业汇票的持票人可以（　　）。

A. 持该汇票到银行申请贴现　　　　　B. 办理转贴现

C. 对外支付　　　　　　　　　　　　D. 到期委托银行收款

206. 使用商业汇票的企业主体应满足的主要条件包括（　　）。

A. 在银行开立存款账户　　　　　　　B. 具备真实的交易关系或债权债务关系

C. 必须是法人组织　　　　　　　　　D. 必须是法人组织或者经批准的个人

207. 商业汇票与银行汇票的区别在于（　　）。

A. 出票人的不同

B. 银行汇票由出票银行签发，商业汇票由出票人签发

C. 银行汇票可以由个人使用，商业汇票只能由法人组织使用

D. 银行汇票主要作为结算工具存在，而商业汇票可以作为融资工具

208. 关于商业汇票承兑时间的表述准确的是（　　）。

A. 在出票时直接向付款人提示承兑后使用　　B. 出票后先使用再向付款人提示承兑

C. 在出票之前办理承兑　　　　　　　　　　D. 提示付款后再进行承兑

209. 银行承兑汇票的出票人或持票人向银行申请承兑时，银行的信贷部门要审查（　　）。

A. 出票人的资格、资信和汇票记载的内容　　　B. 商品购销合同

C. 申请人的法定代表人的资格　　　　　　　　D. 汇票真伪

210. 按汇票上指定的到期日方式的不同，可将汇票划分为（　　）。

A. 即期汇票和远期汇票　　　　　　　B. 商业汇票和银行汇票

C. 记名汇票、指示汇票和无记名汇票　　D. 一般汇票和变式汇票

211. 即期汇票和远期汇票的主要区别在于（　　）。

A. 即期汇票只具有支付职能

B. 远期汇票比即期汇票的使用范围要广

C. 不同远期汇票之间的区别主要是到期日确定方式的不同

D. 承担的责任不同

212. 以下关于汇票论述正确的是（　　）。

A. 汇票按转让方式不同可分为记名汇票、指示汇票和无记名汇票

B. 记名汇票是指出票人在票面上明确记载收款人姓名或者名称的汇票

C. 指示汇票是指出票人不仅明确记载收款人姓名或者名称，而且附加"或其指定的人"字样的汇票

D. 无记名汇票是指出票人没有记载收款人姓名或者名称，或者仅记载"将票据金额支付与来人或持票人"字样的汇票

E. 我国《中华人民共和国票据法》不承认指示汇票

213. 无记名汇票与记名汇票的区别关系与联系表现在（　　）。

A. 记名汇票只能通过背书转让，而无记名汇票只通过交付就发生转让的效力

B. 记名汇票在票面上明确记载了收款人的姓名或名称，而不记名汇票则没有记载

C. 不记名汇票的持票人通过记载自己或他人的姓名、名称，则变为记名汇票

D. 两者之间可以相互转化

214. 一般汇票和变式汇票的区别与联系表现在（　　）。

A. 两者是依据汇票当事人的资格是否兼任而区分的

B. 一般汇票的基本当事人需分别由不同的人担任

C. 变式汇票的基本当事人可以兼任

D. 两者可以互相转化

215. 变式汇票根据当事人兼任的资格，可以划分为（　　）。

A. 指己汇票　　　　B. 付受汇票　　　　C. 对己汇票　　　　D. 己付己受汇票

216. 下列关于变式汇票论述正确的是（　　）。

A. 指己汇票是指以自己为收款人的汇票

B. 付受汇票是指付款人与收款人为同一人的汇票

C. 对己汇票是指出票人以自己为付款人的汇票

D. 己付己受汇票是指收款人、付款人和出票人为同一人的汇票

217. 根据票据法理论，同一银行的各个分行之间或者同一公司的各个分子公司间签发的汇票和仅仅以流通为目的而签发的汇票可以采取（　　）的形式。

A. 指己汇票　　　　B. 付受汇票　　　　C. 对己汇票　　　　D. 己付己受汇票

218. 银行实务中对己汇票主要是指（　　）。

A. 商业汇票　　　　B. 银行汇票　　　　C. 商业承兑汇票　　　　D. 银行承兑汇票

219. 如果出票人对某公司有一笔债权，后又与该公司的分公司产生一笔金额相等的债务，于是便签发了一张以分公司为收款人、以总公司为付款人的汇票，则这张汇票

为（　　）。

 A. 指己汇票　　　　　B. 付受汇票　　　　C. 对己汇票　　　　D. 己付己受汇票

220. 如果总公司签发一张以自己的分公司为付款人的汇票，则这张汇票实质上是（　　）。

 A. 指己汇票　　　　　B. 付受汇票　　　　C. 对己汇票　　　　D. 己付己受汇票

221. 持票人对前手的追索权自被拒绝承兑或被拒绝付款之日起（　　）不行使而消灭。

 A. 6 个月　　　　　B. 1 年　　　　　C. 2 年　　　　　D. 3 个月

222. 我国票据法将可能发生利益返还请求权的原因限定为（　　）而丧失票据权利的人。

 A. 因票据时效已到　　　　　　B. 因票据记载事项欠缺

 C. 因票据丢失　　　　　　　　D. 因票据损毁

223. 利益返还请求权的范围限定在（　　）。

 A. 票面金额　　　　　　　　　B. 票面金额加利息

 C. 未支付票据金额相当的利益　　D. 票面金额的利息

224. 以下判断正确的是（　　）。

 A. 按照小时计算期间的，从下一小时开始起算

 B. 按照年月日计算期间的，从第二天开始起算

 C. 当偿还义务人在利益返还请求权人正当请求之后仍延迟返还利益时，可要求对方支付延迟返还之日起的附加利息

 D. 持票人因超过票据权利时效或者因票据记载事项欠缺而丧失票据权利的，仍可享有民事权利

225. 某汇票出票日为 1 月 31 日，付款日定为出票后 1 个月，则付款日为（　　）。

 A. 2 月 28 日　　　　B. 3 月 1 日　　　　C. 2 月 30 日　　　　D. 4 月 1 日

226. 利益返还请求权为（　　）。

 A. 对不当得利的返还请求权　　　B. 对侵权损害的赔偿请求权

 C. 票据法上的特别权利　　　　　D. 票据权利

227. 我国票据法规定的票据权利的最短时效为（　　）。

 A. 3 个月　　　　　B. 9 个月　　　　　C. 1 年　　　　　D. 1 年半

228. 持票人对前手的（　　）自清偿之日或者被提起诉讼之日起 3 个月内不行使而消灭。

 A. 再追索权　　　B. 追索权　　　C. 利益返还请求权　　　D. 抗辩权

229. 利益返还请求权的时效为（　　）。

 A. 1 年　　　　　B. 2 年　　　　　C. 3 个月　　　　　D. 6 个月

230. 依据我国法律规定，票据关系的期间单位为（　　）。

 A. 年　　　　　B. 月　　　　　C. 日　　　　　D. 小时　　　E. 分钟

231. 利益返还请求权的持票人包括（　　）。

 A. 再追索权人　　　　　　　　B. 最后一手被背书人

C. 再票据流通中的最终持票人　　　　　D. 无偿取得票据的人

E. 继承获得票据或受赠获得票据的人

232. 利益返还请求权行使的对象限定在（　　）。

A. 承兑人　　　B. 出票人　　　C. 付款人　　　D. 背书人　　　E. 保证人

233. 我国票据法关于期间终止的情况包括（　　）。

A. 正常终止　　　　　B. 末日延期　　　　C. 对日计算　　　　D. 末日缩短

234. 利益返还请求权的求偿范围为返还其与未支付的票据金额相当的利益。这里所谓"相当的利益"的含义包括（　　）。

A. 相当的利益是指价值相当　　　　　B. 返还的利益形态不限于货币

C. 利益范围不包含利息　　　　　　　D. 利益范围包含利息

235. 利益返还请求权是（　　）。

A. 票据权利　　　B. 票据法上的权利　　　C. 民法上的权利

D. 消灭时效适用于民法上的 2 年时效期间的权利　　　E. 票据权利的补充救济权

236. 因票据时效届满而丧失票据权利所产生的利益返还请求权时效，应自票据时效届满的（　　）算起。

A. 次日　　　　　B. 当天　　　　C. 第三天　　　D. 双方协商确定的日期

237. 因票据上记载事项欠缺而丧失票据权利所产生的利益返还请求权的时效，应自（　　）的次日算起。

A. 票据上记载的出票日　　　　　　　B. 付款期限届满日

C. 最后一手的背书日　　　　　　　　D. 票据上记载的承兑日

238. 在利益返还请求权中，返还利益不包括利息的主要原因在于（　　）。

A. 持票人丧失票据权利的过错在持票人本人

B. 如果再支付利息，则被请求人就多付出

C. 法律规定

D. 约定俗成不包括利息

239. 以下关于利益请求权论述正确的是（　　）。

A. 设立利益请求权的意义在于救济因一定原因而丧失票据权利的持票人的利益

B. 利益返还请求权与民法上的不当得利、侵权损害等并无不同

C. 特殊情况下被请求权人支付的利益也可包括利息

D. 行使对象限定在出票人、承兑人和第一手背书人

240. 票据权利因票据的（　　）得以产生。

A. 出票　　　　　B. 背书　　　　C. 保证　　　　D. 转让

241. 出票行为中的交付票据的含义是（　　）。

A. 基于自己的本意将做成的票据交付给他人占有

B. 将从银行购得的汇票交付给交易对手

C. 目在在于完成出票行为，以实现创设权利义务关系的目的

D. 如果在交付前票据丢失，则获得票据的持票人不享有票据权利

242. 在将做成的票据交付前丢失，获得票据的持票人是否享有票据权利，关键是

看（ ）。

    A. 是否善意取得   B. 是否记载持票人姓名

    C. 是否出示丢失的汇票   D. 丢失汇票的人是否承认该汇票为其丢失的汇票

243. 以下判断正确的是（ ）。

    A. 汇票上记载的出票日期并不必须与实际的出票日期相一致

    B. 出票日期既是确定利息起算日的根据，也是确定计算汇票到期日及某些权利消灭时间的根据

    C. 收款人是出票时票据上的权利人，亦即最初的权利人

    D. 付款人在汇票关系中并不必然承担票据债务，只是关系人之一

244. 关于汇票中付款地记载事项论述正确的是（ ）。

    A. 付款地是指支付票据金额的地区

    B. 是持票人可以行使付款请求权的地域

    C. 是确定票据诉讼管辖法院和汇票丢失后持票人申请公示催告管辖法院的依据

    D. 是确定支付汇票金额所用货币的依据

245. 关于汇票记载出票地论述正确的是（ ）。

    A. 汇票上记载的出票地并不必须与实际的出票地相符

    B. 属于相对应当记载的事项

    C. 汇票上如果没有记载出票地，则推定出票人的营业场所、住所或者经常居住地为出票地

    D. 出票地以实际出票地为准

246. 如果出票人在汇票上记载"不得转让"字样，则（ ）。

    A. 收款人仍可再转让汇票且产生票据法上的效力

    B. 收款人不得再转让票据

    C. 票据再转让的，不发生票据法上的效力

    D. 再转让票据的，仅发生一般债权转让的效果

247. 关于汇票支付的货币种类，我国法律规定（ ）。

    A. 必须以人民币支付   B. 按双方约定货币种类支付

    C. 按照汇票上记载的币种支付   D. 当事人应当在汇票上记载应当支付的币种

248. 出票行为产生的法律后果包括（ ）。

    A. 使出票人成为票据义务人

    B. 出票人要担保其所签发的票据能够得到承兑和付款

    C. 持票日请求承兑或付款时，如果遭到拒绝，则出票人应依法律规定偿付持票人

    D. 出票人到期要直接对票据付款

    E. 出票人的担保付款和担保承兑责任是可以免除的

249. 关于下列付款人对汇票进行承兑论述正确的是（ ）。

    A. 如果出票人向付款人提供了支付票据的资金，则付款人应予以承兑

    B. 如果付款人与出票人签订有承兑协议，则付款人应予以承兑

    C. 是否承兑取决于付款人的自愿

D. 付款人一旦承兑，则负有到期付款的责任，而无论出票人是否在付款人处存有资金

250. 以下关于出票与其他票据行为关系论述正确的是（　　）。

A. 背书人、保证人的担保义务可因持票人未遵期提示而免除，而出票人的担保义务不能因此而免除

B. 持票人对出票人的票据权利失效要长于对背书人、保证人的权利

C. 背书人和保证人的票据义务可因持票人不能出示拒绝证明、退票理由书而免除，出票人的担保义务却不能因此而免除

D. 持票人对出票人的权利要迟于对承兑人的权利

251. 出票人遭到持票人主张权利的申请时按规定应支付的金额与费用包括（　　）。

A. 被拒绝付款的汇票金额

B. 汇票金额自到期日或提示付款日起至清偿日止的利息和发出通知书的费用

C. 票面载明的金额及相关费用

D. 持票人要求支付的金额

252. 出票行为对付款人的效力主要体现在（　　）。

A. 使付款人取得对汇票进行承兑的资格

B. 使得付款人必须对汇票进行承兑

C. 使得付款人必须到期进行付款

D. 付款人仍是汇票上的关系人而非债务人，仍不必承担票据法上的义务

253. 付款人与出票人签订承兑协议，但未对汇票进行承兑，则付款人应承担（　　）的责任。

A. 负票据法上的责任　　　　　　　B. 不负票据法上的责任

C. 依照合同法承担违约责任　　　　D. 不承担任何法律责任

254. 出票行为对收款人的效力表现在（　　）。

A. 取得付款请求和追索的权利　　　B. 获得期待的付款请求权

C. 获得现实的付款请求权　　　　　D. 取得将汇票背书转让的权利

255. 背书行为的无效将（　　）。

A. 产生影响票据效力的效果　　　　B. 不会对票据效力产生影响

C. 会影响到出票行为的效力　　　　D. 以上解释全不对

256. 关于对汇票的背书行为论述正确的是（　　）。

A. 有背书行为的人不一定是票据持有人

B. 所有的持票人都可以实施背书行为

C. 持票人持有被拒绝承兑、被拒绝付款或者超过付款提示期限的票据，则不得在此票据上实施背书行为

D. 实施背书行为的人必须是票据的持有者

257. 汇票背书定义中的"将一定的票据权利授予他人行使"，出现这种情况是在（　　）时。

A. 委托收款背书　　　B. 质押背书　　　C. 权利转让背书　　　D. 回头背书

258. 以委托收款背书或质押背书而取得票据的被背书人（　　）再以背书转让汇票权利。

A. 不得　　　　　　　B. 可以　　　　　　　C. 视具体情况而定

259. 背书人实施背书行为是（　　）意思的表示。

A. 债权让与　　　B. 保证　　　C. 交付票据　　　D. 该汇票到期能够获得承兑或付款

260. 票据背书是一种单方法律行为。这句话可以作如下理解（　　）。

A. 以背书转让权利，不必通知债务人就可发生转让的效力

B. 只要背书人完成记载并将票据交付给被背书人，即发生背书的效力，而无须获得被背书人的承诺

C. 被背书人不承袭原权利人在权利上的瑕疵

D. 背书转让权利后，背书人成为债务人

261. 依背书转让权利能够发生权利证明的效力，这是指（　　）。

A. 持票人只要所持票据的背书在形式上具有连续性，就被认为是合法票据权利人

B. 票据转让给被背书人

C. 依背书转让的权利是一种确定的权利

D. 以背书方式转让票据权利能使权利人的权利得到更充分的保障

262. 特殊转让背书是指在某些方面具有特殊情形的背书，主要有（　　）形式。

A. 限制背书　　　B. 回头背书　　　C. 期后背书　　　D. 转让背书

263. 以下判断正确的是（　　）。

A. 在被拒绝承兑、被拒绝付款或超过付款提示期限后所为的背书称为期后背书

B. 在被拒绝承兑、被拒绝付款或超过付款提示期限后所为的背书称为限制背书

C. 以票据上的原债务人为被背书人的背书称为回头背书

D. 在背书中记载"不得转让"字样的背书为限制背书

264. 如果背书人在票据上记载了"不得转让"字样，则（　　）。

A. 背书人对其直接后手的被背书人不承担票据责任

B. 该票据依然可以转让

C. 该票据不得转让

D. 转让需经背书人书面认可

E. 与出票中记载的"不得转让"具有同样的效力

265. 出票人记载"不得转让"字样的目的主要在于（　　）。

A. 保留对收款人的抗辩权　　　　　　B. 防止票据追索金额的扩大

C. 避免与收款人以外的人发生票据关系　D. 禁止票据流通

266. 背书人"不得转让"字样后被背书人又背书转让票据的，当最终持票人因付款人拒绝付款而行使追索权时，背书人（　　）。

A. 可以对持票人行使抗辩权　　　　　B. 不可以对持票人行使抗辩权

C. 可以拒绝付款　　　　　　　　　　D. 不能拒绝付款

267. 汇票背书的绝对应当记载事项包括（　　）。

A. 背书人　　　　B. 被背书人　　　C. 背书日期　　　D. 可以转让

268. 当背书没有记载"背书日期"时，（　　）。

A. 并不影响背书的效力

B. 可以推定在到期日前做成

C. 可以推定在到期日做成

D. 如果有非票据的证据证明该背书是在到期日后做成，则可认定是在到期日后进行的背书

269. 背书如果附有条件，则（　　）。

A. 不具有票据法上的效力　　　　　　B. 不影响背书的效力

C. 可能会发生民法上的效力　　　　　D. 具有票据法上的效力

270. 属于导致背书行为无效的记载包括（　　）。

A. 将汇票部分金额进行转让的记载　　B. 将汇票金额转让给两人及以上的记载

C. 不得再行背书的记载　　　　　　　D. 附有条件的记载

271. 背书能够发生权利转移的效力，这里的权利指的是（　　）。

A. 质权　　　　　　B. 抵押权　　　　　C. 违约金请求权　　　D. 票据权利

272. 一般转让背书与限制背书的区别主要体现在（　　）。

A. 权利转移的效力不同　　　　　　　B. 权利证明的效力不同

C. 权利担保的效力不同　　　　　　　D. 记载内容的不同

273. 我国票据法律不承认的背书包括（　　）。

A. 无担保背书　　B. 回头背书　　　　C. 空白背书　　　　D. 转让背书

274. 关于回头背书论述正确的是（　　）。

A. 回头背书具有一般转让背书的效力

B. 被背书人既是票据上的债权人，也是票据上的债务人

C. 回头背书的被背书的票据权利会受到限制

D. 如果汇票未经承兑，出票人行使追索权毫无意义

275. 当回头背书的被背书人是承兑人时，如果汇票尚未到期，则（　　）。

A. 承兑人享有票据权利　　　　　　　B. 可以将该汇票进行转让

C. 可以向其他债务人行使追索权　　　D. 票据到期时，票据关系消灭

276. 当回头背书的被背书人是汇票上记载的背书人时，则（　　）。

A. 被背书人不能对其作为被背书人时的后手行使追索权

B. 被背书人能对其作为背书人时的前手行使追索权

C. 被背书人能对其作为背书人时的出票人和承兑人行使追索权

D. 被背书人不能对其作为背书人时的出票人和承兑人行使追索权

277. 以下判断正确的是（　　）。

A. 回头背书的被背书人不能是票据上的保证人

B. 回头背书的被背书人不能是付款人

C. 如果票据的被背书人是付款人时，只属于一般转让背书，而不构成回头背书

D. 如果回头背书的票据已经承兑，则出票人可以向承兑人追索

278. 以下关于空白票据论述正确的是（　　）。

A. 空白票据是出票人在出票时有意将票据上除签章以外的其他应记载事项不记载完全，授权收款人即其后手在以后予以补充完全的票据

B. 空白票据又称空白授权票据或未完成票据

C. 我国不承认空白汇票

D. 空白票据在填充完整后可视同出票时已记载完全的有效票据

279. 空白票据欠缺的是（　　）。

A. 绝对应记载事项 　　　　　　　B. 相对应记载事项

C. 除签章以外的其他事项 　　　　D. 签章

280. 以下关于空白票据效力论述正确的是（　　）。

A. 转让空白票据时，转让的权利包括票据权利转让和填充权转让

B. 未填充完备前，空白票据不得行使票据权利

C. 填充权人获得填充权后如滥用填充权，可以形成抗辩事由

D. 空白票据即使填充完备，也不得行使票据权利

281. 空白票据的组成要件包括（　　）。

A. 必须空白一定的持票必须记载事项　　B. 必须由出票人签章

C. 必须交付票据 　　　　　　　　　　　D. 必须附有空白填充权

282. 空白票据是（　　）。

A. 非票据法上的票据 　　　　　　B. 民法上的票据

C. 不完全票据 　　　　　　　　　　D. 附有空白填充权的票据

283. 空白票据的填充权从性质上讲属于（　　）。

A. 请求权　　　　B. 支配权　　　　C. 形成权　　　　D. 抗辩权

284. 不完全票据属于（　　）。

A. 空白票据 　　　　　　　　　　　　　　B. 无效票据

C. 完成出票行为但欠缺绝对必要记载事项的票据　　D. 有效票据

285. 空白票据与不完全票据的区别主要体现在（　　）。

A. 不完全票据为无效票据，而空白票据在填充后就视为出票时就记载完全的有效票据

B. 空白票据附有填充权，而不完全票据由于出票人已完成出票行为，故不附有填充权

C. 出票人发行空白票据的意图是发行有效票据，而不完全票据的发行人或者是恶意发行，或者是重大过失发行

D. 空白票据的填充属于合法行为，而不完全票据的填充属于票据变造行为

286. 判断是否为涉外票据，是以（　　）为依据。

A. 行为人国籍　　B. 行为人住所地　　C. 票据行为发生地　　D. 行为人居住地

287. 关于票据权利行使和保全手续的法律适用，我国采取（　　）。

A. 付款地主义　　B. 行为地主义　　C. 折中主义　　　　D. 出票地主义

288. 我国法律规定追索权的行使适用（　　）法律。

A. 出票地　　　　B. 付款地　　　　C. 行为地　　　　D. 居住地

289. 票据债务人的民事行为能力，依其本国法律为无民事行为能力或限制民事行为能力而依行为地法律为完全民事行为能力的，适用（ ）法律。

A. 行为地 B. 住所地 C. 居住地 D. 本国

290. 依照我国法律，票据出票时的记载事项适用（ ）法律。

A. 出票地 B. 汇票经协商可适用付款地

C. 付款地 D. 承兑地

291. 适用付款地法律的情形有（ ）。

A. 票据提示期限 B. 拒绝证明方式

C. 出具拒绝证明的期限 D. 失票人请求保全票据权利的程序

292. 以下关于涉外票据论述正确的是（ ）。

A. 判断票据是否为涉外票据，以行为人的国籍为依据

B. 判断票据是否为涉外票据，以该票据的票据行为发生地为依据

C. 必须是票据行为中，既有发生在国内的，也有发生在国外的

D. 涉外票据是票据行为发生在国外的票据

293. 对某涉外票据，国际条约有规定，但我国并未参加该条约，则适用（ ）。

A. 国际条约 B. 我国法律 C. 适用正确一方的规定 D. 双方协商

294. 汇票的出票行为完成后，其效力表现为产生了出票人的票据债务。这里的票据债务表现在（ ）。

A. 付款 B. 担保 C. 承兑 D. 背书

295. 汇票的出票人与付款人必须具有真实的委托付款关系，并且（ ）。

A 必须签订承兑协议 B. 具有票据授受的对价关系

C. 必须具有现实的资金关系 D. 必须具有支付票据金额的可靠资金来源

296. 汇票的（ ），对持票人承担连带责任。

A. 出票人、付款人、背书人、保证人 B. 出票人、承兑人、背书人、保证人

C. 承兑人、付款人、持票人前手 D. 付款人、保证人、承兑人

297. 以下关于汇票记载事项论述正确的是（ ）。

A. 未记载出票日的，汇票无效

B. 未记载收款人名称的，可以补记

C. 未记载付款日的，为出票1个月内付款

D. 未记载付款日期的，不必补记，为见票即付

298. 汇票的出票基于资金关系而进行，对资金关系不存在而签发票据的，（ ）。

A. 出票行为无效，但并不影响汇票的效力

B. 出票行为与汇票本身均无效

C. 出票行为与汇票的效力不受影响

D. 出票行为和汇票均有效，但有瑕疵

299. 票据金额以中文大写和数码同时记载，在两者不一致时，应（ ）。

A. 以大写为准 B. 以数码记载为准 C. 以金额小的为准 D. 票据无效

300. 以下（ ）是汇票的相对必要记载事项。

A. 出票人签章　　　　B. 出票日期　　　　C. 付款地　　　　　　D. 收款人名称

301. 以下关于付款日期的表述，正确的是（ ）。

A. 汇票到期日的记载主要意义在于确定履行义务的期限

B. 在汇票的付款到期日之前，付款人有权拒绝付款

C. 付款人的迟延付款责任从汇票提示之日开始

D. 付款人的迟延付款责任从到期日届满之日开始

302. 在下列票据记载事项中，（ ）具有票据法上的效力。

A. 汇票号码　　　B. 禁止转让文句　　　C. 开户银行行号　　　D. 汇票金额用途

E. 出票地　　　F. 付款地

303. 以下（ ）是汇票的绝对必要记载事项。

A. 收款人名称　　　　B. 付款地　　　　C. 外币支付文句　　　D. 禁止转让文句

304. 出票行为中的当事人包括（ ）。

A. 出票人和持票人　B. 出票人和收款人　C. 出票人和付款人　D. 出票人和背书人

305. 出票人划支汇票上的付款地并在旁边签章，这一行为属于（ ）。

A. 票据涂销　　　　B. 票据更改　　　　C. 票据伪造　　　　D. 票据变造

306. 限制行为能力人的出票属于（ ）的无效票据行为。

A. 形式要件欠缺　　　B. 伪造票据　　　C. 涂销票据　　　D. 实质要件欠缺

307. 刘某以并不存在的"大地公司"的名称签章签发汇票，其出票行为属于（ ）。

A. 属于票据变造　　　　　　　　B. 属于票据伪造

C. 其行为人不承担法律责任　　　　D. 属于形式上无效的票据行为

308. 汇票出票时不具有票据效力的记载事项通常包括（ ）。

A. 票款用途　　　　B. 交易协议号码　　　C. 汇票号码　　　D. 禁止背书字样

309. 以下关于汇票的出票对收款人及持票人的效力，正确的表述有（ ）。

A. 出票行为的完成，即直接产生收款人的票据权利

B. 出票行为完成后，票据权利人为收款人，相对义务人为付款人

C. 出票行为完成后，收款人尚暂时无法行使追索权

D. 合法持票人享有与收款人同样的票据权利

310. 某股份制银行签发一张汇票，以下记载中属于任意记载事项的记载包括（ ）。

A. 汇票申请人刘某与签发地南京　　　B. 签发日期

C. 付款期 2 个月　　　　　　　　　　D. 代理付款银行：上海某银行

311. 保证记载事项一般需记载在票据的（ ）。

A. 正面　　　　　B. 背面　　　　　C. 粘单　　　　　　D. 背书栏

312. 以下记载属于汇票任意记载事项的是（ ）。

A. 外币支付文句　　B. 代理付款人　　　C. 出票地　　　　D. 出票日期

313. 以下关于商业汇票付款日期的记载文句中，正确的是（ ）。

A. 付款期 7 个月　　　　　　　　　B. 付款期 1 个月

C. 凭票即付　　　　　　　　　　　　　D. 付款日期：提示承兑之日起30天内

314. 以下关于付款人的表述，正确的是（　　）。

A. 汇票付款人可以是出票人

B. 汇票付款人只能是出票人与收款人以外的第三人

C. 汇票出票时所记载的付款人，只是汇票上的付款人，不是实际结算关系付款人

D. 汇票的付款人可以成为承兑人

315. 以下关于收款人的表述，正确的是（　　）。

A. 收款人是第一背书人，也是汇票上最初的票据权利人

B. 收款人是汇票的第一持票人

C. 收款人可以是出票人本人

D. 收款人是记载在票据正面收款人栏中的人，是除出票人以外的其他票据关系人

316. 以下关于付款地的表述，正确的是（　　）。

A. 持票人可根据付款地确定付款人履行票据义务的地点

B. 汇票遭到拒付时，持票人可以根据付款地确定拒绝证书做成地

C. 发生票据诉讼时，可以根据付款地确定管辖法院

D. 汇票的付款地就是汇票的付款场所

317. 因实质要件欠缺而导致无效的出票行为包括（　　）。

A. 伪造票据签章　　　B. 变造记载事项　　C. 无行为能力人　　　D. 限制行为能力人

318. 以下关于期后背书正确的是（　　）。

A. 期后背书是指在票据被拒绝承兑、被拒绝付款或者超过付款提示期限所为的背书

B. 判断一个背书是不是期后背书，应当根据背书人在票据上记载的背书日期

C. 期后背书仅产生一般债权转让的效力，而不产生票据法上背书转让的效力

D. 期后背书不具有权利担保效力

319. 以下关于委托收款背书论述正确的是（　　）。

A. 委托收款背书是一种不以转让票据权利为目的的非转让背书

B. 委托收款背书是指委托他人代替自己行使票据权利、收取票据金额为目的而为的背书

C. 委托收款背书是一种以背书形式进行的委托

D. 被背书人以该票据行使权利后，所取得的金额应归于自己

320. 委托收款背书的票据权利人是（　　）。

A. 背书人　　　　　　B. 被背书人　　　　C. 最后一手持票人　　D. 付款人

321. 委托收款背书所证明的权利是（　　）。

A. 票据权利　　　　　　　　　　　　　　B. 代理权

C. 被背书人代为行使票据权利的权利　　　D. 被背书人对背书人的票据担保权利

322. 以下关于质押背书论述正确的是（　　）。

A. 质押背书是指以设定质权、提供债务担保为目的而为的背书

B. 在这种背书中，背书人实际上是出质人，被背书人是质权人

C. 应记载背书人签章和被背书人名称，如果欠缺其中一项，背书行为无效

D. 无论该质权担保的主债权是否到期，设立质权的汇票一旦到期，被背书人即可受领票据金额

323. 质押背书与委托收款背书的区别在于（　　）。

A. 质押背书的被背书人收取票据金额后应首先用于清偿债权，若有剩余再将其返还背书人，而委托收款背书的被背书人收取票据金额后应将其全部交给背书人

B. 委托收款背书以委托收款为目的，而质押背书以融资为目的

C. 委托收款背书不转让票据权利，而质押背书转让票据权利

D. 委托收款背书可以代理背书人行使票据权利，而质押背书不能代理背书人行使票据权利

324. 以下关于票据背书论述正确的是（　　）。

A. 票据最后的持票人必须是最后一次背书的被背书人

B. 在同一张票据上，背书转让次数不能超过 50 次

C. 票据转让过程中每一次背书无论实质原因如何，均不影响背书的法律效力

D. 持票人无义务审查背书的实质原因和背书的真假（除了对其直接前手的背书）

325. 连续转让背书的权利证明效力主要体现在（　　）。

A. 持票人所持票上的背书如果具有连续性，则可以仅凭此票据行使票据权利

B. 票据付款人在向背书连续的票据持有人付款时，无须审查对方是否是真正的票据权利人

C. 依连续背书而取得票据之人，当然享有票据权利

D. 被背书人在接受票据时，如果明知或者可得知背书人的背书行为在实质上无效，便不得取得票据权利

326. 背书的涂销是指票据的（　　）故意将背书抹去，以使被涂销人免于负担背书人责任。

A. 持票人　　　　　B. 背书人　　　　　C. 权利人　　　　　D. 非权利人

327. 承兑所指的到期支付票据金额是（　　）。

A. 无条件的　　　　　　　　　　B. 有条件的

C. 由付款请求人与付款人协商　　D. 在汇票到期日后支付

328. 汇票所特有的制度是指（　　）。

A. 承兑制度　　　　B. 出票制度　　　　C. 保证制度　　　　D. 转让制度

329. 承兑行为是（　　）所为的行为。

A. 在已做成的票据上　　　　　　B. 付款人

C. 出票人　　　　　　　　　　　D. 在已完成出票行为的票据上

330. 某银行与出票人签订有承兑协议，但未对出票人提交的票据承兑，则该银行（　　）。

A. 承担票据违约责任　　　　　　B. 承担民事违约责任

C. 属于基础关系　　　　　　　　D. 属于票据关系

331. 汇票出票人签发票据后，在付款人承兑票据之前，持票人的票据权利（　　）。

A. 处于不确定状态　　　　　　　　B. 处于确定状态

C. 是一种期待权　　　　　　　　　D. 是一种现实的权利

332. 我国票据法律承认的票据承兑包括（　　）。

A. 正式承兑　　　B. 略式承兑　　　C. 单纯承兑　　　D. 部分承兑　　　E. 附条件承兑

333. 汇票的持票人在提示期限内的背书属于（　　）。

A. 回头背书　　　　　B. 一般背书　　　C. 期后背书　　　D. 到期后背书

334. 票据背书记载事项的不正确位置是（　　）。

A. 票据的正面　　　B. 票据的背面　　　C. 粘单的背面　　　D. 粘单的正面

335. 票据的背书适用于（　　）地法律。

A. 背书行为　　　　　B. 出票　　　C. 被追索人所在　　　D. 付款

336. 王某将一张到期且被拒绝付款的汇票背书转让给刘某，则（　　）。

A. 王某的背书属于无效背书，刘某可以行使普通债权人的权利

B. 王某的背书属于到期后背书，刘某可以行使票据权利

C. 王某的背书属于期后背书，刘某不能行使票据权利

D. 刘某请求付款时，王某应该协调付款人付款

337. 非经背书转让而以其他合法方式取得汇票的，持票人应通过（　　）证明其票据权利。

A. 背书人　　　　　B. 依法举证　　　C. 出票人　　　D. 公证机关或银行

338. 以下记载事项中，属于背书时不得记载的事项是（　　）。

A. 本汇票不得再行转让　　　　　　B. 背书给甲公司和乙公司

C. 背书给甲公司，付 11 号合同款　　D. 禁止背书

339. 出票人因接受回头背书而成为持票人时，（　　）。

A. 无再追索权　　　　　　　　　　B. 票据债权灭失

C. 对其后手无追索权　　　　　　　D. 对其前手无追索权

340. 背书的绝对必要记载事项包括（　　）。

A. 禁止背书　　　B. 背书日期　　　C. 背书地点　　　D. 被背书人　　　E. 背书人

341. 我国票据法律法规承认的承兑原则包括（　　）。

A. 承兑自由原则　　　B. 完全承兑原则　　　C. 单纯承兑原则　　　D. 付款承兑原则

342. 汇票承兑的必经程序包括（　　）。

A. 持票人提示承兑　　　　　　　　B. 付款人承兑或者拒绝承兑

C. 将汇票交还给提示承兑人　　　　D. 出票人承兑或者拒绝承兑

343. 以下关于承兑论述正确的是（　　）。

A. 委托收款背书和质押背书的被背书人可以作为承兑提示人

B. 被提示承兑人只能是票价上载明的付款人

C. 持票人提示承兑后，被提示人可不向持票人签发收到汇票的回单

D. 提示承兑不是票据行为

344. 如果持票人未按规定期限提示承兑，则（　　）。

A. 持票人不得享有票据权利　　　　B. 持票人不得对其前手行使追索权

C. 持票人的票据权利不受影响　　　　D. 该票据作废

345. 如果承兑人没有在票价上记载承兑日期，则可以依法推定（　　）为承兑日期。

A. 付款人收到提示承兑的汇票之日的第三日　　B. 出票后第三日

C. 汇票到期内前三日　　　　　　　　D. 没有承兑

346. 付款人如果没有在限定期限内作出拒绝承兑和承兑的表示，则意味着（　　）。

A. 付款人拒绝承兑　　　　　　　　　B. 付款人可推迟承兑

C. 持票人可以提起期前追索　　　　　D. 持票人丧失票据权利

347. 撤销承兑行为发生在（　　）。

A. 完成承兑记载之后、交还票据之前　B. 承兑行为完成之后

C. 票据流通过程中的任何时间　　　　D. 出票行为完成之后

348. 票据上的保证内容可以是（　　）。

A. 出票人的偿还债务　　　　　　　　B. 背书人的偿还债务

C. 承兑人的付款债务　　　　　　　　D. 票据丢失后重新签发票据的权利

349. 保证人由（　　）担任。

A. 票据债务人以外的第三人　　　　　B. 任何愿意在票据签署保证字样的人

C. 承兑人　　　　　　　　　　　　　D. 付款人

350. 以下关于票据保证论述正确的是（　　）。

A. 如果被保证人的债务无效，则保证人可不负票据责任

B. 即使被保证人的债务无效，保证人仍要负票据责任

C. 如果被保证人的债务因为欠缺形式要件而无效时，保证人可不负票据责任

D. 票据保证人如果为两人以上的，则所有保证人都必须对债权人负连带责任

351. 如果持票人是以欺诈、偷盗、胁迫等手段或处于恶意取得票据的，保证人（　　）票据责任。

A. 可不承担　　　　　　　　　　　　B. 仍应承担

C. 等到法院判定再决定是否承担　　　D. 以上全不对

352. 以下关于汇票付款论述正确的是（　　）。

A. 付款是付款人或者代理付款人所为的行为

B. 汇票付款的结束，意味着票据关系的消灭

C. 汇票付款通常情况下需支付一定数额的金钱，但特殊情况下，也可支付一定的劳务或其他形式

D. 付款行为不是严格意义上的票据行为

353. 以下判断正确的是（　　）。

A. 银行承兑汇票多由承兑银行本人付款

B. 银行承兑汇票多由代理付款人付款

C. 商业承兑汇票多由承兑人本人付款

D. 商业承兑汇票多由承兑人的开户银行代理付款

354. 我国票据法律承认（　　）。

A. 全额付款　　　　B. 部分付款　　　　C. 到期付款　　　　D. 期外付款

355. 以下关于提示付款的当事人论述正确的是（　　）。

A. 提示付款的提示人包括持票人及其代理人

B. 提示付款的提示人包括无背书转让的票据上载明的收款人、能证明背书连续的最后一手被背书人、合法继承或受赠与而取得票据的持票人等

C. 被提示人仅指付款人

D. 被提示人包括付款人及其代理付款人

356. 以下关于提示付款所发生效力的论述中，正确的是（　　）。

A. 如果持票人未遵期提示付款，其对付款人或承兑人的票据权利并未因此而丧失

B. 如果付款人未能在持票人提示付款后的规定期限内足额付款，则付款人承担延迟付款责任

C. 延迟付款责任起至提示付款日或票据到期日，止于票据金额清偿日

D. 如果持票人未遵期提示付款或未进行提示付款，则丧失对背书人的追索权

357. 当出现（　　）情况时，持票人可以进行期前追索。

A. 汇票被拒绝承兑

B. 承兑人或者付款人死亡、逃匿

C. 承兑人或者付款人被依法宣告破产或者因违法被责令终止业务活动

D. 承兑人或者付款人同意期前支付

358. 持票人行使追索权必须取得拒绝证明、退票理由书和其他合法证明。这里所指的"其他合法证明"是指（　　）。

A. 医院或者有关单位出具的承兑人、付款人死亡证明

B. 司法机关出具的承兑人、付款人逃匿证明

C. 公证机关出具的具有拒绝证明效力的文书

D. 人民法院的有关司法文书或者有关行政主管部门的处罚决定

359. 因背书而取得票据，应具备的要件包括（　　）。

A. 给付对价　　　B. 交付票据　　　C. 票据形式上有效　　　D. 背书形式要件齐备

E. 背书连续

360. 票据背书转让与一般债权转让的区别主要在于（　　）。

A. 无须经债务人同意　　　　　　B. 必须有对价

C. 转让人不再享有票据权利　　　D. 转让人不退出票据关系

E. 具有更强的转让力

361. 依背书而发生转移的权利包括（　　）。

A. 附于票据上的质权　　　　　　B. 追索权

C. 付款请求权　　　　　　　　　D. 违约金请求权

E. 对保证人的权利

362. 期后背书的情形包括（　　）。

A. 票据被拒绝承兑后的背书　　　B. 票据被拒绝付款后的背书

C. 票据到期后的背书　　　　　　D. 到期后尚未发生拒绝支付时的背书

E. 超过付款提示期的背书

363. 不享有背书权的主体包括（　）。

A. 被背书人　　　　　B. 收款人　　　　　C. 因履行追索义务而取得票据的人

D. 因履行票据上保证义务而取得票据的人　　　　E. 背书人

364. 追索权包括（　）。

A. 期前追索权　　　B. 期后追索权　　　C. 再追索权　　　　D. 再次付款请求权

365. 汇票的承兑应该在汇票的（　）上进行。

A. 正本　　　　　　B. 复印本　　　　　C. 副本　　　　　D. 粘单

366. 汇票上未记载付款日期的，（　）。

A. 为见票即付　　　　　　　　　B. 汇票无效

C. 于承兑时确定付款日期　　　　D. 持票人可随时要求承兑

367. 票据的（　）行为适用行为地法律。

A. 背书　　　　　　B. 承兑　　　　　C. 保付　　　　　D. 付款

368. 票据权利绝对消灭的情形是（　）。

A. 清偿追索　　　B. 除权判决　　　C. 到期付款　　　D. 善意取得

369. 在同一张票据上进行的各种票据行为都是为负担同一张票据债务而进行的票据行为，所有进行票据行为的人都应对票据债务共同负责，这体现了票据行为的（　）。

A. 无因性　　　　B. 协同性　　　　C. 独立性　　　　D. 文义性

370. 票据法上所称的票据权利，包括追索权和（　）。

A. 起诉权　　　B. 拒绝支付权　　　C. 再追索权　　　　D. 付款请求权

371. 受让变造票据的持票人是（　）。

A. 完全权利持票人　　　　　　B. 无权利持票人

C. 瑕疵权利持票人　　　　　　D. 恶意取得票据持票人

372. 票据被撕成若干块，这种状态（　）。

A. 不属于票据丧失，只是票据权利的丧失

B. 属于票据丧失，是票据的绝对丧失

C. 无法判断是否票据丧失

D. 属于票据丧失，是票据的相对丧失

373. 票据抗辩权是（　）。

A. 票据权利

B. 非票据法上的权利

C. 票据法上的权利，属于票据利益的相关权利

D. 票据法上的权利，属于票据行为的相关权利

374. 没有代理权而以代理人的名义在票据上签章的，应由（　）承担票据责任。

A. 签章人　　　B. 代理人　　　C. 代理人与被代理人　　　D. 被代理人与签章人

375. 下列关于汇票持票人行使追索权的判断正确的是（　）。

A. 持票人行使追索权按汇票债务人的先后顺序

B. 持票人行使追索权不受票据债务人先后顺序的限制

C. 持票人可以对汇票债务人中的任何一人、数人或者全体行使追索权

D. 持票人对汇票债务人中一人或者数人已经追索的，对其他汇票债务人不能行使追索权

E. 持票人仅能对其前手行使追索权

376. 下列哪些事由导致票据无效（ ）。

A. 无行为能力人在出票栏签章出票　　　B. 票据大小写金额不一致

C. 出票日期更改　　　　　　　　　　　D. 收款人名称更改

377. 背书转让具有（ ）特征。

A. 无须经票据债务人同意　　　　　　　B. 须经票据债务人同意

C. 背书转让的转让人不退出票据关系　　D. 背书转让的转让人退出票据关系

378. 票据被他人偷走，属于（ ）。

A. 票据的相对丧失　　　　　　　　　　B. 票据的绝对丧失

C. 票据权利的相对丧失　　　　　　　　D. 票据权利的绝对丧失

379. 与商业承兑汇票相比，银行承兑汇票具有如下特点（ ）。

A. 安全性强　　B. 流动性大　　C. 灵活性好　　D. 有可追索性

E. 无可追索性

380. 商业承兑汇票到期日付款人账户不足支付时，其开户银行将（ ）。

A. 根据承兑协议规定，对承兑申请人执行扣款

B. 凭票向收款人无条件支付

C. 不予兑付

D. 对付款人按票面金额处以 5% 但不低于 50 元的罚款

381. 我们通常所称的票据业务是指（ ）。

A. 商业汇票业务

B. 商业承兑汇票业务和银行承兑汇票业务

C. 银行本票业务

D. 短期融资券业务

382. 银行承兑汇票的出票人和承兑人分别是（ ）。

A. 付款人和收款人　　　　　　　　　　B. 收款人和银行

C. 付款人和银行　　　　　　　　　　　D. 付款人和背书人

383. 附属票据行为是指（ ）。

A. 出票　　　B. 承兑　　　C. 背书　　　D. 保证　　　E. 付款

384. 转贴现业务包括（ ）。

A. 买断式转贴现转入　　　　　　　　　B. 卖断式转贴现转出

C. 买入返售　　　　　　　　　　　　　D. 卖出回购

（二）简答题

1. 什么是票据？常见的票据种类有哪些？

2. 什么是汇票？汇票有哪些种类？

3. 商业汇票与商业票据之间的区别是什么？

4. 什么是票据市场？包括哪些交易主体？什么是票据的发行与交易市场？

5. 票据市场利率体系包括哪些利率？票据市场交易价格是如何确定的？

6. 票据业务风险有哪些？是如何形成的？

7. 银行应从哪些方面控制票据业务的经营风险？

8. 票据承兑业务面临哪些风险？防范要点有哪些？

9. 银行开办银行承兑汇票业务需具备哪些条件？应遵守什么规定？

10. 违规办理银行承兑汇票有哪些表现？各应受到什么惩罚？

11. 如何加强银行承兑汇票业务风险管理？

12. 申请承兑业务时，承兑申请人应提供哪些资料？

13. 承兑保证金管理的基本要求和主要内容有哪些？

14. 如何做好承兑业务的后期管理？在承兑汇票到期前应该做好哪些工作？

15. 票据买入业务主要有哪些风险？如何防范？

16. 为什么票据贴现、转贴现等买断业务的信用风险主要取决于承兑人而不是贴现、转贴现申请人的支付能力？

17. 如果某一有授信额度的优质客户持未有授信额度的承兑人的票据来银行办理贴现，银行能否受理？

18. 银行买入票据的方式有哪些？分别应该注意什么？

19. 办理贴现业务时，银行应该审查哪些资格类文件？

20. 票面要素审查的主要内容及要求是什么？

21. 票据法有关票据签章的规定有哪些？

22. 背书是如何分类的？常见的背书错误有哪些？

23. 背书审查的主要内容有哪些？

24. 不应买入的票据有哪些？谨慎买入的票据有哪些？

25. 票据买入时应该审查的跟单文件包括什么？如何审查？

26. 交易合同审查的要点有哪些？增值税发票审查的要点有哪些？

27. 哪些情况下申请人虽不能提供增值税发票，但也可确认存在真实贸易背景？

28. 如何判断票据有无真实贸易背景？

29. 为什么要对关联企业申请票据业务特别关注？应该关注哪些方面？

30. 票据查询方式包括哪些？

31. 办理转贴现买入时应该审查哪些资料？

32. 以回购方式买入票据时应该注意什么？

33. 票据持有期间应该从哪些方面做好奉献管理工作？

34. 票据保管期间应该如何做好奉献防范工作？

35. 票据保管设施及工作环境应符合什么条件？

36. 从事票据业务工作，应知晓哪些法律法规和规章？

37. 票据关系的主体有哪些？各以什么身份存在？

38. 票据行为包括哪些？如何分类？

39. 票据有何特点？票据行为有何特点？

40. 什么是票据权利？包括哪些内容？

41. 什么是票据义务？包括哪些内容？

42. 取得票据权利的基本条件有哪些？如何取得票据权利？怎样才算取得票据权利？

43. 什么是票据关系中的善意与恶意？

44. 票据权利丧失后保全措施有哪些？

45. 票据权利灭失主要有哪些情况？怎样判定票据权利灭失？

46. 什么是票据的变造？什么是票据的伪造？什么是票据的涂销？区别是什么？

47. 变造的票据是否具有效力？

48. 汇票必须记载哪些事项？哪些记载事项可以更改？

49. 出票、承兑、背书、保证等票据行为的绝对必要记载事项各是什么？

50. 什么是票据的付款请求权？什么是票据的追索权？什么是票据的再追索权？

51. 行使追索权的实质要件有哪些？形式要件有哪些？

52. 行使付款请求权的实质要件有哪些？形式要件有哪些？

53. 哪些当事人具有票据追索权？可追索的金额有哪些？

54. 对追索权有什么限制条件？如何行使？

55. 商业汇票逾期是指什么？逾期责任如何认定？

56. 逾期付款责任指什么？

57. 票据保管入库有何工作要求？

58. 商业汇票丧失有哪些情况？丧失后如何进行补救？

59. 买入公示催告票据能否取得票据权利？如何申请公示催告？

60. 什么是票据转卖？包括哪些方式？

61. 票据转卖过程中常见的风险点有哪些？如何防范？

62. 对卖出回购业务到期后如何处理？

63. 票据托收包括哪些工作？重点应该注意什么？

64. 票据托收中常见的风险有哪些？如何进行防范？

65. 票据犯罪指的是什么？

66. 票据诈骗有哪些表现？应如何进行防范？

67. 汇票的当事人有哪些？彼此之间是何关系？

68. 票据具有哪些职能？

69. 票据行为代理有哪些种类？有哪些要件？

70. 利益返还请求权在什么条件下可以行使？

71. 什么是票据的资金关系？什么是票据的原因关系？它们与票据的关系是什么？

72. 票据伪造对被伪造人、伪造人及其他真正签章人各会产生什么法律后果？

73. 票据伪造的风险承担者可能是谁？

74. 票据变造产生何种法律后果？

75. 什么是票据抗辩？与一般抗辩制度相比，票据抗辩有何特点？

76. 票据抗辩产生何种法律后果？

77. 什么是物的抗辩？什么是人的抗辩？

78. 什么是抗辩限制制度？票据抗辩限制包括哪些内容？

79. 票据抗辩限制与票据善意取得有何区别？

80. 票据丧失后有哪些补救措施？

81. 什么是挂失止付？能产生何种法律效力？

82. 什么是除权判决？能产生何种法律效力？

83. 什么是提起诉讼制度？具体程序怎样？

84. 汇票与本票、支票及短期融资券有何区别？

85. 如何理解出票？出票行为的完成对出票人、付款人、收款人各产生何种法律效力？

86. 如何理解背书？背书有何意义？

87. 特殊转让背书有哪些具体种类？

88. 什么是禁止转让背书？什么是回头背书？什么是期后背书？

89. 非转让背书有哪些种类？有何特点？

90. 如何立即背书连续？背书连续能产生何种法律后果？

91. 承兑有哪些种类？应该坚持什么原则？完整的承兑行为包括哪些程序？

92. 承兑对付款人、持票人、出票人和背书人各产生何种法律效力？

93. 如何撤销承兑？

94. 票据保证与民法上的保证有何区别？保证人要承担何种责任？保证人承担的责任有何特点？

95. 付款行为的完成产生何种法律后果？

96. 银行在进行付款时如何进行审查？

97. 汇票追索权行使的形式要件有哪些？再追索权行使的实质要件有哪些？

98. 什么是涉外票据？

99. 什么是票据法律责任？什么是票据欺诈？票据欺诈产生何种法律后果？

100. 票据贴现有哪些种类？

101. 什么是资金预约关系？与票据基础关系有何联系？

102. 什么是票据法上的非票据关系？

103. 什么是瑕疵票据？

104. 常见的票据救济措施有哪些？各自适用的条件是什么？

105. 票据遗失后该如何处理？

106. 持票人在票据托收前应着重做好哪些工作？

107. 如何理解票据利率风险？如何有效防范利率风险？

108. 票据业务头寸预测的方法与要点有哪些？

109. 办理再贴现业务需要哪些基本资料？如何进行准备？

110. 怎样控制票据托收逾期风险？当票据托收遭遇退票及逾期时，应该如何处理？

111. 同城票据查询工作的要点是什么？

112. 怎样刻制、领用、使用和销毁各种票据用章？

113. 汇票专用章、结算专用章各在什么情况下使用？

114. 拿到一张汇票后如何进行真假鉴别？

115. 对自开自贴的票据如何进行处理？回头背书的票据能否办理贴现？

116. 办理票据贴现业务为什么要审查票据跟单交易文件？如何审查？

117. 承兑申请人应该具备什么条件？

118. 为什么办理票据承兑和贴现业务必须遵循真实交易原则？

119. 行使票据权利时，应该如何关注票据权利时效问题？

120. 如何理解票据的无因性？票据无因性对促进票据流通有何意义？

121. 票据保证有哪些种类？各产生何种法律效力？

122. 提示付款的效力表现在哪些方面？

123. 汇票出票行为对付款人产生何种法律效力？

124. 追索金额由哪些部分构成？追索权行使的效果有哪些？

125. 汇票到期前，持票人可以行使期前追索权的情形有哪些？

126. 持票人行使追索权，可以请求被追索人支付哪些金额和费用？

127. 被追索人应该承担何种责任？追索权行使产生哪些效果？

128. 提示付款有哪些当事人？提示付款有何意义？

129. 提示付款对付款人、背书人有什么效力？

130. 付款人的形式审查义务包括哪些方面？

131. 付款人在进行付款时无须承担哪些实质审查义务？

132. 银行承兑汇票的出票人应该具有哪些条件？

133. 银行在办理银行承兑汇票承兑业务时应进行哪些方面的审查？

134. 银行票据人员应主要从哪些方面对票据进行审查以判别票据的真伪？

135. 汇票出票时必须记载哪些事项才能确保汇票能产生效力？

136. 实付贴现金额是如何计算的？贴现期限是如何确定的？

137. 持票人在哪些情况下可以行使追索权？

138. 我国的票据体系是如何构成的？票据市场是如何划分的？

139. 票据背书时常见的瑕疵有哪些？

140. 在汇票上签章应该注意哪些事项？

141. 票据保证人在哪些情况下可以免除保证责任？

142. 汇票承兑人在哪些情况下必须承担无条件支付的责任？

143. 空白票据和不完全票据有哪些区别？票据变造与票据更改有哪些区别？

144. 为什么说票据是要式证券？

145. 票据关系与基础关系、资金关系是何关系？

146. 涉外票据有哪些法律适用规则？

147. 在哪些情况下可能出现票据到期不获付款？

148. 持票人在哪些情况下取得票据时不能享有票据权利？

149. 伪造票据的人应承担哪些责任？

150. 哪些情况属于重大过失取得票据？将会产生何种后果？

151. 什么是绝对必要记载事项？什么是相对必要记载事项？

152. 票据权利取得包括哪些情形？

153. 票据保全有哪些手段？与票据救济有何区别与联系？

154. 什么是票据行为的越权代理？有何构成要件？

155. 票据依法丧失后会产生何种法律后果？

156. 票据权利消灭的情形有哪些？

157. 我国票据法律对票据时效有何规定？

158. 票据业务创新的着力点应该在什么地方？

159. 如何运用票据法中关于票据代理的相关规定进行业务创新？

160. 如何进行票据产品组合以满足客户业务需求？

161. 公示催告与挂失止付应该遵循何种程序？

162. 票据质押与普通质权有何区别？票据质押背书与其他背书有何区别？

163. 银行在对票据付款时应该注意何种事项？

164. 银行进行票据贴现与转贴现业务应该遵循哪些规则？

165. 在传送票据过程中应该注意哪些事项？

166. 审查票据背书是否合规应该注意哪些事项？

167. 票据业务采取哪种管理模式最为科学？

168. 为保证票据业务的风险防范，一般应设置哪些岗位？

169. 如何对票据经营情况进行分析？

（三）案例分析题

案例分析题（一）

甲银行办公室主任李某与其妻弟密谋后，利用工作上的便利，盗用该银行已于1年前公告作废的旧业务印鉴和银行现行票据格式凭证，签署了金额为人民币100万元的银行承兑汇票一张，出票人和付款人及承兑人记载为该办事处，汇票到期日为同年12月底，收款人为某省建筑公司，该建筑公司系李某妻弟所承包经营的企业。李某将签署的汇票交给了该公司后，该公司请求某外贸公司在票据上签署了保证，之后持票向乙银行申请贴现。乙银行扣除利息和手续费后，把贴现款支付给了该建筑公司。汇票到期，乙银行向甲银行提示付款遭拒绝。

请问：

（1）本案中有哪些票据行为？其效力如何？为什么？

（2）乙银行是否享有票据权利？如有，应如何行使？如没有，该如何处理？

（3）如果李某用已经作废的旧票据格式凭证（无出票人一栏）签署银行承兑汇票，在其他情节相同的情况下，对乙银行有何影响？

案例分析题（二）

甲公司与乙公司签订了一份电器购销合同，双方约定：由乙公司向甲公司供应电器100台，价款为30万元，货款结算后即付3个月的商业承兑汇票。根据约定，甲公司向乙公司签发并承兑商业汇票一张，金额为30万元，到期日为当年4月24日。2月10日，乙公司持该汇票向A银行申请贴现，A银行审核后同意贴现，向乙公司实付贴现金额27万元，乙公司将汇票背书转让给A银行。该商业汇票到期后，A银行持甲公司承兑的汇票提示付款，因该公司银行存款不足而遭退票。A银行遂直接向该公司交涉票款。甲公司以乙公司未履行合同为由不予付款。当年11月2日，A银行又向其前手乙公司追索要款，亦未果。为此，A银行诉至法院，要求汇票的承兑人甲公司偿付票款30万元及利息；要求乙公司承担连带赔偿责任。甲公司辩称，讼争的商业承兑汇票确系由其签发并经承兑，但乙公司未履行合同，有骗取票据之嫌，故拒绝支付票款。乙公司辩称，原合同约定的履行期太短，无法按期交货，可以延期交货，但汇票追索时效已过了6个月，A银行不能要求其承担连带责任。

请问：

（1）甲公司是否应履行付款责任，为什么？

（2）乙公司应否承担连带责任，为什么？

案例分析题（三）

某副食品公司与某商业公司订立了一份购销合同，约定由商业公司向副食品公司在7天内供应6万元的牛肉。同时，副食品公司签发了以副食品公司为付款人，商业公司为收款人，票面金额6万元，出票后3个月付款的银行承兑汇票一张，并交付给商业公司。2月7日，商业公司发现该汇票已不慎丢失，遂立即通知副食品公司，并要求其暂停支付。2月8日，商业公司依法向某市人民法院申请公示催告。法院接到申请后，立即作了审查，同意受理，并且于当天向付款人副食品公司发出了止付通知。2月9日，法院依法发出公告，规定公示催告期间为2月9日至4月9日。公示催告期间届满，无利害关系人向法院申报权利。于是，法院根据申请人商业公司的申请，于4月15日作出判决，宣告该汇票无效，并公告判决，通知付款人副食品公司。4月16日，商业公司向副食品公司请求支付汇票所载票面金额6万元，副食品公司当日足额付款。4月22日，某市服装厂持一张汇票向副食品公司提示承兑。经确认，该汇票正是副食品公司签发给商业公司的那张汇票。汇票背面记明第一次背书人是商业公司，并有伪造的法定代表人签章和单位签章，被背书人是李某；第二次背书的背书人是李某，被背书人是某市服装厂。第一次背书的日期是2月25日，第二次背书的日期为3月17日。据某市服装厂称：该汇票是3月17日，个体服装经营户李某向服装厂批发服装时，背书转让给服装厂的。当时，服装厂对该汇票进行了审查，见背书连续，格式也符合要求，便予以接受，根本不知李某是不正当持票人、背书也是伪造等情况。服装厂对该汇票属善意取得，副食品公司应予付款。而副食品公司则以该汇票已由法院作出除权判决，并已依法向商业公司付款为由，拒绝向服装厂付款。于是服装厂以李某为被告，要求其对该汇票付款。经审理查明，该汇票背书系李某伪造。根据票据法和刑法的有关规定，已构成犯罪，应予追究刑事责任。

请问：

（1）持票人商业公司在丢失汇票后所采取的救济措施是否合法、有效？试说明理由。

（2）服装厂取得票据的行为是否合法、有效？为什么？

案例分析题（四）

甲为出票人，因汽车买卖而签发自己为付款人的汇票交给乙。按照双方的约定，在乙交付汽车的同时，甲亦承兑了自己签发的汇票。未几，甲、乙双方就因汽车质量纠纷而诉诸法院。诉讼期间，乙又将本案所涉汇票背书给知悉该诉讼的丙。

请问：

（1）丙能否向甲主张票据权利，为什么？

（2）假如甲在质量纠纷诉讼中全部胜诉，其退货给乙的主张得到法院支持，甲据此拒绝支付票款给丙，那么，甲的这种抗辩属于什么性质的抗辩？

（3）在本案中，甲作为出票人与承兑人的抗辩权是否相同？

案例分析题（五）

甲公司为支付设备款向某进出口公司签发面额为100万元、期限6个月的银行承兑汇票，承兑行为乙银行。进出口公司收到汇票后，遂将该汇票背书转让给商场购买办公设备，转让时在汇票上注明"不得转让"字样。后商场将汇票质押给丙银行申请贷款。汇票到期日时丙银行向乙银行提示付款遭到拒绝。理由是汇票已经写明"不得转让"，质押无效，丙银行无权行使票据权利。丙银行向进出口公司追索，进出口公司认为自己已经写明"不得转让"字样，对汇票的被背书人不再承担担保付款责任。

请问：

（1）乙银行的拒付理由是否成立，为什么？

（2）进出口公司的抗辩理由能否成立，为什么？

（3）如果"不得转让"字样是由甲公司记载，情况是否有所不同？

第二节　参考答案及部分答案解说

一、选择题答案

序列及答案	序列及答案	序列及答案	序列及答案	序列及答案
1. ABCDEF	16. A	31. A	46. ABCD	61. ACDE
2. C	17. A	32. AE	47. ABC	62. B
3. C	18. B	33. B	48. ABCD	63. A
4. AC	19. B	34. A	49. B	64. D
5. C	20. ABC	35. ABCDE	50. A	65. ABC
6. BCD	21. ABD	36. ABCDE	51. AB	66. BC
7. A	22. ABC	37. A	52. ABCD	67. AB
8. A	23. BCD	38. A	53. ABC	68. ABCD
9. ABCD	24. BCD	39. ABC	54. ABCDE	69. ABCDE
10. A	25. A	40. ABC	55. ABC	70. ABCD
11. B	26. A	41. ABCDEF	56. ABCD	71. ABC
12. ABC	27. ABC	42. C	57.	72. ABCD
13. BC	28. ABC	43. ABC	58. AB	73. F
14. ABCDE	29. C	44. ABC	59. ABCD	74. ABCDE
15. C	30. A	45. BC	60. ABCD	75. D

序列及答案	序列及答案	序列及答案	序列及答案	序列及答案
76. A	119. ABC	162. A	205. ACD	248. ABC
77. C	120. ABD	163. B	206. ABC	249. CD
78. ABDEFGH	121. AC	164. A	207. ABCD	250. ABCD
79. ABCE	122. ABC	165. B	208. AB	251. ABC
80. ACDE	123. ABCD	166. D	209. AB	252. AD
81. ABC	124. ABD	167. B	210. ABCD	253. BC
82. ABC	125. ABC	168. A	211. ABC	254. ABD
83. AB	126. DE	169. B	212. ABCDE	255. B
84. ABCD	127. ABC	170. D	213. ABC	256. CD
85. ABC	128. A	171. A	214. ABC	257. AB
86. BE	129. B	172. ABCD	215. ABCD	258. A
87. C	130. C	173. AB	216. ABCD	259. ABD
88. D	131. B	174. ABCDE	217. D	260. B
89. CEF	132. ACDE	175. ABC	218. B	261. AB
90. ABCE	133. ABCDE	176. A	219. B	262. ABC
91. ABCD	134. ABCD	177. ABD	220. C	263. ACD
92. ABC	135. ABD	178. B	221. A	264. AB
93. ABCDE	136. ABCD	179. C	222. AB	265. ABC
94. B	137. ABD	180. A	223. C	266. AC
95. D	138. ABC	181. A	224. BCD	267. AB
96. DE	139. A	182. B	225. A	268. AB
97. ABCD	140. B	183. A	226. C	269. ABC
98. ABCE	141. BE	184. B	227. A	270. AB
99. ABCDE	142. BC	185. BCD	228. A	271. D
100. ABCD	143. B	186. AE	229. B	272. C
101. ABC	144. ABDE	187. B	230. ABCD	273. AC
102. ABCD	145. ABCD	188. ACD	231. ACDE	274. ABCD
103. ABD	146. ACD	189. ABD	232. AB	275. ABD
104. B	147. AC	190. B	233. ABD	276. ABC
105. B	148. ABCD	191. C	234. ABC	277. CD
106. A	149. ABC	192. C	235. BDE	278. ABCD
107. D	150. D	193. D	236. A	279. AC
108. D	151. C	194. C	237. AB	280. ABC
109. AE	152. C	195. B	238. ABC	281. ABCD
110. C	153. A	196. B	239. AC	282. D
111. C	154. B	197. A	240. A	283. C
112. D	155. ABCD	198. AC	241. AC	284. ABC
113. D	156. AD	199. ABC	242. A	285. ABCD
114. CD	157. D	200. ACD	243. ABCD	286. C
115. BCDE	158. C	201. A	244. ABCD	287. A
116. AC	159. B	202. A	245. ABC	288. A
117. ABCD	160. C	203. C	246. BCD	289. A
118. A	161. B	204. B	247. BCD	290. A

序列及答案	序列及答案	序列及答案	序列及答案	序列及答案
291. ABCD	310. AD	329. ABD	348. ABC	367. ABD
292. BC	311. ABCD	330. BC	349. A	368. C
293. B	312. AB	331. AC	350. BCD	369. B
294. AB	313. BCD	332. AC	351. A	370. D
295. D	314. ACD	333. B	352. ABD	371. B
296. B	315. ABC	334. A	353. AD	372. B
297. AD	316. ABC	335. A	354. AC	373. D
298. C	317. ACD	336. A	355. ABD	374. A
299. D	318. ABCD	337. B	356. ABCD	375. BC
300. C	319. ABC	338. B	357. ABC	376. ABCD
301. D	320. A	339. D	358. ABCD	377. AC
302. BEF	321. BC	340. DE	359. BCDE	378. A
303. A	322. ABCD	341. ABC	360. ADE	379. ABCD
304. B	323. AB	342. ABC	361. BCE	380. CD
305. A	324. ACD	343. ABD	362. ABE	381. AB
306. D	325. ABCD	344. B	363. CD	382. C
307. B	326. ABC	345. A	364. ABC	383. BCD
308. ABC	327. A	346. AC	365. A	384. ABCD
309. ABD	328. A	347. A	366. A	

二、简答题答案

设计本部分简答题的目的在于帮助大家了解票据基础知识。答案在相关数据中均可找到，故这里不再提供专门答案。

三、案例分析题答案

第一题答案：

（1）本案中的票据行为有：

①李某伪造签章进行的出票和承兑行为。相对于甲银行的现行有效公章而言，李某使用的作废的公章应定为假公章。因此，出票和承兑行为属伪造，行为本身无效。

②某外贸公司的票据保证行为，该行为有效。

③建筑公司的贴现行为（背书转让），该行为有效。虽然该公司（代表人）恶意取得票据，不得享有票据权利，但其背书签章真实，符合形式要件，且有行为能力，故有效。

（2）乙银行不知情，且给付了相当对价，为善意持票人，故享有票据权利，可以向保证人或背书人行使追索权。

（3）该汇票将因形式要件欠缺而整个无效，连保证人亦因此不承担票据责任。乙银行不享有票据权利，只能依据普通民事关系进行追偿。

第二题答案：

（1）甲公司应当履行付款责任。因为在本案中，甲公司作为承兑人（其同时也是出票人）以乙公司未履行合同为由拒付票款，该抗辩事由只是对乙公司的抗辩事由，不得对抗善意持票人。A 银行通过贴现，支付了相应的对价，经原持票人背书后成为新的善意持票人，享有票据权利。A 银行在承兑期间提示承兑，甲公司不能与持票人的前手即乙公司的抗辩事由来对抗 A 银行，甲公司应履行其付款责任。

（2）乙公司不负担连带责任。因为 A 银行的追索权时效已届满。虽然我国票据法规定背书人以背书转让票据后，即承担保证其后手所持汇票承兑和付款的责任。背书人在汇票得不到承兑或付款时，应当向持票人清偿依法被追索和现追索的金额和费用。所以，在本案中，讼争的商业承兑汇票在当年 4 月 24 日被拒付后，A 银行有权在法定期间内向前手即背书人乙公司行使追索权。但 A 银行并未及时行使这一权利，直到当年 11 月 2 日才对前手进行追索，已超过了法律规定的 6 个月的追索时效。因此乙公司不需承担连带责任。

第三题答案：

（1）商业公司关于汇票丧失的救济措施合法有效。主要理由：作为收款人的商业公司在汇票遗失后，及时通知了汇票的付款人副食品公司，要求暂停支付，然后于次日便向法院提出公示催告申请。商业公司所采取的这些救济措施是符合我国票据法的有关规定的，是合法、有效的，也是充分的。在法院依法对该汇票作出除权判决后，商业公司便有权依判决向付款人副食品公司请求支付汇票的票面金额。

（2）服装厂取得票据的行为不合法，无效。这是因为：根据我国《民事诉讼法》第 195 条规定，公示催告期间，转让票据权利的行为无效。在本案中，公示催告期间为 2 月 9 日至 4 月 9 日，而服装厂从李某手中取得票据的日期为 3 月 17 日，因此，这一转让票据的行为应属无效，不发生票据转让的法律效力。服装厂并不能取得该汇票上的权利，当然不能以善意取得为由要求汇票付款人副食品公司付款。

第四题答案：

（1）丙虽然明知前手与出票人之间有抗辩事由，仍然受让票据，但并非恶意或者间接恶意取得票据，也谈不上因重大过失取得票据，故仍然可以主张票据权利。但由于知情，故需继受前手对该票据权利可能存在的瑕疵。

（2）甲无论以出票人还是以承兑人身份，均可以主张知情抗辩而对抗丙。这种抗辩只能对抗特定的人（直接法律关系相对当事人或者知情人），故属对人抗辩。

（3）严格而言，甲作为出票人与作为承兑人的抗辩权是不同的。如前者可以主张原因关系抗辩，后者则不能。但在本案中，因主张票据权利之人不是出票时的直接法律关系相对人，故甲即使作为出票人时，对丙也只能主张知情抗辩。在此情况下，其抗辩权与作为承兑人的抗辩权行使的事由相同。

第五题答案：

（1）乙银行的拒付理由成立，因为我国法律规定，汇票上记载"不得转让"字样的，汇票不得转让。丙银行虽已取得票据但不享有票据权利。

（2）进出口公司的抗辩理由不成立。因为其在汇票上注明"不得转让"是为了保持对收款人——商场之外的人的抗辩权。但丙银行虽然不享有票据权利，商场仍可以享受票据权利，进出口公司仍有付款责任。

（3）如果"不得转让"字样由甲公司记载则只有进出口公司享有票据权利。

第十七章
实战演练

掌握有关知识与技能的目的在于将其运用到客户拓展的实际工作中去。在本章中，提供了两个企业的背景资料，供客户经理模拟作业之用。设置本节的目的在于测验一下客户经理实际作业水平的高低，客户经理应凭借自己的实际经验及掌握的知识、技能，设计完善、科学、能打动客户的作业报告或者服务方案。需要说明的是，调查技能、谈判技巧、资料收集等还需要客户经理在实践中加以磨练。在这里姑且假设客户经理已掌握了这些技巧，下述材料即是通过调查而获得的，客户经理只需要根据这些材料对企业作出评价并设计出作业方案或服务方案就行了。当然，客户经理可能会觉得了解一个企业的全部情况仅依赖下述材料还不够，那么请客户经理列明尚需哪些材料。做这样的思考，也有利于客户经理提升自己的分析能力。

在每个企业材料的后面，我们都列出了一些思考的问题。客户经理在设计方案时，可针对这些问题展开。

第一节　专业性案例背景材料

一、背景材料

专业物流企业在提高效率、降低成本乃至提高社会整体资源配置效率等方面作用显著，专业化物流服务被越来越多的企业所接受；国内物流企业发展迅速，但大都为过去的物资仓储企业改制而成，真正有竞争力的不多。综合来看，陆运物流股份有限公司（简称"陆运物流"）既面临着难得的发展机遇，也遇到了激烈的市场竞争。

陆运物流是陆运集团（有铁路背景）在对其内部物流资源进行整合基础上发起设立的一家集团性三方物流公司，在宁波、绍兴、温州、杭州、金华、嘉兴、湖州、上海等地拥有15个区域分公司和1个提供信息技术支持的控股子公司，自有区域配送中心达20个，作业部近200个，可利用仓储面积140万平方米，专用线140条且均与铁路干线连接，各储运基地覆盖全国主要城市和交通枢纽。鉴于该物流公司刚刚成立，尚未开展实质性业务运作，故暂无财务报表。但其凭借：

（1）集团划拨过来的优质资产以及集团丰富的物流运作经验与业绩。

（2）陆运物流高管全部来自陆运集团。

（3）已形成总分公司形式的集团架构。

（4）丰富的客户资源，该公司刚一成立就引起业界注目。

陆运集团成立陆运物流的目的除整合内部物流资源以进一步发挥自身优势外，另一目的就是争取上市，打通与资本市场之间的通道。

陆运物流本部设有总经理办公室、证券部、投资开发部、物流事业部、财务部、发展规划部、人力资源部等部门，业务范围以仓储保管为主，涉及陆路运输、配送、货代及物流一体化解决方案（包括采购管理、结点规划、仓储管理、人员培训、供应链管理、法律服务）等。目前，该公司客户主要集中在大型生产企业原料及产成品的物流方案设计及实施，中国家电、IT 行业知名品牌的全程物流，外贸企业产品的跨区及终极配送，零售及连锁商业的后勤物流等领域。

陆运物流基于控股子公司的技术支持，开发了陆运物流网，搭建了陆运物流与客户合作的物流信息技术平台，确立了构建现代物流枢纽中心的发展目标，拟于近期通过收购一批物流仓储企业壮大实力，依靠物流信息和物流运作两个平台树立在国内物流市场上的领导地位。

二、作业要求

（1）假设上述材料是客户经理初步整理得到的。如要进一步介入此客户，您认为尚需收集哪些资料？从哪些方面对客户进行分析以确定合作价值？

（2）假设该客户有很大的合作价值，请进行以下两项：①写出提交给客户的服务方案，包括服务内容、服务方式、服务条件、服务建议等。②写出自己的工作方案，包括整体设想、服务方式与目标、人员配备及每人职责、时间进度、作业流程、营销策略、风险控制等。

第二节　综合性案例背景材料

本案例中，我们设计了 GMCC 和银行两个市场主体。我们将本案例划分成三个阶段，客户经理在阅读完每一阶段的资料后，根据要求完成相关作业。

一、第一阶段的背景材料及作业要求

（一）企业有关资料

GMCC 为国有独资的中型印刷企业，主要产品为金融票证和一般印刷产品，拥有处于世界先进水平的制版和印刷设备，在技术力量、工艺装备、生产配套能力等方面居于国内同行业前列，担负着印制各种有价证券的重要任务。

该企业经营比较稳定，经济效益也在不断增长，且该企业拥有自己的科研机构——印刷技术研究所，该所产品开发能力较强。

制约该企业进一步发展的问题主要有：一是难以摆脱国有企业的机制，效率难以提高；二是缺乏使企业规模进一步扩大的资金来源；三是产品结构有待进一步优化；四是有待于导入科学的决策管理体系。五是该企业主要负责小额钞票和一些地方性金融票证的印刷，任务不是非常充足。这部分业务基本可以维持企业生存。六是由于设备的配套性有待于进一步提高，该企业尚不能生产一些附加值较高的印刷产品。其中最根本的是机制转换和低成本的资金来源渠道两个问题。

该企业在本银行仅开有辅助账户。

本阶段主要财务数据如下：

项 目	数 值
主营业务收入（万元）	79000
主营业务利润（万元）	29000
利润总额（万元）	5600
净利润（万元）	4300
流动比率	1.34
速动比率	0.75
资产负债率	67.5%
应收账款周转率（次）	11.4
存货周转率（次）	3.57

企业所在行业的情况如下：

1. 有价票证印刷

有价票证印刷既有计划的因素，也有市场竞争的因素。例如钞票的印刷，主要受指令性计划的影响；票证、债券等的印刷，则由人民银行划定区域；银行、海关等的票据印刷，基本上是市场竞争的结果。由于受政策因素影响的敏感性较大，因而其收入与利润的波动幅度也较大。

2. 印刷包装

从国际市场情况看，全球包装印刷业有58000多个厂商，雇用员工人数150多万，每年薪金支出超过了330亿美元。全球印刷包装厂家中，80%～85%的企业其员工人数在20人以下。商业印刷占全行业销售收入总额的32.9%，但呈逐年递增态势。加拿大、墨西哥、欧共体和日本的出口额最高，占了全球的70%以上，而进口额也占了全球的80%。

从国内市场情况看，我国包装业在国民经济中的地位与作用得到迅速提高。随着外向型经济的日益壮大，产品出口为包装印刷业创造了巨大的市场前景。而且随着国际市场竞争的日趋激烈，出口产品对包装印刷的要求也从式样、花色、规格、材料等方面提出了新的要求。包装工业总产值及纸包装制品产量呈爆炸式增长。但包装工业企业个数超过了11000家，包装印刷工业企业个数超过了3000家（县级以上），竞争相当激烈，不仅有来自国有企业的竞争，而且有来自机制远比国有企业灵活的乡镇企业和三资企业的竞争。广东、山东、江苏、湖北四省所占的份额较大，为42%。

从包装行业的发展来看，我国目前塑料编织袋、纸箱、复合软包装、金属桶的产量均居世界前列，年产值以 15% 的速度递增。市场上有 60% 的商品需要纸包装，因而同其他材料相比，纸包装制品行业的发展前景广阔，这必将带动包装印刷业的发展。根据包装行业发展规划，对包装行业的三个专项部分（包装制品多色印刷技术及设备、纸包装制品生产技术及设备、高阻隔性包装材料生产技术及设备），将鼓励引进先进、适用的技术，优先安排项目与资金，对国内不能生产的关键设备，进口关税实行公开暂定税率，平均税率比法定税率平均降低 2 个百分点。

从产品导向来看，今后包装业发展的重点项目是出口商品包装、食品包装、易损、易烂及易爆产品包装和环保包装。

（二）企业需求提示

在本阶段 GMCC 对银行的需求主要为日常生产经营过程中的流动资金贷款、结算和项目投资贷款。特别是随着印刷包装行业竞争的加剧，GMCC 认识到提高产品技术含量、向高档印刷包装发展的重要性，希望能够获得银行贷款，引进国外先进的设备和生产线，推动产品的升级换代。该企业在确立了传统印刷包装产品方面的技术和设备优势之后，准备开发生产新的产品。建立在企业印刷技术优势之上的磁卡，被确定为企业今后发展的一个方向。此外，企业拟进行股份制改造，成立专门小组，计划申请发行A 股。

（三）银行情况

本银行是一家全国性银行在 GMCC 所在市的分行，主要功能和产品有外汇贷款（单一客户外汇贷款在 500 万美元以内）、配套人民币贷款（单一客户人民币贷款在1000 万元以内）、国际结算、人民币结算和担保（原则上不做，如做则要报上级部门批准）等。

本银行同 GMCC 高层联系密切，发生有一定数量的存贷款和结算业务。发放贷款492.7 万美元，用于制版印刷设备机械、PS 版软件技术改造。该项目建成投产并达到预期的要求。

（四）作业要求

（1）完成对客户的分析评价，包括财务分析（编制现金流量表）、非财务分析、需求分析、客户价值评价和综合评价；

（2）完成银行能够向客户提供的金融产品和服务方案；并制作向客户营销上述产品和服务的策略、运作方案和作业流程；

（3）制作客户风险控制方案；

（4）根据上述产品和服务方案，计算一个年度内银行的综合收益。

二、第二阶段的背景材料及作业要求

（一）企业有关资料

GMCC 采用社会募集方式改制为股份有限公司，向社会公开发行了股票，并在证券交易所挂牌上市。

企业通过改制、发行股票和公开上市，形成一个规范运作的股份制公司，确立了一套科学完善的决策管理体系和运营机制。通过资本市场募集了大量资金，有力地支撑了企业主营业务的发展，公司在磁卡和 IC 卡生产方面确定了一定的竞争优势。在夯实主业的基础上，公司开始围绕主业向相关行业延伸，并投资于房地产、农业和娱乐业等副业。形成以磁卡、IC 卡系列产品、有价证券与高档包装装潢产品等三大系列的产品结构。该公司是这一阶段我国规模最大的同类产品生产企业，拥有世界一流的磁条卡和 IC 卡生产线。公司产品广泛服务于金融、商贸、交通、邮电、通信、医疗、旅游、安全、办公等领域，公司可为客户制作金融卡，包括银行专用信用卡、ATM 储蓄卡、转账卡、资金账户卡、股东代码卡；非金融卡，包括 VIP 贵宾卡、会员卡、公路卡等产品。

公司在确立主营业务优势的同时，还向主营业务相关领域，如纸制品加工、印刷材料、印刷机械维修、仓储运输、印刷技术咨询等领域扩张，并兼营房地产开发、光缆制造、娱乐和农业等。

公司在职人员总数 1000 人，离退休人员 400 人；公司决策层 6 人，全部为大专或大专以上学历；公司中层干部共有 30 人，其中大专或大专学历以上的占 50%，有各种专业职称的占 56%。中层干部大多是直接在本企业成长起来的，调入的干部中技术人员居多。

公司内部采取聘任上岗、层层承包的方式，收入和个人业绩紧密挂钩。该公司已经建立了"竞争上岗、能上能下、级别工薪"制度。劳动人事部门对车间的人员安排有建议权，没有决定权，如某一车间因为业务扩大，需要工人若干名，劳动人事部门根据车间的申请和提出的条件，向车间推荐，可能是差额推荐，但是最后录用的人数和名单由车间决定，只要到劳动人事部门备案即可。

公司始终保持一部分工人处于下岗状态，给在岗者一种压力，同时在岗者和下岗者可以互相交流。对下岗职工，可以推荐工作，只发维持最低生活的补助金。在劳动报酬上，员工只有工资，而没有奖金，工资每月随成本（利润）高低、质量状况、产量状况而变化，同时切实拉大员工之间的收入档次。

生产所需原料以纸张、油墨、磁条、软片为主，并需多种辅助材料，如汽油、煤油、滑石粉、橡皮布等，共计 3000 余种，进口比例较大。公司建立了颇具特色的原料供应系统。为了压缩库存，减小储备资金的占压，同时解决过去因业务不足而造成的人力、物力、财力的浪费，GMCC 将本来是公司的一个职能部门的供应科分离出去，组成独立的公司——国际工贸公司，该公司同时具有保障对内供应职能和对外经营职能。国际工贸公司同 GMCC 是一种准市场关系，实行商品交换，同时又不是严格意义上的市场关系。前者承诺在保证质量的前提下，以相对优惠的价格向 GMCC 供应材料。材料采购可分为国际采购和国内采购两种。对国外材料采购，公司进出口部设有询价系统，保证优质优价；而国内材料采购却没有询价系统，以保证"货比三家"。公司有意逐步过渡到完全没有储备材料，而由国际工贸公司完全承担供应职能。储运服务部作为 GM-CC 的三产企业，也具有供应职能；以资本联系或业务联系为纽带，使原来一些部门成为子公司或关联公司或者新投资组建一些公司，开始多角化经营的尝试，涉足包括房地产和光缆项目在内的其他行业，减少了市场竞争中存在的单一化经营风险。

在本阶段，公司还采取了一些重大举措：从国外引进模切机，从我国台湾引进上光机，组建分厂，从事印刷、糊盒、模切系列业务；在北京、上海、珠海设立了区域性办事处，基本上能够辐射国内市场（公司还在新加坡设立分公司，就地生产，就地销售或从事转口贸易，由此可以向我国台湾出口）；开始重视营销，逐步重视广告宣传在销售中的作用，发动广大职工积极承揽客户、推销产品，对一般职工给予销售金额一定比例的奖励。

公司在这一阶段仍沿袭传统工业企业财务管理模式。在公司内设有财务部，直属总经理领导。部内现有正式人员 7 人，其中成本核算 1 人，销售与税务 2 人，出纳、总账、记账 3 人。财务部对全公司没有设立预警系统指标。没有建立对经理办公会的定期报告制度，只是一年有一次预决算报告。没有公司全年的资金计划。对重大投资项目，财务部有建议权。车间或经营部内的成本核算、统计人员归属车间领导。原来内部审计归财务部领导，后来撤销。公司内不单设计划部门，其计划职能由财务部、总调度室、各经营部三个部门自行安排。

从行业环境看，磁卡在经济发达国家早已普及，并向高新技术层次发展。磁卡进入我国较晚，但发展速度很快，IC 卡目前已广泛用于金融、商业、通信、邮电、交通、教育等各种领域。国家确定了磁卡、IC 卡并举，优先发展 IC 卡的方针，这将为"卡"业公司未来的发展造成影响。从卡业所处的生命周期来看，这时属于快速成长阶段。在这个阶段，技术尚不稳定和成熟，市场进入障碍较低，而利润率高。随着新厂商的不断涌入，竞争将导致该行业在价格、服务以及营销渠道策略的变化。因此，在这个阶段，占有市场、开发与研制新技术、新产品是企业成功的关键因素。由于卡业是新兴行业，其消费领域非常广泛，因而产品促销、销售渠道以及使用功能的延伸与更新都使产业规模有扩大的可能，这种成长缺口将会给卡业带来不同的市场发展机会。

本阶段主要财务数据如下：

项　　目	数　　值
主营业务收入（万元）	54000
主营业务利润（万元）	17000
利润总额（万元）	9000
净利润（万元）	7800
流动比率	1.83
速动比率	0.77
资产负债率	48.9%
应收账款周转率（次）	10.1
存货周转率（次）	1.77

（二）企业需求提示

这个时期，公司对银行贷款的需求仍然很大，贷款主要用于进一步扩大卡类产品的生产能力和对其他投资项目进行投入。此外，公司需要银行在投资项目、财务管理、资金管理、风险管理和资本运作方面提供顾问服务。对与银行建立全面深入的战略合作表现出较大兴趣。

（三）银行情况

已全面办理人民币、外汇存款、贷款、结算等商业银行业务并开始尝试通过资产重组等资本市场业务手段，对历史上形成的不良资产进行专业化运作。通过这些复杂项目的运作，银行在资本市场业务方面积累了一定经验，并培养了一批专业人才。提出全面为企业配置资金、资本和专业智力顾问服务的经营战略，并提出将顾问代理型产品作为银行的特色产品。

银行总行调整了对该分行的授权：人民币贷款额度2000万元，银行汇票承兑、贴现额度1000万元，远期信用证保证金100%，可以单独办理顾问类业务。

引入熟悉资本市场业务和可以提供专业银行顾问业务的专业人才5名，包括1名部门经理、1名部门副经理和3名一般业务人员（其中1名硕士、1名注册会计师）。

这个时期银行向GMCC的提供的金融服务有：①发放外汇储备贷款421万美元，用于公司引进两条金融卡生产线和一条纸卡生产线。②提供人民币短期贷款3000万元。③与GMCC签订全面合作协议，协议项下包括9000万元综合授信和顾问服务，缔结了战略合作伙伴关系。

（四）作业要求

（1）分析客户第二阶段与第一阶段的异同点。

（2）其他作业要求同第一阶段。

三、第三阶段的背景材料及作业要求

（一）企业有关资料

GMCC的管理模式向更加合理的方向转化，把财务部门变成利润中心，把各个生产部门变成成本控制中心，为公司的规模和业务扩张提供了管理支撑。完成了三个分厂的改造，即把原来的磁卡车间改造成"磁卡分厂"；把原来的零件和胶印印刷改造成"胶印分厂"；成立盒包装厂（由原来的平面印刷改为盒印刷）。与一批国际上知名的企业签订了合作合同，如摩托罗拉、宝洁公司等。电脑表格印刷产量大幅增加。公司准备再上一条电脑表格生产线，主要负责印刷证券。主营业务投资项目有：

（1）在石家庄与中京集团组建一个合资公司，为追求时效性，不搞土建，购买现成的可以利用的厂房。在GMCC本部所在市制卡，在石家庄加密，为中京集团在海外的16家分行服务。

（2）香港有一个卡厂，系上市公司，GMCC拟出资15%，实现对该卡厂的控股。

副业投资项目有：

（1）接手一个半拉子工程——金环大厦，GMCC再投资1000万元，即可满足建设资金的需要。

（2）儿童乐园项目，预计投资5000万元。

（3）保龄球项目，投资2300万元。

在本阶段，GMCC进行了产业、产品结构的大调整，对部分分厂进行装修及生产设备的更新改造，影响了部分产品的生产进度。尽管如此，公司努力克服市场疲软等各种不利因素，积极采取措施，加大产品营销力度，降低成本，压缩开支，使利润仍创历史同期最高水平。GMCC 的调整加大了公司主营业务的份额，提高了主营产品中高附加值产品的比重，使公司产品、产业结构更趋合理和完善，增强了公司抵御风险的能力。

公司围绕"调整"这根主线，同时发挥"产品经营、资产经营、资本经营"相结合的优势，加强综合管理，开拓产品市场，主要工作如下：

（1）公司将继续抓好主业的生产经营，努力增收节支，提高主营收益。

（2）实现非接触 IC 卡的批量生产和返销，使公司培育的新的利润增长点尽快产生效益。

（3）积极推进配股工作的进程，争取早日完成。

（4）完善营销机构，整顿营销队伍，开拓新的产品市场。

（5）建立现代企业制度，实现公司可持续发展。加大改革力度，转变观念，减员增效，起用新人，在"定岗、定员、定编"的前提下，落实新的分配机制，实现"责、权、利"的统一。

（6）实施 CI 工程。

（7）实施人才工程，建立学习型组织。

从世界范围来看，半导体与应用电子技术的发展，使 IC 卡在西方国家得到了普及推广，以年均 22% 的发展速度递增。

从国内情况来看，我国陆续引进先进的 IC 卡封装生产线，国内 IC 卡生产厂商 30 多家，生产能力达 1.5 亿张，全国磁卡应用电子产品开发与系统集成商也超过了 500 家。如果以美国的持卡比例为计算标准，我国近 3 亿人的城市人口，扣除小孩，按 2 亿人计，将产生 10 亿张的需求；如果以我国台湾的相对城市规模来看，仅北京、上海、广州、深圳等城市的卡需求量就超过了 1.2 亿张。从磁卡市场的发展来看，据预测，未来 3 年内，金融卡的发行量将突破 4 亿张，非金融卡的发行量将突破 6 亿张，而相关市场如计算机、通信、专用数据卡机具市场的发展，将会增加 5000 亿元的市场容量。同塑料磁卡相比，纸卡将是我国未来几年内增长潜力较大的一个市场，如果以年计算，仅交通系统年用纸卡量就有数十亿张。

本阶段主要财务数据如下：

项　　目	数　　值
主营业务收入（万元）	110000
主营业务利润（万元）	34000
利润总额（万元）	16000
净利润（万元）	16300
流动比率	1.51
速动比率	0.84
资产负债率	55.7%
应收账款周转率（次）	30.2
存货周转率（次）	2.60

（二）项目资料

市造纸厂建立于 1942 年。企业的产品单一，以白板、黑板、灰板为主，火车票纸由于被电子软票迅速取代，导致一度是造纸厂支柱产品的火车票纸迅速萎缩。曾给企业带来滚滚利润的香烟过滤嘴纸也早已成为明日黄花。企业所需原料主要有木浆（产地为美国和加拿大）、苇浆、废纸（美国废纸和国内废纸）。此外，企业客户分散、订货数量少、随机性强，没有稳定的客户。

市造纸厂占地面积 20 亩，其中厂区 7 万平方米，河边泵房 400 平方米。土地属于国家划拨，企业仅有使用权。建筑面积 15000 平方米，年久失修，虽然造纸厂还可以勉强使用，但如换作他用，只能拆掉重建。该厂的设备严重老化，在账设备 300 台套，主要设备 8 台，包括 4 台造纸机，4 台涂布机，其中：一号造纸机是 1990 年厂内自制，当时造价 240 万元；二号造纸机是 1993 年从市造纸五厂调剂过来的二手设备，调剂价 50 万元；一号涂布机是 1994 年 10 月从市一轻机械厂购入的，价格 164 万元，正在发挥主力作用；二号涂布机是 1988 年购入的，价格 13.9 万元，目前主要用作实验机台。该企业不仅设备严重老化，技术也已过时。如果将这四台主要设备出售，按厂方报价，一号造纸机 70 万 ~ 80 万元，但目前无买主；二号造纸机 30 万元；涂布机一号由于正在使用，价格不高于 30 万元；涂布机二号，厂方说出售较为容易，价格在 6 万 ~ 7 万元。其余设备严重老化，不具备任何重新使用价值。

企业有 2000 千伏安的电力供给；工业用水主要来自河水，日供水能力 6000 吨，生活用水是地下水，日供水能力 400 吨。市水利局每年下达河水用水指标。造纸厂年用河水 170 万吨，水价 0.25 元/吨，排污量按用水量的 80% 计算。排污费 0.36 元/吨；自来水 1.3 元/吨。

全厂共有员工 946 人，在职 617 人，退休 329 人。在职的 617 人中：内退 126 人（每人月生活费 150 元），休假 120 人，待岗、下岗 231 人（每人月生活费 50 元），在岗人员 140 人。按各类技术职称分类，高级职称：6 人；中级职称：30 人；助理级：38 人；技术员：15 人，共计 89 人。

由于生产经营情况日趋衰退。造纸厂目前基本处在半停产状态，产值日趋缩减。1995 年销售收入 4500 万元，1996 年销售收入 4000 万元，1997 年销售收入仅为 2100 万元，且从 1997 年 10 月停产，直到 1998 年 3 月中旬才恢复生产。从 1995 年至今的财务报表显示其账面利润为零，实际每年都处于亏损状态，截止到 1998 年 5 月份，累计亏损额高达 806 万元。

从财务结构看，造纸厂的财务结构比较简单，总资产 2635 万元，所有者权益 582 万元，负债总额 2053 万元，由于企业的亏损额为 806 万元，企业实际上已经资不抵债，符合了破产的条件。在 2053 万元的负债中，银行借款 1500 万元，其中长期借款 320 万元，短期借款 1180 万元。在企业的往来账款中，应收账款 196 万元（其中 90% 为坏账），应付账款 435 万元。

（三）企业需求提示

GMCC 经过上个时期的快速发展，已经步入生产经营与资本经营并重的超常规发展阶段。通过几次配送，股本得到快速扩张，市场筹资能力大大增强，市场知名度和市场形象极大提高和改善，公司已经成长为一个绩优企业。公司拟通过兼并收购和资产重组等资本市场手段，实现资本扩张，向主营业务领域相关的行业渗透，以进一步加强主业竞争优势和适度分散主业风险。

在这个阶段，公司对银行服务的需求除了日常生产经营的融资之外，更加强调对其资本运营方面的资金支持和相应的专业顾问服务。公司需要银行对其新的投资项目、兼并收购项目提供融资安排，需要对其兼并收购、资产重组和配股等提供财务顾问服务。

GMCC由于地处市黄金地段，加上这几年业务以几何级数增长，业务的发展日益受到空间的局限。尤其是公司拟大力发展的非接触卡项目的引进在即，拓展空间需求强烈。由于造纸厂和GMCC仅一墙之隔，位于整个街区的一角，如果GMCC能够兼并造纸厂，则整个街区可以连成一片，利于扩大生产规模，摆脱空间束缚，且有可能使这一整片土地升值。但GMCC如兼并造纸厂尚需考虑以下问题：

（1）兼并该企业需要承接其全部债务和人员。

（2）造纸厂的厂房已无任何利用价值，需要拆除、重建和平整土地。

（3）通过兼并取得该企业土地，仅有使用权，日后更换用途，需另外支付有关费用。

（4）按造纸厂的预算，需要各类支出5700万元。

（5）根据造纸企业的特点，4万吨为最小经济规模。1吨纸产量需投资1万元，依此推算，年产量4万吨的造纸厂需投资4亿元。

（6）根据初步测算，通过兼并造纸厂取得土地使用权所需资金最少为3929万元。如果考虑新建一纸厂，则需要资金至少为8995万元。

（7）GMCC印刷包装用的各类纸张，包括高级书写纸、高档铜版纸、白板纸等，均属于长线产品，价格有下降的趋势，不会发生因产品短缺而延误生产的情况。

（四）银行情况

银行逐渐形成客户拓展工作的专业运作体系，正在试运行规范的客户经理制度，通过客户经理小组的方式来为核心客户提供全面金融服务。在大型客户的开发、维护和管理方面形成较成熟的运作机制和做法。

总行的授权是：人民币贷款3000万元，承兑贴现2000万元，可以办理顾问类项目。超过授权的授信项目报总行审批。

银行与GMCC签订了综合授信和顾问合同，授信额度15000万元。

（五）作业要求

（1）读者可根据所给资料，从银行向GMCC提供财务顾问服务的角度对兼并该企业提出建议。

（2）从投入、风险、机会成本和GMCC发展战略等方面对兼并造纸厂进行分析。

（3）就解决GMCC将来发展的地域空间限制提出建议。

兼并方案的设计要求是：

（1）对造纸厂进行投资价值分析。

（2）根据国家有关兼并政策规定，设计对该企业的财务重组，重点分析对无效资产的剥离和债务的重组。

（3）在方案中根据国家有关政策规定，设计人员剥离和安置的方法。

（4）进行效益预测和现金流量分析、盈亏平衡分析、敏感性分析、投资风险和收益分析、银行债权保全和债务偿还分析。

第十八章
营销业绩测定

客户的营销业绩是反映客户学习效果的最终手段，可主要通过客户拜访效果分析和营销业绩考核两种来进行。

第一节　客户拜访效果分析

客户经理的工作成绩是在与客户不断打交道中产生的。每次接触过后，客户经理反问自己的第一个问题应当是"效果如何？"。为使效果更好，客户经理应当运用一整套具体的标准来分析自己的感觉和提高作业水平，而不是仅仅凭着自己的感觉去做。也就是说，客户经理的训练应当按照具体的作业标准、以一种连续的、目标明确的、有组织的方式进行。以遵循具体方针和参照系统的标准让客户经理对自己的业务活动进行评估，是一种很有帮助的方式。

下面设计的"作业效果评价表"旨在帮助客户经理对每天的作业活动进行评价、分析和反省，这无疑有助于他们销售技能的提高。

表 18 - 1　作业效果评价表

客户：＿＿＿＿＿＿＿＿＿＿	作业时间：＿＿＿＿＿＿＿＿		
		□ 原有客户	□ 潜在客户
作业目标：＿＿＿＿＿		是	否
事前准备			
目标明确吗？		＿＿＿	＿＿＿
对方是否具备作为客户的条件？		＿＿＿	＿＿＿
所接触的人是决策者或能够影响决策者吗？		＿＿＿	＿＿＿
访问开始			
自我介绍效果如何？		＿＿＿	＿＿＿
套近乎效果如何？		＿＿＿	＿＿＿
访问目标和可能的利益表达清楚了吗？		＿＿＿	＿＿＿
客户动机			
客户现状与机制讨论了吗？		＿＿＿	＿＿＿

（讨论产品前）客户需求是否已得到确认？

客户的需求得到满足了吗？

特征与利益

产品信息与客户需求联系得如何？

传递的产品知识充分吗？

是否将产品特征与客户利益联系起来？

问题调查和阶段性确认

运用问题调查发掘需求和指导访问了吗？

运用阶段性确认检测客户理解与认同程度吗？

是否认真听取和总结客户需求或讲话？

对话有进展吗？

异议与反应

是否运用了异议处理模式解答客户异议？

是否已将客户异议转化成了销售机会？

竞争

竞争信息充分吗？

确定竞争对手了吗？

收集竞争信息了吗？

对竞争对手的替代产品进行比较了吗？

提供全部产品与定价

是否将所有的关系因素都考虑在内了？

产品定价是否切合其价值？

决策者

访问前对客户的每一位参加者都进行确认？

还有其他人会参加会谈吗？

下次访问之前还需要与其他人会谈吗？

此次会谈影响如何？

产品启动

下一步工作安排已经确定了吗？

下一次会谈的参加者都确定了吗？

下一次会谈所需要的信息都收集好了吗？

形体语言与销售环境

对方形体语言表现积极吗？

注意座次安排并进行了合理安排吗？

续表

关系因素 　与客户的关系融洽与否？	———　————
过程控制 　在会谈过程中，对客户的控制程度如何？	———　————
结果 　实现作业目标了吗？	———　————

第二节　营销业绩考核

客户经理营销业绩考核有多种方式，但均应定性与定量相结合、营销数量与营销成效相结合。下面介绍的是一家银行针对客户经理制定的考核内容。

表 18－2　客户经理季度考核计分表

因素	选用指标	分值			
		基本分 50 以下	基本分 50～70	基本分 71～90	基本分 91～100
工作绩效 （95 分）	授信业务量 （15%）	完成授信量不足 2 亿元（授信量每低 5000 万元，在 50 分基础上减去 10 分）	完成授信量 2 亿～4 亿元（授信量每增 1 亿元，在 50 分基础上加 10 分）	完成授信量 4 亿～8 亿元（授信量每增 1 亿元，在 70 分基础上加 5 分）	完成授信量 8 亿元以上（授信量每增 1 亿元，在 90 分基础上加 5 分）
	贷款发放量 （15%）	发放联动或联合贷款或额度起用不足 1 亿元（贷款量每低 5000 万，在 50 分基础上减去 10 分）	发放联动或联合贷款或额度起用达到 1 亿～3 亿元（贷款量每增 1 亿，在 50 分基础上加 10 分）	发放联动或联合贷款或额度起用达到 3 亿～5 亿元（贷款量每增 1 亿，在 70 分基础上加 10 分）	发放联动或联合贷款或额度起用达到 5 亿元以上（贷款量每增 1 亿，在 90 分基础上加 10 分）
	客户开发 （20%）	在同行业龙头客户签署全面合作协议或统一授信协议或集团结算网使用协议方面取得重要进展（完成一个工作内容即取分值 50 分）	同 1 个行业龙头客户签署全面合作协议或统一授信协议或集团结算网使用协议（完成一项工作即取分值 70 分）	同 2 个行业龙头客户签署全面合作协议或统一授信协议或集团结算网使用协议（完成一项工作即取分值 90 分）	同 3 个行业龙头客户签署全面合作协议或统一授信协议或集团结算网使用协议（完成一项工作即取分值 100 分）

续表

因素	选用指标	分值			
		基本分50以下	基本分50~70	基本分71~90	基本分91~100
工作绩效（95分）	业务研发与推广（20%）	提出1项部内认可的产品开发意见，或有1个客户基本同意采用本银行产品，或对现有产品提出改进意见并被采纳（完成一项工作即取分值50分）	制定了1项部内认可的产品开发方案，或将新产品在1个客户身上使用，或对现有产品提出了创新性改进对策（完成一项工作即取分值70分）	制定了1项产品管理办法，或将新产品在2个客户身上使用，或提出的新产品得到本银行的认可，或组织完成一项重要推介活动（如产品培训会、银企见面会）（完成一项工作即取分值90分）	完成了1项产品管理办法，另1项产品管理办法的初稿已经完成；或将新产品在3个客户身上使用，或提出的新产品得到监管部门的认可，或完成产品推广方案并进行落实（完成一项工作即取分值100分）
	系统业务指导（20%）	提供3项以下业务信息；或1项营销指导意见已完成初稿；或组织协调1家以上分行联合营销客户（完成一项工作即取分值50分）	编写1个案例，提供3项业务信息；或完成1项营销指导意见和1项业务报告；或组织协调3家以上分行联合营销客户（完成一项工作即取分值70分）	编写1个案例，提供6项业务信息；或完成2项营销指导意见和2项业务报告；或组织协调5家以上分行联合营销客户，具有一定的系统效益（完成一项工作即取分值90分）	编写2个案例，提供6项业务信息；或完成3项营销指导意见和2项业务报告；或主办1项有创意的业务推介活动（完成一项工作即取分值100分）
	其他工作（5%）	能够完成领导临时交办的其他事宜（取分值50分）	基本按时完成领导临时交办的其他事宜（取分值70分）	能够按时完成领导临时交办的其他事宜（取分值90分）	严格按时、高质量地完成领导临时交办的其他事宜（取分值100分）
工作态度（5分）	工作主动性（5%）	能胜任岗位职责，对分行反映的问题能认真对待，工作中极少出差错（取分值50分）	能认真履行岗位职责，及时完成本职工作，对分行反映的问题能及时处理（取分值70分）	能积极思考业务问题，不断加强学习，提升业务水平，能主动外出营销客户（取分值90分）	能主动提出新的工作思路并进行贯彻，能主动协调分支行开展营销工作（取分值100分）

　　说明：1. 本计分表适用于银行客户经理。排序成绩可以适当方式在银行内部公布，并作为客户经理奖金发放、先进评比、职级晋升的重要依据。

　　2. 本表计分方式为：客户经理个人实际得分 = $\sum$ 分值×权重。各营业单位实际成绩 = $\sum$ 营业单位内每个客户经理得分/营业单位内客户经理人数。

　　3. 客户经理得分分四档：得90分以上为优秀；得70~90分为良好；得50~70分为合格；50分以下为不合格。协办客户经理按主办客户经理得分的30%取分。

　　4. 各营业单位负责人按季度根据客户经理业绩记录据实打分，打分结果在季度结束后一周内报银行负责人。

后　记

　　近几年来，银行之间的竞争更加激烈，客户经理作为银行效益最重要的创造者，工作变得更加重要，个人也变得更加辛苦，既要拓展外部市场，又要协调内部关系，且不得不把本应属于自己的绝大部分闲暇交给工作，人生的美好时光就这样日复一日、年复一年地从身边溜走。"浮生若梦，为欢几何？古人秉烛夜游，良有以也！"可苦于对事业的追求或迫于生活的压力，我们每天又不得不奔波于职场中。有时候，生活的确很无奈、很辛苦。好在我们有憧憬、有未来，况且我们已经进入这个行业，已经产生了路径依赖，我们不能停下来。加强学习，提升技能，依然是银行客户经理追赶时代、保持进步、实现自我价值的最为重要的途径。

　　作为一名金融从业者，我希望能以我的所知、所悟、所想，帮助银行客户经理更加卓有成效地开展工作。呈现在读者面前的这本书是我工作10余年逐步积累起来的经验之谈。1998年中国金融出版社出版的《银行客户开发与管理》是我主笔撰写的第一本关于银行客户营销的书籍，后来又陆续出版了《银行客户培育与维护》、《银行客户经理培训教程》等书籍。此次呈现在读者面前的这本书，就是在上述书籍的基础上修订、补充完成的。由于客户经理时间非常宝贵，而需要学习的内容却非常广泛。因此，本书特意涉猎了较多的知识点。当然，对知识的追求永无止境。我只能说这本书相对于过去我撰写的几本书已经比较完善。今后随着时间的推进，新的东西将不断产生，我必将继续积累，把对广大客户经理的服务继续作为我生活之中的一个重点。

　　今年是我的不惑之年。回想起40年的生命历程，其间有欢乐，也有痛苦。但更重要的是，我毕竟平安地度过了40年。我有贤淑的妻子田一恒女士，有可爱的女儿宋雨轩小朋友。她们是我今生奋斗不懈的源泉。我的父母虽早已进入天国，但二老的音容笑貌和对我的关心爱护还留存在我的记忆里，带给我温馨，带给我安慰。每当夜深人静，我坐在书房里环顾两侧高近屋顶的书架以及堆满其间的众多书籍时，常常欷歔不已，感叹生命的无常与可贵。我每次的岗位变动带给我的都是对新知识的追求与渴望，我的每一本关于银行的书籍几乎都是这样产生的。我把这本书献给我自己，就算是送给自己进入不惑之年的礼物吧。

　　我要感谢中国光大集团及其各位领导与同事。在以唐双宁董事长为首的各位集团领导带领下，光大集团一天天好起来。光大集团是我的工作单位，光大集团发给我薪水，使我能安心工作。

　　我要感谢我参加工作以来遇到的各位好领导，他们是光大集团解植春副总经理、姜波财务总监、战略规划部吴富林总经理、组织部张岚主任、办公厅余龙文主任、股权管理部王廷科总经理、光大银行武青副行长、光大银行张华宇副行长、光大金控资产管理公司阎桂军总裁、光大银行公司业务部宁咏总经理、光大银行公司业务部赵红石副总经理、光大银行同业机构部孙强总经理、光大银行信贷审批部张敬才总经理、光大银行沈阳分行李晓远行长、光大银行大连分行周君风险总监等。尤其是吴富林总经理，他学识渊博，思维敏捷，思路开阔，见解深刻，理论素养丰厚，实践经验丰富，待人接物充满君子之风。从他身上，我学到很多东西。

我要感谢金融界的很多朋友。他们是内蒙古自治区金融办宋亮主任、申秀文处长、田跃勇处长、中国邮政储蓄银行公司业务部耿黎总经理、贸易融资部邹江平总经理、北京银行国际业务部幺毅总经理、国家开发银行青海分行王浩副行长、国家开发银行内蒙古分行陈久宁副行长、国家开发银行企业局赵建华处长、中信银行公司理财部王鹏虎总经理、中国工商银行广东分行胡晔副行长等。

我要感谢我求学时代遇到的各位好老师。他们是初中时的解德路老师，高中时的丁静老师，大学时的陈阿兴老师，研究生时的唐斯如、张忠善、云瑞群、李一鸣和熊亚君老师。他们不仅教给我知识，还教给我做人的道理和谋生的技能。他们让我经常回忆起"三更灯火五更鸡，正是男儿读书时"的我那无忧无虑、登攀书山的求学时光。我要特别感谢我的博士生导师吴世经教授。"云山苍苍，江水泱泱。先生之风，山高水长。"吴老师在新中国成立前就是全国知名的教授，在他晚年，仍然亲执教鞭，教书育人。他不因为我没什么名人推荐而忽视我，在我仅23岁的时候就把我录取为他的博士生。虽然先生已经仙逝，但他的学识、人品始终影响着我。我想只要继承了这些，就是对先生最好的回报。

此外，我还要感谢谭伟同志。我和他几乎同时参加工作，我的第一本专著就是在他的青睐下出版的。这些年来，他经常督促我把所思所想记录下来并整理成图书出版。在书籍撰写和学术交流中，我们成了很好的朋友。

我常常感慨，"浮生若梦，为欢几何？"人之相与，俯仰一世，如白驹过隙，转瞬之间，老之将至。儿时的种种景象就像发生在昨天，而今日自己已过不惑之年。回想起自己几十年来的坎坎坷坷，也相当不易。为此，我衷心地感谢上苍，感谢生活赋予我的一切。

通过我所出版的书籍，我认识了很多金融界的朋友。无论是只进行过电话联系而从未谋过面的朋友，还是当面进行过交流的朋友，都给我以巨大的鼓励。借此书出版的机会，对所有关心我及这本书的朋友，以及为写作本书而参考的众多书籍的作者，均致以深深的谢意。希望通过该书的出版，我能结识更多的朋友。我将一如既往地欢迎各位读者朋友与我联系，以便我们能够交流信息、共同提高。

我的联系电话：13511071933；E－mail：songbf@ bj. ebchina. com。